SV

Erika Fatland

Hoch oben

Eine Reise durch den Himalaya

Aus dem Norwegischen von
Ulrich Sonnenberg

Mit Fotografien der Autorin

Suhrkamp

Die norwegische Originalausgabe erschien 2020 unter dem Titel
Høyt. En reise i Himalaya
bei Kagge Forlag, Oslo.

Der Verlag dankt NORLA – Norwegian Literature Abroad
für die Förderung der Übersetzung.

Erste Auflage 2021
suhrkamp taschenbuch 5176
Deutsche Erstausgabe
© Suhrkamp Verlag Berlin 2021
© Erika Fatland 2020
Published by agreement with Copenhagen Literary Agency, Copenhagen.
Suhrkamp Taschenbuch Verlag
Alle Rechte vorbehalten, insbesondere das
des öffentlichen Vortrags sowie der Übertragung
durch Rundfunk und Fernsehen, auch einzelner Teile.
Kein Teil des Werkes darf in irgendeiner Form
(durch Fotografie, Mikrofilm oder andere Verfahren)
ohne schriftliche Genehmigung des Verlages reproduziert
oder unter Verwendung elektronischer Systeme
verarbeitet, vervielfältigt oder verbreitet werden.
Satz: Greiner & Reichel, Köln
Druck und Bindung: C.H.Beck, Nördlingen
Umschlaggestaltung: Bureau Johannes Erler
Printed in Germany
ISBN 978-3-518-47176-0

HOCH OBEN
Eine Reise durch den Himalaya

Für meine märchenhaften Großeltern:

Solfrid Grønnestad
Erik »Bessen« Grønnestad († 2019)
&
Ragnhild Fatland
Ole Fatland († 2020)

Inhaltsverzeichnis

Ein schlechtes Omen   11

Die erste Etappe
Seidenstraße 2.0   19
Hoher Einsatz   46
Familienplanung im Märchenland   68
Feiern und fasten   79
Liebe in Zeiten der Taliban   94
Grenzgang   116
Paradies mit Ausgangssperre   133
Das höchste Schlachtfeld der Welt   158
Von Göttern und Männern   175
Klein-Tibet   191
Leere und die hektische Suche nach Radiowellen   209
Die Quelle   223
Champagner der Berge   242
Die Prinzessin ohne Königreich   254
Nackte Schätze   274
Der geheimnisvolle Waldaufseher   286
Bruttonationalglück   307
Indiens wilder Osten   332
Für den morgigen Tag   366

Die zweite Etappe
Kindergöttinnen   389
Gedränge am Gipfel   416
Hauptstadtgeschichten   449
Der Prinz, der nicht König werden wollte   472
Der Schneeleopard   478
Der durstige Gott   497
Terra Nullius   517

Die verlorene Gemeinde   540
Die Mitte der Welt   553
Die chinesische Konkubine   565
Linienflug nach Shangri-La   590
Das Königreich der Frauen   612

Danksagung   630
Literaturverzeichnis   633
Bildteile nach den Seiten 192 und 448

Ein schlechtes Omen

Vom frühen Morgen an strömten festlich gestimmte Tibeter auf die **Hochebene** (4750 Meter über N.N.). Leichte Schneeflocken tanzten kleine Pirouetten in der dünnen Luft. Mitten auf der Ebene ragte ein von Stangen gestützter Mast schräg in die Luft, an dem Yak-Felle und bunte Gebetsfahnen hingen. Der Mast war über zwanzig Meter lang, der höchste Fahnenmast in Tibet. Lange, kräftige Seile, mit denen Männer den Mast hochziehen sollten, waren an dem dicken Holzstamm befestigt und lagen sorgfältig aufgerollt auf dem Boden. Zwei Lastwagen, die bei dieser Feierlichkeit deplatziert wirkten, standen bereit, um den Männern zu helfen.

Mehrere Tausend Menschen waren erschienen, viele waren tagelang unterwegs gewesen und hatten das gesamte Bergplateau überquert, um den allerheiligsten Berg in der Mitte dieses allerheiligsten Monats, *Saga Dawa*, zu erreichen. Die Buddhisten glauben, dass sich alles verzehnfacht, was sie in diesem Monat tun, egal ob es sich um gute oder schlechte Taten handelt. Und genau an diesem Tag, dem heiligsten aller Tage, dem fünfzehnten Tag im Saga Dawa, dem Tag, an dem Buddha nicht nur geboren wurde, sondern auch das Nirwana erreichte, verhundertfachen sich sämtliche Taten.

Die weiblichen Pilger trugen handgewebte Trachtenröcke aus Wolle, Seidenblusen und schweren Silberschmuck, die Männer knielange Seiden- oder Pelzmäntel und große Hüte. Die sorgfältig arrangierten Frisuren und die bunten Gewänder verrieten, aus welchem Teil Tibets sie kamen und wie lange sie schon unterwegs waren. Doch nicht die Reise an sich war das wirklich Imponierende, sondern dass sie es geschafft hatten, sämtliche Genehmigungen, sämtliche Stempel und alle Unterschriften zu beschaffen, die notwendig waren, um all die unsichtbaren Distriktgrenzen überqueren und Checkpoints passieren zu können, und hier zu sein, genau an diesem Morgen, an dem leichte Schneeflocken durch die Luft schwebten. Die chinesischen Behörden fürchten die tiefe religiöse Überzeugung der Tibeter, über die sie keine Kontrolle haben, und vor allem fürchten sie Ereignisse wie dieses, bei dem sich Tausende von Gläubigen aus abseits gelegenen Dörfern versammeln.

Die Staatsgewalt war zahlreich erschienen. Mit Knieschützern, Helmen, schusssicheren Westen, Schlagstöcken und Schilden ausgerüstete Bereitschaftspolizei marschierte in Gruppen auf und ab – vorbei an Kindern und Gebetsfahnen. An dem kleinen Tempel auf dem Gebirgskamm direkt über der Ebene sorgten mürrische Polizisten dafür, dass in der Schlange der Pilger, die sich von den Mönchen segnen lassen wollten, alles ordentlich vor sich ging. Niemand durfte zurückfallen oder stehen bleiben, um sich länger mit einem der Mönche zu unterhalten. Um die Polizisten zufriedenzustellen, hatten die Gläubigen in Bewegung zu bleiben. Die Mönche saßen in einer langen Reihe vor dem Tempel, sie trugen rote und gelbe Gewänder und große Hüte, schlugen auf Trommeln, bliesen in Hörner oder beugten sich über handgeschriebene Texte und psalmodierten sie halblaut.

Auf der Ebene bewegte sich die Menge langsam rund um den schrägen Mast; in den Händen hielten die Menschen Gebetsmühlen und Gebetsketten, während sie das allerheiligste Mantra murmelten: *Om mani padme hum, om mani padme hum.* Junge wie Alte legten sich flach auf den Boden, streckten die Arme im Gebet über den Kopf, erhoben sich und gingen einige wenige Schritte weiter, um sich erneut auf den Boden zu werfen. *Om mani padme hum.* Ich ließ mich von dem Strom, von dem Fluss mitreißen und schritt, von Farben und Gebeten umgeben, mit den Pilgern um den Fahnenmast herum. *Om mani padme hum.* Und die Zeit blieb stehen, die Zeit zerfloss, die Zeit war ein Wirbel aus Schneeflocken.

Nun nahm sich jeder der Männer, von denen der Mast hochgezogen werden sollte, ein Seil. Die Menschen blieben stehen und sahen ihnen erwartungsvoll dabei zu, wie sie prüfend an den Seilen zogen.

Ki-ki-so-so! murmelten die Zuschauer aufmunternd, zunächst leise, dann immer lauter: *Ki-ki-so-so! Ki-ki-so-so-lha-gyal-lo!* Sieg den Göttern! Langsam richtete sich der Mast auf – unterstützt durch hilfreiche Hände und die beiden Lastwagen, *so-so-so!* Als der Mast Minuten später senkrecht stand, explodierten die Pilger in ekstatischen Rufen, *ki-ki-so-so!* Gebetsfahnen aus Papier und Tsampa, geröstetes Gerstenmehl, wurden in die Luft geworfen. Ich war von Mehl bedeckt, alle waren von Mehl bedeckt, und nun setzte sich die Menge erneut in einem großen Oval rund um den Mast in Bewegung, Tausende breite, lächelnde Gesichter, sie gingen immer schneller, *ki-ki-so-so!* Die Stimmung war geradezu elektrisch aufgeladen. Noch einmal ließ ich mich in dem Strom rund um den Fahnenmast treiben, umgeben von reiner Freude und fein gemahlenem Tsampa-Mehl.

Ich blieb stehen, um ein letztes Foto zu schießen, bevor ich zurück zu Jinpa ging, meinem Guide, der oben am Tempel bei den Gebetsfahnen wartete. Eigentlich hätte ich mich nicht weiter als fünf Meter von ihm entfernen dürfen, so hatte es die Polizei auf dem Informationstreffen am Vortag erklärt. Ausländer mussten unter Kontrolle gehalten werden, aber Jinpa nahm es nicht so genau und ließ mich im Großen und Ganzen machen, was ich wollte.

Ich knipste ein Foto, und es gelang mir, den Mast im freien Fall zu verewigen.

Es wurde vollkommen still. Alle blieben stehen, hielten inne und wandten sich dem umgefallenen Fahnenmast zu, der auf der Erde lag und möglicherweise gebrochen war. Niemand rief mehr *ki-ki-so-so*, niemand warf mehr Tsampa oder Gebetsfahnen in die Luft. Einige weinten. Andere starrten einfach wie gelähmt vor sich hin.

Ich fand Jinpa, der auf die Knie gesunken war.

»So etwas ist noch nie zuvor passiert«, sagte er ernst. »Nicht in dreihundert Jahren. Es ist schon vorgekommen, dass der Mast ein bisschen schief stehen blieb, nicht ganz senkrecht, und das wurde immer als ein schlechtes Zeichen für das kommende Jahr gedeutet. Aber so etwas ... Das ist ein sehr schlechtes Zeichen. *Sehr* schlecht. Für uns alle, die hier sind, und für ganz Tibet.«

Am Tempel saßen die Mönche und lasen ihre Mantras mit dunklen, eindringlichen Stimmen, nun mit tiefen Falten zwischen den Augenbrauen. Die Männer, die vor wenigen Minuten den Fahnenmast hochgezogen hatten und wie Helden gefeiert worden waren, irrten ziellos umher und blickten ratlos auf den umgefallenen Mast.

Jinpa erhob sich und sah mich an. Ihm standen Tränen in den Augen.

»Kommen Sie«, sagte er. »Wir müssen gehen. Es ist noch weit.«

Die erste Etappe

Juli-Dezember 2018

»Wenn es ein Paradies auf Erden gibt,
ist es hier, ist es hier, ist es hier.«
Dem Poeten Hazrat Amir Chusrau zugeschriebenes Zitat

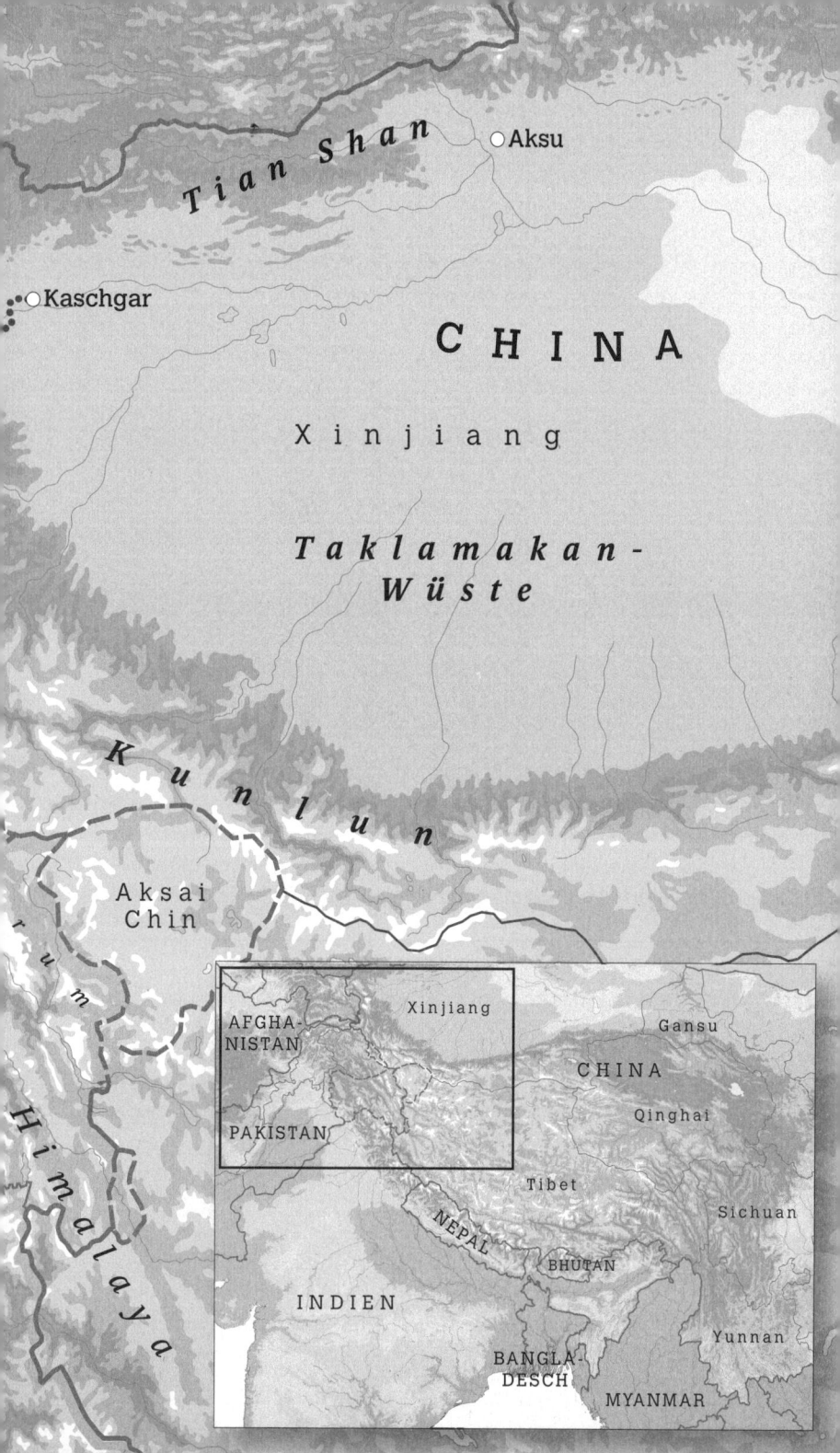

Seidenstraße 2.0

Wo beginnt ein Gebirge und wo endet es, eine Gebirgskette, eine Reise?

Schaut man sich die Berge Asiens auf einer Reliefkarte oder einer topografischen Karte ohne Beschriftung an, sieht man die Erdoberfläche, erstarrte Bewegungen und Wellen in der Geologie, geometrische Muster, Fraktale. Aber keinen Anfang und kein Ende, keine eindeutige Abgrenzung.

Das Gebirge, das wir Himalaya nennen – auf Sanskrit bedeutet es »Ort des Schnees« –, bildet eine riesige, ovale Barriere aus Steinmassiven, Eisgletschern und tiefen Tälern zwischen dem eurasischen Kontinent im Norden, wo der sibirische Waldgürtel über abfallende Einöden in die Steppen und Wüsten Kasachstans, der Mongolei und Chinas übergeht, und dem indischen Subkontinent im Süden – der sich von Pakistan im Westen bis Myanmar im Osten erstreckt. Nördlich des Himalaya liegt das tibetische Gebirgsplateau, weiter südlich enden die Berge abrupt wie ein aus himmelhohen Gipfeln bestehender Brustpanzer gegen Indien und Pakistan. Hier, in den steilen Berghängen, existierte vor weniger als einem Jahrhundert ein kleines Bergkönigreich neben dem anderen. Die meisten von ihnen wurden inzwischen großen und mächtigen Staaten einverleibt; nur das Königreich Bhutan hat standgehalten.

Auf der Karte wie im Gelände findet sich in den Gebirgsmassiven weder ein definierter Anfang noch ein Ende. Im Westen hängt der Himalaya mit den Bergketten Pamir, Karakorum und Hindukusch zusammen. Beginnt die Gebirgskette am Shibar-Pass in Afghanistan, dem möglichen Ende des Hindukusch, oder am Nanga Parbat in Pakistan, dem höchsten Berg im Westen? In Kirgisistan trifft das Pamir-Gebirge auf das Tian-Shan-Hochgebirge, das Himmlische Gebirge, das im Norden in das Altai-Gebirge übergeht und sich nahtlos nach Osten in die Sajan-Bergkette fortsetzt, bis es im Osten am Ochotskischen Meer endet. Kann man daher sagen, der Himalaya endet eigentlich am Pazifik oder beginnt möglicherweise dort?

Betrachtet man es noch distanzierter, könnte man argumentieren, dass der Himalaya ein Teil der alpinen Gebirgskettenfaltung ist, die zwischen sechzig und achtzig Millionen Jahren vor unserer Zeit begann, als die afrikanischen und indo-australischen tektonischen Platten mit Eurasien im Norden kollidierten und zur Geburt unter anderem des Kaukasus, des Taurus, der Alpen, der Pyrenäen und des Atlas-Gebirges führten. Später kamen Pamir, Hindukusch, Karakorum – und der Himalaya dazu. Rechnet man die ganze Großfamilie der alpinen Gebirgsketten mit ein, erstrecken sich der Himalaya und seine nahen und fernen Verwandten im Grunde vom Atlantik im Westen bis zum Pazifik im Osten.

Für welche Definition man sich auch entscheidet, es gibt niemanden, der behauptet, der Himalaya würde in der alten Seidenstraßenstadt **Kaschgar** (1270 Meter über N.N.) in der chinesischen Provinz Xinjiang beginnen, die tausendzweihundertsiebzig Meter über dem Meeresspiegel liegt, mitten im trockenen Tarimbecken im äußersten Westen Chinas. Aber die *Reise* in den Himalaya nahm hier ihren Anfang, und der Auftakt wurde länger als geplant. Ich konnte dem Weg weiter südlich in Richtung der Berge, in Richtung Himalaya nicht folgen, bevor ich nicht das Blatt Papier hatte, das mir freies Geleit über den Pass nach Pakistan verschaffte. Ich musste brav warten, und das lag in erster Linie an den Indern.

Rechtzeitig vor meiner Abreise hatte ich um ein indisches Visum ersucht, aber der Prozess zog sich hin, und die Botschaft hatte immer mehr Informationen angefordert: Wo wollte ich wohnen, wohin wollte ich reisen, wie wollte ich von A nach B kommen, mit wem wollte ich reisen, warum wollte ich überhaupt nach Indien. Und schließlich lief mir ganz einfach die Zeit davon. Ich gab die indische Botschaft auf und konzentrierte mich stattdessen auf die pakistanische, doch auch dort ging es nur langsam voran, vermutlich lag es an der Urlaubszeit. Vielleicht würden sie nächste Woche ein Visum ausstellen können, möglicherweise aber auch erst in der darauffolgenden Woche, es ließ sich nicht sagen. Plötzlich war der Abreisetag gekommen, und ich setzte mich wie geplant ins Flugzeug nach China und reiste mit einem Ersatzpass ein, da mein eigentlicher Pass noch immer in der pakistanischen Botschaft in Oslo lag. Im Gegensatz zu ihren Kollegen südlich der Berge waren die chinesischen Bürokraten vorbildlich und effektiv gewesen – meinen Visumsantrag hatte man wie gewünscht im Expresstempo bearbeitet. Nun saß ich in Kaschgar fest und wartete darauf, dass die entsprechende Abteilung des pakistanischen Konsulats aus dem Urlaub zurückkehrte und das magische Blatt Papier endlich bei mir eintraf, damit ich die Reise in die Berge antreten konnte.

Das sind die prosaischen Probleme der modernen Reisenden. Die eigentlichen Reiseetappen dauern heute einen Wimpernschlag, Zeit braucht die Bürokratie. Die Welt ist grenzenlos geworden, heißt es, wir leben in einem globalisierten Zeitalter, aber nur, wenn man den richtigen Pass und die richtigen Dokumente hat. Worüber reden abenteuerlustige Globetrotter, wenn sie sich begegnen? Tja, sie reden über Konsulate, über Visumsverlängerungen und Antragsprozeduren.

Während ich darauf wartete, weiterreisen zu können, schlenderte ich durch Kaschgars verschlafene Gassen. Am Eingang der hellgelben Id-Kah-Moschee, dem wichtigsten Wahrzeichen der Stadt, wurde ich von einem strengen Polizisten aufgehalten.

»Pass!«, bellte er. Auch um in das Haus Gottes zu gelangen, muss man heutzutage die richtigen Papiere haben.

»Der liegt im Hotel«, antwortete ich.

»Dann kann ich Sie nicht hineinlassen«, erklärte er. »Es ist im Übrigen nicht erlaubt, in der Moschee zu fotografieren«, fügte er hinzu. »Fotografieren ist streng verboten.«

Ich ging zurück auf den großen, frisch renovierten Platz. Im Schatten einiger Bäume saß eine Handvoll grauhaariger Männer, die sich Gebetsrufe aus einem Mobiltelefon anhörten. An der Straße am Ende des Platzes klammerten sich drei chinesische Kinder an den Höckern räudiger Kamele fest, während die Eltern diese Leistung fleißig mit ihren Telefonkameras dokumentierten. Ansonsten war der Platz leer und öde.

Ein Fußgängertunnel führte auf die andere Seite der dicht befahrenen Straße. Unten im Halbdunkel gab es eine weitere Identitätskontrolle. Wobei die chinesischen Touristen und ich an einem Metalldetektor vorbeigewunken wurden und nur die in Kaschgar lebenden Uiguren sich in eine Schlange stellen mussten, um sich kontrollieren zu lassen. Routiniert legten sie ihre Taschen auf das Transportband, scannten ihre Identitätskarte und blickten in die Kamera. Wieder im Tageslicht, am Eingang der berühmten Altstadt, wartete eine weitere Ausweiskontrolle. Wieder winkten die Kontrolleure mich an der Schlange der einheimischen Frauen und Kinder vorbei.

An einer Bude wurde Granatapfelsaft, an einer anderen rundes Fladenbrot feilgeboten. Es gab Buden mit Nudeln, Grillspießen oder gedämpftem Schaffleisch, wieder andere lockten mit saftigen Honigmelonen, sonnenreifen Aprikosen und prallen Weintrauben. Der Geruch der Garküchen hing schwer über dem Markt, hungrige chinesische Touristen drängten sich um die riesigen Fleischtöpfe. Kaschgar ist weithin bekannt für seine lebendigen Märkte, die ganze Stadt ist in gewisser Weise ein einziger großer Basar, an jeder zweiten Straßenecke wird irgendetwas Essbares an einer einfachen Bude verkauft. Die Verkäuferinnen trugen weite, geblümte Kleider, die älteren Männer bunte, kreisförmige Kopfbedeckungen. Gruppen chinesischer Reisender dokumentierten das exotische Treiben mit halbmeterlangen, halbprofessionellen Objektiven. Viele von ihnen kamen von weit her: Kaschgar gehört zu Chinas westlichstem Außenposten, die Stadt liegt näher an Bagdad als an Peking.

Ich manövrierte mich an den Essensständen vorbei und verschwand in einer der engen Gassen. Die Altstadt sah auf der Karte nicht sonderlich groß aus, aber ich verlief mich in den verwinkelten, labyrinthischen Straßen sofort. Überall war ich umgeben von traditionellen hellbraunen Lehmhäusern. Kleine Mädchen in Prinzessinnenröckchen kamen auf mich zugelaufen, um meine Haare anzufassen, sie riefen mir *ni hao* zu, und einige erlaubten sich ein verlegenes *hello*. Auf den Türschwellen saßen ältere Frauen und tranken Tee. Sie lächelten und sagten *salaam*, wenn ich vorbeiging.

Die Touristenbehörde hatte mich reichlich mit Stadtplänen versorgt, doch sie waren kaum eine Hilfe. Denn die Karten zeigten nicht, wo man war, auf ihnen waren lediglich verschiedene Routen verzeichnet, denen man durch das Straßenlabyrinth folgen konnte. Route 1, Route 2, Route 3. Zwischendurch stieß ich auf chinesische Touristen mit Selfie-Stangen und vor der Sonne schützenden Kopfbedeckungen, meist war ich aber nur umgeben von fröhlich lachenden Kindern und runzligen Großmüttern. Die staubigen Gassen wanden sich mal hierhin, mal dorthin, jede pittoreske Passage erschien wie eine Kulisse aus Tausendundeiner Nacht. So, dachte ich, ungefähr so – abzüglich der Stadtpläne und der Selfie-Stangen, allerdings mit mehr Kamelen und Eseln – muss Kaschgar vor beinahe zweitausend Jahren ausgesehen haben, als die Händler begannen, Seide, Papier, Kräuter und andere lukrative Waren auf den Karawanenrouten von Ost nach West zu transportieren.

Als das Filmteam von *Drachenläufer* Anfang der 2000er Jahre nach einer sichereren Stadt als Kabul für ihre Aufnahmen suchte, fiel die Wahl auf Kaschgar, da hier die größte und am besten erhaltene islamische Altstadt in ganz Zentralasien zu finden war. Heute müssten sie sich nach authentischeren Kulissen umsehen. Hätte ich es nicht gewusst, hätte ich es wahrscheinlich nicht bemerkt, denn die Neubauarbeiten waren sorgfältig ausgeführt, ganz offensichtlich mit Respekt vor der Tradition. Allerdings waren sämtliche Ecken und Winkel begradigt. Alle Lehmwände waren perfekt, ohne einen einzigen Kratzer, ohne eine einzige Unebenheit. Zwischendurch kam ich zu Treppen, die nirgendwo hinführten, oder in Straßen, die plötzlich und unmotiviert an der Stadtmauer endeten, denn auch das Straßenmuster hatte man wesentlich verändert. Abgesehen von den Scharen lachender Kinder, die mich verfolgten, waren diese Straßen im Großen und Ganzen aber öde und leer.

Kaschgars berühmte Altstadt ist heute nichts anderes als eine dekorative Kulisse. Hübsch und stimmungsvoll, aber eben auch nagelneu.

Mit der Evakuierung und dem Abriss der ehemaligen Altstadt hatte man 2009 begonnen. Laut den chinesischen Behörden waren die Häuser in der Altstadt nicht erdbebensicher, sie hätten dringend saniert und modernisiert werden müssen. Doch statt die mehrere Hundert Jahre alten Häuser zu renovieren, setzten die Chinesen gewohnheitsgemäß Bulldozer ein, und sie gingen gründlich zu Werk. Über fünfundsechzigtausend Häuser wurden abgerissen, über zweihunderttausend Menschen verloren ihr Heim. Viele von ihnen wohnen nun in kleinen modernen Wohnungen in anonymen Hochhäusern am Rande des Zentrums.

Nachdem ich über eine Stunde umhergeschlendert war, stieß ich auf das ebenfalls nagelneue, massive Stadttor. Schilder auf Uigurisch, Chinesisch und Englisch verkündeten, das Tor führe zur Kaschgar Old City. Die fünf A links von der Toröffnung verkündeten, dass es sich um eine Fünf-Sterne-Touristenattraktion handelte, eine Ehre, die der Stadt 2015 zuteilwurde, als die funkelnagelneue Altstadt fertiggestellt war.

Auf der anderen Straßenseite lag ein kleines Stück intakte Altstadt. Hier war von Ordnung überhaupt nichts zu spüren. Die meisten Häuser sahen aus, als hätte man sie eher zufällig gebaut, eins auf dem anderen, und waren halb eingestürzt. Die Reste der Stadtmauer erinnerten mehr an einen liegen gebliebenen Erdrutsch als an eine Mauer, zwischen den Häusern türmte sich der Abfall. Am Eingang wurde ich von vier Polizisten angehalten. Sie rauchten unter einem Sonnenschirm, und es war offenbar ihre einzige Aufgabe, jeden Touristen aufzuhalten, der versuchte, in die ursprüngliche Altstadt zu gelangen. Ich versuchte aus ihnen herauszubekommen, warum der Zutritt verboten war, allerdings vergeblich, die Polizisten sprachen nur Chinesisch. Ein großes Plakat in der Nähe ihres Tisches informierte über das Betretungsverbot in drei Sprachen, darunter eine Art Englisch: *Reminder: Dear Visitor, due to The Hathpace Folk House is dressing up, can not enter inside, please forgive me*. Das Vertrauen der Chinesen in automatische Übersetzungsprogramme schien grenzenlos zu sein. Auch chinesische Touristen wurden aufgehalten, während uigurische Frauen mit kleinen Kindern durchgelassen wurden.

Niemand hinderte mich indes daran, den letzten Rest von

Kaschgars verfallener Altstadt zu *umrunden*. Anfangs hatte ich noch die vage Hoffnung, einen anderen, weniger offiziellen Eingang zu finden, doch an jeder noch so kleinen und unscheinbaren Gasse saß ein Polizist und passte auf. Hin und wieder gelang es mir, einen Blick durch die Fenster dieser schiefen, armseligen Häuser zu werfen. Innen saßen Menschen, die Tee tranken oder fernsahen. *Staatliches* Fernsehen, vermutete ich. Ähnlich wie das Fasten während des Ramadan oder islamische Namen für Neugeborene wird die Weigerung, sich das staatliche Fernsehprogramm anzusehen, seit kurzem als Zeichen für religiösen Extremismus gewertet. Statistisch gesehen war die Chance groß, dass einzelne Fernsehzuschauer, die auf den Sofas der Slumhäuser lagen, Han-Chinesen waren, die aus den zentralen Teilen des Reichs der Mitte eingeflogen worden waren, um der muslimischen Bevölkerung im »wilden Westen« das moderne, parteilinienkonforme Leben beizubringen.

George Orwells Dystopie von 1948 verblasst gegenüber der Xinjiang-Provinz des Jahres 2018.

Meine erste Begegnung mit dem Himalaya hatte mit Donald Duck zu tun. So wie meine Reise nach Zentralasien und durch alle Länder, die mit »stan« enden, in gewisser Weise von Donalds vielen Eskapaden in »Weitwegistan« inspiriert waren, hatte Carl Barks im Grunde genommen auch für diese Expedition den Impuls geliefert. Als Kind schlief ich mit Donald ein und erwachte mit ihm, ich lernte durch Donald lesen. Mein Vater las mir zum Einschlafen ausschließlich Micky-Maus-Hefte vor, und wenn er einschlief, was häufig vorkam, musste ich selbst weiterlesen.

Als ich etwas älter war, las ich auch andere gedruckte Werke, und besonders fasziniert war ich von unserem Atlas. Wir hatten keinen Globus, aber dicke Atlanten. In der Fantasie reiste ich auf den Landkarten, und nirgendwo waren die Namen magischer als in dem braun-weißen Gebirgsgürtel zwischen Indien und China: *Hindukusch. Thimphu. Lhasa. Hunzu. Kathmandu. Sikkim. Karakorum. Annapurna.* Und der schönste Name von allen: *Himalaya*.

Mir wurde es nie langweilig, diese Silben vor mich hin zu sagen: *Hi-ma-la-ya*.

In einer meiner Lieblingsgeschichten aus Entenhausen lässt Carl Barks Onkel Dagobert einen Nervenzusammenbruch erleiden. Der Zustand ist sehr ernst, Dagobert kann Geld nicht länger ertragen. Donald und die Neffen bringen ihn schließlich in das abgeschiedene Tal Tralla La hoch oben im Himalaya, wo Geld unbekannt ist. Das Tal ist so abgelegen, dass sie mit einem Fallschirm abspringen müssen, um dorthin zu kommen, aber es ist alle Strapazen wert: Sie finden ein irdisches Paradies, in dem die Bewohner ein fröhliches, glückliches und harmonisches Leben führen.

Kaum eine Gegend auf der Welt ist so mythenumsponnen wie der Himalaya. Die Berge im Himalaya waren die letzte Möglichkeit für Entdeckungsreisen – bis weit ins 20. Jahrhundert hinein verkleideten sich westliche Abenteurer als lokale Handelsreisende und Pilger in der Hoffnung, Lhasa zu erreichen, Tibets sagenumwobene Hauptstadt; und auch viele Jahre, nachdem die Fahnen auf den Süd- wie auf den Nordpol gepflanzt waren, standen die höchsten Zinnen des Himalaya noch immer unerklommen da. Dazu kam das Mystische. Die Geschichten über Volksgruppen in verborgenen Tälern, bei denen niemand alt würde und starb, sondern alle in erhabener Harmonie lebten und seltene Instinkte und tiefe Weisheit besaßen, verkauften sich bei den Buchhändlern in Paris, London und New York wie geschnitten Brot.

Onkel Dagoberts Abenteuer in Tralla La ist nur von kurzer Dauer. Er hat Flaschen mit seiner Nervenmedizin mitgebracht, um keinen Rückfall zu erleiden. Die Einheimischen sind von den Kronkorken besessen, die sie für seltene Schätze halten und gegen Waren eintauschen. Um das Problem zu lösen, lässt Onkel Dagobert eine Milliarde Kronkorken aus einem Flugzeug abwerfen. Die Äcker und Felder sind nun von Kronkorken bedeckt, es war zu viel des Guten. Die Bewohner toben, und den Enten bleibt keine andere Wahl, als Hals über Kopf aus dem Bergtal zu fliehen.

Als ich als Neunzehnjährige zum ersten Mal hinaus in die Welt reiste, stand das Reiseziel von vornherein fest: Ich musste in den

Himalaya. Die Begegnung mit den chaotischen Straßen von Kathmandu, in denen ein Touristenladen neben dem anderen lag, und den tibetischen Bergdörfern in der Annapurna-Region, in denen Pizza und Spaghetti auf der Speisekarte standen, machten Appetit auf mehr, gleichzeitig verdarben sie mir allerdings auch den Appetit. Viele Jahre später reiste ich nach Bhutan und lernte eine vollkommen andere Wirklichkeit des Himalaya kennen, aber auch sie hatte sich den modernen westlichen Entdeckungsreisenden angepasst.

Der Himalaya, begriff ich – hatte ich gelesen, wusste ich –, war so viel mehr als dies, so viel mehr als Spiritualitätstourismus und der Traum der Bergsteiger vom Paradies. Die kulturelle und sprachliche Vielfalt ist enorm, denn über Jahrhunderte haben große und kleine Volksgruppen Zuflucht in den einsamen, unwegsamen Tälern gesucht, von denen viele beinahe bis in unsere Zeit so gut wie ungestört blieben. Bergsteiger schreiben über die von ihnen bestiegenen Berge und ihre erlittenen Strapazen; Entdeckungsreisende schreiben beinahe immer mehr über sich selbst als über die Gesellschaften, die sie »entdecken«. Der Himalaya ist nicht nur hoch, sondern auch lang; die Bergkette erstreckt sich über fünf Länder, von China und Indien im Nordosten über Bhutan und Nepal bis Pakistan im Nordwesten. Welche Lebensgeschichten und Gesellschaften verbergen sich außerhalb der ausgetretenen Pfade, hoch oben in den Tälern und Dörfern der Bergkette mit dem schönen Namen?

Schon bald wollte ich sowohl weit wie hoch reisen.

Zunächst musste ich jedoch an das gelobte Visum kommen. Die Urlaubsvertretung der pakistanischen Botschaft in Oslo hatte es nicht eilig, und die Wochentage gingen in den Sonntag über, den Tag des legendären Viehmarkts in Kaschgar. Ich fuhr mit einem Taxi aus der Innenstadt hinaus und folgte dem beißenden Geruch nach Vieh, vorbei an Melonenverkäufern und Schlachtern, bis ich zu den lebenden Tieren kam. Am Eingang zum animalischen Teil des Marktes wurde ich von drei Polizisten aufgehalten, die alle mit grimmigem Gesicht auf meine Kamera zeigten.

»*No photos!*«, riefen sie gleichzeitig.

»*Why?*«, fragte ich, bekam aber keine andere Antwort als eine Wiederholung des Verbots. *No photos!* Das ergab keinen Sinn. Der Viehmarkt in Kaschgar ist bekannt als der beste und bunteste der Welt. Die Menschen kommen noch immer von weit her, die Koffer voll mit teurer Kameraausrüstung, um diesen Markt zu erleben.

Auf dem Marktplatz stank es streng nach Fell, Kot und der Angst der Tiere. Es wimmelte von Schafen, gut genährten Ochsen und dem einen oder anderen schmollenden Esel. Die Verkaufsobjekte standen dicht an dicht, an provisorische Zäune gebunden oder auf Ladepritschen zusammengepfercht. Überall wurde geschrien und gefeilscht, Geldbündel wurden abgezählt und wechselten ihren Besitzer. Die Männer hatten grobe Hände und trugen schmutzige Arbeitskleidung; die Frauen hatten lange Kleider angezogen, auch sie schmutzig und voller Flecken. Hier und da stieß ich auf chinesische Touristen, die Nase und Mund hinter einer weißen Maske verbargen. Niemand von ihnen schien sich am Fotografieren hindern zu lassen, und auch die Bauern sahen nicht so aus, als hätten sie etwas dagegen, fotografiert zu werden; sie hatten genug mit sich und ihren Geschäften zu tun. Die Polizei hielt sich überwiegend in dem Wachhaus am Eingang des Marktes auf, in sicherem Abstand zu Kuhfladen und Schafskötteln – und den Touristen.

Kaschgar und Handel sind zwei Seiten einer Medaille. Durch die strategische Lage am Fuß des Pamir hatte derjenige, der Kaschgar kontrollierte, jederzeit auch die westlichen Handelswege nach Persien und die südlichen nach Kaschmir unter Kontrolle. In Kaschgar begannen auch die Karawanenrouten nach Xi'an im Nordosten und Kasachstan im Norden. Marco Polo, der im 13. Jahrhundert seine Reise nach China unternahm, beschrieb Kaschgar als »die größte und wichtigste« Stadt der Region.

Kaschgars Geschichte ist lang und vielschichtig. Im Laufe der Jahrhunderte wurde die Stadt vom griechisch-baktrischen Kushan-Reich, tibetischen Königen, chinesischen Kaisern, arabischen Kalifaten, mongolischen Khanaten und türkischen Dynastien beherrscht. Die Chinesen kamen erst im 18. Jahrhundert ernsthaft ins Spiel: Die Provinz Xinjiang und damit auch die Stadt Kaschgar wurden in den 1750er Jahren auf Dauer in das chinesische Imperium eingegliedert. Auf Chinesisch bedeutet Xinjiang »neues Land«.

Heute ist Xinjiang Chinas westlichste und größte Provinz, größer als das Staatsgebiet von Spanien, Frankreich, Deutschland und Großbritannien zusammen. Die Provinz grenzt an acht Länder – Russland, Mongolei, Kasachstan, Kirgisistan, Tadschikistan, Afghanistan, Pakistan und Indien – und spielt eine Schlüsselrolle bei der Entwicklung der neuen Seidenstraße oder *The Belt and Road Initiative, BRI*, so der offizielle Name des neuen Lieblingskindes der chinesischen Machthaber. Geplant ist, China mit den übrigen asiatischen Ländern sowie Europa und Afrika durch ein großes Netzwerk von neuen Straßen, Eisenbahnlinien und Schiffsrouten zu verbinden – eine moderne »Seidenstraße« mit China als Hauptlieferant von billiger Elektronik, massenproduzierter Kleidung, hohen Krediten und Arbeitskräften für den Rest der Welt. China hat den Code geknackt: Im Zeitalter des Hyperkapitalismus, in dem alles zum Verkauf steht und der freie Wettbewerb vergöttert wird, werden Imperien auf andere Weise als früher errichtet. Warum etwas besetzen, was man kaufen kann? Warum jemanden mit Gewalt unterwerfen, wenn man auf dessen Markt alle anderen unterbieten kann?

Obwohl Xinjiangs Fläche so groß ist wie das halbe Indien, leben dort gerade so viele Menschen wie in Peking – rund zwanzig Millionen. Die zentralasiatische Landschaft ist ungastlich, enorme Gebiete wie das Tian-Shan-Gebirge und die Wüste Taklamakan, die größte Sandwüste der Welt, sind unbewohnbar. In den letzten Jahrzehnten ist der Anteil an Han-Chinesen in Xinjiang kräftig erhöht worden, aber noch immer liegt ihr Anteil etwas unter der Hälfte der uigurischen Bevölkerung. Über neunzig Prozent von Chinas übrigen Staatsbürgern sind Han-Chinesen – Xinjiang und Tibet sind die einzigen Provinzen, in denen sie noch nicht die Mehrheit stellen.

Die Uiguren sind ein türkischsprachiges Volk, dessen Wurzeln in der Mongolei und dem Gebiet südlich des Baikalsees in Russland liegen. Nachdem sie von den Jenissei-Kirgisen im 9. Jahrhundert aus der Mongolei vertrieben wurden, ließen sie sich in dem Gebiet der heutigen Provinz Xinjiang nieder. Hier gründeten sie das Reich von Qocho, das auch als Uiguristan bekannt wurde. Im 13. Jahrhundert unterwarfen sich die Uiguren Dschingis Khans mörderischem Heer, Jahrhunderte unter mongolischen Khanaten folgten. Die Uiguren waren ursprünglich Buddhisten und Manichäer, doch unter der mongolischen Herrschaft konvertierte die Bevölkerung zum Islam.

Die Chinesen mussten hart arbeiten, um die Herrschaft über ihr neues Land zu behalten. Ende der 1860er Jahre übernahm Jakub Bek, ein brutaler Warlord aus dem heutigen Usbekistan, die Kontrolle über große Teile Xinjiangs. Bek tyrannisierte die Region beinahe zehn Jahre lang, bevor es den Chinesen gelang, ihn zu vertreiben. In der Zwischenzeit hatten die Russen die Gelegenheit genutzt und das Tal des Ili im Norden besetzt. Erst zehn Jahre später gaben sie das Gebiet den Chinesen zurück – gegen einen erklecklichen Geldbetrag. Als die Qing-Dynastie sich 1912 aufgelöst und die erste chinesische Republik ausgerufen wurde, überließ man Xinjiang mehr oder weniger sich selbst. Erneut nutzte Russland die Gelegenheit. In den 1930er Jahren war Xinjiang, ungeachtet seines Namens, eine sowjetische Kolonie. Die Russen hatten die komplette Kontrolle, von den Ölquellen bis zu den Zinngruben; Russisch war die populärste Fremdsprache, und in gutem kommunistischem Geist wurden viele Moscheen in Versammlungshäuser und Theater umgewandelt. Das alte russische Konsulat steht noch immer als Monument des russischen Einflusses im Zentrum von Kaschgar. Das Konsulat ist heute ein billiges Hotel, aber der üppige Garten mit griechisch inspirierten Statuen, Pavillons und Springbrunnen zeugt von der einstigen Größe.

Während der sowjetrussischen Herrschaft kam es in der einheimischen Bevölkerung zu einem nationalen Erwachen. Die türkischsprechenden Muslime nannten sich wieder Uiguren, Nachkommen des Königreichs Uiguristan, ein Name, der jahrhundertelang nicht genutzt worden war. Einzelne träumten davon, Turkestan zu gründen, eine eigene Republik für die türkischen Volksstämme in

Zentralasien, und Anfang der 1930er Jahre erblickte Ost-Turkestan das Licht der Welt. Unterstützt von der nationalistischen chinesischen Partei Guomindang griff 1934 ein muslimisches Heer Kaschgar an. Mehrere Tausend Uiguren kamen in den Kämpfen um, und die ost-turkestanische Republik starb mit ihnen. Zehn Jahre später wurde sie noch einmal für eine kurze Periode im Ili-Tal im Norden Xinjiangs wiederbelebt – kräftig unterstützt durch die Sowjetunion. Die zweite ost-turkestanische Republik, die über eine eigene Währung und eine eigene Armee verfügte, gab die Selbstständigkeit endgültig auf, als Mao 1949 in China an die Macht kam.

In den letzten Jahren hat es erneut in Chinas wildem Westen geschwelt, es kam zu zahlreichen Terrorattentaten. So überfiel im März 2014 eine Gruppe mit Messern bewaffneter uigurischer Terroristen willkürlich Passagiere am Bahnhof von Kunming in der Provinz Yunnan, über zweitausend Kilometer östlich von Xinjiang. Dreizehn Menschen wurden getötet, über hundertvierzig verletzt. Einige Wochen später wurden dreiundvierzig Menschen bei einem Autobombenattentat auf einem Gemüsemarkt in Urumtschi getötet, der größten Stadt in Xinjiang. Im September des darauffolgenden Jahres wurden erneut über fünfzig Menschen bei einem Messerangriff in einem Kohlebergwerk in Aksu ermordet, im Westen von Xinjiang. Wieder waren Uiguren dafür verantwortlich.

Um die uigurische Separatistenbewegung zu zerschlagen, haben die chinesischen Behörden drakonische Gegenmaßnahmen ergriffen. Seit 2017 werden über eine Million Uiguren ohne rechtskräftiges Urteil in staatlichen Internierungslagern festgehalten. Die chinesischen Behörden nennen diese Lager euphemistisch Berufsausbildungszentren, doch in Wahrheit erinnern sie an moderne Konzentrationslager, umgeben von hohen Mauern, Stacheldraht und Wachtürmen. Ehemalige Insassen berichteten, dass sie gezwungen wurden, Lieder zum Lob der kommunistischen Partei zu singen, und dass aufsässige Gefangene geschlagen und vergewaltigt sowie mit Essensentzug und Isolationshaft bestraft werden. In vielen Fällen sollen Han-Chinesen bei den Familien der

Insassen eingezogen sein, um die Verwandtschaft unter Beobachtung zu halten und ihnen chinesische Werte beizubringen.

In der chinesischen Presse werden die Internierungslager als überragender Erfolg gewertet: Seit 2016 hat es keinen Terrorangriff in Xinjiang mehr gegeben.

Auf dem Rückweg vom Viehmarkt unternahm ich einen neuen Versuch, die Id-Kah-Moschee zu besuchen. Mein Übergangspass lag in der Tasche bereit, aber ich traf auf ein verschlossenes Tor. Ein Schild informierte darüber, dass die Moschee um sieben Uhr abends schließe – was in der Praxis um fünf hieß. Da Xinjiang so weit im Westen liegt, arbeiten die Menschen hier mit ihrer eigenen Zeit, der Xinjiang-Zeit, die zwei Stunden hinter der Pekinger Zeit liegt. Offiziell folgt jedoch ganz China der Pekinger Zeit, und daher war die Moschee bereits geschlossen.

Am darauffolgenden Tag gab es noch immer nichts Neues von der pakistanischen Botschaft. Das Visum käme möglicherweise im Laufe der Woche, vielleicht aber auch erst in der nächsten Woche. Mir wurde allmählich klar, dass sich mein Aufenthalt in Kaschgar hinziehen könnte, daher änderte ich die Taktik. Ich erinnerte mich, dass eine Bekannte von mir den ehemaligen pakistanischen Botschafter kannte. Ich nahm Kontakt zu ihr auf, und sie schickte umgehend eine E-Mail an die Botschaft. Die Wirkung war magisch: Im Laufe von wenigen Stunden war das Visum per Expressbrief auf dem Weg nach Kaschgar. Bald, vermutlich schon sehr bald, konnte die Reise in die vielen Reiche und Volksgruppen in den Tälern des Himalaya beginnen.

In der Zwischenzeit besuchte ich das Apak-Hodscha-Mausoleum, die heiligste Pilgerstätte in Xinjiang. Das Mausoleum liegt einige Kilometer außerhalb des Zentrums von Kaschgar, und mit seiner großen Kuppel und seinem ausladenden, gewölbten Eingangsbereich, der mit grünen und weißen Keramikfliesen verkleidet ist, erinnert es an ähnliche Gebäude in Seidenstraßenstädten wie Samarkand und Buchara. Das Mausoleum war 1640 als Grabstätte des Sufimeisters Mohammad Yusuf von seinem

Sohn Apak Hodscha gebaut worden, der ebenfalls dort begraben wurde. Das Mausoleum ist nach ihm benannt, heute ist es allerdings am bekanntesten als die Grabstätte der Wohlduftenden Konkubine.

Iparhan oder Xiang Fei, wie sie auf Chinesisch hieß, die Enkelin Apak Hodschas, war dem Mythos nach so hübsch und wohlriechend, dass Kaiser Qianlong, als er von ihr hörte, befahl, sie als Konkubine zu ihm zu bringen. Glaubt man der chinesischen Legende, bekam die Schönheit aus dem Westen ein hübsches Zimmer und einen eigenen Garten, doch der Luxus des kaiserlichen Palasts reichte nicht, um ihr Heimweh zu lindern. Der Kaiser war verzweifelt und wusste nicht, womit er seine neue Konkubine noch verwöhnen konnte, also ließ er vor ihrem Fenster eine Moschee, ein uigurisches Dorf und einen muslimischen Basar bauen. Schließlich sandte er seine Diener nach Kaschgar, um eine Chinesische Jujube zu besorgen, die goldene Früchte trug. Da verstand Xiang Fei endlich, wie sehr der Kaiser sie liebte, und war ihm bis zu ihrem Tod treu. Ihr Leichnam wurde als Symbol der nationalen Einheit und der Liebe des Kaisers nach Kaschgar zurückgebracht. Xiang Feis letzte Reise soll drei Jahre gedauert haben.

Die uigurische Version hingegen endet als Tragödie. Xiang Feis Herz soll voller Hass und Rachegedanken gewesen sein, sie verteidigte sich gegen die Annäherungen des Kaisers mit kleinen Messern, die sie in ihren Ärmeln versteckte. Die Mutter des Kaisers war um die Sicherheit ihres Sohnes besorgt, und eines Tages, als sie mit Xiang Fei unter vier Augen sprach, stellte die Mutter Xiang Fei vor die Wahl, sich endlich wie eine anständige Konkubine zu benehmen oder Selbstmord zu begehen. In einer Version wird Xiang Fei dann vergiftet, in einer anderen folgt sie der Aufforderung ihrer Schwiegermutter und erhängt sich mit einem Seidenschal.

Heute dominiert die romantische chinesische Version. Nach Xiang Fei sind Restaurants und Parfums benannt, es gibt eine Fernsehserie, Filme und Tanzvorstellungen über sie, zu ihrem Grab werden geführte Touren angeboten. Höchstwahrscheinlich hat der Mythos seinen Ursprung in einer Frau, die es tatsächlich gegeben hat, der Konkubine Rong, die um 1760 aus West-China in den Kaiserlichen Palast nach Peking kam. Sie starb im Alter von dreiundfünfzig Jahren an einer Krankheit und wurde in Peking begraben, über viertausend Kilometer vom berühmten Grab der Wohlduftenden Konkubine in Kaschgar entfernt. Wer allerdings in Kaschgar begraben wurde, weiß niemand.

Rechts vom Mausoleum liegen vernachlässigte Gräber im getrockneten Lehm. Ursprünglich gab es auch Gräber vor dem Mausoleum, denn die Muslime meinen, es sei gut, neben Heiligtümern begraben zu werden. Da das Mausoleum aber eine populäre Touristenattraktion ist, wurden diese Gräber von den chinesischen Verantwortlichen entfernt und durch einen Rosengarten ersetzt. In einer Ecke des Rosengartens steht ein Schild: *Best spot for taking photos*. Die Touristen sollen aus Xinjiang am liebsten mit Fotos von Rosen nach Hause kommen, nicht mit Bildern von alten Gräbern oder misshandeltem Vieh auf der Speicherkarte.

Und schon gar nicht vom Inneren einer Moschee.

Schließlich gelangte ich doch hinter die gelben Mauern der Id-Kah-Moschee. Ein Wachposten scannte meinen Pass, ein anderer nahm den Eintrittspreis entgegen, fünfundvierzig Yuan, rund sechs Euro.

»Es ist nicht gestattet, Fotos zu machen«, informierte mich der Wachmann, als er mir das Ticket und mein Wechselgeld überreichte.

»Es ist nicht erlaubt zu fotografieren«, erklärte mir der andere, bevor er mir meinen Pass aushändigte.

»Fotografieren verboten«, warnte mich ein dritter, der meine Tasche überprüfte, bevor ich in den Vorhof der Moschee durfte. Innerhalb der Mauern ist genügend Platz für über zwanzigtausend Menschen, womit die Id-Kah-Moschee nicht nur die größte Moschee Kaschgars, sondern ganz Chinas ist. Das eigentliche, sechshundert Jahre alte Moschee-Gebäude ist allerdings klein und aus Holz gebaut. Normalerweise bedecke ich, wie es sich gehört, meinen Kopf, wenn ich eine Moschee besuche, aber in Xinjiang ist es verboten, ein Kopftuch oder einen Schal zu tragen. Auch lange Bärte und muslimische Tracht werden nicht geduldet. Wer in irgendeiner Weise nach außen hin signalisiert, dass er Moslem ist, könnte ebenso gut ein Gesuch zur »Umerziehung« einreichen.

»Jeden Tag kommen Tausende Muslime hierher, um zu beten«, wirbt das chinesische Touristenbüro Travel China Guide auf seiner Homepage, aber abgesehen von ein paar Dutzend chinesischen Touristen war die Moschee leer. In den Bäumen vor dem Gebäude hingen große Videokameras, insgesamt mehrere Dutzend, und an jedem Laternenpfahl stand ein Wachposten, der das Geschehen beobachtete.

»Keine Fotos«, ermahnte mich einer von ihnen streng, als ich auf dem Weg aus der Moschee an ihm vorbeiging. Draußen auf den Bänken saß im Schatten grüner Laubbäume wie immer eine Handvoll alter Männer in einer langen Reihe. Sie hielten die zu Schalen geformten Hände vors Gesicht und flüsterten leise. Vielleicht beteten sie für bessere Zeiten.

Über die Webseite des Versanddienstes konnte ich den Weg meines Passes von Oslo nach Kaschgar verfolgen. Am Tag, nachdem der Pass abgeschickt worden war, hatte er Hongkong erreicht; ich begann, mich auf die Reise nach Süden, in Richtung Berge vorzubereiten. Von Hongkong aus reiste der Pass weiter nach Guangzhou, dann passierte nichts mehr. Mein Pass war in Guangzhou gestrandet. Ich nahm Kontakt zum Kundenservice auf, der mich darüber in Kenntnis setzte, dass der Pass in Guangzhou sei, doch das wusste ich ja bereits. Die Tage vergingen, ohne dass irgendetwas geschah. Ich googelte Guangzhou und fand heraus, dass dort fünfzehn Millionen Menschen leben, nahezu drei Mal so viele wie in ganz Norwegen. Warum hatte ich noch nie von Guangzhou gehört? Ich las weiter und erfuhr, dass auch Guangzhou eine wichtige Station der Seidenstraße gewesen war. Während Kaschgar der Knotenpunkt der Kamelkarawanen gewesen ist, war Guangzhou der Sammelpunkt für den maritimen Ableger.

Ich selbst war so weit vom Meer entfernt, wie es überhaupt nur möglich ist.

An einem dieser Tage, an denen ich darauf wartete, dass der Pass Guangzhou verließ, fuhr ich rund siebzig Kilometer zur kirgisischen Grenze nordwestlich von Kaschgar. Aus einer flachen und unfruchtbaren Landschaft erhoben sich mit einem Mal mehrere tausend Meter hohe, dramatische Kalksteinformationen, hier und da mit Gebüsch und Kakteen bedeckt, grüne Flecken in all dem Braun. Tiefe Schluchten gruben sich durch das Terrain, geschaffen von Wasser und Flüssen, die einmal vom tibetischen Hochplateau ins Flachland geflossen waren.

In dieser unwegsamen, ungastlichen Landschaft unternahm der britische Generalkonsul Eric Shipton 1947 mehrere anstrengende Expeditionsreisen. Shipton war ein erfahrener Bergsteiger und hatte bereits an mehreren relativ gelungenen Mount-Everest-Expeditionen teilgenommen, obwohl es noch niemandem gelungen war, den Gipfel zu erreichen. Nun war er auf der Suche nach einem gigantischen Felsentor, das er einmal aus der Ferne in den Wüstenfelsen außerhalb von Kaschgar gesehen hatte. Beim dritten Versuch gelang es ihm, das Tor zu finden. Im Volksmund hieß das Gewölbe *Tushuk tash*, der Berg mit einem Loch, aber heute kennt man es am ehesten unter der Bezeichnung *Shipton's Arch*, Shiptons Bogen. Eine Insel, ein Meer, ein Kontinent war bis vor Kurzem nicht wirklich entdeckt, bevor nicht ein europäischer Mann seinen Fuß darauf gesetzt und darüber geschrieben hatte.

Shipton's Arch ging als das höchste natürliche Felsentor der Welt ins *Guinness Buch der Rekorde* ein, wurde aber wieder herausgenommen, da niemand in der Lage war, das Tor wiederzufinden. Erst ein halbes Jahrhundert später, im Jahr 2000, gelang es einer von *National Geographic* ausgeschickten Expedition, die versteckte, aber niemals vergessene Felsformation zu finden.

Nachdem man das Felsentor wiederentdeckt hatte, wurde eine asphaltierte Straße bis fast ans Tor gebaut. Dazu ein Parkplatz und ein Besucherzentrum mit Toiletten und Kiosk, und natürlich ist auch die Polizei präsent und kontrolliert die Ausweispapiere sämtlicher Besucher. Vom Besucherzentrum aus führt ein knapp einstündiger Spaziergang zu der Felsformation, unterwegs gibt es in regelmäßigen Abständen Rastplätze mit Tischen und Bänken.

Der Weg verläuft durch ausgetrocknete Flusstäler, flankiert von Kalksteinformationen voller Löcher, Kreise und Linien, die beinahe kunstvoll aussehen. Die majestätische Stille konnte ich mir allerdings nur vorstellen, denn wie überall in China war ich umgeben von geschwätzigen Chinesen. Einige waren ausgerüstet wie für eine anstrengende Expedition im Hochgebirge, andere stakten in kurzen, engen Röcken und hochhackigen Schuhen durch den Schotter, während stimmungsvolle Musik aus ihren Mobiltelefonen strömte.

Eine breite Holztreppe führte hinauf zur Aussichtsplattform. Erst als ich ganz oben war, sah ich, wie groß das Tor tatsächlich war: Es erstreckte sich bis hinunter ins Tal, so geometrisch, so perfekt in der Form, dass es von einem Meister herausgehauen sein könnte. Schwarze Vögel flogen in den Luftströmen der eigentlichen Wölbung, sie flogen in verspielten Spiralen auf und ab – es sah aus, als würden sie turnen.

Plötzlich wartete eines Tages das verheißene Visum an der Rezeption auf mich. Ich hatte es beinahe aufgegeben, die Berge kamen mir wie ein ferner, unrealistischer Traum vor, ich hatte mich daran gewöhnt, in aller Ruhe an einem Ort zu bleiben und fing an, mich in Kaschgar heimisch zu fühlen.

Ein letztes Mal ging ich durch die frisch restaurierten, wohlgeordnet-chaotischen Gassen der Altstadt. Noch einmal verirrte ich mich und endete an der gigantischen Statue Maos auf dem Platz des Volkes. Sie war während der Kulturrevolution errichtet worden und gehört mit ihren vierundzwanzig Metern Höhe zu den vier größten Mao-Statuen in China. Es war natürlich nicht ganz billig, eine Statue in dieser Größe zu errichten, aber der Stadtrat von Kaschgar wusste Rat und forderte die Bürger zu freiwilligen Spenden auf. Diejenigen, die kein Geld hatten, konnten ihre Lebensmittelkarten spenden. Die Menschen spendeten natürlich, ob sie es sich nun leisten konnten oder nicht. Sobald die Finanzierung geklärt war, ergab sich ein anderes Problem: Wie sollte man in der Wüste genügend Baumaterial finden? Es endete damit, dass der Große Vorsitzende stückweise transportiert werden musste, verteilt auf sechzehn Lastwagen, die von Zentralchina nach Kaschgar fuhren. Handwerker brauchten Monate, um die Teile zusammenzusetzen und die Statue zu errichten, die 1969 enthüllt wurde.

Die öde Betonumgebung rund um die Statue war menschenleer. In einem winzigen Wachhaus saß ein einsamer Posten und beschützte den Vater der Volksrepublik.

Wie viele Menschen sind in China bei der Polizei und den Sicherheitsdiensten beschäftigt? Es müssen Millionen sein. In der letzten Zeit hat das Land mehr Geld für Sicherheitsmaßnahmen innerhalb der Landesgrenzen ausgegeben als für das Militär – und China hat den zweitgrößten Verteidigungshaushalt der Welt. Geschätzt gab der chinesische Staat 2019 über 167,50 Milliarden US-Dollar für die Landesverteidigung aus. In den letzten Jahren wurde dieser Betrag kräftig erhöht, aber das Budget für die innere Sicherheit ist noch mehr gestiegen.

Am letzten Abend in Kaschgar ging ich in der Nähe des Hotels spazieren, das einige Kilometer von der Altstadt entfernt in einem von niedrigen Wohnhäusern geprägten Viertel lag. Der Stadtteil war gepflegt und ordentlich, mit breiten sechsspurigen Straßen und einer eigenen Fahrbahn für die zahlreichen Motorräder und Motorroller. Die Radfahrer, die vor nicht allzu vielen Jahren das Symbol für das chinesische Stadtleben waren, glänzten durch Abwesenheit, ebenso wie Uiguren. Wohin man auch sah, es gab nur Han-Chinesen, die meisten von ihnen waren vermutlich erst kürzlich zugezogen. Entlang der Fußwege und am Straßenrand waren Bäume und bunte Blumen in geraden ordentlichen Reihen gepflanzt. Auf den breiten Bürgersteigen unternahmen kleine Familien Abendspaziergänge. Einige Mädchen standen vor einem Wohnblock und übten Aerobic-Figuren, angeleitet von einer sanften Stimme aus den Lautsprechern ihrer Mobiltelefone. Im Gegensatz zur Altstadt, wo es vor Kindern wimmelte, hatte hier jedes Paar nur ein einziges Kind.

Niemand weiß genau, wie viele Uiguren in den staatlichen Umerziehungslagern eingesperrt sind, aber die Schätzungen variieren von einer bis anderthalb Millionen. Sollten die Schätzungen korrekt sein, hält sich jeder zehnte Uigure gegen seinen Willen in einem Internierungslager auf. Alle Uiguren, die ich auf der Straße sah, alle Uiguren, die in dem Hotel arbeiteten, in dem ich wohnte, und in den Restaurants, in denen ich aß, absolut alle Uiguren, mit denen ich auf die eine oder andere Weise in Kontakt kam, kannten mit anderen Worten einen Gefangenen in einem Internierungslager.

Allerdings konnte ich nicht fragen. Die Überwachung war zu allumfassend. Ein Gespräch mit einer Ausländerin wäre nicht unbemerkt geblieben.

Wie spürt man die Unterdrückung? Was wäre mir aufgefallen, wenn ich keinerlei Vorkenntnisse gehabt hätte? Und was habe ich eigentlich *bemerkt*?

An einem schmalen, schmutzigen Bach, der nach Kloake stank, hatte man eine Allee mit grünen Bäumen gepflanzt und hübsche kleine Stege gebaut. Die Restaurants und Läden hatten noch geöffnet, obwohl es nach Pekinger Zeit bereits Mitternacht war, überall saßen kleine Familien, Liebespaare oder Freunde zusammen, aßen und unterhielten sich. Abgesehen von all den Uiguren, die Grillspieße und runde Fladenbrote verkauften, sowie dem großen Polizeiaufgebot, herrschte eine Stimmung wie in jeder anderen chinesischen Provinzstadt.

Zur Beantwortung der Frage muss man allerdings auch alles berücksichtigen, was man nicht sieht und hört. Als ich drei Jahre zuvor in Xinjiang gewesen war, hatten viele Frauen bunte Kopftücher getragen. Nun trug keine Frau mehr eine Kopfbedeckung. Ich sah auch keine Männer mit langen Bärten, der insistierende Gebetsruf des Muezzins ertönte nicht länger fünf Mal am Tag über der Stadt, und in der Moschee hielten sich nur chinesische Touristen auf.

Dazu kommt all das, was man nicht sehen will oder nicht sehen mag. Als ich an diesem Abend zurück zum Hotel kam, standen vier Polizisten an der Rezeption und überprüften eine Namensliste. Offensichtlich suchten sie jemanden, und dem verzweifelten

Gesichtsausdruck des Rezeptionisten nach zu urteilen, würden sie den- oder diejenigen, die sie suchten, bald finden.

Ich drängte mich hastig vorbei und schloss mich in meinem Zimmer ein.

Niemand verlässt Kaschgar unbemerkt. Auf dem Weg aus der Stadt wurde ich drei Mal kontrolliert, und jedes Mal wurde mein Gepäck von einem Röntgenapparat durchleuchtet, mein Pass gescannt und mir wurden die Fingerabdrücke abgenommen. Die übrigen Passagiere des Wagens, eine Familie aus Peking, durften weitgehend sitzen bleiben, während ich und große Busladungen von Uiguren durch die Sicherheitskontrollen geschleust wurden. Die Schlangen waren lang.

Die Straße war im Übrigen in einem ausgezeichneten Zustand, und häufige Radarkontrollen sorgten dafür, dass der Fahrer die strenge Geschwindigkeitsbegrenzung peinlich genau einhielt. Endlich, endlich war ich auf dem Weg nach Süden, nach Pakistan, zum Himalaya. Die chinesischen Passagiere schliefen tief, und auch ich nickte ein. Als ich erwachte, waren wir umgeben von rostroten Bergen, und die chinesische Familie verlangte einen Fotostopp. Die Ehefrau, deren Haare die Farbe der Berge hatten, ließ sich aus allen erdenklichen Winkeln fotografieren. Als ihr Ehemann keine weiteren Fotos machen wollte, bat sie mich einzuspringen.

Mit jeder Kurve wurden die Berge höher und steiler, und schon bald waren schneebedeckte Gipfel zu erkennen. Die Frau mit den roten Haaren forderte einen weiteren Halt, um fotografiert zu werden. Die Landschaft wurde wilder, die Luft dünner. Ich dachte an Wilfred Skrede, einen jungen Norweger, der vor rund achtzig Jahren auf dieser Straße unterwegs gewesen war, 1941. In Norwegen herrschte Krieg, und Skrede befand sich auf dem Weg nach Kanada, um sich dort in dem Trainingslager Little Norway an Flugzeugwaffen ausbilden zu lassen. Da eine Überfahrt auf der Nordsee zu gefährlich war, verlief die Reise nach Kanada über Schweden, Finnland, die Sowjetunion und Xinjiang, über die Berge ins heutige Pakistan und

Kaschmir und weiter zum Hafen von Singapur. Insgesamt dauerte die Reise über ein Jahr, und unterwegs wurde Skrede mehrfach verhaftet. In Xinjiang brach er sich bei einem Autounfall einen Rückenwirbel und erholte sich dank der Gastfreundschaft des britischen Generalkonsuls Shipton, dem Mann mit dem Felsentor, in Kaschgar. Der junge Norweger blieb einen ganzen Monat bei dem Bergsteiger-Konsul, »und ich blicke auf die Tage als die glücklichsten meines Lebens zurück«, schrieb Skrede in seinen Erinnerungen. Als der Rücken einigermaßen geheilt war, setzte er die Reise nach Süden fort. Allein der Ritt von Kaschgar nach Taschkurgan dauerte elf Tage, dabei begleiteten ihn bewaffnete Wächter, da der lokale Warlord fürchtete, bei dem Norweger könnte es sich um einen Spion handeln. Wenn die Pferde zu erschöpft waren, um in der dünnen Gebirgsluft weiterzugehen, wurde ihnen ins Maul gestochen, bis das Blut spritzte. Das brachte sie dazu, noch ein Stück weiterzugehen. Die ausgebleichten Gerippe an den Abhängen zeugten stumm von all den Kleppern, die schließlich doch aufgeben mussten.

»Jahrhundertelang reisten Karawanen zwischen Kaschmir und Kaschgar«, schrieb Skrede, »und viele sind der Ansicht, dies sei ein schöner und romantischer Gedanke, aber derjenige, der den Chichiklik-Pass überwunden hat, hat auch in die Hölle gesehen, die dieser Handelsweg für Tausende von ausgemergelten Gäulen gewesen ist, die einfach verschlissen wurden, Schlimmes zu erleiden hatten und keinen Allah hatten, zu dem sie hätten schreien können.«

Vorausgesetzt, dass die Papiere in Ordnung sind, dauert die Reise von Kaschgar nach Taschkurgan heute mit Mittagessen und Selfie-Pausen kaum einen Tag. Der Karakorum Highway, ein wichtiger Teil der Neuen Seidenstraße, windet sich wie ein schwarzer Asphaltaal von Kaschgar bis Gilt in Pakistan an den Berghängen entlang. Am **Karakul-See** (3645 über N.N.), in dem sich die schneebedeckten, blau schimmernden Berge spiegelten, wurde uns eine weitere Fotopause bewilligt. Hunderte von chinesischen Touristen waren bereits dabei, die schöne Umgebung fotografisch zu verewigen. Kirgisen mit breiten Gesichtern und schmalen Augen boten

Reittouren, Grillspieße, ethnischen Schmuck und Fotoshooting im Nomadenkostüm an, aber wir mussten weiter, wir hatten noch einen weiten Weg vor uns. Bis vor einigen Jahren war es möglich, am See die Nacht in traditionellen kirgisischen Jurten zu verbringen, wie es Skrede in den 1940er Jahren getan hatte, aber nun haben die Behörden derartigen Ausschweifungen einen Riegel vorgeschoben. Es ist lediglich erlaubt, in reglementierter Form zu übernachten, in zugelassenen Hotels. Ausnahmen sind möglich, kosten aber bis zu fünfhundertsechzig Euro und mehr pro Nacht.

Das Mittagessen bestand aus Nudeln und großen Fleischklößen und wurde in einem kleinen Verschlag auf einem riesigen Parkplatz eingenommen. Keiner der übrigen Passagiere konnte Englisch, doch der Fahrer hatte eine Übersetzungs-App auf seinem Telefon, um praktische Hinweise geben zu können. Die Frau mit den rot gefärbten Haaren lieh sich das Telefon und stellte mir rasch hintereinander die Fragen, wo ich herkäme, wie alt ich sei, ob ich verheiratet sei, ob ich Kinder hätte, ob ich mir ein Kind wünschte und schließlich kam die Frage, die ihr am meisten auf den Nägeln brannte. Sie sah mich erwartungsvoll an, während die mechanische App-Stimme ins Englische übersetzte: »Bekommen Sie keinen Sonnenbrand?«

Ich schüttelte den Kopf. Die Frau blickte mich ungläubig an. Sie selbst verließ das Auto nie ohne Hut, Schal und eine dünne Jacke zum Schutz gegen die Sonne. Ich holte die Sonnencreme aus meiner Tasche und zeigte ihr sie. Sie lächelte und holte eine ganz ähnliche Creme aus ihrer Tasche, ebenfalls Faktor 50.

Taschkurgan (3094 Meter über N.N.) bedeutet »Steinfestung«. Es ist ein passender Name, denn die zweitausendzweihundert Jahre alte Steinfestung ist die einzige Touristenattraktion der Stadt. Ursprünglich hatte hier eine ganze Stadt gestanden, aber die einzige Hinterlassenschaft der ehemaligen Bewohner waren wüste Steinhaufen. Auch von der eigentlichen Festung war nicht allzu viel übrig geblieben. Begleitet von einer Reihe Warnschilder führten nagelneue solide Holztreppen hinauf zu den Ruinen, von denen aus man den Fluss und die Grasebene übersehen konnte, auf der kleine Viehherden friedlich weideten. Ein paar Jurten stachen als weiße Punkte aus all dem Grün heraus. Während in Kaschgar die Uiguren und am Karakul-See die Kirgisen dominieren, sind in Taschkurgan Tadschiken in der Mehrheit. Der größte Teil der Frauen trug flache, traditionelle Hüte mit einem Tuch darüber, das locker unter dem Kinn oder auf der Brust verknotet war.

Das Thermometer zeigte dreißig Grad im Schatten, und ich bereute, dass ich dem Rat des Rezeptionisten nicht gefolgt war und einen Schirm mitgenommen hatte, um mich gegen die Sonne zu schützen. Die Stadt war ruhig und verschlafen. An der Straße lagen kleine Läden, Kinder liefen umher, Greise und buckelige Frauen vertrieben sich die Zeit, indem sie sich gegenseitig Gesellschaft leisteten. Wenn die Stimmung jetzt, mitten in der Hochsaison, schon so verschlafen war, wie mochte es hier wohl im Winter sein, wenn die Stadt eingeschneit und die Straße monatelang gesperrt war?

Taschkurgans extreme Lage, mehr als dreitausend Meter über dem Meeresspiegel, umgeben von Bergen, die beinahe doppelt so hoch sind, war gleichzeitig die Existenzberechtigung der Stadt. Zweitausend Jahre lang war die Steinfestung eine wichtige Station an der südlichen Seidenstraße von China und weiter über das Karakorum-Gebirge nach Srinagar und Leh in Indien.

Heute wird Taschkurgan allmählich wieder zu einem wichtigen Knotenpunkt.

Auf den ersten Blick sieht der Ort aus wie eine typische asiatische Grenzstadt, viereckig und zugig. Aber die Straßen waren ungewöhnlich gut ausgebaut und breit, mit aufwendigen Kreiseln und kostspieliger Beleuchtung, viele öffentliche Gebäude sahen protzig und nagelneu aus. Die neue schockrosafarbene Feuerwache zum Beispiel war größer als einige der Hotels. Pläne für einen internationalen Flughafen lagen bereit, und schon bald würde die monatelange Sperrung der Straße im Winter vermutlich der Vergangenheit angehören. Irgendwann soll die Grenze nach Pakistan das ganze Jahr über geöffnet bleiben – die Zukunft ist näher als je zuvor.

Das erklärte Ziel des ambitionierten und teuren Kooperationsprojekts China Pakistan Economic Corridor, CPEK, ist es, eine hochwertige Straßenverbindung von Kaschgar bis zur pakistanischen Hafenstadt Karatschi auszubauen, mit der Zeit vielleicht auch eine Eisenbahnlinie. Die Arbeiten sind bereits weit fortgeschritten; in keinem anderen Land hat China mehr in die Infrastruktur investiert als im Nachbarland Pakistan. Wenn die Straße fertig ist, werden Lastwagen aus dem Westen Chinas durch Pakistan zu den wartenden Frachtern am Arabischen Meer fahren können; eine Abkürzung, denn sie müssen dann nicht mehr das gesamte chinesische Inland durchqueren, um die chinesischen Hafenstädte zu erreichen. Taschkurgan wird dann eindeutig die wichtigste Grenzstadt im Himalaya sein. Die Möglichkeiten sind groß, und in den letzten Jahren sind Geschäftsleute aus ganz China in den kleinen Außenposten geströmt – in der Hoffnung auf gute Geschäfte in einer nahen und leuchtenden Zukunft.

»Wollen Sie nicht den Tanz sehen?«, erkundigte sich der Rezeptionist erstaunt, als ich nach einem langen Tag in der Sonne verschwitzt zurück ins Hotel kam. »Die anderen Touristen sind alle ins Kulturdorf gegangen, um sich den Tanz anzusehen. Ich dachte, Sie wären auch dort.«

»Welchen Tanz?«, fragte ich zurück.

»Die kulturelle Tanzshow. Hat Ihnen niemand davon erzählt? Sie wird jeden Abend vorgeführt und ist sehr populär bei unseren Gästen.«

Da ich es mir schließlich nicht erlauben konnte, die kulturelle Tanzshow zu verpassen, trottete ich zum Kulturdorf, das am Rande des Zentrums lag. Auf dem Weg kam ich ins Gespräch mit einer Frau aus der Stadt, die offenbar auch dorthin wollte, denn sie trug ein rotes, bis zum Boden reichendes festliches Kleid und schweren Schmuck um den Hals. Ich fragte, ob sie je in Tadschikistan gewesen sei, aber das war sie nicht.

»Ich bin eine *chinesische* Tadschikin«, erklärte sie.

Ein halbes Dutzend Polizisten und vier schwer bewaffnete Soldaten sorgten während des Tanzes für Sicherheit. Die Frau im roten Kleid lud mich in das typisch tadschikische Haus gleich unterhalb des Tanzplatzes ein. Wie in jedem tadschikischen Heim standen Sitzbänke entlang der Wände und schöne, geschnitzte Holzsäulen mitten im Raum. Ich lobte die hübsch bestickten Kissen.

»Sie sind zu verkaufen«, informierte mich die Frau. »Wollen Sie eins kaufen? Sie bekommen Rabatt, wenn Sie zwei kaufen.«

Da die chinesischen Tadschiken wie ihr Brudervolk im Pamir Ismailiten sind, hatte ich erwartet, ein gerahmtes Foto von Aga Khan zu sehen, dem religiösen Führer der Ismailiten, doch die Wände waren Chinas kommunistischen Führern von Mao bis Xi vorbehalten. Von draußen waren Trommeln und Jubelrufe zu hören. Die Show hatte begonnen, und »Braut« und »Bräutigam« wurden auf den Tanzplatz geführt. Die über hundert chinesischen Touristen versuchten nach bestem Können, die Séance mit ihren High-End-Kameraobjektiven einzufangen. Jemand zündete einen bereitstehenden Holzhaufen an, der die zoroastrischen Wurzeln der Tadschiken symbolisierte, und die Tadschiken tanzten im Kreis um die flackernden Flammen, erneut beleuchtet von Hunderten Blitzen.

Auch viele Einwohner Taschkurgans waren gekommen, um die Tanzvorstellung zu erleben. Vermutlich passierte in der Stadt abends kaum etwas anderes. Ich verließ das kulturelle Volksfest und kehrte rechtzeitig zurück ins Hotel, bevor die Verbrüderung begann. Der Rezeptionist hatte mich gewarnt, die Show würde immer damit enden, dass Chinesen und Tadschiken gemeinsam tanzten.

So, dachte ich, während ich durch die leeren, abendlich dunklen Straßen ging, wünscht sich die chinesische Obrigkeit die ethnischen Gruppen. Tanz und bunte Trachten, eine muntere Touristenattraktion, reine Folklore.

Auch im Hotel war es still und menschenleer. Ich trat auf die Veranda unter dem sternenklaren Grenzstadthimmel und bestellte ein Bier.

Das letzte für eine ganze Weile.

Hoher Einsatz

Vor dem Zoll- und Einwanderungsbüro im Zentrum von Taschkurgan wartete eine Handvoll Männer im Schatten. Ein Bursche, der Ende zwanzig sein mochte, kam auf mich zu und stellte sich als Umair vor. Das blasse Gesicht war voller Aknenarben, das pechschwarze Haar glänzte vor Pomade.

»Glauben Sie alles, was Sie in den Nachrichten lesen?«, fragte er, als die Höflichkeitsfloskeln ausgetauscht waren.

»Tja ...«, begann ich.

»Was ist mit dem 11. September?«, unterbrach er mich. »Glauben Sie wirklich, dass der Sohn eines Milliardärs aus Saudi-Arabien dahinterstand? Ich bin Ingenieur, und ich sage Ihnen, und das können Sie gern selbst überprüfen, amerikanische Ingenieure sagen übrigens dasselbe, ja, Ingenieure auf der ganzen Welt sagen genau dasselbe wie ich: *Die Türme hätten nicht mit einem Flugzeug zum Einsturz gebracht werden können!* Der Crash hätte einfach nicht genügend Hitze erzeugt, um die Eisen- und Stahlkonstruktion schmelzen zu lassen. Wissen Sie, wie viel Hitze nötig ist, damit solche Konstruktionen schmelzen?«

»Keine Ahnung«, gab ich zu. »Aber auch in Pakistan sind die Taliban doch für eine Reihe von Terrorangriffen verantwort...«

»Ja, wir hatten auch in Pakistan Terrorangriffe«, unterbrach mich Umair erneut. »Und ja, wir haben Probleme mit den Taliban, aber sagen Sie mir, woher kommen die Taliban?«

Er wartete nicht auf die Antwort, sondern hatte sie bereits zur Hand:

»Ja, die Taliban sind ein Produkt der Russen und Amerikaner!« Er sah mich aufgeräumt an. »So gut wie keiner der Terroristen, die man gefasst hat, ist beschnitten, und ihre Waffen stammen auch nie von hier. Also, ich weiß ja nicht, was wahr ist«, fügte er etwas vorsichtiger hinzu, »ich erwähne diese einfachen Fakten nur, damit Sie sich Ihre eigene Meinung bilden können.«

Immer mehr Männer gesellten sich uns zu. Einer der Neuankömmlinge hörte, dass ich aus Norwegen kam.

»Ich bin mit einem norwegisch-pakistanischen Mädchen verlobt«, warf er ein. »Wir haben uns in Islamabad kennengelernt, als sie dort studierte.«

»Wollen Sie in Pakistan oder Norwegen leben?«, fragte ich.

»In Norwegen, ganz klar.«

»Und wo in Norwegen?«

»Das weiß ich nicht genau, ich war noch nie dort«, antwortete er. »Aber ich werde schon einen schönen Ort für uns finden, wo Pakistaner gut leben können, einen Ort, wo schon andere Pakistaner wohnen.«

»Ich begreife das nicht«, wandte Umair ein. »Warum ins Ausland ziehen, um unter Pakistanern zu leben?«

Wir mussten über eine Stunde warten, bis wir von den chinesischen Sicherheitsposten weitergewunken wurden, die darauf achteten, dass alles zivilisiert ablief: Wir hatten ordentlich in einer Reihe zu stehen, Sprechen war streng verboten. Das Gepäck wurde in einem gewaltigen Apparat durchleuchtet, dann bekamen wir den Ausreisestempel aus China.

Insgesamt wollten rund vierzig Personen an diesem Tag nach Pakistan. Mit Gepäckstücken beladene pakistanische Männer, ein Dutzend Chinesen auf Gruppenreise, alle von Kopf bis Fuß in Gore-Tex-Kleidung, und ich. Wir alle wurden zu wartenden Kleinbussen gebracht. Ich fand einen freien Fensterplatz neben Abdul, einem Medizinstudenten aus Lahore. Die Brille und der dichte Bart erschwerten es, sein Alter zu schätzen, aber er erzählte, er sei vierundzwanzig und unverheiratet. Er hatte gerade ein fünfjähriges Medizinstudium irgendwo in China absolviert. Nun war er auf dem Heimweg, um das Praktische Jahr in einem Krankenhaus anzutreten, in dem er die Sprache verstand.

»Wieso wollten Sie Arzt werden?«, fragte ich ihn. Nach über zwei Wochen in China war es ein geradezu berauschendes Gefühl, ein unangestrengtes Gespräch auf Englisch zu führen, also hörte ich nicht auf, ihm Fragen zu stellen.

»Meine Eltern wollten, dass ich Arzt werde«, antwortete Abdul. »Ich respektiere sie und vertraue darauf, dass sie wissen, was für mich am besten ist.«

»Vertrauen Sie auch darauf, dass sie eine Frau für Sie finden?«, bohrte ich weiter.

»Ja, ich vertraue ihnen, aber selbstverständlich nehmen sie Rücksicht auf meine Wünsche.« Er schlug die Augen nieder. »Vor ein paar Jahren gab es ein Mädchen, das ich gern geheiratet hätte. Ich erzählte es meinen Eltern, und sie gaben mir ihr Einverständnis. Aber die Sache nahm kein gutes Ende ...«

»Sie haben nicht geheiratet?«

»Nein.« Abdul seufzte leise und wechselte das Thema. »Wenn es um Geschichte geht, weiß man nie richtig, was stimmt«, sagte er. »Es wird immer verschiedene Ansichten, Meinungen und Theorien geben. Nehmen Sie zum Beispiel die Juden. Alle sagen, Hitler habe viele Juden umgebracht, ziemlich viele ...«

»Sechs Millionen.«

»Ja, viele, wie gesagt. Aber ist es denkbar, dass er nicht ganz so viele getötet hat, einfach nur ziemlich viele, und alles andere eine Abmachung zwischen den Juden und den USA war, damit sie sich in Palästina ansiedeln konnten? Unter dem ottomanischen Reich durften sich ja keine Juden in Palästina niederlassen. Ja, ich sage nicht, dass es so *war*, ich sage nur, dass es eine Möglichkeit ist.«

»Sind Sie in den Konzentrationslagern in Polen gewesen?«, wollte ich wissen.

»Nein, ich habe nur im Internet darüber gelesen. Egal, mein Punkt ist, dass es immer viele Versionen der Geschichte geben wird. Und man weiß nicht, welche davon richtig ist.«

»Genau!«, rief ein großer Mann in den Dreißigern von einem der Fensterplätze auf der anderen Seite des Mittelgangs. Er hieß Muhammed, erfuhr ich, und promovierte in China gerade in Pharmakologie.

»Zurzeit gibt es jedenfalls zwei Geschichten über die Ereignisse in Pakistan«, sagte Muhammed. »Die Amerikaner haben alles richtig gemacht, oder die Amerikaner haben alles falsch gemacht. Aber was werden die Leute in hundert Jahren sagen? Was ist eigentlich richtig, und was ist falsch?«

Es gelang mir nicht, den langweiligen Snack zu essen, den ich mir gekauft hatte, denn zwischen dem Philosophieren über die immanente Relativität der Wahrheit reichten Abdul und Muhammed ununterbrochen Häppchen aus ihren reichhaltigen Proviantpaketen herum.

»Das chinesische Essen mag ich nicht«, erklärte Abdul.

»Nein, chinesisches Essen ist grauenhaft«, stimmte ihm der Pharmakologe zu.

»Mögen Sie nicht mal die Nudeln?«, fragte ich.

»Nudeln? Das ist doch was für Kinder!« Muhammed ahmte nach, wie die langen Streifen eingeschlürft werden, und lachte verächtlich.

»In den Jahren in China habe ich richtig gut gelernt, pakistanisch zu kochen«, sagte Abdul und reichte mir einen Stapel selbst gebackener Chapati.

»Wissen Sie, dass die Chinesen Schlangen essen?«, fragte mich Muhammed. »Und Hunde, Frösche und Insekten? Sie essen *alles*!«

Die beiden chinesischen jungen Männer, die vor uns saßen, verstanden zum Glück kein Wort Englisch. Außerdem waren sie eingeschlafen, sobald der Fahrer den Motor angelassen hatte; sie schliefen noch immer tief.

»Mit ihm hier würde ich gern mal ein ernstes Wort reden!« Muhammed schüttelte den mageren pakistanischen Burschen neben sich ein wenig. »Er hat die Schule geschmissen und reist zwischen China und Pakistan hin und her, um Edelsteine zu verkaufen. Er ist jung, er sollte lieber weiter zur Schule gehen!«

Da der Junge kein Englisch verstand, übersetzte Muhammed seine Tirade. Der Junge grinste verlegen und zeigte mir auf seinem Mobiltelefon ein Foto, ein hübsches Mädchen, das einen langen bunten Schal umgelegt hatte.

»Ich bin in sie verliebt, und nun haben meine Eltern die Verlobung mit ihr organisiert«, erzählte er stolz. »Wir wollen bald heiraten.«

Muhammed schüttelte resignierend den Kopf. »Er schmeißt sein Leben weg und ist zu dumm, das selbst zu erkennen!«

Die Straße erstreckte sich in gerader Linie über ein graues Plateau, umgeben von schneebedeckten Berggipfeln. An dem leichten, aber zunehmenden Druck an den Schläfen spürte ich, dass wir bergauf fuhren. Hin und wieder kamen wir an kleinen Ziegen-, Esel- oder Yakherden vorbei, hier und da standen zwei, drei weiße Jurten, ab und an sahen wir einen einsamen Hirten, aber im Großen und Ganzen hatten wir die Landschaft und die Straße für uns allein. Die Schilder rieten zu einer Höchstgeschwindigkeit von vierzig Stundenkilometern, doch hier gab es offensichtlich keine elektronischen Geschwindigkeitsmessungen. Am allerletzten chinesischen Grenzposten überprüften zwei junge Soldaten in dicken Pelzjacken, ob alle einen tagesfrischen Stempel in ihren Pässen hatten. Dann winkten sie uns weiter.

Das letzte Stück ging steil bergauf. Der Druck auf den Schläfen nahm zu, die Gehörgänge füllten sich mit Luftbläschen. Wenige Minuten später hatten wir den **höchsten Grenzübergang der Welt** (4693 Meter über N.N.) erreicht. Die Pakistaner klatschten munter in die Hände, als wir China verließen und durch das schwülstige pakistanische Betonportal fuhren.

Der Fahrer bewilligte gnädig einen zweiminütigen Fotostopp. Sowie ich aus dem Kleinbus stieg, war ich umringt von beleibten Männern mit Vollbart, langen, weiten Kitteln und Sandalen, die alle ein Selfie mit der bleichen Ausländerin machen wollten. Im Gegensatz zur chinesischen Seite kann man auf der pakistanischen bis zum eigentlichen Grenzübergang fahren, der zu einer populären Touristenattraktion geworden ist. Eifrig wie kleine Kinder schwenkten die bärtigen Männer ihre Mobiltelefone, und ich lächelte mit ständig neuen Gesichtern an meiner Seite in alle Richtungen, bis der Fahrer ungeduldig hupte, und ich mich erleichtert von den Handyblitzen losriss.

»Sind Sie nicht glücklich?«, erkundigte sich Abdul. Er lächelte breit, als wir zur pakistanischen Grenzstation hinunterfuhren, die beinahe hundert Kilometer tiefer im Tal lag.

»Doch schon, natürlich«, antwortete ich höflich.

»Wir sind *extrem* glücklich, wieder in unserem Heimatland zu sein«, sagte Muhammed. »Endlich können wir wieder frei atmen. In China wird man ständig überwacht. Jetzt sind wir frei!«

Die Straße schlängelte sich steil den Khunjerab-Pass hinab, entlang eines reißenden Flusses, flankiert von gezackten braunen Bergen, die so hoch waren, dass ich durch das Fenster des Kleinbusses ihre Gipfel nicht sehen konnte. *Khunjerab* bedeutet »Tal des Blutes« auf Wakhi, der persischen Sprache, die vom Volk der Wakhi hier im Oberen Hunza, in Taschkurgan sowie auf der tadschikischen und afghanischen Seite der Grenze gesprochen wird. In den Bergen folgen die politischen Grenzen selten den linguistischen. Angeblich ist der Name des Tals auf die blutigen Überfälle auf Handelskarawanen zurückzuführen, die hier zur Blütezeit der Seidenstraße stattfanden.

Der Name des Tals hat allerdings auch in der modernen Zeit seine bittere Berechtigung behalten: Während an der Straße, auf der wir fuhren, gebaut wurde, sollen über tausend Arbeiter bei Erdrutschen und anderen Unglücksfällen ums Leben gekommen sein. Die Straßenarbeiten dauerten bis in die 1960er Jahre. Zuvor hatten Pakistan und China sich über den Grenzverlauf geeinigt, mit dem Ergebnis, dass China Pakistan ein Weidegebiet überließ und dafür ein Gebiet von rund fünftausend Quadratkilometern im Nordosten erhielt. Das Gebiet, das an China abgetreten wurde, ist ein Teil der umstrittenen Kaschmir-Region. Indien hat weder die Vereinbarung noch die Grenze anerkannt, und auch die Grenze zwischen Indien und China ist nicht ratifiziert: In den Ecken des Himalaya lösen sich die Grenzen auf und werden zu gestrichelten Linien, umstritten und diskutiert, bewacht von schwer bewaffneten Soldaten und Atomgefechtsköpfen. Es gibt zahlreiche Konflikte, und das Potenzial für weitere ist sogar noch größer, aber zwischen den Ländern Pakistan und China, die Indien als gemeinsamen Feind ansehen, herrscht Friede und Eintracht. Dass die beiden Länder sich in einer frühen Phase der Existenz Pakistans über den Grenzverlauf geeinigt haben, schuf eine gute Basis für die bilaterale Freundschaft, und diese Freundschaft wird regelmäßig mit großzügigen chinesischen Krediten geschmiert.

»Pakistan hat Gebiete an China abgetreten, weil die Regierung Angst vor einem Angriff der Sowjetunion hatte«, meinte Abdul. »Beim Krieg in Afghanistan ging es eigentlich um die pakistanischen Häfen im Süden.«

»Ach so?«, sagte ich.

»Das wissen doch alle«, erwiderte Abdul und zuckte die Achseln.

Die Straße führte immer weiter hinunter, der Druck auf die Schläfen ließ nach und verschwand schließlich ganz. Die Berghänge schienen unfruchtbar und öde, und doch lebten dort meinem Reiseführer nach bedrohte Tierarten wie das Marco-Polo-Schaf, der Moschushirsch und der Schneeleopard. Ich war es so gewohnt, im Kleinbus zu sitzen und immer weiter zu fahren, dass ich überrascht war, als Muhammed verkündete, wir hätten die pakistanische Grenzstation in **Sost** (2800 Meter über N.N.) erreicht.

»Versprechen Sie mir, mich und meine Familie in Swat zu besuchen!«, rief er, bevor er aus dem kleinen, heruntergekommenen Grenzgebäude verschwand.

Während ich in der kurzen, aber chaotischen Schlange zur Passkontrolle wartete, kam ein drahtiger Mann auf mich zugelaufen. Er trug von Kopf bis Fuß Jeans-Kleidung, das Haar war braunblond und die Haut sonnengebräunt – er sah eher aus wie der Held eines Spaghettiwesterns als ein typischer Pakistaner.

»Ich bin Akhtar, Ihr Guide«, verkündete er. »Ich habe bereits fünf Stunden auf Sie gewartet. Man weiß nämlich nie, wann der Bus aus China kommt.«

Draußen standen in einer langen Reihe große, bunte Lastwagen, dekoriert mit Drachen, Filmstars und Koranzitaten. Sie warteten auf Ladung aus China, die sie ans Meer transportieren sollten. Wir mussten glücklicherweise nicht so weit fahren und hatten nach einer guten halben Stunde **Passu** (2450 Meter über N.N.) erreicht, Akhtars Dorf.

»Die Guides, mit denen ich in den neunziger Jahren zusammengearbeitet habe, sind alle mit ausländischen Frauen verheiratet«, erzählte er. »Einer lebt in Australien, ein anderer in Kanada, ein dritter in Frankreich.«

»Gab es keine, die Sie heiraten wollte?«, fragte ich.

»Doch, schon, aber ich war bereits verheiratet«, grinste er. »Außerdem kann ich mir nicht vorstellen, woanders zu leben als in Passu. Das ist mein Paradies.«

Im Winter leben rund vierhundert Menschen in Passu, im Sommerhalbjahr mehr als doppelt so viele. Das Dorf verteilt sich weit über eine Ebene an einem Fluss, die dank eines komplizierten Bewässerungssystems bemerkenswert fruchtbar ist. In den kleinen Gärten wurden Kartoffeln und anderes Gemüse angebaut. Apfel- und Pflaumenbäume standen in voller Blüte, und auf den flachen Steindächern waren Aprikosen zum Trocknen ausgebreitet.

Akhtar kannte tatsächlich jeden in dem kleinen Dorf und grüßte ausgiebig alle, denen wir begegneten. Die meisten Frauen trugen keine Kopfbedeckung, doch im Gegensatz zu den Frauen in Kaschgar ließen sie ihr Haar freiwillig unbedeckt. Viele waren hellhäutig, einzelne hatten sogar blaue Augen, und die meisten hatten braunblondes, sonnengebleichtes Haar wie Akhtar. Sie glichen den Menschen, denen ich einige Jahre zuvor im Pamir begegnet war – nicht überraschend, denn wir waren nicht sehr weit von der tadschikischen Grenze entfernt. Die Wakhi in Hunza sind nahe Verwandte der Menschen, die im Pamir in Tadschikistan, in Taschkurgan in China und im Wakhan-Korridor in Afghanistan leben. Früher konnten sie sich ungehindert besuchen und wie ein Volk leben, doch nun sind sie durch rote Striche auf der Landkarte und strenge Visaregeln getrennt.

Ungastliche, sechs-, siebentausend Meter hohe Berge umgaben das Dorf wie eine unwirkliche Filmkulisse. Geologisch gesehen wäre es möglich gewesen zu behaupten, dass ich bereits im Himalaya war, aber semantisch und linguistisch befand ich mich im Karakorum, dem Gebirgsmassiv, das sich vom Grenzgebiet zwischen Indien, Pakistan und China bis nach Afghanistan und Tadschikistan erstreckt, rund fünfhundert Kilometer insgesamt. *Karakorum* bedeutet »schwarzer Schotter« auf Türkisch, aber der Name wird dem Gebirge offen gesagt nicht gerecht: Keine Bergkette der Welt kann mit einer größeren Ansammlung von Gipfeln über siebentausend Meter Höhe aufwarten.

»Berge unter siebentausend Metern haben bei uns normalerweise keinen Namen«, informierte mich Akhtar mit einem Schulterzucken. »Es gibt zu viele davon.«

Die Berge im Karakorum sind bekannt für ihre steilen Abhänge und ihre Unwegsamkeit. Die Besteigung des K2, des zweithöchsten Berges der Welt, ist zum Beispiel weitaus herausfordernder als der Aufstieg zum Mount Everest. Lange war das Hunzatal eine der unzugänglichsten Gegenden im Karakorum, und es gab viele Mythen über den Ort und seine Bewohner. Die Pfade, die dorthin führten, waren legendär.

»Schon bald konnten wir das weiße Glitzern des Hunzaflusses in der schwarzen Schlucht unter uns sehen«, schrieb der junge Wilfred Skrede über die Tour durch das Hunzatal 1941. »Bis dorthin waren es tausend Fuß, und der Berghang fiel nahezu senkrecht ab. Auf beiden Seiten des Tals gingen die Gipfel mehrere tausend Fuß in die Höhe. Shrukker und der Bursche mussten ziehen und zerren, um die Pferde vorwärts zu treiben. An Reiten war nicht zu denken. An den steilen Abhängen gab es viele lockere und gefährliche Steine. Berstend vor Stolz erzählte Shrukker von all den tödlichen Unfällen, die es hier gegeben hatte.«

Die riskanten Pfade waren jahrhundertelang die wichtigsten Verteidigungsanlagen des kleinen Fürstentums. Hunza liegt eingeklemmt zwischen Tibet im Norden, Kaschmir im Osten und Afghanistan im Westen, aber da es so schwierig war, dorthin zu gelangen, konnte der örtliche Emir im Großen und Ganzen in Frieden herrschen. Die wenigen Reisenden aus dem Westen, denen es gelang, unversehrt nach Hunza zu kommen, bevor in den 1970er-Jahren eine Straße gebaut wurde, haben – vermutlich unter dem Einfluss eines Adrenalin- und Endorphinrauschs nach den vorangegangenen Strapazen – Hunza als einen Garten Eden beschrieben, als ein irdisches Paradies, ein Shangri-La, ein geheimes Bergreich, bevölkert von den Nachkommen Alexanders des Großen; als einen

Ort, an dem die Menschen so gesund, demokratisch und harmonisch leben, dass sie außerordentlich alt werden, angeblich bis zu einhundertfünfzig Jahren.

»Der Älteste im Dorf wurde hundertzwölf Jahre alt«, sagte Akhtar. »Er starb letztes Jahr. Meine Großmutter ist fast hundert und noch immer gesund und rüstig. Die Leute werden alt hier, aber unsere Generation wird kaum so alt werden«, fügte er resignierend hinzu und zündete sich eine Zigarette an. »Wir leben nicht mehr so gesund. Ich habe es geschafft, ein halbes Jahr mit dem Rauchen aufzuhören, habe aber so zugenommen, dass ich wieder angefangen habe.«

In dem einfachen Hotel, in dem ich untergebracht war, gab es weder Strom noch Internet. Eine muntere Großfamilie aus Lahore sorgte dafür, dass es dennoch lebhaft zuging.

»Was führt eine Ausländerin in diese Ecke?«, erkundigte sich die Matriarchin der Familie. »Und was ist Ihr Eindruck von den Pakistanern? Seien Sie ehrlich! Wie finden Sie Pakistan? Seien Sie bitte ganz ehrlich!«

Die ganze Großfamilie sah mich erwartungsvoll an.

»Ich bin gerade erst angekommen, es ist ein bisschen früh, um schon etwas sagen zu können«, erklärte ich. Sie schienen so enttäuscht über meine Antwort zu sein, dass ich rasch hinzufügte, hier sei es sehr, sehr schön und Pakistan ein sehr, sehr interessantes Land.

Ich ging trotz hitziger Diskussionen zwischen den Familienmitgliedern im Zimmer neben mir früh zu Bett und wachte entsprechend früh auf – geweckt von hitzigen Diskussionen einer Herde kleinwüchsiger Bergkühe im Garten direkt unter meinem Fenster.

Während des Frühstücks warf Akhtar den Touristen aus Lahore einen Seitenblick zu.

»Ich verstehe nicht, wieso die Pakistaner hierherkommen«, sagte er verbissen. Streng genommen war er auch Pakistaner, aber er sprach von sich konsequent als einem Wakhi aus Hunza. Für Akhtar war »Pakistaner« eine herabsetzende Bezeichnung für die Menschen der bevölkerungsreichen Punjab-Provinz im Süden.

»Diese Stadtmenschen sitzen bloß den ganzen Tag in ihren Autos«, beklagte er sich. »Passu muss man zu Fuß erleben.«

Um nicht mit den Großstädtern in einen Topf geworfen zu werden, schlug ich vor, nach dem Frühstück zum Passu-Gletscher zu gehen. Der Weg war steinig und zum Teil zugewuchert, aber Akhtar, der Sohn eines Bergsteigers, hüpfte so leichtfüßig ins Tal, dass es aussah, als hätte er Federn in den Schuhen. Das letzte Stück kletterten wir über lockeres Geröll; ich blickte so wenig wie möglich nach unten.

»Ist es noch weit?«, fragte ich außer Atem.

»Nein, wir sind da«, erwiderte Akhtar.

»Aber wo ist der Gletscher?«, fragte ich verwirrt.

»Direkt vor Ihrer Nase«, sagte Akhtar und zeigte auf einen gewaltigen schwarzen Schotterhaufen knapp hundert Meter unter uns. Ich hatte nach Eis und Schnee Ausschau gehalten, aber der Passu-Gletscher war ganz schwarz und mit kleinen Steinen und Sand bedeckt. Der Karakorum machte seinem Namen alle Ehre.

»Dort«, sagte Akhtar und zeigte auf einen See. »Dort lag der Eisgletscher, als ich ein Kind war. Damals gab es noch keinen See hier. Und vor zehn Jahren lag er dort«, fügte er hinzu und zeigte auf einen Punkt ungefähr in der Mitte des Berghangs. »Vor drei Jahren nahmen wir Touristen mit zu der Stelle, wo wir jetzt stehen. Von hier aus konnten wir auf den Gletscher gehen.«

Kräftige Schmelzwasserströme flossen aus dem Gletscher in den neu entstandenen See. Der Passu-Gletscher wird jeden Monat vier Meter kürzer, und der Schmelzprozess beschleunigt sich. »Der dritte Pol der Welt« werden die Eisgletscher im Karakorum, Himalaya und Hindukusch gern genannt. Insgesamt gibt es über vierundfünfzigtausend Gletscher in der Bergregion, und nirgendwo liegen die Eismassive dichter beieinander als im Karakorum: Mit Ausnahme der Polarregionen ist der Karakorum die Gegend auf der Erde mit der größten Gletscherdichte. Allein in Pakistan gibt es siebentausend Gletscher, und rund drei Viertel der Wasserreserven des Landes lagern im Eis. Der Himalaya, der Ort des Schnees, ist vor allem ein Ort des Eises.

Oder war. Denn nun schmelzen die meisten Gletscher in Rekordgeschwindigkeit. Im Schnitt schmelzen acht *Milliarden* Tonnen Eis jedes Jahr, und dabei sind nur die Tonnen eingerechnet, die nicht von neuem Schnee ersetzt werden. Der Prozess ist selbstverstärkend und vollzieht sich daher mit jedem Jahr schneller. Mit großer Wahrscheinlichkeit werden zwei Drittel der Eisgletscher bis zum Ende dieses Jahrhunderts geschmolzen sein. Diese Gletscher versorgen Asiens wichtigste und größte Flüsse mit Wasser, unter anderen den Indus, den Ganges und den Mekong. Die Folgen dieses Schmelzprozesses werden katastrophal sein. Zunächst werden die Bewohner der Bergregionen, insgesamt rund eine Viertelmilliarde Menschen, vom Wassermangel betroffen sein, aber absolut alle, die vom Wasser der eben genannten Flüsse abhängig sind, werden die Konsequenzen spüren – insgesamt anderthalb Milliarden Menschen. Die drastischen Veränderungen im Ökosystem werden nicht nur zu einem generellen Wassermangel führen, sondern auch das Risiko für Erdrutsche und Überschwemmungen erhöhen. Selbst wenn die Gesamtmenge an Wasser möglicherweise konstant bleibt, wird die Wasserzufuhr weitaus unregelmäßiger erfolgen: Trockenperioden werden durch Hochwasser abgelöst, dem wiederum Dürreperioden folgen.

Kurz gesagt, es wird gefährlicher werden, in den Bergen und an den Ufern der großen Flüssen zu leben.

Der **Attabad-See** (2559 Meter über N.N.) wird bei Google mit 4,8 von fünf Sternen bewertet und ist eine der populärsten Touristenattraktionen der Region. Mehrere Beiträge rühmen die Schönheit des Sees und beschreiben ihn als »einen der schönsten Seen Pakistans«. Andere loben die vielfältigen Möglichkeiten, Wasserski zu fahren, zu segeln oder zu fischen. Der türkisfarbene, von fotogenen Bergen umgebene See ist tatsächlich unglaublich schön, und natürlich bieten eifrige Geschäftsleute Bootsfahrten an oder verleihen Wasserscooter; am Ufer wird ein Restaurant mit Aussicht auf den See gebaut.

Aber unter der bildschönen Wasseroberfläche verbergen sich

Straßen, Schulen, Moscheen, Geschäfte und Restaurants, ja, ganze Dörfer. Denn der Attabad-See ist nagelneu.

Am 4. Januar 2010 wurde das Dorf Attabad von einem gewaltigen Bergsturz erfasst. Das gesamte Dorf wurde von den Geröllmassen zerstört, rund zwanzig Menschen verloren ihr Leben. Der Erdrutsch war so heftig, dass der Fluss Hunza aufgestaut wurde und ein Binnensee entstand. Bis zum Juni, als die Behörden ernsthaft mit den Drainagearbeiten begannen, war der See zweiundzwanzig Kilometer lang und an seiner tiefsten Stelle hundert Meter tief. Über vierhundert Häuser waren in den Wassermassen verschwunden, sechstausend Menschen mussten evakuiert werden. Alle Dörfer nördlich des natürlichen Staudamms waren jahrelang ohne Straßenanbindung; Brücken und Straßen lagen unter Wasser, fast der gesamte Handel mit China war unterbrochen.

»Auch viele Häuser in Passu standen unter Wasser«, erzählte Akhtar. »Fünf Jahre mussten wir drei Stunden mit dem Schiff fahren, um zu einer Straße zu kommen.«

Akhtar kannte viele Geschichten von Dörfern, die durch Erdrutsche verschwunden waren oder überschwemmt wurden. Passu hatte ursprünglich jenseits des Flusses gelegen, aber 1964 wurde das gesamte Dorf unter einem Erdrutsch begraben. Niemand kam ums Leben, aber die Einwohner hatten auf die gegenüberliegende Seite des Flusses ziehen müssen.

Der Bergsturz in Attabad war eine Katastrophe mit Ansage. Im August 2009 hatte das Geological Survey of Pakistan geologische Untersuchungen in der Gegend vorgenommen; die Wissenschaftler stellten fest, dass Attabad in einer Hochrisikozone lag. Mehrere kurz zuvor erfolgte Erdrutsche hatten die Landmasse instabil werden lassen, und es war nur eine Frage der Zeit, wann es zu einem Bergsturz kommen würde. Die Geologen empfahlen den örtlichen Behörden, die Einwohner der am meisten betroffenen Gebiete zu evakuieren, aber unternommen wurde nichts, und einige Monate später kam es zu dem angekündigten Unglück.

Da die ursprüngliche Straße unter Wasser lag, führte die neue Straße nach **Karimabad** (2500 Meter über N.N.), unserem nächsten Halt, durch vier nagelneue, von den Chinesen gebaute Tunnel, sogenannte pakistanisch-chinesische Freundschaftstunnel. Ursprünglich hieß die Stadt Baltit, doch nachdem 1976 alle Fürstentümer in Pakistan von Ministerpräsident Ali Bhutto aufgelöst worden waren, änderte man ihren Namen in Karimabad zu Ehren seiner Hoheit Karim Aga Khan, dem religiösen Führer der Ismailiten. Die Mehrheit der Menschen in Hunza sind Ismailiten; die Glaubensgemeinschaft ist ein Zweig des Schia-Islams, bei dem auf Ausbildung und Wissenschaft großer Wert gelegt wird. Die Ismailiten beten nur drei Mal am Tag, viele fasten während des Ramadan nicht, und nur wenige Frauen bedecken ihr Haar.

»Aga Khan sagt, wenn du zwei Kinder hast, einen Sohn und eine Tochter, und dir nur einen Schulbesuch leisten kannst, dann musst du das Mädchen bevorzugen«, erklärte Akhtar.

In Pakistan sind über vierzig Prozent der erwachsenen Bevölkerung Analphabeten, doch in Hunza liegt die Zahl bei unter zwanzig Prozent. Die jungen Menschen können fast alle lesen und schreiben, auch die Mädchen, und tatsächlich lag neben dem Hotel, in dem ich wohnte, ein Mädchengymnasium. Die Schule, die von der Aga-Khan-Stiftung finanziert wurde, sah ordentlich und gepflegt aus, mit Grünanlagen, modernen Gebäuden, Tischtennisplatte und einem Badminton-Platz. Auf der Treppe, die zum Internatsgebäude führte, saßen drei Mädchen und machten gemeinsam Hausaufgaben. Sie gingen in die zwölfte Klasse und würden in anderthalb Jahren die Schule beenden.

»Was wollt ihr machen, wenn ihr fertig seid?«, wollte ich wissen.

»Ich möchte Ingenieurin werden«, sagte eine.

»Ich möchte Wirtschaft und Business studieren«, antwortete die zweite.

»Und ich möchte ein Medizinstudium in Lahore beginnen«, erklärte die dritte.

Auf der anderen Seite der Stadt lag Pakistans einzige Schreinerwerkstatt, die von Frauen betrieben wird. Die Chefin Bibi Amina, eine souveräne Dame mit kurzen braunen Haaren und einem scharfen Blick, führte mich herum. Sie war dreiunddreißig Jahre alt und arbeitete seit zehn Jahren in dem Unternehmen, das mit Hilfe von ausländischen Botschaften und Nichtregierungsorganisationen aufgebaut worden war und nun seit Langem profitabel arbeitete.

»Warum wollten Sie Schreinerin werden«, fragte ich sie.

»Um mich aus der Armut zu befreien«, antwortete sie ganz direkt. »Und um etwas Ungewöhnliches zu machen.«

Sie führte mich durch eine geräumige Werkstatt mit großen Maschinen, Hobelbänken, dicken Planken und Winkelschleifern.

»Ist es schwierig?«, erkundigte ich mich.

»Nein, nicht für mich«, antwortete Bibi, »ich kann schreinern, was ich will, Möbel, Türen, ganze Häuser, ich kann alles.«

»Haben Sie Familie?«

»Ich bin verheiratet und habe einen dreijährigen Sohn. Mein Mann arbeitet als Koch in Abu Dhabi, er ist nur im Urlaub zu Hause.«

»Es ist sicher nicht einfach, wenn der Mann so weit weg ist«, sagte ich mitfühlend, »vermissen Sie ihn sehr?«

»Aber nein, das ist gut so«, versicherte Bibi. »Wenn er zu Hause ist, gibt es nur Probleme!«

»Gab es negative Reaktionen, als sie einen so untraditionellen Frauenberuf gewählt haben?«, fragte ich weiter. Obwohl Hunza eine der liberalsten Regionen von Pakistan ist, war mir dennoch aufgefallen, dass sämtliche Arbeiten in den Hotels, den Restaurants und in den Geschäften ausnahmslos von Männern erledigt wurden.

»Anfangs gab es schon ein paar Schwierigkeiten. Viele Männer haben uns gesagt, das ist Männerarbeit, Frauen sollen so etwas nicht tun, es widerspreche unserer Religion und unserer Kultur. Aber jetzt haben wir Erfolg, jetzt läuft es gut.«

»Möchten Sie, dass Ihr Sohn auch Schreiner wird?«, fragte ich zum Abschluss.

»Oh nein, mit ihm habe ich größere Pläne! Er soll Architekt werden. Das ist ein guter Beruf. Es ist besser, ein Haus zu entwerfen, als es zu bauen.«

Über die Häuser und Hotels von Karimabad ragte das alte Sommerschloss des Emirs. Nun ja, »ragte« ist vielleicht zu viel gesagt. Für ein Schloss war es weder besonders groß noch sonderlich beeindruckend, es war mit einfachen Materialien wie Stein und Holz erbaut. Die dicken, soliden Wände waren mit Lehm bedeckt, und in den kleinen, primitiv ausgeschmückten Zimmern gab es entlang der Wände Sitzplätze auf dem Boden. Bevor die Fürstentümer aufgelöst wurden, hatte Nord-Pakistan sieben Alleinherrscher, der Emir von Hunza war einer von ihnen. Der älteste Teil der Burg war über siebenhundert Jahre alt, während die jüngsten Modernisierungen, darunter die bunten Glasfenster und ein Telefon mit Wählscheibe, aus der britischen Periode stammten. Ein verstaubtes russisches Gewehr hing an der Wand, ein übrig gebliebenes Requisit aus dem großpolitischen Drama, das die Region Ende des 19. Jahrhunderts geprägt hatte, als das britische und das russische Imperium um den Einfluss in Zentralasien wetteiferten. Der Machtkampf ist als *The Great Game*, das große Spiel, in die Geschichte eingegangen, ein Ausdruck, der in Rudyard Kiplings berühmten Roman *Kim* verewigt wurde.

Hunza wurde erst zu einem wichtigen Puzzleteil in der Schlussphase dieses Großmachtspiels, nachdem Russland den größten Teil Zentralasiens erobert hatte, unter anderem das heutige Usbekistan und Turkmenistan. Im Sommer 1889 gab es Gerüchte, der russische Hauptmann Bronislaw Grombtschewski habe den Emir von Hunza besucht und sei freundlich empfangen worden, und weitere Besuche seien geplant. Die Briten sahen Hunza als Teil ihrer Interessenssphäre – was die Russen allerdings auch in der Vergangenheit nicht im Geringsten interessiert hatte – und griffen ein. Wenn die Russen Hunza unterwarfen, war es nur noch ein kurzer Weg bis Indien, dem britischen Kronjuwel; die Briten hatten dort seit Langem einen russischen Angriff befürchtet. Im August 1889 wurde der britische Agent Francis Younghusband nach Hunza geschickt, um ein ernstes Wort mit dem Emir zu reden. Der Emir war möglicherweise nicht nur dabei, sich mit dem Feind zu verbünden, er hatte in den vorherigen Jahren auch die systematische Plünderung von Handelskarawanen zu verantworten, die auf dem Weg von Leh in Nord-Indien nach Yarkant in China waren.

Younghusband war erst sechsundzwanzig Jahre alt, aber bereits ein gewiefter Entdeckungsreisender. Einige Jahre zuvor war er auf eigene Faust von Peking nach Kaschmir gereist, auf dem Weg hatte er die Mandschurei und die Wüste Gobi durchquert sowie den eigentlich unwegsamen Muztagh-Pass im Karakorum-Gebirge überwunden. Seither war er nur noch zwei Mal überquert worden. Aufgrund seiner Leistung war Younghusband als Vierundzwanzigjähriger in die Royal Geographic Society aufgenommen worden – als jüngstes Mitglied aller Zeiten. Als er nach Hunza aufbrach, hatte man ihn zum Hauptmann befördert. Younghusband war ein Entdecker der alten britischen Schule, furchtlos und engagiert. Er hielt unter allen Umständen an der britischen Etikette und an seinem täglichen kalten Bad fest, auch wenn seine Diener dafür erst einmal ein Loch ins Eis hacken mussten.

Einige Tage, nachdem Younghusband und sein Gefolge in Hunza eingetroffen waren, tauchte ein Bote mit einer unerwarteten Einladung auf. Hauptmann Grombtschewski lud den Rivalen zum Abendessen ein! Bereits am darauffolgenden Tag trafen sich die beiden Gentlemen zu Suppe, Gemüse in Mehlschwitze und reichlich Wodka im russischen Lager im Karakorum. Das Treffen war historisch: Es war das erste Mal, dass zwei Spieler sich im Auftrag ihres jeweiligen Imperiums auf dem Spielfeld trafen. Der Ton war überraschend offenherzig, und Grombtschewski bestätigte bereitwillig den nagenden Verdacht der Briten: Nichts wünschten die Russen lieber, als Indien einzunehmen, Grombtschewski prahlte beinahe damit. Younghusband bemerkte, dass Pamir, eines der wenigen Gebiete Zentralasiens, die noch nicht von den Russen okkupiert waren, auf Grombtschewskis Landkarte rot markiert war.

Nachdem sie zwei Tage zusammen getrunken und wilde Abenteuergeschichten ausgetauscht hatten, gingen die beiden Konkurrenten auseinander.

»Wir und die Russen sind Rivalen, aber ich bin sicher, dass der einzelne russische und englische Offizier sich gegenseitig mehr wertschätzen als Individuen von Nationen, zwischen denen keine Rivalität besteht«, schrieb Younghusband in dem Expeditionsbuch *The Heart of a Continent*, das sich ausgezeichnet verkaufte, und fügte hinzu: »Wir spielen beide mit hohem Einsatz, und es gäbe überhaupt keinen Unterschied, wenn wir versuchten, diese Tatsache zu verbergen.«

Geschickt unterlässt es Younghusband allerdings zu erwähnen, dass er direkt nach dem gemütlichen Beisammensein Grombtschewski und sein Gefolge beinahe in den Tod geschickt hätte. Die Russen wollten weiter nach Ladakh, das unter britischer Kontrolle stand. Younghusband überredete die einheimischen Kirgisen, den Russen eine lebensgefährliche und vollkommen unmögliche Route vorzuschlagen, die über hohe Plateaus und Berge ohne Weidemöglichkeiten ins Nichts führte. Die Pferde gingen ein, und sämtliche Kosaken des Gefolges erlitten Erfrierungen; nur unter großen Schwierigkeiten gelang es ihnen, sich in Sicherheit zu bringen. Ein Jahr später konnte Grombtschewski noch immer nur mit Krücken laufen. Er hat nie erfahren, dass sein Gast ihn in die Irre geführt hatte. Mehrere Jahrzehnte später schickte er vom Totenbett aus seinem alten Rivalen einen Brief und ein Buch, das er über seine Abenteuer in Zentralasien geschrieben hatte. Younghusband hatte zu diesem Zeitpunkt als Präsident der Royal Geographic Society den Höhepunkt seiner Karriere erreicht und war mit zahlreichen Orden und Medaillen ausgezeichnet worden. Auch Grombtschewski hatte man befördert, er bekleidete den Rang eines Generalleutnants, doch während der Revolution von 1917 wurde er enteignet und nach Sibirien verbannt. Unglaublicherweise gelang es ihm, über Japan seinen Geburtsort in Polen zu erreichen, das inzwischen zur unabhängigen Republik geworden war. Er starb 1926 im Alter von einundsiebzig Jahren.

Younghusbands Treffen mit Safdar Ali, dem Emir von Hunza, waren bei Weitem nicht so gemütlich wie die Abendessen mit Grombtschewski. Younghusband war verblüfft über die helle Haut und die beinahe rötlichen Haare des Emirs, doch damit hörte die Bewunderung auch schon auf. Je häufiger sie sich trafen, desto mehr irritierte den Briten an seinem Gesprächspartner der vollständige Mangel an Manieren. Safdar Ali gab sofort zu, für die Überfälle auf die Handelskarawanen verantwortlich zu sein, allerdings war er nur bereit, die Plünderungen zu unterlassen, wenn die Briten ihn finanziell entschädigten – schließlich waren die Raubzüge seine Haupteinnahmequelle. Nach und nach wurde Younghusband klar, dass diese direkten Forderungen weder etwas mit Mut noch mit Charakterstärke zu tun hatten, sondern ganz einfach mit der vollständigen Unkenntnis seiner Umwelt. »Er meinte, die Kaiserin von Indien, der Zar von Russland und der Kaiser von China wären lediglich die Oberhäupter von Stämmen hier aus der Nähe. (...) Seiner Ansicht nach sind er und Alexander der Große Ebenbürtige. Als ich ihn fragte, ob er jemals in Indien gewesen sei, antwortete er, Großkönige wie er und Alexander würden niemals ihr eigenes Land verlassen!«

Der Emir benahm sich so ungehobelt, dass Younghusband sich schließlich weigerte, ihn weiterhin zu treffen. Das hinderte den Emir allerdings nicht daran, dem Entsandten der britischen Königin fortwährend Boten zu schicken, um weitere Geschenke wie Futterbeutel und Seife zu erbitten, ja, sogar das Zelt, in dem Younghusband wohnte, wollte er haben. Die Tatsache, dass Safdar Ali zwei Jahre zuvor seinen eigenen Vater ermordet und zwei seiner Brüder von einem Felsen gestoßen hatte, um an die Macht zu gelangen, stimmte Younghusband kaum milder.

Kurz vor Weihnachten verließ Younghusband Hunza in miserabler Laune, ohne irgendein konkretes Versprechen des Emirs erhalten zu haben.

Zwei Jahre später, 1891, besetzten die Russen Pamir. Younghusband, der in diesem Sommer eine Aufklärungsexpedition in diesem Gebiet unternahm, wurde eines Morgens geweckt, als über zwanzig Kosaken und russische Offiziere auf sein Zelt zuritten. Drei Tage zuvor hatte er mit ihnen zu Abend gegessen und auf Königin Victoria und Zar Alexander angestoßen, doch nun herrschte ein anderer Ton. Die Russen erklärten, er befinde sich auf russischem Territorium und baten ihn freundlich, die Region zu verlassen.

Es machte die Sache nicht besser, dass Safdar Ali auch weiterhin die Handelskarawanen aus Indien überfallen ließ. Die Briten entschlossen sich, die »Tür« nach Indien ein für alle Mal zu verriegeln. Mit einer Armee von annähernd tausend Mann übernahmen sie das Nachbarfürstentum Nagar und zogen weiter nach Hunza. Als Safdar Ali begriff, dass die Russen ihm nicht zu Hilfe eilen würden, wie er es lange gehofft hatte, floh er mit Frauen, Kindern und allen geraubten Schätzen nach Kaschgar.

Die Briten setzten seinen Halbbruder Muhammed Nazin Khan auf den Thron und behielten die Oberherrschaft über Hunza, bis ihnen Indien 1947 aus den Händen glitt.

»Der Guide im Sommerschloss hat behauptet, politische Gefangene seien nicht länger als eine Woche eingesperrt gewesen, aber das stimmt nicht«, sagte Akhtar, als wir hinunter ins Zentrum von Karimabad schlenderten. »Noch 1947, ein Jahr, bevor alle Königreiche in Pakistan abgeschafft wurden, saß ein Mann aus Passu sechs Monate im Kerker des Emirs. Haben Sie übrigens bemerkt, wie groß die Kornspeicher waren?«

Ich nickte.

»Wir im Oberen Hunza mussten an den Emir hohe Steuern bezahlen«, fuhr Akhtar fort. »Wenn wir mit einer kleinen Ziege kamen, hieß es, wir sollten mit einer größeren kommen. Er war nie zufrieden. Die Steuern gingen nicht nur an den Emir, sondern auch an seine Leibwächter und andere Leute hier im Süden. Niemand durfte ohne Erlaubnis das Territorium des Emirs verlassen, vor allem wir aus dem Norden nicht.«

Wir betraten das nächste Café, um einen Kaffee zu trinken. Akhtar war ein guter Freund des Betreibers, Didar Ali, eines gutmütigen Mannes um die sechzig.

»Mein Gott, eine italienische Kaffeemaschine!«, rief ich und zeigte auf die beeindruckende Maschine, die den halben Tresen einnahm.

»Ja, aber wir haben nicht genügend Strom, um sie zu betreiben«, lachte Didar Ali. »Wir haben hier ein Wasserkraftwerk, das die Norweger in den 1990er Jahren gebaut haben.«

»Funktioniert es noch?«, erkundigte ich mich.

»Ja, klar«, versicherte Didar und schüttelte sich vor Lachen: »Zumindest zehn Prozent davon.«

»Wie war der letzte Emir?«, wollte ich wissen, als ich meinen Cappuccino bekommen hatte – aus der Mokkakanne und mit handgeschäumter Milch.

»Als ich jung war, lief ich herum und schrie Parolen gegen den Emir«, erzählte Didar. »›Wir wollen Freiheit!‹, rief ich. Aber die Älteren wollten das System so behalten, wie es war, weil sie meinten, eine richtige Demokratie könne es sowieso nicht geben. Das große Spiel hat übrigens nie aufgehört. Es wird noch immer gespielt, nur die Spieler haben gewechselt. Statt der Briten haben wir heutzutage die Amerikaner, und die Chinesen haben den Platz der Russen eingenommen.«

»In Passu überlegen wir, das ganze Dorf von der Straße weg zu verlegen«, warf Akhtar ein. »Der Verkehr und all die Pakistaner sind lästig, und es wird immer schlimmer.«

»Persönlich begrüße ich Chinas Investitionen in der Region«, sagte Didar. »Als ich in den neunziger Jahren in Kaschgar war, gab es dort mehr Kamele als Autos. Jetzt ist die Stadt nicht wiederzuerkennen. Es ist unglaublich, was die Chinesen geschafft haben! Nach dem 11. September kamen keine Ausländer mehr hierher, viele Hotels gingen bankrott. Dank der Straße, die die Chinesen gebaut haben, kommen jetzt zumindest pakistanische Touristen.«

»Viel zu viele, wenn du mich fragst«, erwiderte Akhtar düster. »Eine Zeit lang habe ich in Passu ein Hotel betrieben, wir hatten beinahe ausschließlich pakistanische Gäste. Sie beschweren sich immer über das Essen, immer war irgendetwas nicht in Ordnung. Wir gaben ihnen schließlich keine Handtücher mehr, weil sie die mitnahmen oder sich damit die Schuhe putzten. Es kam vor, dass sie dafür auch die Bettlaken benutzten. Ich verstehe nicht, warum sie hierherkommen, sie sitzen bloß in ihren Autos und beklagen sich, dass überall Berge sind.«

»Ich bewundere die EU!«, fuhr Didar unverdrossen fort. »Stell dir mal vor, was wir hier in der Region auf die Beine stellen könnten, wenn wir zusammenarbeiten würden! Pakistan, Indien, Iran, Afghanistan – was für ein Potenzial!«

»Ihr müsst euch wahrscheinlich erst einmal auf einen einheitlichen Grenzverlauf einigen?«, bemerkte ich.

»Seit Indien der Ansicht ist, dass Hunza und Gilgit-Baltistan, also so gut wie ganz Nord-Pakistan, zum Kaschmir gehören, sind wir nicht einmal ein ordentlicher Teil von Pakistan, wir unterliegen nur der pakistanischen Administration«, klagte Didar. »Wir können uns nur an Kommunalwahlen beteiligen, nicht an den nationalen Wahlen.«

»Andererseits brauchen wir auch keine Steuern zu zahlen«, sagte Akhtar.

»Es bezahlt doch sowieso kaum jemand Steuern«, seufzte Didar.

Am Abend, dem letzten in Hunza, fuhren wir hinauf nach Duikar, einem berühmten Aussichtspunkt mit einem Panoramablick über Karimabad. Die Wolkendecke, die seit unserer Ankunft wie eine Gardine vor den Bergen gehangen hatte, war gerade aufgerissen. Hinter uns gab es freie Sicht auf den Hunza Peak und Ladyfinger, und direkt vor uns sahen wir den Golden Peak und den Rakaposhi, der mit seinen 7788 Metern der höchste Berg in Hunza ist. Die Aussicht war so unübertroffen, so sublim, so grandios, dass das Synonymwörterbuch nicht reicht, um sie zu beschreiben. Da die Sonne unterging, änderten sich ständig das Licht und die Farben; in einem Augenblick war der Himmel lachsrosa, im nächsten glich er geschmolzenem Gold. Auch die Japanerin neben mir schien sich nicht sattsehen zu können. Sie muss tausend Fotos geschossen haben. Hin und wieder entfuhr der Tiefe ihrer Kehle ein beinahe tierisches »OOOHHH!«.

Zwei Dinge bereue ich bei meiner Reise durch den Himalaya noch immer. Eines ist, nicht länger in Hunza geblieben zu sein.

Familienplanung im Märchenland

Die Straße hinauf zu den **Märchenwiesen** (3300 Meter über N.N.) gilt aus gutem Grund als eine der gefährlichsten der Welt. Die einheimischen Bauern haben sie selbst angelegt, und sie windet sich wie ein zerknüllter Nähfaden den steilen, erdrutschgefährdeten Berghang hinauf. In der Breite gab es gerade mal Platz für einen Jeep, keinerlei weiteren Abstand; jede Kurve war eine Haarnadelkurve, und jedes Mal, wenn uns ein Jeep entgegenkam, musste unser Fahrer zurücksetzen und ganz außen am Straßenrand balancieren – mit einem halben Rad über der Felskante.

Irgendwann musste der Fahrer aussteigen und kaltes Wasser auf den Motor gießen, und meinen Nerven wurde eine kurze Pause gegönnt.

»Was ist das Schwierigste an diesem Job?«, fragte ich den Fahrer. Er hieß Alifdin und sah aus, als wäre er fünfzehn, aber er fuhr bereits seit zehn Jahren fünf, sechs Mal am Tag den Berghang hinauf und wieder hinunter.

»Nichts«, versicherte Alifdin und setzte sich wieder ans Steuer. Ich schloss die Augen.

Die Fahrt dauerte anderthalb Stunden, fühlte sich aber an wie anderthalb Wochen. Als ich aus dem Jeep stieg, war ich durchgeschwitzt, obwohl wir bisher nicht einen einzigen Meter gegangen waren. Die letzten Kilometer bergauf zu den Märchenwiesen mussten indes zu Fuß bewältigt werden – nicht weil es keine Straße bis dorthin gab, sondern um die ortsansässigen Bauern nicht ihres Lebensunterhalts zu berauben, der darin besteht, das Gepäck der Reisenden zu den Märchenwiesen hinaufzutragen. Ein Träger verschwand lächelnd mit meinem Rucksack, und Akhtar regelte unsere Begleitung. Weit entfernt sah ich die schneebedeckten Gipfel des Nanga Parbat, dem westlichsten Anker des Himalaya.

Der erste Europäer, der über den Nanga Parbat berichtete, war der deutsche Botaniker und Entdecker Adolf Schlagintweit. Mitte des 19. Jahrhunderts reiste er durch den Himalaya und den Karakorum, um wissenschaftliche Untersuchungen über die Berge und das Magnetfeld der Erde vorzunehmen. Von den Bewohnern erfuhr er, dass der M-förmige Berg, der eigentlich Teil einer zwanzig Kilometer langen Gebirgskette ist, zwei Namen trägt: Nanga Parbat, was auf Urdu »Der nackte Berg«, und Diamir, was in der Sprache der Einheimischen »Königsberg« bedeutet. Schlagintweit reiste weiter nach Norden durch Hunza und über den Kunjerap-Pass. Er plante, über Turkestan und Russland nach Deutschland zurückzukehren, aber er kam nur bis Kaschgar. Dort ließ ihm der brutale Emir, der ihn verdächtigte, ein chinesischer Spion zu sein, den Kopf abschlagen. Schlagintweit wurde achtundzwanzig Jahre alt.

Seither hat der Nanga Parbat viele weitere deutsche Leben gefordert. Obwohl es nie eine formale Absprache gab, wurden die höchsten Berge im Himalaya und Karakorum im 20. Jahrhundert einigermaßen gerecht unter den verschiedenen europäischen Nationen aufgeteilt. Die Briten beanspruchten den Mount Everest, die Italiener spezialisierten sich auf den K2, die Franzosen konzentrierten sich auf den Annapurna, während die Deutschen auf den Nanga Parbat, den Königsberg, fixiert waren.

Der Gipfel des Nanga Parbat ragt 8125 Meter über dem Meeresspiegel auf, damit ist der Nanga Parbat der neunthöchste Berg der Welt. In den 1930er Jahren, während des Aufstiegs des Nationalsozialismus, führte die Besteigung des Nanga Parbat zu einer regelrechten Besessenheit; es war die ultimative Männlichkeitsprüfung, das eigentliche Symbol der arischen Überlegenheit und Kameradschaft. Die ersten sechs Versuche, den Gipfel zu erreichen, kosteten über dreißig Menschenleben und missglückten alle. Erst 1953, einige Wochen nachdem Edmund Hillary und Tenzing Norgay den Mount Everest bestiegen hatten, stand ein Mensch zum ersten Mal auf dem Gipfel des Nanga Parbet. Aufgrund des schlechten Wetters hatte der Expeditionsleiter den Rückzug angeordnet, doch der einundzwanzigjährige Österreicher Hermann Buhl widersetzte sich der Order und kletterte allein weiter zum Gipfel. Ohne Sauerstoff und in schlechter Expeditionskleidung erreichte er am 3. Juli um neunzehn Uhr abends den Gipfel. Es war zu spät, um wieder abzusteigen, er war gezwungen, in über achttausend Metern Höhe ohne Schlafsack im Stehen zu übernachten. Als er am nächsten Morgen verfroren, erschöpft und dehydriert das Lager erreichte, hatte er das Gesicht eines alten Mannes. Vier Jahre später wurde Buhl in 7300 Metern Höhe von einer Lawine erfasst, als er den Gipfel der Chogolisa im Karakorum beinahe erreicht hatte. Seine Leiche wurde nie gefunden.

Seither ist der Nanga Parbat viele Male bestiegen worden, gilt aber noch immer als einer der gefährlichsten Berge der Welt. Auf drei Bergsteiger, die den Gipfel erreichen, kommt ein toter – nur der Annapurna in Nepal hat von allen Bergen im Himalaya eine höhere Todesrate –, daher trägt der Nanga Parbat auch den Beinamen *Killer Mountain*. Die örtlichen Behörden versuchten, den morbiden Beinamen zu entschärfen, doch nach den grausamen Ereignissen im Sommer 2013 passte er plötzlich beinahe zu gut.

Am Abend des 22. Juni 2013 stürmten sechzehn bewaffnete Terroristen, nachdem sie zwei Tage zu Fuß unterwegs gewesen waren, das Nanga Parbat Base Camp. Sie brüllten, sie seien Taliban und von al-Qaida, und zwangen Bergsteiger, Guides, Träger und Köche aus ihren Zelten. Zehn ausländische Bergsteiger wurden an diesem Abend regelrecht hingerichtet.

Wir hatten nicht den Ehrgeiz, den Gipfel des Nanga Parbat zu erreichen, unser Ziel war die weit weniger strapaziöse Märchenwiese, *Fairy Meadows*. Eine Gruppe deutscher Bergsteiger, die sich in den 1950er Jahren von den grünen Ebenen und der unübertroffenen Aussicht auf den Nanga Parbat hatten verzaubern lassen, hat dem Ort seinen Namen gegeben. Da ich Ausländerin war, wurde ich zu der märchenhaften Wiese von einem bewaffneten Leibwächter eskortiert. Die verantwortlichen Behörden wollten kein Risiko eingehen – das Angebot war kostenlos, aber obligatorisch. Mein Leibwächter hieß Bartak, ein großer, hagerer Bursche Ende vierzig mit einem langen braunen Bart, freundlichen Augen und einer gut geölten Kalaschnikow.

Ich war die einzige Ausländerin auf dem Weg, und ausnahmsweise war ich imstande, beinahe alle anderen zu überholen. Ununterbrochen passierte ich verschwitzte, keuchende Jugendliche aus den großen Städten im Süden; ausnahmslos alle spielten in voller Lautstärke Musik auf ihren Mobiltelefonen, um die Stille der Berge zu übertönen. Junge Männer aus dem Dorf gingen herum und boten den dicksten Wanderern Pferde an. Die Pferde blieben selten lange arbeitslos. Eine ununterbrochene Linie aus Saftkartons, Kaugummipapier, leeren Chipstüten und Schokoladenpapier zog sich neben dem Weg dahin.

»Sie wohnen im Müll und sie sterben im Müll«, bemerkte Akhtar verächtlich.

Die Wiesen machten ihrem Namen alle Ehre. Sie waren mit leuchtend grünem Gras bedeckt, von Pappeln umgeben und hatten eine fabelhafte Aussicht auf den Mörderberg. Mehrere Zeltlager und einige Dutzend primitive Hütten standen bereit, um die Touristen zu empfangen. Während wir eine glühend heiße Linsensuppe aus einem der einfachen Cafés schlürften, hörten wir Schreie und Gebrüll vom anderen Ende der Märchenwiese.

»Sie haben Glück«, sagte Akhtar und schob die Suppenschüssel beiseite. »Kommen Sie!«

Ich lief ihm nach und landete mitten in einem Chaos aus Pferdehufen und Poloschlägern. Von Dächern und großen Findlingen aus verfolgten Männer des Dorfes eifrig die Rauferei, sie schrien und johlten. Akhtar und ich fanden einen ruhigen Platz an einem Abhang und setzten uns, um dem Polospiel zuzusehen. Die Spieler schienen keinerlei Regeln zu folgen; sie zielten mit ihren Schlägern ebenso oft auf die Gegenspieler wie auf den Ball, sie rissen und zerrten aneinander, und ohne Vorwarnung schlug jemand den Ball in unsere Richtung. Die Pferde donnerten direkt hinterher. Akhtar und ich sprangen auf und rannten, so schnell es ging, den Hang hinauf, doch die Pferde waren schneller, schon bald waren überall Hufe und Schwänze. Die Zuschauer auf den Dächern lachten so, dass sie sich festhalten mussten, um nicht hinunterzufallen.

Am Abend bekam ich Gesellschaft von drei Männern in den Dreißigern aus Islamabad. Sie zündeten ein Feuer an, wir blieben sitzen und unterhielten uns unter dem Sternenhimmel über pakistanische Politik.

»Der neue Ministerpräsident Imran Khan ist ein guter Mann«, sagte einer der Männer, ein Bursche mit halblangem Haar und Lederjacke.

Khan war wenige Tage zuvor als Ministerpräsident vereidigt worden. Als junger Mann gehörte er zu den erfolgreichsten Cricketspielern der Welt, als Kapitän hatte er Pakistans Cricket-Nationalmannschaft 1992 zum Gewinn des World Cup geführt. Vier Jahre später gründete er die Partei Pakistan Tehreek-e-Insaf, Pakistanische Bewegung für Gerechtigkeit, und wurde mit der Zeit eine herausragende Stimme der Opposition in der pakistanischen Politik. 2018 setzte sich seine Partei bei den Parlamentswahlen durch und eroberte einhundertzehn von zweihundertneunundsechzig Sitzen.

»Im Gegensatz zu anderen Politikern hat Imran Khan kein Interesse an Geld«, behauptete der Bursche in der Lederjacke. »Er hätte viele Millionen bekommen können, als er sich von seiner ersten, steinreichen Frau scheiden ließ, aber er wollte das Geld nicht. Sie wurden geschieden, weil sie es nicht ertrug, weiter in Pakistan zu leben, während er etwas für sein Land tun wollte. Das war eine klare Angelegenheit. Die andere Ex-Frau hingegen ... Sie schreibt jetzt Bücher.«

»Was für Bücher schreibt sie denn?«, erkundigte ich mich.

Die Männer lachten schallend.

»Bücher, die für Kinder nicht geeignet sind«, erklärte mein Nebenmann, der einen dichten kurzen Bart trug. »Sie fing damit an, nachdem sie Imran Khan begegnet war, wenn Sie verstehen, was ich meine. Er ist ein Playboy, das ist seine einzige große Schwäche.«

Es schien nicht so, als wäre er der Ansicht, dass dies eine wirklich große Schwäche war.

»Haben Sie schon mal Hunzawasser probiert?«, fragte mich der Erste. »Hunza ist berühmt dafür, es ist wirklich gut, besser als Brandy!«

»Ich habe nicht einen Tropfen getrunken, seit ich nach Pakistan gekommen bin«, erwiderte ich.

»Was, haben Sie nicht?« Der dritte Mann sah mich überrascht an. »Sie Ärmste! Wir hätten Ihnen gern etwas abgegeben, aber wir haben leider nur Marihuana.«

»Was für Muslime sind Sie eigentlich?«, fragte ich frotzelnd.

»Es gibt starke Moslems, und es gibt schwache Moslems«, erklärte der Bärtige. »Wir sind relativ schwach. In Pakistan bekommt man alles, was man will, man muss nur die richtigen Leute kennen.«

»Ich hoffe, Imran Khan liberalisiert das Land und macht es weniger streng«, bemerkte mein Nebenmann.

»Hat er jetzt nicht eine sehr religiöse Frau?«, wollte ich wissen. »Trägt sie nicht Burka und solche Sachen?«

»*Sie* ist sehr religiös, ja. Aber er nicht. Glücklicherweise!«

Die frische Bergluft hatte mich müde werden lassen, und ich ging früh zu Bett. Als ich in meinen Schlafsack kroch, wurde der Platz am Feuer in eine Diskothek verwandelt. Die drei Freunde hatten offensichtlich Lautsprecher aus Islamabad mitgeschleppt.

Am nächsten Tag stellte mich Akhtar einem Freund vor, Mursalin Khan.

»Mursalin möchte Ihnen gern das Dorf zeigen«, sagte er. »Ich bin ein Mann und habe hier keine Verwandten, also darf ich nicht hinein.«

»Aber ich schon?«

»Ja, natürlich. Sie sind ja eine Frau.«

Mursalin hatte ein schmales Gesicht, eine spitze Nase, Vollbart und tiefe Runzeln. Er sah aus, als wäre er deutlich über fünfzig, aber er sei erst vierunddreißig, behauptete er, ebenso alt wie ich. Er sprach gut Englisch und trug, wie die meisten hier oben, eine Daunenjacke und *Salwar Kamiz*, eine traditionelle südasiatische Tracht, die aus einem langen, lockeren Hemd oder einer Tunika sowie einer weiten, bauschigen Hose besteht und von Männern wie Frauen getragen wird.

Das Dorf lag hinter einem Zaun direkt gegenüber dem Polofeld;

was sich hinter diesem Zaun befand, gehörte zu einer verborgenen Welt.

»Wenn sie zehn, elf Jahre alt sind, dürfen die Frauen das Dorf nicht mehr verlassen«, erklärte Mursalin. »Wenn sie auf die Felder müssen, um zu arbeiten, nehmen sie ganz bestimmte Wege, sodass möglichst wenige sie sehen.«

Mursalin nahm mich mit zu seinem Haus, einer einfachen Holzhütte mit nacktem Erdfußboden. Seine Frau, die Schwägerin und eine Handvoll Kinder unterschiedlichen Alters saßen draußen an die Wand gelehnt. Sie betrachteten uns lächelnd, aber ohne etwas zu sagen. Niemand sprach Englisch.

»Meine Frau arbeitet für die Familienplanung«, sagte Mursalin. »Das ist etwas Neues, womit die Behörden angefangen haben. Frauen arbeiten hier normalerweise nicht, aber für mich ist es okay, dass sie diese Arbeit hat. Ich vertraue ihr, und sie vertraut mir.«

»Wie viele Kinder haben Sie?«

Er dachte nach.

»Rund acht. *Wir* beteiligen uns nicht an der Familienplanung, wir akzeptieren die Kinder, die wir bekommen.«

Auf Mursalins Bitte hin servierte die älteste Tochter selbst gemachtes säuerliches Lassi und danach süßen Tee mit Milch. Die Ehefrau, die laut Mursalin fünfunddreißig, sechsunddreißig Jahre alt war und unter ihrem großen Schal bereits graue Haare hatte, wandte sich uns zu und sagte mit leiser Stimme etwas zu ihrem Ehemann.

»Sie fragt, ob Sie verheiratet sind?«, übersetzte Mursalin.

Ich nickte, und die Frau stellte die Frage, ob ich Kinder hätte und wie lange ich schon verheiratet sei.

»Meine Frau hat mir die Erlaubnis gegeben, noch eine Frau zu nehmen, eine Ausländerin«, informierte mich Mursalin mit einem Mal.

»Muss sie denn Ausländerin sein?«, wollte ich wissen.

»Ja, ich will nicht noch eine Frau aus dem Dorf heiraten. Ich habe den Plan, ins Ausland zu ziehen, hart zu arbeiten und eine Menge Geld zu verdienen, um meiner Familie hier zu helfen.«

»Welches Land würden Sie denn bevorzugen?«, fragte ich weiter.

»Sie könnte aus jedem Land kommen. Japan, Frankreich, Deutschland, Korea ... Das ist nicht so wichtig, Hauptsache, wir verstehen uns und respektieren einander.«

»Was glauben Sie, wird die ausländische Frau davon halten, dass Sie bereits eine Frau und acht Kinder hier in Pakistan haben?«

»Ich werde eine Frau finden müssen, die tolerant ist«, antworte Mursalin. »Gegenseitiges Verständnis ist wichtig. Gestern war ich Guide für eine Deutsche, ich führte sie hier in den Bergen herum. Unterwegs erzählte ich ihr von meinem Plan, so wie ich es jetzt auch Ihnen erzähle. Sie wurde richtig böse und sagte, sie habe einen Freund zu Hause, und hinterher weigerte sie sich, weiter mit mir zu reden. Es war ziemlich dumm, dass es so endete. Ich verstehe nicht, warum sie so böse geworden ist.«

Er schüttelte den Kopf und bemerkte dann meinen Blick. »Fragen Sie sie! Los, fragen Sie sie selbst!«

»Entschuldigung?« Ich sah ihn verwirrt an.

»Fragen Sie sie, fragen Sie meine Frau, ob sie es zulässt, dass ich mir noch eine Frau nehme.«

»Erlauben Sie, dass Ihr Mann sich noch eine Frau nimmt?«, fragte ich gehorsam, und Mursalin übersetzte zufrieden.

Die Frau nickte und lächelte.

»Warum gestatten Sie es ihm?«, erkundigte ich mich, Mursalin übersetzte.

»So ist es im Islam«, antwortete sie. »Ein Mann kann vier Frauen haben.«

»Sie ist gläubiger als ich«, erklärte Mursalin. »Sie betet und fastet und hält sich an die Regeln. Ich versuche es, so gut ich kann, ja, aber ich schaffe es einfach nicht. Egal, ich glaube, das Wichtigste ist, ein guter Mensch zu sein. Sind Sie Christin?«

Ich schüttelte den Kopf.

»Welcher Religion gehören Sie an?«

»Ich habe keine Religion«, erwiderte ich.

Mursalin sah mich überrascht an und erklärte die Situation den Frauen. Es löste eine eifrige Diskussion unter ihnen aus.

»Sie sagen, dann steht es Ihnen frei, den Islam zu wählen«, übersetzte Mursalin. »Denn Sie glauben doch sicher an Gott?«

»Nein, ich glaube nicht an Gott.«

»Wie erklären Sie sich dann all dies?«, fragte Mursalin und breitete die Arme aus. »Die Sonne, den Mond, einen Tag wie diesen? Warum leben wir, warum sterben wir? Können Sie mir das beantworten?«

Das konnte ich nicht so ohne Weiteres.

»Sehen Sie!«, erklärte Mursalin triumphierend. »Hier reicht die Wissenschaft nicht aus. Die einzige logische Erklärung ist, dass es einen Gott gibt. Und der Islam ist die beste Religion, das versteht sich von selbst, denn es ist die letzte. Die richtigste. Alles steht im Koran, auch die Bibel, Jesus und andere Religionen werden erwähnt. Sie glauben doch nicht im Ernst, dass der Mensch von den Affen abstammt? So ein Quatsch! Im Koran steht, dass der Mann von Gott geschaffen wurde, und die Frau aus der Rippe des Mannes. Das ist die einzige logische Erklärung.«

Dann folgte eine längere Auslegung der Gebetsrituale und welche Gebete zu welchem Zeitpunkt gebetet werden sollen.

»Dauert es noch lange bis zum nächsten Gebet?«, fragte ich hoffnungsvoll.

Mursalin sah auf die Uhr.

»Fünfundzwanzig Minuten«, sagte er, aber es schien nicht so, als hätte er es eilig, sein Gebet zu verrichten. Stattdessen nahm er mich mit auf eine Führung durch den oberen Teil des Dorfes und zeigte mir das Stück Land, das er besaß, die Tiere, die ihm gehörten, und die Leute, die für ihn arbeiteten.

»Sie sind aus dem Norden«, erklärte er. »Ich habe ihnen eine Menge Geld bezahlt, einige hundert Rupien, damit sie bei mir arbeiten. Wenn sie aufhören wollen, für mich zu arbeiten, müssen sie mir diese Summe zurückzahlen. Außerdem bezahle ich ihnen rund zweitausend Rupien pro Jahr.«

Ich rechnete es rasch aus. Tausend Rupien entsprachen rund sechs Euro.

»Das ist nicht viel«, sagte ich.

»Nein, aber sie bekommen ja auch Kost und Logis. Ich trage die Verantwortung nicht nur für meine Arbeiter, sondern auch für deren Familien. Wenn einer von ihnen beispielsweise eine Tochter verheiraten will, gebe ich ihm normalerweise tausend Rupien als Mitgift. Ich bezahle auch die Ärzte, wenn einer von ihnen krank wird.«

Die Häuser, an denen wir vorbeikamen, waren klein, einfach und so gut wie unmöbliert, überall wimmelte es von Hühnern, Kühen, Ziegen und kleinen Kindern. Auf einem Hügel vor einem der Häuser lag ein halb nackter Junge im Alter von fünf oder sechs Jahren und starrte mit großen Augen in die Luft. Die Fliegen summten wie eine schwarze Wolke um ihn herum.

»Er wurde so geboren«, bemerkte Mursalin. »Er liegt einfach nur da.«

Als wir das Dorf verließen, rief der Imam zum Gebet, aber Mursalin sah noch immer nicht so aus, als wäre er in Zeitnot. Stattdessen nahm er mich mit auf ein Plateau am Rande des Dorfes, von dem man einen fantastischen Blick nach Westen auf das Karakorum-Gebirge und den Hindukusch hatte. Zwischen den beiden Gebirgsketten schlängelte sich der Indus wie ein brauner Darm hindurch. Auf der anderen Seite des Dorfes gab es diesen Panoramablick auf den Nanga Parbat und den Himalaya, der sich weiter nach Osten durch Indien, Nepal und Bhutan bis zum Namjagbarwa in Tibet erstreckte, der östlichsten Verankerung des Himalaya, mehr als zweitausend Kilometer entfernt. Zwischen diesen drei höchsten Bergmassiven der Welt lagen die Märchenwiesen wie eine erzkonservative, versteinerte Fabelwelt.

Vier, fünf bärtige Männer standen auf dem Plateau verstreut. Alle starrten intensiv auf die Displays ihrer Mobiltelefone. Keinerlei moderne Signale dringen hinter die Grenzen der Märchenwiese, dies war der einzige Ort, an dem sie Kontakt zu ihrer Umwelt bekamen.

Mursalin bestand darauf, mich zurück zur Hüttensiedlung zu begleiten und ließ sich auch nicht zwei Mal bitten, als Akhtar ihn aufforderte, mit uns zu Abend zu essen. Während wir auf das Essen warteten, verschwand Mursalin. Die Linsen wurden serviert und waren bereits lauwarm, als er endlich zurückkam. Mit einem geheimnisvollen Lächeln zog er eine Cola-Flasche mit einer trüben hellbraunen Flüssigkeit aus der Daunenjacke und goss mit feierlicher Diskretion ein Glas für jeden von uns ein. Es schmeckte wie verwässerter, billiger Grappa.

»Hunzawasser«, flüsterte Mursalin und sah sich wachsam um. »Ich habe es vor ein paar Tagen gekauft, aber es gab bis heute keinen Anlass, es zu trinken. Prost!« Er hob das Glas und trank die hellbraune Substanz in einem Zug aus. »Ah, lecker, nicht wahr?«

Akhtar rümpfte die Nase, sagte aber nichts. Ich nickte höflich.

»Lasst uns auf Pakistan anstoßen!«, sagte Mursalin und füllte die Gläser erneut. »Und auf Imran Khan! Pakistan braucht neue Kräfte. Wir brauchen ein neues Pakistan. Prost!«

Feiern und fasten

Von der Märchenwiese und dem Nanga Parbat aus erstreckt sich das Himalaya-Gebirge weiter nach Indien, allerdings gibt es zwischen Indien und Pakistan nur zwei Grenzübergänge, und der nächstgelegene war ein gutes Stück weiter im Süden bei Lahore. Die Zeiten, als die Handelskarawanen ungehindert die Bergpässe und Landesgrenzen hatten überqueren können, waren längst vorbei. Die Welt wird ständig kleiner und kleiner und immer grenzenloser, heißt es, doch vermutlich gab es nie rigidere Landesgrenzen als heute. Geht es um die Landkarte und das Gebiet, gibt es so gut wie keinen Zweifel: Die abstrakten roten Striche der Karte werden übereifrig von Kameras, Bewegungssensoren, bewaffneten Wachposten und häufig auch physischen Barrieren wie Stacheldraht, Zäunen und Mauern bewacht. Sogar in dieser vergessenen Ecke der Welt, hoch über der Baumgrenze, wo die roten Striche durch gestrichelte Linien ersetzt sind – ungeklärte, kontroverse und nichtratifizierte Linien –, sind die »Sozusagen-Grenzen« der Karte dennoch in Stein gemeißelt, unveränderlich in einem eingefrorenen Konflikt zwischen zwei Ländern, die einmal zusammengehörten.

Da es nicht möglich war, der Gebirgskette nach Osten zu folgen, fuhr ich nach Westen, in Richtung Afghanistan und Hindukusch. Ein umständlicher Umweg zu dem offiziellen Grenzübergang bei Lahore, aber wo beginnt und wo endet ein Gebirgsmassiv eigentlich?

Vielleicht genau hier.

Bei dem Dorf **Juglot** (1988 Meter über N.N.) vierzig Kilometer südlich von Gilgit, fließen der Fluss Gilgit und der Indus zusammen, und hier begegnen oder trennen sich die Gebirgsketten Hindukusch, Himalaya und Karakorum. Ein verwittertes Schild informierte über die lokale Geografie: Wir standen mit dem Rücken zum Hindukusch, links vom Fluss Gilgit blickten wir auf das Karakorum-Gebirge, während die Berge auf der rechten Seite der

Flüsse Gilgit und Indus zum Himalaya gehörten. Die Flüsse waren schmutzigbraun, die Berge kahl, steil und hellbraun, nur der schwarze, von chinesischen Krediten und Subventionen bezahlte Asphalt lieferte einen Kontrast zu all den bräunlichen Nuancen.

Ich konnte keinen Unterschied zwischen den Bergketten erkennen. Ein Berghang sah dem anderen zum Verwechseln ähnlich, aber Akhtar behauptete, der Karakorum, *seine* Berge, würden sich durch ihre überlegene Schönheit von den anderen abheben.

Am Nachmittag verdeckten dunkelgraue Wolken die braunen Gipfel, die an beiden Seiten des Flusses Gilgit aufragten und zu den jeweiligen Gebirgsketten gehörten. Der Wind frischte auf, und ein kräftiger Regenguss verwandelte die Schotterpiste innerhalb weniger Minuten in eine Schlammpiste. Schon bald stießen wir auf eine lange Reihe »gestrandeter« Autos. Einige Hundert Meter weiter hatte es einen großen Erdrutsch gegeben, Felsbrocken und große Haufen Schotter und Erde versperrten die Straße. Ein paar Dutzend Männer waren ausgestiegen, um sich den Erdrutsch genauer anzusehen, sie betrachteten die Steinmassen mit verschränkten Armen. Die Frauen blieben in den Autos, bedeckt und unsichtbar. Nach einer Stunde kam uns ein einzelner Bulldozer zu Hilfe, und nach einigen weiteren Stunden, als es bereits dunkel wurde, war die Straße geräumt.

Wenn ich an meine Reisen im Himalaya zurückdenke, habe ich das Gefühl, den größten Teil der Zeit in den unterschiedlichsten Autos verbracht zu haben, auf holprigen, staubigen, schmalen und von Erdrutschen bedrohten Straßen. An vielen Stellen konnte man höchstens fünfzehn bis zwanzig Kilometer in der Stunde fahren, und die Kilometer schlichen dahin, während die Sonne langsam über den Himmel glitt. Am nächsten Tag wiederholte sich alles, und so vergingen die Wochen und Monate, ja, das eigentliche Leben, während die Fahrer und ich allmählich von einer feinen Schicht Staub überzogen wurden und draußen vor dem dreckigen Autofenster die Berge dahinzogen, einer höher, steiler und brauner als der andere, der Hindukusch auf der linken, das Karakorum-Gebirge auf der rechten Seite.

Straßensperren der Polizei oder des Militärs wurden zu einer liebgewonnenen Abwechslung. Auf dem Weg nach Chitral, unserem nächsten Teilziel, wurden wir sechzehn Mal angehalten, und jedes Mal mussten wir die gleichen Fragen nach Nationalität, der Nummer des Passes, der Nummer des Visums und der Telefonnummer beantworten.

Am Nachmittag des darauffolgenden Tages überquerten wir den **Shandur-Pass** (3700 Meter über N.N.), an dem der höchste Poloplatz der Welt liegt. Jedes Jahr ist die Grasebene eine Woche im Juli ein bunter Flickenteppich aus Zelten, Pferden, Reitern und Zuschauern, doch jetzt, im August, war die Ebene kahl und öde, mit Ausnahme einer Handvoll weidender Yak-Ochsen und zwei jungen Soldaten, die dafür sorgten, dass alle Ausländer, die den Pass überquerten, gebührend registriert wurden – mit der Nationalität, der Nummer des Passes, der Nummer des Visums und der Telefonnummer.

Viele Stunden später erreichten wir **Chitral** (1494 Meter über N.N.), wo ich mich erneut registrieren lassen musste, diesmal auf einem Polizeirevier, in einem kleinen Büro mit dem Schild *Foreigners Registration*. Hinter schwankenden Papierstapeln saß ein kleiner, bebrillter Bürokrat und füllte das Formular mit der Hand aus. Die Regale waren voll mit staubigen Papierhaufen, die von Bindfäden zusammengehalten wurden. An der Wand hinter ihm hing eine große Statistik mit ordentlichen Spalten über alle Ausländer, die Chitral seit den 1990er Jahren besucht hatten. Nach dem Terrorangriff auf die Zwillingstürme im Jahr 2001 stürzten die Zahlen ab und hatten seither nie wieder die Größenordnung früherer Jahre erreicht.

Ausgestattet mit einem Passierschein und einem neuen, bewaffneten Leibwächter, fuhren wir Richtung Nordwesten auf die afghanische Grenze zu, nach Kafiristan, dem Land der Ungläubigen. Die Straße, die dorthin führte – in eine der unzugänglichsten und abgelegensten Gegenden Pakistans –, war noch schmaler als normalerweise und wurde flankiert von steilen Abhängen hinunter zum Fluss. Ursprünglich umfasste Kafiristan ein zusammenhängendes Gebiet in Nordwest-Pakistan und Ost-Afghanistan und war bewohnt von einer hellen, blauäugigen Volksgruppe, rund sechzigtausend Menschen, die verschiedene Götter anbeteten. Einer Legende nach stammten sie vom Heer Alexander des Großen ab, der im Jahr 326 vor Christus Poros besiegte, den König von Punjab. Eine Reihe von Sprachforschern sind der Ansicht, die Volksgruppen in Kafiristan dürften noch älter sein und entstammten einer der frühesten Einwanderungswellen indoarischer Menschen, die noch vor der Hauptwelle vor ungefähr dreieinhalbtausend Jahren von Westen her zuwanderten.

1893 landeten diese Volksgruppen auf beiden Seiten der rund 2500 Kilometer langen Grenzlinie, die von Henry Mortimer Durand gezogen wurde, dem damaligen Außenminister von Britisch-Indien – es ist heute die durchlässigste Grenze zwischen Afghanistan und Pakistan. Die Durand-Linie durchschnitt rücksichtslos und zufällig ethnische Gruppen, Sippen und Familien. Diejenigen, die sich westlich der unsichtbaren Linie befanden, landeten im Herrschaftsbereich des afghanischen Emirs, während die östlich der Grenze Wohnenden als Königin Victorias Untertanen angesehen wurden. Einige Jahre nach der Grenzziehung befahl der Emir von Afghanistan, Abdur Rahman Khan, einen Angriff auf die Ungläubigen auf seiner Seite der Grenze und zwang sie, zum Islam zu konvertieren, vermutlich die letzte erzwungene Massenbekehrung der Geschichte. Um klarzustellen, dass der Auftrag erfüllt war, beschloss der Emir eine Änderung des Namens der Region von Kafiristan in Nuristan, das »Land der Erleuchteten«.

Die Volksgruppe der Kalasha entkam der Massenbekehrung, da sie in den drei abseits liegenden Tälern Birir, Rumbur und Bumburet auf der britischen Seite der Grenze lebten, im heutigen Pakistan. Die Kalasha sind heute die einzige noch verbliebene Volksgruppe aus Kafiristan; mit insgesamt rund viertausend Menschen bilden sie die kleinste ethnische Gruppe in Pakistan.

Als ich **Bumburet** (1100 Meter über N.N.) erreichte, hatte ich das Gefühl, in ein anderes Land zu kommen. Sogar die Häuser sahen anders aus. Es waren Holzhäuser mit sorgfältig gearbeiteten Fenster- und Türrahmen. Das oberste Stockwerk der meisten Häuser verfügte über eine luftige Veranda mit einem schrägen Dach aus Blech. Die Männer trugen, wie überall in den pakistanischen Dörfern auf dem Land, bauschige Hosen und helle, luftige Kittel, während ich so etwas wie die Trachten der Kalasha-Frauen bisher nirgendwo gesehen hatte. Sie hatten lange schwarze Kleider an, die mit großen, komplizierten Mustern in strahlenden, klaren Farben wie Türkis oder Gold geschmückt waren und von einem breiten bestickten Gürtel zusammengehalten wurden. Unter dem Kleid trugen sie eine weite schwarze und ebenfalls mit diesen üppigen Mustern bestickte Hose. Das Haar hatten sie zu zwei dicken Zöpfen geflochten. Ein dritter, dünnerer Zopf wurde nach hinten unter den kreisrunden Kopfschmuck gesteckt, der wie eine Krone sorgfältig gearbeitet und mit Perlen verziert war. Ein Schwanz von bunten Perlen und Kaurimuscheln hing an dem Kopfschmuck und endete ungefähr in der Mitte des Rückens, um den Hals trugen sie schweren Perlenschmuck. Sie gingen aufrecht, allein oder in kleinen Gruppen, und wirkten in ihren bunten Kleidern und dem Schmuck so selbstbewusst, dass es aussah, als würden sie mit ihrem ganzen Auftreten laut und deutlich gegen die Sicht auf Frauen in dem Land, in dem sie lebten, protestieren.

Als wir zu dem einfachen Gästehaus kamen, war es bereits dunkel, und zu Akhtars Enttäuschung zu spät, um noch den berühmten selbst gekelterten Wein der Kalasha zu kaufen. Ich wischte den Mäusedreck vom Laken und schlief augenblicklich ein.

Am folgenden Tag folgten wir dem Lärm der Menschen und endeten an einem Haus, an dem es einen regelrechten Menschenauflauf gab. Akhtar fragte, ob wir hineingehen dürften, und wir wurden freundlich eingeladen. Sofort wurden uns zwei niedrige Stühle, dicke, frisch gebackene Pfannkuchen und hausgemachter bröckeliger Käse angeboten. Eine junge Frau, bekleidet mit einem traditionellen Kalasha-Kleid mit grünen Stickereien setzte sich neben uns. Sie hieß Zaina Bibi, war siebenundzwanzig Jahre alt und hatte ein rundes, freundliches Gesicht und ein strahlendes Lächeln.

»Fragen Sie mich alles, worüber Sie sich wundern, fragen Sie mich was auch immer, ich werde antworten, so gut ich kann«, sagte sie in gutem Englisch. »Sie sind ja den langen Weg gekommen, um uns zu besuchen. Da fehlte es noch, dass Sie keine Antworten auf alles bekommen, was Sie sich fragen.«

Ich ließ mich nicht zwei Mal bitten.

»Warum sind hier so viele Menschen?«, wollte ich wissen.

»Mein Vetter ist vor zwei, drei Wochen in Karachi gestorben. Der Tod kam wie ein Blitz aus heiterem Himmel, niemand weiß, warum er so plötzlich starb. Er liegt im Tempel da drüben.« Zaina zeigte auf ein großes Holzhaus gegenüber. »Seit zwei Wochen kommen die Menschen aus anderen Dörfern hierher und tanzen für den Toten. Die nächsten Angehörigen weinen bloß, während die Älteren Trauerlieder singen. Die Familienmitglieder müssen Ziegen und Kühe opfern, damit die Besucher aus den Nachbardörfern genug zu essen haben. Begräbnisse sind ziemlich teuer, man muss hundert Ziegen schlachten, manchmal sogar mehr. So viele wollen etwas essen! Früher fertigten wir ein Jahr nach dem Tod *Gandaos* an, große Holzstatuen, die den Toten symbolisierten und die wir dann dem Grab beigaben, aber das kann sich kaum noch jemand leisten.«

»Holzstatuen anzufertigen?«

»Nein, nicht die Statuen, das Fest! Am ersten Jahrestag musste die Familie des Verstorbenen das ganze Dorf zu einer großen Mahlzeit einladen. Wenn ein Mädchen stirbt, tanzt übrigens niemand, dann weinen nur alle. Bei Mädchen dauert die Leichenschau nur einen Tag.«

»Warum tanzen Sie für Ihre toten Männer?«

»Hm, das weiß ich tatsächlich nicht.« Zaine kratzte sich am Kopf und dachte nach. »Unsere Ältesten sagen, es sei eine alte Tradition, die wir weiterführen müssen, wir dürfen sie nicht ändern, sonst verschwindet unsere Kultur. Bald werden wir das Erntedankfest feiern, und da tanzen wir alle zusammen«, fügte sie hinzu. »Nach dem Fest dürfen wir Walnüsse, Trauben und Mais essen, aber nicht vorher. Im Sommer tanzen wir normalerweise jeden Abend, aber nachdem mein Vetter gestorben ist, haben wir nicht mehr getanzt. Vielleicht dürfen wir heute Abend wieder tanzen? Ich hoffe es!«

Lächelnd schenkte sie mir mehr Tee ein und legte Käse auf meinen Teller.

»Wir hatten große Schwierigkeiten mit unseren Nachbarn und mit den Taliban«, erzählte sie ernst. »Vor einigen Jahren kamen Leute hierher, die unsere Hirten umbrachten und unsere Ziegen stahlen. Die Behörden sagen, sie könnten uns nicht beschützen, am besten wäre es, wenn wir gar keine Tiere halten. Viele haben ihr Vieh verkauft. Ich habe in Peschawar studiert, ich habe einen Master in Ernährungswissenschaften. In Peschawar wurde mir geraten, niemandem zu erzählen, dass ich Kalasha bin, daher habe ich nur gesagt, ich käme von weit her, und trug gewöhnliche pakistanische Kleidung. Das Leben in Peschawar war einsam. Es ist besser hier, bei meinen eigenen Leuten. Von nun an werde ich hierbleiben.«

»Sind viele Kalasha zum Islam konvertiert?«, fragte ich.

»Ja, viele meiner Freunde sind Moslems geworden, sie wohnen jetzt in anderen Städten, in Islamabad, Karachi und Lahore. Ihre armen Eltern. Meine wären furchtbar traurig, wenn ich konvertieren würde. Wir sind nicht reich, und meine Eltern mussten Ziegen und Kühe verkaufen, damit meine Geschwister und ich eine Ausbildung bekommen. Ich bin es ihnen schuldig, zurückgekehrt zu sein. Aber es passiert durchaus, dass Moslems zu uns kommen und sagen, wir würden nach dem Tod in der Hölle landen, wir seien Kafirer, Ungläubige, und das Paradies sei nur für Moslems da. Ein paarmal habe ich sie gefragt, ob irgendjemand schon mal aus dem Paradies zurückgekehrt sei, um ihnen das zu erzählen, aber dann werden sie wütend und sagen, ich würde ihre Religion verspotten und sie würden mich umbringen. Ich selbst glaube, das Wichtigste ist, dass wir Gutes tun, solange wir leben. Auch wir glauben, dass die Seele nach dem Tod weiterlebt. Wenn man viele gute Dinge getan hat, wird die Seele Frieden finden. Hat man nicht so viel Gutes getan, bleibt die Seele ruhelos und ohne Frieden.«

Als wir das Haus verließen, war auf der Straße ziemlich viel Betrieb. Eine Gruppe Männer schmückte den Platz mit Lametta und bunten Streifen für das Erntedankfest, Scharen von Kindern tanzten fröhlich umher. Zwei junge Frauen betrachteten die Vorbereitungen vom Rand des Platzes aus.

»Sie ist erst achtzehn, hat aber gerade geheiratet«, sagte die Ältere und nickte der jüngeren Frau zu, die vor Lachen beinahe platzte, als ihr Familienstand thematisiert wurde.

»Wurde die Ehe arrangiert?«, fragte ich.

»Nein, so etwas machen wir hier nicht«, lachte die Ältere. »Sie sind zusammen durchgebrannt!«

»Wie habt ihr euch kennengelernt?«, wandte ich mich an die frisch verheiratete Achtzehnjährige. Als Akhtar die Frage übersetzt hatte, brach die junge Frau erneut in Gelächter aus. Es dauerte lange, bis sie sich gesammelt hatte und antwortete, zwischen Lachsalven und Gekicher erzählte sie, dass er als Polizist in ihrem Dorf gearbeitet hatte. Zwei Jahre hatten sie sich geschrieben und waren heimlich ein Paar gewesen, bis sie schließlich gemeinsam davonliefen. Das heißt, *sie* war zu seinen Eltern mitgekommen, wie es der Brauch war, und anschließend hatten sie geheiratet.

»Mein Leben war vorher auch gut, aber jetzt ist es noch besser«, sagte sie und brach errötend erneut in Gelächter aus. »Natürlich vermisse ich meine Familie, aber im Grunde sind meine Schwiegereltern genauso wie meine Eltern.«

Am Abend versammelten sich die Frauen des Dorfes zum Tanz. Es war dunkel und staubig auf dem kleinen Tanzplatz, ich konnte gerade noch die flatternden Kleider der Frauen erkennen. Die Begleitung bestand aus einer einzigen Trommel, der Rhythmus war einfach, aber schnell. Immer mehr Frauen kamen hinzu, die in Dreiergruppen rund um den Platz liefen und sich dabei um ihre eigene Achse drehten, wobei sie immer wieder *AAAAaaaa!* halb sangen, halb schrien. In regelmäßigen Abständen schlossen sich die kleinen Gruppen zu langen Ketten von Frauen zusammen, die sich in der Dunkelheit langsam seitwärts bewegten, wie ein gemeinsamer Körper mit einer gemeinsamen Stimme und einem einzigen langen Vokal.

Am nächsten Morgen schlenderte ich durch das Dorf. Bumburet hatte eine dramatische Lage zwischen steilen grünen Bergrücken. An einer Stelle beschrieb die Straße eine Kurve und näherte sich dem Fluss; die alte Straße war 2015 bei einem Erdrutsch verschwunden, der Dutzende von Häusern und Geschäften mit sich gerissen hatte. Überall nähten oder wuschen Frauen Kleider zum Erntedankfest, und fröhliche Kinder tanzten und hüpften bereits voller Erwartung umher.

Nachdem ich das örtliche Museum besucht hatte, begegnete ich Zaira. In der Hand hielt sie eine kleine Tüte mit Shampoo und einer Haarbürste. Die beiden langen Zöpfe tropften.

»Ich bin unten am Fluss im Badehaus gewesen, um mir die Haare zu waschen«, erklärte sie. »Nur Männer und Kinder dürfen sich zu Hause waschen. Wir Frauen müssen zum Fluss gehen.«

»Wieso?«

Zaira zuckte die Achseln.

»Es ist eine alte Regel. Es hat wohl mit unserer Religion zu tun, denke ich. Es ist ganz okay im Sommer, aber schlimmer im Winter, denn dann müssen wir heißes Wasser hinunter zum Badehaus tragen.«

Lächelnd lud sie mich in ihr Haus ein.

»Oh, ich fürchte, es ist nicht ganz sauber hier.« Sie zeigte bedauernd auf den blitzblanken Holzfußboden. »Normalerweise schrubbe ich den Boden jede zweite Woche, aber in der letzten Zeit gab es Probleme mit der Wasserversorgung.«

In den Ecken standen zwei Einzelbetten, an den Wänden hingen Regale voller Lebensmittel und Küchengerätschaften.

»Ich habe den Eindruck, dass die meisten hier jung heiraten, aber Sie nicht?«, bemerkte ich.

»Nein, ich nicht ... Ich habe viele Angebote bekommen, als ich jünger war, aber ich habe ihnen gesagt, dass sie warten müssen. Ich wollte erst meine Ausbildung beenden, bis zum Master. Aber die Jungs haben nicht gewartet, keiner von ihnen. Jetzt haben sie alle drei, vier Kinder.«

Eine zarte, gebückt gehende Frau, die ein altes, abgetragenes

Kalasha-Kleid trug, betrat den Raum. Sie hatte große Ohren und eine große Nase, eingesunkene Wangen und so dünne Lippen, dass man sie kaum sehen konnte. Das glänzende Haar war noch immer dunkel und zu schmalen Zöpfen geflochten. Über den Zöpfen trug sie die traditionelle bunte Krone.

»Das ist meine Großmutter Jamki«, erklärte Zaina.

Ich grüßte die alte Frau höflich, die mir lächelnd die Hand drückte.

»Wie alt sind Sie?«, erkundigte ich mich.

Zaina übersetzte meine Frage und auch die Antwort der alten Frau. »Sie weiß nicht, wie alt sie ist. Vielleicht hundert, vielleicht achtzig.«

»War das Leben anders hier, als Sie jung waren?«, fragte ich weiter. Die alte Frau stieß ein raues, trockenes Lachen aus. Dann fing sie an, mit einer hellen, zitternden Stimme zu erzählen.

»Als ich jung war, hatten wir Kleider aus Wolle! Sie waren ziemlich schwer, und es dauerte ein ganzes Jahr, um sie zu nähen. Wir hatten Schuhe aus Leder, und wir hatten keine Chapati, so wie heute. Wir haben aus Walnüssen Brot gebacken, und wir haben auch Curry aus Walnüssen gekocht. Alle hatten enorme Kraft, aber es gab keine Schule hier. Ich wurde mit zwölf oder vierzehn Jahren verheiratet. Die Dorfältesten kamen zu meinen Eltern und sagten ihnen, ich müsse heiraten. Meine Eltern hatten dazu nicht viel zu sagen. Alle waren arm damals, und Pakistan war kein selbstständiges Land. Wir wurden von der Königsfamilie beherrscht, die aus Afghanistan stammte. Sie waren Moslems und nahmen uns die Ernte weg. Sie töteten die Menschen, wenn sie wollten, und sie machten schlimme Dinge mit unseren jungen Mädchen. Sie zwangen uns, als Sklaven für sie zu arbeiten, und versuchten, uns zum Islam zu bekehren. Damals mussten wir unsere Feste oben in den Bergen feiern, im Verborgenen. Es gab wenig zu essen, und wir gaben unseren Kindern getrocknete, zerstoßene Birnen und Kürbisse. Wir gingen mit den Tieren früh am Morgen auf die Felder und blieben dort bis zum Abend. Heutzutage sind die jungen Mädchen den ganzen Tag zu Hause. Trotzdem glaube ich, dass es damals mehr

Liebe gab. Das bisschen, was die Leute hatten, teilten sie miteinander. Heutzutage denken die Menschen doch nur an sich selbst, und die Jungen tanzen nicht mehr so, wie wir es taten.«

»Wie viele Götter haben Sie?«, wollte ich wissen. Im Museum hatte ich gelernt, dass das Volk der Kalasha zwölf verschiedene Götter anbetet.

»Wir haben nur einen Gott«, antwortete Zainas Großmutter. »Aber wir haben eigene Lieder für die Walnuss, für die Traube, für die Aprikose, für den Schnee und so weiter und so weiter. Wir haben viele Lieder!«

»Warum können sich Frauen nicht zu Hause waschen?«

»Wir Frauen haben so viele Haare!«, antwortete die Alte und lachte heiser. »Wenn wir uns zu Hause waschen würden, wäre das ganze Haus voller Haare! Hygiene ist wichtig. Das ist genauso wie bei Geburten und der Menstruation. Wir haben eigene Häuser dafür, und in diesen Häusern ist es sehr sauber. Dort ist es besser für die Frauen. Was in den Frauenhäusern vor sich geht, bleibt den Männern verborgen, sie haben keinen Zugang. Es ist unsere geheime Welt.«

Einige Kalasha, denen ich begegnete, hatten braunblondes Haar und blaugraue Augen wie die Bewohner von Hunza, aber weitaus die meisten hatten pechschwarze Haare und braune Augen. DNA-Analysen haben keinerlei Verwandtschaft zwischen dem Volk der Kalasha und den Griechen nachweisen können. Dennoch hat sich der Mythos, die Kalasha würden von Alexander dem Großen abstammen, als sehr zählebig erwiesen, und es wurden Dutzende Artikel mit so romantischen Überschriften wie »Die verlorenen Kinder Alexander des Großen« geschrieben. Vielleicht inspiriert von diesem Mythos hat der griechische Staat sich sehr für das kleine heidnische Volk im Hindukusch eingesetzt. Dank der Unterstützung aus Griechenland haben die Frauen der Kalasha nun große, komfortable Häuser, in denen sie sich aufhalten, wenn sie nicht zu Hause sein können. Außerdem haben die Griechen die Bibliothek, die Schule und das Museum im Tal der Kalasha finanziert. Der Initiator des griechischen Engagements, der Lehrer Athanasios Lerounis, hatte das Volk der Kalasha fünfzehn Jahre regelmäßig besucht und konnte ihre Sprache so gut, dass er eine eigene Kalasha-Schriftsprache entwickelte, bis er 2009 von den Taliban gekidnappt wurde. Einer seiner beiden Leibwächter wurde bei der Entführung getötet. Nach siebenmonatiger Gefangenschaft wurde Lerounis gegen eine große Lösegeldsumme freigelassen und ist mit Rücksicht auf seine eigene Sicherheit seither nicht wieder in die drei Täler des Kalasha-Volks zurückgekehrt.

Niemand wusste, wann die Feier des *Uchaw*, des Erntedankfestes, beginnen sollte. Einige behaupteten, der Tanz beginne um acht, andere meinten, erst um zehn, wieder andere waren vollkommen sicher, dass es um Schlag zwölf Uhr losgehen würde. Am frühen Morgen wurde eine kleine Zeremonie mit Gebeten und Käsespeisung für die Hütejungen abgehalten, aber dazu hatten nur Männer Zutritt.

Um auf der sicheren Seite zu sein, ging ich gleich nach dem Frühstück zum Tanzplatz. Auch der aus Beton gegossene Platz war ein Geschenk Griechenlands. Er war voller Kinder, die mit Süßigkeiten im Mund umherliefen. Eifrige italienische Touristen fotografierten die Kinder aus allen erdenklichen Winkeln, aber niemand tanzte, und es gab auch niemanden, der wusste, wann das Fest beginnen würde. Ein Dutzend schwer bewaffneter pakistanischer Polizisten hatten sich auf dem Tanzplatz und auf den umliegenden Höhen verteilt, um etwaige Terroristen abzuschrecken.

Im Laufe des Vormittags strömten festlich gekleidete Kalasha auf den Platz. Die Männer hatten ihre Filzhüte mit Federn und Blumen geschmückt, während die Frauen zur Feier die *Kupas* aufgesetzt hatten, die festliche Kopfbedeckung, ein breites, langes Band, das beinahe den ganzen Kopf bedeckt und mit Perlen und kleinen hübschen Muscheln geschmückt ist, obwohl wir so weit vom Meer entfernt waren.

»Sie warten auf einen Politiker«, informierte mich Akhtar. »Wenn er da ist, beginnt das Fest.«

Am frühen Nachmittag tauchte Wazir Zada endlich auf, der allererste Minoritätspräsident im Khyber-Pakhtunkhwa-Parlament.

Die Kalasha waren erst im Jahr zuvor als eigene ethnische Gruppe von den pakistanischen Behörden anerkannt worden, daher hatten sie bisher nie einen Repräsentanten im Regionalparlament gehabt.

Zada ließ sich zusammen mit einer Handvoll Touristen fotografieren, hielt eine kurze Rede, nahm feierlich an einem Tanz teil und brach dann rasch auf. Es gelang mir, ihn anzusprechen, als er das Dorf gerade verlassen wollte. Ich kam direkt zur Sache.

»Was sind die wesentlichen Herausforderungen für die Kalasha heute?«

»Es ist das erste Mal in der Geschichte, dass ein Kalasha im Regionalparlament sitzt«, antwortete er. »Ich arbeite dafür, die Kultur zu bewahren, denn wenn wir dies nicht tun, wird sie möglicherweise verschwinden. Wie Sie sicherlich bemerkt haben, ist die Straße hierher nicht besonders gut, das ist eine Herausforderung. Aber auf der anderen Seite ist es auch ein Vorteil, denn sonst würden noch mehr Touristen hierherkommen, und wir haben nicht die Kapazität, so viele zu empfangen. Woher kommen Sie?«

»Aus Norwegen«, sagte ich.

»Oh, sehr schön!«, rief Zada aus. »Wir haben viel Hilfe von unseren Freunden aus Italien erhalten. Lassen Sie uns ein gemeinsames Foto machen.« Er zog sein Mobiltelefon aus der Tasche, knipste ein Selfie und eilte weiter, wie man es von Politikern gewohnt ist.

Auf dem Tanzplatz wimmelte es jetzt von festlich gestimmten Kalasha. Wie am vorherigen Abend wurde getanzt, nur waren es nun sehr viel mehr Tänzer und Trommler. Die Frauen bildeten Ketten, gingen langsam im Kreis und sangen *AAAaaaaa!* Auch die Männer bildeten Dreier- oder Fünferketten, die jungen Männer sprangen munter johlend in die Ketten der Frauen, das Dorf war verwandelt in einen einzigen unorganisierten, chaotischen Körper, in ein Bündel von Energie, Gesang und Farben.

Akhtar und ich hatten eine siebenstündige Autofahrt vor uns, wir mussten noch am Nachmittag weiter ins Swat-Tal, daher riss ich mich widerwillig los vom Tanz, dem Gelächter, den Trommeln, den bunten Kleidern und dem fröhlichen Lächeln.

Am Polizeiposten an der Brücke verließen wir offiziell das Kalasha-Tal und nahmen Abschied von dem bewaffneten Leibwächter, der schon bald neue Ausländer zugewiesen bekommen würde, auf die er aufzupassen hatte. Die Frauen am Straßenrand, an denen wir vorbeifuhren, wandten sich ab, als wir uns näherten, wir sahen lediglich ihre Rücken und die langen Schals. Nach ein paar Stunden, als wir bereits weiter südlich waren, hatten Burkas, die den gesamten Körper bedeckten, die Schals ersetzt. Die Frauen am Straßenrand glichen formlosen, dahinstapfenden Bündeln mit einem Baumwollnetz als Filter zwischen sich und der Welt; sie waren nicht in der Lage, einen Blick zur Seite zu werfen, und wurden immer von einem Mann oder einem Jungen begleitet.

Die Erinnerung an die fröhlichen, bunten Kalasha, an Trommeln und Tanz, Wein und Gesang, begann bereits zu verblassen. Ich hatte das Gefühl, als wäre ich für eine kurze Zeit in einem anderen Land gewesen, einem heidnischen Shangri-La. Langsam wurden die Straßen flacher, breiter und besser; wir sausten durch zwei Tunnel, die zu bauen über dreißig Jahre gedauert hatte, und waren plötzlich in Swat. Die Landschaft war grün, üppig und dunstig, aber die Straßen waren seltsam menschenleer, alle Geschäfte und Restaurants geschlossen. An den Straßenecken lagen Berge von Ziegenköpfen und schlaffen Schafhäuten, die Reste der Massenschlachtung an diesem Tag; wie schmale Bäche flossen Rinnsale von Blut noch immer über die Fußwege. Auch die Muslime feierten heute, es war der erste Tag des *Eid ul-Adha*, des islamischen Opferfestes, und jeder, der es sich leisten konnte, hatte ein Schaf oder eine Ziege geschlachtet, zur Erinnerung an Ibrahim oder Abraham, wie er bei den Juden und Christen heißt, der seinen Sohn Ismail nicht opfern musste (im Juden- und Christentum ist es der Sohn Isaak, der geopfert werden sollte). Obwohl die Namen unterschiedlich sind, geht die Geschichte in allen drei Weltreligionen gut aus: Alles war nur eine Prüfung, die Gott seinem treuen Diener auferlegt hat, und ein Lamm wurde anstelle des Knaben geopfert – ein Menschenopfer war nicht länger notwendig.

Vermutlich saßen nun alle – auch die Restaurantköche, Hotelköche und Garküchenköche – daheim an den dampfenden Kesseln mit Schaffleisch, umgeben von nahen und fernen Verwandten. Es wurde dunkel. Wir hatten noch nichts zu essen gefunden und noch einen weiten Weg vor uns. Überall liefen Männer herum, in den Straßengräben und mitten auf der Fahrbahn, die alle lange, helle Kaftane trugen; Frauen waren nicht mehr auf der Straße, nur Haufen von schlaffen Schaffellen und klaffenden Ziegenköpfen, Bäche von Blut, locker sitzende Kaftane und tanzende Lichtkegel, die uns blendeten, als wir daran vorbeifuhren.

Liebe in Zeiten der Taliban

In der letzten Woche hatte Muhammed, der Pharmakologe, den ich im Kleinbus von China nach Pakistan kennengelernt hatte, täglich angerufen oder eine SMS geschickt, um zu erfahren, ob ich ihn und seine Familie besuchen würde. Er lebte in dem Dorf **Odigram** (970 Meter über N.N.), einige Kilometer westlich von Saidu Sharif, der Hauptstadt des Distrikts Swat, allerdings habe ich nie herausgefunden, wo Saidu Sharif aufhörte und Odigram begann.

Wir fuhren eine lange Straße entlang, vorbei an verfallenen Häusern, Müll und einem Stromleitungsgewirr, das noch chaotischer war als der Verkehr. Irgendwann änderte die Straße ihren Namen – wir hatten die Stadt verlassen und das Dorf erreicht. Odigram, von den Griechen Ora genannt, ist vor allem dadurch bekannt geworden, dass es im Jahr 326 vor Christus von Alexander dem Großen erobert wurde.

Muhammed empfing uns überschwänglich. Im Bus hatte er Jeans und Lederjacke getragen, nun trug er einen hellbraunen Kaftan und eine bauschige Hose.

Akhtar und unser Fahrer wurden in ein Gästezimmer gebracht, das an der Straße lag, während ich hinter dem geschlossenen Tor des Wohnhauses bleiben durfte. Die Schlafräume waren rund um ein großes, luftiges Atrium angeordnet, das mit flachen Bänken und einem kleinen Tisch möbliert war. In einer Ecke unter dem Dach gab es eine offene Küche. Muhammeds alter Vater lag unter einer Decke auf einer der Bänke, er war so klein, dass es aussah, als könnte er jederzeit zwischen den Falten der Decke verschwinden. Muhammeds Mutter küsste mich zur Begrüßung auf die Wangen, und ich begrüßte auch Muhammeds junge Frau sowie seine Schwester und seinen Bruder. In dem Atrium wimmelte es von Kindern, allerdings machte sich niemand die Mühe, sie mir vorzustellen. Muhammeds Schwägerin, die auf die Straße gehen wollte, griff stöhnend nach ihrer Burka.

»Sie ist so warm«, klagte sie. »Sie sitzt so eng am Kopf, und es ist so schwer, etwas zu sehen.«

»Das ist unsere Kultur«, unterbrach Muhammed sie. »Hier kleiden sich die Frauen so. Das ist schon immer so gewesen.«

»Haben Sie Hunger, möchten Sie etwas essen?«, erkundigte sich die Mutter lächelnd, und Muhammed übersetzte.

Ich lehnte höflich ab, aber die Frauen gingen trotzdem in die Küche, und schon bald brachten sie mir frisch gepressten Mangosaft, Kuchen, Obstsalat und süßen Tee mit Milch.

»Sie isst nicht genug, ihr müsst ihr mehr zu essen geben!«, schimpfte der alte Vater aus den Falten seiner Decke.

Muhammeds jüngerer Bruder hieß Ahmed und war dreißig Jahre alt. Er trug Jeans, T-Shirt und eine dünne Brille und hatte ein schmales, ovales Gesicht mit einem kurz geschnittenen Bart. Er lächelte mich an.

»Sie sind also Norwegerin?« Es war eher eine Feststellung als eine Frage.

Ich nickte.

»Fantastisch!« Ahmed klatschte begeistert in die Hände. »Ich arbeite an meiner Doktorarbeit über den norwegischen Sozialanthropologen Fredrik Barth!«

»Ist das wirklich wahr?«, rief ich überrascht aus. »Ich bin Sozialanthropologin, und Fredrik Barth war mein großer Held! Ich hatte das Glück, ihm einige Male zu begegnen, und das war so, als träfe man Gott! Worüber schreiben Sie?«

»Ich vergleiche Barths Beobachtungen in den 1950er Jahren über das Swat-Tal mit der heutigen Zeit«, erklärte Ahmed eifrig. »Alles, worüber er schrieb, hat sich verändert! Damals war Swat noch ein eigenes Königreich, und wir gehörten weder zu Pakistan noch zu Afghanistan, aber auch die Kultur ist heute vollkommen anders. Barth beschreibt Bräuche, von denen ich nicht einmal gehört habe. Die sozialen Institutionen, die Art und Weise, wie Ehepaare zusammenleben, alles hat sich verändert! Barth beschreibt zum Beispiel etwas, das *Hujra* genannt wird, einen Ort, an dem sich die männlichen Oberhäupter der Gemeinschaft am Abend trafen. Die Tradition war einzigartig für Swat, aber es gibt sie nicht mehr. Die Frauen hatten ihr *Gudar*, aber auch das gibt es nicht mehr. Ich hatte nichts davon gehört, bevor ich bei Barth darüber las!«

Wir redeten lange über Barth und seine vielen Reisen – und darüber, wie seine berühmteste Theorie durch die Feldarbeit im Swat-Tal inspiriert wurde: Identität und das Bewusstsein für die eigene Kultur würden durch Grenzziehung geschaffen, durch die Begegnung mit einer anderen, fremden Gruppe.

Muhammed war nach draußen gegangen, um sich mit Akhtar und dem Fahrer im Gästezimmer zu unterhalten. Der Rest der Familie, auch die Kinder, saßen um uns herum und betrachteten uns mit stiller Neugierde. Die Frauen achteten darauf, dass unsere Teetassen stets randvoll waren.

»Die Gesellschaft in Swat ist noch immer sehr konservativ«, sagte Ahmed. »Unsere Frauen haben es nicht leicht.«

»Protestieren sie nie?«, wollte ich wissen.

»Protestieren?« Er lachte trocken. »Nein, sie kämen nicht einmal auf den Gedanken zu protestieren.«

Ein ungefähr fünf Jahre altes Mädchen, eine Nichte, kroch in seine Arme und flüsterte ihm etwas ins Ohr.

»Sie findet Sie so hübsch«, übersetzte Ahmed. »Sie fragt sich, woher Sie so feines, helles Haar bekommen haben.«

»Sagen Sie ihr, dass sie auch hübsch ist«, bat ich Ahmed.

»Das gleiche traurige Schicksal erwartet dieses kleine Mädchen«, seufzte er. »Sie wird verheiratet und an das Haus gefesselt sein. Sie hat keinerlei Möglichkeiten.«

»Aber nur, weil alle ihr erzählen, dass es so ist.«

»Das stimmt«, nickte Ahmed. »Ich werde ihr sagen, dass sie eine Ausbildung braucht und einen Beruf ergreifen soll! Sie müssen übrigens unbedingt meine Frau begrüßen, sie spricht auch Englisch.« Er winkte eine junge Frau heran, die auf einer Bank an der Wand gesessen hatte, ein paar Meter vom Rest der Familie entfernt. Sie hatte dunkle, mandelförmige Augen und trug eine helle, traditionelle Tracht. Ein ganz leichter cremefarbener Schal hing locker über dem langen Haar.

»Komm her, Sara, setzt dich näher zu uns! Du kannst mit ihr Englisch sprechen, niemand sonst hier wird verstehen, was du sagst!«

»Ja, kommen Sie und setzten Sie sich zu uns«, forderte ich sie ebenfalls auf. Schließlich ließ sie sich überreden und kam näher.

»Wir sind seit fünfzig Tagen verheiratet«, lächelte Ahmed. Es funkelte in seinen Augen.

»Wie haben Sie sich kennengelernt?«

»Das ist eine sehr gute Frage!«, lachte Ahmed enthusiastisch. »Wir kannten uns praktisch kaum, bevor wir geheiratet haben.«

»Das heißt, die Ehe war arrangiert?«

»Nein, es war eine Liebesheirat, die allererste in der Familie!«

»Aber Sie hatten sich vorher nicht gekannt?«, fragte ich verwirrt.

»Nein!«

»Wie haben Sie dann kommuniziert? Übers Handy?«

»Okay, okay, lassen Sie es mich erklären«, erwiderte Ahmed. »Wir müssen zurück ins Jahr 2009. Um den Taliban zu entgehen, die damals die Kontrolle über das Swat-Tal hatten, lebte die ganze Familie in einem Lager für Heimatvertriebene. In dem Flüchtlingslager lernte ich Saras ältere Schwester kennen, eine Studentin, die in ihrer Freizeit den Flüchtlingen half. Sie stieß auf viele Schwierigkeiten, gab aber nie auf, und ich war fasziniert, wie sie die Dinge anpackte. Und da ich auch Student war, tat ich etwas ganz Unerhörtes: Ich bat um ihre Telefonnummer – und bekam sie! Von da an chatteten wir viel zusammen. Wir diskutierten über alles Mögliche. Über das Studium, das Leben, über alles. Als ich anfing, nach einer Lebensgefährtin zu suchen, sah sich ihre jüngere Schwester nach einem Ehemann um, und wir fanden heraus, dass wir beide zusammengehören.«

»Sie haben Sara also durch ihre große Schwester kennengelernt?«

»Ja, ja, so war das!«, rief Ahmed begeistert. »Aber sie war sehr jung, als ich sie das erste Mal traf, fast noch ein Kind.«

»Ich komme nicht ganz mit«, gestand ich. »Wie haben Sie Sara denn kennengelernt? Sie haben doch mit ihrer älteren Schwester gechattet?«

»Sara schlief zusammen mit ihrer älteren Schwester in einem Bett, sodass ich am Telefon praktisch beide gleichzeitig kennengelernt habe! Von Anfang an war ich ziemlich beeindruckt von Sara. Sie schien empfindsam und klug zu sein. Egal, wonach ich fragte, ich bekam eine vernünftige Antwort. Sie wollte etwas aus ihrem Leben machen. Ihr größter Wunsch war es, der Menschheit zu dienen.«

»Wie wollten Sie denn gern der Menschheit dienen, Sara?«, erkundigte ich mich.

»Durch ihn«, antwortete Sara und nickte Ahmed lächelnd zu.

»Ich bin so stolz auf sie«, sagte Ahmed. »Sie ist eine Pionierin! Sie ist die Erste in der Familie, die aus Liebe geheiratet hat. Zwei Jahre musste sie kämpfen, um mich zu heiraten.«

»Bei uns ist es normal, innerhalb der Familie zu heiraten«, erklärte Sara. »Ich musste mich beinahe mit meinem Vetter prügeln, um einer Heirat mit ihm zu entgehen.«

»Ich musste auch kämpfen«, fügte Ahmed hinzu. »Anderthalb Jahre kämpfte ich beinahe jeden Tag. Nur mein Vater unterstützte mich. Er sagte, ich dürfe diejenige heiraten, die ich wollte.«

»Und wann sind Sie sich das erste Mal von Angesicht zu Angesicht begegnet?«, fragte ich neugierig.

»2016«, antwortete Ahmed. »Am Valentinstag. Sie trug einen Schleier vor dem Gesicht, sodass ich nur ihre Augen sehen konnte, aber ich war trotzdem total fasziniert. Wir trafen uns in einer Eisdiele. Sie kam mit ihrer Schwester, denn eine Frau kann in dieser Gegend nirgendwo allein hingehen. Genau ein Jahr später hielt ich um ihre Hand an, auch am Valentinstag. Ich rief sie an und fragte, ob sie mich heiraten wolle, und sie hat einfach nur geweint. Erst einen Monat später hat sie geantwortet. Es war ein langer Monat, das kann ich Ihnen sagen! Ich hatte solche Angst, dass sie Nein sagen würde! Eigentlich dachte ich, sie würde überhaupt nicht antworten. Ihr Vetter bedrängte und quälte sie, er wollte sie heiraten. Aber sie hat Ja gesagt! Ich bin nur noch herumgehüpft, so glücklich war ich!«

»Ist der Vetter zur Hochzeit gekommen?« Ich stellte mir vor, dass die Stimmung in diesem Fall ein wenig beklommen gewesen sein muss.

»Nein, sind Sie verrückt?« Ahmed sah mich mit großen Augen an. »Wenn wir verheiratet sind, haben wir Männer keinen Kontakt mehr mit unseren Kusinen, und die Frauen haben keinen Kontakt mehr zu ihren Vettern. Ich habe nicht einmal die Telefonnummern meiner Kusinen. Wir Männer dürfen, wenn es um Frauen geht, nur Kontakt zu Schwestern, Schwägerinnen, der Mutter und der Schwiegermutter haben. Und zu Töchtern und eventuellen Enkelinnen natürlich. Das ist alles. So streng ist das hier.«

Er sah sich um. Muhammed war noch immer bei Akhtar und dem Fahrer.

»Niemand in der Familie weiß, was wir Ihnen gerade erzählt haben«, sagte er leise und zwinkerte mir zu. »Da wir Englisch reden, kann uns hier niemand verstehen.«

»Was haben Sie Ihrer Familie erzählt?«

»Wir haben gesagt, wir hätten uns auf dem College kennengelernt und würden zusammen studieren«, sagte Sara und lachte.

»Sie war ja noch ein Kind, als ich studiert habe, aber solche Dinge wissen sie ja nicht«, fuhr Ahmed fort. »Sie haben nie studiert. Sara ist die Erste in der Familie, die einen Master hat, in Soziologie. Ich bin so stolz auf sie!«

»Wie war das für Sie, bei Ahmeds Familie einzuziehen?«, wollte ich von Sara wissen.

»Schwierig«, antwortete sie leise. »Die Kultur, die Menschen, die Familie, alles war schwierig. Und es ist noch immer schwierig.«

»Was ist denn so schwierig?«

Sie blickte zu Boden, antwortete nicht.

»Du kannst offen reden«, beharrte der frisch verliebte Ehemann. »Wenn du willst, gehe ich, dann kannst du ganz offen reden. Nur sag, wie es ist, halt nichts zurück.«

Aber Sara wollte nicht reden und wandte stumm den Blick ab.

»Sie haben einen Master, aber Sie arbeiten nicht«, stellte ich fest. »Es muss doch langweilig sein, nur zu Hause zu sitzen?«

»Ja, es ist unglaublich langweilig«, bestätigte Sara und blickte mich wieder an.

»Ich weiß, dass sie sich langweilt«, sagte Ahmed, der neben seiner Doktorarbeit Soziologie unterrichtete. »Wir reden viel darüber, wenn wir unter uns sind. In unserer Gesellschaft ist es nicht leicht für Frauen, einen Beruf auszuüben. So ist unsere Kultur nun einmal, leider. Unsere Kultur zwingt uns, viele Dinge zu tun, die wir eigentlich gar nicht tun wollen. Heute, zum Beispiel, musste ich Sara früh wecken, obwohl sie müde war, weil sie gestern Abend bis spät in die Nacht hinein Gäste bedient hat. Ich hätte sie am liebsten ausschlafen lassen, aber meine Eltern bestanden darauf, sie hatten noch mehr Gäste. Also, was habe ich getan? Ich habe sie geweckt, obwohl ich es gar nicht wollte.«

»Könnten Sie sich vorstellen zu arbeiten, Sara?«

»Ja!« Die Antwort kam prompt und entschieden. »Ich würde gern als Dozentin an der Universität arbeiten.«

»Es gibt nur wenige weibliche Lehrer in unserer Gegend«, meinte Ahmed. »Drei, vier, höchstens. Es ist ungewöhnlich. Ich würde sie so gern arbeiten lassen, aber es ist nicht so leicht.«

»Sie haben bereits einen Masterabschluss«, wandte ich mich an Sara. »Würden Sie auch gern promovieren?«

»Oh, ja!« Sie lächelte breit und warf ihrem Mann einen Blick zu.

»Es gibt viele Frauen in Pakistan, die promovieren«, sagte Ahmed. »Aber in unserer Gegend ... Es ist nicht so leicht.«

»Können Sie nicht einfach nach Islamabad ziehen, zum Beispiel?«, schlug ich vor.

Er schüttelte traurig den Kopf.

»Nein, das geht nicht. Die Kultur ist so stark. Von hier fortzuziehen, ist vollkommen undenkbar.«

»Aber sie wird doch wohl die Erlaubnis bekommen zu arbeiten, damit sie sich nicht den ganzen Tag langweilt«, sagte ich. »Das ist doch kein Leben.«

Sara blickte ihren Ehemann hoffnungsvoll an.

»Klar«, lächelte Ahmed frisch verliebt. »Sie wird die Erlaubnis bekommen zu arbeiten. Das verspreche ich.«

Sara strahlte.

»Wissen Sie«, sagte Ahmed, »es ist das erste Mal, dass Sara und ich an diesem Tisch sitzen und uns so gemütlich unterhalten. Sonst essen wir hier nur. Es herrscht keine gute Stimmung im Haus, sie bekommt nur Befehle. Die ganze Zeit ›hol dieses, hol jenes, geh zum Basar, tu dies, tu das‹. Meine Frau ist nicht glücklich hier. Sie wird schlecht behandelt, vor allem von Muhammed. Er schlägt sie.«

In diesem Moment trat Muhammed in die Tür, und als wollte er demonstrieren, was sein jüngerer Bruder gerade erzählt hatte, ging er rasch auf dessen Frau zu und schlug ihr fest auf den Hinterkopf, bevor er sich neben mich setzte.

»Sie dürfen sie nicht schlagen«, sagte ich.

»Warum nicht?« Muhammed lächelte angestrengt. »Das ist unsere Kultur. Frauen müssen geschlagen werden, sie müssen heruntergedrückt werden wie Sprungfedern. Sonst schnellen sie hoch und sind außer Kontrolle. So wie das da«, sagte er und zeigte auf ein Kinderfahrrad, das an der Wand lehnte. »Die Federn müssen heruntergehalten werden, damit es funktioniert, alle Teile müssen stramm zusammensitzen.«

»Eine Ehefrau ist kein Fahrrad«, wandte ich ein.

Ahmed juchzte vor Freude und griff nach meiner Hand. »Genau, ganz genau!«

»Das ist unsere Kultur«, wiederholte Muhammed sauer.

»Kultur ist bloß eine schlechte Entschuldigung, damit Sie sich gegenüber Ihrer Ehefrau miserabel verhalten können«, widersprach ich.

Und Ahmed sprang auf und rief begeistert: »Ja, ja, so ist das, genau so! Kultur ist bloß eine schlechte Entschuldigung!«

Bevor ich aufbrach, versprach ich Ahmed und Sara, in einem Jahr wieder Kontakt zu ihnen aufzunehmen, um zu hören, ob Ahmed sein Versprechen gehalten hatte und Sara arbeiten durfte.

Ich habe nie eine Antwort bekommen.

Die pakistanischen Taliban, Tehrik-i-Taliban, wurden 2007 gegründet und übernahmen noch im selben Jahr die Kontrolle über das konservative Swat-Tal. Unter der zweijährigen Herrschaft der Taliban wurde es Mädchen verboten, zur Schule zu gehen, die Scharia-Gesetzgebung wurde eingeführt, und Menschen, die diese Gesetze brachen, riskierten, auf dem Marktplatz aufgehängt zu werden. Lange nachdem das pakistanische Militär die Taliban aus Swat vertrieben hatte, blieben Sympathisanten und einzelne Zellen weiterhin in Pakistan aktiv, vor allem im Nordwesten, an der Grenze zu Afghanistan. 2012 wurde der späteren Nobelpreisträgerin Malala Yousafzai von einem Taliban-Anhänger im Swat-Tal in den Kopf geschossen, weil sie öffentlich das Recht der Mädchen auf Bildung verteidigt hatte.

Die Taliban führten nicht nur gegen die ihrer Ansicht nach westliche anti-islamische Kultur Krieg, sondern auch gegen das eigentliche Kulturerbe. Im Herbst 2007 wurde das eintausendfünfhundert Jahre alte Riesenrelief Buddhas in Swat von pakistanischen Taliban zerstört. Das Gesicht nahm großen Schaden, aber zum Glück zündeten nicht alle Sprengladungen. Das ehemals wichtige Pilgerziel war die zweitgrößte Buddha-Abbildung in Zentralasien, nur übertroffen von den Riesenstatuen im Bamiyan-Tal in Afghanistan. Auch sie wurden von den Taliban gesprengt – bereits 2001.

Es führte keine Straße zu dem Relief, sodass Akhtar und ich über Felsbrocken klettern und auf überwucherten Pfaden laufen mussten, um dorthin zu kommen. Auf dem Weg kamen wir an einem kleinen Hof mit Eseln und meckernden Zicklein vorbei. Der Bauer, ein sehniger Greis mit ledrigem, runzligem Gesicht, begleitete uns schweigend das letzte Stück. Er sprach kein Urdu, und Akhtar beherrschte die lokale Sprache nicht, doch ohne die Hilfe des Bauern hätten wir den Riesenbuddha trotz seiner Größe vermutlich nicht gefunden. Erhaben, die Beine im Lotussitz und mit einem fernen, friedlichen Ausdruck im Gesicht war er irgendwann im 7. Jahrhundert aus der Felswand herausgehauen worden. Es war kaum zu erkennen, wo die Restaurierungsarbeiten der italienischen Archäologen begonnen hatten und wo die fünfzehnhundert Jahre alten

Formen endeten. Die Restaurierung hatte viele Jahre gedauert und war erst wenige Wochen zuvor beendet worden.

Trotz des Versuchs der Taliban, die Vergangenheit auszulöschen, gab es überall im Swat-Tal physische Spuren der buddhistischen Blütezeit. In den Klosterruinen Takht-i-Bahi, einem der wichtigsten Ausgrabungsgebiete in Pakistan, traf ich den Archäologen Muhammad Usman Mardavi, zusammen schleppten wir uns bei brütender Hitze den steilen Berg hinauf. In den Klosterruinen wimmelte es von Menschen, viele hatten gewaltige Lautsprecher, Propangasflaschen und Picknickkörbe mitgeschleppt. Im Vorhof des einstigen Hauptgebäudes tanzten Gruppen von jungen Männern fröhlich in der erstickenden Hitze, johlten und schrien. Überall in den Ruinen, die offenbar ein ausgesprochen beliebter Ort zum Feiern waren, flog Müll herum.

»Nur rund dreißig Prozent des Geländes sind ausgegraben«, berichtete Mardavi und zeigte auf die spitzen Hügel, die uns umgaben. »Wir wissen nicht, was sich unter ihnen verbirgt, weil wir noch nicht so weit vorgedrungen sind. Insgesamt war Takht-i-Bahi über sechzig Hektar verstreut, es gab Klöster, Stupas, buddhistische Grabbauten, unterirdische Meditationszellen sowie eine Reihe weltlicher Gebäude. Einzelne Bauten waren drei Stockwerke hoch, und wenn Sie die Bauweise studieren, werden Sie feststellen, dass sie erdbebensicher waren. Diejenigen, die all dies gebaut haben, müssen ausgesprochen tüchtige Ingenieure gewesen sein, denn in dieser Region des Hindukusch kommt es ständig zu Erdbeben. Das Kloster wurde bis ins 7. Jahrhundert genutzt, bis zum beginnenden Niedergang des Königreichs Gandhara.«

»Pakistan hat eine unglaublich reiche Geschichte«, bemerkte ich.

»Ja, natürlich, hier leben ja auch seit über zwölftausend Jahren Menschen«, erwiderte der Archäologe. »Insgesamt gibt es über 87 000 registrierte archäologische Fundstätten in Pakistan. Die wenigsten von ihnen sind ausgegraben, denn es würde viele Milliarden kosten, sie alle zu erkunden. Gar nicht zu reden von den Instandhaltungsarbeiten ...«

Er warf einen betrübten Blick auf die Grillfeste und Tanzorgien.

»Alle alten Zivilisationen entwickelten sich an Flussufern«, dozierte Mardavi weiter. »Ägypten hatte den Nil, die Sumerer den Tigris. Am Indus blühte die Indus-Zivilisation auf. Von den vierhundert antiken Städten, von denen man weiß, dass sie am Flussufer lagen, sind nur Harappa und Mohenjo-Daro ausgegraben. Die Menschen, die dort lebten, hatten ein Normgewicht und ein Schriftsystem, das nicht piktografisch war. Sie bauten mit Backsteinen und Ziegeln und verfügten über avancierte Entwässerungssysteme. Man darf sich fragen, ob diese Menschen nicht cleverer waren als wir ...«

»Wann kam der Islam hierher?«, fragte ich so laut es ging, um die pakistanische Popmusik zu übertönen, die aus den vielen mitgebrachten Lautsprechern durcheinanderdröhnte.

»Im Jahr 1023, als Mahmud von Ghazni das Swat-Tal angriff«, antwortete der Archäologe. »Vor dieser Zeit waren die Menschen hier Buddhisten und Hindus. Der Buddhismus kam schon sehr früh hierher, vor mehr als tausend Jahren, und lange war Swat eines der wichtigsten Pilgerziele für Buddhisten aus der ganzen Region. Die Menschen kamen von weit hier, um von den Meistern zu lernen, die hier lebten, ja, einzelne kamen sogar aus China. Viele, ich selbst eingeschlossen, sind der Ansicht, dass Padmasambhava, auch bekannt als Guru Rinpoche, im 8. Jahrhundert hier in Swat geboren wurde. Allerdings haben wir noch nicht genau herausgefunden, wo er geboren wurde, tatsächlich ist es noch immer ein Mysterium. Padmasambhava verbreitete den tantrischen Buddhismus im Himalaya, bis Tibet und Bhutan. Sie werden ihm auf Ihrer Reise in den Bergen überall begegnen.«

Ich sehnte mich bereits zurück nach der Höhe, weg von Straßensperren, Verkehrschaos, stummen Geisterfrauen, bewaffneten Wachposten und gaffenden Männern. Die Berge waren nicht weit entfernt, noch immer konnte ich weiße Gipfel am Horizont sehen, aber zu den Bergen gehören auch Täler und Pässe; Flüsse haben dort ihre Quelle, und Städte liegen zu ihren Füßen.

Peschawar (331 Meter über N.N.) liegt südlich von Takht-i-Bahi und ist eine der ältesten Städte Südasiens. Ihre Geschichte gleicht einem Lehrbuch zentralasiatischer Dynastien: Perser, Griechen, Inder, Türken und Afghanen waren hier, Buddhisten, Hindus, Moslems, Sikhs und Christen haben hier regiert. Aufgrund ihrer Lage unmittelbar östlich des Chaiber-Passes, einer der wenigen Stellen, an denen es möglich ist, die ungastlichen Berge des Hindukusch zu überqueren, war Peschawar eine wichtige Station auf dem Handelsweg zwischen dem indischen Subkontinent und Zentralasien, und damit auch ein natürliches Ziel für einfallende Heere. Mahmud von Ghazni, der den Islam ins Swat-Tal brachte, kam zum Beispiel auf diesem Weg, und ein paar Jahrhunderte später auch Dschingis Khans Mongolenheer. Auch Alexander der Große und sein Heer ritten über den Chaiber-Pass, und obwohl Alexanders enormes Reich den Tod des mächtigen Heerführers nicht überlebte, blieb Griechisch mehrere Jahrhunderte lang die Administrationssprache in Peschawar. Viele der buddhistischen Statuen, die in dieser Periode entstanden, haben eine auffällige Ähnlichkeit mit den Götterstatuen der Akropolis.

Der notorisch schlecht gelaunte amerikanische Schriftsteller Paul Theroux beschreibt in seinem Reiseklassiker *Basar auf Schienen* Peschawar mit überraschend freundlichen Worten. »Ich würde gern dorthin ziehen«, schreibt er, »mich auf eine Veranda setzen, alt werden und zuschauen, wie die Sonne über dem Khaiber-Pass untergeht.« Dies sind starke Worte von Theroux.

Offenbar war in Peschawar einiges passiert, seit der amerikanische Reiseschriftsteller die Stadt in den 1970er Jahren besucht hatte. Oder vielleicht sollte man richtigerweise sagen, es war ausgesprochen wenig geschehen. Die alten Kolonialgebäude erschienen mir noch verfallener als die Häuser in der Altstadt Havannas, aber im Gegensatz zu der kubanischen Hauptstadt, wo die Zeit ganz offensichtlich stillsteht, zumindest aus architektonischer Sicht, drängen sich in Peschawar hässliche Neubauten aus Beton zwischen die Holzhäuser. In den baufälligen alten Häusern wohnen keine Menschen mehr, stattdessen werden viele von ihnen als Warenlager genutzt. Irgendwann, vielleicht sogar noch in den siebziger Jahren, als Paul Theroux durch die Basare schlenderte und davon träumte, hier alt zu werden, muss die Stadt schön und bunt gewesen sein, mit luftigen Veranden aus geschnitztem Holz und sorgfältig gearbeiteten Fassaden. Heute ertrinkt sie in verfallenen Bauten, Müll und einem faszinierend anarchischen Stromleitungsgewirr. Die Leitungen rollen sich in chaotischen Trauben umeinander, ein dickes, aggressives Spinngewebe, und es gibt so viele davon, dass sie Teil des Straßenbildes sind, eine permanente künstlerische Installation. Es ist ein Wunder, dass der Strom nicht öfter ausfällt.

Die verwinkelten Gassen im Qissa-Khwani-Basar, dem Basar der Geschichtenerzähler, waren ebenso chaotisch wie der Rest der Stadt, ein Sammelsurium von Farben und Gerüchen. Die eigentliche Auswahl an Waren hingegen war wohlgeordnet: Jede Gasse war einem bestimmten Sortiment gewidmet. In einer Straße wurden nur Küchengerätschaften verkauft, in einer anderen nur Gewürze, in einer dritten Frauenkleider. Sämtliche Verkäufer waren Männer, auch in den Geschäften, die mit Spitzenhöschen und sexy BHs lockten. Als einziger westlicher Besucher des Basars und als einzige nicht verschleierte Frau erregte ich natürlich Aufsehen. Die Verkäufer winkten und johlten freundlich, als ich an ihnen vorbeiging. In der Gasse mit den Küchengerätschaften kam ein Mann in den Vierzigern auf uns zu, nahm Akhtar beiseite und redete lange und ernst mit ihm. Aufgrund der langen Blicke, die sie mir zuwarfen, vermutete ich, dass ich Thema der Unterhaltung war.

»Was hat er gesagt?«, fragte ich, als der Mann gegangen war.

»Nichts«, erwiderte Akhtar ausweichend.

»Kommen Sie, was hat er gesagt?«

»Er war um Ihre Sicherheit besorgt«, erklärte Akhtar widerwillig. »Er meinte, es sei hier nicht sicher für Sie. Er riet uns, so schnell wie möglich von hier zu verschwinden.«

Plötzlich sah ich überall potenzielle Gefahren. Männer, die mir ein wenig zu nahe kamen, obwohl es auf dem Fußweg genügend Platz gab. Männer, die mich aus den Schaufenstern oder hinter

Straßenecken hervor anstarrten. Verbargen sie Messer oder Pistolen in ihren Westen, hatten sie eine automatische Waffe neben der Kasse? An einem der zahlreichen Kontrollposten auf dem Weg in die Stadt war uns von der Polizei kostenlos eine bewaffnete Wache angeboten worden, aber ich hatte dankend abgelehnt. Durch Wachen würde ich nur noch mehr auffallen, als ich es ohnehin schon tat. Hatte ich einen Fehler begangen, als ich eine Eskorte ablehnte?

Am Ausgang des Basars kam ein weiterer Mann auf uns zu und begann mit Akhtar zu reden. Er hatte einen rötlichen Bart und eine dicke Brille und gestikulierte heftig.

»Er sagt, er habe einen Hindutempel im Hinterhof, und fragt sich, ob Sie ihn wohl sehen möchten?«, übersetzte Akhtar.

»Glauben Sie, es ist sicher?«

»Absolut«, erklärte Akhtar im Brustton der Überzeugung. »Er stammt aus den Bergen, wie ich. Aus Kaschmir.«

Wir gingen in den Hinterhof, wo tatsächlich ein alter Shiva-Tempel stand. Er hatte die Form einer ovalen Kuppel und war durch die Luftverschmutzung grau, beinahe schwarz; um den Tempel herum lag Müll. Genau gegenüber stand ein kleiner, glänzend weißer Sikh-Tempel, vollkommen sauber und vorbildlich instand gehalten. Die Frauen der Familie begrüßten Akhtar und mich herzlich. Keine hatte ihr Haar bedeckt, die jüngste hatte sich mit Lippenstift und Nagellack hübsch gemacht. Auf einer kleinen Erhöhung vor der Wohnung saß ein dünner, weißhaariger Mann, der von Kissen gestützt wurde. Er hieß Saeed Muhammad und war laut eigener Aussage siebzig Jahre alt, aber er musste älter sein, denn er hatte 1947 die Flucht aus Kaschmir miterlebt.

»Unser Vater führte uns hierher«, erzählte der alte Mann mit einer hellen, zitternden Stimme. »Ich war noch klein, daher erinnere ich mich nicht mehr an sehr viel. Ich wurde in Jammu geboren, im südlichen Teil von Kaschmir. Wir Moslems wurden von den Hindus umgebracht. Ich erinnere mich an die Morde, an diese Dinge erinnere ich mich. Ich weiß noch, wie traurig es war, von unserem Haus und unserem Land Abschied zu nehmen, von unserem ganzen Besitz. Abgesehen von unseren Tieren haben wir nichts mitgenommen. Auf der Flucht mussten wir uns tagsüber verbergen, wir versteckten uns an Flussufern und im Wald. Abends zogen wir langsam weiter. Die ganze Familie floh gemeinsam, meine drei Brüder, meine vier Schwestern, Onkel und Tanten. Wir sind über zwei Wochen gelaufen und gelaufen.«

Der Alte lächelte betrübt. Eine der jungen Frauen brachte uns Kekse und Tee mit Milch.

»Alle meine Geschwister sind tot«, erzählte Saeed Muhammad weiter, während er an dem dampfenden Tee nippte. »Ich bin der Einzige in der Familie, der sich noch daran erinnert, wo wir herkommen. Kaschmir ist ein Paradies. In Kaschmir trinken die Leute nicht so viel Tee wie hier, sie trinken Milch. Der ganze Tee hat meine Haut dunkler werden lassen. Ich vermisse Kaschmir jeden einzelnen Tag, das sage ich Ihnen. Es ist kühler dort, hier ist alles anders, aber wir mussten lernen, hier zu leben. Als wir hierherkamen, erhielten wir das Haus und alles, was wir brauchten, von den Paschtunen, die hier wohnten. Wir dachten, wir würden schon bald wieder nach Hause können, doch inzwischen habe ich aufgehört, daran zu glauben, *Inschallah*, dass es zu einer Lösung in dem Konflikt kommt. So Gott will.«

Die Teilung von Indien und Pakistan führte 1947 zu dem vermutlich größten und dramatischsten Bevölkerungsaustausch in der Geschichte der Menschheit. Punjab, eine der bevölkerungsreichsten Regionen in Indien mit einer großen Anzahl von Muslimen, Hindus und Sikhs wurde zweigeteilt. Rund vierzehn Millionen Menschen fanden sich auf der »falschen« Seite der neuen Grenze wieder und mussten Haus und Hof verlassen. Millionen von Sikhs und Hindus verließen Pakistan, während eine entsprechende Anzahl Moslems von der indischen Seite der Grenze nach Pakistan flüchtete. Die Flüchtlinge nutzten alle zur Verfügung stehenden Fortbewegungsmittel: Züge, Busse, Autos, Fahrräder, Pferde, Esel, Kamele, die eigenen Füße – und viele erreichten nie ihr Ziel. Die Anzahl der infolge der Teilung Ermordeten variiert von zweihunderttausend Toten – mit dieser Zahl operierten die britischen Behörden – bis zu zwei Millionen. Vermutlich liegt die wahre Zahl irgendwo in der Mitte.

Pakistan, der Name bedeutet »Land der Reinen«, ist seit seiner dramatischen Geburt 1947 von Unruhen geprägt. Klan-Streitigkeiten, Militärputsche, verbreitete Korruption und Grenzkonflikte mit Indien haben ihre Spuren in dem jungen Staat hinterlassen. Über die durchlässige Grenze zu dem vom Krieg zerstörten Afghanistan kamen zeitweise unkontrolliert nicht nur Flüchtlinge, sondern auch Extremisten und Waffen ins Land. Nach der sowjetischen Invasion Afghanistans 1979 strömten hunderttausend Flüchtlinge jeden Monat über den Chaiber-Pass nach Peschawar. In den 2000er Jahren, nach den Angriffen auf die Zwillingstürme in New York und der anschließenden Invasion Afghanistans – diesmal mit den USA an der Spitze –, herrschte in Pakistan inneres Chaos. Auf dem Höhepunkt 2009 kam es zu über zweieinhalbtausend Angriffen durch Terroristen und Aufständische. Über dreißigtausend Menschen, überwiegend Zivilisten, wurden bei Terrorangriffen in den letzten zwanzig Jahren in Pakistan ermordet, hauptsächlich in der unruhigen Grenzregion im Nordwesten, doch die Terroristen schlugen im ganzen Land zu. Niemand war sicher. Allein im Qissa-Khwani-Basar in Peschawar haben Extremisten 2010 und 2013 zwei große Bombenattentate ausgeführt.

Mit jedem Toten blieben verzweifelte Familien zurück. Mütter, Väter und Großeltern, Frauen, Ehemänner, Geschwister. Dazu kommen Tanten, Onkel, Kusinen, Vettern, Schulkameraden und Nachbarn – viele Hunderttausend Menschen insgesamt.

Einer der blutigsten und brutalsten Angriffe in der Geschichte des modernen Pakistan fand im Jahr 2014 statt. Am Vormittag des 14. Dezember stürmten mindestens sechs bewaffnete Terroristen eine Schule in Peschawar und ermordeten hundertzweiunddreißig Schüler.

Einer der Getöteten war der vierzehn Jahre alte Omar.

Als ich nach dem Besuch des Basars zurück ins Hotel kam, lernte ich Omars Vater kennen, Fazal Khan, einen leise sprechenden Mann mit gutmütigen Augen und einem dichten, gepflegten Bart.

Von dem Moment an, wo er sich an den Tisch setzte, bis er nach exakt einer Stunde wieder aufstand, redete er ununterbrochen.

»Ich entschied mich, meinen Sohn auf die Army Public School zu schicken, weil ich davon ausging, dass es dort sicherer sei«, erzählte er auf Englisch, das er perfekt sprach, da er viele Jahre im Ausland gelebt hatte. »Die Sicherheitssituation in Pakistan war schlecht zu der Zeit, ständig explodierten Bomben. Die Army Public School war eine öffentliche, vom Militär betriebene Schule, und die Sicherheit der Schule *war* normalerweise gut. Zum Beispiel wurden keine Frauen in Burkas hereingelassen. Jedes Mal, wenn es etwas Besonderes gab, wenn die Kinder geimpft werden sollten oder ein Museumsbesuch anstand, mussten wir Eltern eine Genehmigung unterschreiben. Aber an dem Tag, an dem der Angriff stattfand, bekamen sie einen Erste-Hilfe-Kurs im Auditorium, ohne dass wir davon wussten. Es stand auch nicht im Jahresplan. Alles andere stand im Jahresplan, selbst die kleinsten Dinge. Normalerweise war der Erste-Hilfe-Kurs nur für die Schüler der elften und zwölften Klasse, aber aus irgendeinem Grund wurden alle Klassen einbestellt. Der Kurs begann um zehn Uhr. Viertel nach zehn griffen die Terroristen das Auditorium an. Und nun sagen Sie mir: Wie kann es sein, dass der Hauptmann, der sich im Auditorium aufhielt, das Attentat ohne eine Schramme überlebte? Ohne eine einzige Schramme? Wenn die Terroristen die Armee angreifen wollten, wäre er doch ein ausgemachtes Ziel gewesen, leicht erkennbar an seiner Uniform. Aber er kam ohne eine einzige Schramme davon ...«

Ich bestellte Wasser und Tee für mich, Fazal wollte nichts. Wir waren die einzigen Gäste in dem kleinen Hotelrestaurant.

»Ich selbst bin Anwalt und vertrete nun eine Gruppe von Eltern«, fuhr Fazal fort. »Alle Eltern haben das Recht zu erfahren, was mit ihren Kindern passiert ist. Vor dem Angriff war die Polizei vom Geheimdienst gewarnt worden, dass ein Attentat bevorstehe und eine Gruppe Terroristen einen Angriff auf die Army Public School plane. Nachdem sie diese Information erhalten hatten, hätten sie die Anzahl der Wachposten verdoppeln müssen, aber stattdessen reduzierten sie ihre Anzahl von zwanzig auf zwei. Ich und die meisten anderen Eltern sind überzeugt, dass der Angriff von staatlicher Seite geplant wurde. Das Ganze ist ein Spiel. Wir hätten zumindest eine ordentliche Ermittlung erwartet. Bald sind vier Jahre vergangen, und uns ist noch immer keine Gerechtigkeit widerfahren.«

Ich weiß nicht, an wie vielen Küchentischen ich gesessen und beinahe exakt die gleichen Worte und Anklagen gehört habe, vorgetragen mit der gleichen Trauer und dem gleichen Schmerz, nur in einer anderen Sprache, in einem anderen Land. Am 1. September 2004 nahm eine Gruppe von Terroristen über tausend Schüler und Lehrer der Schule Nr. 11 in Beslan im Nord-Kaukasus als Geiseln. Am dritten Tag stürmten russische Spezialeinheiten die Schule, und über dreihundert Menschen, der größte Teil Kinder, kamen in den Kämpfen und dem Chaos um. In den folgenden Jahren verbrachte ich Wochen und Monate in Beslan, ich reiste immer wieder dorthin, und jedes Mal wurde ich in ein Zuhause eingeladen, in dem das Kinderzimmer unberührt war – Zeitkapseln einer verlorenen Kindheit, eines zerstörten Lebens. Ich begegnete Müttern, die jeden einzelnen Tag auf den Friedhof gingen; ihr Leben hatte am 3. September 2004 aufgehört, sie lebten nicht mehr, sie existierten nur noch. Einer der Väter, die ich kennenlernte, war auf den Friedhof gezogen, um jede Stunde des Tages bei seiner toten Tochter zu sein.

Pakistanische Spezialeinheiten stürmten die Army Public School eine Viertelstunde nach Beginn des Attentats, konnten aber nicht verhindern, dass die Terroraktion sich zu einem Blutbad entwickelte. Die meisten Kinder im Auditorium wurden ermordet, durchlöchert von den Maschinengewehrpatronen der Täter.

»Viele Fragen sind noch immer unbeantwortet«, unterstrich Fazal. »Die Behörden können nicht einmal sagen, wie viele Terroristen an dem Angriff beteiligt waren. Offiziell heißt es sechs, aber Kinder, die überlebt haben, nennen höhere Zahlen, von acht bis vierundzwanzig. Ich habe Proteste und Demonstrationen organisiert, nicht nur für die Opfer nach dem Angriff auf die Schule, sondern für alle Terroropfer in ganz Pakistan. Ich wende meine gesamte Zeit dafür auf – ich kann nicht mehr arbeiten, ich kann mich auch nicht mehr konzentrieren. Glücklicherweise bin ich finanziell unabhängig, sodass ich mir ums Geld keine Sorgen zu machen brauche. Die Behörden mögen mich nicht und haben mich wegen antistaatlicher Tätigkeiten angeklagt. Die Höchststrafe beträgt mehr als zehn Jahre, aber ich habe keine Angst. Unser Kampf geht weiter, auch wenn ich mich vom Optimisten zum Realisten gewandelt habe. Ich glaube nicht länger daran, dass uns Gerechtigkeit widerfahren wird, aber wir müssen es dennoch versuchen. Wir müssen *alles* tun, was in unserer Macht steht. Absolut alles.«

Es heißt, die Zeit heilt alle Wunden, aber ich glaube nicht mehr, dass es wahr ist. Jedes Mal, wenn ich nach Beslan zurückkehrte, ging es vielen Hinterbliebenen schlechter: Mütter waren krank geworden, deprimiert oder verbittert, Väter hatten angefangen zu trinken. Wie Fazal Khan wandten viele ihre gesamte Zeit dafür auf, Antworten auf die vielen unbeantworteten Fragen zu finden. Wie konnte es dazu kommen? Warum ist es den staatlichen Stellen nicht gelungen, es zu verhindern? Und die schlimmste Frage von allen: Hätte *ich* mein Kind retten können, wenn ich etwas anders gemacht hätte?

»Ich war bei Gericht, als ich von der Terroraktion hörte«, sagte Fazal leise. »Mein Bruder rief mich an und informierte mich über den Angriff auf die Schule. Ich fuhr direkt zum Krankenhaus. Möge Gott verhindern, dass er unter den Verletzten ist, dachte ich. Ich war drei Stunden im Krankenhaus, ohne Omar zu finden. Um vier Uhr nachmittags fand mein Bruder Omar in einem anderen Krankenhaus. Es war ein schwarzer Tag. Dieser Tag hat unser aller Leben verändert. Ich bin achtundvierzig Jahre alt und habe vier Kinder. Der Älteste ist jetzt vierzehn, er geht auch auf die Army Public School, wie sein großer Bruder. Wir hätten aus Pakistan wegziehen können, wir hätten die Schule wechseln können, aber das wäre feige gewesen. Mein Jüngster ist erst drei Jahre alt, er wurde zwanzig Tage nach Omars Ermordung geboren. Wir Pakistaner investieren alles in unsere Kinder, wir leben unsere Träume durch sie aus. Meine Frau weint jede Nacht. Unser Leben hat sich total verändert, die Normalität ist fort, die Routine zerstört. Wir hängen im 16. Dezember 2014 fest. Omar lächelte immer, niemand kann sich daran erinnern, ihn jemals mit schlechter Laune erlebt zu haben. Alle, die an diesem Tag starben, waren einmalig. Vor knapp einer Woche, am 19. August, wäre Omar achtzehn Jahre alt geworden. Er hat fünf Schüsse abbekommen. Ich habe noch immer die Sachen, die er an diesem Tag getragen hat. Sie liegen in einer Schublade.«

Zwei Jahre zuvor hatte Fazal ein Krankenhaus in einem armen Bezirk am Rande von Peschawar eröffnet, wo es bis dahin kein Krankenhaus gegeben hatte, und es nach seinem Sohn benannt. Das Krankenhaus steht allen offen, und diejenigen, die sich keine medizinische Betreuung leisten können, werden umsonst behandelt.

»Omar wollte Schauspieler werden, aber ich hielt das für keinen ordentlichen Beruf«, erzählte Fazal weiter. »Eines Sonntags sagte er zu mir, er wolle Arzt werden, und ich habe ihm versprochen, ein Krankenhaus für ihn zu eröffnen. Am Mittwoch, drei Tage später, war er tot.«

Die Tehrik-i-Taliban übernahmen die Verantwortung für den Terrorangriff auf die Public Army School und erklärten, er sei die Rache für eine Militäraktion der pakistanischen Armee in Nord-Wasiristan an der Grenze zu Afghanistan gewesen. Nach dem Terrorangriff wurden die militärischen Aktivitäten in der Grenzregion intensiviert. Es gibt keine exakte Zahl, wie viele Todesopfer diese Militäraktionen gefordert haben, die gern als »Säuberungsaktionen« bezeichnet werden. Im Herbst 2018, nach neun Jahren militärischen Ausnahmezustands, erklärten die pakistanischen Verantwortlichen, es sei ihnen gelungen, sämtliche Verstecke der Taliban in Swat und den dazugehörigen Gebieten zu zerstören und wieder eine zivile Lokalregierung einzusetzen. Die Anhänger der Tehrik-i-Taliban sind nun weitgehend auf die afghanische Seite der Grenze verwiesen, aber die Grenze ist noch immer durchlässig, und immer wieder knallt es irgendwo im Land der Reinen.

Grenzgang

Der Grenzübergang bei **Lahore** (217 Meter über N.N.), rund fünfhundert Kilometer südöstlich von Peschawar, ist einer der bekanntesten der Welt: Jeden Tag werden am Spätnachmittag bei Sonnenuntergang die pakistanische und die indische Flagge mit Pomp, Pracht und zeremonieller Aggression eingeholt und die Tore verschlossen; die Grenze zwischen den beiden Atommächten ist bis zum nächsten Morgen dicht.

Bereits am frühen Nachmittag hatten sich auf beiden Seiten der Grenze lange Schlangen gebildet. Die indische Tribüne war weit größer als die pakistanische und fasste auch wesentlich mehr Zuschauer. Die Flaggen hingegen hingen auf exakt gleicher Höhe hinter den zuverlässig geschlossenen Eisentoren. Kräftige Lautsprecher bombardierten das Publikum mit nationalistischer Popmusik. *Pakistaaaan! Pakistaaaan!* ertönte der monotone Refrain auf unserer Seite der Grenze. Auf der anderen Seite hüpften Hunderte junger Männer und Frauen lächelnd vor dem Tor auf und ab, versammelt in einem dichten, chaotischen Tanz, bei dem sie *Indiaaa! Indiaaa!* schrien.

Schon bald würde ich dort sein, auf der anderen Seite, dann hätte ich den pakistanisch-bitteren Ernst und die strengen islamischen Regeln hinter mir. Das pakistanische Publikum saß reglos da und hielt grüne Fähnchen in den Händen, die Frauen auf einer Tribüne, die Männer auf einer anderen. Sie riefen *allahu akbar*, Gott ist am größten, und *la ilaha illa 'llah*, es gibt keinen anderen Gott als Gott. Als eine der wenigen anwesenden Ausländer wurde ich sofort ganz nach vorn zur VIP-Abteilung geschleust, wo Frauen und Männer ausnahmsweise zusammensitzen durften. Der für unsere Sicherheit zuständige Wachposten hatte mich aufgefordert, die Sitze neben mir freizuhalten, damit ich nicht allzu nah bei Fremden des anderen Geschlechts sitzen musste.

Ich tropfte förmlich vor Schweiß, als endlich etwas passierte.

Soldaten in schwarzen eng sitzenden Uniformen und Turbanen, die mit einer Art hohem, steifem Fächer geschmückt waren, marschierten im Stechschritt auf das Grenztor zu, wobei sie den Indern auf der anderen Seite theatralisch mit geballten Fäusten drohten. Die Inder, zu deren Soldaten auch zwei Frauen gehörten, erwiderten die Geste. Als zeremonieller Ablauf einer Quasischlacht war diese Theatervorstellung beinahe ein bisschen süß – bis man sich ins Gedächtnis rief, dass der Konflikt zwischen Indien und Pakistan, der in unregelmäßigen Abständen immer wieder aufflammt, höchst real und keinesfalls ein Exerziertraining ist.

Die Zeremonie zog sich hin. Die Soldaten marschierten vor dem Tor auf und ab, begleitet von militärischem Gebrüll und einem verschwitzten, jubelnden Publikum. Die Luft war klamm, es war so heiß, dass ich auf den Innenseiten meiner Lider schwitzte, Schweiß lief mir zwischen Hornhaut und Kontaktlinsen, alles verschwamm vor meinen Augen.

Die Forderung nach einem unabhängigen Staat für Indiens Muslime wurde erst in den 1930er Jahren erhoben, angeführt von der politischen Partei All-India Muslim League. Bis die Briten in der Mitte des 18. Jahrhunderts auf dem indischen Subkontinent ihre Ansprüche geltend machten, waren große Teile Indiens mehr als zwei Jahrhunderte lang von muslimischen Moguln regiert worden. Bahadur Shah Zafar, der letzte Mogulkaiser, wurde 1858 von den Briten abgesetzt und nach Burma ins Exil geschickt, damit wurde die muslimische Dominanz in Indien endgültig beendet. Unter den Briten bekamen die Hindus, die die Mehrheit der Bevölkerung stellten, immer mehr Macht und Einfluss, die Muslime fühlten sich mehr und mehr übergangen.

Die All-India Muslim League war 1906 gegründet worden, um dafür zu sorgen, dass auch die muslimischen Stimmen gehört wurden. Zunächst setzte sie sich für eine friedliche Koexistenz zwischen Hindus und Moslems in einem unabhängigen Indien ein. Doch sämtliche Vorschläge, selbst die moderatesten, wurden von der von Hindus dominierten Kongresspartei konsequent überstimmt. Als die Unabhängigkeit von Großbritannien immer wahrscheinlicher wuchs die Sorge im muslimischen Teil der Bevölkerung: ~~den sie in einem unabhängigen Indien behandelt werden, in dem die Hindus eindeutig in der Mehrheit waren?

1933 veröffentlichte der Cambridge-Student Choudhary Rahmat Ali das Pamphlet *Now or never. Are we to live or perish forever?* Darin setzte er sich für einen eigenen Staat für die Muslime ein, die in Britisch-Indiens nordwestlichsten Provinzen lebten: Punjab, Afghania (die nordwestlichste Grenzprovinz, die heute als Khyber Pakhtunkhwa bekannt ist), Kaschmir, Sindh und Belutschistan. Aus den ersten Buchstaben der vier ersten Provinzen und den drei letzten Buchstaben der fünften Provinz bildete er das Akronym PAKSTAN. *Pak* bedeutet »rein« oder »keusch« und *stan* ist Persisch für »Land« oder »Ort«. Später wurde ein »i« hinzugefügt, um die Aussprache zu erleichtern. Die Idee von Pakistan war geboren.

Als einige Jahre später der Zweite Weltkrieg ausbrach, fasste die Muslim League mit dem Anwalt Muhammad Ali Jinnah an der Spitze den Beschluss, einen separaten muslimischen Staat zu gründen. Mahatma Gandhi, die stärkste Symbolfigur für den Freiheitskampf der Inder, war strikt dagegen, Indien nach religiösen Grenzlinien aufzuteilen, doch die Idee eines Staates Pakistan fand Widerhall beim muslimischen Teil der Bevölkerung. Im Laufe der Kriegsjahre wurde die Zweistaatenlösung zur absoluten Forderung. Die Briten gaben nach, und am 15. August 1947 wurde Indien dreigeteilt: Die muslimisch dominierten Gebiete im Nordwesten wurden zu West-Pakistan, während die dicht bevölkerten, muslimisch dominierten Regionen am Golf von Bengalen, eintausendsechshundert Kilometer weiter östlich, zu Ost-Pakistan wurden.

Grenzen sind wie Würste – oft ist es am besten, nicht zu viel darüber zu wissen, wie sie entstanden sind. Die Grenzziehung zwischen Indien und Pakistan war kompliziert und überhastet: Erst im Juni 1947 richteten die Briten zwei Grenzkommissionen ein, eine für Punjab im Westen und eine für Bengalen im Osten. Die Kommissionen wurden von dem Juristen Sir Cyril Radcliffe geleitet und bestanden im Übrigen aus Repräsentanten des indischen Nationalkongresses und der Muslim League. Da die beiden indischen

Vertretungen sich nicht einigen konnten, blieb die Grenzziehung in der Praxis Radcliffe überlassen, der bis dahin niemals in Asien gewesen war. Das Resultat war entsprechend.

Bei den übrigen Provinzen war es einfacher: Belutschistan und Sindh hatten beide eine überwiegende Mehrheit an Muslimen und wurden daher automatisch Pakistan zugeschlagen. In der nordwestlichen Grenzprovinz im Osten, bei Afghanistan, wurde eine Volksabstimmung abgehalten, ob die Provinz künftig zu Indien oder zu Pakistan gehören sollte. Über neunundneunzig Prozent stimmten dafür, ein Teil Pakistans zu werden. In Punjab betrug der Anteil der Moslems 55,7 Prozent, und in Bengalen lag er bei 54,5 Prozent. Wie sollte man einen Strich zwischen diese beiden Provinzen mit ihren insgesamt vierhundertfünfzigtausend Quadratkilometern und achtundachtzig Millionen Einwohnern ziehen, sodass das Territorium zwischen den beiden neuen Staaten gerecht verteilt wurde – so viele Moslems wie möglich sollten auf der pakistanischen Seite bleiben, und so viele Hindus und Sikhs wie möglich auf der indischen?

Die Aufgabe war praktisch nicht lösbar, und die kurze Zeitfrist machte die Sache nicht besser. Sollte Lahore, das überwiegend muslimische Einwohner hatte, dessen Geschäftsleben aber von Hindus und Sikhs dominiert wurde, der pakistanischen oder der indischen Seite zugeschlagen werden? Und was war mit der heiligsten Stadt der Sikhs, Amritsar, die bürokratisch gesehen ein Teil des Lahore-Distrikts war? Die Lösung war, dass Lahore, das im Übrigen auch als eine heilige Stadt der Sikhs angesehen wurde, Pakistan zugeschlagen wurde, sodass das neue Land eine Großstadt bekam, während Amritsar ein Teil Indiens blieb. Es war keineswegs eine perfekte Lösung, aber eine bessere schien es nicht zu geben.

Da die neue Grenze so kontrovers war, wurde sie erst am 17. August 1947 verkündet, zwei Tage nach den Unabhängigkeitserklärungen. Aufreibende und blutige Monate folgten. Gandhi versuchte mit aller Kraft, die Unruhen zu beenden und die Gewalt zu stoppen, allerdings mit geringem Erfolg. Am 30. Januar 1948 wurde er von einem jungen Hindufanatiker in Delhi erschossen.

Jinnah, der Anführer der Muslim League, wurde Generalgouverneur von Pakistan. Doch die Gesundheit des Landesvaters war zerrüttet: Der Kettenraucher litt an Tuberkulose und fortgeschrittenem Lungenkrebs und starb am 11. September 1948, ein knappes Jahr nach seiner Inthronisation.

Radcliffe kehrte nie wieder nach Indien zurück.

Das Zeremoniell der Grenzschließung zwischen Indien und Pakistan ist nicht nur das weltweit bekannteste, sondern wahrscheinlich auch das weltweit längste. Nach vielen Stechschritten, geballten Fäusten und einem ausgiebigen Auf- und Abmarschieren vor dem Tor, sehr vielen *allahu akbar!* und noch mehr *Pakistaaaan!* ging schließlich die Sonne unter, und die beiden Fahnen wurden eingeholt, exakt im gleichen Tempo. Danach wurden die Fahnen aggressiv zusammengefaltet und ohne weitere Umstände rasch davongetragen. Die verbliebenen Soldaten sorgten dafür, dass die Tore sorgfältig geschlossen wurden, bevor sie auf den Absätzen umdrehten und in ihre jeweiligen Kasernen abmarschierten.

Das Publikum erhob sich von der Tribüne und schlenderte zum Parkplatz, alle mit großen Schweißflecken auf der locker sitzenden Kleidung. Die wenigsten von ihnen würden Indien jemals näher kommen. Für sie könnte die Grenze ebenso gut auch tagsüber geschlossen bleiben, es war eine unsichtbare Linie, die sie ohnehin nie übertreten würden, abgesehen davon, dass es ihnen nicht erlaubt war, sie zu überqueren. Trotz intensiver Versuche hatte ich aus irgendeinem Grund kein normales Visum für Indien bekommen können. Die indische Botschaft in Islamabad hatte sich als noch unkooperativer erwiesen als die Botschaft in Oslo, und ich hatte einen zähen, bürokratischen Kampf ausfechten müssen, um überhaupt meinen Pass zurückzubekommen. Als letzten Ausweg beantragte ich stattdessen ein elektronisches Visum, und keine zwölf Stunden, nachdem ich auf »bezahlen« geklickt hatte, plumpste der magische Passierschein in meinen Posteingang.

Der Nachteil an elektronischen Visa ist jedoch, dass man damit in Indien nur auf internationalen Flughäfen ankommen kann.

Dadurch war ich gezwungen, von Lahore nach Amritsar zu fliegen, eine Tour, die mit dem Auto ungefähr eine Stunde dauert. Die Reise ging über das fünfhundert Kilometer entfernte **Neu-Delhi** (216 Meter über N.N.) und dauerte beinahe den ganzen Tag.

An der Passkontrolle sagte ich, ich sei Lehrerin.

»Wie kommt es, dass Sie hier so lange bleiben wollen?«, fragte der Passkontrolleur misstrauisch. »Müssen Sie nicht zurück an die Arbeit?«

»Ich bin Privatlehrerin«, log ich. »Ich arbeite, wann ich will.«

Der Kontrolleur betrachtete mich skeptisch, griff aber schließlich zu seinem Stempel. Die wenigen Pakistaner, die an Bord des Flugzeugs gewesen waren, gingen alle in Richtung Duty-Free-Shop und füllten ihre Einkaufskörbe mit indischem Whisky.

Im Taxi nach **Amritsar** (234 Meter über N.N.) starrte ich auf das Treiben auf der Straße. Frauen schlenderten allein am Straßenrand entlang, die meisten ohne Kopfbedeckung und mit offenem Haar. Aber abgesehen davon, dass viele Frauen nicht nur allein *gingen*, waren auch ein großer Teil der Motorrad- und Motorrollerfahrer Frauen. Nicht wenige trugen westliche Kleidung, Jeans und T-Shirts. So viel weibliche Haut hatte ich seit vielen Wochen nicht mehr gesehen. Als ich ins Hotel kam, wurde ich von drei Rezeptionistinnen begrüßt. Der Kulturschock war komplett.

Am folgenden Tag sollte ich nach diesem langen Umweg über die Grenze, die ich zu Fuß nicht hatte überqueren dürfen, endlich wieder hinauf in die Berge. Ich freute mich darauf, der erstickenden Hitze des Flachlandes zu entkommen und verbrachte den Rest des Nachmittags in meinem mit einer Klimaanlage gesegneten Hotelzimmer. Als die Sonne unterging und es marginal kühler wurde, nahm ich ein Taxi zum Goldenen Tempel, Amritsars berühmtesten Wahrzeichen. Da es nicht möglich war, bis an den Tempel heranzufahren, setzte mich der Fahrer am Jallianwala Bagh ab, einem Park, in dem 1919 britische Soldaten einige Hundert wehrlose Menschen massakriert hatten. Abgesehen vom Goldenen Tempel ist Amritsar hauptsächlich wegen der Massaker bekannt, die hier im 20. Jahrhundert stattfanden.

Bevor sie zu schießen begannen, hatten die Briten die Eingänge des ummauerten Parks blockiert, sodass es unmöglich war, den Kugeln zu entkommen. Zwischen fünfzehn- und zwanzigtausend Menschen, darunter viele Frauen und Kinder, hatten sich zu einem friedlichen Protest gegen die Verhaftung von zwei indischen Anführern versammelt, vor allem aber, um *Baisakhi* zu feiern, ein Fest, das Hindus wie Sikhs begehen. Die von Oberst Reginald Dyer angeführten Briten waren erpicht, jede Form des Protestes im Keim zu ersticken. Den Soldaten wurde befohlen, auf die Menschenmassen zu schießen, bis ihnen die Munition ausging. Der Schriftsteller Rudyard Kipling hat Dyer als Retter Indiens gerühmt, doch in Wahrheit markierte das Massaker den Anfang vom Ende der britischen Herrschaft. Das Juwel hatte sich aus der britischen Krone gelöst, und es war nur eine Frage der Zeit, wann es fallen würde. Gandhi, der während des gesamten Ersten Weltkriegs die Hoffnung unterstützt hatte, die Briten würden den Indern nach und nach mehr Selbstbestimmungsrechte gewähren, war nach dem Blutbad von Amritsar überzeugt, dass die einzige Lösung nur die vollständige Selbstbestimmung sein könne.

Vor dem Mahnmal, einer stilisierten ovalen Flamme aus rotem Marmor, hatte sich eine Handvoll Familien mit Kindern geschart, um Selfies aufzunehmen. Der Rasen war voller Jugendlicher, die auf ihren Smartphones herumwischten und in der Dämmerung chillten.

Ich folgte dem Strom der Menschen über die Straße bis zu dem großen weißen blitzsauberen Platz am Eingang des Goldenen Tempels. Menschen saßen in kleinen Gruppen zusammen, unterhielten sich und aßen, einige schliefen auf mitgebrachten Decken. Ich stellte meine Sandalen in einen der Schränke, bedeckte den Kopf mit einem dünnen Schal, watete durch ein Fußbad und ging durch das weiße Tor hinein.

Als ich die Treppe hinunterkam, sah ich direkt auf den Tempel, der mitten in einem großen Wasserbassin steht. Das vergoldete Gebäude sah aus, als schwömme es auf dem Wasser, es war so beleuchtet, als würde es an diesem pechschwarzen Septemberabend von allein strahlen. Der Tempel war sehr viel kleiner, als ich ihn mir vorgestellt hatte, aber die eigentliche Tempelanlage war enorm. An den Wänden saßen Pilger und ruhten sich aus oder meditierten, einzelne schliefen. Am Rand des Bassins tauchten Männer in dem heiligen Wasser unter, und überall standen weitere Männer mit Handtüchern um den Leib, die diejenigen im Wasser ablösen wollten. Feiste rote Fische schwammen träge im Wasserbecken umher.

Ich ging einmal um den Tempel herum, bevor ich mich in den Speisesaal wagte. Am Eingang stand eine lange Schlange, aber alles war gut organisiert, es ging rasch voran. Während wir warteten, wurden uns ein Metallteller mit Vertiefungen für verschiedene Gerichte, ein Löffel und eine Teeschale ausgehändigt. Die große Tür zum Speisesaal öffnete sich und einige Dutzend Personen wurden eingelassen, bevor sich die Tür wieder schloss. Die Menschenmenge schob von hinten, wir wurden gegen die geschlossene Tür und an die Körper der Menschen vor uns gedrückt. Nach ein paar Minuten glitt die Tür wieder auf, Arme und Beine schoben von allen Seiten, man konnte nichts anderes tun, als dem Strom zu folgen.

In dem gigantischen Speisesaal herrschte militärische Ordnung. Die Menschen saßen in langen, schnurgeraden Reihen dicht an dicht auf dem Boden und aßen. Ein Freiwilliger führte uns in den Raum und wies uns an, eine neue Reihe zu bilden. Eine junge, große und magere Frau in einem verblichenen Sari setzte sich neben mich. Sie sei Christin, erzählte sie, aber ihre Schwestern und sie kämen regelmäßig hierher. Neben ihr saß ein runder Geschäftsmann mittleren Alters, der einen roten Turban trug. Er stammte aus Kalkutta und war einmal quer durch das Land gereist, um den heiligen Tempel zu besuchen. Freiwillige teilten Reis, Linsen und Chapati aus gewaltigen Metallkübeln aus. Das Essen war schlicht, aber wohlschmeckend, und die junge Frau neben mir nahm dankbar lächelnd einen Nachschlag an. Als wir aufstanden, um zu gehen, kam sofort ein Mann mit einem großen Mopp und wischte über die Fliesen, auf denen wir gesessen hatten. Auf dem Weg nach draußen wurden wir am Abwasch vorbeigeschleust, wo Freiwillige die benutzten Schalen entgegennahmen und mit Klirren und Geschrei im längsten Spülbecken, das ich je gesehen habe, reinigten.

Ich ging noch einmal durch die Tempelanlage, vorbei an Tausenden badenden, schlafenden und meditierenden Pilgern. In dem großen Wasserbecken strahlte der vergoldete Tempel noch immer wie ein flüssiges Schmuckstück. Die Stimmung war freundlich, die Menschen nickten und lächelten mir zu, aber ich fühlte mich dennoch fremd. Mental befand ich mich noch immer im puritanischen Pakistan. Allmählich kannte ich die verschiedenen Glaubensrichtungen im Islam, aber was wusste ich eigentlich über den Sikhismus?

Am Eingang der Tempelanlage hatte ich ein Schild bemerkt, auf dem *Information Office* stand. Ich ging hinein. Ein freundlicher Mann, der Mitte zwanzig sein mochte, begrüßte mich und bat mich, auf einem der Stühle Platz zu nehmen.

»Wie kann ich Ihnen helfen?«, erkundigte er sich.

»Ich benötige Informationen«, erwiderte ich.

»Meine Vorgesetzten sind heute leider nicht da.« Der junge Informationsmitarbeiter breitete bedauernd die Arme aus. »Aber wir haben eine ausgezeichnete Multimediashow in der Multimediaabteilung. Ich würde Ihnen empfehlen, dorthin zu gehen. Dort werden Sie alle Auskünfte bekommen, die Sie benötigen.«

»Ich werde hingehen«, versprach ich, »aber könnten Sie mir nicht erst einmal ein paar Hintergrundinformationen geben?«

»Ich würde Ihnen empfehlen, morgen wiederzukommen«, sagte der junge Mann. »Da arbeiten meine Vorgesetzten wieder. Sie können Ihnen dann alle nötigen Informationen geben.«

»Morgen reise ich nach Kaschmir.«

»Oh.« Der junge Mann blickte zu Boden. »Dann empfehle ich, wie gesagt, unsere Multimediashow.«

»Könnten Sie mir vielleicht erst einmal etwas über die Geschichte des Tempels erzählen?«

»Natürlich«, erwiderte der junge Mann, »aber der gesamte Hintergrund wird auch in der Multimediashow erklärt.«

»Ich werde hinterher hingehen«, versprach ich erneut.

Der junge Mann räusperte sich und begann: »Okay, der Bau des Harmandir Sahib, des Goldenen Tempels, wurde 1581 von unserem fünften Guru, Guru Arjan, begonnen und 1589 beendet. Das Wasserbassin gab es bereits, es wurde 1577 von unserem vierten Guru angelegt, Guru Ram Das. Er hat auch Amritsar gegründet.«

»Entschuldigung, warten Sie«, unterbrach ich ihn und zog einen Stift und meinen Notizblock aus der Tasche.

»Keine Notizen«, ermahnte mich der junge Mann.

»Aber wenn ich mir keine Notizen mache, kann ich mir nicht alles merken, was Sie mir erzählen«, wandte ich ein.

»Das ist nicht so schlimm«, meinte der Informationsmitarbeiter. »Jetzt hören Sie erst einmal zu. Notizen können Sie sich hinterher machen.«

Gehorsam legte ich meinen Stift beiseite, während der junge Mann Namen und Jahreszahlen aufzählte, die ich sofort wieder vergaß. Als er die lange und verwickelte Geschichte des Tempels beendet hatte, bekam ich allergnädigst die Erlaubnis, mir Notizen zu machen.

»Es gibt vier Eingänge in den Tempel«, erzählte der junge Mann weiter. »Von Norden, Süden, Osten und Westen. Damit alle hierherkommen können. Alle sind willkommen, wir sind alle Kinder desselben Gottes. Als der Sikhismus im 16. Jahrhundert begründet wurde, durften Menschen aus der unteren Kaste nicht in den Tempel. Für Guru Nanak, den Begründer unseres Glaubens, war es wichtig, dass alle in den Tempel durften, dass kein Unterschied zwischen den Menschen gemacht wurde. Waren Sie in der Gemeinschaftsküche?«

Ich nickte.

»Gut«, lobte der junge Informationsmitarbeiter. »Das ist der erste Ort, den man im Tempel besuchen muss. Wir Menschen sind nicht in der Lage, uns auf geistige Dinge zu konzentrieren, wenn wir nicht satt sind. In der Gemeinschaftsküche essen alle gemeinsam, Arme wie Reiche, es gibt keine Unterschiede.«

Erst kommt das Fressen, dann kommt die Moral, wie Brecht es so pragmatisch formuliert hat.

»Wie viele Menschen essen dort an einem gewöhnlichen Tag?«, fragte ich neugierig.

»Zwischen fünfzig- und sechzigtausend. Am Wochenende sind es zweihunderttausend, und bei besonderen Anlässen, wie Feiertagen oder Neujahr, beköstigen wir eine halbe Million Menschen. Wir zählen nicht, das sind nur Schätzungen aufgrund des Verbrauchs der Lebensmittel. An jedem Tag werden anderthalb Millionen Rupien, das sind über zwanzigtausend Dollar, für Lebensmittel ausgegeben. Wir teilen immer Reis, Linsen, Gemüse, Chapati und etwas Süßes aus. Wir haben jetzt unsere eigene Chapati-Maschine, haben Sie sie gesehen?«

Ich schüttelte den Kopf.

»Sie macht alles sehr viel einfacher«, lächelte der junge Mann. »Jeder kann drei Tage im Tempel umsonst übernachten. Man muss kein Sikh sein, alle sind willkommen. Ich würde Ihnen im Übrigen empfehlen, an der Sukhasan-Zeremonie teilzunehmen, bevor Sie gehen. Da wird das Guru Granth Sahib, unser heiliges Buch, in ein Tuch gelegt und aus dem Goldenen Tempel in die inneren Gemächer getragen, wo es die Nacht verbringt. Im Morgengrauen wird es dann wieder zurückgetragen.«

»Danke für den Tipp und die Informationen«, sagte ich und packte meine Schreibutensilien zusammen. »Übrigens, wie heißen Sie?«

»Ich darf Ihnen meinen Namen nicht nennen.« Der junge Mann zuckte bedauernd mit den Achseln. »Eigentlich ist es mir nicht erlaubt, Interviews zu geben. Ich hoffe, Ihnen wird unsere Multimediashow gefallen. Dort werden Sie, wie gesagt, alle Informationen bekommen, die Sie benötigen.«

Ich verabschiedete mich von dem jungen, namenlosen Informationsmitarbeiter. Als ich auf den großen Steinplatz kam, ging ich der Anweisung gemäß nach rechts und fand die Treppe, die zum Multimediazentrum hinunterführte. Weiter kam ich nicht. Die Tür zur multimedialen Welt war verschlossen, ich kam zu spät, die Bildschirme waren abgeschaltet, es gab keine weiteren Informationen.

Innerhalb des Tempelbezirks hielten sich jetzt noch mehr Menschen auf als vorher, es war ein Gewirr von Farben, Stimmen und Körpern. Ich fand eine relativ stille Ecke und begann, die Geschichte des Tempels nachzulesen. Wie sich herausstellte, hatten die Sikhs ein gespanntes Verhältnis zu den Briten, aber die Beziehung zu den lokalen Herrschern war auch nicht sehr viel besser gewesen. 1737 hatte der damalige Mogul den Tempel zu einem Ort des Vergnügens mit Tanz und Musik umfunktioniert. Neun Jahre später ließ ein anderer Mogul das Wasserbecken mit Sand auffüllen. Als der afghanische König Ahmad Shah Durrani Amritsar 1757 eroberte, füllte er das Bassin mit Abfall und den Eingeweiden geschlachteter Kühe. Die Einwohner Amritsars beseitigten die Schweinerei und brachten das Wasserbecken wieder in Ordnung, aber fünf Jahre später kam Durrani zurück nach Amritsar, und diesmal sprengte er den ganzen Tempel in die Luft. Die Sikhs sammelten Geld für einen neuen Tempel, und großzügige Spenden sorgten dafür, dass sie es sich mit der Zeit erlauben konnten, den ganzen Tempel mit reinem Gold zu verkleiden.

Die Unruhen waren mit dem Erreichen der Unabhängigkeit 1947 nicht vorbei. In den 1980er Jahren verschanzte sich der Fundamentalist Jarnail Singh Bhindranwale im Tempel und machte den Tempelbezirk zu seinem Hauptquartier und zum Trainingslager der Separatistenbewegung. Die Khalistan-Bewegung, die für einen unabhängigen Sikh-Staat in Punjab kämpfte, war für eine lange Reihe von Morden und Attentaten verantwortlich, die Hunderte Menschen das Leben kosteten. Im Sommer 1984 beendete Ministerpräsidentin Indira Ghandi die Verhandlungsversuche mit den Aufständischen und befahl, die Tempelanlage zu stürmen. Die militärische Aktion, an der über zehntausend Soldaten beteiligt waren, bekam den Namen Blue Star und dauerte eine Woche. Als der Tempel erstürmt wurde, war er voller Pilger, die gekommen waren, um den Todestag von Guru Arjan, dem Begründer des Tempels, zu feiern. Offiziell wurden während der Operation vierhundertdreiundneunzig Aufständische und Zivilisten sowie dreiundachtzig Soldaten getötet, aber Quellen der Sikh gehen von annähernd fünftausend Toten aus. Bhindranwale starb bei dem Angriff, die Separatistenbewegung wurde endgültig aus dem Tempel vertrieben. Einige Monate später, am 31. Oktober 1984, wurde Indira Gandhi als Rache für das Massaker von zwei ihrer Leibwächter umgebracht – beide waren Sikhs. Mindestens dreitausend Sikhs wurden bei den sich anschließenden landesweiten Unruhen getötet.

Häufig sieht es so aus, als bestünde die Geschichte vor allem aus Massakern und Zerstörungen. Doch die Spuren des Blutbads waren längst verschwunden, der Tempel und seine Nebengebäude waren restauriert und strahlten wieder in ihrer alten Pracht. So ist der Lauf der Geschichte: Zerstörung und Wiederaufbau, ein erschöpfender Tanz im Kreis.

Verspannt vom langen ruhigen Sitzen auf dem harten Boden ging ich zu der langen Schlange von Pilgern und Neugierigen, die gekommen waren, um die abendliche Zeremonie zu erleben. Überall waren Arme, Taschen und Hüften, ein Durcheinander von Frauen und Männern. Die Schlange war lang und bewegte sich nur langsam vorwärts, in kurzen Wellen von jähen Bewegungen. Mit einem Mal spürte ich, wie Finger über meinen Hintern strichen. Ich wandte mich ab, doch die Finger kamen wieder. Ich drehte mich um und begegnete dem flammenden Blick eines jungen Mannes.

»Entschuldigung, darf ich mich vor Sie stellen?«, fragte ich die Frau vor mir, eine füllige Dame in den Fünfzigern. Sie nickte und ließ mich vor, und von da an spürte ich nur ihre große Tasche an meinen Schenkeln. Als ich den Goldenen Tempel erreichte, war es zehn Uhr und damit Schlafenszeit für das heilige Buch.

Auf dem Boden des kleinen Tempels saßen die Pilger dicht an dicht. Auch der Innenraum des Tempels war mit Gold überzogen, hier war tatsächlich nicht gespart worden. Der Oberpriester, der ein weißes Gewand und einen schwarzen Turban trug, wedelte mit einem langen Stab mit weißen Federn über dem heiligen Buch. Musiker spielten auf Trommeln, und die Priester und Pilger intonierten sanfte, sich wiederholende Gebetslieder. Ich konnte gerade noch zusehen, wie das Buch in einen weißen Baumwollstoff eingewickelt und dann mit einem bunten bestickten Tuch bedeckt wurde. Eine Wache versuchte, mich weiterzutreiben, hinaus aus dem Tempel, alle mussten sich bewegen, damit alle etwas sehen konnten, aber der Eingang war von Pilgern blockiert, die dort in stillem Gebet verharrten. Als das Gebet beendet war, wurde das Buch feierlich aus dem Tempel getragen, gefolgt von Priestern, Pilgern und Musikern. Die übrigen Pilger scharten sich um das schmutziggraue heilige Wasser, das gleich hinter dem Tempel durch eine Rinne im Boden floss, schöpften die Hände voll und tranken.

Ich tat es den Pilgern nach und versorgte mich andächtig mit einer Handvoll Wasser, allerdings trank ich es nicht.

Eine Grenze zu überqueren bedeutet, sich unwillkürlich in eine andere Wirklichkeit zu versetzen. Ich war nur einige Kilometer von Lahore und der geschlossenen Grenze von Wagah entfernt, doch beinahe alles war anders, vom Alphabet bis zu den Kopfbedeckungen. Die historischen Narben waren im Wesentlichen geblieben, da die Grenze so neu war, trotzdem hatte ich nur wenige Anhaltspunkte.

Im Alter von neunzehn Jahren bin ich zum ersten Mal nach Indien gereist. Ich war vorher noch nie so weit weg von zu Hause gewesen und vollkommen überwältigt. All die Menschen, die Gerüche, die Farben, der Lärm; es war, als würden die Sinne nicht reichen, um all dies zu verarbeiten. Zwei Monate reiste ich umher, von einer Stadt zur nächsten, nach Süden und wieder nach Norden, immer magerer und voller Amöben. Schließlich hatte ich genug, nicht von meiner erbärmlichen Verdauung, sondern vom ziel- und sinnlosen Umherfahren, von den Pfannkuchen in den Cafés für Rucksackreisende, vom Herumhängen mit anderen westlichen Jugendlichen, die mit den Einheimischen feilschten, als ginge es um ihr Leben. Nach und nach drehte sich das Leben als Rucksackreisende nahezu ausschließlich um Logistik und Geld und die Gespräche darüber. Es war auf Dauer ein merkwürdig leeres Dasein. Ich versuchte, mich daran zu erinnern, wer ich damals gewesen war; ich versuchte, mir vorzustellen, wie ich gedacht und gefühlt hatte, aber die Bilder misslangen, das Einzige, woran ich mich erinnern konnte, waren vage Ausschnitte: eine Kakerlake, eine Spinne, die Leichenverbrennungen in Varanasi, ein Kokospfannkuchen in Kerala, ein Tempel voller Ratten. Die Erinnerungen hätten ebenso gut jemand anderem gehören können.

Damals, beim ersten Mal, reiste ich zusammen mit meinem Freund, seither bin ich jedoch im Großen und Ganzen allein unterwegs. Reist man zusammen mit anderen, und sei es nur mit einem einzigen Begleiter, landet man sofort in einer Blase, in einer privaten, kleinen Welt. Reist man hingegen allein, ist man der Umgebung preisgegeben, man ist bloßgestellt, nackt.

Die Frage ist natürlich, warum reist man überhaupt? Warum setzt man sich all dem Unangenehmen aus, der ganzen Logistik, den ganzen Ausgaben, die notwendigerweise zu einer Reise gehören? Die Frage kann schnell quälend existenziell werden, aber mir fällt die Antwort leicht: Ich schaffe es einfach nicht, es zu lassen.

Und nun war ich wieder in Indien, es war ein halbes Leben her. Ich war zurück, aber dennoch auf unbekanntem Boden. Ich war vorher nie in Punjab gewesen, ich war nie in Amritsar gewesen, und ich war auch nie im indischen Hochgebirge gewesen. Indien ist kein Land, es ist ein Subkontinent, und Indien enthält nicht eine Wirklichkeit, sondern eine Myriade von parallelen Welten.

Gleich neben dem Hotel, in dem ich wohnte, stand ein Krishna-Tempel. Krishna, der Gott der Liebe und des Mitgefühls, gilt als eine der vielen Inkarnationen des mächtigen Gottes Vishnu und ist selbst einer der populärsten Götter des Hinduismus. Der Tempel war nicht zu übersehen, obwohl er weder besonders groß nach besonders alt war. Die gesamte Nachbarschaft hatte sich davor versammelt, um *Janmashtami* zu feiern, die Geburt Krishnas.

Auch im Tempel wimmelte es von Menschen. Die Räume waren mit bunten Girlanden und Ballons geschmückt, im größten Raum saß eine Gruppe singender und trommelnder Musiker. Eine kräftige Lautsprecheranlage sorgte dafür, dass die gesamte Nachbarschaft etwas von der Feier mitbekam. Ich ließ mich mit der Menschenmenge an den Priestern vorbeitreiben, die Süßigkeiten verteilten, und kam zu einer kleinen Wiege, die von allen berührt wurde, wenn sie daran vorbeigingen. Es war beinahe Mitternacht, der Moment der Geburt rückte näher. Irgendjemand hatte die Anlage noch lauter aufgedreht, es knisterte gefährlich in den Lautsprechern, die Ohren schmerzten, und ich floh auf die Straße. Junge Burschen und Mädchen scharten sich mit ihren Mobiltelefonen um mich, alle wollten ein Selfie mit mir, ich lächelte nach rechts und nach links.

Zwei ältere Polizisten kamen auf uns zu, beide Sikhs mit strammem Turban und langem Bart. Sie stellten sich einen Steinwurf vom Tempel entfernt auf und sahen mich prüfend an. Ein junges, gut angezogenes Ehepaar kam zu mir, nachdem es zunächst mit den Polizisten gesprochen hatte.

»Sie sind um Ihre Sicherheit besorgt«, sagte der Mann und nickte in Richtung der beiden Sikhs. »Sie meinen, es sei am besten, wenn Sie gehen. Aber nicht zu Fuß«, fügte er hinzu. »Das könnte gefährlich sein. Hier in der Gegend wimmelt es von obdachlosen Kindern und Dieben.«

»Aber es ist erst zehn Minuten vor Mitternacht«, protestierte ich. »Ich werde direkt nach der Zeremonie gehen, mein Hotel ist gleich in der Nähe.«

»Sie können mit zu uns kommen«, bot der Mann an. »Wir wohnen nur zwei Minuten entfernt, und wir haben ein Auto.«

»Ja, kommen Sie mit zu uns«, stimmte seine Frau zu. »Sie können an unserem Ritual teilnehmen. Wir haben unseren eigenen Altar, alle haben so etwas. Es ist friedlicher als hier.«

Die Polizisten notierten die Adresse, die Telefonnummer und die Autonummer des jungen Manns, und ich nahm auf dem Rücksitz Platz. Drei Minuten später fuhren wir durch ein großes Tor. Die Mutter des jungen Manns empfing uns lächelnd. Um sie herum hüpfte ein wütender kleiner Hund. Die Mutter schien überhaupt nicht überrascht, dass ihr Sohn eine Fremde auf der Straße aufgelesen hatte, aber dem kleinen Hund gefiel meine Anwesenheit so wenig, dass er in den Garten gesperrt werden musste. Wir gingen in den ersten Stock, wo die Mutter den ganzen Tag damit verbracht hatte, den kleinen Hausaltar zu schmücken. Der kleine Krishna in der Wiege hatte neue Kleider und neuen Schmuck bekommen, bunte Blumenblätter lagen in komplizierten Mustern über den Altar verstreut. Die Mutter zündete eine Öllampe an und holte einen Löffel und eine Schale mit zerstoßenen Nüssen und getrockneten Früchten. Sie tauchte den Löffel in die Nussmischung und hielt sie vor die bunten Statuen, die alle verschiedene Inkarnationen von Krishna darstellten. Danach tat die Schwiegertochter das Gleiche, und schließlich ich. Das Ganze wäre feierlich und friedlich gewesen, hätte der kleine Hund nicht angefangen, den Eingangsbereich zu demolieren. Als ich das Altarzimmer verließ, bemerkte ich, dass ich in die Blumendekoration getreten war, die die Mutter den ganzen Tag über sorgfältig arrangiert hatte. Ich hatte übersehen, dass sie auch den Fußboden geschmückt hatte, nun klebten an meinen Fußsohlen Blumenblätter und buntes Pulver. Ich entschuldigte mich vielmals, während sie immer wieder versicherten, es sei nicht schlimm, aber ich glaube nicht, dass sie es wirklich ernst meinten.

Wir gingen hinunter ins Parterre, wo die Mutter jedem von uns eine kleine Schale gab, die mit der gleichen süßen Mischung aus Nüssen und Trockenfrüchten gefüllt war, wie sie Krishna gerade bekommen hatte. Als wir gegessen hatten, fuhr das Ehepaar mich zu meinem Hotel, und einen Moment war ich, benommen von Eindrücken und Ritualen, ein wenig traurig, dass ich bereits am nächsten Tag weiter nach Norden reisen sollte, zurück in die Berge.

Paradies mit Ausgangssperre

»Willkommen in **Srinagar**!« (1585 Meter über N.N.) Ein kleiner Mann mit Brille und Kugelbauch kam mir entgegen und schnappte sich meinen Rucksack. »Ich werde mein *Äußerstes* tun, damit Sie mit einem positiven Eindruck aus Kaschmir abreisen!«, verkündete er und hastete mit dem, was ich an Gepäck dabeihatte, davon.

Einige Wochen zuvor hatte ich über die Reiseroute in Nord-Indien kurz mit einem örtlichen Reisebüro diskutiert, dann aber entschieden, auf eigene Faust herumzufahren. Ich wollte nicht mehr dem Schema folgen, dass alles vorausgeplant war und ich nicht selbst bestimmen konnte, wo man mich unterbrachte. Javid Iqbal, der Leiter der Kaschmir-Abteilung des Reisebüros, hatte dennoch darauf bestanden, mich vom Flughafen abzuholen und mich herumzuführen.

»Ich werde mein *Allerbestes* tun, damit Sie einen gelungenen Aufenthalt haben und all Ihren Freunden und Verwandten erzählen, sie müssten nach Kaschmir reisen, das ist mir Lohn genug!«, beteuerte er. »Hier in Kaschmir sind wir sehr gastfreundlich. Ich sehe in Ihnen bereits eine Freundin der Familie, eine Verwandte!«

Javid war ein Jahr jünger als ich, aber der Typ, der ewig aussieht, als wäre er mittleren Alters. Er hatte bereits dünnes Haar und deutliche Falten auf der Stirn und rund um die Augen. Seine Zähne waren schief und unregelmäßig. Sein zeitloser Lieferwagen passte zu ihm. Auf der kurzen Fahrt in die Innenstadt fuhren wir an so vielen Soldaten vorbei, dass ich mit dem Zählen nicht nachkam, alle trugen Helm, Knieschützer und schusssichere Westen.

»Ich hoffe *inständig*, dass es Ihnen in Kaschmir gefällt«, wiederholte Javid, als wir an noch mehr schwer bewaffneten Soldaten vorbeifuhren. Der Verkehr war chaotisch, Autofahrer, Fußgänger und Motorroller kämpften um ihren Platz in den engen Straßen, ständig wurde gehupt. Überall lag Abfall, wie allerorts in Indien und

Pakistan, aber die Häuser unterschieden sich von den farblosen Betonbauten, die sonst die Städte in diesem Teil der Welt prägen. Es waren Backsteinhäuser, die mit hübschen Holzschnitzereien verziert waren; an eigentlich allen Häusern sah ich sorgfältig gearbeitete Fensterrahmen und Veranden.

»Mein größter Wunsch ist, dass Kaschmir eines Tages unabhängig wird«, erklärte Javid und warf einen Seitenblick auf eine Gruppe indischer Soldaten. »Am besten mit den Scharia-Gesetzen!«, fügte er enthusiastisch hinzu.

»Sind die nicht ziemlich brutal?«, wandte ich ein.

»Aber nein, es ist ein Mythos, dass die Scharia-Gesetzgebung brutal ist«, behauptete Javid.

»Aber die Scharia beinhaltet häufig physische Bestrafung«, argumentierte ich.

»Ja, das stimmt, aber das ist auch nur gut so!«, rief Javid engagiert. »Ein Vergewaltiger, zum Beispiel, muss den Gesetzen der Scharia entsprechend in der Erde vergraben werden, sodass nur noch sein Kopf herausguckt, und dann muss er gesteinigt werden. Wenn die Leute wissen, dass sie solche Strafen riskieren, wird niemand mehr vergewaltigt. Und niemand wird mehr stehlen, weil allen Dieben eine Hand abgehackt wird!«

Javid lud mich zu sich nach Hause zum Tee ein. Er nahm mich mit ins Wohnzimmer, einen kleinen, mit Teppichen ausgelegten Raum ohne Möbel. Seine Mutter, eine freundliche Frau mit heller Haut und großen blauen Augen, wusste nicht recht, was sie tun sollte. Sie saß lächelnd da, während ich Tee trank, und jedes Mal, wenn ich die Tasse absetzte, schenkte sie nach. Zu ihrer Enttäuschung konnte ich nicht sehr lange bleiben, denn ich hatte eine Verabredung zum Mittagessen mit Sohail, einem jungen Geschäftsmann aus der Stadt, mit dem ich über einen gemeinsamen Bekannten in Kontakt gekommen war. Javid bestand darauf, mich ins Restaurant zu fahren und an dem Essen teilzunehmen.

»Ich mache mir Sorgen um Sie«, erklärte er. »Ich will diesen Mann kennenlernen, mit dem Sie sich treffen, um sicherzugehen, dass er ein guter Mann ist. Ich kenne ihn nicht, ich bin ihm noch nie begegnet, also ist es ganz normal, dass ich besorgt bin und ihn mir ansehen möchte.«

»Streng genommen kennen Sie mich auch nicht«, erwiderte ich.

»Ich habe bereits gesagt, dass Sie für mich wie eine Verwandte sind«, erklärte Javid. »Ich bin übrigens geschieden«, fügte er hinzu. »Meine Frau verließ mich, als meine Tochter erst drei Monate alt war. Ich behielt die Kleine, ihre Mutter machte sich sowieso nichts aus ihr. Das Einzige, was sie wollte, waren zweihunderttausend Rupien, und die hat sie bekommen. Direkt danach hat sie einen anderen Mann geheiratet und bekam mit ihm einen Sohn.«

»Wollen Sie wieder heiraten?«, erkundigte ich mich.

»Meine Mutter bedrängt mich jeden Tag, aber ich will mit Frauen nichts mehr zu tun haben. Mir reicht es, Vater zu sein. Meine Tochter ist jetzt neun Jahre alt und sehr gut in der Schule, sie begreift alles sehr schnell, ja, sie ist wesentlich klüger als ich! Meine Frau war besessen davon, einen Sohn zu bekommen, aber ich persönlich finde eine Tochter am besten.«

Ich mochte Sohail sofort. Er war siebenundzwanzig und trug Jeans und T-Shirt. Irgendwelche Stylingprodukte glänzten in seinem dunklen, welligen Haar. Er saß zusammen mit zwei Freunden, dem zweiunddreißigjährigen jovialen Mir Saqib und dem breitschultrigen und wortkargen sechsunddreißigjährigen Muzaffar. Alle drei betrieben Saft- und Mineralwasserfabriken im südlichen Kaschmir. Ich hatte mich noch nicht gesetzt, als Aijaz Hussain, der Vizepräsident der Parteijugend der Bharatiya Janata Party (BJP), der Partei des Ministerpräsidenten Narendra Modi, unangekündigt auftauchte und sich an unseren Tisch setzte. Obwohl alle gerade erst gekommen waren, hatte ich das Gefühl, mitten in eine erregte Diskussion geplatzt zu sein. Javid blieb sitzen und folgte mit großen Augen der Debatte – glücklicherweise mit geschlossenem Mund.

»Indien ist ein säkulares, demokratisches Land«, erklärte Aijaz engagiert. »Lasst es mich so sagen: Ein Strauß Blumen ist schöner als eine einzige Blume! Wir haben eine siebzigjährige gemeinsame

Geschichte mit Indien, und viele aus Kaschmir dienen in der Armee oder studieren in Indien. Die Menschen sollen ihr Land lieben, das ist meine Meinung. Wir in der BJP wollen eine Brücke zwischen Indien und Kaschmir bauen.«

»Und was ist mit den Millionen von Menschen, die Indien ermordet hat?«, wandte Sohail. Er war bereit, sich auf die Diskussion einzulassen. »Sei so nett und antworte mir.«

»Das ist passiert, bevor wir an die Macht kamen«, parierte Aijaz. »Ich sage doch nicht, dass alles perfekt ist. Wir haben administrative Probleme. Wir kämpfen mit der Korruption. Der öffentliche Sektor ist schwach.«

»Wie steht es mit dem Verhältnis zu Pakistan?«, fragte ich.

»Normalerweise sage ich, dass wir unsere Freunde besser machen können, nicht aber unsere Nachbarn«, erwiderte Aijaz. »Wir wünschen uns eine bessere Beziehung zu Pakistan, aber wir wollen kein Teil von Pakistan werden. Pakistan ist ein muslimischer Staat. Wir sind eine Demokratie.«

»Die Minderheiten und die Schiiten fühlen sich in Indien sicherer als in Pakistan«, erklärte Sohail. »Siebzig Prozent der Bevölkerung in Kaschmir sind Sunniten. Der Rest sind Schiiten, Sikhs, Christen, Hindus und andere Minderheiten.«

»Gehören Sie einer Minderheit an?«, fragte ich Aijaz.

»Ja, ich bin Schiit. Die Vorkämpfer für die Freiheit reden immer über den morgigen Tag, aber der morgige Tag ist immer der nächste Tag, der kommt nie«, fuhr er fort. »Es ist besser, sich zum Heute zu verhalten, zur gegenwärtigen Situation.«

»In der gegenwärtigen Situation werden jeden Tag Menschen umgebracht«, wandte Sohail ein. »Vor zehn Tagen wurde ein Freund von mir in Pulwama erschossen, nicht weit von hier. Shabir Bhat hieß er, er war auch Mitglied der BJP. Drei Stunden, bevor er erschossen wurde, habe ich ihn noch getroffen. Er fragte, ob ich Geld für die Armen hätte, für das Opferfest. Er wurde sechsundzwanzig oder siebenundzwanzig Jahre alt. Man stelle sich vor, er wurde während des Eid al-Adha ermordet. Beim Opferfest opfern wir Allah Ziegen. Und seine Mutter musste ihren eigenen Sohn opfern!«

»Wer hat ihn getötet?«, wollte ich wissen.

»Hisbollah-Mudschaheddin«, antworteten die jungen Männer am Tisch im Chor.

»Sie werden von Pakistan aus gesteuert«, erklärte Somail. »Sie haben ihre Basis in Muzaffarabad, der Hauptstadt von Azad Kaschmir, dem pakistanischen Teil von Kaschmir. Alles, was hier passiert, muss erst vom Hauptquartier abgesegnet werden.«

»Pakistan ist die größte Bedrohung für Kaschmir«, sagte Aijaz. »Sie wollen die gesamte Region destabilisieren. Ein instabiles Kaschmir liegt in ihrem Interesse, nicht aber im Interesse Indiens. Auch Gilgit-Baltistan in Nord-Pakistan ist im Übrigen ein Teil von Kaschmir. Das muss meiner Ansicht nach auch indisch werden.«

»Gibt es viele hier, die Ihre Sicht unterstützen?«, wollte ich wissen.

»Die Leute denken meist mit dem Herzen, nicht mit dem Hirn«, seufzte Aijaz. »Sie sind nicht rational.«

»Er hat *zwölf* Leibwächter!«, lachte Sohail.

»Das ist ernst und nicht zum Lachen!«, schimpfte Aijaz. »Die Menschen in Kaschmir werden im Dunkeln gelassen. Sie verstehen nicht, dass es Leute gibt, die sich an einem Blutbad bereichern. Eine Pistole kann keinen Frieden schaffen, sie kann nur töten. Diejenigen, die glauben, Waffen könnten Kaschmir den Frieden bringen, irren sich.«

»Waren Sie jemals in Gefahr?«, fragte ich nach.

»Natürlich. Was glauben Sie, warum ich so viele Leibwächter habe? Ich wurde zwei, drei Mal angegriffen. Einmal wurden drei Terroristen vor meinem Haus erschossen. Ich habe die Leibwächter jetzt seit einem Jahr.«

»Ist es nicht anstrengend, nie allein sein zu können?«

»Nein, ich lege großen Wert auf meine Sicherheit. Um die Wahrheit zu sagen, ist es in dieser Region gefährlich. Ich weiß, dass ich riskiere, morgen ermordet zu werden.«

Wir gingen in den Garten des Cafés, und unter dem Versprechen der vollen Anonymität konnte ich mit einem der Leibwächter von Aijaz sprechen. Er hatte ein schmales Gesicht und einen Vollbart, lächelte häufig und schien verlegen zu sein. Aijaz setzte sich neben ihn, umgeben von drei weiteren Leibwächtern. Unter freiem Himmel bot er ein leichteres Ziel für eventuelle Attentäter.

»Ich bin achtunddreißig Jahre alt, bin verheiratet und habe zwei Kinder«, erzählte der Leibwächter. »Einen neunjährigen Sohn und eine dreijährige Tochter. Ich bin seit zwanzig Jahren Polizist, es gab keine andere Arbeit. Ich bin froh über diese Arbeit, aber sie ist gefährlich. Mein Bruder, der auch bei der Polizei war, wurde im Frühjahr bei einem Zusammenstoß zwischen der Polizei und Aufständischen getötet. Bei Shabir Bhats Begräbnis wurden wir mit Steinen beworfen und mussten uns zurückziehen, um zu vermeiden, dass die Situation außer Kontrolle geriet.«

»Ihre Familie muss sich große Sorgen um Sie machen.«

»Ja, meine Frau und meine Mutter rufen mindestens fünfzig Mal am Tag an, um zu hören, ob alles in Ordnung ist.«

»Möchten Sie, dass Ihr Sohn wie Sie Polizist wird?«

Er dachte lange nach.

»Es wäre gut, wenn er Polizist mit einem höheren Rang würde«, sagte er schließlich.

»Wenn Sie zwischen allen Berufen auf der ganzen Welt wählen dürften, was wären Sie am liebsten geworden?«

»Lehrer«, antwortete er und lächelte schüchtern in seinen Bart.

»Mussten Sie als Polizist schon einmal jemanden töten?«

»Ja, sicher.« Er sah mich überrascht an. »Es gilt als ›unbeabsichtigter Verlust‹, aber ist kein gutes Gefühl.«

»Was halten Sie vom Kaschmir-Konflikt? Würden Sie lieber in einem ein Teil von Pakistan leben, bei Indien bleiben oder die Unabhängigkeit wählen?«

»Die Unabhängigkeit.« Er blickte auf seine Schuhe. »Weil die Menschen in Kaschmir leiden«, fügte er leise hinzu. Dieser Kommentar, der ironischerweise vom Leibwächter eines der lokalen Führer der indischen Regierungspartei kam, führte dazu, dass der gesamte Tisch in brüllendes Gelächter ausbrach.

»Glauben Sie, Sie werden ein freies Kaschmir erleben?«, fragte ich ihn schließlich.

»Nein.« Die Antwort kam prompt. »Die Situation hat sich seit 1947 nicht verändert. Und ich glaube nicht, dass sie sich verändern wird.«

Wie Kaschmir ein Teil Indiens wurde, ist eine komplizierte Geschichte.

Als die muslimischen Kriegsherren aus Zentralasien im 14. Jahrhundert nach und nach Nord-Indien unterwarfen, war Kaschmir hauptsächlich von Hindus und Buddhisten bewohnt. Im Laufe der nächsten Jahrhunderte konvertierte nahezu die gesamte Bevölkerung zum Islam. Im 18. Jahrhundert geriet Kaschmir unter die brutale Herrschaft der afghanischen Durrani-Könige, und 1819 wurde Kaschmir von Ranjit Singhs Sikh-Heer annektiert, das bereits Lahore und große Teile von Punjab erobert hatte.

Dank des fähigen Heerführers Gulab Singh wuchs Kaschmir unter dem Sikh-Reich beträchtlich. Im Norden, an der Grenze zu Tibet, wurde Ladakh ein Teil Kaschmirs, ebenso wie Baltistan im Nordwesten, im heutigen Pakistan. Gulab Singh selbst war kein Sikh, sondern Hindu, er stammte aus einer Familie in Jammu, die Dogri sprach. Als Belohnung für seinen Einsatz wurde er von Ranjit Singh zum Fürsten über ganz Jammu und Kaschmir ernannt.

Als Ranjit Singh 1839 starb, brach das gewaltige Reich, das er geschaffen hatte, augenblicklich auseinander. Sechs Jahre nach seinem Tod führte die Britische Ostindien-Kompanie Krieg gegen die Sikhs, wenige Monate später war das Sikh-Reich Geschichte. Die Briten hatten jedoch kein Interesse, direkt über die neuen Territorien zu regieren, die sie erobert hatten. Gulab Singh, der Fürst von Jammu und Kaschmir, hatte sich während des Krieges zurückgehalten und als Vermittler zwischen Briten und Sikhs nützlich gemacht. Als Belohnung ließen die Briten ihn die Gebiete zurückkaufen, die er regiert hatte. So kam es, dass Gulab Singh der erste Maharadscha, der erste Großkönig von Jammu und Kaschmir wurde, dem größten Vasallenstaat Britisch-Indiens.

Als Gulab Singh 1857 starb, wurde sein Sohn Ranbir Maharadscha, und unter seiner Herrschaft wurden auch Gilgit, Hunza und

Nagar im heutigen Nord-Pakistan Teile von Kaschmir. Die Briten interessierten diese lokalen Expansionen an der Peripherie ihres Reiches nicht, da ohnehin ganz Indien unter britischer Herrschaft stand.

Die Singh-Familie oder die Dogra, wie ihre Mitglieder normalerweise bezeichnet werden, beherrschte einen komplexen Außenposten Indiens: In Jammu im Süden stellten die Hindus die Mehrheit, außerdem bestand ein bedeutender Teil der Bevölkerung dort aus Sikhs. In Kaschmir waren sunnitische Moslems in der Mehrheit, während im Norden, im dünn besiedelten Ladakh, Buddhisten den größten Anteil der Bevölkerung stellten. In Gilgit und Hunza im Nordwesten bestand die Bevölkerung hauptsächlich aus schiitischen Muslimen.

1947 saß die vierte Generation Singh, Hari Singh, auf dem Thron von Jammu und Kaschmir. Er war vor allem für seinen enormen Verbrauch von Geld und Frauen bekannt, doch in diesem Jahr sah er sich mit einer Wahl konfrontiert, die seinen Nachruhm prägen sollte: Als Maharadscha eines unabhängigen Fürstentums konnte er persönlich entscheiden, ob Jammu und Kaschmir künftig zu Pakistan oder zu Indien gehören sollten. Da die Mehrheit der Bevölkerung aus Muslimen bestand, wäre Pakistan die natürliche Wahl gewesen. Hari Singh hoffte jedoch, die Unabhängigkeit behalten zu können und vertagte die Entscheidung immer wieder. Der Maharadscha war jedoch ausgesprochen unbeliebt wegen der hohen Steuern, die er der Bevölkerung auflegte, und im westlichen Kaschmir kam es zu Unruhen. Nach einigen Wochen erklärten die Demonstranten, sie würden sich nicht länger von Hari Singh regieren lassen und ernannten eine eigene Regierung. Dieser Teil von Kaschmir gehört heute unter dem Namen Azad Kaschmir, Freies Kaschmir, zu Pakistan.

Die Situation wurde erst recht bedrohlich, als eine große Gruppe bewaffneter Paschtunen aus dem westlichen Pakistan – unterstützt durch die pakistanischen Verantwortlichen – die Grenze überschritten, um den Dschihad, den Heiligen Krieg, gegen die Ungläubigen zu führen und den Maharadscha zu zwingen, Jammu und Kaschmir zu einem Teil Pakistans zu machen. Die Invasion hatte allerdings die entgegengesetzte Wirkung: Ein verzweifelter Hari Singh bat Indien um Hilfe, den Aufstand niederzuschlagen, und unterschrieb am 26. Oktober 1947 die Vereinbarung, die Kaschmirs Schicksal besiegelte.

Jammu und Kaschmir waren nun offiziell ein Teil Indiens.

Es war dunkel geworden, als Javid mich an den Nigeen-See fuhr, den friedlichsten See in Srinagar. Ein *Shikara*-Führer erwartete mich an der Brücke und fuhr mich über den See zu dem Hausboot, auf dem ich schlafen sollte. Shikaras, eine weniger luxuriöse Ausgabe der venezianischen Gondeln, sind das eigentliche Symbol von Srinagar. Wie in Venedig steht der Führer hinten mit einem Ruder, mit dem er sowohl rudert wie steuert. Bevor wir aufbrachen, versprach Javid, am nächsten Morgen zurückzukommen, um mir die schönsten Stellen von Srinagar zu zeigen. Das Motorengeräusch seines zeitlosen Lieferwagens entfernte sich immer weiter, und schließlich waren nur noch Zikaden und Ruderschläge zu hören. Der Mond spiegelte sich in der blanken Wasseroberfläche.

Srinagar ist bekannt für seine Hausboote, ein Erbe der Briten, die im Sommer nach Kaschmir kamen, um zu jagen, zu fischen und sich in dem relativ kühlen Bergklima zu entspannen. Der Maharadscha gestattete keinem Menschen, der nicht aus Kaschmir stammte, Boden oder Häuser in Kaschmir kaufen, daher waren Hausboote die Lösung. In der Zeit der Briten wurden einzelne Hausboote auch zum Transport benutzt, doch heute sind die allermeisten Schiffe als schwimmende Hotels fest vertäut.

»Warum kommen Sie so spät?«, fragte mich Ajaz, der Sohn des Bootsbesitzers, der an Deck stand, um mich zu empfangen. »Der Bootsführer hat viele Stunden gewartet. Sind Sie sich darüber im Klaren, wie viel das kostet?«

Er zeigte mir meine Kajüte und erklärte mir, das Abendessen sei bald fertig. Ich war der einzige Gast und hatte das ganze Hausboot für mich. Die Kajüte war eine Zeitkapsel mit roter Auslegware, dekoriert mit geblümten Gardinen und hundert Jahre alten Schwarz-

Weiß-Fotos. Wenig hatte sich verändert, seit vornehme Briten hier Urlaub gemacht hatten.

Jetzt hält sich in Kaschmir so gut wie niemand mehr auf, um sich zu erholen. Als 1989 die Aufstände gegen Indien aufflammten, sank die Zahl internationaler Touristen rasant. 1995 wurden sechs westliche Touristen, die es dennoch gewagt hatten zu kommen, von islamistischen Terroristen gekidnappt – und prompt war der Konflikt in Kaschmir weltweit auf den Titelseiten der Zeitungen. Ein Norweger, Hans Christian Ostrø, gehörte zu den Gekidnappten. Dem Siebenundzwanzigjährigen wurde nach anderthalb Monaten in Gefangenschaft der Kopf abgeschlagen. Eine Geisel konnte fliehen, während die übrigen vier vermutlich erschossen wurden. Die meisten westlichen Länder warnen ihre Bürger noch immer vor einer Reise nach Kaschmir.

Nach anderthalb Stunden klopfte Ajaz an die Tür und verkündete, das Abendessen sei fertig. Der Speisesaal war klein und gemütlich, mit Möbeln aus hellem Holz und schönen Schnitzereien. Ajaz setzte sich auf einen Stuhl und sah mir beim Essen zu.

»Stimmt es, dass der amerikanische Präsident Roosevelt hier gewohnt hat?«, fragte ich. Im Internet hatte ich irgendwo gelesen, dass Roosevelt auf genau diesem Hausboot zu Gast gewesen war; deshalb hatte ich hier eine Kajüte bestellt. Ich hatte gehofft, den Hauch der Geschichte in den Wänden zu spüren.

Ajaz strahlte, er holte ein gerahmtes Bild von der Anrichte.

»Dies ist eine Kopie des Dankschreibens, das der amerikanische Präsident meinem Großvater geschickt hat«, erklärte er. »Er hat 1925 einen ganzen Monat hier gewohnt.«

Da Präsident Roosevelt 1919 gestorben war, musste es sich um seinen ältesten Sohn handeln, Theodore Roosevelt jr., der es nie so weit wie sein Vater gebracht hatte. Der Brief war auch unterzeichnet von seiner Frau Eleanor Butler Roosevelt und zwei anderen Roosevelts, deren Vornamen ich nicht eindeutig entziffern konnte.

Ich dankte Ajaz, dass er mir das Dankschreiben gezeigt hatte, und zog mich in meine Kabine zurück, satt von Jasminreis, Curry, britischer Geschichte und indischer Politik. Abgesehen vom intensiven Zirpen der Zikaden am Ufer war es ganz, ganz still auf dem Hausboot.

Sehr früh am Morgen, es war noch dunkel, kletterte ich an Bord der Shikara, die bereits auf mich wartete. Der Bootsführer ruderte mich schweigend über den See. Von einer Handvoll naher und ferner Moscheen erklangen die ersten Gebetsrufe des Tages. Das Boot glitt friedlich übers Wasser, unter einer Brücke hindurch und durch schmale Wasserläufe, die von Lotusblumen und Wasserlilien bekränzt wurden. Auf der Suche nach etwas zu essen, trippelten Enten und kleine Vögel auf den großen grünen Blättern umher.

»Ist es in Ordnung, wenn ich bete?«, fragte der Bootsführer. Ich nickte, selbstverständlich, und er begann, gedämpft zu murmeln, wobei er mehrfach kniete und wieder aufstand. Der Himmel änderte seine Farbe von schwarz zu grau, bevor er langsam bläulich, dann goldenrot und schließlich milchig weiß wurde. Ein neuer Tag brach an, und als der Bootsführer sein Gebet beendet hatte, ging die Fahrt weiter durch Blumen und schwimmende Gärten. Srinagars berühmte schwimmende Gärten bestehen aus Unkraut und Wurzeln, die miteinander verflochten sind, bis sie eine Art schwimmende Matte bilden, die ungefähr einen Meter dick ist und auf der man von Melonen bis Gurken alles anbauen kann. Britische Offiziere berichteten seinerzeit häufig von Beschwerden der Einheimischen, Diebe hätten ihre Gärten abgeschleppt und ihre Ernte sei geplündert worden.

Kurz nach sechs Uhr, als es richtig hell geworden war, hatten wir den schwimmenden Gemüsemarkt erreicht. Die Gärtner und Bauern waren im Morgengrauen von nah und fern mit Shikaras voller Zwiebeln, Kohl, Salat, Gurken und anderem Gemüse herbeigerudert, das sie in ihren schwimmenden Gärten geerntet hatten. Sie verkauften es nun an Gemüsehändler, die es an Hausfrauen und Restaurants in Srinagar weiterverkauften. Überall wurde gehandelt und verhandelt, Geldbündel wechselten die Hände, und Gemüse wurde von einem Holzboot zum anderen verladen.

Eine Handvoll Verkäufer hatten sich auf die Touristen spezialisiert, die hin und wieder den Weg hierherfanden, und ruderten eifrig auf mich zu. Ein älterer, weißhaariger Mann verkaufte *Kahwah*, eine Spezialität in Kaschmir. Das Getränk besteht aus grünem Tee mit gehackten Mandeln, der mit Safran und Zimt gewürzt und mit Honig gesüßt wird. Ich kaufte eine Tasse für den Bootsführer und eine für mich; das süße, heiße Getränk schmeckte ebenso golden wie der Sonnenaufgang, den ich gerade erlebt hatte. Ein ernster junger Mann mit einem schmalen, kantigen Gesicht versuchte, mir Pappmaché-Figuren zu verkaufen. Sein Kamerad, der deutlich fröhlicher zu sein schien, lockte mit kleinen Safran-Dosen.

»Pappmaché ist leicht, es wiegt nichts, ein perfektes Geschenk, um es im Gepäck mitzunehmen!«, erklärte der Pappmaché-Verkäufer, der Amir hieß, wie ich später erfuhr.

»Safran aus Kaschmir nimmt überhaupt keinen Platz weg und ist auf der ganzen Welt berühmt!«, argumentierte sein Freund, dessen Namen ich nicht erfuhr.

Wir diskutierten eine Weile über Pappmaché und Gewürze. Die beiden Freunde übertrafen einander im Anpreisen ihrer Waren, deren Vorzüge überhaupt kein Ende nehmen wollten.

»Ziehen Sie Pakistan, Indien oder die Unabhängigkeit vor?«, fragte ich schließlich, um das Gespräch in eine andere Richtung zu lenken.

»Die Unabhängigkeit, ganz klar.« Amir benötigte keine Bedenkzeit. »Ich will, dass Kaschmir frei ist, so wie früher. Die Inder töten uns. Seit 1947 haben sie Millionen umgebracht! Indien ist außerdem ein Land von Vergewaltigern, sie vergewaltigen dort Frauen als Gruppe. Die Pakistaner sind nicht viel besser, sie sind nur an unserem Boden interessiert, genau wie die Inder. Pakistan bedeutet im Übrigen Stillstand. Sie haben nicht begriffen, dass wir im 21. Jahrhundert leben und Frauen frei sein müssen.«

»Apropos Frauen«, sagte ich. »Was ist die übliche Form der Ehe hier in Kaschmir. Arrangierte Ehen oder Liebesheiraten?«

»Wir arrangieren Liebesheiraten«, lachte der Safranverkäufer.

»Ich glaube nicht an die Liebe«, erklärte Amir mit düsterem Blick. »Ich hatte einmal eine schlechte Erfahrung mit einem Mädchen. Ganz schlecht. Ich habe nur geweint, als es vorbei war. Nie wieder Liebe. Nie wieder! Die Liebe ist nichts für mich.«

Einer, der an die Liebe geglaubt haben muss, war der Großmogul Jahangir, der Anfang des 17. Jahrhunderts seiner Königin Nur Jahan, was so viel bedeutet wie »Licht der Welt«, einen Liebesgarten schenkte. Srinagar ist bekannt für seine üppigen persischen Gärten, und Shalimar Bagh, der Garten, den Jahangir anlegen ließ, ist möglicherweise der schönste. *Shalimar* bedeutet »Heim der Liebe« auf Sanskrit, während *Bagh* das persische Wort für »Garten« ist.

Jahangir war der Sohn des Großmoguls Akbar, der Kaschmir 1586 annektierte. Jahangir war so begeistert von Kaschmir, dass Srinagar seine Sommerhauptstadt wurde. Jedes Jahr überquerte Jahangir mit dem gesamten Hof und dem Staatsapparat auf Elefanten die Berge, um einige Monate im Shalimar Bagh zu verbringen, umgeben von Bäumen, Blumen und Springbrunnen – und dem Himalaya als Hintergrund. Im obersten Pavillon soll er ein Zitat eingravieren haben lassen, das normalerweise dem Poeten Hazrat Amir Chusrau zugeschrieben wird: »Wenn es ein Paradies auf Erden gibt, ist es hier, ist es hier, ist es hier.« Auf dem Totenlager soll Jahangir nach seinem größten Wunsch gefragt worden sein. »Kaschmir, der Rest ist wertlos«, soll er geantwortet haben.

Der Garten war eine ganz kleine Welt für sich, mit Springbrunnen, Kanälen und den für Kaschmir typischen schlanken, eleganten Bäumen, wie ich sie noch nie gesehen hatte; außerdem gab es gepflegte Beete mit Rosen und bunten Blumen. In einem kleinen Wasserbecken mit einem »Baden verboten«-Schild plantschten kleine Jungen und Mädchen munter im Wasser. Auf den offenen Rasenflächen saßen Familien und Freunde, tranken Tee und plauderten. Hinter einem Baum, der prachtvolle rosafarbene Blüten trug, standen vier Männer und bedrohten einander mit erhobenen Fäusten und roten angespannten Gesichtern.

»Worum streiten sie?«, fragte ich Javid, der sein Versprechen gehalten hatte und mir die schönsten Orte von Srinagar zeigte.

»Ich weiß es nicht«, erwiderte er und zuckte die Achseln. »Vielleicht um Tee.« Er zwinkerte mir zu. »Was wollen Sie jetzt sehen?«

»Das Grab von Jesus«, antwortete ich.

Javid seufzte.

»Das wollen alle sehen«, sagte er.

Die Theorie, dass Jesus nicht am Kreuz starb, sondern in Srinagar begraben liegt, wurde von dem selbst ernannten Propheten Mirza Ghulam Ahmad 1899 lanciert. Ahmad behauptete, er selbst sei die Inkarnation des christlichen Messias und des Mahdi, einer Erlösergestalt, von der die Muslime glauben, sie würde auf der Erde erscheinen und die Menschen von Bosheit und Tyrannei befreien. Ahmad begründete die nicht sonderlich angesehene Ahmadiyya-Sekte, die heute mehrere Millionen Anhänger hat, aber von anderen muslimischen Glaubensgemeinschaften nicht anerkannt wird. Abgesehen von seinen Reisen in der Punjab-Provinz, um Anhänger zu gewinnen, schrieb Ahmad über neunzig Bücher – unter anderem *Jesus in Indien*, in dem er behauptet, Jesus hätte die Kreuzigung überlebt und wäre nach Kaschmir geflohen, wo er mit einhundertzwanzig Jahren eines natürlichen Todes starb. Laut Ahmad liegt Jesus in Roza Bal, der Grabstätte im Zentrum von Srinagar begraben.

Das umstrittene Grab lag in einem vernachlässigten weiß gekalkten Haus. Da das Tor verschlossen war, musste ich mich mit einem kurzen Blick durch ein Gitterfenster auf den mit einem grünen Tuch bedeckten Sarkophag begnügen. Vor dem Eisentor hing ein Schild, auf dem die Koranverse 4:157-159 auf Arabisch und Englisch wiedergegeben wurden: »Und weil sie [die Juden] sprachen: ›Siehe, wir haben den Messias Jesus, den Sohn der Maria, den Gesandten Allahs getötet‹ – doch sie töteten ihn nicht und kreuzigten ihn nicht (zu Tode), sondern es erschien ihnen nur so – (darum straften Wir sie). Und siehe, diejenigen, die darüber uneins sind, sind wahrlich im Zweifel über ihn. Sie wissen nichts davon, sondern folgen nur Vermutungen. Und sie töteten ihn mit Gewissheit nicht. Ganz im Gegenteil: Allah erhöhte ihn zu Sich; und Allah ist mächtig und weise.«

Offiziell liegt Yuz Asaf, ein muslimischer Sufi-Heiliger aus dem Mittelalter, in Roza Bal begraben, aber Millionen von Menschen, und durchaus nicht nur Ahmadiyya-Anhänger, glauben, Yuz Asaf sei nur ein anderer Name für Jesus von Nazareth. Nachdem *Lonely Planet* 2010 diese Theorie erwähnte, wurde Roza Bal ein populärer Wallfahrtsort für die wenigen Touristen, die es wagen, Kaschmir zu besuchen – zur Freude der Ladenbesitzer in der Nachbarschaft, die vermutlich für das Schild mit dem Koranzitat verantwortlich sind.

Javid sah auf die Uhr.

»Es ist noch nicht zu spät«, erklärte er. »Wir haben noch Zeit, den schwimmenden Markt zu besuchen, wenn Sie wollen.«

Wir fuhren zum Hafen, und Javid verhandelte lange mit einem der Bootsführer über den Preis unseres Ausflugs. Als sie sich endlich einig waren, nahmen wir in dem schmalen Holzboot auf weichen Kissen Platz. Noch einmal glitt ich in ein Netzwerk aus schwimmenden Handelsgassen, nur war es diesmal eine ganze Stadt im Wasser. Kleine Kioske, Eisenwarenhändler, Geschäfte mit Waren des alltäglichen Bedarfs, Kaffee und Souvenirläden standen auf Holzflößen, die lange Gassen bildeten, die nur von Booten aus zugänglich waren. Javid bat den Bootsführer, vor einem Pappmaché-Laden zu stoppen, und ich ging hinein und schaute mir die sorgfältig gearbeiteten Figuren ein paar Minuten lang höflich an, bevor ich wieder zur Tür ging.

»Gefällt Ihnen hier wirklich nichts?«, fragte Javid.

»Ich kann keine großen Pappmaché-Figuren in meinem Rucksack mitnehmen«, erklärte ich ihm. »Er ist ohnehin schon voll genug.«

»Wir versenden sie in jedes Land der Welt«, versuchte es der Verkäufer, der die Diskussion verfolgt hatte.

»Was ist zum Beispiel hiermit?« Javid zeigte auf eine grelle Vase.

Ich schüttelte entschieden den Kopf und setzte mich wieder auf die weichen Kissen. Nach ein paar Minuten bat Javid den Bootsführer erneut zu halten, diesmal vor einem Geschäft, das sich auf Schals spezialisiert hatte.

»Unsere Pashmina-Schals sind die besten der Welt«, behauptete Javid und lächelte. »Sie nehmen auch nicht viel Platz weg im Rucksack. Viele Touristen kaufen hier Schals, sie sind ausgesprochen beliebt.«

Gehorsam ging ich hinein und wurde herzlich willkommen geheißen von zwei Verkäufern, einem alten und einem jungen. Der jüngere begann sofort, Schal um Schal vor mir auszubreiten. Es gab sie in allen erdenklichen Farben und Mustern; einige waren so weich, dass sie wie eine zweite Haut über der Schulter lagen.

»Sie haben Glück«, erklärte der junge Verkäufer. »Der Herr, mit dem Sie hier sind, sagt, er nimmt keine Provision. Er möchte, dass Sie den besten Preis bekommen, daher bin ich bereit, Ihnen ein gutes Angebot zu machen. Normalerweise bezahlen wir zwanzig Prozent Provision an die Guides und Bootsführer, denn wir sind abhängig davon, dass sie ihre Kunden hierherbringen, aber da dieser Mann darauf verzichtet, fällt die Vermittlungsprovision weg.«

Schals aus Kaschmir sind tatsächlich auf der ganzen Welt berühmt, und in einem Anfall von Inspiration entschied ich, meine Weihnachtseinkäufe vorzuziehen. Der Verkäufer strahlte und präsentierte einen Schal nach dem anderen für die ganze Familie. Javid handelte für mich energisch die Preise herunter – auf Englisch, sodass ich mich an den Verhandlungen beteiligen konnte. Wie Projektile flogen die Zahlen zwischen ihm und dem Verkäufer hin und her: *9700, 9500, 9450, 9300, 9150, 9000 ... Letztes Angebot, nein, komm schon, mach ihr einen guten Preis, sieh mal, sie ist heute eure erste Kundin, aber ich muss doch auch leben, ich kann nicht mit leeren Händen dastehen, oh, komm schon, sie hat nicht so viel Geld, 8800, 8750, 8700 ...* Am Ende waren sie sich schließlich einig und sahen mich erwartungsvoll an. Ich fand den Preis in Ordnung und bezahlte die Summe, auf die sie sich verständigt hatten. Feierlich legte der Verkäufer meine Schals zusammen und übereichte sie mir, dann verschwanden er und Javid hinter einem Vorhang in einen Nebenraum. Ich stand auf und folgte ihnen.

»Bleiben Sie sitzen, er zeigt ihm nur die Toilette!«, rief der alte Verkäufer, der bisher kein Wort gesagt hatte. Ich hörte nicht auf ihn, zog den Vorhang beiseite und sah gerade noch, wie der Verkäufer Javid ein Bündel Geldscheine überreichte.

»Wir tauschen nur unsere Visitenkarten aus!«, erklärte Javid mit einem breiten Lächeln.

»Ja, ich wollte diesem ehrlichen Mann meine Visitenkarte geben, damit er auch mit anderen Touristen hierherkommen kann«, bestätigte der Verkäufer mit einem ebenso breiten Lächeln. Er begleitete uns auf die Anlegebrücke, um ein letztes Mal meine Hand zu ergreifen.

»Sie können sich glücklich schätzen mit diesem ehrlichen Mann, der keine Provision nimmt«, wiederholte er, als ich in die Shikara stieg. »Ich weiß nicht, warum er das tut, aber Sie haben wirklich Glück.«

Ein Wachposten schloss das Tor auf, und eine Haushaltshilfe öffnete die Eingangstür und führte mich in das mit Diplomen und Auszeichnungen geschmückte Empfangszimmer. Nach einer Weile kam Nayeema Mahjoor die Treppe hinunter. Bis die regionale Regierung sich vor einigen Monaten aufgelöst hatte, war sie für die PDP, die People's Democratic Party, die Vorsitzende der Frauenkommission des Bundesstaates gewesen. Sie sprach langsam und artikuliert, ohne je den Faden zu verlieren – man merkte, dass sie eine zwanzigjährige Erfahrung als Rundfunkjournalistin hatte. Wie die meisten guten Journalisten redete sie lieber über andere und die generelle Situation als über sich selbst.

»Wir sitzen noch immer im Jahr 1947 fest«, sagte sie. »Dieser Konflikt ist noch nicht gelöst. Indien war uns gegenüber nicht ehrlich. Der Paragraf 370 sollte Jammu und Kaschmir eine gewisse Autonomie und ein eigenes Grundgesetz sichern, aber der Paragraf wurde systematisch ausgehöhlt, und die regionalen Regierungen waren von Indien eingesetzte Marionettenregierungen.«

Die Haushaltshilfe servierte Kekse und Tee.

»Haben Sie Fox News gesehen?«, erkundigte sich Nayeema. »Hier in Indien haben wir nur Fox-Sender. Die indische Obrigkeit hat nichts als Chaos und Misstrauen geschaffen. In den letzten

Jahren hat die Regierung Modi einen konfrontativen Kurs gefahren: Modi oder nichts. Es gab eine Reihe von Razzien und Massenverhaftungen, genau wie in den 1990er Jahren. Viele Tausend Menschen haben durch Modis Gummigeschosse ihr Sehvermögen verloren, durch diese sogenannten nichttödlichen Waffen, die von den Soldaten gegen Demonstranten eingesetzt werden. Wir haben eine eigene Abteilung des Militärs hier, die AFSPA*, die können machen, was sie wollen, sie werden nie für irgendetwas zur Verantwortung gezogen. Sie können vergewaltigen und töten, ohne dass es irgendwelche Konsequenzen hätte. Sie ahnen ja nicht, wie viele Vergewaltigungen es gibt. In den siebziger Jahren trug hier keine Frau einen Schleier, aber jetzt sind fast alle verschleiert. Ich glaube nicht, dass es etwas mit religiöser Radikalisierung zu tun hat, sie versuchen nur, sich vor den Blicken der Soldaten zu schützen.«

Nayeema seufzte.

»Kaschmirs Frauen verlieren ihre Söhne, ihre Ehemänner, ihre Väter. Egal, ob sie für die Sicherheitsdienste arbeiten oder Aufständische sind, die Frauen haben die ganze Zeit Angst, dass den Männern etwas zustößt. Laut einer Untersuchung haben fünfundsechzig Prozent der Frauen in Kaschmir psychische Probleme. Als die Gewalt ihren Höhepunkt erreichte, konnten viele junge Mädchen nicht mehr zur Schule gehen. Reproduktive Gesundheit ist ebenfalls ein Problem. Viele Frauen mussten sich die Gebärmutter entfernen lassen, nicht selten als Folge einer Vergewaltigung. Ein anderes großes Problem ist die häusliche Gewalt. Die Männer lassen ihre aufgestaute Frustration über die Situation innerhalb ihrer eigenen vier Wände an den Frauen aus.«

»Haben Sie als emanzipierte Frau selbst Schwierigkeiten in einer von Männern dominierten Gesellschaft gehabt?«

»Oh mein Gott, ja! Wir waren viele Schwestern, und mein Vater war ein gebildeter Mann. Er hat uns jederzeit unterstützt. Er war liberal, aber unsere Verwandtschaft war leider längst nicht so. Als

---

* AFSPA: Armed Forces Special Powers Act

ich sieben Jahre alt war, spielte ich ein kleines Mädchen in einem Hörspiel im Radio. In meiner Familie löste das ein Erdbeben aus. Ich musste mich entweder von meiner Familie oder vom Radio verabschieden, wurde mir erklärt. Ich war klein und fragte meinen Vater: ›Was soll ich tun, was möchtest du?‹ Er antwortete: ›Sagen wir der Familie auf Wiedersehen, denn was wird als Nächstes kommen? Dass ihr nicht aufs College gehen dürft?‹ Er fügte hinzu, ich solle ihm versprechen, im Leben mein Bestes zu tun und meine Möglichkeiten nicht zu verschwenden. Wir Kinder haben seinen Wunsch alle befolgt. Meine Schwestern sind Ärztinnen und Regisseurinnen. Ich habe zweiundzwanzig Jahre für BBC World gearbeitet, ich bin also beim Radio geblieben, kann man sagen.«

»Haben Sie heute noch Kontakt zum Rest Ihrer Familie?«

»Nein. Einige meiner Schwestern haben sich mit ihnen versöhnt, aber ich nicht. Ich habe eine neue Familie bekommen, eigene Freunde. Ich arbeite für das Volk in Kaschmir, für alle hier, die mich brauchen. Sie sind meine Familie. Vor drei Jahren bin ich von London hierhergezogen, und in diesen drei Jahren hat sich die Situation noch einmal verschlimmert. Nun warten alle auf 2019 und die Wahlen. Gott möge verhindern, dass Modi wiedergewählt wird, aber wir müssen auf das Schlimmste vorbereitet sein. Vor drei Jahren habe ich ein Buch herausgegeben, das *Lost in Terror* hieß. Im Augenblick arbeite ich an einem neuen Buch. Es soll *Lost in Peace* heißen.«

»Weshalb haben Sie Bodyguards?«, fragte ich, als die mir zugestandene Zeit vorbei war.

»Als ich anfing, für die Regierung zu arbeiten, wurden sie mir zugeteilt«, erklärte Nayeema. »Normalerweise nehme ich sie nicht mit, wenn ich ausgehe. Allein bin ich sicher. Wenn sie dabei sind, bin ich ein Ziel.«

Sie stand auf und begleitete mich zur Tür.

»Mich in der Politik zu engagieren, war der größte Fehler, den ich begangen habe«, sagte sie, als wir uns verabschiedeten. »Ich glaube nicht mehr an politische Lösungen in Kaschmir.«

Sohail und Muzaffar, die beiden Mineralwasserfabrikanten, die ich am Vortag kennengelernt hatte, waren wie Javid entschlossen, meine persönlichen Guides in Srinagar zu sein. Javid zeigte mir die Touristenattraktionen und Geschäfte, Sohail und Muzaffar stellten mir Politiker und Aktivisten vor.

Nach dem Besuch bei Nayeema fuhren sie mich zum Büro von Khurram Parvez, einem der bekanntesten Menschenrechtsaktivisten in Kaschmir.

»Mein Leben ist gerade bedroht worden«, sagte Sohail auf dem Vordersitz. Er lachte nervös und sprach schnell und hektisch. »Ein paar Extremisten haben eine Tonaufnahme auf YouTube veröffentlicht, in der sie Fabrikbesitzer bedrohen, die weibliche Angestellte haben. Sie geben uns drei Tage, um sie zu entlassen. Mit Ausnahme der Fahrer habe ich *nur* weibliche Angestellte, insgesamt zehn! Die Situation ist hoffnungslos.«

Er schüttelte resigniert den Kopf.

»Meine Schwester ist mit einem Mann verheiratet, der sich nicht von ihr scheiden lassen will, obwohl er drei andere Frauen geheiratet hat! Ich bin zu Muftis und Imamen gegangen, aber niemand will mir helfen, alle sagen, der Islam lässt es zu, dass ein Mann vier Frauen haben kann, und der Mann meiner Schwester lebt in Übereinstimmung mit dem Islam. Meiner Meinung nach ist der Islam voller intellektuellen Nonsens! Wahrscheinlich bin ich die Person in Kaschmir, die am härtesten von dem Konflikt betroffen ist«, fügte er düster hinzu. »Ich kann den Islam nicht kritisieren, denn dann drohen die Mullahs, mich zu töten. Ich kann auch nichts Lustiges tun. Ich darf keine weiblichen Angestellten haben. Alles ist hier verboten! Wäre Kaschmir ein Teil Pakistans, wäre ich längst tot, dank Indien haben wir zumindest eine Art Minimum an Demokratie und Meinungsfreiheit. Ich kann sagen, was ich will – obwohl ich riskiere, ermordet zu werden ...«

»Warum ziehen Sie nicht einfach weg aus Kaschmir?«, fragte ich. »Würde dadurch nicht alles viel einfacher werden?«

»Nein, nein, das geht nicht«, seufzte Sohail. »Meine Familie lebt hier. Meine Fabrik ist hier. Ich kann nicht einfach weg. Aber wenn

Kaschmir frei wird und sich selbst überlassen ist, bin ich der Erste, der fortzieht, darauf können Sie sich verlassen!«

Khurram Parvez empfing uns in einem winzigen Büro in einem flachen, einfachen Wohnblock. Ich streckte meine Hand zum Gruß aus, bekam aber erst mal eine Gardinenpredigt.

»Sie müssen in Kaschmir vorsichtiger sein! Journalisten, deren Papiere nicht in Ordnung sind, werden deportiert – erst kürzlich wurde ein französischer Journalist verhaftet, der nur ein Touristenvisum hatte. Unglaublich, dass Sie mich von Ihrem eigenen Telefon angerufen haben! Sie haben nicht einmal einen verschlüsselten Dienst verwendet.«

»Die SIM-Karte ist nicht auf mich registriert«, erwiderte ich kleinlaut.

»Das spielt keine Rolle. Sie haben Ihren Namen gesagt, und mein Telefon wird überwacht. Bei Treffen wie unserem lege ich das Telefon normalerweise unter meinen Oberschenkel, damit sie nicht hören, was ich sage.« Er legte das Telefon demonstrativ unter seinen rechten Oberschenkel.

Nach den einleitenden mahnenden Worten sprach Khurram über die Menschenrechtsprobleme in Kaschmir. Wie viele andere Menschenrechtsaktivisten, die ich kennengelernt hatte, war er nicht zu bremsen, wenn er erst angefangen hatte.

»Seit 1989 hat der Konflikt über siebzigtausend Menschenleben gekostet, und mehr als achttausend Menschen sind verschwunden. Die Polizei ist extrem militarisiert. Laut den Behörden gibt es nur noch etwas über dreihundert militante Aufständische. Über sechshundertfünfzigtausend Soldaten sind im Einsatz, um sie zu bekämpfen! Das ist die größte Anzahl bewaffneter Kräfte in irgendeiner Region auf der ganzen Welt, nicht einmal an den Kriegen im Irak oder Afghanistan nahmen so viele Soldaten teil. Folter ist eines der größten Probleme hier – wir wissen von mindestens hunderttausend Fällen von Folter. Guantánamo wurde bekannt aufgrund von Fotobeweisen, aber hier in Kaschmir haben wir niemanden, der darüber berichten kann, sonst hätten Sie weit schlimmere Geschichten gehört. Einem Mann wurde die Zunge abgeschnitten, weil er die Bewohner eines Dorfes gewarnt hatte, dass das Militär im Anmarsch sei. Einem anderen wurden beide Beine abgehackt. Bevor sie ihm die Beine abhackten, ließen sie ihn einen Monat hungern. Dann schnitten sie kleine Stücke aus seinem Hintern und seinem Bauch und zwangen ihn, sie zu essen. Das ist der schlimmste Fall, den wir kennen.«

Khurram setzte sich seit Anfang zwanzig aktiv für die Menschenrechte ein, aber sein Engagement begann bereits 1990, mit dreizehn Jahren.

»In dem Jahr wurde gegen die Übergriffe der Soldaten auf Frauen demonstriert. Mein Großvater nahm an der Demonstration teil und wurde erschossen. Der Offizier, der den Schießbefehl gab, war mein Nachbar. Jeden Tag musste ich das Gesicht des Mörders meines Großvaters sehen. Ich war ein zorniger junger Mann. Zuerst wollte ich mich den militanten Aufständischen anschließen, ich las den Koran und andere religiöse Schriften. Nach und nach habe ich aber eingesehen, dass Zorn der falsche Weg ist. Zornige Menschen treffen falsche Entscheidungen. Ich lernte, meinen Zorn unter Kontrolle zu bringen und kam in Kontakt mit Menschenrechtsaktivisten.«

Khurram trank einen Schluck Kaffee und setzte seinen Monolog fort. Ich vermutete, dass ich die Fragen, die ich vorbereitet hatte, kaum würde stellen können.

»Sechstausend Familien in Kaschmir stehen auf der schwarzen Liste und bekommen keinen Pass. Dem Leiter unserer Organisation wurde elf Jahre lang ein Pass verweigert, seinem Stellvertreter ebenfalls. Wir alle hatten große Probleme aufgrund unseres Engagements. Ich selbst habe 2004 ein Bein verloren. Ich war zusammen mit sechs anderen als Wahlbeobachter auf dem Weg ins Lolab-Tal, als eine Straßenbombe explodierte. Mein bester Freund und der Fahrer wurden getötet. Alles deutete darauf hin, dass die Behörden dafür verantwortlich waren, aber wir haben keine schlagenden Beweise und können es daher nicht behaupten. Mein Bein musste direkt unter dem Knie amputiert werden, ich verbrachte dreieinhalb Monate im Krankenhaus. Hätte ich nach dem Angriff aufgehört, wäre ich zu einem psychischen Wrack geworden, aber ich habe weitergearbeitet wie vorher. Ich kann nicht mehr laufen oder Fußball spielen – ich habe Fußballspielen geliebt –, aber ich *kann* meine Arbeit als Aktivist fortsetzen.«

Eine junge Frau brachte einen Stapel Dokumente ins Büro und verschwand rasch wieder.

»Es gab auch andere Probleme«, fuhr Khurram fort. »Am 16. September 2016 wurde ich verhaftet und für sechsundsiebzig Tage ins Gefängnis gesteckt, man warf mir vor, zu Protesten aufgerufen zu haben. Aber es war eine Möglichkeit, andere Insassen kennenzulernen und die Verhältnisse von innen zu sehen. Die Gefängnisse hier sind furchtbar. Das Essen ist schlecht, und es war fürchterlich heiß. In meinem Abschnitt mussten sich fünfundzwanzig Personen eine Toilette teilen.«

Khurram trank einen Schluck Wasser, und ich nutzte die Gelegenheit, eine Frage einzuwerfen.

»Es ist nicht leicht, optimistisch zu sein, wenn es um die Situation in Kaschmir geht. Was denken Sie über die Zukunft?«

»Da Europa nach Jahrhunderten mit Krieg zu einem friedlichen Ort geworden ist, und da Deutschland seine Nazis losgeworden ist, gibt es auch für Kaschmir noch Hoffnung«, antwortete er. »Ich glaube, Kaschmir wird früher oder später frei sein. Das hoffe und wünsche ich mir für meine Kinder. Die Hoffnung zu verlieren, ist kriminell. Und nicht alles ist dunkel, durchaus nicht. Zweihundert Millionen Inder sind unterernährt, aber hier in Kaschmir hungert niemand, trotz all unserer übrigen Probleme.«

»Und es ist ja auch eine Art Hoffnungsschimmer, dass ich hier, in Ihrem Büro, mit Ihnen reden kann.«

Khurram schüttelte den Kopf.

»Indien zeigt sich gern als Demokratie, aber die Verantwortlichen haben alles getan, um uns zu vernichten. Wir können uns als Organisation nicht registrieren lassen, und damit bekommen wir auch keine finanzielle Unterstützung aus dem Ausland und sind gezwungen, die Kosten auf ein Minimum zu beschränken. Dieses

Büro, zum Beispiel, ist Privateigentum des Chefs. Ich verdiene kein Geld mit der Menschenrechtsarbeit, meine Frau und meine Mutter versorgen die Familie. Aber da ich meine Kinder liebe, muss ich mit der Arbeit fortfahren. Ich arbeite, damit meine Kinder eines Tages in einem freien und friedlichen Kaschmir leben können.«

Javid war nicht überzeugt, ob ich ganz verstanden hatte, wie schön Kaschmir ist. Am späten Nachmittag, dem letzten Nachmittag in der Region, nahm er mich mit nach **Gulmarg** (2650 Meter über N.N.), einem der besten Skisportorte. Die Autofahrt dauerte zwei Stunden und führte durch eine grüne hügelige Landschaft, vorbei an Apfel- und Aprikosenplantagen. Wir hielten an einem üppigen Apfelhain, und der Bauer ließ uns von den sich biegenden Obstbäumen so viele Äpfel pflücken, wie wir wollten. Die roten saftigen Kaschmir-Äpfel sind die beliebtesten Äpfel Indiens und machen über zwei Drittel des gesamten Verbrauchs aus. Annähernd die Hälfte der Bevölkerung in Kaschmir ist ökonomisch abhängig von Äpfeln.

Obwohl die Skisaison noch weit entfernt war, lief der Skilift klappernd den ganzen Tag. Javid und ich schwebten über kleinen Nomadenansiedlungen, grasenden Schafherden und schläfrigen Pferden. Über uns war der Himmel tiefblau.

Javid strahlte.

»Ist es nicht schön hier? Ist Kaschmir nicht das schönste Land der Welt?«

Sogar auf dem Gipfel, in viertausend Metern Höhe, war die Landschaft fruchtbar und üppig; die grünbedeckten Berge erstreckten sich in alle Himmelsrichtungen, scheinbar endlos und ohne Rücksicht auf problematische Landesgrenzen, militärische Straßensperren oder Kontrolllinien.

Ich bereute bereits, dass ich nicht länger in Kaschmir bleiben konnte, und während der weiteren Reise war ich mehrmals kurz davor, ein Flugticket nach Srinagar zu buchen, und sei es, um nur einen weiteren Tag auf einem Hausboot auf dem Nigeen-See zu erleben.

Pessimistisches Postskriptum

Nach meiner Abreise aus Indien ist die Situation in Kaschmir noch schlimmer geworden. Im Frühjahr 2019 gewann die BJP die Wahlen mit über siebenunddreißig Prozent der Stimmen, beinahe doppelt so vielen Stimmen, wie die Kongresspartei erringen konnte, und Modi blieb Ministerpräsident. Am 5. August 2019 zog die Regierung den Paragrafen 370 zurück, und Jammu und Kaschmir verloren damit den Sonderstatus, den die Bundesstaaten seit 1947 hatten – einschließlich des Rechts, eigene Gesetze zu erlassen. Es steht nun auch Menschen, die nicht aus Kaschmir stammen, frei, Land und Besitz in Kaschmir zu erwerben, eine Situation, die auf lange Sicht die Zusammensetzung der Bevölkerung dramatisch verändern wird. Außerdem wurde die Region Ladakh im Norden, die hauptsächlich von Buddhisten bevölkert ist, von Jammu und Kaschmir als sogenanntes »Unionsterritorium« abgetrennt. Parallel zu den Änderungen des Grundgesetzes wurden Zehntausende von zusätzlichen Soldaten in die ohnehin schon schwer militarisierte Region entsandt, mehrere Tausend Zivilisten wurden inhaftiert, allen Ausländern und Touristen wurde befohlen, Kaschmir zu verlassen, es wurde eine langwierige Ausgangssperre verhängt, das Internet und alle Telefonleitungen wurden abgestellt. Tonnen von überreifen Äpfeln verschimmelten, da keine Saisonarbeiter mehr aus anderen Teilen Indiens kommen konnten, um sie zu pflücken.

Bevor die Corona-Krise zuschlug und in ganz Indien ein Lockdown angeordnet wurde, waren einzelne Kommunikationsmöglichkeiten wieder zugelassen, aber große Teile von Kaschmir, diesem irdischen Paradies, sind noch immer vom Rest der Welt abgeschnitten. Vielen Apfelbauern gelang es, einen Teil der 2019er Ernte zu retten und die Äpfel in Erwartung besserer Zeiten in Kühlhäusern zu lagern.

Es könnte sein, dass sie lange warten müssen.

Das höchste Schlachtfeld der Welt

Ich weiß nicht, an wie vielen Militärbasen wir auf dem Weg von Srinagar nach Kargil vorbeifuhren. Ein Militärlager löste das nächste ab, abgelegen und abgesperrt, wie tarnfarbene Eremitenklöster im Hochgebirge. Schon bald lagen die grünen Höhenzüge Kaschmirs hinter uns und wurden ersetzt durch unfruchtbare, ungastliche Berge. Der junge Fahrer war schweigsam – er sprach nur schlecht Englisch –, und der Wagen war klein und wirkte zerbrechlich. Verbissen zwang der Fahrer ihn die schmalen, kurvigen Bergstraßen hinauf. Dichter Regen fiel, die Fahrbahn war glatt und matschig, aber der Fahrer starrte stur geradeaus, ohne den Fuß vom Gaspedal zu nehmen. Denn wenn wir hier stehen blieben, würden wir nie über den Pass kommen; kämen wir vom Weg ab, würden wir allerdings auch nicht weiterkommen, sondern hier verenden – wie die rostigen Wracks, die tief unten am Berghang auf uns warteten. Mitten in einer scharfen Kurve war ein Kleinbus mit Motorschaden liegen geblieben; die Passagiere lehnten mit versteinerten Gesichtern an den Scheiben, als würden sie damit rechnen, für alle Ewigkeit hier bleiben zu müssen. Irgendwie schaffte es mein Fahrer, sich an der Außenseite der Kurve an dem gestrandeten Kleinbus vorbeizuzwängen; der Berghang war so steil, dass ich sein Ende nicht sehen konnte. Ich schloss die Augen und hatte keine Lust, sie wieder zu öffnen.

J&K Tourism welcomes you to **Dras** (3300 Meter über N.N.), *the second coldest inhabited place in the world*, verkündete ein zerschlissenes blaues Schild. Dras sah aus, als bestünde es aus einer einzigen langen Straße mit kleinen Geschäften und Cafés sowie dem einen oder andern Gästehaus.

»Wie kalt kann es hier werden?«, fragte ich den Fahrer.

»Minus sechs Grad«, antwortete er stolz. Er war offensichtlich nicht zufrieden mit meiner Reaktion, denn er korrigierte sich sofort: »Vielleicht minus sieben oder minus acht.«

Der Fahrer hatte kräftig untertrieben. Am 9. Januar 1995 soll in Dras eine Temperatur von minus sechzig Grad gemessen worden sein.

Das Kriegerdenkmal vor Dras ist dem ersten Krieg zwischen zwei Atommächten gewidmet. Die Waffen, mit denen die Pakistaner zurückgeschlagen worden waren, waren ausgestellt, Tafeln informierten wortreich über die größten Taten dieser Waffen. Indische Fahnen bildeten eine Allee bis zur Gedenkstätte für Tausende von Soldaten, die hier oben im Himalaya-Gebirge ihr Leben für das Vaterland geopfert hatten. Obwohl das Denkmal an den Kargil-Krieg von 1999 erinnerte, waren sozusagen alle Jahreszahlen der letzten siebzig Jahre repräsentiert, von 1947 bis 2018. Auch in Friedenszeiten fanden Kugeln und Granaten ihren Weg über die Kontrolllinie; allein in den letzten paar Jahren hatten kleinere Grenzstreitigkeiten über zweihundert Menschenleben gekostet.

Die Grenzen im Himalaya sind nicht nur gestrichelt und umstritten, sie sind auch mit Blut getränkt.

Nach der Trennung von Indien und Pakistan haben die beiden Länder insgesamt vier Kriege ausgefochten. Der erste hatte bereits begonnen, als der verzweifelte Maharadscha Hari Singh im Herbst 1947 die Vereinbarung unterzeichnete, mit der Kaschmir zu einem Teil Indiens wurde. Die Kämpfe dauerten über ein Jahr, bis es der UN Silvester 1948 gelang, eine brüchige Waffenruhe auszuhandeln. Technisch gesehen hatte Indien den Sieg errungen: Zwei Drittel des Territoriums des Bundesstaates Jammu und Kaschmir blieb dauerhaft in indischen Händen. Pakistan bekam Azad Kaschmir, eine Region von der Größe Montenegros, sowie Gilgut-Baltistan im Norden.

Der Friede im Hochgebirge währte bis 1962, und diesmal versuchte China, die Grenzstreitigkeiten mit Gewalt zu lösen. Der Kern des Konflikts war Aksai Chin, eine Region, die ungefähr so groß ist wie die Schweiz und zwischen Xinjiang und Tibet liegt. Die Beziehungen zwischen Indien und China waren bereits angespannt, nachdem Indien drei Jahre zuvor dem Dalai Lama Asyl gewährt hatte. Der Hintergrund des Krieges zwischen den beiden Giganten ging jedoch bis ins 19. Jahrhundert und die Grenzziehungen durch die Briten zurück.

Als die erste Grenze zwischen China und Kaschmir 1865 gezogen wurde, die sogenannte Johnson-Linie, benannt nach dem Briten, der die Region kartografierte, wurden die Chinesen nicht einmal informiert. Infolge dieser Grenzziehung war Aksai Chin ein Teil von Kaschmir. In den 1890er Jahren begann China sich jedoch für Aksai Chin zu interessieren, und da die Briten in dieser dünn bevölkerten, unzugänglichen Bergregion keinen einzigen Repräsentanten hatten, gelangte man in Kalkutta zu der Überzeugung, dass es am praktischsten wäre, den Chinesen die Kontrolle zu überlassen. Die Furcht vor einer russischen Expansion war ausschlaggebend – die Russen kontrollierten zu diesem Zeitpunkt den größten Teil Zentralasiens und schlichen auch auf dem Pamir-Plateau herum – gefährlich nahe der Grenze zu Britisch-Indien. 1899 schlugen die Briten daher eine neue Grenze vor, durch die Aksai Chin ein Teil Chinas wurde – die Macartney-Macdonald-Linie, benannt nach dem britischen Konsul in Kaschgar und dem Diplomaten, dem die Aufgabe zukam, den Chinesen den Vorschlag zu unterbreiten. Es kam nie eine Antwort aus Peking, und während des Ersten Weltkriegs beriefen sich die Briten wieder auf die Johnson-Linie. Sie hielten sich an diese Grenze, bis sie sich 1947 aus Indien zurückzogen, und folglich gehörte Aksai Chin weiterhin zum Bundesstaat Jammu und Kaschmir, der wiederum Indien zugeschlagen wurde.

Die pakistanische Regierung war 1962 bereit, die Territorien der Macartney-Macdonald-Linie an China abzutreten, doch die Inder behaupteten hartnäckig, Aksai Chin sei schon immer ein Teil Indiens gewesen und sollte auf ewig dort verbleiben, obwohl kaum ein Inder je seinen Fuß in diese Region gesetzt hatte. Die Chinesen waren im Übrigen auch nicht zufrieden mit der MacMahon-Linie, einer achthundertneunzig Kilometer langen Grenze, die die Briten 1914 im östlichen Himalaya gezogen hatten, in der abseits liegenden Bergregion zwischen Bhutan und Myanmar. Besonders empört waren die Chinesen darüber, dass die Grenzziehung nach einer direkten Absprache mit den Tibetern erfolgt war, ohne dass chinesische

Verantwortliche überhaupt gefragt worden waren. Aber auch im Fall der MacMahon-Linie waren die Inder nicht bereit, sich zu bewegen.

1962 war Maos China ein weitaus selbstbewussterer und stärkerer Staat als das China, das britische Offiziere unter der wackligen Qing-Dynastie Ende des 19. Jahrhunderts kennengelernt hatten. 1950 waren chinesische Soldaten in Tibet einmarschiert, und einige Jahre später begannen die Arbeiten an einer Straße, die Tibet mit Xinjiang im Westen verbinden sollte. Teile dieser Straße führten durch Aksai Chin, südlich der Johnson-Linie. Die Inder erfuhren erst von dieser Straße, als sie auf chinesischen Landkarten auftauchte – die direkte Ursache für den Krieg 1962.

Am 20. Oktober, mitten in der Kuba-Krise, griffen die Chinesen Indien gleichzeitig von Westen und Osten aus an. Die Inder waren vollkommen unvorbereitet, und da die Sowjetunion mehr als genug mit der akuten Krise in der Karibik zu tun hatte, musste Indien allein zurechtkommen, ohne die Hilfe seines Alliierten. Die meisten Kämpfe spielten sich in vier- bis fünftausend Metern Höhe ab, unter ungeheuer anstrengenden Bedingungen. Über dreitausend indische Soldaten verloren ihr Leben in diesem Krieg, der nur einen Monat dauerte – viele von ihnen starben an Erfrierungen und nicht im Kampf.

Am 21. November erklärten die Chinesen eine einseitige Waffenruhe. Sie waren einverstanden, die »unrechtmäßige« MacMahon-Linie im Osten unangetastet zu lassen, allerdings sollte Aksai Chin unter chinesische Kontrolle fallen – hinter einer Linie, die *Line of Actual Control* genannt wurde, die tatsächliche Kontrolllinie, die de facto bis heute die Grenze geblieben ist. Weder die Grenze im Nordwesten noch im Nordosten wurde von einer der beiden Seiten ratifiziert, sie blieben aber seit 1962 unverändert. China und Indien haben seither keinen Krieg mehr gegeneinander geführt.*

---

* Im Sommer 2020 war es allerdings kurz davor. Am 25. Juni stießen chinesische und indische Soldaten in der nächtlichen Dunkelheit der Berge im Galwan-Tal an der umstrittenen Grenze der chinesisch kontrollierten Aksai-Chin-Region zusammen. Die Soldaten prügelten sich mehrere Stunden Mann gegen Mann – aufgrund der angespannten Si-

Im Gegensatz zu Indien und Pakistan.

1965, drei Jahre nachdem Indien Aksai Chin an China verloren hatte, schickte Pakistan mehr als zwanzigtausend Soldaten über die Grenze nach Jammu und Kaschmir. Die Soldaten waren verkleidet als kaschmirische Aufständische und sollten die Bevölkerung zum Aufstand gegen Indien anstacheln. Allerdings flogen sie rasch auf. Indien antwortete auf die Verletzung seines Territoriums mit einem großangelegten militärischen Angriff auf West-Pakistan. Unter intensiver Vermittlung der USA und der Sowjetunion stimmten die Gegner einem Waffenstillstand zu. Der Krieg dauerte lediglich siebzehn Tage, kostete aber mehr als sechstausend Soldaten das Leben. Einige wenige Hundert Quadratkilometer wurden getauscht, aber im Großen und Ganzen blieb die Kontrolllinie unverändert.

Der Krieg 1971 ist er einzige Krieg zwischen Pakistan und Indien, bei dem es nicht um Kaschmir ging. Zu diesem Zeitpunkt hatte in Ost-Pakistan lange Unzufriedenheit geherrscht, und eine säkulare Unabhängigkeitsbewegung hatte sich gerade gegründet. Die pakistanische Regierung tat, was in ihrer Macht stand, um diese Bewegung zu zerschlagen, es wurde von allen Mitteln Gebrauch gemacht. In den folgenden Monaten wurden Hunderttausende von Menschen getötet, mehrere Millionen Hindus flohen über die Grenze nach Indien. Gegen Ende des Jahres mischte Indien sich in den Konflikt ein – mit dem Ergebnis, dass die pakistanische Armee in Ost-Pakistan am 16. Dezember kapitulierte. Mit einem Federstrich verlor Pakistan über die Hälfte seiner Bevölkerung, als der Staat Bangladesch Realität wurde.

Während des kurzen, aber intensiven Kriegs hatte es auch in Kaschmir Kämpfe gegeben, bei denen Indien einzelne Gebiete auf pakistanischer Seite okkupiert hatte. Als der Krieg vorbei war, be-

tuation entlang der Grenze tragen die Soldaten in diesem Gebiet keine Schusswaffen. Der Zwischenfall endete mit zwanzig getöteten indischen Soldaten und einer unbekannten Zahl von Todesopfern auf der chinesischen Seite. Es war die erste Konfrontation mit tödlichem Ergebnis entlang der indisch-chinesischen Grenze seit 1975.

kam Pakistan die meisten dieser Territorien zurück, allerdings behielten die Inder ein paar strategisch wichtige Gebiete an der Grenze im Nordwesten.

In dem anschließenden Friedensabkommen zwischen Indien und Pakistan versprachen die Parteien, von nun an die Kontrolllinie zu respektieren und nicht zu versuchen, sie zu verändern. Pakistan hielt sich beinahe dreißig Jahre daran, bis 1999. Am 3. Mai 1999 überquerten pakistanische Soldaten die Kontrolllinie bei dem kleinen Grenzort Kargil nördlich von Kaschmir. Wieder versuchten sie es mit dem alten Trick und verkleideten sich als kaschmirische Aufständische, doch auch diesmal ging es schief. Der kurze Krieg endete mit einer weiteren demütigenden Niederlage für Pakistan. Einmal mehr hatten junge Männer ihr Leben bei dem Versuch aufs Spiel gesetzt, die Kontrolle über die Kontrolllinie zu erlangen, ohne etwas anderes zu erreichen als ein frühes Grab.

In **Kargil** (2676 Meter über N.N.) war der Verkehrsstau zu einem Naturzustand geworden. Niemand kam vom Fleck, trotz des beharrlichen Hupens der Fahrer. Die karge Kleinstadt ist an allen Seiten von den braunen, steilen Hängen des Himalaya umgeben. Einzelne Häuser waren aus nichtssagendem Beton gebaut, die meisten bestanden jedoch aus einer Mischung aus Steinmauern, Lehm und Holz; viele Häuser sahen aus, als könnten sie jeden Moment einstürzen. Die Frauen trugen Schleier und lange Mäntel, allerdings hatte so gut wie keine von ihnen ihr Gesicht vollständig verhüllt – in Pakistan und Srinagar war dies ein alltäglicher Anblick gewesen. Ich checkte im Hotel ein und ging dann ins Roots Café, das nicht nur das einzige Café im Ort war, sondern auch das einzige Reisebüro. In einem kleinen Raum unter dem eigentlichen Café saß ein molliger Bursche in den Zwanzigern vor einem Computerbildschirm. Mir wurde rasch klar, dass er sowohl das Café wie das Reisebüro verkörperte, und ich fragte, ob es möglich sei, die geführte Stadttour zu buchen, mit der sie auf ihrer Homepage warben.

Er zögerte lange mit seiner Antwort.

»Die Wahrheit ist, dass wir im letzten Jahr aufgehört haben, geführte Stadttouren anzubieten«, sagte er schließlich. »Es gibt hier nichts zu sehen. Alles Alte ist komplett zerstört.«

»Was ist mit der Karawanserei?« Sie war als Höhepunkt der Stadtführung aufgeführt.

»Die Karawanserei ist leider in einem Zustand, der einen Besuch nicht empfehlenswert erscheinen lässt. Aber versuchen Sie es doch im zentralasiatischen Museum!«, fügte er hilfsbereit hinzu. »Es wird von derselben Familie betrieben, der auch die Karawanserei gehört.«

Das Museum lag in einem Wohngebiet, ein Stück oberhalb des permanenten Verkehrsstaus. Die Tür stand offen, allerdings war niemand anwesend, nicht einmal ein Ticketverkäufer. Die Räume boten eine bunte Mischung von Ausstellungsstücken: Reitsättel aus Kirgisistan, Schmuck und Seidenstoffe aus Xinjiang und handgeknüpfte Teppiche aus Buchara. Alles erinnerte daran, dass Kargil bis vor nicht allzu langer Zeit im Himalaya ein Knotenpunkt zwischen Tibet, Kaschgar und Zentralasien gewesen war. Die Sammlung umfasste auch europäische Seife, amerikanische Medizin in braunen Flaschen, Öllampen und Zahnbürsten, alles westliche Luxuswaren, die vom Hafen in Bombay auf den traditionellen Karawanenrouten hierhergebracht worden waren.

»Alles, was Sie hier sehen, gehörte meinem Großvater«, erklärte eine Männerstimme hinter mir. Ich drehte mich um und sah einen Herrn im mittleren Alter mit schmalen Augen und einem kurzen, gepflegten Bart. Er stellte sich als Gulzar Hussain Munshi vor.

»Mein Großvater, Munshi Aziz Bhat, eröffnete 1920 die Karawanserei«, erklärte er. »Er wurde 1866 in Leh geboren, der Hauptstadt von Ladakh, und bereitete Karawanentouren für Handelsreisende vor. Da er zu den wenigen gehörte, die zu dieser Zeit Englisch sprachen, war er eine prominente Person in Ladakh, er verkehrte mit Fürsten, Offizieren und sogar mit dem Maharadscha persönlich. Großvater wurde hier oben tatsächlich der offizielle Schreiber des Maharadschas. Jeder, der etwas mit dem Maharadscha besprechen wollte, musste meinen Großvater aufsuchen, der dann im Namen der Bittsteller einen offiziellen Brief schrieb. Großvater starb 1948, direkt nach der Teilung. Es war eine harte Zeit für die Familie. Der Handel hatte mit einem Schlag aufgehört, unsere Familie war mehrere Jahre arbeitslos.«

Mit der Teilung von Indien und Pakistan wurden die alten Handelsrouten, die mehrere Hundert Jahre alt waren, schlagartig unterbrochen. Von Kargil sind es hundertzwanzig, hundertdreißig Kilometer bis Skardu, das heute auf der pakistanischen Seite der Kontrolllinie liegt. Von Skardu gingen die Karawanenwege weiter über die Berge bis Kaschgar und Zentralasien, aber mit einem Mal war es unmöglich, von Kargil in die Nachbarstadt zu gelangen. Als die Chinesen 1950 Tibet okkupierten, war auch dieser Handelsweg abgeschnitten.

»Im Winter sind die Straßen nach Srinagar und Leh gesperrt«, berichtete Gulzar. »Dann sind Flugzeuge die einzige Möglichkeit nach Kargil zu kommen. Ansonsten sind wir vollkommen isoliert.«

»Waren Sie während des Krieges hier?«, wollte ich wissen.

»Ich war hier während des Artilleriebeschusses. Es begann um zwei Uhr nachmittags und dauerte bis um fünf. Eigentlich zielten die Pakistaner gar nicht auf Kargil, das Ziel waren das Waffendepot und das Militärlager oberhalb der Stadt, aber viele Projektile und Splitter schlugen auch in Kargil ein. Rund fünfzig Menschen wurden an diesem Nachmittag getötet. Das Krankenhaus und die Schule wurden getroffen, es lagen Leichen in den Straßen. Alle, denen es möglich war, flohen noch am Abend, Kargil wurde eine Geisterstadt. Meine Familie und ich verließen für sechs Monate unsere Heimatstadt, bis der Krieg vorbei war.«

»Viele Menschen, mit denen ich geredet habe, wünschen sich ein unabhängiges Kaschmir«, sagte ich. »Was würden Sie vorziehen? Unabhängigkeit, Pakistan oder Indien?«

»Indien«, antwortete er, ohne zu zögern. »Hier in Kargil sind wir schiitische Muslime. Für uns ist es am sichersten in Indien.«

Durch einen Bekannten von Mir Saqib und Sohail, den Mineralwasserproduzenten aus Srinagar, hatte ich die Telefonnummer von Anayat Ali Shotopa bekommen, einem einheimischen Journalisten, der für den Radiosender Air Kargil arbeitete. Als ich Anayat anrief und mich vorstellte, ließ er alles stehen und liegen und kam ins Hotel, um mir zu helfen.

»Wir hatten Gäste zum Mittagessen, aber ich habe ihnen gesagt, dies ist wichtiger«, erklärte er außer Atem. »Es wird so wenig über Kargil berichtet. Es ist ein vollkommen unbeschriebenes Blatt.«

Anayat schwatzte ohne Unterlass und war die Hilfsbereitschaft in Person. Er war vierunddreißig Jahre alt und hatte bereits einen kleinen Kugelbauch, den er allerdings gern wieder loswerden wollte.

»Aber ich bewege mich nicht genug in diesem verdammten Job«, klagte er. »Immer muss alles schnell gehen, und dann steigt man eben doch ins Auto.«

Wir stiegen in ein Auto und fuhren in Richtung der alten pakistanischen Grenze. Während wir in Kargils ewigem Stau steckten, erzählte Anayat vom Krieg 1999.

»Ich war vierzehn, fünfzehn Jahre alt und auf dem Heimweg von der Schule, als der Artilleriebeschuss begann. Plötzlich explodierte etwas direkt neben mir! Ich warf mich auf den Boden, wie wir es in der Schule gelernt hatten. Das Ganze war eigentlich ganz interessant und lustig, eine ganz neue Erfahrung, doch dann kam eine weinende Frau zu mir. Ich tröstete sie. Ein neues Projektil schlug ein, eine neue Explosion. Wieder legte ich mich auf den Boden und sah einen Mann in den Dreißigern, der Nasenbluten hatte und weinte. Ich erinnere mich, dass mich der Anblick schockierte, denn ich hatte noch nie einen Mann weinen sehen, ich wusste nicht, dass so etwas möglich war! Kurz darauf stieß ich auf einen älteren Mann, den ich kannte und der mich nach Hause begleitete. Als ich heimkam, weinte meine Mutter, umarmte mich und wollte mich nicht wieder loslassen.«

Der Stau löste sich langsam auf, wir verließen allmählich das Zentrum. Der Fahrer bog auf eine schmale Straße, die einen steilen Berghang hinaufführte.

An einem selbst geschreinerten Teeverkaufsstand, der mit dem

Verleih von Ferngläsern lockte, schlug Anayat vor zu halten. Er sprang aus dem Wagen.

»Sehen Sie das weiße Haus dort drüben?« Er zeigte auf ein kleines weißes Gebäude, das einige Hundert Meter Luftlinie von uns entfernt lag.

Ich nickte.

»Es ist ein heiliger Ort für die Muslime. Aber wir können nicht hin. Es liegt in Pakistan.«

Hinter dem heiligen Haus konnten wir kleine Gruppen von ärmlichen Häusern erkennen. Die braunroten gezackten Berge erstreckten sich nahtlos weiter hinunter ins Tal, wo sie an irgendeinem Punkt ihre Nationalität änderten. Unten am Fluss gab es einen Schotterweg, die alte Straße nach Skardu.

»Die Straße führt über keinen hohen Pass, sodass sie das ganze Jahr geöffnet sein könnte, aber stattdessen ist sie jetzt bald siebzig Jahre sowohl im Sommer wie im Winter gesperrt«, sagte Anayat. »Wir stehen hier praktisch auf ehemaligem pakistanischen Territorium«, fügte er hinzu. »Bis zum Krieg 1971 verlief die Grenze gleich unterhalb unseres momentanen Standorts.«

Ich folgte Anayats Zeigefinger und sah einige flache Steinmauern am Berg. Lediglich die Grundmauern waren von der pakistanischen Grenzkaserne geblieben. Kleine Schilder warnten, dass die Gegend noch immer vermint war.

»Es kommt vor, dass Tiere hier in Stücke gerissen werden«, sagte Anayat.

Wir setzten uns wieder ins Auto, und einige Minuten später kamen wir zu einem verlassenen Dorf. Flache, viereckige Lehmhäuser standen übereinander wie bei einem Terrassensystem; viele waren teilweise eingestürzt.

»1971 wurde das Dorf geräumt«, erzählte Anayat, als wir uns den Abhang hinunterarbeiteten, den schmalen Fluss überquerten und zu einem der untersten Häuser wieder hinaufstiegen. Er wusste, wo der Schlüssel lag, und schloss auf.

»Hier drinnen wurde eine Art Museum eingerichtet«, sagte er, als wir eintraten.

Die Räume waren niedrig. Durch kleine Gucklöcher fielen Lichtstreifen ein, im Dach war ein Loch für den Rauch der Feuerstelle. Bunter Schmuck und Ohrgehänge lagen in Glasvitrinen; die Familie, die hier gewohnt hatte, musste wohlhabend gewesen sein. Wieso hatten sie den Schmuck nicht mitgenommen, als sie aufbrachen? Die Gerätschaften waren zeitlos: ein eiserner Topf, zwei Tonkrüge, eine Sense, ein Degen. Das Dorf könnte ebenso gut einhundert Jahre früher verlassen worden sein.

An einer der Wände hing die Kopie eines Briefs: »Wie geht es bei euch zu? Schreib und erzähl mir von der Familie und deinen Kindern. Ich habe viele Briefe für alle hier. Ich habe keine Antwort bekommen. Wenn ich etwas falsch gemacht haben sollte, bitte ich aus der Tiefe meines Herzens um Vergebung. (...) Sei so nett und schreib mir bald zurück; ich warte auf deine Antwort (...)«

Nach dem Krieg zwischen Indien und Pakistan 1971 behielt Indien, wie bereits erwähnt, ein paar strategische Gebiete auf der pakistanischen Seite der Kontrolllinie. Das Dorf Hundarman gehörte dazu. Einzelne Einwohner gingen auf die pakistanische Seite, während die verbleibenden Bewohner in eine Ansiedlung in Ober-Hundarman zogen und Unter-Hundarman als Zeitkapsel hinterließen.

Wir fuhren weiter nach Ober-Hundarman, das einen knappen Kilometer höher lag. Die Bebauung bestand aus einfachen, niedrigen Lehmhäusern, genau wie in Unter-Hundarman, allerdings hing hier bunte Wäsche zum Trocknen, Ziegen und Hühner liefen um die Hausecken, und Frauen warfen scheue Blicke aus Fenstern und Türöffnungen, als wir vorbeigingen. Auf einer Matte vor einem bescheidenen Haus saß ein winzig kleiner Mann mit einem langen weißen Bart und blickte über die Landschaft. Er hatte den größten Teil seiner Zähne verloren, und Runzeln zogen sich kreuz und quer über seine Haut, aber sein Körper war durchaus noch geschmeidig und beweglich. Haji Hassan hieß er, und er sagte, er sei einundachtzig Jahre alt, aber Anayat, der für mich ins Englische übersetzte, meinte, er müsse älter sein.

»Ich habe vier Kriege erlebt!«, rief Hassan und gestikulierte eifrig mit den Armen. »1947, 1965, 1971 und 1999. All diese Kriege habe ich gesehen! Ich habe auch die Abgesandten der Ostindien-Kompanie erlebt, die Herrschaft der Dogra, die Teilung, dann Pakistan und jetzt Indien!«

Er betrachtete mich mit schmalen, leuchtenden Augen.

»Sind Sie Engländerin?«, erkundigte er sich neugierig.

Ich schüttelte den Kopf.

»Sie sehen britisch aus, aber ich habe ja auch nie andere weiße Menschen als die Briten kennengelernt!« Haji Hassan lachte, dass der kleine Körper sich schüttelte. »Ich wurde in diesem Dorf geboren. Damals gab es noch kein Pakistan, und auch kein Indien! Die Dogra regierten. Sie hatten weder Polizei noch Soldaten, aber es war trotzdem eine autoritäre Herrschaft! Der Maharadscha zog gern Steuern von den Menschen ein. Viele Steuern! 1947 herrschte Krieg gleich hier beim Dorf. Die Grenze verlief genau dort unten! Unser Dorf war nicht betroffen, weil die Armee auf den Straßen marschierte, und wir hatten keine Straße. Keine Straße, keine Schule, wir hatten nichts! 1965 kam der neue Krieg! Dort oben, auf der Felskuppe, standen Soldaten. Dort oben – und dort unten!« Er beugte sich weit vor und zeigte erst über das Tal, dann nach unten.

»Wie war das Leben in Pakistan?«, fragte ich ihn.

»Wir wohnten und lebten genau wie jetzt auch, nur gehörten wir zu Pakistan!« Er lachte erneut, die Greisenaugen funkelten. »Das war kein Problem! Damals war die nächste Stadt Skardu. Wir sind oft dorthin gefahren! Dann kam 1971 ein neuer Krieg!« Haji Hassan fuchtelte erregt mit den Armen. »Wir blieben während des gesamten Kriegs in unseren Häusern, denn genau hier gab es keine Kämpfe. Fünfhundert indische Soldaten kamen hierher. Sie waren gut, die indischen Soldaten. Ihr Anführer war selbst Moslem! Danach vermuteten wir, dass wir ein Teil Indiens waren. Da hier Trockenheit herrschte, bekamen wir Lebensmittel von der indischen Armee. Jetzt ist die Unterstützung mit Lebensmitteln durch Modi gestrichen worden, aber wir haben ein gutes Verhältnis zu Indien und der Armee. Unter Indien haben wir eine Entwicklung erlebt, die es unter Pakistan nicht gab. Ansonsten gibt es eigentlich keinen großen Unterschied!«

»Wurden 1971 viele Familien geteilt?«

»Viele Familien wurden getrennt! Einzelne starben sogar an dem Schmerz, von der eigenen Familie getrennt zu sein, aber wir konnten nicht sehr viel tun. Wir mussten uns der Situation stellen, so wie sie war! Der Bruder meiner Frau lebt in Pakistan! Meine Frau und die Kinder haben deshalb oft geweint ...«

»Ein Onkel mütterlicherseits ist etwas ganz Besonderes«, warf Anayat ein. »Onkel mütterlicherseits werden in unserer Kultur als sehr wichtig angesehen.«

»Hatten Sie viele Kinder?«, fragte ich Haji Hassan. Als er sich vorstellte, hatte er erzählt, er habe einen Sohn und vier Enkelkinder. Nun sprach er von seinen Kindern im Plural.

»Ja, ich hatte insgesamt sechs!«, erwiderte er. »Vier Jungen und zwei Mädchen. Fünf von ihnen starben. Einer der Jungen starb, als er in Indien in die zehnte Klasse ging. Einer war zwölf. Einer war noch klein. Eines der Mädchen starb mit acht, die andere direkt nach der Geburt. Wir haben keinen Arzt hier, wir leben so isoliert. Meine Frau ist auch gestorben. Sie starb vor langer Zeit. Bestimmt vor zehn Jahren! Jetzt bin nur noch ich da, nur ich kann diese Geschichten erzählen! Vor zehn Jahren habe ich eine Pilgerreise nach Mekka unternommen«, fügte er hinzu. »Ich war auch in Syrien, im Irak, Iran und in Delhi! Mein ganzes Leben habe ich gearbeitet, ich habe als Weber, Maurer und Träger für die Armee gearbeitet. 1999 kam der neue Krieg!«, rief er hitzig. »Alle anderen flohen, aber wir in Hundarman blieben. Wir haben alle die indische Armee unterstützt. Der Himmel wurde ganz dunkel, so viel Granatfeuer und Bomben gab es! Wenn das Geschützfeuer einsetzte, suchten wir Schutz in einer Höhle unterhalb des alten Dorfes. Wenn wir zurückkamen, wussten wir nie, ob unsere Häuser noch standen oder nicht!«

»Werfen Sie einen Blick auf sein Haus«, forderte Anayat mich auf und zeigte auf all die Einschusslöcher in der Lehmwand. Sie saßen dicht nebeneinander, beinahe wie ein beabsichtigtes Muster. In diesem Haus hatte Haji Hassan sein ganzes Leben lang gewohnt, während Herrscher und Grenzen kamen und gingen und ein Krieg den nächsten ablöste. Von hier, von dem festgestampften Platz vor seinem Haus aus, hatte er in der ersten Reihe Aussicht auf das geopolitische Theater.

»Haben Sie Angst vor einem neuen Krieg?«, fragte ich ihn schließlich.

»Ja«, antwortete Haji Hassan. »Ich mache mir Sorgen um meine Enkel. Es wird ein neuer Krieg kommen, nichts ist sicherer!«

Ein Stück nordöstlich von Kargil liegen vier kleine Dörfer, die bis zum Krieg 1971 ebenfalls ein Teil Pakistans waren. Es erwies sich als ausgesprochen schwierig, von der indischen Seite dorthin zu gelangen, es war jedoch die einzige Möglichkeit. Von Kargil aus mussten wir zunächst fünf Stunden südöstlich bis zu dem Touristenmagneten Leh fahren, dann hatten wir den fünftausenddreihundertneunundfünfzig Meter hohen Kardung-Pass zu überqueren. Weiter ging es nordwestlich, vorbei an riesigen Buddha-Statuen und kleinen ärmlichen Klöstern, bis wir nahe der pakistanischen Grenze waren. Die Straße war ausgezeichnet, sie ist das gesamte Jahr über offen, denn sie führt zu dem ungefähr siebzig Kilometer langen Siachen-Gletscher, dem zweitlängsten Gletscher der Welt außerhalb der Polarregionen. Der Gletscher ist heute am bekanntesten als das höchste und kostspieligste Schlachtfeld der Welt. In der Friedensvereinbarung nach dem Krieg 1971 hieß es, die Grenze sollte sich im Norden bis zum Siachen-Gletscher fortsetzen, aber wie der Gletscher selbst geteilt werden sollte, wurde nicht präzisiert. Angeblich gingen die UN-Beamten davon aus, dass das Konfliktpotenzial auf dem Gletscher gering sei. Sie irrten sich. 1984 rückte die indische Armee ein und besetzte den gesamten Gletscher vor der Nase der Pakistaner, die ebenfalls geplant hatten, die Eiswüste zu okkupieren. Die Pakistaner kamen eine Woche zu spät und wurden ins Tal gedrängt. Seither liegen seit über dreißig Jahren indische und pakistanische Soldaten in ungefähr den gleichen Stellungen und bewachen eifrig das Eis in über sechstausend Metern Höhe. In unregelmäßigen Abständen kommt es zu Scharmützeln, und im Laufe der Jahre mussten über zweitausend Soldaten am Siachen-Gletscher ihr Leben lassen – die meisten von ihnen allerdings als Opfer der Launen der Natur und nicht im Gefecht.

Am späten Nachmittag erreichten wir **Turtuk** (3001 Meter über N.N.), ein Dorf mit rund dreitausend Einwohnern, das sich auf beiden Bergseiten des Shyok-Flusses erstreckt. Von der Straße aus war das Dorf so gut wie unsichtbar; die grauen flachen Lehmhäuser lagen hinter grünen Laubbäumen versteckt. Turtuk war erst vor wenigen Jahren für den Tourismus geöffnet worden – das Dorf liegt so nah an der Kontrolllinie, dass die Behörden es lange vorgezogen hatten, die volle Kontrolle über sämtliche Besucher zu behalten. Inzwischen gab es bereits Cafés, Restaurants und eine Reihe von kleinen Gästehäusern. Ich quartierte mich in dem Gästehaus ein, das mir empfohlen worden war und fragte den jungen Wirt Salim, ob jemand im Dorf Familienangehörige in Pakistan habe.

»Hier haben alle Verwandte in Pakistan«, antwortete er. »Aber Sie sollten mit Muhammed Ali sprechen, der gerade von seinem Vater aus Pakistan besucht worden ist.«

»Gibt es jemanden, der Englisch spricht und mir beim Dolmetschen helfen kann?«

»Ich fürchte, nur ich«, antwortete Salim. Er begleitete mich auf die andere Seite des Flusses, wo Muhammed Ali in einem niedrigen Lehmhaus in einer engen Gasse wohnte, und klopfte an. Kurz darauf tauchte Muhammed Ali in der Türöffnung auf. Über dem schmutzigen Kaftan trug er ein großes braunes Jackett und eine Daunenjacke. Die Lippen waren aufgesprungen, das Haar grau, und das lange, schmale Gesicht voller tiefer Runzeln. Er bat uns nicht herein, sondern zeigte auf eine Steinplatte direkt vor dem Haus. Dort sollten wir Platz nehmen.

»Drinnen ist alles voller Kinder«, klagte er. »Dort kann man sich unmöglich in Ruhe unterhalten.«

Er hatte fünf Söhne und zwei Töchter. Salim erklärte ihm mein Anliegen.

»1971 war ich erst vier Jahre alt, vielleicht auch fünf oder sechs, ich weiß es nicht genau, jedenfalls war ich klein, daher erinnere ich mich nicht an sehr viel aus dieser Zeit«, sagte Muhammed.

Ein Esel und eine Kuh kamen auf uns zu. Die Kuh blieb stehen und sah uns zögernd an, wurde aber von einem der Söhne Muhammeds schnell wieder in den Stall gescheucht.

»Drei Tage vor Ausbruch des Krieges machten sich meine Eltern auf den Weg nach Khaplu, rund siebzig Kilometer von hier«, erzählte Muhammed. »Meine Mutter hatte Gliederschmerzen, und in Khaplu gab es eine heiße Quelle, die gut für sie war. Als meine Eltern dort waren, begann der Krieg. Am Ende des Krieges war Turtuk ein Teil Indiens. Meine Eltern befanden sich auf der pakistanischen Seite der Grenze und konnten nicht wieder nach Hause. Ich erinnere mich an sie nur von Fotos. Mein Onkel und seine Frau haben sich dann um mich und meine beiden Brüder gekümmert.«

Muhammed räusperte sich und blickte düster vor sich hin. Die Worte kamen langsam, als müsste er sie von einem weit entfernten Ort holen.

»Einige Jahre später erfuhren wir, dass unsere Mutter gestorben war. Da war ich neun Jahre alt. Wir erfuhren von ihrem Tod durch einen Brief, der an einige andere Dorfbewohner gerichtet war. Mein Vater hat in Pakistan erneut geheiratet und hat noch drei Kinder bekommen, zwei Söhne und eine Tochter. Ich habe sie nie kennengelernt. 2014 begegnete ich meinem Vater zum ersten Mal wieder. Einer meiner Söhne fuhr zur Grenze, um seinen Großvater zu empfangen. Ich traf ihn in Leh.«

Er lächelte vorsichtig, wurde aber gleich wieder ernst.

»Ich war glücklich über die Begegnung mit meinem Vater, aber auch traurig, weil er so alt geworden war. Als ich ihn endlich wiedersah, war er zu einem Greis mit weißem Bart und Stock geworden, sechsundachtzig Jahre alt. Während er hier war, wusste ich die ganze Zeit, dass er nicht länger als drei Monate bleiben durfte. Nach drei Monaten musste er zurück nach Pakistan. Daher habe ich die erste Begegnung mit meinem Vater mit gemischten Gefühlen erlebt.«

»Es muss seltsam gewesen sein, Ihren Vater nach so langer Zeit zu treffen, nachdem Sie nur mit ihm telefonieren konnten«, bemerkte ich.

»Ich hatte vorher nie mit ihm gesprochen«, sagte Muhammed. »Wir bekamen hier erst 2006 eine Telefonleitung, aber auch das nützte nichts, weil es nicht möglich ist, von hier aus in Pakistan anzurufen.«

Er blickte zu Boden.

»Ich bin wütend auf die Grenzbehörden«, sagte er leise. »Aufgrund von ein paar Strichen auf der Landkarte kann ich meinen Vater nicht treffen. Von hier nach Skardu dauert es mit dem Auto nur viereinhalb Stunden, aber es ist nicht möglich, die Kontrolllinie zu überqueren. Mein ganzes Leben ist von der Teilung 1971 geprägt. Wäre mein Vater hier gewesen, hätte er mir Ratschläge geben können, als ich älter und dann erwachsen wurde. Aber ich hatte niemanden, der mir helfen konnte. Mein Leben war schwierig.«

»Was ist Ihr größter Wunsch?«, wollte ich wissen.

»Ich wünsche mir einen Ort an der Grenze, wo wir unsere Verwandten treffen können, sodass sie nicht hierherkommen und wir nicht nach Pakistan reisen müssen. Einen Ort, an dem man sich begegnen kann. Das ist mein einziger Wunsch.«

»Ich hoffe, Ihr Wunsch geht in Erfüllung«, sagte ich und hörte sofort, wie hohl meine Worte klangen. Nicht, weil ich es nicht so meinte, sondern weil ich nicht glaubte, dass es so kommen würde, so bescheiden der Wunsch auch war.

»Nachdem mein Vater zurück nach Pakistan gereist ist, habe ich das Bett, in dem er geschlafen hat, drei Monate nicht angerührt«, sagte Muhammed. »Ich ließ es so, wie er es verlassen hatte. Als er abfuhr, gab er mir diese Jacke.«

Er zeigte auf das braune Jackett, das er unter der Daunenjacke trug.

»Ich trage es jeden Tag, ich ziehe es nur aus, wenn ich schlafen gehe. Ich habe es noch nie gewaschen. Ich will nicht, dass es den Geruch meines Vaters verliert.«

Von Göttern und Männern

Leh (3500 Meter über N.N.) war wie ein Disneyland im Himalaya. Souvenirläden und Reisebüros lagen dicht nebeneinander, und man hatte den Eindruck, als würden die Reiseveranstalter sich in Klischees übertreffen wollen: *Mystic Ladakh Tour, Ladakh Exotic Tour, Authentic Ladakh Tour, Marvels of Ladakh, Ladakh – the last Shangri-La, Discover the Secrets of Ladakh* ... Weniger spirituell orientierte Touristen wurden mit Angeboten für Paragliding und Offroad-Motorradtouren mit »garantiertem Adrenalinkick« gelockt. Die reichlich vorhandenen Läden mit Wander- und Trekkingausrüstung warben mit spottbilligen Kopien der teuersten Markenwaren, während die Cafés Bananenpfannkuchen, Milkshakes, Pizza, Spaghetti und »echten Kaffee« anboten. An jeder Ecke gab es eine *German Bakery* – ein sicheres Zeichen, dass man im Himalaya ein Touristenmekka erreicht hatte. In den Gassen der Händler wimmelte es von Ausländern, viele von ihnen so sportlich, dass sie auch in der Stadt mit Wanderstöcken gingen. Sie trugen die anspruchsvollste Trekkingkleidung, die sich für Geld kaufen ließ. Die antimaterialistischen Gegenparts der Freiluftmenschen, die ebenfalls zahlreich vorhanden waren, schlurften in kunterbunter, locker sitzender Kleidung und einem seligen Lächeln um den westlichen Mund umher. Die Dreadlocks waren vermutlich kaum einmal gewaschen worden, seit ihre Träger den Einreisestempel nach Indien bekommen hatten.

Bis vor nicht allzu langer Zeit war Leh nur den zähesten und ausdauerndsten Abenteurern vorbehalten gewesen. Die Hauptstadt Ladakhs liegt eingeklemmt zwischen dem Karakorum und dem Himalaya-Gebirge, südlich der umstrittenen Region Aksai Chin und der ebenso umstrittenen chinesischen Grenze. Kulturell ist Ladakh eng mit Tibet verbunden, politisch wird heute aber in Delhi entschieden. Die Ladakh-Region, die auch gern »Klein-Tibet« genannt wird, war seit dem 19. Jahrhundert ein Teil von Indien, doch die Bewohner dieser Ecke des Himalaya hatten im Großen und Ganzen mehr Kontakt zu den Nachbarvölkern als zur indischen Staatsmacht. Aufgrund der strategischen Lage an der Kreuzung zwischen Tibet und Xinjiang im Norden, Baltistan in Nord-Pakistan im Westen und Kaschmir im Süden war Leh eine wichtige Station für die Handelskarawanen im Himalaya. Von Leh aus wurden lokale Produkte wie Wolle, Salz und getrocknete Aprikosen sowie indische Waren wie Baumwollstoffe, Perlen, Gewürze, Reis, Zucker und Tabak exportiert. Geld spielte dabei eine eher seltene Rolle, die Waren wurden meist gegen andere Waren getauscht.

Nach der Teilung von Indien und Pakistan 1947 und Chinas Okkupation von Tibet 1950 wurde Ladakh kulturell und geografisch isoliert. Für Menschen wie mich und die anderen Ausländer, die es sich mit Bier und Cappuccino in den Straßencafés von Leh gut gehen ließen, ist die Welt in den letzten Jahrzehnten zugänglicher denn je geworden – dank Billigflügen und Pässen, die sozusagen überall Zutritt verschaffen. Für die einheimische Bevölkerung, die jahrhundertelang Berge und Täler überqueren musste, um Waren zu tauschen, ist die Welt hingegen kleiner geworden und voller Schranken, obwohl Straßen und Transportmöglichkeiten nie besser waren.

Heute ist es beinahe *zu* einfach, nach Leh zu kommen. Bevor die Straße 1950 fertig wurde, dauerte die Reise von Srinagar nach Leh mehr als zwei Wochen – nun lässt sie sich in einem Auto an einem einzigen Tag oder einigen wenigen Stunden im Flugzeug bewältigen. Die Höhenkrankheit ist ein üblicher Nebeneffekt der modernen Transportmittel, denn Leh liegt dreieinhalbtausend Meter über dem Meeresspiegel, beinahe so hoch wie Lhasa, die Hauptstadt von Tibet. Obwohl ich langsamer gereist war als die meisten, spürte ich doch die Höhe. Es rumorte die ganze Zeit leicht hinter den Schläfen, und ich geriet bei der geringsten Anstrengung außer Atem. Nachdem ich eine Weile durch die geschäftigen Straßen der Händler gelaufen war, machte ich kehrt, das Hotelbett rief.

An der Rezeption saß ein kleines französisches Mädchen mit einer gewaltigen Sauerstoffmaske auf dem Gesicht. Man sah die

Streifen, die die Tränen auf ihren Wangen hinterlassen hatten, ihre Mutter hielt sie im Arm und forderte sie auf, tief und ruhig zu atmen. Im Garten des Hotels lernte ich einen großen, sehnigen Schweden kennen. Er hatte schulterlange weiße Haare, einen kurzen Bart und trug ein T-Shirt mit einer Startnummer des Ladakh-Marathons. Steif bewegte er sich auf einen der Tische in der Sonne zu und sank stöhnend auf einen Stuhl.

»Oh, verflucht, das war der brutalste Marathon, den ich je gelaufen bin«, stieß er aus. »Noch brutaler als der in der Antarktis.«

»Aufgrund der Höhe?«, vermutete ich.

»Nein, nein, ich war ja akklimatisiert, aber es war nur so *jävligt kuperat*.* Die letzten fünf Kilometer ging es bergauf. Keiner ist das letzte Stück gelaufen, alle sind gegangen. Einige sind gekrochen.«

Der Schwede hieß Håkan Jonsson, ein achtundsechzig Jahre alter Radiologe, der den größten Teil seiner Freizeit nutzte, um Marathons an seltsamen Orten zu laufen und Geld gegen die Kindersterblichkeit in Südafrika zu sammeln.

»Haben Sie irgendwelche Tipps für andere Orte, wo ich Marathon laufen kann?«, fragte er und trank einen Schluck aus seiner Bierdose. »Ich bin bereits auf allen Kontinenten gelaufen. Es gibt einen Plan, wo man innerhalb einer Woche auf sämtlichen Kontinenten Marathon laufen kann, aber ich glaube, das schaffen vermutlich nur die härtesten Teams.«

Er lud mich an seinen Tisch ein, und wir unterhielten uns über dieses und jenes. Ich erzählte von meinen letzten Reisen, und als ich die Mongolei erwähnte, erstrahlte ein Leuchten auf seinem Gesicht.

»Ich wollte schon immer mal die Mongolei besuchen«, sagte er. »Vielleicht gibt es dort ja auch einen Marathonlauf?«

Håkan suchte bereits im Internet.

»Tatsächlich, es gibt einen, aber der findet im Winter statt«, sagte er enttäuscht. »Nachdem ich sowohl am Südpol wie am Nordpol Marathons gelaufen bin, glaube ich nicht, dass ich in die Mongolei

---

* verdammt hügelig

reisen will, um auf Eis und Schnee zu laufen. Es ist *jävligt** schwer, auf Schnee zu laufen.«

Ich fand keinen Grund, ihm zu widersprechen.

Der Palast von Leh liegt auf einer Felskuppe mit Sicht über das Zentrum. Die sperrige Konstruktion ist aus Holz, Stein und Lehm gebaut, neun Stockwerke hoch und erinnert sehr an den Potala-Palast in Lhasa, der ungefähr in derselben Epoche fertiggestellt wurde. Das Gebäude wurde im 17. Jahrhundert während der Regierungszeit von Sengge Namgyal gebaut, der als »Der Löwenkönig« bekannt wurde. Er war der Sohn einer muslimischen Prinzessin aus der Nachbarregion Baltistan im Westen, wurde selbst allerdings ein überzeugter Buddhist, der im Laufe seines Lebens in seinem ganzen Reich Klöster renovieren und bauen ließ. Die Nachkommen des Löwenkönigs wohnten noch mehr als zweihundert Jahre in dem Palast, bis Ladakh 1834 von den Sikhs annektiert und die lokale Königsfamilie hinausgeworfen wurde. Sie sind seither nicht wieder eingezogen.

Vom Dach aus hatte man eine Panoramasicht über die Stadt und die bläulichen Berge, die sie umkränzten. Von hier aus sah die Stadt erstaunlich klein aus, die geschäftigen Ladengassen glichen kurzen Stummeln.

Etwa vierzig Kilometer außerhalb von Leh liegt das Hemis-Kloster, eines der Klöster, die durch den Löwenkönig seine einstige Größe zurückbekammen. Heute ist das Hemis-Kloster eines der größten und reichsten Klöster der Region. Wie so viele vor mir wollte ich dort auf die Jagd nach dem geheimen Testament von Jesus gehen – allerdings ohne große Hoffnungen, es zu finden.

1894, fünf Jahre, bevor der selbst ernannte Prophet Mirza Ghulam Ahmad seine Theorie lancierte, Jesus sei nicht am Kreuz gestorben, sondern liege in Srinagar begraben, erschien das Buch *Die Lücke im Leben Jesu* über das unbekannte Leben von Jesus Christus in Indien und Tibet. Der Autor war der russische Abenteurer

* verdammt

Nicolas Notowitsch, der beschreibt, wie er auf einer Reise durch Ladakh einige Jahre zuvor im Hemis-Kloster auf ein geheimes, goldenes Buch stieß, das beschrieb, wie Jesus oder Issa, wie die buddhistischen Mönche ihn nannten, in Indien umhergereist sei und als junger Mann den Hinduismus und Buddhismus studiert habe. Der Abt sei zunächst zurückhaltend gewesen und habe ihm das Buch nicht zeigen wollen, behauptet Notowitsch, denn es sei nur hochstehenden Lamas zugänglich. Auf dem Rückweg nach Leh brach sich Notowitsch bei einem Reitunfall den Fuß und musste drei Tage im Kloster bleiben, um sich zu erholen. Um den Rekonvaleszenten zu unterhalten, holte der Abt Issas Biografie und las ihm daraus vor. In der kurzen Zeit, die er im Kloster verbrachte, gelang es Notowitsch auf wundersame Weise, eine Übersetzung zu verfassen, die er komplett in seinem Buch wiedergab. Hauptsächlich geht es darin um Issas Jahre in Indien. Bereits im vierten Kapitel reist der vierzehnjährige Jesus nach Osten: »Heimlich verließ Issa das Haus des Vaters, ging aus Jerusalem fort und schloss sich einer Gruppe Händler auf dem Weg nach Sindh an. Er wollte seine Kenntnisse über Gottes Wort perfektionieren und die großen Buddhas studieren.«

Die nächsten fünfzehn Jahre reist Jesus in Indien herum, behauptet Notowitsch, lernt Sprache und Gebräuche und versucht, die Buddhisten und Brahmanen, denen er begegnet, zu überzeugen, dass es nur einen ewigen, unteilbaren Gott gibt. Dann reist er zurück nach Palästina und wird gekreuzigt.

Während seiner Expedition hatte Notowitsch einige Fotos gemacht, erklärt er in seinem langen Vorwort, aber als er zurück im Flachland war, bemerkte er zu seinem Entsetzen, dass sämtliche Negative zerstört waren. Das verhinderte nicht, dass sein Buch eine Sensation wurde. Von der französischen Erstausgabe wurden im Erscheinungsjahr elf Auflagen gedruckt, und die Nachricht von den aufsehenerregenden Klosterschriften brachte es zu einem groß aufgemachten Artikel in *The New York Times*. Schon bald kursierten allerdings Zweifel am Wahrheitsgehalt von Notowitschs unglaublicher Geschichte. Die freundlichsten Kritiker meinten, die Lamas in Ladakh hätten sich wohl damit amüsiert, einem naiven westlichen Reisenden Räuberpistolen zu erzählen, ein paar Forscher machten sich allerdings auch die Mühe, Kontakt zu dem Abt im Hemis-Kloster aufzunehmen. Sie wurden von diesem darüber informiert, dass das Kloster seit fünfzehn Jahren keinen Besuch mehr von Europäern hatte und Notowitschs Buch eine reine Lüge war. Die Theorie, dass Jesus den größten Teil seines erwachsenen Lebens in Indien verbracht haben soll, hat dennoch überlebt. Immer wieder erscheinen Bücher, die behaupten, Jesus sei in den mystischen Jahren, über die die Bibel schweigt, in Indien gewesen. Der Gedanke, dass er vielleicht nur zu Hause bei seinen Eltern lebte und eine Tischlerlehre absolvierte, ist unbestritten weniger spannend.

Die in Rot und Weiß gestrichenen Klostergebäude waren groß und gepflegt, sie bildeten ein strenges Rechteck um einen offenen Platz. Im Klostergarten wimmelte es von jungen Mönchen, und in einer Ecke stand eine Gruppe Frauen in schwarzen Wollkleidern, vertieft ins Gespräch. Ich ging in die gut sortierte Buchhandlung des Klosters, aber Notowitschs Buch war unter all den Ausgaben über den Dalai Lama und die buddhistische Philosophie nicht zu finden.

»Haben Sie irgendwo das Buch von Notowitsch?«, fragte ich den Mönch an der Kasse. Er schüttelte den Kopf, von Notowitsch hatte er noch nie gehört. Ich ging zurück in den Klostergarten und fragte einen der Mönche, der im Schatten saß und sich unterhielt, ob er schon einmal von Notowitsch gehört hätte. Hatte er nicht. Ich hatte es beinahe schon aufgegeben, jemanden zu finden, der mir weiterhelfen konnte, als ich einen dritten Mönch fragte, einen großen, schlanken Mann in den Dreißigern, ob er möglicherweise von dem russischen Abenteurer gehört hatte.

»Ja, natürlich habe ich von Notowitsch gehört«, antwortete der Mönch. »Ich besitze auch sein Buch.«

»Ist es wahr, was in seinem Buch steht?«

»Natürlich, alles ist wahr«, erklärte der Mönch. »Sie sind nicht die Erste, die fragt. Im Laufe der Jahre sind viele Russen hierhergekommen und haben sich nach Notowitsch und Jesus erkundigt, und daher habe ich eines Tages meinen Lehrer, den Abt, gefragt, ob es wirklich wahr sei, dass Jesus hier gelebt hat. Er sagte, natürlich sei es wahr. Jesus meditierte in derselben Höhle wie Padmasambhava in dem Berg oberhalb des Klosters. Zu der Zeit gab es hier natürlich noch kein Kloster, aber es war bereits damals ein heiliger Ort. Sie können selbst zur Höhle gehen, wenn Sie wollen.«

»Das Manuskript über das Leben Jesu gibt es also hier im Kloster?«

»Ja, in der Bibliothek.«

»Haben Sie es gesehen?«

»Nein, nur der Abt darf es sehen.«

»Ist es möglich, den Abt zu sprechen?«

»Er ist in Tibet, das ist also schwierig.«

»Ich werde bald in Tibet sein. Vielleicht könnte ich ihn dort treffen?«

»Sie können es versuchen, aber es wird schwierig«, wiederholte der Mönch. »Die Chinesen behalten Touristen gut im Auge.«

»Haben Sie Notowitschs Buch gelesen?«

»Nein, leider nicht«, antwortete der Mönch. »Meine Ausgabe ist auf Russisch.«

»In der Kirche sind viele mit dem Inhalt von Notowitschs Buch nicht einverstanden, und auch in der Bibel steht nichts darüber, dass Jesus in Indien gewesen ist«, argumentierte ich.

»Die Bibel haben wir auch in unserer Bibliothek«, erwiderte der Mönch. »Wir haben dort alle Arten von religiösen Büchern. Es gibt im Übrigen viele, die glauben, dass Jesus in Indien gewesen ist. Haben Sie mal versucht, es zu googeln? Wenn Sie auf Google suchen, werden Sie viele Einträge finden, dass Jesus hier war. Für mich ist ohnehin am wichtigsten, dass mein Lehrer es bestätigt hat. Hätte er nicht gesagt, es ist wahr, würde ich auch nicht sagen, dass Jesus hier war, aber da mein Lehrer gesagt hat, es sei die Wahrheit, kann ich hier stehen und sagen, es stimmt. Jesus ist hier gewesen.«

Verblüfft verließ ich das Kloster. Tatsächlich hatte ich keine Bestätigung von Notowitschs Theorie erwartet. Nun gut, bestätigt ist vielleicht auch zu viel gesagt. Eventuell abgesehen von dem Abt, den ich nicht hatte sprechen können, hatte offenbar niemand das mysteriöse Manuskript mit eigenen Augen gesehen. Es gab lediglich diese zweifelhafte Expressübersetzung eines nicht sonderlich seriösen russischen Entdeckungsreisenden. Der Mythos blüht und gedeiht, ebenso wie der Mythos, dass Jesus in einem Grab in Srinagar liegt. Der ganze Himalaya ist voll von derartigen Mythen, nicht nur über den Erlöser der Christenheit, sondern auch über schwebende Lamas, abscheuliche Yetis und vergessene Paradiese in Tälern, in denen die Einwohner in glücklicher Harmonie leben und nicht von weltlichen Schwächen wie Alter und Krankheit geplagt werden.

Die westliche Vorstellung, dass sich in den nebligen, eisbedeckten und unzugänglichen Bergen Asiens tiefe Geheimnisse, Magie und Menschen mit ganz besonderen Einsichten verbergen, reicht weit zurück und wurde verstärkt durch die Abgeschlossenheit der Königreiche im Himalaya. Bis Mitte des vorigen Jahrhunderts waren Nepal, Bhutan und vor allem Tibet für Ausländer so gut wie hermetisch abgeschlossen. Dieses Faktum wirkte natürlich nur besonders stimulierend auf altgediente Entdeckungsreisende: Lhasa wurde zum ultimativen Ziel. Tibet war der weiße Fleck auf der Karte, das Märchenland östlich der Sonne und westlich des Monds, ein Märchenschloss. Bis weit ins 20. Jahrhundert unternahmen westliche Abenteurer lebensgefährliche Versuche, nach Lhasa zu gelangen – verkleidet als Bettelmönche und Handelsreisende, die gebeutelt von den Elementen zu Fuß über das Gebirgsplateau wanderten. So gut wie niemandem gelang es, doch die wenigen, die es schafften, konnten sicher sein, für den Rest ihres Lebens sichere Einnahmen aus Bücherverkäufen und Vortragsreisen zu haben.

Man musste nicht notwendigerweise in sechstausend Metern Höhe gefroren, sich blutige Scheuerwunden an den Füßen geholt und mit getrocknetem Yak-Fleisch ernährt haben, um auf der Tibet-Welle zu surfen. So unersättlich war das westliche Publikum, dass es so gut wie alles schluckte, was sich mit dieser Region befasste.

1956 erschien in Großbritannien das Buch *Das dritte Auge*, in dem der Autor, ein Lama namens T. Lobsang Rampa, über seine Jugend in Tibet erzählt. Er sei in einer reichen Familie zur Welt gekommen, schrieb er, aber als Siebenjähriger in ein Kloster geschickt worden. Das Klosterleben war hart, aber er wies bereits früh außergewöhnliche Fähigkeiten auf. In seinem Buch berichtet er detailliert über die Operationen, die die älteren Lamas eines Tages an ihm durchführten, als sie ihm ein kleines Loch zwischen die Augen bohrten und somit das dritte Auge öffneten. Das Buch wurde sofort ein enormer Bestseller.

Heinrich Harrer, ein österreichischer Bergsteiger, der zu den wenigen gehörte, die damals in Tibet gewesen waren, glaubte nicht an Rampas Geschichte. Er selbst hatte sieben Jahre in Tibet zugebracht, nachdem er 1944 über die Berge geflohen war, um der britisch-indischen Gefangenschaft zu entgehen. Er war einer der engsten Vertrauten des Dalai Lama geworden. Harrer heuerte einen Privatdetektiv an, der die Angelegenheit untersuchen sollte, und der Detektiv fand heraus, dass Rampa in Wahrheit Cyril Henry Hoskins hieß und ein ehemaliger Klempner von der Südküste Englands war. Hoskins war nie in Tibet gewesen – er hatte nicht einmal einen Pass – und sprach kein Wort Tibetisch. In seinem dritten Buch, *Die Rampa-Story*, erklärte der Klempner dann, wie alles zusammenhing: Eines Tages sei er in einen Baum im Garten geklettert, um eine Eule zu fotografieren. Er fiel herunter, wurde ohnmächtig, und als er wieder zu sich kam, sah er einen buddhistischen Mönch auf sich zukommen. Der Mönch war T. Lobsang Rampa, dessen Körper nach vielen unmenschlichen Proben erschöpft war. Rampa wollte daher gern in Hoskins Körper übergehen, und Hoskins, der in seinem Leben nicht so viel hatte erdulden müssen, war einverstanden und ließ Rampas Seele großzügig bei sich einziehen.

Rampa verfasste weitere siebzehn Bücher in seinem Klempner-Körper, und sie alle verkauften sich wie geschnitten Brot. *Das dritte Auge* ist bis heute das meistverkaufte Buch über Tibet in der Geschichte Großbritanniens.

Ein überfüllter Kleinbus brachte mich weiter nach Süden in den Urlaubsort Manali im Bundesstaat Himachal Pradesh. Als wir an der Busstation in Leh losfuhren, ging die Sonne unter, und schon bald waren wir von Dunkelheit umgeben. Der Abend wurde zur Nacht, und ich fror auf meinem Sitz. Wir mussten zwei Bergpässe überwinden; der Kleinbus humpelte und rumpelte über die matschige, schmale und kurvige Straße. Tatsächlich gehörte die Straße zu den dramatischsten in Indien, ebenso wie die Landschaft, aber ich nahm nichts anderes wahr als Grabenränder, die von entgegenkommenden Fahrzeugen erleuchtet wurden. Der Fahrer ließ die ganze Nacht über laute Musik laufen, eine eklektische Mischung aus indischer Popmusik und buddhistischer Meditationsmusik. Ich stopfte mir Stöpsel in die Ohren, knöpfte die Jacke so gut es ging zu und zog die Mütze über den Kopf. Phasenweise konnte ich auch schlafen, doch dann hielten wir an einem weiteren Kontrollposten, und der Fahrer schaltete das Licht ein und verlangte eine weitere Kopie meines Passes. Bevor ich wieder einschlief, dachte ich an all die Reisenden aus dem Westen, die noch immer nach Osten und in den Himalaya aufbrechen, auf der Suche nach geistiger Ruhe, Harmonie und spirituellen Einsichten, von denen sie meinen, dass sie zu Hause nicht zu finden sind. Die Literatur über den Himalaya kann grob in zwei Genres eingeteilt werden: Die Bücher handeln entweder von lebensgefährlichen Versuchen, den einen oder anderen Gipfel zu besteigen, oder von den Versuchen, die Abgründe und Gipfel der Seele zu begreifen – vornehmlich die eigenen Abgründe und Gipfel des Autors.

Dann kam der Schlaf, und schwebende Lamas, abscheuliche Yetis und verbissene Passkontrolleure überlagerten einander.

Als der Morgen graute, erwachte ich und stellte fest, dass ich mich in der Schweiz befand. Die steilen Berge, die zum Tal hin flacher wurden, waren nicht mehr braun und öde, sondern grün, üppig und mit Wald bewachsen. Die Region Kullu, die jahrhundertelang ein eigenes Königreich war, wurde erst nach 1947 mit dem übrigen Indien durch eine Straße verbunden. Die Frauen trugen bunte Kopftücher, viele Männer runde, bestickte Filzkappen. Im

Laufe meiner Reise im Himalaya sollte ich, wenn ich meinem Atlas Glauben schenkte, insgesamt fünf Länder besuchen, doch in Wahrheit bin ich in weit mehr Ländern gewesen. Kaum war ich in einem neuen Tal, stieß ich auf neue Kleidungsstücke und Baustile, andere Götter und eine ganz andere Sprache.

In **Manali** (2050 Meter über N.N.) gab es noch mehr Hotels als in Leh. Die meisten von ihnen hatten indische Touristen zu Gast, die hierherkamen, um die Berge und die frische, saubere Luft zu genießen.

Und um Haschisch zu rauchen.

Es heißt, das beste Cannabis der Welt wird in dem Bergdorf **Malana** (2652 Meter über N.N.) angebaut, rund achtzig Kilometer von Manali entfernt. Der Fahrer war noch nie dort gewesen, sonst hätte er der Fahrt wohl kaum zugestimmt. Die letzte Stunde ging es in einem steilen Tal auf einer schmalen, steinigen Straße abwärts und aufwärts; Steine polterten und schrammten gegen den Unterboden des Wagens. An mehreren Stellen hatte es große Steinlawinen gegeben, und der Fahrer musste an Felsblöcken vorbeimanövrieren, indem er ganz außen am Straßenrand balancierte, mit freier Sicht auf den schäumenden Fluss tief unten.

»Ziemlich gefährliche Straße«, bemerkte er vielsagend. Es war das erste Mal, dass ich einen Inder über den Zustand einer Straße klagen hörte.

Den Beginn des Weges hinauf ins Dorf markierte ein geschwungenes Portal. Früher musste man tagelang laufen, um Malana zu erreichen, aber dank eines neuen Damms und der dadurch entstandenen riskanten Straße dauert es nur eine knappe Stunde, um dorthin zu kommen. Treppenstufen aus Beton führen hinauf zum Dorf. Auf dem Weg nach oben kam ich an drei indischen Touristen vorbei, die in einer Kurve saßen und schwer atmeten. Am Eingang des Dorfes stand ein kleiner Kiosk. Haschischrauch hing schwer über der Bude und dem jungen Burschen, der dort bediente.

»Willst du Malana Cream haben?«, fragte er lächelnd und bot mir einen ordentlichen Klumpen Haschisch an.

»Nein, danke«, lehnte ich höflich ab.

»Was ist mit Abendessen? Limonade? Schokolade? Übrigens, willst du übernachten? Ich kenne da ein kleines Gästehaus am Ende des Dorfes.« Er sah mich mit rot unterlaufenen Augen an.

»Ich will nicht übernachten«, erwiderte ich. »Stimmt es, dass die Einwohner des Dorfes Nachfahren der Soldaten Alexanders des Großen sind?« Ich hatte alles gelesen, was ich im Internet über Malana finden konnte, und in allen Artikeln und Blogs stand, die Einwohner von Malana meinten, sie seien die Nachfahren von Alexanders Heer und hätten daher so viele besondere Regeln.

»Alexander wer?«, fragte der Verkäufer verwirrt.

»Des Großen.«

»Nein, nein, wir sind keine Nachkommen des Großen, wir sind Nachkommen unseres Gottes, Jamadagni Rishi.«

Ich dankte für die Information und ging weiter ins Dorf.

Ich achtete darauf, genau dem vorgegebenen Weg zu folgen, der durch das Dorf führte, ich hatte Angst vor einem Fehltritt, da es allen Besuchern, vor allem Ausländern, streng verboten war, die Wege zu verlassen. Von außen gesehen sah Malana beinahe aus wie ein gewöhnliches indisches Dorf, mit zwei, drei Meter hohen Häusern aus Stein und Holz, die mit Blechdächern in fröhlichen Farben gedeckt waren. Das Dorf war belebt, ich kam immer wieder an Gruppen von Männern und Frauen vorbei, die sich miteinander unterhielten, aber niemand erwiderte mein Lächeln. An einer großen Holzplattform, die der Tanzplatz des Dorfes sein musste, wurde in voller Lautstärke indische Popmusik gespielt. Ein großes gelbes Schild informierte auf Hindi und Englisch, dass das Berühren des Tempels dreitausendfünfhundert Rupien Bußgeld kostete.

Niemand beachtete mich. Ich war unsichtbar. Es war ein sonderbares Gefühl, nachdem ich in den letzten beiden Monaten unablässig beachtet worden war. Frauen und sogar Kinder traten irritiert zur Seite, wenn ich auf sie zukam, ansonsten übersahen sie mich komplett. Da ich mich im Vorfeld gründlich informiert hatte, wusste ich, dass es so kommen würde, dennoch war es seltsam und unangenehm. Ich nahm mich zusammen, ging auf eine

Gruppe von Männern zu und fragte, ob jemand von ihnen Englisch spreche, aber sie machten sich nicht einmal die Mühe, mir zu antworten.

Ich war beinahe den Tränen nahe, als ich auf die drei Inder stieß, an denen ich beim Aufstieg vorbeigegangen war. Sie kauften gerade drei kleine Brocken Malana Cream von einem Mann mittleren Alters. Die Inder grüßten mich freundlich, und ich fragte sie, ob sie mir mit Übersetzen behilflich sein könnten. Dazu waren sie gern bereit, und ich bat sie, den Verkäufer zu fragen, ob er mir etwas über die Malana-Kultur erzählen könnte.

»Ich kann nicht sehr viel über den Ort sagen, denn wir sind ein zurückhaltendes und zurückgezogen lebendes Volk«, erwiderte der Verkäufer, der Moti Ram hieß und einundvierzig Jahre alt war. Moti war der Erste im Dorf, der zwölf Jahre zur Schule gegangen war, daher genoss er großen Respekt.

»Wir haben unseren eigenen König«, erklärte er. »Wir gehören nicht zur indischen Demokratie. Sie haben bestimmt die Schilder bemerkt, dass Sie ein Bußgeld zu zahlen haben, wenn Sie unsere Tempel berühren? Wir dürfen den Tempel ebenfalls nicht anfassen. Nur zehn Männer, die alle anderthalb Jahre gewählt werden, dürfen in den Tempel hineingehen. Und nur diese zehn Männer können Hasch aus unseren Cannabispflanzen herstellen. Laut unserem Glauben kam der Mogulkönig Akbar hierher. Er stahl unsere Schätze und verschwand mit ihnen, aber er wurde krank und musste hierher zurückkommen. So wurde er unser König. Wir haben einen eigenen Gedenktag für ihn, an dem wir fasten. An einem Tag im Jahr beten wir Akbar wie einen Gott an. All die anderen Tage ist er unser König. Wir haben auch unsere eigene Sprache, Kanashi, aber alle können auch Hindi.«

»Warum dürfen Sie keine Ausländer berühren?«, wollte ich wissen.

»Das Problem mit Ausländern ist, dass wir nie wissen, welcher Kaste sie angehören«, erklärte Moti. »Sie selbst wissen es nicht einmal. Wir gehören der Thakur-Kaste an, sie steht direkt unter den Brahmanen. Die Inder sind dagegen wie wir, daher dürfen wir sie berühren. Ich kann auch Sie mit der Hand berühren, aber dann muss ich mir auf jeden Fall die Hand waschen, bevor ich mein Haus betreten darf. Unsere Häuser sind heilig.«

»Stimmt es, dass die Einwohner Malanas Nachkommen der Soldaten Alexanders des Großen sind?«

»Das ist ein Mythos, der außerhalb des Dorfes erfunden wurde«, antwortete Moti. »Die Leute lieben gute Geschichten, aber in uns fließt kein griechisches Blut. Wir sind Inder.«

»Das steht so aber nicht im Internet über euch!«, wandte der junge Inder ein, der für mich dolmetschte.

»Alles, was über uns im Internet steht, ist falsch«, erwiderte Moti ruhig. »Die Haupteinnahmequelle hier ist Haschisch«, erklärte er weiter. »Wir haben aber auch Kühe. Und Honig. Am liebsten verkaufe ich Honig. Für 11,6 Gramm Haschisch nehmen wir fünfzig Euro. In Amsterdam wird es für zweihundertfünfzig Euro pro Gramm verkauft. Cannabis ist in Indien verboten, aber für uns ist es heilig.«

Nicht alle Legenden vertragen eine Konfrontation mit ihren Protagonisten. Der Mythos, dass die tief religiösen Einwohner von Malana Nachkommen Alexanders des Großen sind, wird trotzdem weiterleben, so wie alle guten und aufregenden Geschichten ihr Eigenleben führen. Wollte man all diesen Geschichten glauben, dann hinterließen die virilen Soldaten Alexanders des Großen blauäugige Nachkommen in großen Teilen des eurasischen Kontinents; eine Heerschar von griechischen Genen erstreckt sich angeblich wie ein blondes Band vom Schwarzen Meer bis in die Bergtäler des Himalaya.

Als ich das Dorf verließ, blieb ich bei dem kleinen Kiosk stehen, um eine Tüte Chips zu kaufen. Ich wollte den Verkäufer bezahlen, aber er weigerte sich, das Geld anzunehmen.

»Du musst es auf die Erde legen«, sagte er.

Ich tat, was er sagte. Der Verkäufer bückte sich, hob den Schein auf und gab mir ein Zeichen, dass ich mich mit einer Tüte Chips aus der Chipstütenschale versorgen dürfe. Das Wechselgeld legte er ebenfalls auf den Boden vor mir. Rund um den Kiosk und am

Eingang des Dorfes türmte sich der Müll; überall lagen leere Chipstüten und Limonadenflaschen.

»Ich habe Englisch, Geschichte und eine Menge anderer Dinge in Manali studiert«, vertraute mir der Verkäufer an. »Du kannst mich Jack nennen.«

»Und wie lautet Ihr Malana-Name?«

»Akshe«, antwortete er. »Hat dir Malana gefallen?«

»Nein«, antwortete ich wahrheitsgemäß.

»Mir gefällt Malana auch nicht«, sagte Jack. »Aber ich mag Haschisch.« Er kicherte. »Mein Vater raucht auch. Und mein Bruder.«

»Was ist mit Ihrer Mutter, raucht sie auch?«

»Nein, Frauen rauchen nicht, niemals.«

»Wieso musste ich das Geld auf die Erde legen?«

»Weil wir das hier so machen«, gab Jack zur Antwort. »Dieses Dorf ist ein heiliger Ort. Ich habe einen Freund in Australien«, fügte er hinzu. »Ich habe dort auch eine Freundin.«

»Ich dachte, Ihr dürft Ausländer nicht anfassen?«, bemerkte ich.

»Aber ja doch«, erwiderte Jack. »Ich schon. Ich bin nicht wie die anderen.«

Ein jüngerer Mann kam zu uns. Er hatte dunklere Haut als die übrigen Dorfbewohner und wässrige braune Augen.

»Ich stamme ursprünglich aus Kalkutta«, sagte er und kicherte ebenfalls. »Vor vier, fünf Jahren wurde ich von diesem Dorf adoptiert. Ich bin einundvierzig, aber eigentlich bin ich aufgrund des günstigen Klimas hier erst vierzig. Im Winter schneit es hier«, informierte er mich und verfiel dann in dumpfes, grübelndes Schweigen.

Auf dem Weg hinunter zum Auto stieß ich auf fünf westliche Touristen mit glänzenden Augen und dreckigen Dreadlocks, die bunte lockere Kleidung trugen.

»Ist es noch weit?«, fragte einer von ihnen außer Atem.

»Ihr seid bald da«, versicherte ich, und sie gingen erwartungsvoll lächelnd weiter. Zwei Frauen aus dem Dorf gingen hinter ihnen her. Sie stöhnten bei meinem Anblick auf und traten demonstrativ zur Seite. Ich sehnte mich bereits nach dem aufdringlichen indischen Normalzustand.

Auf dem Rückweg nach Manali fuhren wir an einem kleinen Umzug vorbei. Die Männer, die vorn gingen, spielten Trommeln und Flöten, die Männer ganz hinten trugen ein Räuchergefäß. In der Mitte trugen vier Männer eine Silberstatue in einer Sänfte. Die Statue war mit Blumen und Tüchern in allen möglichen Farben geschmückt.

»Was machen sie da?«, erkundigte ich mich bei meinem Fahrer.

»Sie feiern ihren Gott«, antwortete er.

»Welchen Gott?«

Er zuckte die Achseln. »Ach, nur einen Gott, irgendeinen lokalen Gott.«

Klein-Tibet

Das Spiti-Tal ist eines der ödesten und isoliertesten Täler Indiens, und die Straße, die dorthin führte, war in einem bedauernswerten Zustand. Der Landrover rumpelte in schmalen Spurrillen, über große Steine und durch tiefe Wasserpfützen. Rakesh, der gutmütige Fahrer, schaffte eine durchschnittliche Geschwindigkeit von fünfzehn Kilometern in der Stunde, begleitet von beliebten indischen Popmelodien, die er munter mitsummte, ohne auch nur einen Ton zu treffen.

Die grünen Wälder des Kullu-Tals lagen hinter uns, und die Landschaft war erneut braun, unfruchtbar und kahl. Wir fuhren auf dem Weg durch kein Dorf, es gab nur ein paar Kaffeezelte und Rastplätze. Erst unmittelbar nach Sonnenuntergang erreichten wir das kleine, armselige Nonnenkloster, in dem wir übernachten sollten.

Ein junger Mönch hieß mich in gebrochenem Englisch willkommen und stellte sich als Tenzin vor, mein einheimischer Guide. Er war achtundzwanzig Jahre alt und normalerweise Lama in einem der Klöster von Kaza, dem größten Dorf im Tal.

»Ich hoffe, Sie können mir mehr über den tibetanischen Buddhismus beibringen«, sagte ich lächelnd. »Es ist ein wenig verwirrend mit all den verschiedenen Schulen und Richtungen.«

Wir sollten die gesamte kommende Woche zusammen verbringen, aber Tenzin verlor keine Zeit und begann eifrig, mir die verschiedenen buddhistischen Schulen und ihre Unterschiede zu erläutern. Er listete lange komplizierte Namen der Haupt-, Zwischen- und Nebenzweige auf, die Namen dieses und jenes Oberhaupts, gelbe Kopfbedeckungen, rote Kopfbedeckungen, schwarze Kopfbedeckungen. Schon nach den ersten Sätzen kam ich nicht mehr mit. Als er begann, auf die subtilen Unterschiede der Lehre innerhalb der Nyingma-, Kagyü- und Gelugschule einzugehen, wurde ich glücklicherweise von einer jungen Nonne gerettet, die uns zum Tee einlud.

Die Gebirgsluft war kühl und schneidend, aber in der kleinen Küche war es heiß wie an einem Sommertag. Es roch nach Gas und frisch gebackenen Chapati. Tenzin und ich nahmen auf dicken Kissen an der Wand Platz, während vier junge Nonnen uns Tee und heiße, süße Milch servierten. Sie trugen T-Shirts und bodenlange purpurfarbene Röcke und hatten ganz kurz geschnittene Haare, genau wie die Mönche. Ich stellte ihnen einfache Fragen, wie lange sie schon Nonnen waren, wie alt sie waren, wie sie hießen, aber sie kicherten bloß und wandten den Blick ab.

Tenzin hatte Interesse am Christentum, er war neugierig und wollte gern mehr wissen. So einfach und pädagogisch, wie es mir möglich war, erzählte ich vom Garten Eden und Jesus, Gottes Sohn, den eine Jungfrau geboren und der eine Reihe von Wundern vollbracht hatte. Ich erzählte, dass er für die Sünden der Menschen ans Kreuz genagelt wurde, am dritten Tag aber aus dem Totenreich auferstand, und ich erzählte von der Dreieinigkeit, bei der es eigentlich nicht um drei, sondern lediglich um eine einzige Entität ging. Als ich meinen Vortrag beendet hatte, sah er ebenso verwirrt aus wie ich nach dem Schnellkurs ausgesehen haben musste, den er mir gerade in tibetischem Buddhismus gegeben hatte.

Irgendwann verschwand Tenzin auf die Toilette. Die Nonnen rückten näher an mich heran. Es stellte sich heraus, dass alle vier gut Englisch sprachen und ihnen ein ganzer Haufen von Fragen auf den Nägeln brannte. Sie wollten wissen, wie alt ich war, ob ich Geschwister hätte, einen Ehemann und Kinder, wo ich wohnte, was ich arbeitete, ob ich Buddhistin sei und wie mir ihr Kloster gefalle. Sie selbst stammten alle aus dem Spiti-Tal, das ähnlich wie Ladakh den Spitznamen Klein-Tibet trug.

Tibet liegt nur einen Katzensprung entfernt, auf der anderen Seite der Berge, und bevor China Tibet okkupierte, gab es einen engen Kontakt zwischen den beiden Nachbarvölkern, die ihre Sprache, ihre Kultur und ihre Religion teilen. Heute ist die tibetische Kultur vermutlich im Spiti-Tal besser bewahrt als in Tibet, wo große Teile des Kulturerbes unter der chinesischen Kulturrevolution verloren gingen und die einheimische Bevölkerung noch immer

Erste Etappe

Funkelnagelneue Vergangenheit: Kaschgars berühmte Altstadt ist heute eine Kulisse, in der alles neu ist, was alt zu sein scheint, gebaut für die Zukunft.

China

Die Reste der wirklich alten Altstadt von Kaschgar sind weniger malerisch als die Kulissenstadt, sehen dafür jedoch umso älter aus.

Der »Große Steuermann« ist vermutlich nirgendwo größer als in Kaschgar: Mao Tse-tung wacht über Vergangenheit und Zukunft.

Seidenweiches Fahren in Pakistan: Der Karakorum Highway ist ein Teil der Neuen Seidenstraße – der neuen Lebensader zwischen Chinas Wirtschaft und dem Rest der Welt.

China

Nord-Pakistan: die Autorin als exotisches Motiv.

Es gibt sicherlich fürstlichere Schlösser als die Residenz des Emirs in Karimabad, aber eine gute Übersicht über Mensch und Tier hatten sie.

Pakistan

Farbenfrohe Fernfahrten: Pakistanische Lastwagen warten dekorativ auf Ladung aus China.

Einer der unzähligen Erdrutsche der Reise: Auto anhalten, Fahrzeug verlassen und mit verschränkten Armen nachdenklich die Aufräumarbeiten betrachten.

Ausblick in Karimabad: Einige Aussichten bieten mehr Aussicht als andere.

Pakistan

Der höchste Polo-Platz der Welt liegt am Shandur-Pass, 3700 Meter über N. N.

Die Märchenwiesen: wildes Polo in der Dämmerung. Den britischen Kolonialherren gefiel der Sport, den sie mit nach Hause nahmen.

Juglot: Hier treffen zwei wichtige Flüsse und die drei mächtigsten Gebirgsketten der Welt aufeinander. Auf der linken Seite des Flusses Gilgit sehen wir den Karakorum, auf der rechten Seite des Flusses Indus liegt der Himalaya. Ganz links der Hindukusch.

Pakistan

Bei der Volksgruppe der Kalasha verstecken sich die Frauen nicht. Zaina empfing mich herzlich.

Die beiden lokalen Popstars Amrina und Ariana (in der Mitte der Gruppe) umgeben von lokalen Fans und Freundinnen.

Pakistan

Ein ganz neues Kleid aus Anlass des Erntedankfestes.

Pakistan

Frisch restaurierte Ruhe: Der Buddha in Swat, einer der größten der Welt, ist nach seiner Sprengung im Jahr 2007 dank italienischer Archäologen wieder unversehrt.

Peschawar: Dieser alte Herr vermisst noch immer seine ursprüngliche Heimat Kaschmir, die er nicht mehr gesehen hat, seit 1947 die Grenze gezogen wurde.

Straßenbild mit Resten verschwundener Pracht.

Pakistan

Kaschmir: der schwimmende Gemüsemarkt in Srinagar.

Pakistan

Kaschmir: »Wenn es ein Paradies auf Erden gibt, ist es hier, ist es hier, ist es hier.«

Das Wasser spiegelt die Welt: Der Goldene Tempel von Amritsar schwebt in der Nacht, während die alten Hausboote in Srinagar in den Morgen schaukeln.

Indien

Während Kriege kamen und gingen und Grenzen versetzt wurden, ist Haji Hassan immer im selben Ort geblieben.

Der Tod in Reih und Glied: indischer Soldatenfriedhof, geweiht der Erinnerung an den ersten Krieg zwischen den beiden Atommächten.

Indien

Das Spiti-Tal in Indien, »Klein-Tibet«: Die Straße ins Tal ist möglicherweise noch dramatischer als die Aussicht.

Die Höhe macht sich bemerkbar: Alle Straßen wurden gesperrt und das Tal isoliert, als extremes Wetter den Bundesstaat unerwartet überzog.

Ein kleiner Junge auf der Schwelle zu einem Leben als Mönch.

Indien

Der Ball ist rund: der freie Tag kleiner Mönche.

The World's Most Treacherous Road: Die Autorin entschied sich, dieses Foto ihren Angehörigen erst zu schicken, als sie das Spiti-Tal unbeschadet wieder verlassen hatte.

Kleine Nonnen bei eifriger Lektüre während der Morgenandacht.

Indien

The Fab Four: spiritueller Tourismus in Rishikesh. Der Maharischi wurde nicht auf der Wand verewigt.

Der junge Ganges strömt ins Flachland: Sonnenuntergangsritual in Haridwar.

Indien

Der allerjüngste Ganges: die Quelle des Flusses, das Kuhmaul, das Geschenk des Himalaya an Indien.

Ein Pilger reinigt sich in dem eiskalten, sauberen Wasser.

Indien

Darjeeling:
Tee und nochmals Tee.

Gastfreundschaft auf hohem
Niveau: Semla, die ehemalige
Prinzessin von Sikkim.

Indien

Tanzrituale in Bumthang, Bhutan: Bei Tageslicht werden die Tänze von Mönchen ausgeführt – in Trachten. Nachts geht es wilder zu.

Bhutan

Alte wie Junge laufen nachts in Bumthang durch das Flammentor.

Universale Gestalten: der Clown ...

... und der Tod.

Bhutan

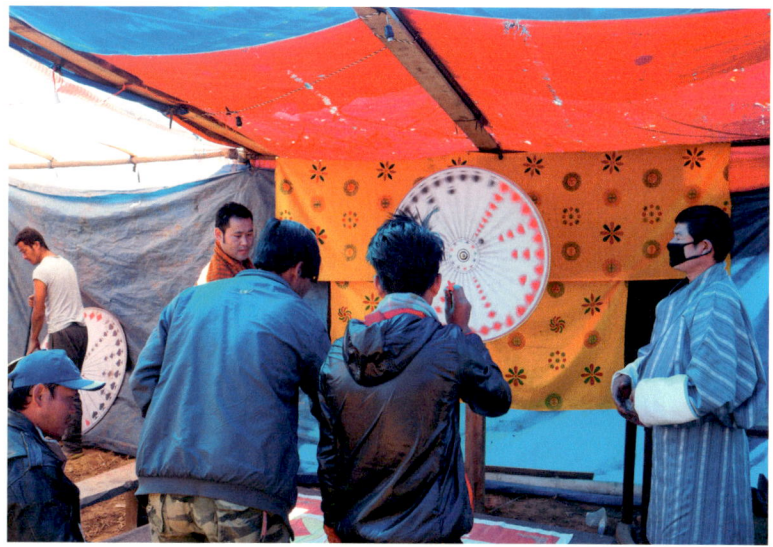

Das Glück dreht sich rund und rund: Das wirkliche Volksfest findet auf dem Marktplatz statt, weit entfernt von den Tempeln.

Einsamkeit in stimmungsvoller Beleuchtung: Junge Männer in Mongar singen Karaoke für abwesende Frauen.

Bhutan

Dart als Actionsport: Bogenschießen ist Bhutans Nationalsport, unmittelbar gefolgt von Dart.

Doppelte Gastfreundschaft: zwei heitere Schwestern in Merak.

Bhutan

Dieser enorme Buddha außerhalb von Thimphu heißt die Besucher mit massiver Ruhe in der Hauptstadt willkommen.

In Bhutan ist das Phallussymbol ein auffallend alltäglicher Anblick.

Auf der Grenze zwischen Schönheit und Untergang: Das Tigernest – einer der heiligsten Tempel des Himalaya – klammert sich an den Felshang.

Das merkwürdige Takin, Bhutans Nationaltier, ist eine Ziegenantilope, auch Gnuziege genannt. Lange glaubte man außerhalb von Bhutan, dass es sich um ein rein mythisches Wesen handele, ähnlich wie der Yeti.

Bhutan

Arunachal Pradesh, das Land der Morgenröte: Die alten Berge gehören zu den jüngsten der Welt. Der Himalaya ist geologisch gesehen eine junge Gebirgskette.

König für eine neue Zeit: Towei Phawang, der *Angh* des Konyak-Volks, in seinem Haus auf der Grenze zwischen Indien und Myanmar.

Indien

Eine Apatani-Frau im Ziro-Tal in Arunachal Pradesh.

Indien

mit strengen Begrenzungen und massiver Überwachung leben muss.

Als Tenzin einige Minuten später zurückkam, zogen sich die Nonnen zurück und kicherten und schwiegen wieder.

Am nächsten Morgen waren zwei Nonnen bereits sehr früh bei den Frühstücksvorbereitungen. Sie saßen auf dem Boden und rollten dünne Teigwürste aus, die sie zu kleinen Broten formten und in einem großen Kessel mit kochendem Wasser versenkten. Die ältere Nonne hieß Sherab und war neunzehn, die jüngere war erst dreizehn Jahr alt und hieß ebenfalls Tenzin – die tibetische Sprache kennt keinen Unterschied zwischen Jungen- und Mädchennamen

»Meine Eltern wollten nicht, dass ich Nonne werde«, erzählte Tenzin und lächelte schüchtern. »Aber meine Freundinnen und ich entschlossen uns trotzdem, ins Kloster zu gehen. Vor drei Jahren verließen wir das Dorf und kamen hierher. Das Leben als Nonne ist ein einfaches Leben. Ich mag es sehr.«

»Ihr habt also keine Lust, zu heiraten und Kinder zu bekommen?«

»NEIN!« Beide Nonnen schlugen entsetzt die Hände vors Gesicht und brachen in Gelächter aus.

»Zu heiraten und Kinder zu haben, ist viel zu viel Arbeit«, meinte Sherab.

Im ersten Stock waren die übrigen Nonnen bereits beim Morgengebet. Ein Dutzend Kindernonnen saß in dem einfachen, aber reich geschmückten Tempelsaal in einer langen Reihe an der Wand und wiederholte im Chor die Worte eines Lamas, die von einem altmodischen Kassettenrekorder abgespielt wurden. Als die Aufnahme beendet war, fuhren die Nonnen noch eine ganze Weile fort, Mantras aufzusagen – murmelnd, eindringlich, hypnotisierend. Danach teilte eine ältere Nonne bedruckte, längliche Blätter aus, Seiten aus den *Pechas*, tibetischen religiösen Büchern, die konzentriert und laut vorgelesen wurden, wobei die Nonnen hin und her schaukelten. Die ältesten Nonnen arbeiteten sich rasch und effektiv durch die Blätter, während die jüngsten – einige von ihnen waren kaum mehr als sieben oder acht Jahre alt – sich mühsam durch die fremden Wörter buchstabierten. Nach einer halben Stunde wurden die Blätter wieder eingesammelt und sorgfältig in orangefarbene Tücher eingewickelt. Die Nonnen psalmodierten weitere Mantras, die Stimmen hoben und senkten sich aufs Neue, und einige der Jüngsten schafften es nicht, ein Gähnen zurückzuhalten. Dann war es vorbei, und die Mädchen erhoben sich schläfrig von den Kissen und gingen nach unten, um zu frühstücken.

Während des Frühstücks unterhielt ich mich mit Dolma, einer der ältesten Nonnen im Kloster. Sie war fünfundvierzig Jahre alt und hatte die Anfänge des Klosters miterlebt, als sie lediglich drei, vier Nonnen waren und in kleinen Grotten oben im Gebirge gelebt hatten.

»Dort hatten wir kaum Platz, und im Winter war es ziemlich kalt«, erinnerte sie sich. »Wir hatten nichts, nicht einmal eine ordentliche Teetasse. In der einzigen Tasse, die wir hatten, war ein Loch, hahaha!«

Heute leben rund vierzig Nonnen in den beiden einfachen, aber geheizten und komfortablen Klostergebäuden. Das ganze Dorf hatte bei den Bauarbeiten mitgeholfen.

»Vermissen Sie etwas aus Ihrem früheren Leben?«, fragte ich Dolma.

»Ich war so jung, als ich Nonne wurde, ich erinnere mich an nichts, was ich möglicherweise vermissen könnte«, lachte sie. »Ich erinnere mich nur, dass ich normalerweise mit einer kleinen Tasche über der Schulter zur Schule ging.«

»Und warum sind Sie Nonne geworden?«

Dolma schüttelte sich vor Lachen. »Eigentlich habe ich nicht so genau darüber nachgedacht«, sagte sie und lachte noch mehr.

»Ihre Eltern haben sie sicher ein bisschen unter Druck gesetzt«, warf Rakesh, der Fahrer, ein. »Kinder ins Kloster zu schicken, gehört hier zur Kultur. Früher war das Dorf sehr klein und das Leben mühsam, vor allem im Winter.«

»Haben Sie viele Geschwister?«, wollte ich noch von Dolma wissen.

»Zwei Brüder und fünf Schwestern«, antwortete sie. »Eine meiner jüngeren Schwestern ist ebenfalls Nonne. Hier gehöre ich zu den Ältesten und arbeite hart, damit die jungen Nonnen ein leichteres Leben führen können, als ich es selbst hatte. Ich möchte, dass sie alle eine gute Ausbildung bekommen und mich als eine Mutter ansehen.«

Freitag war Ruhetag im Kloster, die Nonnen mussten nicht lernen. Sie nutzten die Zeit, um zu waschen und zu spielen; einige der Mädchen waren bereits dabei, den Boden ihrer Zellen zu schrubben. Zwei kleine Nonnen, die vielleicht fünf oder sechs Jahre alt waren, hatten ein neugeborenes Kalb aus dem Stall geholt und spielten begeistert damit. Ein paar Jungen aus dem Dorf fuhren immer wieder mit Fahrrädern über das Heu, das die Nonnen zum Trocknen ausgebreitet hatten, um es anschließend in kleinere Portionen aufzuteilen.

Als Tenzin, Rakesh und ich am Nachmittag in Richtung Kaza aufbrachen, war das Auto voller kichernder Nonnen im Alter von vierzehn, fünfzehn Jahren, die aufgrund von *urgent business*, wie sie es ausdrückten, ins Dorf mussten. Sie schwatzten und lachten auf dem Rücksitz, alle hatten als Accessoires zu ihren einfachen Nonnentrachten Mobiltelefone und kleine Damenhandtaschen dabei.

Matschige Straßen schlängelten sich zwischen den niedrigen Häusern von **Kaza** (3650 Meter über N.N.) hindurch, dem einzigen Ort im Spiti-Tal mit einem einigermaßen stabilen Telefonnetz – die Menschen in den übrigen Dörfern müssen mit dem Rest der Welt weitgehend ohne Satellitenverbindung in Kontakt treten. Der Himmel war tiefblau und wolkenlos, die Luft dünn und klar. Der Fluss Spiti, der das Dorf teilt, glitzerte im Sonnenschein, und die rotbraunen Berge, die ihn flankierten, waren sehr kleidsam mit Schnee bedeckt.

Während des Mittagessens kam ich ins Gespräch mit einem *Amchi*, einem Mann, der die traditionelle tibetische Medizin praktiziert. Er hieß Norbu, war irgendwo in den Fünfzigern und strahlte die ruhige Autorität aus, die auf der ganzen Welt typisch für Ärzte ist. Er hatte weiße makellose Zähne – eine Seltenheit in diesen Regionen – und sprach ausgezeichnet Englisch. Während ich meine dampfenden *Momos* aß, große dicke Nudelteigtaschen aus Mehl und Wasser, die mit Kartoffeln und Käse gefüllt werden, gab Norbu mir eine Einführung in die Tätigkeit eines Amchi.

»Traditionell geht der Amchi hinaus in die Natur und sammelt seine eigenen Kräuter, aus denen er Medikamente herstellt. Ein Amchi ist eine Einmann-Armee, er macht alles selbst. Wir haben alle eine lange Ausbildung hinter uns. Ich habe fünf Jahre tibetische Medizin am Men-Tsee-Khang-Institut in Dharamsala studiert und ging dann zwei Jahre in die Lehre. Meine Mutter hat mich gezwungen, Medizin zu studieren, ich war erst siebzehn und hatte keine klare Vorstellung davon, was ich im Leben anfangen sollte. Auf der Schule lernten wir Krankheiten und Symptome kennen, wie man sie diagnostiziert und welche Art Medikamente man verwenden muss. Während der Diagnose messen wir den Puls und schauen uns den Urin, die Zunge und die Augenfarbe des Patienten an. Ein Amchi kann normalerweise chronische Krankheiten wie Rheumatismus kurieren, akute Fälle muss er aber ins Krankenhaus schicken.«

»Tibetische Medizin hängt eng mit dem Buddhismus zusammen«, warf Tenzin ein.

»Ja, wir raten dem Patienten normalerweise, besondere medizinische Mantras aufzusagen«, bestätigte Norbu. »Wir glauben an ihre Wirkung. Wir behandeln auch psychische Krankheiten, die wir *Lungat* nennen. Im Westen wird es mit Depression übersetzt, aber das ist nicht ganz dasselbe, denn Lungat muss keine äußeren Ursachen haben. Vor nicht allzu langer Zeit beging eine Frau in Kaza Selbstmord, obwohl sie eigentlich keinen Grund dafür hatte. Sie hatte eine intakte Familie, gute Söhne, ihr ging es gut. Aber sie litt an Lungat.«

»Welche Krankheiten sind hier am meisten verbreitet?«

»Überwiegend Verdauungsprobleme. Und Gliederschmerzen. Die Menschen tragen jetzt andere Kleidung als früher, synthetische

Kleidung, und sie waschen die Kleider und sich viel zu oft. In den Großstädten ist Diabetes normal geworden. Wir glauben, Krankheiten hängen mit dem Lebensstil, der Umgebung und dem Essen zusammen. Hier ist es trocken und kalt, und das beeinflusst den Körper. Wir glauben auch, dass Gefühle die Gesundheit beeinflussen. Begierde führt zu Lungenproblemen, während Probleme mit den Eingeweiden auf Hass zurückzuführen sind. Wir meinen, alles, auch die Gefühle, muss im Gleichgewicht sein.«

Norbu war seit fünfundzwanzig Jahren Amchi und hatte, abgesehen von seinem Heimatort Kaza, in Shimla, Delhi und Kalkutta gearbeitet; allerdings hatte er die Praxis seit Kurzem aufgegeben.

»Tibetische Medizin ist im übrigen Indien weit verbreitet, aber hier ziehen die Leute es vor, zu einem normalen Arzt zu gehen«, sagte er betrübt. »Hier in Spiti ist es so, dass der älteste Sohn alles erbt: das Haus, den Grund und Boden, alles. Ich bin der Jüngste von vier Brüdern und muss allein zurechtkommen. Erst habe ich Kleider verkauft, aber nun verkaufe ich Souvenirs an die Touristen, die hierherkommen. Das ist traurig, aber ich verdiene tatsächlich mehr mit dem Verkauf von Buddha-Figuren und T-Shirts als mit meiner Arbeit als Amchi.«

Auf der anderen Seite des Flusses lag Tsechen Chöling, ein nagelneues Nonnenkloster, in dem fünfzehn junge Nonnen lebten. Mir wurde eine zwanzigminütige Privataudienz bei Lama Tsewang zugebilligt, dem Hauptverantwortlichen für den Unterricht. Der siebenunddreißigjährige Lama empfing mich in einem Korbsessel am Ende eines Korridors, von dem aus er einen Panoramablick auf das Gebirge und das Tal hatte.

»Es gibt mehrere Hauptlinien innerhalb des tibetischen Buddhismus, je nachdem, was Sie dazuzählen«, dozierte er und spulte rasch die Namen der verschiedenen Schulen ab, die sich wiederum in verschiedene Unterschulen aufteilen ließen. »Über eine der Hauptrichtungen, *Vajrayana*, dem Diamantwagen, oder *Tantrayana*, wie sie auch genannt wird, kann ich Ihnen nichts Näheres erzählen, dazu brauche ich die Genehmigung eines Lehrers«, fuhr er fort. »Ich benötige die Erlaubnis selbst dann, wenn ich nur einen tantrischen Text lesen will. Sie sind sehr geheim. Kurz gesagt, verwendet man im tantrischen Buddhismus spirituelle, esoterische Techniken, die wie eine Abkürzung zur Erleuchtung funktionieren, aber diese Techniken können nur durch einen eingeweihten Lehrer vermittelt werden. Der Dalai Lama ist der oberste Lehrer. Im Übrigen gibt es sehr viele Missverständnisse über den Buddhismus, denn *Dharma*, also die Lehre Buddhas, und kulturelle Praktiken werden vermischt. Der Buddhismus ist keine Religion, es ist eine Wissenschaft. Im Buddhismus geht es um dein Leben, um die Wahrheit über dein Leben; es geht um das tiefste Wesen der Existenz und der Welt. Wir müssen wissen, wie die Welt funktioniert, um leben zu können. Buddhas Lehre ist ein Teil der Befreiung.«

Tsewang sah rasch auf die Uhr.

»Im Großen und Ganzen handelt die Lehre Buddhas von der Leere«, fasste er zusammen.

»Mir kommt der Buddhismus mit all seinen Tempeln, goldenen Statuen, Ritualen und Opfern im höchsten Maß wie eine Religion vor«, wandte ich ein.

»Ja, sicher, das verstehe ich gut!«, erwiderte Tsewang. »Der Buddhismus sollte eigentlich frei von Kasten und Hierarchien sein, aber unsere Klöster sind voll von vergoldeten Buddha-Statuen! Der Dalai Lama hat gesagt, der Buddhismus bestehe aus drei Kategorien: der religiösen, der philosophischen und der wissenschaftlichen Kategorie. Die langen Texte, die wir studieren, sind ein Teil der Philosophie. Die Suche nach dem Sinn und der wahren Natur aller Dinge ist ein Teil der Wissenschaft. Und wenn wir Buddha Butterlampen, Geld oder Wasser opfern, handelt es sich um die Ausübung von Religion. Können Sie mir folgen?«

Ich nickte.

»Das Entscheidende ist nicht die Handlung an sich, sondern die innere Motivation, die dich antreibt, um die Handlung auszuführen«, erklärte Tsewang und warf erneut einen raschen Blick auf die Uhr. »Wie gesagt, der Buddhismus ist keine Religion, wir Buddhisten glauben nicht an irgendeinen Schöpfer der Welt oder der Seele.

Die Rituale, die Statuen und Opfer sind nur Methoden, um die äußerste Wahrheit zu erreichen. Sie sind nur Symbole, nicht wahr? Können Sie mir noch immer folgen?«

Er nahm sich nicht die Zeit, meine Antwort oder zumindest ein Nicken abzuwarten, sondern fuhr eifrig fort.

»Wenn wir Mantras rezitieren, beten oder uns vor Buddha auf den Boden werfen, sind das alles nur Methoden, verstehen Sie. *Tausende* Dinge, *unzählige* Ionen lenken uns von unserer wahren Natur ab, aber wenn es wirklich darauf ankommt, gibt es nur zwei Wege: das Sammeln verdienstvoller Taten und Weisheit sowie die Reinigung von *Kleshas*, also den Gefühlen, die uns daran hindern, klar zu sehen. Können Sie mir folgen? Zeremonien, Stupas, Opfer, all das gehört zum Sammeln verdienstvoller Taten. Allerdings sind viele leider so beschäftigt mit dem Sammeln verdienstvoller Taten, dass sie das eigentliche Ziel aus dem Blick verlieren. Hier im Himalaya *lieben* wir Symbole! Die Menschen erzählen stolz, sie hätten hunderttausend Mantras aufgesagt, denn sie lieben es, konkrete Ziele zu erreichen. Doch das endgültige Ziel ist und bleibt Erleuchtung.«

Die mir zugestandene Zeit war vorbei, und Tsewang musste aufbrechen, die Pflichten der klösterlichen Leitung riefen. Ich dankte und stand auf, um zu gehen, aber er bedeutete mir sitzen zu bleiben und rief verschiedene Namen, bis eine Nonne die Nonne zu ihm brachte, die er eigentlich sprechen wollte. Sie hieß Tashi und war vierundzwanzig Jahre alt.

»Sie spricht gut Englisch und kann Ihnen noch mehr erklären«, sagte Tsewang und lief so hastig den Flur hinunter, dass sein Mönchsgewand flatterte.

Tashi lud mich in ihre kleine Zelle ein, die sie mit zwei anderen Nonnen teilte. Auf dem Boden lagen drei Matratzen, an der Wand hingen einige wenige Fotos von Eltern und Geschwistern. Wir setzten uns im Schneidersitz auf zwei dünne Kissen. Tashi stammte ursprünglich aus Kaza und war seit sieben Jahren Nonne. Sie hatte ein längliches, schmales Gesicht, trug eine dicke Brille und redete schnell und eifrig.

»Um ehrlich zu sein, war es nicht meine Idee, Nonne zu werden, sondern die Idee meiner Mutter. Meine Mutter hatte ein hartes Leben. Mein Vater starb, als ich zwölf Jahre alt war, und von da an musste sie sich ganz allein um mich und meine Geschwister kümmern. Sie meinte, ein Leben als Nonne sei einfacher und besser für mich als ein normales Leben. Würde ich ein normales Leben führen, würde mich mein Familienleben in Anspruch nehmen, ich müsste mich mit Problemen mit meinem Ehemann und den Kinder und so weiter beschäftigen. Als Nonne bin ich frei und muss mir um so etwas keine Sorgen machen. Stattdessen kann ich für alle lebenden Wesen auf der ganzen Welt Gutes tun. Bevor ich ins Kloster ging, wusste ich nicht so viel über den Buddhismus und was es heißt, Nonne zu sein. Ich wusste nur, dass Nonnen Mantras rezitieren, beten, sich das Haar abschneiden und ein rotes Gewand tragen. Als ich selbst Nonne wurde, begriff ich, wie intensiv Nonnen studieren, wie viel sie lernen. Ich bin meiner Mutter ewig dankbar!«

»Hätten Sie nicht auch etwas Gutes für die Menschheit tun können, wenn Sie zum Beispiel Ärztin oder Lehrerin geworden wären?«

»Der Ehrgeiz, Arzt oder Lehrer zu werden, ist ein sehr *geringer* Ehrgeiz«, entgegnete Tashi lächelnd. »Wenn man Arzt oder Lehrer wird, beschäftigt man sich nur mit diesem einen Leben.«

Ich bat sie, mir zu erzählen, wie ein gewöhnlicher Tag im Kloster aussah, und Tashi antwortete ausführlich. Die Tage waren bis ins kleinste Detail durchgeplant.

»Wir stehen um fünf auf und pauken buddhistische Schriften bis um sechs. Dann findet eine halbe Stunde eine gemeinsame *Puja* statt, also ein Gebet. Danach haben wir bis zum Frühstück um acht Uhr Zeit für eine eigene Meditation, um zu arbeiten, für Gymnastik oder um eigene buddhistische Texte zu lesen. Von halb neun bis halb elf werden wir in buddhistischer Philosophie unterrichtet, von halb elf bis elf ist Teepause, dann diskutieren wir eine Stunde mit unserem Lehrer. Danach ist eine Stunde Zeit für eigene Studien, bis wir um eins zu Mittag essen. Nach dem Mittagessen ruhen wir uns eine Stunde aus. Von halb drei bis halb vier sind wieder eigene Studien angesetzt, gefolgt von einer halben Stunde Teepause. Von vier bis halb sechs findet eine Religionsstunde statt, in der wir durchgehen, was wir morgens gelernt haben, nur wir Nonnen, ohne Lehrer. Danach, von halb sechs bis halb acht ist Zeit für Diskussionen, dann ruhen wir uns aus und essen um acht zu Abend. Nach dem Abendessen folgen eigene Studien bis um zehn. Dann ist der Tag um, und wir haben frei. Wir waschen uns das Gesicht und putzen die Zähne. Um halb elf gehen wir zu Bett.«

»Ihr habt viel Philosophie, und es wird auch viel diskutiert«, bemerkte ich. »Ich dachte, Nonnen und Mönche beschäftigten sich vor allem mit Meditation.«

»Das dachte ich auch! Aber in Wahrheit meditieren wir nicht mehr als eine halbe Stunde pro Tag. Buddha sagt, es gibt drei Stufen des Verständnisses: Zuhören, Kontemplation und Meditation. Ich bin vorläufig noch auf der ersten Stufe. Die buddhistische Philosophie ist ein weites Feld. Es gibt so viel zu diskutieren! Buddha sagt, wir sollen seinen Unterricht und seine Lehrsätze nicht akzeptieren, nur weil er sie aufgestellt hat. Wenn wir Gold kaufen, überprüfen wir doch den Goldgehalt genau, bevor wir bezahlen, oder? Das Gleiche müssen wir mit Buddhas Schriften tun. Ich habe die buddhistische Philosophie erst zwei, drei Jahre studiert. Für den Buddhismus ist das eine kurze Zeit. Ich habe vermutlich nur einige wenige Prozente von all dem gelernt, was es zu lernen gibt.«

»Wie ist das, so eng mit anderen Nonnen zusammenzuleben? Gehen sie Ihnen nicht manchmal auch auf den Wecker?«

»Oh nein, niemals!«, versicherte Tashi. »Wir diskutieren ja jeden Tag über neue Dinge. Natürlich streiten wir uns auch hin und wieder, denn wir sind alle im *Samsara* gefangen, dem ewigen Kreislauf von Geburt, Tod und Wiedergeburt, aber nach ein paar Minuten vertragen wir uns immer wieder.«

»Gibt es etwas, was Sie am Klosterleben *nicht* mögen?«, fragte ich weiter.

Zum ersten Mal schwieg Tashi. Sie dachte eine Weile nach.

»Ich glaube nicht«, sagte sie schließlich. »Ich mag alles hier. Bevor ich Nonne wurde, habe ich gern lange geschlafen. Ich schlief jeden Tag bis halb neun. Am Anfang war es nicht so einfach, so früh aufzustehen, aber jetzt bin ich es gewohnt. Ich bin glücklich hier.«

»In gewisser Weise leben Sie hier in einer Blase«, wandte ich ein. »Kommt es vor, dass Sie deprimiert sind, wenn Sie die Nachrichten sehen? Es passieren so viele traurige Dinge, es gibt so viel Leid auf der Welt. Globale Erwärmung, Kriege, Terrorismus ...«

»Ich muss zugeben, dass wir nicht so viele Nachrichten sehen.« Tashi lächelte entschuldigend. »Unser Lehrer sagt, wir sollen die Nachrichten verfolgen, durch das Fernsehen sei die ganze Welt zugänglich. Er selbst schaut BBC und erzählt uns von wichtigen Dingen, die passieren. Aber wir Nonnen sehen am liebsten Filme, keine Nachrichten. Wir dürfen nur am Sonntag und Montagabend fernsehen, und da schauen wir meist gemeinsam Bollywood-Filme.« Sie lachte. »Es kommt aber auch vor, dass wir uns Actionfilme ansehen! Am liebsten mögen wir Realityshows, vor allem Gesangswettbewerbe – das sind die besten!«

Es war spät geworden, und die Nonnen mussten bald ins Bett. Draußen war es längst dunkel. Als ich aufstand, um zu gehen, gestand mir Tashi mit einem kleinen Seufzen: »Ich ärgere mich, dass ich so viel Zeit verschwendet habe! Die ersten fünf Jahre, als ich in einem anderen Kloster lebte, in Dehradun, haben wir keine Philosophie studiert, wir lernten nur praktische Dinge, wie wir zu beten und zu opfern hatten, wie wir unsere Mantras aufsagen sollten. Wir hatten viel Freizeit dort, aber ich vergeudete sie, indem ich mit Freundinnen plauderte und im Internet surfte ... Ich wusste nicht, dass ich so wenig Zeit habe. Dass es so viel zu lernen gibt ...«

Als ich am nächsten Morgen erwachte, waren die Berge verschwunden. Dichter Nebel hing über dem Tal und bedeckte das Dorf, die Berghänge, den Fluss, alles. Es regnete heftig, draußen wie drinnen war es klamm und kalt. Fröstelnd nahmen wir Abschied von den Nonnen und fuhren weiter durch das Tal nach **Dhankar** (3894 Meter über N.N.), einem kleinen Dorf, das der Hauptsitz der Könige von Spiti in der kurzen Periode der Selbstständigkeit des Tals war.

Das über achthundert Jahre alte Kloster in Dhankar war ganz außen auf einem Felsen gebaut und beinahe mit dem Berg verwachsen. Ein mit Stroh ausgestopfter Ziegenkadaver baumelte über der Treppe zum Eingang des Klosterhofes. Tenzin nahm mich mit in die Räume, in denen die Mönche die furchterregenden Holzmasken aufbewahrten, die sie bei ihren rituellen tantrischen Tänzen verwendeten: rotbemalte Dämonen mit weit aufgerissenen Mäulern und Fangzähnen, Totenköpfe und grinsende Hirschgesichter. Den Gebetsraum der Mönche durfte ich nicht betreten, keine Frau kam dort hinein. Das untere Stockwerk war so niedrig, dass wir nicht aufrecht stehen konnten. Uralte verblichene *Thangkas*, religiöse Malereien, hingen dicht an dicht an der Wand, eingerahmt von bunten Seidenstoffen.

Einer der Mönche bemerkte Tenzin und mich und lud uns zum Tee ein. Der Boden und die Wände in dem grottenartigen Aufenthaltsraum waren mit einfachen Teppichen bedeckt. Eine Handvoll Mönche saß um einen kleinen Holzofen in der Mitte des Raumes, jeder hatte eine Teetasse in der Hand. Da der Ofen keinen Abzug hatte, war die Luft dicht von Rauch. Ich spürte, wie die Wärme allmählich wieder in die Zehen und Fingerspitzen zurückkehrte, die Haut prickelte.

»So sitzen wir den ganzen Winter über da«, sagte Tenzin lächelnd.

Wir übernachteten im Gästehaus des Klosters, direkt neben dem neuen Kloster. Der Strom war bereits den dritten Tag unterbrochen, und weiterhin regnete es in Strömen. Keiner der Mönche hatte Zeit, sich mit mir zu unterhalten; sie saßen allein in ihren kleinen Lehmhütten und waren damit beschäftigt, die Dächer und die Wände abzudichten, um die Hütten nicht zu sehr auskühlen zu lassen.

Am nächsten Morgen war es noch grauer und unangenehmer als am Vortag; ich konnte gerade so die Konturen des weiß-roten Klostergebäudes auf der entgegengesetzten Seite des Hofes erkennen. Das Morgengebet war abgesagt worden, da alle Mönche noch immer mehr als genug zu tun hatten, das Regenwasser abzuhalten.

Auf dem Hofplatz trotzte ein Gruppe Jungen dem langweiligen Wetter, sie spielten Fußball in den Matschpfützen. Eifrig liefen die kleinen Mönche dem Ball hinterher, mit ernsten, konzentrierten, völlig ins Spiel vertieften Gesichtern.

Tenzin und ich liefen zum Auto und setzten unsere Fahrt durch Regen und Nebel fort. Rakesh, unser Fahrer, klammerte sich ans Lenkrad, ausnahmsweise einmal still. Das Tal, das bei unserer Ankunft in der Sonne gelegen hatte, war geradezu ausgewischt, wir konnten nur einige wenige Meter voraus sehen. Auf der schmalen Fahrbahn lagen überall Steine, die im Laufe der Nacht aus der Felswand gebrochen waren, und noch immer fielen neue Brocken plötzlich direkt vor den Wagen. Rakesh fuhr zwischen den Steinen Slalom und richtete die ganze Zeit ein Auge auf die neblige Bergseite, jederzeit bereit für eine Vollbremsung oder um Vollgas zu geben.

Im Laufe des Vormittags erreichten wir das winzige Dorf **Tabo** (3280 Meter über N.N.). Mehrere Tempel des Klosterkomplexes waren über tausend Jahre alt, gebaut aus grauem getrocknetem Lehm und ausgeschmückt von den besten Malern und Bildhauern der damaligen Zeit – eine Mischung aus tibetischem, indischem und kaschmirischem Stil. Die Tempel von Tabo allein waren die ganze anstrengende Fahrt durch das Spiti-Tal wert. Die Wände waren bedeckt mit tausend Jahre alten Malereien in Gold, Rot und Blau; die Farben hatten sich erstaunlich gut in den dunklen Tempelräumen erhalten. Die bemalten und ebenfalls aus Lehm gefertigten Buddha-Statuen sahen zerbrechlich und gleichzeitig zeitlos aus. In den dunklen, lediglich von Kerzen erleuchteten Räumen, die voller Schatten waren, wurde die Vergangenheit für einen kurzen Moment lebendig.

Vor dem Haupttempel lag ein Haufen Schuhe: Stiefel, Sandalen, Sneaker, Stiefeletten mit Pelzkante. Im Tempelsaal saßen ältere Frauen und Männer aus dem Dorf in langen Reihen und diskutierten unter viel Gelächter mit dem Lama des Klosters, der eine Vorlesung über den Buddhismus hielt. In dem kargen, steilen Berghang über dem Kloster, in dem milchweißen Nebel kaum sichtbar, lagen dicht an dicht kleine Höhlen, in denen Mönche über die Jahrhunderte hinweg einsam über die der Welt innewohnende Leere meditiert hatten.

Vielleicht ist es nicht verwunderlich, dass der Buddhismus sich ausgerechnet hier, in diesen öden Bergtälern, festsetzte, wo so gut wie nichts wächst, und noch immer eine so starke Anziehungskraft besitzt. Hier war das Leben schon immer hart, vor allem im Winter, wenn der Schnee die ohnehin isolierten Dörfer noch mehr abriegelte. In solchen Umgebungen muss es leichtfallen, über die Leere und die Bedeutungslosigkeit des menschlichen Lebens nachzudenken. Auch rein praktisch gestalteten sich die Verhältnisse so, dass der Buddhismus hier aufblühen konnte: Die Menschen sind arm, und fruchtbarer Boden ist eine knappe Ressource, die lediglich der älteste Sohn erben kann. Die Klöster, die eng mit diesen kleinen, kargen lokalen Gemeinschaften verbunden waren, haben praktisch die Kinderheime und Schulen ersetzt, eine Entlastung der Eltern, die es nicht schafften, alle Münder zu stopfen, und ein Ausweg für die Kinder, die keine andere Möglichkeiten hatten, sich den Lebensunterhalt zu verdienen.

Nur neun Kilometer von der tibetischen Grenze entfernt liegt **Gue** (3200 Meter über N.N.). Die einzige Sehenswürdigkeit des schläfrigen kleinen Dorfs ist ein fünfhundert Jahre alter Mönch namens Sangha Tenzin. Der Mönch wurde 1975 nach einem Erdrutsch gefunden und befindet sich nun in einem Glaskasten in einem kleinen weißen Haus am Ende der Mummy Road, des Mumienweges. Der winzige, spindeldürre Mönch hockt zusammengekauert auf einem Bett aus Geldscheinen; die dunkelbraune pergamentartige Haut ist verhüllt mit einem weißen Seidenschal. Das Kinn des Mönchs ruht auf seinem linken Knie, die Arme sind um die Beine geschlungen. Hinter den offenen Lippen leuchtet eine Reihe weißer Zähne. Ein Auge steht offen, der Augapfel ist noch immer intakt. Auch die Augenbrauen haben sich erhalten, und auf dem Kopf kann man noch die Reste des kurz geschorenen Haars des Mönchs sehen.

»Er hat sich selbst mumifiziert«, sagte Tenzin andächtig und verbeugte sich tief vor der Vitrine.

Der Legende nach soll Sangha Tenzin sich tatsächlich selbst mumifiziert haben, um das Dorf von giftigen Skorpionen zu befreien, von denen es geplagt wurde. Als er starb, soll ein Regenbogen am Himmel erschienen sein, und die Skorpione verschwanden. Die Mumie in Gue ist der einzige mumifizierte Lama, der je im Himalaya gefunden wurde, doch in Japan gibt es die Überreste von insgesamt sechzehn Mönchen, die sich selbst mumifiziert haben sollen. Sie haben angeblich zunächst tausend Tage gehungert, um sämtliches Körperfett zu verlieren, danach sollen sie ein Gift getrunken haben, das sie langsam umbrachte und gleichzeitig dazu beitrug, die inneren Organe nach Eintritt des Todes vor der Verwesung zu bewahren. Als der Tod sich näherte, wurden sie in ein unterirdisches Grab gebracht, wo sie Mantras aufsagten und mit einer Schelle klingelten. Wenn die anderen Mönche die Schelle nicht mehr hörten, wussten sie, dass der Lama tot war.

Bis vor einigen Jahren hatten Händler den Pass nach Tibet ungehindert überqueren können, und die Tibeter waren nach Gue und in die übrigen Dörfer im Spiti-Tal gewandert, um Decken und andere von ihnen produzierte Waren zu verkaufen. Vor gut zehn Jahren hatten die indischen Behörden einen Militärposten außerhalb des Dorfes eingerichtet und dadurch den illegalen Grenzhandel unterbunden. Überall im Himalaya wiederholt sich dieselbe Geschichte: Grenzen werden geschlossen, die Nationalstaaten schotten sich ab und verstopfen die Löcher mit Militärposten.

Das kleine Dorf Gue wirkte öde und verlassen; nur einige wenige Hundert Menschen waren noch geblieben. Eine runzlige Frau in den Fünfzigern sah Tenzin und mich und lud uns in ihre kleine Küche ein. Die Schwiegertochter servierte gekochte süße Milch. Über dem Herd hing ein Plakat mit Zeichnungen, die das indische Devanagari-Alphabet illustrierten – eine Erinnerung, in welchem Land wir uns befanden.

»Wie ist es hier im Winter?«, erkundigte ich mich. Obwohl es noch früh im Herbst war, hatte der erste Schnee in der Nacht seine Ankunft angemeldet und den Boden mit einem feuchten weißen Teppich überzogen.

»In Spiti brauchen wir keine Gefriertruhe, um es mal so zu sagen«, erklärte die Frau und lachte laut auf.

Das Wetter war so unangenehm, dass wir uns entschieden, das Spiti-Tal zu verlassen, solange die Straßen noch befahrbar waren. Wir brachen auf und fuhren bis **Nako** (3625 Meter über N.N.), einem kleinen Dorf mit traditionellen Häusern aus getrocknetem Schlamm, auf deren flachen Dächern sich Heu und Brennholz stapelten. Die schmalen Wege zwischen den Häusern waren aufgrund des Regens matschig und glitschig und außerdem voller Kuhdung. Tenzin wollte mir das Kloster zeigen, auch dieses stammte aus dem 11. Jahrhundert, aber die Türen waren mit einem schweren Vorhängeschloss verriegelt. Der Mönch, der den Schlüssel besaß, war verschwunden.

Am folgenden Tag regnete es noch mehr. Es hatte den Anschein, als würde der gesamte Bundesstaat allmählich ertrinken. Wir fuhren zickzack zwischen großen Steinen und tiefen Pfützen. Mitten in einer Kurve, die durch einen vom Regen gebildeten Strom nun zweigeteilt war, stand ein verlassener Bus quer. Wie waren die Passagiere weitergekommen? Waren sie zu Fuß gegangen? Überflüssigerweise informierte uns ein Schild, dass wir uns auf *The World's Most Treacherous Road* befanden.

Es goss weiterhin in Strömen, und auf der Straße gab es verdächtig wenig Verkehr. Nach einigen Stunden Zickzackfahrt durch das Tal wussten wir weshalb: Ein gewaltiger Steinblock war auf die Fahrbahn gestürzt. Auf beiden Seiten hatte sich eine lange Schlange von Fahrzeugen gebildet.

»Was machen wir?«, wollte ich wissen. Wenden war keine Alternative, die Straße zurück nach Kaza war inzwischen gesperrt.

»Auf das Dynamit warten«, antwortete Rakesh gelassen.

Es kam erstaunlich schnell. Das heftige Dröhnen der Explosion löste weitere Steinbrocken aus der Bergwand, die Menschen rannten in Panik zurück zu ihren Autos. Rakesh betrachtete das Geschehen mit stoischer Ruhe.

»Haben Sie so etwas schon mal erlebt?«, fragte ich ihn. »Dass gesprengt werden musste?« Er lachte herzlich. »Oft! Viel zu oft!«

Zwei Stunden später war die Straße geräumt, wir konnten weiterfahren. Es wurde dunkel, der Regen strömte weiterhin vom Himmel. Als wir endlich wieder ein Telefonnetz hatten, bekam ich besorgniserregende Meldungen von meinen neuen Freunden in Kaschmir. In ganz Himachal Pradesh gab es Unwetter, Hunderte Straßen waren gesperrt, die Menschen ertranken wie Katzen, Städte und Dörfer waren komplett von der Außenwelt abgeschnitten, ausländische Touristen mussten mit Hubschraubern aus dem Spiti-Tal evakuiert werden.

Selten habe ich mich mehr gefreut, in der Ferne urbane Lichtverunreinigung zu sehen. Fünf Tage blieb ich in **Shimla** (2206 Meter über N.N.), der idyllischen Sommerhauptstadt der Briten, eingehüllt in imperialistische Nostalgie und den Duft von frisch gebrühtem Tee.

Am nächsten Morgen schien die Sonne vom blauen Himmel, und die Berge waren wieder zu sehen, grün, üppig und sanft.

Leere und die hektische Suche nach Radiowellen

Die Schlange vor dem Sicherheitsbüro des Dalai Lama in **McLeod Ganj** (2082 Meter über N.N.) zog sich um die Ecke des Häuserblocks und setzte sich auf einer Treppe fort. Unendlich langsam bewegte sie sich vorwärts. Hunderte kunterbunte Reisende waren erschienen, um sich eine Eintrittskarte zu dem Vortrag des Dalai Lama Ende der Woche zu besorgen. Ich war noch mitgenommen von der Reise am Vortag, neuneinhalb Stunden in einem knüppelvollen, klapprigen Bus hatten mir zugesetzt. Von der ehemaligen Sommerhauptstadt der Briten bis zur tibetischen Exilhauptstadt hatte der Bus an jeder noch so kleinen Haltestelle gehalten, und ich hatte keine Kraft mehr, um mich an den Verbrüderungen und Verschwesterungen um mich herum zu beteiligen. Die anderen Menschen in der Schlange sahen aus, als wären sie mit frisch aufgeladenen Batterien aufgestanden, die Stimmung war generell aufgekratzt, wildfremde Leute fingen an, sich zu unterhalten, vereint durch eine gemeinsame geistige Sehnsucht. Die deutsche Frau vor mir erklärte einer Schlangengenossin, einer Thailänderin, die tibetische Medizin studierte, gerade detailliert ihre Essgewohnheiten.

»Ich esse nur zwischen elf und vier Uhr nachmittags, niemals später, und meist nur gekochten Reis mit Curry, so gut wie immer vegetarisch.«

Sie redete mit einer hohen, schrillen Stimme, und jeder Satz wurde von einem nervösen Lachen begleitet. Sie war groß und mager und hatte graues schulterlanges Haar; Mund und Nase waren mit einer Maske aus Baumwolle bedeckt. Nachdem sie ausführlich ihre Diät erläutert hatte, ging sie nahtlos dazu über, von ihrer toten Mutter zu erzählen, von dem Postamt, in dem sie vor ihrer Pensionierung in Deutschland gearbeitet hatte, von einer Pilgerreise nach

Bodhgaya, wo Buddha die Erleuchtung erreichte, von westlicher Medizin und deutschen Ärzten, die ihr nicht hatten helfen können, als sie aufgebläht und voller Wasser war.

»Wie sieht's denn mit Ihrer Toilettenroutine aus?«, erkundigte sich die Thailänderin interessiert.

»Meiner Toilettenroutine?«, kreischte die Deutsche. »*Ach!* Ja, jetzt erzähle ich Ihnen etwas!«

Sie ging verhältnismäßig regelmäßig auf die Toilette, mit Stuhlgang von guter Konsistenz am Morgen. Bevor sie zum Urin überging, bemerkte ich glücklicherweise weiter vorn eine andere, weitaus kürzere Schlange: Für alle, die sich bereits online registriert hatten. Ich lief dorthin und wurde als Letzte vor dem Mittagessen abgefertigt.

McLeod Ganj ist der Exilwohnsitz des Dalai Lama und gleichzeitig der Sitz der tibetischen Exilregierung. Die kleine Stadt liegt idyllisch auf einer mit Wald bedeckten Anhöhe südlich des Himalaya-Gebirges und ist ein Vorort der weit größeren Stadt Dharamsala ein paar Kilometer weiter unten in der Ebene.

Obwohl das Zentrum von McLeod Ganj klein ist, war es beeindruckend laut. Mit etwas Wohlwollen gab es in den schmalen Straßen gerade mal Platz für ein Auto, aber das hinderte die Fahrer nicht daran, sich unter aggressivem Hupen an gewagten Überholmanövern zu versuchen. Zu den Verlierern gehörten wie gewöhnlich die Fußgänger, die ständig in die Straßengräben gejagt wurden, wenn zwei oder mehr Fahrer sich darüber stritten, wer an wem vorbeifahren durfte.

Die Geschäfte lockten mit Schals aus Kaschmir, indischen Götterfiguren und tibetischem Schmuck; japanische und italienische Restaurants lagen dicht nebeneinander. In den Cafés saßen Mönche in roten Gewändern, weißhaarige amerikanische Damen in locker sitzenden Tuniken und französische Pärchen, die Mitte zwanzig sein mochten, mit Turban und Pluderhosen in grellen Farben, die nie zusammenpassten. Der demonstrative Mangel an Eleganz der westlichen Touristen stand in scharfem Kontrast zu den tibetischen Frauen, die sehr aufrecht spazieren gingen, gekleidet in traditionelle, bodenlange Kleider mit gewebten Schürzen und Seidenblusen in dunklen, gedeckten Farben.

Der Tsuglagkhang-Tempel, Residenz des Dalai Lama, glich einem aus Stahl und hellem Beton gebauten spanischen Kommunalgebäude aus der Zeit Francos. Trotzdem war es ein angenehmer Ort, herrlich abgeschirmt von dem chaotischen Verkehr außerhalb seiner Mauern. Ich setzte mich in den Schatten eines Baums und sah den Touristen zu, die sich aufstellten, um mit der Betonkonstruktion im Hintergrund fotografiert zu werden.

Auch das Hauptbüro der Exilregierung, das ein Stück weiter unten an der Anhöhe liegt, erfüllte die brutalistischen Anforderungen der 1960er Jahre an Ästhetik. Obwohl ich keinen Termin hatte, konnte ich ein langes Gespräch mit Sonam Dagbo führen, dem Sekretär für internationale Verbindungen aus dem Ministerium für Information und internationale Verbindungen. Er leitete das Gespräch mit einer raschen Einführung in die Geschichte der Exiltibeter und der Arbeit der Exilregierung ein.

»Am 10. März 1959 gab es in Lhasa einen Aufstand gegen die kommunistische Regierung der Volksrepublik China, und am 17. März verließ Seine Heiligkeit, der 14. Dalai Lama, die tibetische Hauptstadt. 1960 erlaubte die indische Regierung Seiner Heiligkeit, sich hier in Dharamsala niederzulassen. Damals war Dharamsala eine sehr kleine Stadt, die die Briten vor hundert Jahren als Urlaubsort gegründet hatten, aber in den 1960er Jahren wurde es der Hauptsitz von Tibets Zentralregierung. Seine Heiligkeit, der 14. Dalai Lama, hat diese Institution reformiert und alle fünf Jahre demokratische Wahlen eingeführt, an denen sich alle Exiltibeter beteiligen können. Ungefähr einhundertfünfzigtausend Tibeter leben heute im Exil. Wir sind über mehr als vierzig Länder verteilt, aber die weitaus meisten leben in Indien, rund zwanzigtausend allein hier in Dharamsala. Als wir hierherkamen, mussten wir uns vor allem um die Flüchtlinge kümmern, insbesondere die Kinder, und dafür sorgen, dass alle eine Ausbildung und gesundheitliche Unterstützung bekamen. Ursprünglich war es unser Ziel, die Freiheit in Tibet zurückzugewinnen, doch seit 1974 plädieren wir für eine

Selbstverwaltung innerhalb Chinas. Tibet ist heute in mehrere Regionen aufgesplittert, und lediglich zwei, drei Millionen Tibeter leben in der Autonomen Region Tibet. Die Mehrheit lebt in den Nachbarregionen. Wir wünschen uns, dass diese Gebiete in einer selbstverwalteten Region vereinigt werden, in der wir Religionsfreiheit, kulturelle Freiheit und politische Freiheit haben. Wir nennen es den ›Mittelweg‹. Die Chinesen behaupten, wir hätten die Selbstverwaltung bereits, aber das steht lediglich auf dem Papier. Wie Sie sehen, ist die Situation kompliziert.«

»Sehen Sie einen Zusammenhang zwischen der Behandlung der Uiguren in Xinjiang und dem, was seit Langem in Tibet geschieht?«

»Chen Quanguo, der Sekretär der kommunistischen Partei in Xinjiang, war Sekretär der kommunistischen Partei in der Autonomen Region Tibet, bevor er den Posten in Xinjiang bekam«, antwortete Sonam Dagbo. »Wir Tibeter haben all die Leiden erlebt, die die Uiguren heute über sich ergehen lassen müssen. Umerziehungslager, Überwachung, Zwangssterilisation, systematische Zerstörung von Kultur und Religion und so weiter, all dies ist bereits in Tibet geschehen. Es ist das gleiche System, derselbe Mann. Er hat in Tibet geübt, jetzt ist er ein Experte.«

Sonam Dagbo hatte seine ersten Lebensjahre in Tibet verbracht. Seine Familie floh 1962 nach Indien, als er sechs Jahre alt war.

»Mein Vater wurde verhaftet und saß ein Jahr im Gefängnis. Als er freigelassen wurde, flüchteten wir nach Indien. Wir wohnten nicht allzu weit von der Grenze entfernt, und die Chinesen hatten damals noch keine so gute Kontrolle über das Grenzgebiet, sodass die eigentliche Flucht nicht sonderlich kompliziert war. Heute ist es viel schwieriger, aus Tibet herauszukommen. Seit 2008 ist es so gut wie unmöglich.«

»Sind Sie noch einmal in Tibet gewesen?«

»Ich war Mitglied einer Delegation, die mit den Chinesen verhandelte, daher bin ich in Tibet gewesen, aber ich konnte meinen Geburtsort im Süden nicht besuchen«, antwortete Sonam Dagbo. »Ich habe trotzdem noch immer die Hoffnung, eines Tages meinen Geburtsort wiederzusehen. Wir hoffen seit mehr als sechzig Jahren und wir hoffen weiter. Über zweitausend Jahre haben Tibeter in Tibet gelebt, wir haben unsre eigene Schriftsprache und eine tief verwurzelte Kultur. Die Chinesen können uns physisch unterdrücken, aber den Geist der Tibeter können sie nicht brechen. Wir Buddhisten glauben im Übrigen an die Vergänglichkeit, daran, dass nichts von Dauer ist«, fügte er hinzu. »In Europa gab es das Römische Reich, das österreichische Imperium, das russische Imperium, das britische Imperium und so weiter. Keines dieser Imperien existiert mehr. Das China, das wir heute kennen, wird so nicht für immer bestehen.«

Gu-Chu-Sum ist eine Organisation, die sich dafür einsetzt, dass die Situation der politischen Gefangenen in Tibet publik gemacht wird; all ihre Mitarbeiter sind selbst ehemalige politische Gefangene. Die Büroräume der Organisation lagen in einer Nebenstraße in McLeod Ganj, ich wurde freundlich empfangen, obwohl ich auch hier keinen Termin vereinbart hatte. Der englischsprachige internationale Sekretär hatte das Büro allerdings bereits verlassen und niemand wusste, wo er war oder ob er an diesem Tag noch einmal zurückkommen würde.

»Vielleicht können Sie morgen noch einmal wiederkommen?«, fragte die Buchhalterin, eine strenge Frau in den Dreißigern, die ein wenig Englisch sprach. »Alle hier haben eine Geschichte zu erzählen, aber es gibt niemanden außer dem internationalen Sekretär, der gut genug Englisch spricht.«

»Morgen geht es nicht, da muss ich zur Vorlesung des Dalai Lama«, sagte ich. »Vielleicht könnten Sie für mich dolmetschen? Es dauert nicht lange.«

Sie war einverstanden, und so unterhielt ich mich kurz mit Gyalthang Tulku Kunkhen Jamchen Choeje, dem achtundvierzig Jahre alten Generalsekretär der Organisation. Er trug ein weißes Hemd und Krawatte und sprach langsam und würdevoll. Die Buchhalterin übersetzte nach bestem Wissen.

»Er sagt, es gebe heute ungefähr zweitausend politische Gefangene in Tibet, und die Zahl wird größer. Wirtschaftlich hat sich die Situation in Tibet verbessert, aber die Situation der Menschenrechte ist schlimmer geworden. Wir haben keine Meinungsfreiheit, und es ist verboten, den Namen des Dalai Lama auszusprechen. Er sagt, Tibet sei historisch gesehen nie ein Teil Chinas gewesen.«

»Woher aus Tibet stammt er?«

»Aus dem Osten Tibets.«

»Und wann kam er nach Indien?«

»2010.«

»Könnten Sie ihn bitten, ein wenig über seine Kindheit und Jugend in Tibet zu erzählen?«

Die Buchhalterin übersetzte und erhielt eine lange Antwort, die sie in drei Sätzen zusammenfasste: »Sein Vater hatte zwei Frauen, insgesamt waren sie zwölf Kinder. Die Familie hatte große wirtschaftliche Schwierigkeiten. Sie konnten sich das Schulgeld nicht leisten und hatten auch kein Geld für Kleidung und Essen, aber von allen Geschwistern hatte er die größten Probleme.«

»Könnten Sie ihn bitten, ein bisschen mehr über seine Jugend zu erzählen?«, bat ich. »Ich würde gern verstehen, wie er politischer Aktivist wurde.«

Diesmal komprimierte die Buchhalterin die umständliche Antwort des Generalsekretärs auf zwei Sätze.

»Er fing an, Parolen aufzuhängen, dass alle Tibeter den Dalai Lama unterstützen und für ein freies Tibet beten sollten. Am 12. Oktober 2007 wurde er verhaftet.«

»Das geht mir ein bisschen zu schnell«, sagte ich. »Wie wurde sein politischer Aktivismus geweckt? Hatte seine Familie vielleicht einen politischen Hintergrund?«

»Nein, er ist die Reinkarnation von Gyalthang Tulku. Sowohl der Dalai Lama als auch die chinesischen Behörden haben ihn als Reinkarnation von Gyalthang Tulku anerkannt.« Die Buchhalterin hatte das Übersetzen aufgegeben und antwortete nun selbst.

»Ah ja«, sagte ich, ohne klüger geworden zu sein. »Ging er in seiner Heimatstadt in die Schule? Welche Ausbildung hat er?«

»Bis zu neunten Klasse. Und vier Jahre auf der weiterführenden Schule.«

»Und danach hat er gearbeitet?«, riet ich.

»Nein, dann wurde er politisch aktiv«, antwortete die Buchhalterin, sichtlich ungeduldig. »Er brauchte lange, um seine Aktion zu planen, über zwei Jahre.«

»Und woher kam dieser Drang nach politischem Aktivismus?«, fragte ich erneut. »Er wusste doch, dass es gefährlich war und Konsequenzen haben könnte?«

Die Buchhalterin seufzte.

»Das habe ich Ihnen doch bereits erklärt. Er ist die Reinkarnation von Gyalthang Tulku.«

»Okay.« Ich beschloss, das Thema nicht weiter zu vertiefen. »Was hielt die Familie von seinen Aktivitäten?«

»Das war das Schwierigste«, übersetzte die Buchhalterin. »Es gab viele Probleme in seiner Familie. Der Vater hat ihn nicht unterstützt, denn er meinte, seine Aktionen seien zu gefährlich. Die Familie bekam auch Probleme. Als er im Gefängnis landete, fingen seine Familie und seine Freunde an, ihn als einen schlechten Mann anzusehen. Das ist das Schlimmste, was ihm bisher im Leben widerfahren ist. Dass die Familie, der Vater und die Freunde ihn nicht unterstützt haben.«

Sie sah ungeduldig auf die Uhr, es war beinahe siebzehn Uhr.

»Haben wir keine Zeit mehr?«, fragte ich.

»Doch, doch, wir haben noch fünf Minuten.«

»Ich werde mich beeilen«, versprach ich. »Wie wurde er verhaftet?«

»Sie konnten ihn nicht auf der Straße festnehmen, daher wurde er bei einer Versammlung verhaftet, in einem Büro. Als er dann auf die Straße geführt wurde, standen dort über hundert Soldaten der chinesischen Armee und erwarteten ihn.«

»Und wie lauteten die offizielle Anklage und das Urteil?«

Die Buchhalterin warf mir einen resignierten Blick zu. Es war zwei Minuten vor fünf.

»Illegale politische Aktivität vielleicht?«, schlug ich vor.

»Ja, natürlich«, seufzte die Buchhalterin.

»Wie wurde er im Gefängnis behandelt?«

»Nicht so schlimm, da die Chinesen wussten, dass er eine Reinkarnation von Gyalthang Tulku ist.«

»Und wie kam er 2010 aus Tibet heraus?«, bohrte ich weiter.

»Er versuchte es auf ganz unterschiedliche Weise. In der Nähe der Grenze zu Nepal fand er einen umherreisenden Händler, der ihm geholfen hat. Er versteckte sich in dessen Lastwagen, zwischen all den Waren.«

»Welche Waren transportierte der Lastwagen?«

Die Buchhalterin sah mich verzweifelt an. Die Uhr zeigte drei Minuten nach fünf.

»Verschiedene Waren! Es war ein großer Lastwagen! Es waren sehr viele Waren in diesem Lastwagen!«

Ich begriff, dass meine Zeit um war, und bedankte mich für die Hilfe. Sowohl die Buchhalterin als auch der Generalsekretär sahen sichtbar erleichtert aus.

Die Exiltibeter haben wirklich alles getan, um ihre tibetischen Traditionen und Institutionen in Dharamsala zu bewahren und fortzuführen. Das Men-Tsee-Khang-Institut, das 1916 in Lhasa gegründet wurde, lebte 1961 in einem neuen Betongewand in Dharamsala wieder auf. Hier wird eine fünfjährige Ausbildung in tibetischer Medizin und Astrologie angeboten.

»Wir nennen es Astrowissenschaft«, erklärte die dreiundfünfzigjährige Tsering Chözom, die Chefastrologin des Instituts. Wie alle anderen Frauen des Instituts trug sie traditionelle tibetische Kleidung. Tsering war die erste Frau, die offiziell in tibetischer Astrowissenschaft ausgebildet wurde; geduldig und pädagogisch erläuterte sie mir mit der natürlichen Autorität einer Pionierin, worum es bei dem Fach geht.

»Wir praktizieren eine Mischung aus Astronomie und Astrologie, die auf den alten Traditionen unserer Vorväter basiert«, erklärte sie. »Obwohl wir auch über die astrologischen Kenntnisse der Inder und Chinesen verfügen, haben wir unser eigenes, einzigartiges tibetisches System. Bei unserem System geht es eher um klimatische Verhältnisse und die tibetische Lebensweise, es ist eng verknüpft mit der Natur. Wir können Veränderungen in der Natur vorhersagen, aber bei unseren Vorhersagen geht es darum, was *ideell* gesehen geschehen müsste. Nun verwirrt uns die Natur aufgrund der von Menschen verursachten Veränderungen, und unsere Vorhersagen treffen nicht ein ...«

In ihrem geräumigen Büro hingen hübsche Malereien, die Buddha und tibetische Schutzgötter zeigten.

»Wir Buddhisten glauben an das Karma«, fuhr sie fort. »Wir glauben, dass ein Individuum gewisse Prüfungen durchleben muss, weil sie bereits da sind, aber wir glauben nicht an das Schicksal. Wir glauben, dass man alles durch seine eigenen Handlungen ändern kann. Wenn wir gute Dinge tun, wird es uns besser gehen. Man kann mit einer guten Gesundheit und glänzenden Aussichten geboren sein, aber alles kann durch eine schlechte Lebensführung zerstört werden. Generell muss man gute Dinge tun und darf anderen nicht schaden. Diejenigen, die Böses tun, erleben die Konsequenzen möglicherweise nicht in diesem Leben, aber früher oder später werden ihre Handlungen Folgen haben.«

»Was ist der Unterschied zwischen westlicher und tibetischer Astrologie?«

»Westliche Astrologen beschäftigen sich mehr mit dem Sonnensystem, während wir eher auf den Mond sehen«, antwortete Tsering Chözon. »Ein westliches und ein tibetisches Horoskop können die gleiche Information enthalten und zum gleichen Resultat kommen, aber unsere Astrologie ist eng verbunden mit dem Buddhismus. Wir glauben an das Karma und bei Krankheiten an Behandlung in Form von Gebeten. Astrologie ist ungeheuer wichtig in der tibetischen Kultur. Ausgehend vom Mond, dem Tag und dem Ort der Geburt können wir etwas über ein ganzes Leben sagen. Tibetische Eltern bestellen normalerweise ein Horoskop für ihre neugeborenen Kinder, dabei interessiert sie am meisten, ob ihr Kind gesund und intelligent ist und wie lange es leben wird. Später kommen sie oft zurück, um detailliertere Informationen zu erhalten, zum Beispiel, wenn sie an eine Ehe denken. Bevor ein Paar heiratet, suchen sie in der Regel einen Astrologen auf. Nicht immer passen die Paare zu einander, es kann zum Beispiel vorkommen, dass der Blick des einen auf bestimmte Dinge sich sehr von dem des anderen unterscheidet oder ihre Temperamente nicht zusammenpassen. Wenn Menschen, die bereits verheiratet sind, zu uns kommen und um Rat bitten, können wir nicht sagen, sie sollen sich scheiden lassen, aber wir können ihnen zum Beispiel raten, sorgfältiger mit Geld umzugehen oder besser auf ihre Gesundheit zu achten.«

Lächelnd faltete sie die Hände unter ihrem Kinn.

»Sehen Sie, wir sind alles. Eheberater, Psychologen, Ärzte. Unsere Ausbildung dauert ebenso lange wie ein Medizinstudium: fünf Jahre plus ein Jahr Praxis. Wenn die Menschen beim Arzt waren und die Medikamente nicht anschlagen, kommen sie zu uns.«

»Welche Eigenschaften muss ein guter Astrologe haben?«, wollte ich zum Schluss wissen.

»Ein guter Astrologe muss vor allem liebevoll und mitfühlend sein«, antwortete Tsering Chözom. »Er oder sie muss sich um andere Menschen kümmern. Häufig müssen wir Nachrichten überbringen, die nicht sonderlich angenehm sind, denn die Menschen kommen oft zu uns, wenn sie unsicher und im Zweifel sind, und einige kommen auch mit ernsten Problemen. Unsere Arbeit besteht darin, ein Gegengift zu finden. Es gibt immer eine Therapie.«

Ich empfand die Astrologin, die mir ein Horoskop stellte, nicht als sonderlich liebevoll oder mitfühlend. Sie hieß Sonam und überbrachte eine schlechte Nachricht nach der anderen.

»Sie sind eine anhängliche und loyale Person«, stellte sie fest. »Heiter und offen. Wenn Sie einen Plan haben, verfolgen Sie ihn, ohne davon abzuweichen. Aber Sie haben große gesundheitliche Probleme. Probleme mit dem Rückgrat, Kopfschmerzen, Muskelschmerzen. Und Sie sind Unglücksfällen ausgesetzt. Sie fallen.«

»Ich habe eigentlich nicht so viele gesundheitliche Probleme«, wandte ich ein.

Sonam zog die Brauen zusammen und blätterte rasch durch ihre Notizen.

»Ich bin die Berechnungen zwei Mal durchgegangen. Es gibt keinen Fehler.« Sie blätterte weiter. »In finanzieller Hinsicht gibt es bei Ihnen auch nicht viel Positives zu sagen. Ihr Einkommen schwankt. Wenn es um Beziehungen geht, erfahren Sie Liebe. Bei Freundschaften ist es denkbar, dass es auf und ab geht. Ich sehe Streit, vor allem demnächst in Ihrer Ehe. Ihnen fehlt eine gemeinsame Basis. Das ist nicht sonderlich positiv.«

»Nein, das hört sich tatsächlich nicht sonderlich positiv an«, gab ich zu.

»Mit Blick auf Kinder sehe ich auch Probleme«, fuhr sie fort. »Das kann mit ihrer Gesundheit oder Erziehung zusammenhängen. Sie müssen daher vorsichtig sein. Überhaupt müssen Sie generell an gefährlichen Orten aufpassen. Wenn Sie riskante Dinge tun oder sich an gefährlichen Orten aufhalten, haben Unglücksfälle gute Chancen.«

»Das klingt einleuchtend«, murmelte ich.

Sonam blickte von ihren Papieren auf.

»Entschuldigung, haben Sie etwas gesagt?«

»Nein, nein, fahren Sie fort.«

»Beruflich werden positive Veränderungen passieren, aber es kann zu Streit mit Kollegen oder Vorgesetzten kommen«, erklärte sie.

»Das war eine Menge Negatives auf einmal«, sagte ich.

»Ja, aber es gibt auch etwas Positives«, erwiderte Sonam. »Von jetzt an bis zu Ihrem achtunddreißigsten Geburtstag stehen Sie unter einem guten Einfluss. Das Liebesleben ist gut. Die finanzielle Situation stabil. Aber nächstes Jahr müssen Sie auf der Hut sein. Da stehen Sie unter dem Einfluss des Übergangswindes, wie wir es bezeichnen. Das siebenunddreißigste Jahr ist ein Hindernisjahr. Es kommt ein neues Hindernisjahr zwischen Achtundvierzig und Neunundvierzig. Da werden sich Veränderungen ergeben. Haben Sie es notiert?«

»Ich habe alles mitgeschrieben«, versicherte ich.

»Gute Dinge werden geschehen«, versprach Sonam. »Zwischen Achtunddreißig und Zweiundvierzig werden sowohl gute wie schlechte Dinge geschehen. Sie werden gesundheitliche Probleme bekommen. Was Sie hatten, werden Sie verlieren. Ob es Geld oder Ihr Mann ist, lässt sich nicht sagen. Ich sehe auch Streit mit einer Autoritätsperson, vielleicht Ihrem Chef.«

»Das hört sich wirklich nicht gut an«, bemerkte ich.

»Aber die Zeit zwischen Zweiundvierzig und Achtundvierzig ist gut«, beeilte Sonam sich hinzuzufügen. »Die finanzielle Situation ist stabil. Wenn Sie in dieser Periode schwanger werden wollen, werden Sie es. Aber Sie müssen sich vor einer weiblichen Person hüten. Es kann zu Streit mit einer Frau kommen. Seien Sie vorsichtig.«

Sie blätterte weiter.

»Zwischen Achtundvierzig und Dreiundfünfzig sieht es nicht so gut aus. Sie werden gesundheitliche Schwierigkeiten und Beziehungsprobleme haben. Grundlosen Streit. Personen, die Ihnen nahestehen, werden verschwinden. Im Berufsleben erreichen Sie nicht, was Sie wollen. Ich sehe sogar einen Prozess. Die Zeit zwischen Dreiundfünfzig und Vierundsechzig hingegen wird eine gute Phase, in jedem Fall im Vergleich mit der vorherigen. Die Karriere wird vorangehen, aber ich sehe auch Disharmonie. Probleme mit jemandem, der Ihnen nahesteht. Finanzielle Schwankungen. Sie müssen aufpassen.«

Sie blätterte weiter, glücklicherweise zur letzten Seite.

»Zwischen vierundsechzig und neunundsiebzig Jahren werden Sie Großmutter. Ihre Kinder werden Ihnen Liebe schenken, aber Sie werden nicht zufrieden sein. Eine neue Person wird in Ihr Leben treten. Sie haben jemanden, der sich um Sie kümmert, wenn Sie krank sind.« Sie faltete die Papiere zusammen und sah mich direkt an. »Um die nahe Zukunft zu bestimmen: 2019 wird nicht so gut.«

»Es hört sich nicht so an, als würde überhaupt irgendetwas sonderlich gut«, murmelte ich.

»Sie müssen vorsichtig sein, sowohl finanziell wie in Ihren Beziehungen«, ermahnte mich Sonam. »Im Jahr 2020 werden die Dinge besser, aber Sie werden möglicherweise gesundheitliche Probleme bekommen. Ich würde Ihnen raten, ein Amulett gegen die schwierigen Jahre zu kaufen, ein Gesundheitsamulett oder eventuell ein Lebenskraftamulett. Ob Sie es tun oder nicht, ist selbstverständlich Ihnen überlassen.«

Ich bedankte mich für die Konsultation und schlenderte ohne Amulett in das Verkehrschaos von McLeod Ganj. Obwohl ich nicht an Horoskope glaube, entschloss ich mich, mir an einem anderen Ort im Himalaya von einem anderen Astrologen ein neues Horoskop stellen zu lassen. Eine *second opinion* konnte nicht schaden.

Am frühen nächsten Morgen erstreckte sich die Schlange weit über die vor dem Tsuglagkhang-Tempel verlaufende Einbahnstraße. Tausende Exiltibeter, Mönche, Nonnen und Touristen aus allen Ecken der Welt waren erschienen, um die Vorlesung des Dalai Lama zu hören. Überall waren Menschen, noch der kleinste Fleck des Betonbodens im Tempelbezirk war von Kissen und Pilgern besetzt. Nachdem ich eine Weile gesucht hatte, fand ich ein paar freie Quadratzentimeter auf dem offenen Platz vor dem Tempelgebäude und setzte mich. Als alle einen Sitzplatz gefunden hatten, begann die Menge zu psalmodieren: *Om mani padme hum, om mani padme hum* ... Der ganze Tempel dröhnte in friedlichem Gesang.

Es ging ein Raunen durch die Versammlung, als Seine Heiligkeit, der 14. Dalai Lama, aus seiner Residenz kam und über den Platz geleitet wurde. Alle reckten die Hälse, um einen besseren Blick auf den lebendigen Gott der Barmherzigkeit in seinem purpurroten Mönchsgewand zu werfen. Der energische Dreiundachtzigjährige ließ sich viel Zeit, die Pilger zu begrüßen, die in der ersten Reihe saßen und euphorisch die Hände nach ihm ausstreckten, um ihn zu berühren. Der Dalai Lama sah wie gewöhnlich aus, als hätte er glänzende Laune, er strahlte Ruhe und Milde aus. Er lächelte und plauderte mit mehreren Pilgern, ohne der diskreten Ungeduld seiner Begleiter Beachtung zu schenken.

Wie die meisten anderen musste ich den Vortrag auf einem der Großbildschirme verfolgen. Nur die angereisten Buddhisten aus Taiwan, für die die Vorlesungsreihe gedacht war, hatten reservierte Plätze im eigentlichen Tempel, in dem der alte Mann mit geschmeidigen Bewegungen und einem Lächeln auf dem vergoldeten Thron Platz nahm.

Es war mäuschenstill in dem gesamten gewaltigen Tempelkomplex, als der Dalai Lama seine Vorlesung begann. Er sprach lebendig und engagiert, war in jedem Moment voll und ganz präsent; hier und da gluckste er über etwas, das er selbst gesagt hatte. Die vielen Tausend Exiltibeter hörten hingerissen zu. Ein Dolmetscher übersetzte zu Ehren der taiwanesischen Gäste von Tibetisch ins Chinesische, ansonsten gab es im Radio Simultanübersetzungen ins Englische, Spanische, Französische, Hindi und eine Reihe anderer Sprachen. Wir alle waren aufgefordert worden, ein Taschenradio mitzubringen, um die Übersetzung anzuhören, aber mein billiger, gerade gekaufter Apparat funktionierte nicht, und ich bekam nur vereinzelte Brocken mit: *Emptiness ... Cosmic Beings ... The Buddha ... the Nature of the Self*. Es knisterte infernalisch in den Kopfhörern, und die Übersetzung setzte nach ein paar Sekunden aus. Nicht nur ich hatte dieses Problem – überall fummelten die Menschen fieberhaft an ihren Radios. Vielleicht waren sie von weit her gekommen, nur um diesen seltenen Vortrag zu erleben, und das Einzige, was sie verstanden, war der eine oder andere Begriff, ganz selten einmal ein vollständiger Satz: *Emptiness ... The middle way ... true compassion ... the truth is that there is no self ... the path to true and enduring Happiness ... emptiness ...* Hin und wieder bekam der taiwanesische Dolmetscher einen Lachanfall, ohne dass ich den Grund verstand, und auch die Exiltibeter lachten laut und herzlich auf. Schließlich gab ich es auf, stellte das Radio ab und hörte mir die fremden tibetischen Worte an, während ich an dem süßen Tee mit Milch nippte, den die Mönche des Klosters austeilten.

Anhaltende Freude. Echtes Mitgefühl. Leere. Tee.

Die Quelle

Wenn Dharamsala die Hauptstadt des tibetischen Buddhismus ist, dann ist **Rishikesh** (372 Meter über N.N.) am Ufer des Ganges die Hauptstadt des Yoga. In den geschäftigen Straßen des Zentrums lockten eng beschriebene Werbeplakate mit allen erdenklichen Varianten von Yoga, von Lach-Yoga bis Anapanasati-Yoga, Vipassana-Yoga, Iyengar-Yoga, Jivamukti-Yoga, Bikram-Yoga, Power-Yoga, Yin-Yoga und so weiter und so fort. Die Angebote hörten keineswegs bei Yoga auf, sondern umfassten alle möglichen Formen der Spiritualität und Selbstentwicklung wie Reiki, Chakra-Heilung, Tarotkartenlesen, Lauttherapie, Kundalini-Erwachen, Ayurveda-Therapie, Handlesen, Früheres-Leben-Therapie, Mantralogie, Rudraksha, Kristallheilung, Healing mit Hypnose, Fern-Healing. Eine Handvoll Reisebüros hatten sich auf Reisende spezialisiert, die einen inneren Adrenalinrausch in Form von Paragliding, Rafting und Bungeejumping den inneren Einsichten vorzogen. Die Cafés lockten mit Detoxsaft und amerikanischen Pfannkuchen, während die Hotels mit friedlicher Aussichtsdetox und kosmischen Energien warben. In den Straßen wimmelte es von Rucksackreisenden und durch Yoga Erlösten, und alle trugen luftige bunte Baumwollkleidung, die die Körper aber nur unzureichend bedeckte, zumindest, wenn man den indischen Standard zugrunde legte.

Die kleine Stadt am Fuße des Himalaya landete ernsthaft auf der Weltkarte, als George Harrison, John Lennon, Paul McCartney und Ringo Starr im Winter 1968 in den Luxus-Aschram des indischen Gurus Maharishi Mahesh Yogi einzogen, um zu meditieren. Die Beatles waren ein Jahr zuvor mit Maharishi in Kontakt gekommen, als er sich auf einer seiner vielen Welttourneen in Großbritannien aufhielt. Offenbar hatte er bei den Beatles einen Nerv getroffen, jedenfalls nahmen sie seine Einladung an, drei Monate in seinem Aschram in Rishikesh zu verbringen.

Wenig ist bekannt über Mahesh, bevor er im gesetzten Alter

den Ehrentitel Maharishi bekam, der »großer Seher« oder »großer Weiser« bedeutet. Vermutlich wurde er 1917 oder 1918 geboren, vielleicht aber auch schon 1911. Er studierte Physik an der Universität von Allahabad in Nord-Indien und wurde nach seinem Studium Schüler von Swami Brahmananda Saraswati, bekannt als Guru Dev, der »göttliche Lehrer«. Als Saraswati 1953 starb, zog Mahesh sich ins Himalaya-Gebirge zurück, um zu meditieren. Nach zwei Jahren in erhabener Einsamkeit kehrte er in die Zivilisation zurück, um die Massen in einer Meditationsform zu unterrichten, die er selbst entwickelt hatte. Er nannte die Methode transzendentale Meditation, abgekürzt TM. Indem man zwei Mal täglich zwanzig Minuten meditierte und dabei im Kopf ein heimliches Mantra aufsagte, würde man laut Mahesh oder Maharishi Teil der »kreativen Intelligenz« des Universums werden und »das innere Selbst« sowie die absolute Ruhe erfahren. Maharishi erweiterte seinen Aktionsradius sehr bald schon von Indien über die ganze Welt und ging auf ausgiebige Tourneen, auf denen er ein nach Spiritualität suchendes westliches Publikum in Meditationstechniken unterwies, die »allen gelingen können«.

Der Aufenthalt in Rishikesh war ein durchaus gemischtes Erlebnis für die vier Musiker und ihre Ehefrauen. Ringo Starr und seine Frau Maureen reisten bereits nach zehn Tagen wieder ab. Starr vertrug das kräftig gewürzte indische Essen nicht, und es war auch nicht hilfreich, dass seine Frau unter einer Insektenphobie litt. George Harrison war schon länger fasziniert von der indischen Kultur und ging in der Meditation auf, aber niemand war eifriger als John Lennon, der jeden Tag stundenlang meditierte. Nach anderthalb Monaten hatte auch Paul McCartney genug vom Aschram-Dasein und kehrte nach England zurück. Harrison und Lennon blieben in Indien, und die Fans fürchteten, sie würden gar nicht mehr zurückkommen.

Nachdem sie zwei Monate im Aschram verbracht hatten, verließen Harrison und Lennon am 12. April 1968 Indien jedoch in aller Eile. Begleitet wurden sie von ihren Ehefrauen und Alexis Mardas, besser bekannt als Magic Alex, einem griechischen Elektroingenieur, der zu jener Zeit engen Kontakt zu den Bandmitgliedern hatte. The Fab Four hatten damals offenbar ein großes Herz für selbsternannte Weise, die große Versprechen machten. Mardas hatte ihnen ununterbrochen fantastische Erfindungen versprochen: sonische Wände, eine Farbe, durch die man unsichtbar werden konnte, fliegende Untertassen. Der griechische Elektroingenieur besuchte den Aschram, nachdem Paul McCartney bereits abgereist war, und begann, kompromittierende Gerüchte über Maharishi zu verbreiten. Schließlich gelang es ihm, einen skeptischen Lennon und einen noch skeptischeren Harrison zu überzeugen, dass Maharishi es auf seine weiblichen Schüler abgesehen und mit einer von ihnen, einer jungen amerikanischen Krankenschwester, Sex gehabt habe. Tief enttäuscht, dass der asketische Weise die gleichen fleischlichen Gelüste hatte wie ganz gewöhnliche Rockmusiker, entschieden die beiden verbliebenen Bandmitglieder, Indien zu verlassen. Auf dem Weg zum Flugplatz komponierte Lennon im Auto einen Song, den er zunächst »Maharishi« nannte, Harrison, der den Guru beschützen wollte, schlug stattdessen als Titel »Sexy Sadie« vor: *Sexy Sadie, what have you done? You made a fool of everyone.*

Sowohl Harrison wie McCartney praktizierten die transzendentale Meditation weiter und nahmen viele Jahre später wieder Kontakt zu Maharishi auf. Der Guru starb 2008, und im darauffolgenden Jahr standen McCartney und Ringo Starr bei einem Konzert auf der Bühne, bei dem Spenden gesammelt wurden, um weltweit arme Kinder in der Technik der transzendentalen Meditation zu unterrichten. Der Aschram in Rishikesh hatte zu dieser Zeit über zehn Jahre leer gestanden und war der Natur überlassen worden. Vor einigen Jahren öffnete er erneut seine Tore, umbenannt in The Beatles' Ashram. Gegen sechshundert Rupien, etwas mehr als einen Euro, gelangt man in die große, leere Anlage und kann zwischen den überwucherten Meditationsgebäuden umherwandern.

Der größte Teil der Gebäude ist im indischen Stil erbaut, mit gewölbten, verschnörkelten Fenstersprossen. Durch die Rückeroberung der Natur erinnerte die Anlage an die Maya-Ruinen von Guatemala. Die Ruinen sind zeitlos; aber die Zeit war nicht nur stehen geblieben, es schien, als würde sie aktiv zurückgedreht, sodass die Vergangenheit mehr als nur Vergangenheit war – die verlassenen Gebäude wurden größer, als sie eigentlich sind, sie wurden Geschichte. Einzelne Bauten, wie die Cafeteria, in der Ringo Starr das kräftig gewürzte indische Essen serviert wurde, waren in einem futuristischen Sechzigerjahre-Stil gehalten. Umgeben von Palmen und Affen ähnelten sie nun einem im Dschungel gestrandeten Miniatur-Tschernobyl. Die wie Bienenkörbe geformten Meditationszellen unterhalb der Cafeteria waren umgeben von wild wucherndem Dschungel und mit einer dicken Moosschicht überzogen – in den Tropen vergeht die Zeit schnell. Es soll auch einen Swimmingpool und einen Hubschrauberlandeplatz auf dem Gelände gegeben haben, beides habe ich zwischen all den Bäumen allerdings nicht gefunden.

Im Gegensatz zum guatemaltekischen Dschungel hatte ich die Ruinen aber für mich. Ich schlenderte mutterseelenallein umher, außer Affen und bunten Vögeln begegnete ich niemandem. Ein halbes Jahrhundert zuvor waren vier Burschen aus Liverpool hier spazieren gegangen; zwischen ihren Meditationsmarathons klimperten sie auf Gitarren und Sitars und schrieben Songtexte. Vielen der sicher dreißig Songs, die sie hier komponierten, darunter »Dear Prudence«, »Back in the U.S.S.R.« und »Blackbird«, ist ein ewiges Leben beschert – soweit Lieder ewig leben können. Der materielle Luxus, mit dem die Musiker sich umgaben, gehört bereits einer zeitlosen Vergangenheit an, ein Schicksal, das er mit allen Ruinen der Welt teilt.

Ich ging weiter durch den Dschungel, vorbei an Plakaten, die für den wissenschaftlichen Effekt der transzendentalen Meditation warben, und kam in eine Halle, die aussah wie eine baufällige Garage mit klaffenden Fensterhöhlen und einem Wellblechdach. An den Wänden waren John, Paul, George und Ringo als schwarze Graffiti verewigt, zwischen ihnen der bärtige Maharishi. Auf dem Boden saßen zehn, zwölf Frauen aus dem Westen im Lotussitz. Ein nicht sonderlich großer Inder in weißen Gewändern und einem langen grauen Bart geleitete sie schweigend durch die Séance.

Nach einigen Minuten erhabener Stille verließ ich die meditierenden Frauen und ging zurück ins Stadtzentrum. Der Weg war menschenleer und öde, ich hatte keine andere Gesellschaft als die mageren Kühe, die am Rand des Straßengrabens Abfälle fraßen.

An den Tempeln entlang des Flussufers hatten sich hingegen bereits viele Menschen versammelt. Musiker schlugen auf Trommeln und Rhythmusinstrumente, junge Burschen in orangefarbenen Umhängen hielten brennende Öllampen und Schüsseln in den Händen und murmelten Mantras. Die Öllampen wurden an Pilger weitergereicht, die mit den Händen über die Flamme strichen, um sich segnen zu lassen. Viele brachten mit Blumen, Weihrauch und Kerzen gefüllte Bananenblattschiffchen mit, die den Ganges hinabgeschickt wurden – eine Opfergabe an die Götter und den Fluss, der hier oben in den Bergen noch einigermaßen sauber und ungetrübt war. Eine Frau mit langen grauen Haaren und einem weißen Baumwollgewand, die Mitte sechzig sein mochte, ging die Treppe hinunter und hielt eine leiernde Rede über Harmonie, Frieden und heilige Rituale in einem nasalen amerikanischen Englisch. Sie redete lange, wiederholte aber nur wieder und wieder dieselben Worte und Floskeln. Heilige Rituale, Harmonie, Frieden. Frieden, heilige Rituale, Harmonie. Eine andere ältere Frau aus dem Westen, auch sie drapiert in weiße Stoffe, war von dem Ritual so mitgerissen, dass die Menschen um sie herum zurücktreten mussten, um Platz für ihre heftigen, ekstatischen Armbewegungen zu schaffen.

1968 war gestern.

Die Korrektur meines negativen Horoskops meldete sich auf eigene Initiative. Ich aß einen Pfannkuchen in einem Restaurant mit dem etwas zweideutigen Namen Holy Crêpe, als ein junger Mann mit Bart und schmalen Augen mich fragte, ob er sich mit mir fotografieren lassen dürfte. Er winkte einem Kameraden zu, der auf uns zulief und ein Foto knipste.

»Ist es in Ordnung, wenn ich mich hier zu Ihnen setze, um mich ein bisschen mit Ihnen zu unterhalten?«, fragte er hinterher. Ich nickte, ich hatte nichts Besseres vor. Er nahm Platz und stellte sich als Samarth vor.

»Ich bin achtundzwanzig Jahre alt und arbeite als Mathelehrer und Autor«, erklärte Samarth. »Mein erstes Buch wird bald erscheinen. Es geht um Geschichte, Wirtschaft und Europa.«

Er roch nach altem Schweiß, sah aber dennoch gepflegter aus als viele der Rucksacktouristen in dem Lokal.

»Neben meiner Arbeit als Mathematiklehrer, Historiker und Autor bin ich auch Astrologe«, fügte er hinzu.

»Interessant«, sagte ich. »Mir wurde gerade in Dharamsala ein Horoskop gestellt, und das sah nur Elend und Not für mich vor.«

»Ich sehe überhaupt keine Probleme«, sagte Samarth, »aber so ist es bei denen immer. Sie erzählen viel Negatives, damit die Leute sich Sorgen machen.«

»Sind Sie ausgebildeter Astrologe?«

»Streng genommen habe ich keine formelle Ausbildung, aber geben Sie mir Ihr Geburtsdatum, dann kann ich Ihnen alles über Sie sagen.«

Ich nannte ihm das Datum, und er begann, auf einem Block die Zahlen in komplexe Diagramme einzufügen, zu addieren, zu subtrahieren und umzustellen.

»Sie sind sehr emotional«, sagte er schließlich. »Sie reisen viel.«

»Ja. Schließlich bin ich hier.«

»Aber vor allem in den letzten fünf Jahren sind Sie viel unterwegs gewesen«, erklärte Samarth. »Es war extrem. Sie sind rastlos, voller Gefühle, häufig können Sie nicht einschlafen, weil Sie so voller Gefühle sind. Trinken oder rauchen Sie? Wenn ja, tun Sie das, um Ihre Gefühle zu dämpfen. 2007 haben Sie sich verliebt, stimmt das?«

Ich schüttelte den Kopf.

»In zwei Jahren werden Sie einen großen Durchbruch erleben«, fuhr Samarth unverdrossen fort. »Sie werden großen Erfolg haben und eine Menge Geld verdienen.«

»Die tibetische Astrologin hat in zwei Jahren Unglücksfälle vorausgesagt.«

»Nein, nein, es wird sich etwas ändern, aber sehr zum Positiven«, meinte Samarth. »Sie werden eine Menge Geld verdienen. Sie müssen das Geld in Immobilien investieren, das wäre gut.«

Er starrte mich so intensiv an, dass ich sehr schnell aufbrechen wollte. Bevor ich ging, gab er mir seine Telefonnummer und seine E-Mail-Adresse, falls ich weitere Orientierungshilfen benötigen sollte.

Haridwar (314 Meter über N.N.), die Nachbarstadt, war noch größer, hässlicher und heiliger als Rishikesh. Hier erreichte der Ganges das indische Flachland, und im Hinduismus hieß es, die Göttin Ganga habe hier die Erde betreten, nachdem Shiva den mächtigen Fluss aus seinen Haarlocken gelöst hatte. Obwohl Haridwar nur zwanzig, dreißig Kilometer von Rishikesh entfernt liegt, dauerte die Autofahrt zwei Stunden. Immer wieder blieben sämtliche Autos auf der Straße stehen, ohne sich vor- oder zurückzubewegen, während die Fahrer energisch ihre Hupen benutzten.

Der Parkplatz lag ein Stück vom Haupttempel entfernt, und man musste nur den Menschenmassen folgen. Zehntausende hatten sich am Flussufer versammelt, um das tägliche Sonnenuntergangsritual zu verfolgen. Einen Platz an der Flussseite des Tempels zu bekommen, konnte man sofort vergessen, aber ich eroberte mir nach und nach einen Platz auf dem breiten Steg gegenüber dem Tempel, der mitten im Fluss gebaut war. Ich sah keine weiteren Ausländer in dem Menschenmeer und wurde ständig von eifrigen Pilgern weitergeschubst. »Gehen Sie nach vorn, damit Sie etwas sehen!«, forderten sie mich freundlich auf. »Gehen Sie, gehen Sie, nicht so schüchtern!«

Auf der anderen Seite des Flusses schwangen Hindupriester in der gerade angebrochenen abendlichen Dunkelheit Feuergefäße hin und her. Alle hoben die Arme in reiner Ekstase, Zehntausende Stimmen erhoben sich und sanken in einen gemeinsamen Gesang. Ein Feuergefäß wurde in meine Richtung geschickt, und der junge Mann neben mir, ein Doktorand aus dem Wüstenstaat Rajasthan, bestand darauf, dass ich das Gleiche tat wie alle anderen und meine Hände über die Flammen hielt. Es würde Glück bringen, versprach er.

»Jetzt müssen wir zum Wasser«, sagte er hinterher und zeigte auf das kleine Bananenblattboot, das er in den Händen hielt. Unangestrengt manövrierte er sich durch das Gewimmel der Menschen, ich folgte ihm. Am Ufer sprach er einen in Orange gekleideten Priester an und erklärte ihm, dass ich in das Gebet einbezogen werden müsse, der Priester sollte für uns beide beten. Der promovierende Student ging in die Hocke und zündete eine Kerze an, die wie ein Mast ohne Segel in dem kleinen Bananenblattboot stand.

»Lassen wir es gemeinsam zu Wasser!« Er lächelte mir zu, und zusammen schickten wir das kleine Boot voller Weihrauch und Blumen den Ganges hinunter. Das zerbrechliche Schiffchen schaukelte gefährlich in dem reißenden Fluss, kippte aber nicht um. Die Flamme der Kerze flackerte leicht, als das kleine Fahrzeug mit dem Strom davonfloss und der »Mutter« Ganges ein kleines Stück auf dem langen Weg zum Golf von Bengalen folgte.

»Jetzt müssen Sie Milch in den Fluss gießen«, erklärte der Doktorand. Ein Junge stand neben uns und hielt Metallbecher und Milch bereit. Ich gab ihm zehn Rupien – ich hatte die strenge Anweisung erhalten, ihm nicht mehr zu bezahlen – und bekam zwei Becher voll Milch.

»Gießen Sie die Milch langsam in den Fluss«, instruierte mich der Student und tat dasselbe. Die weiße Flüssigkeit verschwand in dem grünlichen schäumenden Wasser. Mein Helfer strahlte. »Gut«, lobte er mich. »Und jetzt müssen wir baden!«

Mein Reiseführer war voll mit Warnungen vor Leuten, die Touristen während des Sonnenuntergangsrituals Hilfe anbieten und hinterher eine Menge Geld verlangen, aber glücklicherweise sind die Menschen oft freundlicher, als die Autoren von Reiseführern glauben. Der Doktorand zog seine Sandalen aus und hielt voller Freude beide Füße ins Wasser. Ich tat es ihm nach. Dann schöpfte er mit den Händen Wasser und goss es sich über den Kopf. Ich machte es ebenso, und er lächelte mir glücklich zu.

»Hier ist das Wasser frisch und kalt«, bemerkte er. »Der Ganges wird hier geboren, genau hier. Übrigens, woher kommen Sie?«

»Norwegen.«

Er dachte nach.

»Der Ganges ist für uns wie die Themse für euch Europäer«, sagte er. »Ein heiliger Fluss. Fühlen Sie sich jetzt glücklich?«

»Ja«, antwortete ich und war es tatsächlich. Vielleicht eher aufgrund der Volksmenge, der allgemeinen Euphorie und der Freude, ein Teil des Ganzen zu sein, als wegen der Flammen, der Gebete und des Wassers, aber wer weiß? Mutter Ganges strömte mächtig, breit und sauber an uns vorbei; das Rauschen des Flusses übertönte beinahe die munteren Stimmen der Pilger.

»Und sind Sie auch glücklich?«, fragte ich.

Er lächelte von einem Ohr zum anderen.

»Ja, ich bin zum ersten Mal hier!«

Obwohl es stockfinster geworden war, herrschte noch immer hektische Aktivität im Fluss, viele Pilger nahmen ein reinigendes abendliches Bad. Sie begnügten sich nicht damit, die Zehen ins Wasser zu stecken, sondern tauchten mit dem ganzen Körper ein. Man hatte Ketten ins Wasser gehängt, an denen sie sich festklammern konnten, während das Wasser sie segnete; hier oben in der Nähe der Berge war der junge Ganges reißend und wurde dabei kräftig von der Schwerkraft unterstützt. Auf dem Steg saß eine lange Reihe von Bettlern an der Brüstung, die mit ausgestreckten Händen und flehenden Blicken die Gebrechen zur Schau stellten, die ihr einziges Kapital waren: Prothesen, Beinstümpfe, gewaltige Klumpfüße mit faltigen, schlaffen Hautschichten.

Die Rückfahrt im Auto verlief in gemächlichem Joggingtempo. An dem großen Schild, das uns in Rishikesh willkommen hieß, bremste der Fahrer abrupt und sprang, ohne ein Wort zu sagen, aus dem Wagen. Rikschas, Autos und Motorräder standen verlassen an den Straßengräben und kreuz und quer auf der Straße; vor zwei erleuchteten Buden hatten sich lange Schlangen gebildet. Nach einer

Weile kam der Fahrer mit einem zufriedenen Gesichtsausdruck und zwei braunen Glasflaschen zurück. Da sowohl Rishikesh wie Haridwar im Hinduismus als heilige Städte gelten, ist der Verkauf von Alkohol innerhalb der Stadtgrenzen verboten. Direkt vor dem Stadttor ist es jedoch erlaubt.

Der Wagen wollte nicht wieder anspringen, der Motor stotterte und hustete, dann erstarb er. Dasselbe wiederholte sich mehrmals, wir mussten angeschoben werden, um weiterfahren zu können.

»Instant Karma«, bemerkte ich.

Der Fahrer grunzte irgendetwas als Antwort. Seine Miene strahlte nicht länger Friedfertigkeit aus. Die braunen Flaschen klirrten, als wir durch das Tor in die heilige Stadt fuhren.

Wo beginnt ein Fluss und wo endet er?

Vorläufig ist es möglicherweise leichter zu sagen, wo der Ganges endet, als seinen Anfang zu bestimmen. Nachdem er über zweieinhalbtausend Kilometer vom Himalaya über die nordindischen Ebenen geflossen ist, gespeist von immer mehr Nebenflüssen, stößt er auf den Brahmaputra, der aus Tibet kommt und einen noch längeren Weg hinter sich hat. Zusammen verästeln sie sich in ein verzwicktes Netzwerk von Haupt- und Nebenflüssen, das in der Summe das größte Delta der Welt ergibt, die eigentliche Existenzgrundlage für rund einhundertsechzig Millionen Menschen, die in Bangladesch leben. Am Ende, nach einer Reise, die ihn durch fünf heilige Städte geführt hat, mündet der Ganges im Golf von Bengalen, ungefähr dort, wo die gigantische eurasische Kontinentalplatte auf die indischen und burmesischen tektonischen Platten trifft.

Dennoch, wo endet eigentlich ein Fluss? Alle Flüsse der Welt, auch der heilige Ganges, sind ein Teil des ewigen Kreislaufs des Wassers. Die Meeresoberfläche verdampft und bildet Wolken, die zu Regen, Schnee und Eisgletschern werden, die wiederum zu Flüssen werden, die nach einer langen oder kurzen Reise in Meeren und Seen enden, in denen alles von vorn beginnt.

Wenn wir hinduistischen Schriften glauben wollen, hatte der heilige Fluss schon ein langes Leben hinter sich, bevor er die Erde erreichte. Einer Legende nach ist Ganga, die Flussgöttin, eine Tochter von Himavat, dem König über Berge und Schnee, dem König des Himalaya-Gebirges. Auf Sanskrit wird der Name *Himavat*, der »Schnee« oder »gefroren« bedeutet, auch für den Himalaya verwendet, und so werden der Gott und die Berge eins. Laut einer anderen Legende wird der Ganges geboren, als Vishnu die Länge des Universums vermisst. Als er den linken Fuß ausstreckt, erreicht der Nagel seines großen Zehs das Ende des Universums und bohrt ein Loch. Das Meer, das sein Schöpferwerk umgibt, strömt als Fluss Ganges durch dieses Loch in das Universum und wäscht die safranbedeckten Füße des Gottes.

Ganges steigt nicht sofort zu den Menschen herab. Der Legende nach schickt König Sagara sein Pferd ein Jahr auf eine Wanderung rund um den Erdball, ein Ritual, das er schon mehrere Male vollzogen hat, doch dieses Mal kommt das Pferd nicht zurück. Der König schickt alle seine sechzigtausend Söhne aus, um nach dem Pferd zu suchen. Sie finden es schließlich angebunden an der Höhle des Asketen Kapil Muni. Die Söhne verdächtigen den Asketen natürlich, das Pferd gestohlen zu haben, stürmen in die Höhle und beginnen, ihn zu beschimpfen. Kapil Muni, der in eine tiefe Meditation versunken ist, öffnet die Augen zum ersten Mal seit vielen Jahren, so wütend, dass sein Blick alle sechzigtausend Prinzen zu Asche verwandelt. Als König Sagara hört, was geschehen ist, schickt er eines seiner Enkelkinder zu Kapil Muni, um zu erfahren, was er tun kann, um seine Söhne zu retten. Ihm wird gesagt, dass die Prinzen nur ins Leben zurückkehren können, wenn sie durch das Wasser des Ganges gereinigt werden. Ein anderes Enkelkind, Bhagirath, lebt also tausend Jahre als Asket im Himalaya-Gebirge, um Brahma, den Gott der Schöpfung, zu überreden, den Ganges auf die Erde zu lassen. Brahma gibt am Ende nach, aber zuerst muss Shiva überzeugt werden, den Fall des Flusses abzufangen, sonst würde sein Gewicht den Erdball zerstören. Bhagirath muss ein ganzes Jahr auf einem Zeh stehen, bis Shiva bereit ist, den reißenden Ganges mit seinem Haar aufzufangen. Mit seinen Haarlocken teilt Shiva den Fluss in drei Teile: Bhagirathi, Alaknanda und Mandakini und lässt sie auf die Erde fließen. Diese drei Flüsse oder Haarlocken, die im Hinduismus alle als heilig angesehen werden, entspringen Eisgletschern im indischen Teil des Himalaya. Alaknanda und Mandakini verschmelzen nach rund siebzig Kilometern, und einige Kilometer später treffen Alaknanda und Bhagirathi zusammen und werden zum Ganges.

Seit ewigen Zeiten haben die Hindus den Ganges als den heiligsten aller Flüsse angesehen, personifiziert in der Göttin Ganga, häufig auch Ma Ganga genannt, Mutter Ganges. Die Hindus glauben, ein Bad im Ganges könne sie von allen Sünden reinigen und dadurch die Chancen erhöhen, *Moksha* zu erreichen, die Befreiung aus dem Zyklus von Tod und Wiedergeburt. Altersschwache Pilger strömen zu Hunderttausenden in die Städte an den Ufern des Ganges, um an dem heiligen Fluss zu sterben und verbrannt zu werden, und Millionen von Hindus sind mit Tropfen vom Ganges auf den Lippen gestorben.

Mit seinen rund zweieinhalbtausend Kilometern landet der Ganges weit unten auf der Liste der längsten Flüsse der Welt. Bemisst man allerdings die Bedeutung der großen Flüsse nicht nach der Anzahl der Kilometer, sondern danach, wie viele Menschen von ihnen abhängig sind, rangiert der Ganges an der Spitze. Mehr als ein Drittel der Bevölkerung Indiens und sozusagen sämtliche Bürger Bangladeschs, insgesamt also mehr als eine halbe Milliarde Menschen, sind abhängig vom Wasser des Ganges. Sie trinken aus dem heiligen Fluss und waschen sich in ihm – und die gesamte Landwirtschaft und Industrie an seinen Ufern wird dank des Ganges am Leben erhalten. Leider hat er auch eine Top-Platzierung in dem weniger ehrenvollen Wettbewerb um die am schlimmsten verunreinigten Flüsse der Welt. Die Städte an seinen Ufern produzieren ungefähr drei Milliarden Liter Abwasser pro Tag, der größte Teil fließt ungeklärt in den Fluss – was dazu führt, dass multiresistente Bakterien in dem heiligen Wasser blühen und gedeihen. Dazu kommt, dass chemische Fabriken, Krankenhäuser, Schlachtereien, Destillerien und andere Firmen große Mengen giftigen Abfalls in den Fluss leiten, darunter Chrom und Quecksilber.

Dieses Gemisch fließt nach einer Reise von rund zweieinhalbtausend Kilometern schließlich in den Golf von Bengalen. Aber noch einmal: Wo beginnt der Ganges? Kartografen und Etymologen sind der Ansicht, dass der Ursprung eventuell nahe der kleinen Stadt Devprayag zu finden ist, mit dem Auto zwei Stunden von Rishikesh entfernt, wo Bhagirathi und Alaknanda zusammen- und gemeinsam als Ganges weiterfließen. Hydrologen und Geografen könnten argumentieren, dass der Ganges am Eisgletscher Satopanth beginnt, wo die Alaknanda ihren Ursprung hat. Aufgrund der Länge und der großen Wassermengen der Alaknanda ist es nicht unlogisch, ihren Ursprungsort als den Geburtsort des Ganges anzusehen. Die meisten Hindus sind allerdings der Meinung, dass der Ganges an der Quelle des Bhagirathi-Flusses beginnt, am Fuße des Gangotri-Gletschers.

Die Fahrt von Rishikesch nach **Gangotri** (3415 Meter über N.N.) dauerte über neun Stunden. Die Straße war im gewohnt schlechten Zustand, aber mit Pilgern beladene Kleinbusse, deren Dächer mit Fähnchen und Figuren lokaler Götter geschmückt waren, kämpften sich tapfer dem Ziel entgegen bergauf.

In Gangotri lag die Temperatur drinnen wie draußen um den Gefrierpunkt. Eine schmale Straße voller Läden und Buden, die Weihrauch, Blumen und andere Opfergaben verkauften, führte hinauf zu einem kleinen Tempel. Es war bereits später Nachmittag und der aus dem 19. Jahrhundert stammende Tempel geschlossen. Die meisten Pilger waren längst zum nächsten Heiligtum weitergezogen – der Tempel von Gangotri ist lediglich eines von vier Pilgerzielen auf der kleinen Char-Dham-Route, den »vier Wohnungen«, einem Pilgerweg im Himalaya, den jeder gläubige Hindu unbedingt absolvieren möchte. Diejenigen, denen es gelingt, alle vier Wohnungen zu besuchen, werden von ihren Sünden befreit und haben ihre Chancen erhöht, *Moksha* zu erreichen. Die Reise dauert normalerweise zehn, zwölf Tage mit dem Auto, aber eilige und vermögende Pilger können alle vier Bergtempel mithilfe eines Helikopters in zwei Tagen schaffen.

Als der Himmel über den Bergen rosa wurde, zog eine Handvoll frierender Priester, die Wollmützen und dicke Daunenwesten über den weißen Gewändern trugen, hinunter zum Flussufer. Pflichtschuldig zündeten sie die Feuergefäße an, die von leichten Trommelrhythmen und leiernden Gebeten begleitet herumgereicht wurden. Drei, vier Pilger, dick verpackt in Winterjacken und Polarfäustlingen, ließen sich von den Flammen segnen und traten an den Fluss heran, um ihre kleinen Bananenblattboote zu Wasser zu lassen. Hier oben sprudelte der Bhagirathi oder Ganges noch sauber, klar und frisch an dem Tempel vorbei. Sobald die Sonne untergegangen war, eilten die Priester und Pilger wieder ins Warme.

Die eigentliche Quelle ist nur zu Fuß zu erreichen. Alle Pilger und Touristen zu Fuß müssen sich registrieren lassen, bevor sie sich auf den Weg machen dürfen. Theoretisch sollte das Registrierungsbüro um acht Uhr öffnen, tatsächlich öffnete es allerdings nicht, bevor der für die Registrierung verantwortliche Soldat es für richtig befand, sich einzufinden. Gegen halb neun nahm ein morgenmuffliger Berufssoldat mittleren Alters hinter dem Schreibtisch Platz, um sein Tagewerk zu beginnen. Es war verboten, allein zur Quelle hinaufzugehen, daher bekam ich einen Träger zugeteilt, einen jungen, schüchternen Burschen, der ungefähr ebenso viele Worte Englisch konnte wie ich Hindi. Ich hatte versucht, mir Hindi beizubringen, bevor ich aufbrach, und hatte tapfer mit dem konsonantenreichen Devanagari-Alphabet und den fremden Verbformen gekämpft. Trotz der guten Noten bei der Abschlussprüfung erinnerte ich mich aus all den Stunden, in denen ich gebüffelt hatte, nur an eine einzige Phrase: *Ajka mausam ajha hai*. Heute ist schönes Wetter. Ich konnte auch das Gegenteil sagen: *Ajka mausam ajha nahi hai*. Heute ist das Wetter nicht schön. Das war's.

Ein breiter Weg aus Steinen und Beton führte sanft ansteigend das Tal hinauf, das sich in Sonnenschein gebadet präsentierte, flankiert von hohen grünen Bergen. Wir gingen durch ewiggrüne Rhododendron- und Tannenwälder, herbstlich orangefarbene Kiefern und Himalaya-Zedern, eine Art gerupfte Kiefer, die im Hochgebirge sehr gut gedeiht. Mein Plan war, es ruhig angehen zu lassen und mit den Pilgern zu sprechen, denen ich unterwegs begegnete, stattdessen aber überkam es mich: Mit einem Mal wollte ich an möglichst vielen Pilgern vorbeiziehen und so schnell wie möglich vorankommen – es müssen die Sonntagsausflüge meiner Kindheit im Westland gewesen sein, die mich heimsuchten. Nicht dass ich hätte mit vielen Pilgern sprechen können. Weitaus die meisten, denen ich begegnete – und an denen ich vorbeirannte –, waren Touristen aus dem Westen, die zu Fuß gingen. Die wenigen Inder, an denen ich vorbeikam, wurden auf Pferden transportiert. Am Nachmittag bot sich mir ein Anblick, der mir lange im Gedächtnis bleiben wird: Ein gebückt gehender, sehniger Mann trug eine ausgesprochen korpulente Inderin in einem Korb auf seinem Rücken. Ich ging davon aus, dass die Frau lahm war, sie tat mir leid, doch nach einigen Kilometern sah ich einen weiteren Mann mit einem Korb, diesmal war die Frau im Korb jedoch jung und vital und trug teure Outdoor-Kleidung. Sie ließ die Füße baumeln, die in nagelneuen Bergschuhen steckten, während ein krummgebückter Träger sie langsam, Schritt für Schritt, der Quelle näher brachte.

Es wurde bereits dunkel, als ich das kleine Zeltlager erreichte, in dem ich übernachten sollte. Ich sicherte mir ein Bett in einem Achtmannzelt, das ich mit Rucksacktouristen aus Kanada, Frankreich und Israel teilte. Es war so kalt in dem schlichten Zeltcafé, dass wir alle noch vor sieben Uhr in unsere Schlafsäcke krochen. Mitten in der Nacht wachte ich mit dröhnenden Kopfschmerzen auf – wir befanden uns auf viertausend Metern Höhe. Der Generator arbeitete nicht mehr, drinnen wie draußen war alles still und dunkel. Ich krabbelte aus meinem Schlafsack und schlurfte hinaus in die Sternennacht. Über meinem schmerzenden Kopf wand sich die Milchstraße wie ein weißer Himmelspfad. Die Inder nennen die Milchstraße *Aksaganga*, den Ganges des Himmels.

Die letzten Kilometer bis zur Quelle brach der Weg gleichsam ab. Hier nützten weder Pferde noch Korbträger, die Pilger hatten keine andere Chance, als selbst zu gehen. Ausgerüstet mit Stöcken und billigen Sandalen arbeiteten sich runzlige Greise trotzig über den rudimentären Pfad. Das letzte Stück mussten wir über Felsbrocken klettern und bewegten uns an lockeren, lawinengefährdeten Hängen, auf denen ständig kleine Steine den Berghang hinunterrutschten.

Der alte Weg zum Gangotri-Gletscher war 2013 während eines großen Hochwassers vollkommen zerstört worden. Ungewöhnlich kräftiger Regen über mehrere Tage hinweg hatte dazu geführt, dass viele Flüsse durch Bäume und Sedimente aus den Bergen blockiert waren. Als diese Dämme brachen, strömten enorme Wassermengen unkontrolliert ins Tal und rissen Dörfer und Menschen mit sich. Über fünftausend Menschen verloren bei dieser Überschwemmung ihr Leben, am härtesten getroffen wurde Kedarnath, eines der vier Pilgerziele der Char-Dham-Route. Auf wundersame Weise wurde der Tempel nicht zerstört, aber Pilger, Träger, Pferde, Hotels, Geschäfte und Cafés wurden von den gewaltigen Wassermassen fortgespült. Regenwetter dieser Art ist nicht normal in den Bergen, doch es wird künftig häufiger vorkommen, ähnlich wie auch alle übrigen Formen extremer Wetterlagen.

Vor lauter Schotter sah ich den Gangotri-Gletscher kaum. Der Eisgletscher war mit schwarzem Sand und kleinen Steinen überzogen, das eigentliche Eis war verborgen. Aus einer ovalen Öffnung strömte kaltes, frisches Wasser. Ich hatte einen rieselnden kleinen Bach erwartet, aber der Ganges ist schon bei seiner Geburt überraschend reißend. **Gaumukh** (4023 Meter über N.N.), das Kuhmaul, wird diese Quelle von den Hindus genannt, und die Öffnung erinnerte tatsächlich an ein Maul oder einen Mund. Eine halbe Milliarde Menschenleben sind von dem Schmelzwasser abhängig, das aus dem Kuhmaul, dieser scheinbar ewigen Quelle, fließt.

Doch die ewige Quelle schmilzt. So wie beinahe alle anderen Eisgletscher im Himalaya wird auch der Gangotri kleiner. Vor zweihundert Jahren erstreckte er sich drei Kilometer länger ins Tal, und mit jedem Jahr beschleunigt sich der Abschmelzprozess. Das Besorgniserregendste ist allerdings nicht, dass der Gletscher sich zurückzieht, sondern dass er, ähnlich wie viele andere Eisgletscher auf der Erde, dünner wird und damit weniger Eis enthält – die Gletscher werden dadurch letztlich verletzlicher. Rund siebzig Prozent des Wassers im Ganges ist Schmelzwasser aus dem Himalaya, und nun schmelzen die Gletscher in alarmierendem Tempo. Obwohl die Niederschlagsmenge insgesamt möglicherweise auch in Zukunft gleich bleiben wird, so wird das Wasser nicht länger gleichmäßig fließen. Überschwemmungen werden Dürreperioden folgen, die wiederum von Überschwemmungen abgelöst werden, ein albtraumartiger Zyklus.

Vorläufig fällt die Antwort nach dem Ende des Ganges leicht, doch in naher Zukunft ist es nicht unwahrscheinlich, dass Ma Ganga zu bestimmten Zeiten des Jahres das Meer nicht mehr erreicht.

Am Ufer saß ein dünner junger Mann in der Hocke und wusch sich. Er hatte sich bis auf die Unterwäsche ausgezogen, aber es sah nicht so aus, als würde er frieren. Als er mich sah, lächelte er glücklich. Ich erwiderte sein Lächeln. Die Sonne schien von einem strahlend blauen Himmel, und das wunderbar saubere Gletscherwasser strömte grünlich schimmernd ins Tal, mit klarem Kurs auf die überbevölkerten nordindischen Ebenen.

CHINA

Tibet

Gangtok

■ Thimphu

BHUTAN

Phuentsholing
Jaigaon

West-
bengalen

Assam

DESCH

Brahmaputra

Champagner der Berge

Die schmale Straße hinauf nach Darjeeling war voller Haarnadelkurven. Der nächste Flugplatz, **Bagdogra** (136 Meter über N.N.), lag unten im Tiefland, hundert Kilometer vom Mekka des Tees entfernt. Langsam ging es bergauf, durch eine schillernd grüne diesige Landschaft. Ohne ein Wort zu sagen, fuhr der Fahrer plötzlich an den Straßenrand und hielt an einer baufälligen Bude. Er sprang aus dem Auto, reichte dem Budenbesitzer einen zerknüllten Geldschein, blieb am Straßengraben stehen und trank süßen, würzigen Tee mit Milch.

Dass die Inder große Teetrinker sind, ist nicht überraschend. Betrachtet man allerdings die Gesamtbevölkerung, ist der jährliche Konsum an und für sich nicht so groß, rund siebenhundertfünfzig Gramm pro Einwohner. Die Briten trinken über doppelt so viel und die Iren beinahe drei Mal so viel, allerdings schlägt niemand die Türken, die mit über drei Kilo den Rekord halten – dies entspricht pro Einwohner im Schnitt rund einhundert Tassen Tee im Jahr. Viele Inder sind so arm, dass sie sich Tee nicht leisten können, doch diejenigen, die keine finanziellen Probleme haben, trinken dafür umso mehr.

Tatsächlich haben die Briten den Tee nach Indien gebracht. Wilde Teesträucher wuchsen ausschließlich im Brahmaputra-Tal in Assam, nur das Singh-Volk, eine kleine Volksgruppe mit Wurzeln in Myanmar, kannte das Getränk, bevor die Briten kamen. Die Engländer hatten den Tee Mitte des 18. Jahrhunderts entdeckt und waren seither Großkonsumenten. Anfang des 19. Jahrhunderts gelang es geschäftstüchtigen britischen Händlern, Teepflanzen über die Grenze von China nach Indien zu schmuggeln und erfahrene chinesische Teepflanzer zu überreden, in Indien zu arbeiten. Der Plan war, mit einer groß angelegten Teepflanzung im Tiefland von Assam zu beginnen, um so die Importkosten zu minimieren, doch es stellte sich heraus, dass die chinesischen Teepflanzen auf den indischen Ebenen nicht gediehen und größtenteils nach kurzer Zeit abstarben. Die Lösung bestand in einer Kreuzung der chinesischen Teepflanze mit den robusteren Teesträuchern, die im Brahmaputra-Tal wild wuchsen und einen dunkleren, kräftigeren und weniger raffinierten Tee lieferten. Das Experiment gelang: Indien ist heute der zweitgrößte Teeproduzent der Welt.

Es dauerte lange, bevor die Inder Anhänger des neuen Buschgewächses wurden. In seinem Buch *Key to Health* warnt Gandhi vor dem Getränk, das er für gesundheitsschädlich hielt, weil es Tannine enthält, Stoffe, die in Gerbereien benutzt werden, um Leder und Fell zu härten. Gandhi meinte, Tee habe einen ähnlichen Effekt auf den Magen; er empfahl, lieber gekochtes Wasser mit ein wenig Milch und Zucker zu trinken. Die Inder entdeckten den Tee erst viele Jahre nach Gandhis Tod während der grünen Revolution in den 1960er Jahren. Die Revolution, die in einer umfassenden Steigerung der landwirtschaftlichen Produktion durch den Einsatz von Maschinen, Kunstdünger und Pflanzenschutzmitteln bestand, war in Wahrheit nicht sonderlich grün – so nahm zum Beispiel die Verunreinigung des Ganges und anderer Flüsse in diesen Jahren massiv zu. Ungefähr gleichzeitig setzte sich eine neue Methode der maschinellen Teeproduktion durch. Die Teeblätter wurden in Maschinen gegeben, die sie schnitten oder zerrieben, in kleinere Portionen rissen und sie zu kleinen Knoten zusammenrollten. Die Methode wird CTC genannt, *crush, tear, curl*, sie ermöglichte es, Tee zu produzieren, der sich bequem aufkochen lässt und indischen Gaumen weitaus besser schmeckte als der mit der orthodoxen und arbeitsaufwendigeren Rollmethode hergestellte Tee. Denn die Inder trinken hauptsächlich *Masala Chai*, gekochten schwarzen Tee, der mit Kardamom, Ingwer und Zimt gewürzt wird. Diesem Tee werden Milch oder Milchpulver und große Mengen Zucker zugefügt. Heute findet der größte Teil der Teeproduktion maschinell statt, über siebzig Prozent des Tees, der in Indien produziert wird, verbrauchen die Inder selbst. Die Briten haben sich längst nach anderen Märkten umsehen müssen, auf denen sie ihren Tee kaufen.

In Darjeeling ist CTC mittlerweile ein Schimpfwort, daher wird so gut wie die gesamte Darjeeling-Produktion für teuer Geld ins Ausland verkauft.

Aus dem Autofenster sah ich in allen Himmelsrichtungen Teebüsche. Kleine grüne Sträucher bedeckten die hügelige Berglandschaft wie eine Bettdecke. Als wir **Darjeeling** (2043 Meter über N.N.) erreichten, kam der Verkehr vollkommen zum Erliegen; die Autos standen in langen, chaotischen Reihen, erstarrt in einer ewigwährenden, kakofonischen Schlange. Die Straßengräben quollen über vor Abfall, dichter Dunst lag über der Stadt und verwischte die Konturen des Himalaya.

Ein Duft von frisch fermentiertem Tee hing über der kleinen Teefabrik Happy Valley.

»Aufgrund der Höhe, der feuchten Luft und des nährstoffreichen Bodens ist Darjeeling besonders gut geeignet, um Tee anzubauen«, erklärte mir Sitam, der junge Produktionsassistent, der mich herumführte.

Sitam stellte es so dar, als sei es einleuchtend, dass Darjeeling sich zum Tee-Anbau als besonders geeignet erwies, doch die Wahrheit ist, dass niemand, auch erfahrene Botaniker nicht, geglaubt hatte, die Teepflanze könnte in dieser Höhe gedeihen – in einer Region mit so viel Regen und so wenig Sonne. Darjeeling liegt auf zweitausend Metern Höhe, in der feuchtesten und fruchtbarsten Ecke des Himalaya, eingeklemmt zwischen Nepal im Westen, Tibet und Sikkim im Norden und Bhutan im Osten.

Ursprünglich war Darjeeling ein Teil des kleinen Königreichs Sikkim. Ende des 18. Jahrhunderts hatte Sikkim große Probleme mit seinem westlichen Nachbarn, dem Gorkha-Königreich, das über große Teile des heutigen Nepal regierte. Im Laufe von wenigen Jahren hatten die Gorkha bedeutende Landgebiete erobert, doch als sie 1814 den Rest von Sikkim unterwerfen wollten, wurden sie von der britischen Ostindien-Kompanie aufgehalten. Die befreiten Gebiete gaben die Briten an Sikkim zurück, allerdings nicht ohne Gegenleistung. Die Briten hatten eine Vorliebe für sogenannte *Hill Stations*, Erholungsorte hoch oben in den Bergen. Dort war die Luft frischer und kühler als in der Ebene, wo es im Sommer unerträglich heiß werden konnte. Die fruchtbaren Höhenzüge bei Darjeeling erwiesen sich als ein ausgezeichneter Ort für Sanatorien. Außerdem war die Lage direkt an der Grenze zu Nepal und dem geschlossenen, mystischen Tibet auch strategisch durchaus interessant. Ursprünglich hieß die Gegend um Darjeeling Dorje Ling, der Ort des Donnerkeils, benannt nach einem buddhistischen Kloster. Mit Ausnahme von einigen kleinen Dörfern war das Gebiet unbewohnt. Der Chögyal, der König von Sikkim, war zunächst nicht bereit, den Briten sein Territorium zu verpachten, doch nachdem diese in den 1830er Jahren aufs Neue verhinderten, dass die Gorkha ganz Sikkim unterwarfen, kam ein Pachtvertrag zustande.

Einige Jahre später, im Herbst 1849, brach Dr. Archibald Campbell, der umtriebige schottische Verwalter von Darjeeling zu einer Expedition nach Tibet auf. Er reiste zusammen mit dem legendären Botaniker Joseph Dalton Hooker, der ebenfalls aus Schottland kam. Trotz der Warnungen der königlichen Garde in Sikkim überschritten die beiden Abenteurer die Grenze in das gelobte Land. Als sie nach Sikkim zurückkehrten, wurden sie wegen illegalen Grenzübertritts verhaftet, wie es heißt, soll Campbell im Gefängnis gefoltert worden sein. Die beiden Schotten wurden anderthalb Monate in Sikkim gefangen gehalten und kehrten erst Heiligabend zurück nach Darjeeling. Als Rache annektierten die Briten die fruchtbaren Ebenen südlich von Darjeeling und zahlten darüber hinaus keine Pacht mehr. Sikkim war nun reduziert auf ein isoliertes Bergreich, eingeklemmt zwischen Tibet und Britisch-Indien. Darjeeling hingegen war keine Enklave mehr, sondern mit dem Rest Indiens verbunden – schon bald sogar durch Eisenbahngleise. 1881 wurde die Himalayan Railway eröffnet, eine große Ingenieursleistung, die heute auf der Welterbeliste der UNESCO steht. Die schmalspurige Eisenbahnlinie überquert fünfhundertvierundfünfzig Brücken und hat achthundertdreiundsiebzig Kurven sowie drei Kreiskehrschleifen, damit der Zug die notwendige Geschwindigkeit erreicht. Die Strecke folgt der Straße, die sie ständig überquert, um die scharfen Kurven der Straße auszugleichen; der Zug fährt zum Teil so dicht an Geschäften vorbei, dass man – würde man es wagen – die Hände aus dem Fenster strecken und sich mit Waren versorgen könnte.

Es ist Dr. Archibald Campbells Verdienst, dass heute Tee in Darjeeling angebaut wird. Kurz nachdem er sich in der Stadt der Sanatorien niedergelassen hatte, pflanzte er aus Spaß einige chinesische Teesträucher in seinem Garten. Zur Überraschung aller gediehen die Sträucher in dieser Höhe. Im Laufe der folgenden Jahre wurden Waldflächen gerodet und weitere Teeplantagen in Darjeeling angelegt; 1859 wurde die erste Teefabrik gegründet. Der Rest ist Geschichte.

»Darjeeling-Tee zu produzieren ist eine Kunst«, betonte Sitam, als wir den Probierraum betraten. »Jeder Produzent macht seinen eigenen, unverwechselbaren Tee, es gibt keine Regeln. Rund neunzig Prozent des Tees, den wir produzieren, ist schwarz, aber von ein und derselben Pflanze kann man auch grünen, weißen und Oolong-Tee machen. Aufgrund des kühlen Klimas ist die Darjeeling-Saison kurz, sie dauert nur von Mitte März bis Mitte November. Da unsere Plantage in Darjeeling am höchsten liegt, ist unsere Saison noch kürzer, sie beginnt erst Mitte April.«

Er reichte mir eine Tasse brühend heißen goldenen Tees. Ich trank einen Schluck, mein Mund füllte sich mit mildem Frühjahr.

»Die erste Ernte wird *first flush* genannt, sie ist leicht und aromatisch«, erklärte Sitam. »Von den allerfeinsten Blättern produzieren wir weißen Tee. Manch einer nennt es teures gekochtes Wasser, denn weißer Tee hat keine Farbe und nur wenig Geschmack, ist aber reich an Antioxidantien.«

Ich bekam eine neue Tasse, gefüllt mit etwas, das tatsächlich aussah wie gekochtes Wasser, aber federleicht und hellblau schmeckte, wie eine nordische Sommernacht.

»Im Sommer pflücken wir *second flush*, meinen Favoriten. Es ist der stärkste und aromatischste Tee von hier.«

Sitam reichte mir eine Tasse mit einem tief orangefarbenen kräftigen Gebräu. Die Tannine zogen den Gaumen zusammen.

»Während des Monsuns hat der Tee weniger Geschmack, daher mischen wir Tee aus dieser Ernte mit Tee aus anderen Ernteperioden. Schließlich haben wir *fourth flush*, den wir im Herbst ernten. Indischen Masala Chai produzieren wir hier nicht, der stammt von einer anderen Pflanze. Die indische Art und Weise, Tee zuzubereiten, verdirbt den Tee«, fügte er verächtlich hinzu. »Der Tee ertrinkt in Milch und Zucker. Darjeeling-Tee muss ohne Milch und Zucker getrunken werden, vielleicht mit einem Tropfen Zitrone, das ist aber auch alles.«

Wir schlenderten weiter durch die leere Fabrik.

»Alles wird mit der Hand gepflückt«, erklärte Sitam weiter. »Wir haben hundertzweiundneunzig Pflückerinnen, nur Frauen. Sie sind sehr erfahren und pflücken genau die Blätter, die wir für unseren Tee benötigen. Wenn die Frauen mit den frisch gepflückten Teeblättern hierherkommen, breiten wir die Blätter auf einem langen Rost aus, wo sie zwölf bis achtzehn Stunden trocknen. Unter dem Rost ist ein Fächer, der in den ersten neun Stunden kalte Luft verbreitet, danach heiße. Auf diese Weise entfernen wir sechzig bis siebzig Prozent der Feuchtigkeit aus den Blättern, sodass sie weich und leicht zu verarbeiten sind. Entscheidend ist, dass die Blätter nicht steif werden und brechen. Der nächste Schritt ist dann das Rollen der Blätter.«

Wir gingen weiter zu drei Maschinen, die aussahen, als stammten sie direkt aus den fünfziger Jahren. Große, glänzende Eisentrommeln, die sich drehten, auf der Spitze der Trommeln waren schwere Stempel montiert.

»Die Stempel pressen die Blätter und zerreiben die Zellen, sodass die Oxidation einsetzen kann«, erklärte Sitam. »Die Blätter werden zwischen zwanzig und vierzig Minuten gerollt, nicht länger. Danach verteilen wir die Blätter auf lange Tische, dort oxidieren sie zwischen einer halben und anderthalb Stunden. Weißer und grüner Tee müssen nicht oxidieren, das gilt nur für schwarzen Tee.«

In der nächsten Halle stand eine solide Eisentrommel mit einem Gitter vor der Öffnung.

»Sobald die Oxidation der Blätter abgeschlossen ist, kommen sie in diese Maschine, in der eine konstante Temperatur von hundertzwanzig Grad herrscht«, sagte Sitam. »Hier werden die Blätter zehn bis fünfzehn Minuten getrocknet, um die Oxidation zu stoppen. Am Ende sollte nur noch zwei bis drei Prozent Feuchtigkeit in den Blättern sein. Insgesamt dauert der Prozess zwei bis zweieinhalb Tage. In einer luftdichten Verpackung kann der frische Tee dann bis zu zwei Jahren aufbewahrt werden.«

Wir gingen weiter in die nächste Halle, in der vier längliche Sortierroste standen.

»Die größten Blätter bleiben ganz oben liegen. Das Pulver, das sich ganz unten sammelt, landet in Teebeuteln.«

Im letzten Raum saß eine Handvoll Frauen in weißen Kitteln über Körben mit Tee. Mit raschen Handbewegungen pflückten sie resolut die Blätter heraus, deren Qualität nicht hoch genug war.

»Es gibt ein komplexes System zur Qualitätsbewertung von Tee«, erklärte mir Sitam. »Die beste Qualität sind ganze Blätter, SFTGFOP, *Super Fine Tippy Gold Flower Orange Pekoe* oder *Far Too Good for Ordinary People*, wie ich es nenne.« Er schmunzelte leise über seinen Witz, den er vermutlich mehrmals am Tag erzählte.

Narendra Singh, der Leiter von Happy Valley, war nur ein paar Jahre älter als ich, aber in dieser Ecke der Welt ist das Erscheinungsbild der Menschen, vor allem der Chefs, schon früh vom Habitus des permanenten mittleren Alters geprägt. Wir saßen an einem kleinen Tisch im Schatten eines Baumes vor seinem Bungalow, der zweifellos aus der Zeit der Briten stammte. Ein Bediensteter kam mit einer Kanne und füllte unsere Tassen mit goldenem dampfendem Tee.

»Ich leite diese Teeplantage jetzt seit anderthalb Jahren, aber ich habe Erfahrungen von Plantagen in Mosambik und Äthiopien«, erzählte Narendra Singh. »Ursprünglich komme ich aus Varanasi. Da mein Vater beim Militär war, habe ich in ganz Indien gelebt. Mein Vater sagte, ich solle es mit Tee versuchen, und da ich schon immer gern etwas mit Landwirtschaft zu tun haben wollte, folgte ich seinem Rat.«

»Wie kommt es, dass die Menschen in einem Land, in dem man den besten Tee der Welt produziert, die Angewohnheit haben, den Tee mit Milch und Zucker zu verhunzen?«

»Dafür gibt es eine einfache Erklärung!« Narendra lächelte. »Milch ist ein Teil der indischen Kultur. Wir beginnen den Tag mit einem Glas Milch, unser Essen basiert auf Käse, Butter und Milch. Die Briten wollten, dass die Inder anfingen, Tee zu trinken, daher brachten sie uns bei, Milch in den Tee zu gießen. So trinken sie ihn ja auch selbst am liebsten. Auch die Zuckerrübe ist ein Teil der indischen Esskultur. Wir Inder mögen es gern süß.«

Er klopfte sich gutmütig auf seinen Kugelbauch, um diesen Punkt zu unterstreichen.

»Was ist das Besondere am Darjeeling-Tee?«

»Probieren Sie selbst!« Narendra goss mehr Tee in meine Tasse. »*First flush* aus Darjeeling ist schlichtweg der beste Tee der Welt. Darjeeling-Tee ist heute ein Begriff, er ist eine eigene Kultur, er ist ein Teil des Lebens hier. Es ist außerdem ein geschützter Name, nur siebenundachtzig Plantagen dürfen den Tee, den sie produzieren, Darjeeling-Tee nennen. Unsere Teesträucher können bis zu zweihundert Jahre alt werden, und meiner Meinung nach wird der Tee besser, je älter die Pflanze ist. Die gesamte Teeproduktion in Darjeeling ist Handarbeit, denn die Anbauflächen sind zu steil, um Maschinen einsetzen zu können, und mehrere Plantagen haben wie wir auf Bio-Produktion umgestellt. Um guten Tee zu produzieren, sind vier Faktoren ganz wesentlich: guter Boden, die richtigen klimatischen Bedingungen, Regen und Arbeitskraft. Der Boden hier ist reich und fruchtbar, das Klima ausgezeichnet. Es regnet zweihundert bis vierhundert Millimeter pro Jahr, aber das meiste fließt ab und dringt nicht in den Boden ein. Das kühle Klima sorgt dafür, dass die Pflanzen langsam wachsen.«

Narendra ignorierte meinen Protest und goss wieder Tee nach.

»Bring uns eine neue Kanne!«, rief er dem Diener zu, der an der Eingangstür bereitstand. »Alle reden jetzt vom Klimawandel, auch wir spüren es«, wandte er sich wieder an mich. »Früher lag hier im

Winter gewöhnlich Schnee. Jetzt gibt es hier keinen Schnee mehr, aber Schnee ist ohnehin nicht gut für die Pflanzen.«

Er trank seinen Tee und blickte missbilligend auf meine Tasse, die ich nicht angerührt hatte.

»Trinken Sie! Die Tasse ist zwischen achthundert und tausend Rupien wert!«

»Aber ich habe bereits vier Tassen getrunken«, wandte ich ein.

»Das spielt keine Rolle, man kann unbegrenzte Mengen Tee trinken, das ist nur gesund. Trinken Sie! Es ist, als würde man Sauerstoff trinken, sage ich immer.« Narendra lachte, leerte seine Tasse und goss sich nach. »Da unsere Teesträucher so hoch liegen, sind sie besonders reich an Sauerstoff und Antioxidantien. Und was machen Antioxidantien mit Ihnen? Ja, sie sind gut für die Haut, sie sorgen dafür, dass Sie hübsch bleiben. Sie halten sich im Übrigen sehr viel besser als meine Frau, obwohl sie Ernährungsphysiologin ist. Aber das würden Sie nicht glauben, wenn Sie sie sähen, hahaha!«

Ein neuer Bediensteter kam mit frisch gebrühtem Tee zu uns.

»Wie viele Hausangestellte haben Sie eigentlich?«, erkundigte ich mich.

»Fünf Frauen und vier, fünf Boys.« Narendra goss sich selbst mehr Tee ein und füllte meine Tasse bis zum Rand. »Das ist eines der Privilegien dieses Jobs hier. Ich trage die Verantwortung für viele Hundert Angestellte insgesamt, da sind neun oder zehn Diener nicht viel. Kommen Sie, ich zeige Ihnen unsere Plantage!«

Ich folgte ihm zum Jeep, den einer der Dienstboten bereits vorgefahren hatte. Er saß am Steuer und wartete auf uns. Narendra bestand allerdings darauf, selbst zu fahren, und manövrierte den Jeep über schmale, gewundene Schotterstraßen bergab, vorbei an einer kleinen blauen Bude, an der eine Gruppe Frauen stand und sich unterhielt. Er fuhr weiter die steile Straße hinunter, bis wir rundum von niedrigen dunkelgrünen Teesträuchern umgeben waren.

»Dies ist meine Lieblingsstelle!«, erklärte er und sprang aus dem Wagen. Die Sträucher zogen sich über den Höhenzug dahin, bis sie weit, weit entfernt in dem grün-weißen Darjeeling-Dunst verschwanden. Schräg über uns konnten wir die bunten Häuser von Darjeeling erkennen.

»Heute wird nicht gepflückt, alle haben frei wegen des Erntedankfestes«, informierte mich Narendra. »Im letzten Jahr war es beinahe die ganze Saison so still wie heute. Über hundert Tage, vom sechzehnten Juni bis zum vierten August, war Darjeeling lahmgelegt. Alle Arbeiter im gesamten Distrikt streikten, und sämtliche Plantagen waren gezwungen, die Produktion einzustellen.«

»Weshalb haben sie gestreikt?«

»Ich will nicht über Politik reden, aber kurz gesagt wollen die Arbeiter hier, die alle nepalische Wurzeln haben, einen eigenen Bundesstaat, Gorkhaland. Sie wollen kein Teil von West-Bengalen mehr sein. Die Forderung ist über hundert Jahre alt, aber sie hat sich im vergangenen Jahr zugespitzt, nachdem die Behörden verlangt haben, dass sämtliche Einwohner West-Bengalens Bengali lernen müssen. Hier ist ja Nepali die meistgesprochene Sprache.«

»Haben sie etwas erreicht?«

»Überhaupt nichts! Alles war vergeblich!«

Als wir zurück zum Bungalow kamen, ging ich davon aus, dass die Audienz vorüber war, und bedankte mich für die Führung, die Unterhaltung und nicht zuletzt für all den Tee, doch Narendra wollte von meinem Dank nichts wissen, nahm noch einmal Platz an dem kleinen Tisch im Schatten des Baums und bedeutete mir, mich ebenfalls zu setzen.

»Bringt uns mehr Tee!«, rief er, ohne sich an jemanden Bestimmten zu wenden. Sofort kam ein Dienstbote mit einer frischen Kanne angelaufen.

In der letzten Nacht in Darjeeling spendierte ich mir einen Aufenthalt im Windamere Hotel, dem Inbegriff britischer Kolonialnostalgie. Das Hotel wurde 1880 als Pensionat für alleinstehende britische Teeplantagenbesitzer und offizielle Gesandte der britischen Zentralregierung in Kalkutta eröffnet und wurde später zu einem Hotel der vornehmen Gesellschaft. Ein uniformierter Bediensteter zeigte mir mein Zimmer, das mit großen geblümten Gardinen, einem ebenso geblümten Bettüberwurf, einem Kamin sowie einer altertümlichen Badewanne ausgestattet war. Ich hatte allerdings keine Zeit, das Zimmer zu genießen, dann gerade wurde der Nachmittagstee serviert, und obwohl ich mich bereits wie eine wandelnde, übervolle Teekanne fühlte, konnte ich mir den Nachmittagstee im Windamere nicht entgehen lassen. Er ist eine Institution.

In einem gemütlichen kleinen Zimmer standen neben einer großen Kanne perfekt zubereiteten Darjeeling-Tees hausgemachte Scones, Shortbread und kleine Sandwiches, die man sorgfältig auf einem Silbertablett gestapelt hatte. Ich belud einen kleinen Teller und ging in Daisy's Music Room, wo die Herrlichkeiten in tiefen, weichen Sesseln und bei gehobener Konversation mit den übrigen Gästen genossen werden sollten. Die beiden indischen Ehepaare, die im Raum saßen, guckten allerdings gebannt auf die Displays ihrer Mobiltelefone.

Förmlich schwappend vor Tee, schlenderte ich zurück auf mein Zimmer, das ich nun richtig genießen wollte. Gerade hatte ich die Tür geschlossen, als angeklopft wurde. Der Manager informierte mich, dass ich zur Geburtstagsfeier des Reiseleiters der britischen Gruppe eingeladen sei, die all die anderen Zimmer gebucht hatte. Die älteren Briten hatten sich im Fernsehzimmer versammelt und sangen bereits Geburtstagslieder. Danach ging es direkt in den Speisesaal, der am ehesten an ein prunkvolles privates Wohnzimmer erinnerte. Uniformierte Kellner kamen feierlich mit den Tagesgerichten aus der Küche, die ordentlich unter silbernen Servierhauben lagen. Gesättigt vom Essen, dem Wein und viel zu vielen Tassen des besten Tees der Welt, wankte ich zurück auf mein Zimmer, in dem nun der Kamin brannte. Benommen kroch ich ins Doppelbett und spürte, dass jemand fürsorglich eine Wärmflasche ans Fußende gelegt hatte, während ich fort war.

Ich lag eine Weile wach da und dachte daran, wer wohl noch in diesem Bett gelegen haben könnte. Die Abenteurerin und Schriftstellerin Alexandra David-Néel hatte im Windamere gewohnt, als sie Darjeeling besuchte, ebenso wie Prinz Peter von Dänemark und Griechenland und Palden Thondup Namgyal, der letzte König von

Sikkim. Hier im Windamere begegnete er der amerikanischen Studentin Hope Cooke zum ersten Mal. Sie war damals neunzehn Jahre alt, beinahe halb so alt wie der sechsunddreißigjährige Witwer und Vater von drei Kindern. Gegen alle Erwartungen verstanden sie sich. Einige Jahre später heirateten sie, und Hope wurde Königin von Sikkim.

Die Ehe und das Königreich sind längst in die Geschichtsbücher eingegangen, aber ihre jüngste Tochter, Hope Leezum, zog als Erwachsene zurück nach Sikkim. Ich sollte am nächsten Tag dorthin reisen und hoffte, sie kennenzulernen, aber wie geht man eigentlich vor, wenn man mit einer ehemaligen Prinzessin in Kontakt treten will?

Die Prinzessin ohne Königreich

Verborgen hinter dichtem Nebel streckte sich der Kangchendzönga, der dritthöchste Berg der Welt, dem Himmel im Westen entgegen. Bunte Betonwohnblöcke klammerten sich an den überwucherten Berghang. Der Verkehr in der Hauptstadt Sikkims war wie immer chaotisch, aber auffallend leise. *Niemand* hupte.

»Warum hupen Sie nicht mehr?«, fragte ich den Fahrer. Auf dem Weg aus Darjeeling hatte er seine Hupe eifrig benutzt, doch nachdem wir die Bundesstaatsgrenze überschritten hatten, hatte er sie nicht einmal gedrückt.

»Es kostet hier fünfhundert Rupien Bußgeld, wenn wir grundlos hupen«, antwortete er düster.

Alle Hotels in **Gangtok** (1650 Meter über N.N.) waren aufgrund des Erntedankfestes ausgebucht, aber ich fand ein Zimmer in einem kleinen Gästehaus, das von einer einheimischen Bhutia-Familie betrieben wurde.

Bhutia ist einer der Namen, die heute für Volksgruppen verwendet werden, die im 9. Jahrhundert aus Tibet nach Sikkim kamen. Das Esszimmer war tibetisch eingerichtet, mit niedrigen Tischen und bunten Wänden. Der Sohn des Inhabers servierte dampfende Dumplings und einheimisches Bier.

»Es gibt keine Alkoholsteuer in Sikkim, deshalb trinken die Leute hier die ganze Zeit«, grinste er. »Die Leute trinken, um zu vergessen, dass Indien uns unterworfen hat.«

»Apropos«, sagte ich. »Wissen Sie, wie ich in Kontakt mit Hope Leezum kommen kann, der Prinzessin?«

»Semla, meinen Sie?« Er trat ans Fenster und zeigte in die nächtliche Dunkelheit. »Sie wohnt direkt hier an der Straße. Alle wissen, wo sie wohnt, Sie müssen nur fragen.«

»Wahrscheinlich ist es am besten, ich rufe an und vereinbare ein Treffen. Haben Sie vielleicht ihre Telefonnummer? Oder eine E-Mail-Adresse?«

»Nein, habe ich nicht, aber das ist auch nicht nötig. Gehen Sie einfach zu Ihrem Haus und klopfen Sie an!«

Ich benötigte beinahe den ganzen nächsten Vormittag, um meinen Mut zusammenzunehmen. Während ich auf meine Entschlusskraft wartete, beantwortete ich E-Mails, und als ich erst einmal angefangen hatte, beantwortete ich alles, was sich in den vergangenen Wochen angesammelt hatte. Irgendwann hatte ich keine E-Mails mehr zu beantworten.

Schlimmstenfalls, sagte ich mir, war die Prinzessin nicht zu Hause oder sie war zu Hause und würde nicht mit mir sprechen wollen.

Obwohl mir der Inhaber des Gästehauses das Gebäude genau beschrieben hatte, ging ich doch einige Hundert Meter weiter die Straße hinunter, nur um ganz sicher zu sein, dass ich keines der anderen Häuser mit dem der Prinzessin verwechselt hatte. Es war eindeutig. An der Einfahrt gab es ein Tor, und einen Moment lang hoffte ich, dass es geschlossen war, aber es glitt auf, ohne zu knarren. Zögernd ging ich den Hügel hinauf zu einem Backsteinhaus. Man schleicht schließlich nicht jeden Tag ungebeten auf ex-königlichem Grund und Boden herum. Zwei Frauen, die angezogen waren wie Hausangestellte, schauten von der Veranda auf mich herab und tauschten Blicke aus, sagten aber nichts. Oberhalb des Hauses gab es einen großen Garten voller exotischer Pflanzen. Eine Frau in Shorts und T-Shirt hockte auf den Knien und arbeitete an einem Beet. Als sie mich bemerkte, stand sie auf und sah mich fragend an. Es war die Prinzessin.

»Hey, kann ich Ihnen helfen?« Sie sprach Englisch mit einem geschliffenen New Yorker Akzent. »Dies ist Privateigentum«, fügte sie hinzu.

»Es tut mir leid, wenn ich hier ohne Verabredung erscheine, aber ich hatte Ihre Telefonnummer nicht«, stotterte ich, nachdem ich mich vorgestellt hatte. »Wie gesagt, es ist mir unangenehm, Sie zu stören, aber ich würde mich freuen, wenn Sie vielleicht in den nächsten Tagen Zeit für ein Gespräch hätten?«

»Kommen Sie, trinken wir eine Tasse Tee«, sagte sie und wies einladend auf den Garten.

Wir nahmen Platz in den Gartenstühlen vor dem Haus. Ihr Ehemann, ein Sikkimese mit dünnem Bart, schmalem Gesicht und Lachfalten über dem ganzen Gesicht, beschäftigte sich ein paar Meter entfernt mit einem Blumentopf. Ein Bediensteter servierte drei große Tassen Tee.

»Nennen Sie mich Semla«, sagte Hope Leezum. »Das bedeutet ›Tochter‹, alle nennen mich so.«

Die fünfzig Jahre alte ehemalige Prinzessin hatte eine tiefe Stimme und lachte gern. An den Waden hatte sie Schmutzflecken von der Gartenarbeit, das breite Gesicht war ungeschminkt, das schulterlange Haar hing locker herab.

»Morgen kann ich Ihnen das Kloster und die Residenz zeigen, sodass Sie die Zusammenhänge besser verstehen, aber jetzt unterhalten wir uns erst einmal gemütlich und trinken Tee«, lächelte sie. »Hört sich das nach einem guten Plan an?«

Semla gab mir eine Menge Ratschläge, was ich mir in Gangtok ansehen sollte, und bevor ich ging, führte sie mich im Garten herum.

»Hier in Sikkim wächst alles«, erzählte sie, während wir an Rosenbüschen, Aloe-vera-Pflanzen und Rhododendronbüschen vorbeigingen. »Wir liegen auf demselben Breitengrad wie Miami, haben aber gleichzeitig hohe Berge, daher wachsen hier Pflanzen aus dem Flachland und dem Gebirge Seite an Seite.«

Am späten Nachmittag folgte ich Semlas Empfehlung und ging noch mehr Tee trinken. Das luxuriöse Hotel Elgin mit seinem großartigen Garten und der üppigen Lobby war bis 1975 das private Gästehaus der Königsfamilie gewesen. Viele Hochzeitsgäste waren hier einquartiert, als der neununddreißigjährige Kronprinz von Sikkim, Palden Thondup Namgyal, die zweiundzwanzigjährige Hope Cooke 1963 heiratete. Sie waren zwei Jahre verlobt gewesen, aber den lokalen Astrologen zufolge war 1962 ein sogenanntes schwarzes Jahr und daher ungeeignet für eine Hochzeit. Viele Sikkimesen hätten es ohnehin am liebsten gesehen, wenn die Hochzeit mit der christlichen amerikanischen Studentin überhaupt nicht zustande gekommen wäre. Die Astrologen behielten im Übrigen recht. 1962 war ein schwarzes Jahr, jedenfalls unter geopolitischen Gesichtspunkten: Im Oktober begannen chinesische Soldaten einen Zweifrontenkrieg im Himalaya und schickten Streitkräfte über die indische Grenze in der Aksai-Chin-Region im Westen und Arunachal Pradesh im Osten. Sikkim ließen sie allerdings in Ruhe, da die Chinesen Sikkim interessanterweise als unabhängiges Land ansahen und nicht als Teil Indiens.

Als das schwarze Jahr vorbei war, ließ sich die Hochzeit nicht länger verschieben, die Astrologen fanden schließlich ein glücksbringendes Datum: 20. März 1963. Amerikanische Medien überschlugen sich in ihren Beschreibungen der Romanze zwischen der jungen amerikanischen Waise und dem Kronprinzen des kleinen buddhistischen Königreichs im Himalaya. Hope Cooke war vielleicht nicht so glamourös und hübsch wie Grace Kelly, aber Sikkim war dafür eindeutig abenteuerlicher und mystischer als Monaco. Im Gegensatz zur Fürstin von Monaco musste Cooke ihre amerikanische Staatsbürgerschaft ablegen, als sie in die Königsfamilie Sikkims einheiratete. Sie wollte mit Haut und Haaren sikkimesisch und mit dem Kronprinzen bis ans Ende ihrer Tage glücklich werden.

Das königliche Glück währte indes nicht lange.

Ich hingegen war vollkommen glücklich, als ich in der gemütlichen, rot gestrichenen, tibetisch inspirierten Bar des Hotels Elgin saß. Auf dem niedrigen Tisch vor mir stand eine Kanne frisch zubereiteter Darjeeling-Tee, eine Schüssel mit dampfenden, frischen indischen Pakora und eine Schale mit trockenen britischen Keksen.

Am nächsten Vormittag erschien Semla wie versprochen vor dem Gästehaus. Statt Gartenkleidung trug sie eine formellere Bluse und einen knielangen Rock, aber sie war ebenso sanft und freundlich wie am Vortag.

»Lassen Sie uns zuerst zum Kloster hinaufgehen«, sagte sie. »Es ist nicht weit, ich gehe jeden Tag dorthin.«

Wenige Minuten später standen wir vor dem Haupttempel. Semla grüßte lächelnd alle kleinen Jungen, denen wir begegneten. Sie grüßten verlegen zurück.

»Das Kloster ist Teil der Tsuglagkhang-Stiftung, deren Geld ich im Namen meines Bruders verwalte, des dreizehnten Chögyal von Sikkim«, erzählte sie. »Mein Bruder verbringt den größten Teil des Jahres in tiefer Meditation in Höhlen und Klöstern in Nepal und Bhutan und hat so gut wie den gesamten Familienbesitz verschenkt. Wer weiß, vielleicht ist er tief in seinem Inneren sogar froh, dass er nicht König geworden ist? Eigentlich sollte sein älterer Bruder Chögyal werden, aber er starb 1978 bei einem Autounfall. Es ist wirklich ein Familienfluch. In den letzten drei Generationen ist immer der älteste Sohn bei irgendeinem Unglücksfall gestorben.«

Auch Palden Thondup Namgyal, Semlas Vater, war nicht zum König erzogen worden. Während des Zweiten Weltkriegs starb sein älterer Bruder bei einem Flugzeugunglück, daher musste Thondup seine Pläne begraben, in Cambridge zu studieren, und stattdessen die Pflichten des Kronprinzen übernehmen. Semlas Großvater, Tashi Namgyal, hat den Verlust seines ältesten Sohnes nie verwunden und zog sich früh aus der Politik zurück, um sich seinem Glauben zu widmen. Auch der Großvater, der von 1915 an regierte, wurde nicht als Thronerbe geboren. Sein älterer Bruder war 1914 zum Chögyal gekrönt worden, aber er starb zehn Monate, nachdem er den Thron bestiegen hatte, im Alter von fünfunddreißig Jahren als der König von Sikkim mit der kürzesten Regierungszeit.

Als Semlas Großvater, Tashi Namgyal, im Winter 1963 kurz nach der Heirat starb, hatte sein Sohn Sikkim praktisch über zwei Jahrzehnte regiert. Thondup und Hope wurden aber erst 1965 offiziell zum Chögyal und zur Gyalmo gekrönt, als das Trauerjahr für den alten König vorüber war.

»Mein Bruder hat kein Interesse an Politik, niemand in meiner Familie ist wie er«, erzählte Semla. »Nachdem wir 1975 ein Teil von Indien wurden, hat der Chögyal seine politische Macht komplett verloren, aber mein Bruder ist noch immer Sikkims religiöses Oberhaupt, und das nimmt er sehr ernst. Unsere Kultur ist aufgrund der ganzen Zugezogenen bedroht, daher setzt er sich dafür ein, die Klöster in Sikkim zu retten. Er hat drei Viertel des Familienvermögens in einen Fonds eingebracht, mit dem unter anderem dieses Kloster betrieben wird. Die Jungen, die hier wohnen, gehen kostenlos zur Schule, und sie werden nicht nur in Buddhismus unterrichtet, sondern auch in Mathematik und Englisch und was sie sonst noch brauchen. Wenn sie die Schule beenden, können sie sich frei entscheiden, ob sie ein klösterliches Gelübde ablegen oder eine Ausbildung beginnen und ein weltliches Leben führen wollen.«

Eine tiefe Trommel erklang, und die kleinen Mönche strömten über den Platz auf uns zu. Sie liefen an uns vorbei und stürmten atemlos die Treppe hinauf.

»Die Pause ist vorbei, sie müssen zurück zu ihren Gebeten«, erklärte Semla lächelnd. Wir folgten den Jungen in die erste Etage. Das Gebetsritual hatte bereits begonnen. Die Jungen bliesen in lange Hörner, bimmelten mit Rhythmusinstrumenten, schlugen auf Trommeln und sagten Mantras auf.

»Es ist unglaublich, welchen Krach so kleine Jungs machen können«, lachte Semla. »Sie sehen in ihren Mönchsgewändern so unschuldig aus, aber in Wirklichkeit sind sie ausgesprochen ungezogen!«

Im Tempelsaal im Erdgeschoss verlegten Arbeiter gerade einen neuen Fußboden, wir behielten die Schuhe an. Mit Schwertern bewaffnete, furchteinflößende Statuen mit Reißzähnen und rotunterlaufenen Augen bewachten den Tempel und die friedliche vergoldete Buddha-Statue, die ganz innen im Raum in einem Glasschrank stand.

»Als ich hier mit den Restaurierungsarbeiten begann, waren sämtliche Wandmalereien schwarz von dem Qualm der vielen Butterlampen«, sagte Semla. »Es war unmöglich zu erkennen, was sie darstellten. Allmählich haben wir es geschafft, die Originale zu restaurieren. Ich wusste nichts über Restaurierungen und war anfangs ungeduldig, aber nun habe ich gelernt, dass es ein langsamer und zeitaufwendiger Prozess ist.«

Sie zeigte mir stolz den Teil der Wand, den sie selbst restauriert hatte, und berichtete detailliert über die verschiedenen Stadien und die unschätzbare Hilfe, die sie von deutschen Experten bekommen hatte.

»Aber ich rede und rede!«, lächelte sie. »Wissen Sie, ich könnte stundenlang über die Restaurierung sprechen, aber ich habe ja versprochen, Ihnen noch die Residenz zu zeigen.«

Wir verließen den Tempel und gingen über den Fußballplatz zu einem kleinen gelben Haus mit rotem Blechdach.

»Dies ist die eigentliche Residenz des Kronprinzen«, erklärte Semla. »Wir haben es nie geschafft, ein Schloss zu errichten. Mein Großvater hat das Haus gebaut, alle sollten Platz haben. Aber seit hier niemand mehr wohnt, fing das Haus an zu verfallen, und mein Bruder ließ die am meisten beschädigten Teile abreißen. Nun ist es noch kleiner, als es mal war, beinahe nur noch eine Hütte. Innen ist es völlig leer, es gibt nichts mehr zu sehen, fürchte ich. Vor einigen Wochen hatte ich Besuch von einem Maharadscha, der darum bat, den Palast sehen zu dürfen. Er zeigte mir ein Foto von seinem Palast und prahlte, er habe über fünfhundert Zimmer. Ich habe sechs!«

Ein älterer Herr schloss ein Tor auf, sodass wir bis zum Haus gehen konnten.

»Wie geht es?«, erkundigte sich Semla und steckte dem Alten ein paar Geldscheine zu. »Er gibt all sein Geld aus, um Futter für die Hunde hier oben zu kaufen«, sagte sie, als wir auf die Residenz zugingen. Vor der bescheidenen Eingangstür blieben wir stehen, Semla breitete die Arme aus.

»Dies ist also das Haus meiner Kindheit. Ich hatte eine schöne Kindheit. Ich bin in der Stadt zur Schule gegangen, und nach der Schule kam ich mit meinen Freundinnen hierher, wir spielten Räuber und Gendarm. ›Bang, bang‹ nannten wir es. Ich habe es gehasst, einen Rock zu tragen, ich lief immer in Shorts herum und lief meinen Brüdern nach. Ich spielte und tat alles, was Kinder so tun. Meine Mutter versuchte, amerikanische Traditionen wie Aprilscherze und Halloween einzuführen, aber niemand verstand sie. Die Leute glaubten, die Königin sei verrückt geworden, sie begriffen nicht, was sie wollte.«

Auf der einen Seite des Hauses lag ein hübscher Garten.

»Dies ist der kleine Familiengarten, von dem ein Foto in der Autobiografie meiner Mutter abgedruckt ist«, erklärte Semla. »An sonnigen Wintertagen nahm mein Vater das Telefon mit hinaus und arbeitete im Garten. Ich will mich nicht in Ihren Text einmischen, aber seien Sie sich bewusst, dass die Autobiografie meiner Mutter ziemlich einseitig ist. Sie erzählt die Geschichte aus ihrer Sicht, und ich finde, sie ist ziemlich streng gegenüber meinem Vater. Wie ich Ihnen ja schon erzählt habe, war mein Vater der zweite Sohn und daher nicht dazu erzogen worden, König zu werden. Er war die Reinkarnation eines Mönchs und verbrachte seine prägenden Jugendjahre im Kloster. Ich erinnere mich an ihn als einen vorsichtigen und schüchternen Mann. Wenn wir von der Schule nach Hause kamen, beschäftigte er sich häufig damit, den Plattenspieler, das Radio oder andere Dinge zu reparieren.«

Die Ehe zwischen Hope und Thondup stand von Anfang an unter keinem guten Stern. Der König trank viel, und Hope fühlte sich von der vornehmen Gesellschaft Sikkims nicht genügend akzeptiert. Im Übrigen war sie überzeugt, dass ihr Ehemann eine Geliebte hatte. Am Hochzeitstag nahm sie ihre erste Valium-Tablette, um ihre Nerven zu beruhigen. Schnell wurde es zur Gewohnheit. Sie bekam mit dem Chögyal einen Sohn und eine Tochter. Hope hatte auch eine enge Beziehung zu den drei Kindern aus Thondups erster Ehe und versuchte, ihnen die Mutter zu ersetzen. Obwohl beide ihre Kinder sehr liebten, kränkelte die Ehe mehr und mehr.

Das ganze Königtum kränkelte. Als die Briten sich aus Indien zurückzogen, wurde Sikkim von einem britischen zu einem indischen Protektorat. 1950 gingen die beiden Staaten eine Vereinbarung ein, in der Indien die Kontrolle über die Außenpolitik des kleinen Königreichs übertragen wurde. Ministerpräsident Jawaharlal Nehru, der selbst aus Kaschmir stammte, hatte ein Herz für den Himalaya, unter seiner Regierung war Sikkim verhältnismäßig sicher. Seine Tochter Indira Gandhi jedoch entzog dem Chögyal die geringe politische Macht, die ihm noch geblieben war, Sikkim wurde formell von Indien geschluckt.

Einer der Gründe dieser Entwicklung war, dass die Zusammensetzung der Bevölkerung in Sikkim sich in den letzten hundert Jahren wesentlich verändert hatte, ohne dass der lebensfremde Chögyal bereit war, die Konsequenzen dieser Entwicklung zu akzeptieren. Ursprünglich hatten zwei Volksgruppen Sikkim dominiert: die Lepcha, die Urbevölkerung des Königreichs, und die Bhutia, die ursprünglich aus Tibet stammen. Die königliche Familie gehörte den Bhutia an und hatte seit 1642 regiert, nur unterbrochen von kurzen Perioden im 18. Jahrhundert, als die Nachbarn Bhutan und Nepal Sikkim unterworfen hatten. Während der Konflikte mit Nepal wanderte eine große Zahl Nepali nach Sikkim ein, und als Semlas Vater zum König gekrönt wurde, stellten die überwiegend hinduistischen Nepali rund drei Viertel der Bevölkerung. Viele von ihnen waren heftige Gegner der königlichen Dynastie, von der sie – mit einem gewissen Recht – meinten, sie begünstige die Buddhisten. Statt ihre Popularität im Land zu festigen, bemühten sich Thondup und Hope mit aller Kraft, das Ausland für die Sache Sikkims zu interessieren. Thondup träumte von einem Sitz in den Vereinten Nationen und hatte die Vision, Sikkim zu einem Paradies auf Erden werden zu lassen – es blieb bei der Vision. Denn Indira Gandhi hatte andere Pläne.

1973 versammelten sich viele Tausend wütender Demonstranten vor der königlichen Residenz in Gangtok. Die Demonstrationen wurden immer gewalttätiger, bis der unter heftigem Druck stehende Chögyal keine andere Wahl hatte, als Delhi um Hilfe zu bitten, um die Situation unter Kontrolle zu bekommen. Als Gegenleistung zwang die indische Regierung den König, eine Vereinbarung zu akzeptieren, die ihn zu einem konstitutionellen Symbol reduzierte.

»Ich verstand nicht viel von all dem, was geschah«, erzählte Semla. »Ich war erst fünf Jahre alt, und die Erwachsenen taten, was sie konnten, um uns zu beschützen. Alle sprachen leise und waren gewaltig angespannt, wir blieben meist im Haus. Einmal hatte ich allerdings das Gefühl, dass etwas überhaupt nicht in Ordnung war, als mein Bruder und ich eines Tages zum Kiosk direkt vor dem Haupttor gingen, um Süßigkeiten zu kaufen. Eine wütende Volksmenge hatte sich dort versammelt und brüllte: ›Tod dem König! Tod dem König!‹ Der Kioskbesitzer schrie uns zu, wir sollten weglaufen, und mein Bruder nahm mich am Arm und rannte zurück zum Tor. Die Schlosswachen beeilten sich, uns zu helfen, doch in dem Chaos verlor ich einen Schuh. Meine Mutter hatte uns Schuhe aus dem Westen schicken lassen, und da es so schwer war, sie zu bekommen, bestellte sie immer zwei Nummern zu groß, sodass ich hineinwachsen konnte. Das Einzige, woran ich dachte, war, dass ich meinen Schuh verloren hatte und nun bestimmt ausgeschimpft würde.«

Einige Monate später flüchtete Hope mit ihrem jüngsten Kind nach New York, während der Chögyal und der Kronprinz in der kleinen Residenz ausharrten. Hope kehrte nie wieder nach Sikkim zurück. Thondup hoffte zu diesem Zeitpunkt noch immer, dass Sikkim und die Monarchie überleben würden, doch die Schlacht war verloren: 1974 verabschiedete Indiens Parlament ein Gesetz, durch das Sikkim zu einem Teil von Indien wurde. Die Weltgemeinschaft reagierte mit stiller Verblüffung, denn das Schicksal eines kleinen, vergessenen Königreichs im Himalaya stand nirgendwo ganz oben auf der Prioritätenliste, und schon gar nicht auf der der Amerikaner, die mehr als genug mit dem Vietnamkrieg zu tun hatten.

Anfang April 1975 kamen Lastwagen und Jeeps voller indischer Soldaten nach Gangtok. Thondup machte sich Sorgen über die erhöhte Militärpräsenz, wurde aber mit der Erklärung beruhigt, dass es sich lediglich um ein Manöver handele. Am Nachmittag des 9. April wurde die Residenz von Soldaten umzingelt. Die königlichen Leibwächter waren nicht in der Lage, den bevorstehenden Angriff aufzuhalten. Ein Leibwächter, der dennoch das Gewehr gegen die indischen Soldaten erhob, wurde umgehend erschossen. Ein anderer wurde am Arm getroffen. Wenige Minuten später hatten die Inder die volle Kontrolle über die Residenz. Sämtliche Waffen wurden beschlagnahmt und der zwölfte Chögyal von Sikkim unter Hausarrest gestellt.

Einen Tag später gab Delhi bekannt, dass der Chögyal abgesetzt war und Sikkim von nun an als indisches Territorium angesehen werde. Vier Tage nach der Annexion wurde in aller Eile eine Volksabstimmung organisiert, ob die Monarchie abgeschafft und Sikkim ein Teil Indiens werden sollte. Die Wähler, viele von ihnen Analphabeten, hatten die Wahl, einen rosafarbenen Zettel in eine rosafarbene Urne zu werfen, auf der »DAFÜR« stand, oder in eine weiße Urne, auf der »DAGEGEN« stand. Nirgendwo wurde Rücksicht darauf genommen, dass Wahlen im Prinzip geheim zu sein haben, und in einzelnen Wahllokalen wurde die weiße Urne sogar ans entgegengesetzte Ende des Raums gestellt, so weit wie möglich vom Eingang entfernt. Siebenundneunzig Prozent der Stimmzettel landeten in den rosafarbenen Urnen, damit hatte Indien der Annexion einen demokratischen Anstrich gegeben. So kam es, dass Sikkim der am geringsten bevölkerte und, gemessen an der Fläche, zweitkleinste Bundesstaat Indiens wurde.

Auf der anderen Seite des Erdballs hatte Hopes und Thondups Tochter mehr als genug damit zu tun, sich der Realität amerikanischer Großstädte anzupassen.

»Meine Mutter hatte selbst keine normale Kindheit«, erzählte Semla. »Sie war die Tochter eines irischen Piloten und einer reichen Amerikanerin. Die Eltern meiner Großmutter haben die Ehe mit einem irischen Katholiken nie akzeptiert und boten ihm einen ordentlichen Haufen Geld, wenn er verschwände. Das tat er, aber bevor er verschwand, gelang es ihm, meiner Großmutter das Fliegen beizubringen. Kurz nachdem er sich davongemacht hatte und meine Mutter noch ein Baby war, verunglückte meine Großmutter bei einem Flug. Viele, auch meine Mutter, glauben, es sei Selbstmord gewesen, denn das Flugzeug hatte so gut wie kein Benzin mehr. Meine Mutter wurde von Kindermädchen aufgezogen und hatte nie eine normale Familie. Vielleicht entwickelte sie deshalb so unorthodoxe Ideen, wenn es um Kindererziehung ging? Ich erinnere mich zum Beispiel, dass sie mich für zu schüchtern hielt.

Als ich ungefähr acht Jahre alt war, nahm sie mich zur West Side in New York mit, gab mir zwei Münzen und ließ mich so stehen, ich sollte allein den Weg nach Hause finden. Ich vermisste meinen Vater und Sikkim, und zwei Mal, im Sommer 1975 und im Sommer 1980, besuchte ich ihn. Es war wunderbar! Wir blieben meist zu Hause und lasen. Kurz darauf, 1982, starb er an Krebs. Ich bin dankbar, dass ich zumindest diese beiden Sommer mit ihm verbracht hatte.«

Wir standen wieder auf der Hauptstraße, und Semla grüßte freundlich nach rechts und nach links. Sie schien in Gangtok jeden zu kennen.

»Mit ihm bin ich zur Schule gegangen, er ist ein sehr intelligenter und attraktiver Mann«, kommentierte sie eine Begegnung. »Und dort ist der Kiosk, von dem ich Ihnen erzählt habe, er steht immer noch da. Oh Herrgott, dieses Auto wird uns überfahren!« Sie packte mich am Arm und zog mich zurück an den Straßenrand. »Es gibt jetzt viel zu viele Autos hier. Als ich aufwuchs, lebten lediglich achttausend Einwohner in Gangtok, es war, als wohnte man auf dem Dorf. Jetzt leben über hunderttausend Menschen hier – vor ein paar Jahrzehnten war das die gesamte Einwohnerzahl von Sikkim! In Sikkim gibt es jetzt gut über sechshunderttausend Menschen. Die Veränderung ist enorm.«

»Wie reagierte Ihr Vater auf die Annexion?«

»Für ihn war es ein großer Schock. Ich glaube, er fühlte sich verraten, denn wir hatten doch ein so gutes Verhältnis zu Indien. Man hat mir erzählt, dass der General, der die Wachen an der Residenz entwaffnete und meinen Vater in Hausarrest schickte, sich zwei Mal geweigert habe, den Befehl auszuführen. Schließlich wurde ihm erklärt, dass es, wenn *er* es nicht machen wollte, jemand tun würde, der die Familie nicht kannte. Er soll geweint haben, als er meinem Vater mitteilte, dass eine der Wachen erschossen worden war. Später hatten viele Schuldgefühle. Was passiert ist, war moralisch und politisch falsch. Die Entscheidung war ganz einfach vollkommen verkehrt, und ich meine, es war ein gewaltiger Verrat. Es war definitiv nicht das, was Jawaharlal Nehru, Indira Gandhis Vater, gewünscht hatte, denn er war ein sehr guter Freund der Familie und liebte den Himalaya.«

Wir gingen eine Treppe hinunter, eine Abkürzung, und kamen zur Hauptstraße, die sich als Fußgängerzone erwies; ziemlich selten in diesen Regionen. Lärmende Gruppen indischer Touristen bestimmten das Straßenbild. Ein paar von ihnen wollten Selfies mit mir, aber niemand beachtete die Prinzessin.

Auf einer Bank saßen zwei ältere Herren mit Brillen in eine Diskussion vertieft. Semla begrüße sie überschwänglich.

»Reden Sie mit ihnen, es sind echte sikkimesische Nationalisten!«, forderte sie mich auf. »Ich bin gleich zurück!«

Ich nahm auf der Bank neben den beiden Männern Platz.

»Ich habe nie gewählt«, verkündete der Ältere. »Ich liebe den König und hasse es, mich Inder nennen zu müssen. Gerade vollzieht sich eine Hinduisierung im ganzen Staat, wir sind dabei, unsere Kultur zu verlieren. Alles wird hinduisiert, die Schule, die Sprache, die Gedanken der Menschen, alles.«

»Wie war es früher, in Sikkim zu leben, als es noch unabhängig war?«, fragte ich. »Ich meine, im Vergleich zu heute?«,

»Es ist ein Unterschied wie Himmel und Hölle«, antwortete der Jüngere der beiden entschieden.

»Himmel und Hölle«, wiederholte der Ältere. »Genauso ist es.«

Semla kam außer Atem zurück und reichte mir eine Tüte mit ordentlich verpackten Büchern.

»Tut mir leid, ich habe einen Bekannten getroffen, daher hat es ein bisschen gedauert«, entschuldigte sie sich. »Lesen Sie diese Bücher, sie werden Ihnen helfen zu verstehen, was mit Sikkim passiert ist.«

»Glauben Sie, dass Sikkim je wieder unabhängig werden kann?«

»Nein, dafür ist es zu spät«, meinte Semla. »Die Demografie hat sich so sehr geändert, dass es keinen Sinn mehr hätte. Sikkim ist ein ganz anderes Land als 1975.«

Wir gingen in ein Café, um zu Mittag zu essen.

»Schon als Kind träumte ich davon, nach Sikkim zurückzukehren«, sagte Semla. »Für mich war es immer mein Zuhause. In New

York hatten wir eine Wohnung direkt am East River. Ich war überzeugt, dass ich, wenn ich es nur hartnäckig genug versuchte, über den Fluss und den Atlantik sehen könnte, ja über ganz Europa und Asien, bis nach Sikkim. Ich habe immer gewusst, dass ich zurückkommen werde.«

»Wie war die Rückkehr?«

»Die ersten Jahre waren nicht so einfach«, räumte sie ein. »Ich war im Westen aufgewachsen und erzogen worden und kam plötzlich hierher zurück, in die dritte Welt, als Tochter des Königs. Die Leute erwarteten, dass ich mich auf eine ganz bestimmte Art und Weise benehmen sollte; also, es war auch nicht einfach für sie: ›Oh Gott, jetzt angelt sie am Fluss schon wieder in Shorts!‹« Sie lachte. »Ich liebe es, in die Berge zu gehen, und unternehme oft lange Touren, so wie ich es als Kind mit meinem Vater getan habe. Auf meinen Wanderungen begegnete ich Touristengruppen und hörte, wie die Führer ihnen häufig reine Lügenmärchen erzählten. Wir reden hier über Leute, die ein aufrichtiges Interesse an Sikkim hatten und weit gereist waren, um hierherzukommen, und dann wurde ihnen der reinste Blödsinn aufgetischt! Ich brauchte einen Job und entschied mich, ein eigenes Reisebüro zu eröffnen. Obwohl Sikkim kein eigenständiges Land mehr ist, ist es mir wichtig, den Leuten zu erklären, dass es einmal ein unabhängiges Königreich gewesen ist, damit zumindest einige dort draußen hören, wie es hier hätte sein können.«

»Wie hätte es denn sein können?«

»Das werden Sie sehen, wenn Sie nach Bhutan kommen«, antwortete Semla leise. »Es ist so unbeschreiblich schön dort! Ich liebe es, meine Cousine in Bhutan zu besuchen, gleichzeitig tut es mir aber immer ein wenig im Herzen weh, wenn ich nach Sikkim zurückkomme.«

Weit entfernt von Gangtoks Betonhochhäusern bekommt man einen Eindruck von Sikkim, wie es vielleicht einmal gewesen ist. Semla hatte dafür gesorgt, dass ich im Jeep eines jungen Ehepaars aus Kalkutta mitfahren konnte, die denselben Weg hatten. Obwohl die Straße uns weiter in die Höhe führte, sah es aus, als befände man sich im tropischen Dschungel. Der Straßenrand war überwuchert von Blumen und Büschen, die Vögel zwitscherten um die Wette mit zirpenden Zikaden.

Am Fluss Rongyoung in einem abseits gelegenen Tal, für dessen Besuch ich eine besondere Erlaubnis benötigte, betreibt der Umweltaktivist Gyatso Lepcha ein winziges Familienhotel. Er empfing uns begeistert und bot uns sofort *Tongba* an, ein alkoholisches Getränk aus Sikkim, das aus fermentierten Hirsesamen besteht und in einem großen Teebecher serviert wird, in den man mehrfach kochendes Wasser gießt. Es schmeckte leicht vergoren und lief widerstandslos durch Rachen und Hals.

»Ich möchte Ihnen etwas zeigen«, sagte Gyatso eifrig und zog mich auf die Terrasse, wo drei, vier andere Touristen, alles Inder, saßen und Tongba tranken. »Erkennen Sie sie wieder?«

Über der Tür hing ein Bild von ihm zusammen mit dem norwegischen Kronprinzen Haakon und Kronprinzessin Mette-Marit.

»Sie haben uns hier 2010 besucht«, erzählte er stolz. »Sie hatten ganz normal ein Zimmer gebucht, wir hatten also keine Ahnung, dass es sich um eine königliche Familie handelte! Eines Tages kam plötzlich die Polizei zu Besuch und fragte, warum das norwegische Kronprinzenpaar bei mir wohnen wollte. Ich habe wahrheitsgemäß geantwortet, ich hätte keine Ahnung! Sie sind ziemlich lange hiergeblieben, ich glaube, sie haben sich wohlgefühlt.«

Es war leicht, sich bei Gyatso wohlzufühlen. Drei Hunde liefen frei herum und ließen sich bereitwillig streicheln. Zum Abendessen bekamen wir hausgemachtes Essen mit Zutaten aus dem Küchengarten. Dort hatte die Familie von Brokkoli, Bohnen, Radieschen, Kürbis über Spinat, Papaya, Tomaten und Grapefruit bis Guaven alles angebaut und versorgte sich weitgehend selbst. In den einfachen Gästezimmern standen die Fenster zum Fluss hin offen. Ich schlief mit dem beruhigenden, gleichmäßigen Rauschen von fließendem Wasser ein.

»Ich wurde in diesem Haus geboren und habe das Rauschen des Rongyoung gehört, seit ich im Bauch meiner Mutter lag«, erzählte

Gyatso am nächsten Morgen. Er sprach in vollständigen, oft poetischen Sätzen, ohne jemals zu zögern oder nach Worten oder Fakten zu suchen. »Jedes Mal, wenn ich nicht hier bin, vermisse ich den Fluss. Es ist, als wäre er in meinen Genen verankert. Als ich von den ehrgeizigen Plänen der Behörden hörte, hier einen Staudamm zu bauen, begriff ich sofort, dass der geplante Damm katastrophal für die Flüsse und die Ökologie hier wäre. Ich habe Jura studiert, doch statt als Anwalt zu arbeiten, wurde ich Graswurzelaktivist. Die Leute hier hatten ja keine Ahnung, was ein Damm bedeutete, sie wussten nicht, was Wasserkraft war. Wir fingen an, in die einsamen Dörfer zu reisen, um die Menschen zu informieren, und erweiterten nach und nach unsere Aktivitäten mit einem Kettenhungerstreik in Gangtok.«

Der Kettenhungerstreik begann 2007 und hielt zweieinhalb Jahre an, einer der längsten Kettenhungerstreiks der Welt. Jeden Tag und jede Stunde, rund um die Uhr, saßen Lepchas in einem Zelt an der Tibet Road in Gangtok im Hungerstreik. Einige streikten vier, fünf Tage oder ein paar Wochen; der ausdauerndste Aktivist streikte sechsundneunzig Tage am Stück.

»Die Verantwortlichen hatten geplant, sieben Dämme hier in **Dzongu** (900 Meter über N.N.) zu bauen, und uns gelang es mit dem Hungerstreik, auf jeden Fall vier davon zu stoppen«, erzählte Gyatso. »Das Dzongu-Tal und der Rongyoung-Fluss sind uns Lepchas heilig. Als Sikkim im 17. Jahrhundert ein buddhistisches Königreich wurde, konvertierten wir zum Buddhismus, aber gleichzeitig haben wir weiterhin die Natur angebetet. Der Rongyoung ist für uns ebenso heilig wie der Ganges für die Hindus. Wir glauben, dass wir vom Berg Kangchendzönga abstammen, und wenn wir sterben, kehren unsere Seelen heim in die heiligen Höhlen des Kangchendzönga und vereinigen sich mit unseren Vorvätern. Der Rongyoung entspringt am Kangchendzönga, daher ist er so wichtig für uns, er zeigt den Seelen den Weg nach Hause. Wir Lepchas leben noch immer eng mit der Natur, wir sind geborene Naturschützer!«

»Haben Sie Angst, die Lepchas könnten eines Tages verschwinden?«

»So wie die Situation heute ist, sind wir bereits so gut wie verschwunden. Wir sind die Urbevölkerung Sikkims, wir waren zuerst hier, aber inzwischen stellen wir nur noch acht Prozent der Bevölkerung. Wir sind wie Tiger, wir sind vom Aussterben bedroht. Auf der roten Liste!«

»Stimmt es, dass Sie im Gefängnis gesessen haben?«

»Ja, ich wurde kurz nachdem wir unseren Hungerstreik beendet hatten verhaftet«, antwortete Gyatso. »Damit muss man als Aktivist rechnen. Ich saß einen Monat im Gefängnis. Das war eigentlich ganz lehrreich, nur das Essen war schrecklich, und es war ziemlich kalt. Außerdem hatte ich fünf Tage vorher geheiratet, der Zeitpunkt war also nicht besonders ideal.«

Die indische Verwaltung hat bereits vierzehn Staudämme in Sikkim gebaut und kürzlich Teesta III in Betrieb genommen, einen der größten Staudämme Indiens.

»Sikkim ist nur siebentausend Quadratkilometer groß, daher mache ich mir große Sorgen«, sagte Gyatso. »Indien hat einen enormen, unersättlichen Energiebedarf, aber die Lösung kann nicht darin bestehen, auf die verletzliche Natur des Himalaya loszugehen. Die Inder planen, an allen Flüssen des Himalaya Staudämme zu bauen, ebenso wie die Chinesen. Wir beschweren uns lautstark, wenn die Chinesen uns das Wasser nehmen, aber wir machen dasselbe mit Pakistan und Bangladesch.«

»Welche lokalen Konsequenzen haben die Dämme?«

»In den letzten Jahren kam es häufig zu Erdrutschen«, antwortete Gyatso. »Einige glauben, die Erdrutsche hängen mit dem Bau der Staudämme zusammen. Ich glaube das nicht, aber es ist eine Tatsache, dass die Auswirkungen der Erdrutsche schlimmer werden. Wir hatten nie so viele und so große Erdrutsche wie nach dem Bau der großen Dämme. Aufgrund der globalen Erwärmung regnet es auch mehr als früher. Während des Monsuns transportieren die Flüsse große Mengen an Biomasse, die in den Reservoirs an den Dämmen auf den Grund sinkt und zu Methan wird, das ein weitaus kräftigeres und klimaschädlicheres Gas ist als CO_2. Wenn Sie an den Reservoirs vorbeigehen, können Sie sehen, wie das Methan vom Grund her Blasen schlägt. Wir haben jetzt nur noch rund dreißig Flüsse in Sikkim, die nicht gestaut sind. Ich hoffe, wir können die wenigen freien Flüsse behalten, ja, nicht nur in Sikkim, sondern auf der ganzen Welt. Die Flüsse beschweren sich nicht, sie protestieren nicht, sie bitten auch nicht um Hilfe, sie geben und geben nur. Wie lange wollen wir ihr Schweigen missbrauchen?«

Von den vielen kleinen Königreichen, die es einmal im Himalaya gab, und die in vieler Hinsicht den Himalaya *ausmachten*, ist nur noch eines geblieben. Alle anderen wurden im Zuge der Umwälzungen des letzten Jahrhunderts von ihren großen und mächtigen Nachbarn geschluckt. Im gesamten Gebirgsreich, von Hunza im Westen bis Sikkim im Osten, stehen leere Schlösser. Einige von ihnen sind inzwischen Museen, andere verfallen langsam. Die Einwohner der kleinen Königreiche haben keine Könige mehr, aber dafür haben sie Straßen, Wasserkraft und ein zentralisiertes Schulsystem. Unterwegs ist jedoch etwas Unvergessliches verloren gegangen. Nicht nur die lokalen Könige, auch die kleinen, abgeschiedenen Welten mit ihren heiligen Flüssen und göttlichen Bergen, werden langsam von der Landkarte gewischt.

Vielleicht war die Entwicklung unumgänglich. Im Himalaya stehen sich Atommächte gegenüber. Die beiden bevölkerungsreichsten Länder der Erde sind durch eine gestrichelte, umstrittene Linie getrennt. Im großen geopolitischen Spiel hatten die kleinen Königreiche nie eine Chance.

Eines hat, entgegen aller Vorhersagen, trotzdem standgehalten.

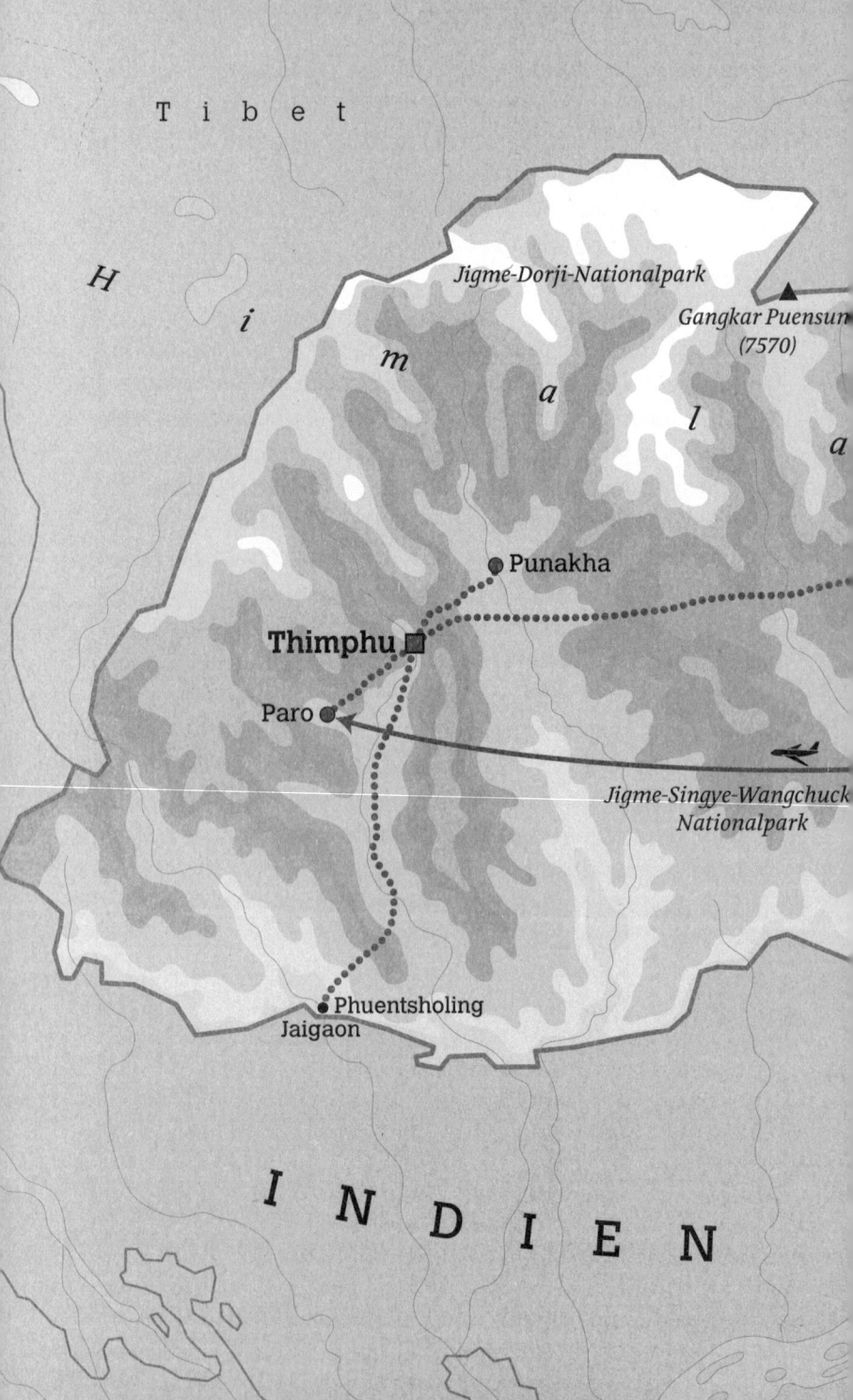

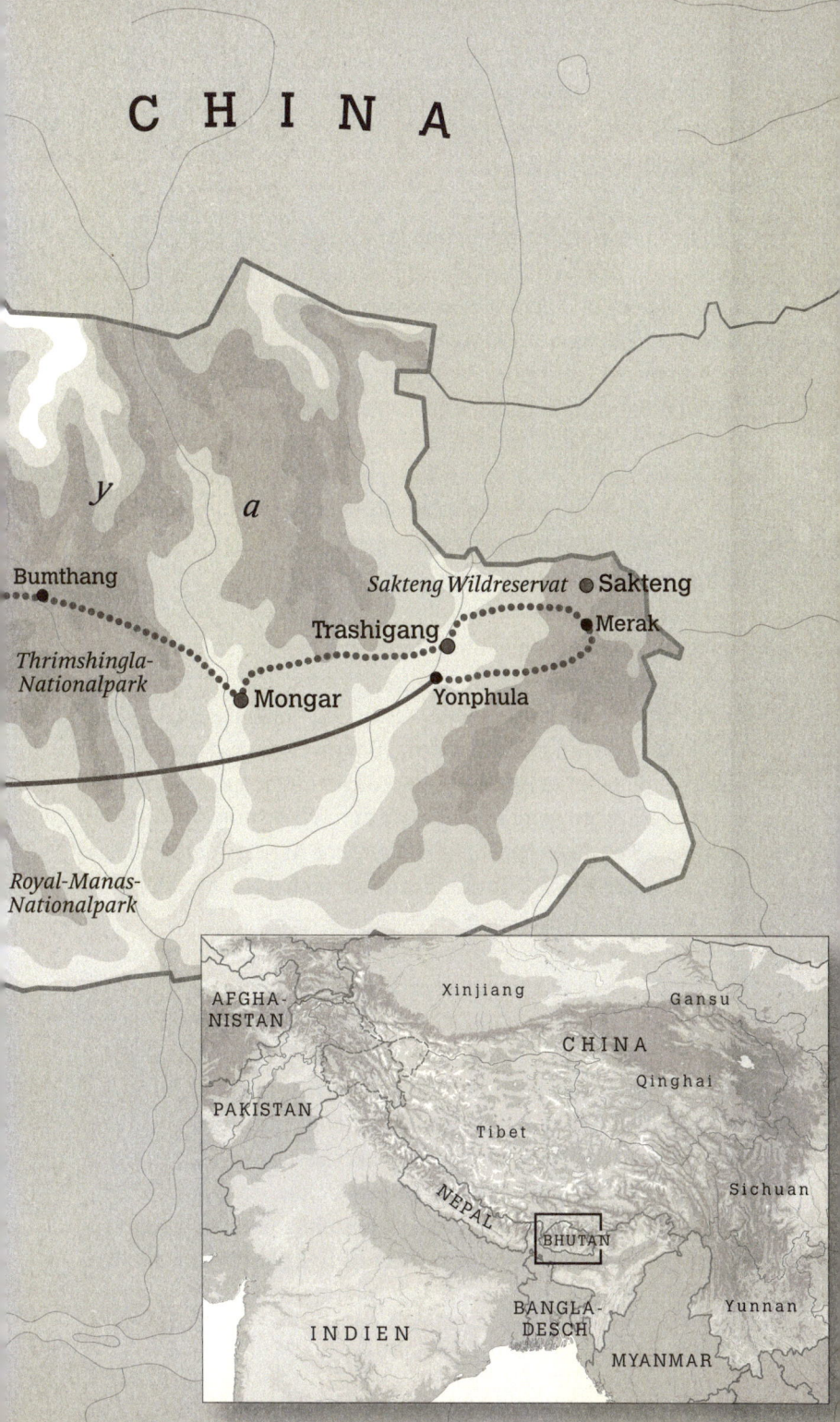

Nackte Schätze

Die Grenze zwischen Indien und Bhutan ist sicher eine der merkwürdigsten der Welt. Das Grenztor steht zwischen der indischen Stadt Jaigaon und dem bhutanischen **Phuentsholing** (293 Meter über N.N.). Die beiden Städte sind so eng miteinander verwachsen, dass man den Übergang zwischen dem bevölkerungsreichsten Land der Erde und dem buddhistischen Königreich mit unter einer Million Einwohnern kaum bemerkt. Zudem sind die meisten Straßen Einbahnstraßen, sodass man lange Umwege fahren muss, um an sein Ziel zu kommen. Mehrfach überquert man die unsichtbare Grenze zwischen den beiden Städten, wodurch das labyrinthische Gefühl nur noch verstärkt wird.

Mit Ausnahme von Indern, Bangladeschern und – aus welchem Grund auch immer – den Einwohnern der Malediven müssen alle ausländischen Touristen, die Bhutan besuchen, eine feste Summe pro Tag bezahlen, rund zweihundertfünfzig Dollar für ein All-inclusive-Paket, das Guide, Auto, Fahrer, Übernachtungen und Verpflegung beinhaltet. Der Fahrer und der Guide holten mich vom Hotel auf der indischen Seite ab, um mich durch die Grenzformalitäten zu lotsen. Sie trugen beide die bhutanische Nationaltracht, die obligatorisch für alle ist, die öffentliche Ämter bekleiden oder in der Tourismusbranche arbeiten.

Sonam, der Fahrer, trug die Männertracht *Gho*, eine Art gewebtes, knielanges Kleid, das mit einem dicken, strammen Gürtel zusammengehalten wird, sodass der Stoff eine geräumige Tasche über dem Bauch bildet, in der alles Mögliche aufbewahrt werden kann, von Babys bis zu Brieftaschen. Kniestrümpfe sind ein obligatorisches Accessoire, aber aus Bequemlichkeitsgründen werden, wenn es um Schuhe geht, meist Sneaker getragen. Dechen, mein weiblicher Guide, war mit einer *Kira* bekleidet, der traditionellen Frauentracht. Die moderne Variante besteht aus einem gewebten Wickelrock mit einem Gürtel, früher war es jedoch üblich, dass die

Kira über die Schulter drapiert und wie ein Kleid mit Broschen befestigt wurde. Zu der Tracht gehört eine langärmelige Bluse und eine kurze Seidenjacke, häufig in verschiedenen, aber passenden Farben. Als ich zum ersten Mal in Bhutan war, faszinierten mich diese exotischen Trachten, ich hatte das Gefühl, wirklich in ein ganz anderes Land gekommen zu sein, einen besonderen und seltsamen Ort auf der Welt. Nun machten sie keinen großen Eindruck mehr auf mich, sie gehörten bereits zum Alltag. Der erste Eindruck von Menschen und Orten ist wertvoll – man ist offen und empfänglich und saugt die fremden Details förmlich auf –, der zweite Eindruck aber lässt es nicht selten zu, ein wenig weiter zu sehen, hinter die Fassade.

In dem indischen Grenzbüro im Zentrum von Jaigaon gab es vier Schalter, von denen allerdings keiner besetzt war. Im Stockwerk darüber gelang es Dechen, einen bebrillten Bürokraten aufzuspüren, der wiederum anfing, nach einem anderen Bürokraten zu suchen, der uns helfen konnte. Schließlich tauchte ein Grenzoffizier auf, und nach einer weiteren halben Stunde hatte er den Computer angeworfen und das System in Gang gesetzt. Schläfrig stempelte er meine Ausreise aus Indien ab.

Wir fuhren aus der gigantischen Republik in das kleine Königreich. Ich bekam nicht mit, wann genau wir die Grenze überquerten, aber da die Schilder an den Geschäften nun tibetische Buchstaben zeigten, vermutete ich, dass wir in Bhutan waren. Niemand weiß genau, woher der Name Bhutan kommt – möglich ist eine Anpassung des Sanskrit-Wortes *Bhota-anta*, »Ende von Tibet«. Die Bhutanesen nennen ihr Land Druk Yul, das Land des Donnerdrachens. Der Donnerdrache ist das Nationalsymbol Bhutans mit einem prominenten Platz auf der Flagge. In der nächsten Straße waren alle Schilder mit dem indischen Devanagari-Alphabet beschriftet, folglich waren wir also zurück in Indien, doch kurz darauf befanden wir uns wieder im Land des Donnerdrachens. Nachdem wir uns eine Weile durch die Einbahnstraßen vor und zurück geschlängelt hatten, erreichten wir das kleine Einwanderungsbüro am Grenztor. Der Mann hinter dem Computerbildschirm, der auch

Gho trug, nahm meinen Pass und registrierte mich feierlich. Lächelnd versah er eine leere Seite mit einem dreieckigen Stempel und hieß mich willkommen in Bhutan.

Thimphu (2334 Meter über N.N.), die Hauptstadt, liegt zweitausend Meter höher als Phuentsholing. Die Straße dorthin schlängelte sich sanft aufwärts, umgeben von grüner subtropischer Vegetation und dichtem Wald. Bhutan ist eines der ganz wenigen Länder, die mehr CO_2 absorbieren als ausstoßen, dies liegt unter anderem an der Verordnung, dass mindestens sechzig Prozent der Fläche Bhutans bewaldet sein muss. Heute sind sogar über siebzig Prozent des kleinen Königreichs von Bäumen bedeckt. An der Straße saßen Affen, lausten sich gegenseitig und schauten in der Hoffnung auf einen Leckerbissen den Autos hinterher.

Für eine Hauptstadt ist Thimphu nicht groß. Die Stadt hat rund hundertfünfzehntausend Einwohner, ungefähr fünfzehn Prozent der Gesamtbevölkerung des Landes – die Chance, in der Lotterie des Lebens als Bhutanese geboren zu werden, ist folglich verschwindend gering. Da die wenigen Einwohner sich über eine relativ große Fläche verteilen, erscheint die Hauptstadt größer, als sie tatsächlich ist. Sämtliche Gebäude sind im traditionellen Drachenstil gebaut, mit bemalten Holzdetails und niedrigen schrägen Dächern. Dadurch wirkt die Stadt einheitlicher und gemütlicher als indische Städte, in denen Beton dominiert. An der einzigen großen Kreuzung der Stadt stand ein Polizist auf einem hübsch verzierten Sockel und regelte den Verkehr mit weichen, harmonischen Handbewegungen. Wir glitten vorbei und hatten kurz darauf das Hotel erreicht. Vermutlich ist Thimphu die einzige Hauptstadt der Welt ohne eine Ampel.

Als ich auf mein Zimmer gehen wollte, räusperte sich Dechen hinter mir.

»Ich muss Ihnen noch etwas sagen.« Sie sah mich gequält an. »Ich habe die ganze Nacht und den ganzen Tag heute darüber nachgedacht, und nun sage ich es einfach, wie es ist, ich kann es nicht länger für mich behalten.« Sie räusperte sich erneut. »In Merak im Osten Bhutans bin ich bisher nur einmal als Kind gewesen, ich weiß daher nicht, ob ich Ihnen dort ein guter Guide sein kann! Es tut mir furchtbar leid, aber jetzt wissen Sie es jedenfalls.«

Ich beruhigte Dechen, dass ich mir überhaupt keine Sorgen machte und sicher sei, dass uns ein interessanter Aufenthalt in Merak erwarte.

Dechens Verzweiflung löste sich in einem erleichterten Lächeln auf.

»Ich musste es einfach sagen, ich konnte Sie nicht länger hinters Licht führen«, strahlte sie. »Gut, dass ich es gesagt habe!«

Am Abend nahm Dechen mich in ein öffentliches Bad mit, in dem das Wasser durch glühende Steine erwärmt wurde, eine bhutanische Besonderheit. Das Bad lag auf einem Gelände außerhalb des Zentrums, unterhalb einer selbst gebauten Bar, an der junge Männer in Jeans und Lederjacke saßen und Bier tranken, Chilis knabberten und sich lautstark unterhielten. Ich bekam in dem lang gestreckten Badegebäude eine Kabine für mich. Sie war zweigeteilt, getrennt durch einen Vorhang. Im Umkleidebereich gab es eine kleine Bank, auf die man seine Kleidung legen konnte, hinter dem Vorhang stand eine schmale Badewanne aus Holz. Eine nackte Glühbirne an der Decke sorgte für notdürftige Beleuchtung. Die Badewanne war in zwei Kammern geteilt – das untere Ende führte durch eine niedrige Öffnung in der Holzwand, sodass der Bademeister Wasser auffüllen und glühende Steine hineinlegen konnte, ohne in direkten Kontakt mit dem oder der Badenden zu kommen. Die Steine wurden in einem großen Holzfeuer erhitzt und zischten gewaltig, wenn sie im Wasser versenkt wurden. Im Wasser schwammen verschiedene Kräuter mit Fichtentrieben, Kiefernnadeln und einigen anderen Pflanzen, die ich nicht identifizieren konnte.

Langsam, Stück für Stück ließ ich mich in das glühend heiße Wasser gleiten. Das Herz schlug mir heftig in der Brust, die Haut brannte, und ich schwitzte wie in einer Sauna. Hunderte Stunden auf staubigen, holprigen Straßen lösten sich von der Haut und gingen in Dampf auf. Gerade als ich mit dem ganzen Körper eingetaucht war, füllte der Bademeister weitere glühende Steine ein. Es brodelte und zischte, und ich sprang aus der Wanne, blieb auf dem Rand sitzen und betrachtete das blubbernde Wasser.

»Ist Ihnen kalt?«, erkundigte sich der Bademeister. »Brauchen Sie noch mehr Steine?«

»Vorläufig ist alles in Ordnung!«, versicherte ich.

Als das Wasser aufgehört hatte zu zischen, stieg ich vorsichtig wieder in die Wanne und ließ mich von der Hitze umschließen. Als ich endlich wieder hinausstieg, war es draußen stockdunkel. Ich hatte das Gefühl, als sei mein Körper schwer und mein Kopf benommen; noch einmal blieb ich ein paar Minuten auf dem Rand sitzen, um mich abzukühlen.

»Was machen Sie denn da drinnen? Warum dauert es so lange?«, rief Dechen besorgt durch die Tür. »Ihnen darf nicht kalt werden, Sie könnten sonst krank werden!«

Am nächsten Morgen erhielt ich die Nachricht, dass Dechen mich nicht weiter begleiten könne. Ihre Tochter war krank. Es war nichts Ernstes, aber das Mädchen hatte ein wenig Fieber und wollte nicht schlafen, und Dechens Mutter mochte nicht ganz allein auf eine verschnupfte und kränkelnde Einjährige aufpassen. Dechen traf mich an einer Kreuzung, als sie ihr Gepäck holte.

»Es tut mir so leid«, sagte sie beinahe unter Tränen.

»Machen Sie sich keine Gedanken«, sagte ich. »Wie geht es Ihrer Tochter? Haben Sie einen Arzt geholt?«

»Wir gehen heute noch ins Krankenhaus, aber erst muss ich sie mit in den Tempel nehmen. Ich arbeite die ganze Zeit und bin daher nicht oft genug mit ihr im Tempel gewesen. Ich glaube, deshalb ist sie krank geworden.«

An ihrer Stelle begleitete mich Sangye nach Osten, ein sportlicher, energischer Bursche in meinem Alter. Der Weg nach Bumthang war lang. Überall gab es Straßenarbeiten, die von mageren Indern in staubiger, zerlumpter Kleidung ausgeführt wurden. Hin und wieder mussten wir eine halbe oder ganze Stunde warten, bevor es durch Rhododendronwälder und steile Bergpässe weiterging, an denen dicht an dicht Tausende bunte Gebetsfahnen hingen.

Plötzlich fuhren wir an Pfählen mit weißen flatternden Fahnen vorbei – Gebeten für die Toten. Häufig waren die Fahnen so zerschlissen, dass nur noch Fetzen übrig waren.

Es war bereits dunkel, als wir in **Bumthang** (2800 Meter über N.N.) ankamen, das ungefähr in der Mitte von Bhutan liegt. Normalerweise leben dort rund fünftausend Menschen, nun hatte sich die Zahl verdreifacht. Überall waren Autos und Menschen, aber im Gegensatz zu Indien hupte niemand. Die Fahrer warteten geduldig, bis sich der Stau von selbst auflöste.

Der kleine Platz vor dem Tempel war voller Menschen. Muskulöse Mönche in gelben Seidengewändern und grotesken Holzmasken tanzten langsam um ein Feuer. Ein Gestell aus vier Pfählen war darüber aufgebaut, auf dessen Spitze die Zeichnung einer Göttin lag. Im Tempel saß ein einzelner Mönch und schlug langsam zwei Zimbeln gegeneinander: *Kling! ... Kling! ... Kling!* Tausende Touristen und Einwohner Bumthangs waren erschienen, es wurde gedrängelt, um einen Platz zu ergattern. Ein großer Niederländer stellte sich direkt hinter mich und benutzte meine Schulter als Kamerastativ. Als die Göttin in Flammen aufging, fing er an, den Winkel meiner Schulter zu justieren, um die bestmögliche Stütze zu haben.

»Es ist sehr gut für Frauen, dieses Ritual zu betrachten«, flüsterte Sangye, der sich nie sehr weit von mir entfernte. »Vor allem für Frauen, die keine Kinder bekommen können«, fügte er wie nebenbei hinzu.

Wie auf ein geheimes Signal hin lief der größte Teil der Zuschauer nun auf das Gelände hinter dem Tempel. Dort stützten zwei hohe Pfähle einen Querbalken, alle drei Pfähle waren mit dicken Bündeln Tannengrün bedeckt. Eine Handvoll Mönche kam mit brennenden Fackeln und zündete das Tannengrün an. Sekunden später stand die gesamte Installation in Flammen, und die Menschen fingen an, durch das Flammentor zu laufen. Wieder und wieder liefen sie, mehrere Tausend Menschen, johlend, schreiend, mit Jacken über den Köpfen, damit die Haare nicht Feuer fingen, alte Frauen, junge Männer, Kinder, alle rannten. Mit jeder Minute loderten die Flammen wilder, brennende Tannenzweige fielen zu Boden, aber die Menschen hörten nicht auf zu laufen, bis das Feuer beinahe erloschen war.

»Dieses Ritual ist sehr gut für Frauen«, behauptete Sangye wieder. »Vor allem für Frauen, die keine Kinder bekommen können«, fügte er nachdenklich hinzu.

Der Höhepunkt des Abends sollte am späteren Abend stattfinden. Niemand wusste, wann genau.

»Die Tänzer kommen heraus, wenn sie bereit sind«, erklärte Sangye. »Sie müssen sich erst Mut antrinken.«

In der Zwischenzeit strömten Menschen aus den umliegenden Tälern in Autos und Taxis heran. Aus dem Tempel hörte man lallende Gesänge und das ein oder andere Gebrüll.

»Der Tanz, der gleich aufgeführt wird, wurde von dem großen tantrischen Meister Dorje Lingpa im 14. Jahrhundert erfunden«, erklärte Sangye. »Er kam hierher, um den Einwohnern zu helfen, einen Tempel zu bauen, aber eine Schar böser Geister behinderte die Arbeit. Um die Geister abzulenken, schuf der Meister diesen Tanz. Die Geister waren verzaubert von dem Tanz, und der Tempel wurde fertig. Seither wird der Tanz jedes Jahr hier in Bumthang vorgeführt, er ist sehr heilig. Wenn die Tänzer ihren Schatz präsentieren, vertreiben sie die bösen Geister, und gleichzeitig werden die Zuschauer gesegnet. Alle bewussten Schöpfungen sind dank des Schatzes zur Welt gekommen.«

Sechzehn sichtlich betrunkene Männer kamen torkelnd aus dem Tempel. Sie hatten sich lange Baumwollstreifen um den Kopf gebunden, sodass nur die Augen sichtbar waren, ansonsten waren sie splitternackt. Die tantrischen Tempeltänze werden normalerweise von jungen Mönchen vorgeführt, diesen Tanz präsentierten jedoch ausgewählte Männer aus den umliegenden Tälern.

Bumthang liegt auf beinahe dreitausend Metern Höhe, und die Nacht war kalt und klar. Die Kälte hatte offensichtlich auch einen gewissen Effekt auf die »Schätze«, die eingeschrumpft und beinahe verschwunden waren. Die Tänzer sammelten sich am Feuer, blieben dort stehen und zupften und zogen an ihren Geschlechtsteilen, während sie auf und ab hüpften, um sich warm zu halten. Zwischendurch tauten sie auf und vollführten obszöne Bewegungen, als hätten sie Geschlechtsverkehr miteinander. Das Publikum johlte und lachte und wollte mehr sehen. Die Allereifrigsten waren viele Stunden vorher gekommen, um einen Platz ganz vorn zu erwischen; sie betrachteten den Auftritt mit andächtiger Stille. Sangye und ich waren nicht schnell genug gewesen und mussten mit einem Platz weit hinten vorliebnehmen. Wir hatten schlechte Sicht auf die Schätze, bis die sechzehn nackten Männer plötzlich auf dem Weg zu einem der anderen Tempel an uns vorbeizogen. Mehrere Tänzer hielten schützend die Hände vor ihren Schatz, während sie sich durch die Volksmenge schlängelten.

»Weg mit den Händen!«, schrien die Leute empört. »Zeigt den Schatz!« Einzelne setzten sich in die Hocke, um die bestmögliche Sicht zu haben.

»Es ist wichtig, sich den Tanz zusammen mit der Familie anzusehen«, sagte Sangye. »Während des Tanzes muss man sich konzentrieren und an den Schatz denken. Er wird dir all deine Sünden vergeben und dich segnen. Es ist besonders wohltuend für Frauen, die keine Kinder bekommen können«, fügte er tiefsinnig hinzu.

Als die Tänzer nach der Tempelrunde zurückkehrten, stellten sie sich wieder eng zusammen ans Feuer, um sich aufzuwärmen. In der Volksmenge schrie jemand irgendetwas, und kurz darauf stürzten sich die nackten Männer wütend in die Menge und rannten auf einen jungen Mann zu. Die Leute schrien, brüllten und schubsten.

»Am besten, wir gehen.« Sangye nahm meinen Arm und führte mich weg von den Volksmassen. »Ich glaube, jemand hat zu fotografieren versucht.«

Wie sich herausstellte, hatte tatsächlich jemand sein Telefon gehoben, aber nur, um nachzusehen, wie spät es war. Der heilige Tanz war in dieser Nacht ohnehin vorbei.

Der Tanz am Tag war nicht so populär. Mit Ausnahme von einigen interessierten älteren Leuten, die mit Picknickkörben und Thermosflaschen auf Decken und Kissen in der ersten Reihe saßen, bestand das Publikum aus Touristen und Guides. Wie am Vorabend schlug ein Mönch langsam zwei Zimbeln gegeneinander, während vier Männer in bauschigen gelben Röcken sich mit langsamen, theatralischen Bewegungen auf dem Platz drehten. Vor dem Gesicht trugen sie schwere rote Holzmasken mit Reißzähnen und hervorquellenden Augen.

»Dieser Tanz wurde von Padmasambhava im 8. Jahrhundert eingeführt«, erklärte Sangye.

Die Zimbeln schwiegen einen Moment, dann setzten sie wieder ein, monoton und schleppend: *Kling! ... Kling! ... Kling!* Die Tänzer bewegten sich langsam im Kreis, mit ausladenden, rituellen Gesten.

»Auch dieser Tanz wurde von Padmasambhava im 8. Jahrhundert eingeführt«, sagte Sangye. »Die Mönche sollen die bösen Geister überwinden und sie in den dreieckigen Schrein sperren, der auf dem Boden steht.«

Eine Viertelstunde später, als die bösen Geister überwunden und gefangen waren, verschwanden die Tänzer im Tempel und eine neue Gruppe betrat den Platz, auch sie trugen furchteinflößende Holzmasken und bauschige gelbe Röcke.

»Padmasambhava hat diesen Tanz im 8. Jahrhundert eingeführt«, informierte mich Sangye.

Mit jedem Tanz wurden die Holzmasken erschreckender, und alles kulminierte im Todestanz, bei dem die Mönche lange Schwerter über den Boden schleppten. Die schwarzen Holzmasken waren mit Totenschädeln dekoriert. Eine Art Clown, der eine feuerrote Maske und schwarze Kleider trug, lief mit einem gewaltigen roten Holzphallus in den Händen umher. Er schlug den Leuten mit dem Glied auf den Kopf und vollführte obszöne Bewegungen vor dem lachenden Publikum, das ihm Geldscheine zusteckte.

»Wenn er jemandem mit dem Glied berührt, bedeutet das Glück«, bemerkte Sangye. »Vor allem für Frauen, die keine Kinder bekommen können«, fügte er vielsagend hinzu.

»Aber wo sind die Leute?«, fragte ich. »Gestern war alles voller Zuschauer, und jetzt sind nur Touristen hier?«

»Die meisten Leute sind nicht so oft hier oben«, grinste er. »Um auf das Klostergelände zu kommen, müssen wir Bhutanesen formelle, traditionelle Kleidung tragen. Am späteren Nachmittag werde ich Ihnen zeigen, wo sich die Leute gern aufhalten. Jetzt schlafen die meisten noch.«

Es wurde überraschend warm in der Nachmittagssonne, und die Touristen zogen sich in den Schatten oder in ihre Hotels zurück. Nur ein Kern alter Kenner blieb mit Thermosflaschen reglos in der ersten Reihe sitzen, Tanz um Tanz.

Sangye nahm mich zu dem Tempel mit, den die betrunkenen, nackten Tänzer am Vorabend umrundet hatten. Das Gebäude war weiß gekalkt, mit roten Streifen unter dem goldfarbenen Dach. Auf dem eigentlichen Dach gab es kleinere Aufbauten, die an Schatztruhen erinnerten. Die Wände waren so dick, dass es eng im Tempel war, in dem große vergoldete Statuen von Buddha und Padmasambhava mit schmalen, länglichen Augen unergründlich auf den Horizont starrten.

»Dies ist einer der ältesten Tempel Bhutans«, dozierte Sangye. »Im 7. Jahrhundert bereitete ein böser Dämon ganz Tibet große Probleme, auch hier. Um ihn zu zähmen, ließ König Songtsen Gampo, der tibetische Regent, im Jahr 659 hundertacht Tempel an einem Tag erbauen. Dies ist einer davon.«

Als die Sonne allmählich unterging und ein blaulila Licht sich über das Tal legte, beschloss Sangye, dass es an der Zeit sei, mir zu zeigen, wo die Menschen sich am liebsten aufhielten. Wir verließen den Tempelbezirk und gingen hinunter zu dem Gelände hinter den Parkplätzen, wo kleine Karusselle für Kinder sowie eine Reihe kleiner Bewirtungszelte und Buden aufgebaut waren, die von Spielzeugpistolen bis zu billigen indischen Kleidern alles verkauften. Hinter den Karussellen und Verkaufszelten standen dicht an dicht Buden, an denen man spielen konnte. Alle boten – mit kleinen Variationen – das gleiche Spiel an: Man setzte einen oder zwei Hunderter auf ein Symbol oder eine Zahl, danach wurde eine Dartscheibe so rasch gedreht, dass es unmöglich war, die Zahlen und Symbole zu erkennen. Einer der Spieler warf einen Pfeil, und wenn man Glück hatte, traf er die Zahl, auf die man gesetzt hatte. Gruppen johlender Männer hatten sich an den verschiedenen Buden versammelt. Sangye war der Einzige, der traditionelle Kleidung trug, alle anderen waren in Jeans oder Jogginganzüge gekleidet.

»Eigentlich ist Spielen in Bhutan verboten. Nur bei Feierlichkeiten wie diesen ist es erlaubt«, erklärte Sangye und setzte einen Hunderter auf seine Glückszahl. Er verlor jedes Mal. Ebenso wie ich.

»Heute hätte ich eigentlich gewinnen müssen«, meinte er. »Ich habe nämlich Geburtstag. Ich werde vierunddreißig. Allerdings feiern wir in Bhutan Geburtstage nicht, sie sind nicht so wichtig.«

Obwohl die Bhutanesen nicht Geburtstag feiern, erhielt er jede Menge Grüße und Glückwünsche auf sein Mobiltelefon. Es brachte ihm trotzdem kein Glück: Wir verloren auch weiterhin. Schließlich hatten wir kaum noch Bargeld, gerade noch so viel, dass wir uns jeder einen bhutanischen Whisky leisten konnten. In der abendlichen Kälte schmeckte er süß und kräftig.

Lange bevor die Schätze der Nacht sich wieder zeigten, erschienen wir auf dem Tanzplatz. Wir wurden mit ausgezeichneten Plätzen ganz vorn belohnt. Aus dem Tempel waren bereits lallende Gesänge, Grölen und nervöses Gelächter zu hören. Touristen, Großeltern, Jugendliche und Kinder strömten herbei. Eine gute Stunde später wagten sich die nackten Tänzer endlich aus dem Tempel. Mir war an diesem Abend wärmer, ich hatte mir einen Pullover angezogen, aber die Tänzer hatten noch immer nichts an, und es dauerte nicht lange, bevor sie auf dem Tempelplatz herumsprangen, wobei ihre Schätze energisch auf und ab wippten, buchstäblich vor den Nasen des Publikums. Einer der Tänzer hatte sich mit einer Taschenlampe ausgerüstet und ließ den Lichtkegel über die Schätze seiner Kameraden schweifen, damit kein Detail verloren ging. Als sie von der obligatorischen Tempelrunde zurückkamen, schienen sie noch entfesselter zu sein, sie setzten sich mit gespreizten Beinen aufeinander und vollführten obszöne Bewegungen. In regelmäßigen Abständen liefen sie zum Feuer und zupften energisch an ihren Schätzen, um dem schrumpfenden Effekt der nächtlichen Kälte entgegenzuwirken. Dann wandten sie sich wieder dem Publikum zu, wackelnd, wippend, rotierend und tadellos ausgeleuchtet vom Lichtkegel der Taschenlampe.

»Sie müssen die Hände falten und sich etwas wünschen«, forderte Sangye mich auf. »Frauen, die keine Kinder haben, wünschen sich normalerweise, schwanger zu werden«, fügte er hilfsbereit hinzu.

Der Himmel war schwarz und klar, und über dem Tempel und den sechzehn nackten Männern hing ein zunehmender Mond, ebenso voll wie die Tänzer. Als der letzte zurück in den Tempel gewackelt war, folgten wir dem Strom der Menschen zum Parkplatz. Wir fanden unser Auto, nicht aber den Fahrer. Sangye rief ihn an, und kurz darauf kam Sonam vom Marktplatz angelaufen.

»Gewonnen oder verloren?«, fragte ich und kannte die Antwort bereits, als ich seinen Gesichtsausdruck sah.

Rummelplätze sind in allen Ländern gleichermaßen verdächtig.

Der geheimnisvolle Waldaufseher

Auf dem Weg nach Merak im Osten hielten wir in **Mongar** (1600 Meter über N.N.). Der einzige Grund, warum Touristen hin und wieder diese kleine Stadt besuchen, besteht darin, dass es ein Transitort zwischen dem westlichen und dem östlichen Teil von Bhutan und ein üblicher Halt auf dem Weg zur indischen Grenze im Südosten ist. Es gab eigentlich nichts zu sehen. Die Straßen waren menschenleer, die Häuser lagen verstreut. Auf einem großen Platz an dem neuen Krankenhaus, der auch als Hubschrauberlandeplatz genutzt wurde, spielte eine Gruppe Männer in traditioneller Kleidung Dart. Die Scheibe, die sie treffen sollten, war klein und stand zwanzig Meter entfernt auf der anderen Seite des Platzes.

»Die Gewinner dürfen am Landesfinale teilnehmen«, erklärte Sangye. »Gute Dartspieler müssen mental sehr stark sein. Sie müssen es aushalten zu zielen, während die anderen zusehen.«

Die meisten Pfeile landeten neben der Scheibe, aber hin und wieder hatte einer einen Volltreffer, dann brach der halbe Platz in Tanz und Gesang aus.

Wir schlenderten weiter zum Gemüsemarkt, wo Unmengen von Chili sowie Guaven, enorme Gurken, Koriander, Auberginen, Karotten und anderes Gemüse, das in der Höhe gedeiht, verkauft wurden. Vor allem Chili, das in Tüten von mindestens einem Kilo angeboten wurde. Die Bhutanesen sind verrückt nach Chili und benutzen es für absolut alles, was sie essen; eine gewöhnliche Familie verbraucht bequem ein Kilo Chili pro Tag. Überall in Bhutan sieht man Chili, der getrocknet wird, auf Hausdächern, am Straßenrand, auf Autos, auf den Feldern. Den Touristen werden in der Regel harmlose, touristenfreundliche Buffetgerichte ohne Capsaicin angeboten, während die Guides und Fahrer in einem Nebenraum Reis und Chili verschlingen. Exilbhutanesen klagen häufig darüber, wie schwierig es ist, im Ausland richtig scharfen Chili zu bekommen, viele von ihnen sind abhängig von regelmäßigen Lieferungen aus

Bhutan. Selbst Kinder, die noch gestillt werden, essen Chili mit so großem Vergnügen wie Kinder in anderen Ländern Schokolade.

Auf dem Gipfel eines Bergrückens stand ein kleines Kloster. Die Häuser, an denen wir auf dem Weg dorthin vorbeikamen, waren klein und einfach, gebaut aus gerade verfügbaren Materialien: Wellblech, Holzplanken und Plastik. Eine Schar Hunde begrüßte uns kläffend am Eingang des Klosterhofes. An den Wäscheleinen flatterten burgunderrote Gewänder in der Nachmittagsbrise, allerdings war kein einziger Mönch zu sehen. Eine runzlige, fast zahnlose Frau kam auf uns zu und bot an, uns den Tempel zu zeigen. Sie hieß Sangye, wie mein Guide. Wie in Tibet benutzen die Bhutanesen die gleichen Vornamen sowohl für Mädchen wie für Jungen, und der zweite Name hat selten etwas mit den Eltern zu tun – ein gemeinsamer Nachname ist nicht üblich. Um es noch komplizierter zu gestalten, haben die Bhutanesen nur einen begrenzten Namensvorrat, aus dem sie schöpfen können, ungefähr fünfzig Vornamen insgesamt.

Der Klosterkomplex war erst sechsunddreißig Jahre alt, es handelte sich um eines der neuesten Klöster Bhutans. Sangye war doppelt so alt. Vor fünf Jahren war sie Witwe geworden und hatte begonnen, Nonnengewänder zu tragen. Nun besuchte sie jeden Tag das Kloster, fegte, wechselte die Kerzen aus, putzte und hielt Ordnung.

»Bald bin ich dran«, sagte sie mit einer hellen, klirrenden Stimme. »Bald werde ich sterben. Das ist das Einzige, woran ich jetzt denke. Meine Kinder – ich habe sieben Töchter und einen Sohn – haben mich eingeladen, bei ihnen in der Hauptstadt zu wohnen, aber ich will hierbleiben. Ich will hier sterben.«

Sie setzte sich auf die Treppe, die hinauf zum Kloster führte und blinzelte in die Sonne.

»Früher hatten wir keinen Strom.« Sie redete in kurzen Sätzen, als müsste sich die begrenzte Zeit, die ihr noch blieb, auch in der Syntax ausdrücken. »Auch keine Schule. Oder Straßen. Wir mussten überall zu Fuß hingehen. Ich habe nie eine Schule besucht. Auch meine Kinder nicht. Aber *deren* Kinder gehen zur Schule. Ihr Leben ist leichter als unseres. Aber das Fernsehen mag ich nicht.

Ich bin ohne aufgewachsen. Ich sehe niemals fern. Das Einzige, woran ich denke, ist, dass ich bald sterben werde.«

Kezang, der Dorfastrologe, wohnte eine halbe Stunde Autofahrt von Mongar entfernt. Er erwartete uns am Straßenrand und zeigte uns den Weg zu seinem einfachen kleinen Haus auf dem Höhenzug. Es war nicht weit, aber steil, und ich schaffte es nicht, mit ihm Schritt zu halten, obwohl er beinahe doppelt so alt war wie ich.

Von dem üppigen, gepflegten Garten gingen wir in ein dunkles, ärmliches Haus. Durch die Eingangstür kamen wir direkt in die Küche, die mit offenen Regalen und zwei elektrischen Kochplatten ausgestattet war. Im Wohnzimmer, das auch als Schlafzimmer diente, wurden Sangye und ich gebeten, auf dünnen Matratzen auf dem Boden Platz zu nehmen. Die Wände waren mit Kalendern der letzten zehn Jahre, Zeichnungen von Buddha und offiziellen Fotos von Bhutans Herrscherpaar sowie Ausschnitten aus Illustrierten mit Fotos der königlichen Familie dekoriert. In den schmalen Fensteröffnungen war kein Glas, das aus dünnen Brettern bestehende Dach war zur zusätzlichen Isolation von unten mit Plastik abgedeckt. Ein großer Kühlschrank war das protzigste Möbelstück in der kleinen Stube. Auf einem schmalen Fensterbrett thronte ein altes Radio. Einen Fernseher gab es nicht.

»Die Leute kommen mit ihren neugeborenen Kindern und wenn sie krank sind zu mir«, erzählte Kezang und wickelte feierlich das Astrologiebuch aus dem orangefarbenen Tuch, in das es eingeschlagen war. Er setzte sich auf dem Boden zurecht und legte behutsam die dicken Papierstreifen auf einen kleinen Tisch vor sich. Das Gesicht war wettergegerbt und runzlig, die Augen groß und gutmütig. Wenn er lächelte, glich er gleichzeitig einem kleinen Jungen und einem Greis.

»Ich habe keine offizielle Ausbildung«, sagte er. »Ich bin nie zur Schule gegangen, aber ich habe als Dorfmönch im Kloster studiert.«

»Das heißt, er wohnte weiterhin im Dorf, ging aber jeden Tag ins Kloster, um zu studieren«, erklärte Sangye, der alles, was Kezang in seiner lokalen Sprache sagte, ins Englische übersetzte. Das mit dem Tibetischen verwandte Dzongkha ist die offizielle Sprache in Bhutan, aber im Land sprechen die weniger als achthunderttausend Einwohner insgesamt neunzehn verschiedene Sprachen und Dialekte. Da Sangye selbst aus einem Dorf im Osten stammte, sprachen er und Kezang dieselbe Sprache.

»Als ich bereit war, ging ich in die Berge und meditierte und betete drei Jahre, wie es der Brauch ist«, fuhr Kezang fort. »Erst nachdem man drei Jahre meditiert hat, ist man qualifiziert, Astrologe zu werden, aber nur wenn der Lama seine Zustimmung erteilt. Der Lama stellte mich auf die Probe: Wenn ich drei Personen helfen könnte, würde ich als Astrologe arbeiten dürfen.«

Seine Frau kam aus der Küche und goss heiße Milch in große Becher.

»Astrologie ist kompliziert«, sagte Kezang. »Wenn kranke Menschen zu mir kommen, muss ich erst einmal herausfinden, warum sie krank geworden sind. Sind sie wegen eines bösen Geistes krank geworden? Und wenn ja, woher kommt er? Sind sie krank geworden, weil sie den Tempel nicht besucht haben, in dem ihr Schutzgott wohnt? Alles muss in Betracht gezogen werden. Wenn man dann die Ursache nachgewiesen hat, muss man herausfinden, welche Rituale durchgeführt werden sollen und welche Kräuter der Patient eventuell nehmen soll, wenn er oder sie Kräutermedizin benötigt. Früher war dies die einzige Behandlung, die uns zugänglich war, aber nun müssen wir auch entscheiden, ob die Rituale an sich genügen oder ob der Patient zusätzlich westliche Medikamente braucht. Die Dorfbewohner kommen immer erst zu mir, bevor sie eventuell ins Krankenhaus gehen. Wenn dein Kind von einem bösen Geist besessen ist, kann es nämlich schädlich sein, ihn ins Krankenhaus mitzunehmen.«

»Haben Sie selbst Kinder?«, erkundigte ich mich.

»Nein.« Kezang sah seine Frau an, die zu Boden blickte. »Es ist nicht so, dass ich unfruchtbar bin, meine Frau war drei Mal schwanger. Aber alle Kinder starben, als sie noch ganz klein waren. Nun haben wir es aufgegeben. Meine Frau hat alles richtig gemacht, als sie schwanger war, daran lag es nicht. Sie ging ins Krankenhaus und ließ sich untersuchen, und wir gingen auch zu einem Astrologen und in den Tempel, aber die Kinder starben trotzdem.«

Kezang räusperte sich und beugte sich dann über die tibetischen Texte.

»Wann sind Sie geboren?«, fragte er mich. Sangye gab ihm mein Geburtsdatum, und Kezang saß da und blätterte lange in den Schriften.

»Im Augenblick werden Sie keine Kinder bekommen«, sagte er schließlich, obwohl ich ihn nicht nach meinen eventuellen Möglichkeiten gefragt hatte. »Sie werden erst Kinder bekommen, wenn Sie einundvierzig oder zweiundvierzig sind. Aber Sie müssen den Fruchtbarkeitstempel in Punakha aufsuchen und die Mönche bitten, Sie zu segnen«, fügte er hinzu. »Sie können sich dort einen Sohn oder eine Tochter wünschen. Wenn Sie nicht dorthin gehen, sind die Chancen geringer, dass Sie ein Kind bekommen, daher ist es furchtbar wichtig, dass Sie den Fruchtbarkeitstempel in Punakha besuchen. Sie werden auf dem Weg dorthin abgelenkt werden, aber lassen Sie sich nicht beirren, wie gesagt, es ist enorm wichtig, dass Sie dorthin gehen. Ansonsten sind Sie auf dem richtigen Weg. Sie werden von den Göttern beschützt. Sie verlangen Ihnen viel ab, aber sie beschützen Sie.«

Er sah mich nachdenklich an.

»Ich denke mir nichts davon aus, das müssen Sie mir glauben, alles steht hier, in den Schriften«, sagte er und zeigte auf die Schriftstreifen, die vor ihm ausgebreitet auf dem kleinen Tisch lagen. »Hier steht, dass Sie gute Laune bekommen werden, wenn Sie die Mönche im Tempel sehen. Durch den Anblick der Statuen, der Altäre und der Mönche werden Sie sich innerlich glücklich fühlen. Vielleicht waren Sie Mönch oder Nonne in einem früheren Leben.«

Dann begann er zu murmeln. Sangye erklärte, dass er ihn gebeten hatte, zum Abschluss den Meister und Schutzgott anzurufen, um mich und alle lebenden Wesen zu beschützen.

»Kommt es vor, dass Sie den Menschen schlechte Nachrichten übermitteln müssen?«, fragte ich, als er sein Gebet beendet hatte.

»Ja, hin und wieder, wenn frischgebackene Eltern mit ihrem Kind hierherkommen, und ich sehe, dass das Kind seinen Eltern Unglück bringen wird, oder die Eltern dem Kind«, antwortete Kezang. »In solchen Fällen kann das Kind nicht bei den Eltern aufwachsen, sondern muss zu Verwandten geschickt werden. Das kommt glücklicherweise selten vor.«

Nachdem wir uns verabschiedet hatten, begleiteten uns Kezang und seine Frau aus dem Haus. Als Abschiedsgeschenk stopften sie uns die Taschen voll mit Beeren aus ihrem Garten. Sie sahen uns hinterher, als wir den steilen Weg zur Straße hinabstiegen. Sie standen noch immer da, als wir ins Auto stiegen und davonfuhren. Über den grünen Bergen hatte sich der Himmel lila verfärbt, und bevor wir nach Mongar zurückkamen, war es dunkel geworden.

Wenn die Sonne untergegangen ist, kommt in Bhutan die Stunde der Hunde. Scharen von freilaufenden aggressiven Kötern patrouillierten im Zentrum und machten Mongars Straßen unsicher. Sonam fuhr uns daher auf dem kürzesten Weg vom Hotel zur einzigen Karaokebar der Stadt. In einem kleinen Raum am Ende eines Korridors saßen drei junge Männer in Lederjacken und nippten an einem lokalen Bier. Lange rote Leuchtstoffröhren waren die einzige Lichtquelle im Raum, an der Wand hatte ein einheimischer Graffiti-Künstler Led Zeppelin verewigt. Am Ende des Raums hing ein kleiner Fernsehbildschirm, der mit einer Karaoke-Anlage verbunden war. Die drei jungen Männer sangen einen Ohrwurm nach dem anderen mit. Es war *true love* und *broken heart* und *I will never forget you* am laufenden Band. Alle Songs wurden Frauen gewidmet, deren Namen zwar genannt wurden, die aber leider nicht Zeuge der romantischen Ergüsse der jungen Männer wurden.

Nach ein paar Starkbieren und Dutzenden Balladen legten die jungen Männer die Mikrofone beiseite und schlurften in der Finsternis nach Hause. Die frei herumlaufenden Hunde setzten das nächtliche Konzert bis zum Morgengrauen fort.

Am nächsten Morgen fuhren wir durch immergrünen Wald weiter nach Osten. Sangye wurde immer nostalgischer, je östlicher wir kamen. Er war der Jüngste von sieben Geschwistern und der Einzige in der Geschwisterschar, der zur Schule gegangen war.

»Das Dorf bekam eine Schule, als ich klein war, aber ich konnte einfach nicht still sitzen und wurde den ganzen Tag vom Lehrer geschlagen«, erzählte er lächelnd. Sangye lächelte fast immer, ich habe ihn nie mehr als einige Minuten ernst gesehen. »Meine Freunde und ich schwänzten normalerweise, bis die Schule um war, wir versteckten uns. Es war viel lustiger, draußen zu spielen.«

Eines Tages war der Spaß vorbei: Der Lehrer erschien bei Sangye zu Hause und erkundigte sich, warum er eine ganze Woche nicht im Unterricht gewesen war.

»Da musste ich zurück in die Schule. Doch dann starb meine Mutter. Ich war erst sechs oder sieben. Sie hatte immer gehustet, aber niemand begriff, dass sie an Tuberkulose litt. Es gab ja damals kein nennenswertes Gesundheitswesen. Nachdem sie tot war, geriet alles aus dem Ruder. Mein Vater heiratete erneut, aber die neue Frau behandelte mich schlecht. Wir hatten kein Geld, und häufig hatten wir auch nicht genug zu essen oder zum Anziehen. Als die Schuluniform, die ich von der Schulverwaltung umsonst bekommen hatte, so abgetragen war, dass sie nur noch aus Fetzen bestand, hörte ich noch einmal auf, zur Schule zu gehen. Ich hatte ja nichts zum Anziehen. Schließlich nahm mich meine Schwester mit nach Westen, nach Paro, und ich ging dort weiter zur Schule. Meine Schwester hatte aber auch kein Geld, also verkaufte ich nach der Schule Betelblätter, um mir Geld für Kleidung und Schuhe zu beschaffen.« Er lächelte beinahe entschuldigend. »Ich hatte wohl so etwas wie eine schwierige Kindheit.«

Auf den letzten Kilometern war die Straße so schlecht, dass das Auto kaum Schritttempo fahren konnte. Die Schotterpiste hinauf nach Merak war erst wenige Jahre alt, und dass es sie überhaupt gab, musste man schon als Fortschritt bezeichnen – allerdings gab es bei diesem Fortschritt durchaus Verbesserungspotenzial. Während Sonam das Auto vorsichtig über den Waldweg manövrierte, erinnerte sich Sangye an immer mehr Details aus seiner Kindheit. Ich hatte den Eindruck, als würde ein alter Verwandter mir aus der richtig alten Zeit erzählen, aber Sangye war sogar ein Jahr jünger als ich.

»Wir hatten weder Strom noch eine Toilette. Die Tiere lebten im Untergeschoss, wir wohnten in dem Stockwerk darüber. Wir Kinder gingen gewöhnlich in einer Ecke aufs Klo, dort war ein Loch hinunter zu den Tieren, haha! Meine Eltern tranken von morgens bis abends selbst gebrannten Schnaps, alle im Dorf taten das. Wir Kinder manchmal auch. Kinder werden ganz ruhig und man kann leichter mit ihnen umgehen, wenn sie ein bisschen Schnaps getrunken haben! Wir hatten keine Schuhe, niemand hatte Schuhe.« Er lachte erneut auf. »Unterwäsche hatte auch niemand, das kam erst Mitte der neunziger Jahre auf. Also nicht hier, sondern in der Hauptstadt.«

Wir waren umgeben von Nadelwald, und es gab noch immer kein Anzeichen einer menschlichen Siedlung. Der Tacho zeigte neun Stundenkilometer.

»Wenn ich darüber nachdenke, hatte ich eigentlich eine glückliche Kindheit«, erklärte Sangye. »Ich vermisse sie sehr. Wir Kinder hatten viel Freiheit, wir liefen im Dorf herum und wurden ständig irgendwo eingeladen. Oft bekamen wir nur Reisgrütze mit Chilipulver zum Frühstück, aber alle im Dorf waren gleich arm, also dachten wir nicht weiter darüber nach. In der Schule hatten wir keine Stifte und kein Papier, wir schrieben mit Kreide auf Tafeln. Der Lehrer schlug uns, wenn wir nicht lernten, was wir sollten, die Eltern schlugen uns, meine Schwester schlug mich. So war das, als ich Kind war. Diese Zeit ist vorbei und kommt nicht zurück ...«

Weder Sonam noch Sangye waren jemals in Merak gewesen, und wir alle glaubten, dass wir bald dort sein würden. Merak müsste hinter der nächsten oder der übernächsten Kurve liegen, aber »bald« wurde zu Stunden, und als wir endlich Häuser und Menschen erreichten, fing es an zu dämmern.

Der Osten Bhutans gilt als so öde und abseits der üblichen Reisewege, dass die Behörden Touristen, die dorthin fahren, Rabatt auf den festen Tagessatz geben, und **Merak** (3215 Meter über N.N.)

ist eines der unzugänglichsten Dörfer in ganz Ost-Bhutan. Das Dorf wird von Brokpas bewohnt, einer kleinen Volksgruppe, die vor vier-, fünfhundert Jahren aus Tibet über die Grenze kam. Der Legende nach töteten sie ihren König, bevor sie nach Süden wanderten. Der König soll gnadenlos und so anmaßend gewesen sein, dass er von seinen Untertanen verlangte, einen Felsen, der einen Schatten auf seinen Palast warf, abzuschleifen, damit er den Sonnenschein durch die Fenster genießen konnte.

Wir fanden das einzige Gästehaus des Dorfes und wurden eingeladen, an dem kleinen Ofen im gemeinsamen Aufenthaltsraum Platz zu nehmen.

»Wollen Sie ein bisschen *Ara*, damit Ihnen warm wird?«, fragte der große junge Mann, der uns empfangen hatte. Ein Kessel mit Reisbranntwein stand bereits auf dem Ofen. Er fügte ein paar Esslöffel frisch zubereitete Butter hinzu, rührte um und goss die Mischung in große Becher. Abgesehen von der geschmolzenen Butter, erinnerte der Geschmack an Sake. Auf dem kleinen Ofen stand ein kleiner Topf mit kochendem Wasser. Der Deckel bebte leicht durch den Wasserdampf.

»Bei uns steht immer ein Topf mit Wasser auf dem Ofen, damit das Feuer nicht die Körper der Menschen austrocknet, die um den Ofen herumsitzen«, erklärte Sangye. »Das Feuer nimmt stattdessen das Wasser des Topfes.«

Der kleine Topf funktionierte mit anderen Worten als Luftbefeuchter. Die Inhaberin des Gästehauses, eine etwa vierzigjährige Frau, brachte das Abendessen, das aus rotem Reis und Chili mit Käse, getrocknetem Chili und gesalzenem Chili bestand. Sie trug ein traditionelles schwarzes Wollkleid mit einem breiten, bestickten Gürtel. Ein gewalktes Stück Wolle bedeckte ihr Hinterteil und ihre Oberschenkel wie eine Gesäßschürze. Um den Hals trug sie großen, bunten Schmuck, und durch beide Ohrläppchen hatte sie einen kurzen Faden gezogen. Auf dem Kopf saß ein scheibenförmiger schwarzer Filzhut. Sechs ausgefranste Wollzöpfe hingen wie Katzenschwänze von den Rändern des Huts.

Sangye und Sonam beluden ihre Teller mit einem großen, gut

mit Chili vermischten Haufen Reis und aßen mit untadeligem Appetit. Draußen bellten die Hunde des Dorfes wie besessen.

»Es ist gut, dass sie bellen«, bemerkte Sangye, während er uns Ara nachschenkte. »Hundegebell hält böse Geister fern. Hund ist das letzte Stadium, bevor man als Mensch wiedergeboren wird, daher behandeln wir die Hunde gut. Es könnte sich ja um einen nahen Verwandten handeln. Wenn dir also ein Hund folgt, ist das vermutlich ein toter Angehöriger.«

Der junge Mann erhitzte einen neuen Kessel mit Ara und Butter. Als ich am späteren Abend in meinen Schlafsack kroch, drehte sich langsam das Dach, das Bett schwankte. Im Raum nebenan lagen Sangye und Sonam; sie unterhielten sich und lachten bis tief in die Nacht. Unter dem sternenklaren Himmel bellten die Köter, als ginge es um ihr Leben.

Keine bösen Geister wagten sich in dieser Nacht in die Nähe von Merak.

Das Frühstück bestand aus einer weiteren Portion Reis und Chili und wurde mit traditionellem Buttertee eingenommen, schwarzem Tee vermischt mit Salz und Butter. Der Tee ist so nahrhaft, dass man eigentlich nicht viel mehr braucht, aber Sonam und Sangye luden sich erneut einen ordentlichen Haufen Reis auf ihre Teller und aßen mit großem Appetit.

»Haben Sie nie genug von all dem Reis und dem Chili?«, wollte ich von ihnen wissen.

Sangye überlegte. Es schien nicht so, als sei ihm dieser Gedanke schon mal gekommen.

»Nein«, sagte er schließlich. »Wenn ich keinen Reis esse, fühle ich mich nicht satt. Und ohne Chili schmeckt es ja nach nichts.«

Danach mussten wir in das Büro des Waldaufsehers, um mich registrieren zu lassen. Merak liegt im Sakteng Wildreservat, und alle Touristen brauchen eine besondere Erlaubnis, um den Park zu besuchen. Ich wurde in das Büro des Leiters gewiesen, einem Mann im mittleren Alter in grüner Uniform. Er notierte alle notwendigen Daten und archivierte sie in einem großen Ringordner.

»Wenn ich es richtig verstanden habe, ist dies das östlichste Wildreservat Bhutans, und auch einer der neuesten Nationalparks im Land«, sagte ich und zog meinen Notizblock hervor. »Können Sie mir ein bisschen mehr über das Reservat erzählen?«

»Haben Sie eine Sondererlaubnis von der Zentralbehörde, mich zu interviewen?«, fragte der Waldaufseher misstrauisch.

»Nein, ich habe keine Sondergenehmigung, ausgerechnet Sie zu interviewen«, räumte ich ein. »Ich wusste nicht, dass ich eine Sondergenehmigung benötige, um mich mit Ihnen zu unterhalten.«

»Aber die brauchen Sie, sonst kann ich Ihre Fragen nicht beantworten«, erklärte der Waldaufseher. Er faltete die Hände auf dem Schreibtisch und schwieg.

»Ich würde nur gern wissen, welche Pflanzen hier wachsen und welche Tiere hier leben«, sagte ich. »Solche Dinge. Ganz einfache Fragen.«

»Ohne eine Sondererlaubnis der Zentralbehörde darf ich auch keine einfachen Fragen beantworten.«

»Warum nicht?«

»Es kann dazu führen, dass Menschen mit üblen Absichten hierherkommen.« Der Waldaufseher kniff geheimnisvoll die Lippen zusammen.

»Okay, dann hole ich mir die Informationen im Internet«, sagte ich ein wenig säuerlich und steckte den Notizblock wieder ein.

»Tun Sie das«, sagte der Waldaufseher. Er stand von seinem Schreibtisch auf und begleitete mich zur Tür. Bevor wir gingen, sagte er etwas zu Sangye, der ernst nickte.

»Was hat er gesagt?«, wollte ich wissen.

»Nichts«, sagte Sangye.

Wir gingen auf gut Glück über die festgestampften, holprigen Wege, auf der Suche nach jemand anderem, mit dem ich mich unterhalten könnte. Überall wurde gehämmert und gesägt. Häuser wurden gebaut, Häuser wurden erweitert. Sämtliche Arbeiten wurden traditionsgemäß mit Holz und Steinen ausgeführt, Beton war in Merak verboten. Das kleine Dorf war von Wald und sanften Höhenzügen umgeben, eine graue Steinwüste, eingehüllt in grüne und blaue Farben. Aber abgesehen von den Bauarbeitern, die alle von außerhalb kamen, waren die Gassen menschenleer.

In einem Laden regte sich jedoch Leben. Er war ein kleines Wunder für sich: Gerüchtebörse, Kindergarten, Bar, Schnapsverkauf, Betelblatthändler und Lebensmittelgeschäft in einem. Die dicht bestückten Regale lockten mit allen erdenklichen Waren, von Reissäcken und Süßigkeiten bis zu bhutanischem Whisky. Obwohl der Laden nicht größer war als ein mittelgroßer Kiosk, gab es Bänke und einen kleinen Tisch, an dem man verschnaufen oder eventuell ein Bier trinken konnte, bevor man heimging. Eine Frau in abgetragenen traditionellen Brokpa-Kleidern spann einen Wollfaden in einer kleinen Handspindel. Sie hieß Dema und war sechsundvierzig Jahre alt.

»Oh, vieles hat sich hier verändert, seit ich jung war!«, rief sie, ohne mit dem Spinnen aufzuhören. »Alles ist jetzt einfacher, alles. Früher mussten wir einen Boten aus der Familie losschicken, wenn jemand krank war oder ein Kind bekam, jetzt kann man einfach anrufen. Wenn man einen Hubschrauber braucht, muss man auch bloß anrufen! Früher mussten wir gebärende Frauen hin und wieder nach Trashigang tragen. Nicht selten passierte es, dass das Kind unterwegs geboren wurde. Meine Geburten verliefen alle ohne Probleme, aber ich habe auch nur drei Kinder. Ich habe sie alle hier geboren, allein. Früher kümmerten die Leute sich nicht um Familienplanung, manche bekamen siebzehn Kinder, andere zwanzig, aber mein Mann hat Familienplanung betrieben – er hat die Schnur durchschneiden lassen, hahaha!«

Der Faden war fertig gesponnen, und Dema wollte eigentlich gehen, aber Sangye gelang es, sie zum Bleiben zu bewegen, indem er ihr ein Druk 11 000 kaufte, das lokale achtprozentige Bier. Es war nicht einmal zehn Uhr vormittags, aber sie nahm es lächelnd entgegen und öffnete die Dose sofort.

»Wie viele Kinder haben Sie?«, fragte sie Sangye.

»Eins«, antwortete er. »Eine Tochter.«

»Nur eins?« Dema sah ihn ungläubig an. »Das geht nicht! Sie

müssen mehr haben. Ich habe geheiratet, als ich sechzehn Jahre alt war. Die meisten hier heiraten jung, aber mein Bruder hat eine Ausbildung. Er war Kandidat der DNT, der Partei, die gerade die Wahl gewonnen hat. Er hat einen Sitz im Parlament!«

Sie trank einen Schluck Bier und lächelte breit. Ihre großen Zähne waren rot vom Kauen der Betelblätter.

»Wir hoffen, dass es ihm gelingt, die Straße asphaltieren zu lassen, denn die Straße, die wir jetzt haben, ist ziemlich schlecht. Von den jungen Leuten sind viele in die Stadt gezogen, um zu studieren, aber ich selbst bin lieber hier. Wo sollte ich auch hin?«

Dema legte den Kopf in den Nacken und trank den letzten Rest des Biers.

»Meine Kinder und mein Mann sind hier«, erklärte sie. »Meinen Mann werde ich nie verlassen. Ohne ihn würde ich im Winter furchtbar frieren!« Sie lachte laut, stellte die Bierdose ab und stand von dem niedrigen Schemel auf. Als sie aus der Tür trat, bebten ihre Schultern noch immer vor Lachen.

Sangye und ich wollten auch weiter, aber wir wurden von einer jungen, korpulenten Frau mit einem Kind auf dem Rücken aufgehalten. Im Gegensatz zu den meisten Frauen in Merak trug sie westliche Kleidung, Jeans und eine Jacke. Drei Kinder im Alter von vier oder fünf Jahren folgten ihr auf dem Fuß.

»Haben Sie Lust, zu mir nach Hause zu kommen und sich ein wenig zu unterhalten?«, erkundigte sie sich. »Ich habe auch Ara«, fügte sie lockend hinzu.

Wir begleiteten sie zu einem kleinen Haus, das sie und ihr Mann gemietet hatten. Sie stammten beide aus Trashigang, der nächsten größeren Ortschaft, der Mann arbeitete für ein staatliches Lebensmittelprogramm. Seit zwei Jahren lebten sie in Merak. Die junge Frau legte das Kind in das Doppelbett in der Ecke und hockte sich an den mitten im Raum stehenden Ofen. Zwei der Kinder gehörten zu ihr, auf die anderen passte sie für eine Freundin auf. An der Wand standen selbst geschreinerte Regale voller Speiseöl, Reis und Küchengerätschaften. Der kleinen Familie stand nur ein Raum zur Verfügung, das ganze Leben spielte sich in diesem Zimmer ab.

»Sie müssen aufpassen«, murmelte die junge Frau, während sie Ara in einen Topf goss. Ich habe nie erfahren, wie sie hieß. »Die Leute hier sind gefährlich. Sie vergiften Fremde.«

»Ja«, pflichtete ihr Sangye bei. »Ich muss zugeben, dass ich ein wenig nervös war, als ich heute durchs Dorf ging. Der Mann im Büro der Waldaufseher hat uns auch gewarnt.«

»Warum haben Sie nichts davon gesagt?«, fragte ich vollkommen überrascht.

»Ich wollte Sie nicht beunruhigen«, erwiderte er.

»Ein Freund meines Mannes wurde lahm, nachdem er hier in Merak bei jemandem zu Hause Ara getrunken hat«, erzählte die junge Frau. »Er ist noch immer nicht wieder gesund. Sie dürfen nichts von den Leuten hier annehmen, verstehen Sie? Sie wollen Sie nicht absichtlich vergiften, sie können nichts dafür. Das Gift wird vom Vater auf den Sohn vererbt und wohnt in ihnen.«

»Und wie kommen Sie hier zurecht?«, wollte ich wissen. »Sie sind doch auch nicht von hier. Nehmen Sie nie etwas von den Leuten an?«

»Nur von Leuten, die ich gut kenne«, antwortete die junge Frau ernst. »Man riskiert auch, körperlich angegriffen zu werden, ja, sogar ein Mord ist schon passiert. Die Menschen hier haben keine Bildung, sie haben Hunderte von Jahren isoliert in den Bergen gelebt, daher müssen Sie aufpassen. Die Menschen, die hier leben, sind nicht wie andere Menschen.«

Sie schlug ein Ei in den Topf mit Ara und gab reichlich Butter dazu. Dann schöpfte sie die Mischung in zwei große Becher. Sangye bestand darauf, dass sie auch trank, und goss ihr einen großen Becher ein. Die Frau protestierte energisch, der Ara sei für uns, wir seien doch Gäste, sie selbst brauche nichts, aber schließlich ließ sie sich überzeugen und nahm den Becher.

»So ist es hier Brauch«, erklärte Sangye pädagogisch. »Ich muss ihr einen Becher servieren, auch wenn sie sagt, sie will nichts.«

Kaum hatten wir den Ara probiert, als die junge Frau die Becher erneut mit dampfendem Selbstgebrannten füllte. Ich wandte ein, ich hätte schon mehr als genug, aber sie lächelte nur und goss noch mehr ein, dass der Becher beinahe überlief. Kaum hatte ich einen weiteren Schluck getrunken, füllte sie den Becher wieder randvoll.

»So ist es Tradition«, sagte Sangye. »Sie muss uns mindestens zwei Mal den Becher füllen, sonst ist sie eine schlechte Gastgeberin.«

Auf dem Bett hinter uns hüpften die Kinder singend und lachend auf und ab. Der Ara breitete sich im Körper aus, der Kopf wurde heiß und benebelt. Trotz meiner Proteste setzte die junge Frau einen neuen Topf auf.

»Beruhigen Sie sich, die Wirkung lässt nach, sobald sie wieder in die Kälte kommen. *Poff*, sie verschwindet sofort!« Sie lächelte, dann bekam sie einen nachdenklichen Gesichtsausdruck. »Eigentlich wollte ich Sängerin werden. Ich habe mich bei der Fernsehshow *Idol* gemeldet und war auch zum Vorsingen eingeladen, doch dann wurde ich schwanger. Ich war erst sechzehn.« Sie goss Ara in unsere Becher. »Meine Eltern tobten, doch glücklicherweise hat mich der Kindsvater geheiratet. Und jetzt sitze ich hier ...«

Bevor wir gingen, überredeten wir sie, für uns zu singen. Ihre Stimme füllte das ganze kleine Zimmer. Ich verstand nicht, worum es in dem Lied ging, nur, dass es traurig war. Die Kinder hörten auf zu hüpfen, sie saßen mäuschenstill da und hörten zu.

»Bevor wir gehen, müssen Sie ihr Geld geben«, instruierte mich Sangye.

»Muss ich den Ara bezahlen?«, fragte ich verblüfft.

»Nein, oder doch, es ist hier so Brauch. Wir geben immer Geld, wenn wir etwas bekommen haben. Sie hat uns zu sich nach Hause eingeladen und uns Ara gegeben, daher müssen wir ihr Geld geben. Das wird erwartet, nicht nur von Touristen, sondern von allen. Auch von mir.«

Ich tat, was er sagte, und gab ihr dreihundert Ngultrum, etwas weniger als vier Euro. Die junge Frau weigerte sich erst, das Geld anzunehmen, ließ sich aber rasch überreden.

»Denken Sie daran, seien Sie vorsichtig«, ermahnte sie uns noch einmal, als wir das Haus verließen. »Kein Essen oder Getränke von Leuten annehmen, die Sie nicht kennen!«

Die scharfe Nachmittagssonne stach in den Augen, als wir auf die Straße traten. Die Berge wogten. Wir gingen zurück ins Gästehaus und aßen Reis mit Chili. Glücklicherweise wurde Buttertee serviert und kein Ara. Wir waren vergiftet genug.

Der Rest des Nachmittags verschwand in einem sanften Nebel. Sangye und ich schlenderten ins einen Kilometer entfernte Nachbardorf. Auf den Wiesen grasten dicke Yak-Ochsen friedlich im Sonnenschein.

Vor einem kleinen Haus saßen zwei ältere Frauen im Gras und plauderten. Ihre Gesichter waren breit und rund, die Zähne rot von Betelblättern und ihre Augen so schmal, dass sie zwei Strichen glichen, umgeben von tiefen Runzeln. Sie winkten und riefen, wir sollten kommen und uns zu ihnen setzen. Als wir uns ins Gras setzten, standen sie auf und verschwanden auf unsicheren Beinen im Haus. Kurz darauf kamen sie mit einer großen Flasche Ara und drei Schalen zurück: eine für mich, eine für Sangye und eine, die sie sich teilten.

»Wir sind Schwestern, daher können wir aus einer Schale trinken«, lächelten sie. Die ältere hieß Tsesum und war siebenundsiebzig Jahre alt, die jüngere Deng Wangmo, sie hatte gerade ihren siebzigsten Geburtstag gefeiert.

Kalt und nicht mit Eiern oder Butter vermischt, ließ sich der Ara nicht so leicht trinken, trotz der enthusiastischen Nötigungen der Schwestern. Sobald ich einen Schluck getrunken hatte, füllten sie nach.

»In der letzten Zeit sind viele Touristen hierhergekommen«, berichtete Tsesum. »Bestimmt zehn. Wir haben ihnen Ara serviert, und einige haben uns Geld gegeben, aber nicht alle. Früher hatten wir hier kein Geld«, fügte sie hinzu. »Wir tauschten Käse und Butter gegen Mais und Reis. Reis war übrigens nicht *so* gewöhnlich, normalerweise aßen wir Maisbrot. Wir hatten auch keine Küchengeräte und keine Elektrizität. Das alles kam erst vor sieben, acht Jahren. Die Veränderungen gehören dazu. Das Leben ist jetzt einfacher!«

Tsesum hatte insgesamt sieben Kinder, sechs hatten überlebt. Alle waren im Dorf geblieben. Ihre Schwester hatte keine Kinder, daher hatte Tsesum ihr eine ihrer Töchter überlassen, damit die Schwester nicht ganz allein war.

»Jetzt haben wir Strom und auch Fernsehen«, erzählte Tsesum und schenkte Ara nach. »Gleich beginnt unser Lieblingsprogramm.«

Deng Wangmo war bereits im Haus vor den Fernseher verschwunden. Wir nahmen es als Hinweis und standen auf, um zu gehen.

»Nein, Sie müssen nicht gehen, kommen Sie herein und schauen Sie sich die Show mit uns an!«, forderte Tsesum uns auf. »Sie müssen sich ohnehin aufwärmen, bevor Sie gehen.«

Deng Wangmo hatte den Ofen angefeuert, in dem kleinen Raum war es brüllend heiß. Zwei Hundewelpen und eine schwarze Katze lagen auf einer Decke am Ofen. Die Schwestern schauten hingerissen auf den kleinen Fernsehapparat, der auf einer Kommode stand, flankiert von Fotos der königlichen Familie. Der Bildschirm zeigte einen jungen Mann in traditioneller Kleidung, der allein auf einer Bühne stand und vor einem blauen Hintergrund sang.

»Ist das die *Idol*-Show?«, fragte ich.

Sangye schüttelte den Kopf. »*Idol* gibt es auch, aber dies ist kein Wettbewerb«, erklärte er. »Dies ist ein Programm, in dem junge Menschen, die es schwer haben und vielleicht auch arbeitslos sind, sich als Sänger im Fernsehen präsentieren können. Die Idee ist, dass sie dadurch mehr Selbstvertrauen bekommen, um sich zum Beispiel einen Job zu suchen.«

Tsesum holte eine Schüssel mit getrocknetem Yak-Käse und dem berühmten ranzigen Käse des Dorfes und bestand darauf, dass wir beides probierten. Der ranzige Käse schmeckte wie eine Mischung aus Sauermilch und Roquefort – eigentlich gar nicht so schlecht. Um ihn hinunterzuspülen, bekamen wir noch mehr Ara. Auf dem Bildschirm löste ein Sänger den anderen ab, ich hatte Probleme, sie voneinander zu unterscheiden. Tsesum und Deng Wangmo verfolgten fasziniert die Gesangsshow und drehten dabei Dochte für die Butterlampen, die sie am folgenden Tag anzünden wollten.

»Morgen ist ein großer Tag«, erklärte Sangye. »Es ist der Tag, an dem Buddha zur Erde hinabstieg, und es ist Muttertag.« Er trank einen großen Schluck vom kalten Ara. »Ich erinnere mich nicht, wie meine Mutter aussah. Ich habe kein Foto von ihr. Nachdem sie starb, hat meine Schwester Kontakt zu einem Astrologen aufgenommen. Er erklärte, dass Mutter als Kuh wiedergeboren würde. Die Kuh, also meine Mutter, lebt noch immer, habe ich gehört, aber in einem weit entfernten Dorf.«

Bevor wir gingen, gab ich jeder der beiden Schwestern zweihundert Ngultrum. Sie nahmen die Scheine mit breitem Lächeln entgegen und steckten sie in die Taschen ihrer Kleider.

Sangye und ich gingen zurück nach Merak. Der Himmel hatte eine rosagoldene Farbe, bald würde es dunkel werden. Der Wind brannte auf den Wangen, ich fror. Sobald die Sonne verschwand, wurde die Bergluft rau und kalt. Der Boden unter mir schwankte, die Höhenzüge tanzten. Ich sah doppelt so viele Yak-Ochsen.

Lam Ranchen, der Bürgermeister von Merak, hatte etwas in Trashigang zu erledigen, wir nahmen ihn am nächsten Morgen in unserem Auto mit. Er war zweiundfünfzig Jahre alt, hatte ein breites, zerfurchtes Gesicht und trug eine Winterjacke mit Tarnfleckmuster. Die Zähne waren rot von den Betelblättern, die er ununterbrochen kaute und ausspuckte.

»Der Alltag in Merak hat sich enorm verändert«, erzählte er. »Alles ist heute einfacher, aber dafür sind die Menschen in schlechterer Verfassung, denn sie gehen nirgendwo mehr zu Fuß hin. Jetzt haben wir Diabetes in Merak! Früher waren die Leute hier nie krank.«

So wirken die Segnungen der Modernisierung sich aus. Straßen und Elektrizität lassen das Dasein für die Menschen einfacher und bequemer werden, die ganze Welt ist über einen Bildschirm zugänglich, die jungen Leute sind nicht länger zu einem Leben auf dem Dorf verurteilt, sondern haben die Möglichkeit, ihr Glück woanders zu versuchen. Viele tun es. Journalisten und Wissenschaftler haben sich besorgt über die Zukunft der einzigartigen

Kultur der Brokpa geäußert, als sie endlich eine Straße bekamen, aber eine Kultur ist kein Heimatmuseum. Wer wollte wohl einen Ambulanzhubschrauber, Schulbesuch, gutes Arbeitslicht und Geschäfte, in denen sich die Regale vor Waren biegen, gegen schwere körperliche Arbeit, riskante Geburten im Wald, kilometerlange Fußwege ins nächste Krankenhaus und dunkle, verrußte Stuben eintauschen?

Ebenso wenig wie eine Kultur ein Heimatmuseum ist, ist sie eine zarte Blume. Sie verblüht und verschwindet nicht, nur weil sie die Luft mit Autoabgasen und elektrischem Licht teilen muss.

Der Bürgermeister öffnete das Fenster, spuckte die Betelblätter aus und steckte ein neues Bündel in den Mund.

»Haben Sie von dem Gift gehört?«, fragte er leise. »Drei, vier Familien im Dorf haben es. Es kommt vor, dass die Menschen ihren eigenen Ehepartner oder ihre eigenen Kinder vergiften, ohne es zu wollen. Diejenigen, die das Gift in sich haben, können nichts dafür. Ob Sie krank werden oder nicht, wenn sie Speisen von denen entgegengenommen haben, die das Gift in sich tragen, hängt davon ab, wie stark Sie sind. Ich selbst bin nie krank geworden, obwohl ich bei diesen Familien gegessen und getrunken habe, aber viele meiden sie.«

»Was tut man, wenn man krank wird?«, fragte ich ihn.

»Wenn Sie Magenschmerzen bekommen, nachdem sie etwas bei jemandem gegessen haben, der das Gift in sich hat, muss ein Schamane einen kleinen Schnitt in die Haut am Bauch setzen und das vergiftete Blut heraussaugen. Aber das hilft nicht immer. Sehr viel Seltsames passiert in dieser Gegend, das kann ich Ihnen sagen. Das liegt daran, dass es hier so unberührt ist, so isoliert. Ich zum Beispiel befasse mich mit einem Forschungsprojekt über Yetis ...«

»Yetis?« Ich klang wie ein Echo.

»Ja, wir haben viele Yetis in dieser Gegend«, behauptete Lam Ranchen. »Erst letztes Jahr verschwand ein junger Mitarbeiter des Gesundheitswesens spurlos aus dem Dorf. Man fand seine Kleider sorgfältig zusammengelegt, aber nie eine Leiche. Die Polizei suchte wochenlang. Aller Wahrscheinlichkeit nach wurde er von einer Yeti-Frau entführt, die ihn als Ehemann wollte.«

»Haben Sie schon mal einen Yeti gesehen?«

»Nein, ich habe nur Spuren gesehen. Ihre Fußspuren sind groß. Sie haben lange Fußnägel, aber eine kurze Ferse. Manchmal verändern sie ihre Abdrücke, sodass sie aussehen wie Pferde- oder Kuhspuren. Viele Bewohner der Dörfer hier in der Gegend haben Yetis gesehen, und hin und wieder brennen die Leute auch große Waldgebiete nieder, um sie zu vertreiben. Vor nicht allzu langer Zeit wurde ein Yeti von einigen Dorfbewohnern getötet. Sie haben ihn vergraben und es den Behörden mitgeteilt. Sie wurden aufgefordert, den Leichnam vorbeizubringen, aber als sie das Loch wieder aufgruben, war der Yeti verschwunden …«

Die Autofahrt nach **Trashigang** (1500 Meter über N.N.) ging so langsam voran, dass wir zu Fuß schneller gewesen wären, aber dafür lernte ich mit jedem Kilometer, den wir bergab holperten, etwas Neues über Yetis. Yetis ernähren sich hauptsächlich vegetarisch, aber sie trinken auch gern Blut – tatsächlich hatten Dorfbewohner tote Yaks gefunden, die vollkommen eingeschrumpelt waren, mit weißem blutleerem Fleisch. Wenn man das Pech – oder das Glück – hat, einem Yeti zu begegnen, muss man zuerst sein Geschlecht bestimmen. Ist es ein Männchen, muss man bergauf laufen, denn männliche Yetis haben langes Haar, über das sie stolpern. Ist es ein Weibchen, muss man bergab laufen, denn weibliche Yetis haben große Brüste, die ihnen beim Bergablaufen Schwierigkeiten bereiten.

Niemand hat bisher einen handfesten Beweis gefunden, dass es Yetis gibt, aber es mangelt nicht an Beobachtungen und Anekdoten.

Während einer seiner vielen Everest-Expeditionen sah Eric Shipton, der britische Konsul, der den Felsbogen bei Kaschgar entdeckte, zum Beispiel mysteriöse Fußspuren in sechstausend Metern Höhe. Die Fotos der Fußspuren halten viele für den bisher besten Beweis für die Existenz des Yetis.

Im Frühjahr 2019 erregte ein Foto einer geheimnisvollen Fußspur Aufmerksamkeit, das eine Kompanie auf einer Himalaya-Expedition gemacht hatte. Die indische Armee hatte es auf Twitter veröffentlicht. Die indischen Soldaten erklärten, es müsse sich um eine Yeti-Fußspur handeln. Sie wurden ausgelacht und heftig kritisiert, weil sie derartige Geschichten verbreiteten.

»Es ist arrogant, dass wir Menschen glauben, wir wüssten alles«, argumentierte Tshering Tashi, ein Schriftsteller, den ich einige Wochen später kennenlernte, kurz bevor ich Bhutan verließ. »Die Gnuziege oder Takine, unser Nationaltier, wurde auch lange als mythologisches Tier angesehen. Doch dann stellte sich heraus, dass es dieses Tier gibt, es sieht nur ziemlich seltsam aus. Und bis 1932 glaubten die Wissenschaftler, blauer Mohn sei eine mythologische Blume! Hier in Bhutan haben wir über siebenhundert verschiedene Vogelarten, und die Ornithologen entdecken ständig neue. Unsere Ornithologen sind ausgesprochen faul, sie brauchen einfach nur ein bisschen im Wald spazieren zu gehen und kehren mit der Entdeckung eines neuen Vogels zurück. Wenn es den Yeti gibt, dann ist er in Bhutan zu finden. Der Yeti ist scheu, aber wir haben viel unberührte Natur. Der Yeti zieht langsam in Richtung Nordosten, wo der größte Teil der Natur tatsächlich noch unberührt ist.«

Ich begann zu ahnen, warum der Waldaufseher in Merak so wenig mitteilsam gewesen war. Das nationale Fremdenverkehrsbüro tat allerdings nicht so geheimnisvoll. »Im Reservat leben Menschen aus isolierten Nomadenstämmen«, informierte es auf seiner Homepage. »Ein Kennzeichen des Reservats sind dichte Rhododendronwälder, in dem Gebiet streifen Schneeleoparden, der Kleine Panda, der Asiatische Schwarzbär, Muntjaks, der Himalaya-Rotfuchs, das gestreifte Himalaya-Eichhörnchen und hin und wieder der mythische Yeti (oder ›der abscheuliche Schneemensch‹) umher.«

Während meines Aufenthalts im Wildreservat habe ich selbst nicht den Hauch eines Yetis gesehen, weder männlichen noch weiblichen Geschlechts, allerdings habe ich auch keinen einzigen Schneeleoparden, Kleinen Panda, Asiatischen Schwarzbär, Muntjak, Himalaya-Rotfuchs und auch kein gestreiftes Himalaya-Eichhörnchen gesehen.

Bruttonationalglück

Der Flugplatz in **Yonphula** (2743 Meter über N.N.) war so klein, dass es eine Weile dauerte, bis ich ihn entdeckte. Die Büros, die Abfertigungshalle und ein Wartebereich waren in einem bescheidenen quadratischen Haus untergebracht, während ein Aufbau über der ersten Etage als Kontrollturm diente. Eine Frau wog mein Gepäck, klebte einen Aufkleber darauf, auf dem *Security Checked* stand, und warf einen raschen Blick auf mein Handgepäck.

»Trinken Sie das Wasser aus, bevor Sie an Bord gehen«, ermahnte sie mich. »Guten Flug!«

Ich verabschiedete mich von Sangye und Sonam und stieg die Treppe zu dem kleinen Flugzeug hinauf. Der Pilot, ein großer, hellhäutiger Europäer in den Sechzigern, plauderte gemütlich mit den Passagieren auf der Rollbahn, bevor er sich an den Steuerknüppel setzte.

Die Sonne schien aus einem wolkenlosen Himmel, und aus dem ovalen Flugzeugfenster hatte ich freie Sicht auf die mit Wald bedeckten Höhenzüge und verschneiten Gipfel. Bhutan ist so groß wie die Schweiz, hat aber eine wesentlich abwechslungsreichere Topografie. Im Flachland im Süden, an der Grenze zu Indien, ist es heiß und feucht, während der mittlere Teil von grünen Höhenzügen und niedrigen Bergen geprägt ist. Tier- und Pflanzenwelt sind ungewöhnlich vielfältig – vom Nashorn bis zum Schneeleopard findet sich alles innerhalb der Landesgrenzen, und die Botaniker haben mehr als fünfeinhalbtausend verschiedene Pflanzen identifiziert, darunter über vierhundert verschiedene Orchideen- und sechsundvierzig Rhododendronarten. Die Grenze zum tibetischen Plateau im Norden dominieren die großen Himalaya-Berge mit ihren eisbedeckten Gipfeln. Bhutans höchster Berg, der Ganghar Puensum, ragt siebentausendfünfhundertsiebzig Meter über dem Meeresspiegel auf und ist der höchste Berg der Welt, der noch nie bestiegen wurde – in Bhutan ist es verboten, Berge über sechstausend Meter Höhe zu besteigen, um die Götter und Geister nicht zu stören, die in dieser Höhe wohnen.

Die Stewardessen teilten Snacks und die aktuelle Ausgabe des *Kuensel* aus, Bhutans ältester und bis vor Kurzem einziger Zeitung. Auf der Titelseite war ein großes Foto des Königs abgedruckt, der von Soldaten der königlich bhutanischen Armee umringt war. Die Zeitung erinnerte daran, dass Seine Majestät Druk Gyalpo Jigme Khesar Namgyel Wangchuck, populär der Volkskönig genannt, vor genau elf Jahren gekrönt worden war. Die Zeitung nutzte das Ereignis, um im Leitartikel Teile seiner damaligen Krönungsrede nachzudrucken.

»In meiner Regierungszeit will ich niemals wie ein König über euch herrschen. Ich will euch beschützen wie ein Vater, fürsorglich sein wie ein Bruder und euch dienen wie ein Sohn. Ich will euch alles geben und nichts für mich behalten ...«

Druk Gyalpo bedeutet »Drachenkönig«, und Jigme Khesar Namgyel Wangchuck ist der fünfte Drachenkönig der Dynastie Wangchuck, die 1907 an die Macht kam.

Wenig ist über Bhutans frühe Geschichte bekannt, denn fast alle Staatsarchive wurden bei einem Brand Anfang des 19. Jahrhunderts vernichtet. Man weiß, dass Bhutan um 1630 von dem tibetischen Heerführer Ngawang Namgyal, der häufig nur »der Vereiniger« genannt wird, zu einem Königreich zusammengeführt wurde. Nachdem er in seiner Heimat Probleme bekam, ließ er sich im westlichen Bhutan nieder und sicherte sich rasch die Kontrolle über die wichtigsten und bevölkerungsreichsten Täler. Viele der *Dzongs*, die über ganz Bhutan verstreut liegen – ein Dzong ist eine Art Kombination aus Festung, Administrationsgebäude und Kloster –, stammen aus dieser Zeit. Ngawang Namgyal starb 1652, aber um einen Rückfall in die gesetzlosen Zustände zu verhindern, die vor der Vereinigung geherrscht hatten, verständigten sich die einheimischen Gouverneure darauf, den Todesfall geheim zu halten. Dies gelang tatsächlich vierundfünfzig Jahre lang.

Das 18. und 19. Jahrhundert war geprägt von Grenzstreitigkeiten und internen Machtkämpfen. 1865, nach einigen Monaten Krieg gegen die Briten, musste Bhutan einen Teil seines Territoriums im Süden abgeben. Während der anschließenden internen Machtkämpfe und Bürgerkriege setzte sich Ugyen Wangchuck durch, der Gouverneur von Trongsa in Zentral-Bhutan. 1907 wurde er von den führenden Lamas und den übrigen Gouverneuren einstimmig zum Erbkönig gewählt. Ugyen Wangchuck arbeitete eng mit den Briten zusammen und unterschrieb 1910 ein Traktat, das ihnen die Kontrolle über Bhutans Außenpolitik überließ. Als Gegenleistung sollte Bhutan von den Briten militärischen Schutz erhalten. 1949 übernahm Indien formal die Rolle der Briten. Sollte eine fremde Macht Bhutan angreifen, würde es als ein Angriff auf Indien angesehen. Im Gegensatz zu Sikkim hat Bhutan es aber geschafft, eine gute und fruchtbare Zusammenarbeit mit Indien aufrechtzuerhalten, ohne die eigene Unabhängigkeit aufzugeben. 1971 wurde das Land Mitglied der Vereinten Nationen.

Bhutan ist in vieler Hinsicht eine Ausnahme, beinahe ein Anachronismus. Trotz der engen Zusammenarbeit mit Großbritannien und später mit Indien ist das Land nie eine Kolonie gewesen, heute ist es das einzige verbliebene Königreich im Himalaya. Unter den ersten beiden Wangchuck-Königen war Bhutan eine absolute Monarchie und nahezu vollständig isoliert vom Rest der Welt. Rund neunzig Prozent der Bevölkerung waren Bauern, viele Mönche lebten in den zahlreichen Klöstern, die erhebliche Macht und Einfluss besaßen. Die Volksgesundheit war generell schlecht, es gab weder Schulen noch Krankenhäuser, ebenso wenig Gerichte oder irgendeine Form von Grundgesetz. Die Schriftsprache war klassisch tibetisch, doch nur die Mönche konnten lesen und schreiben, der Rest der Bevölkerung bestand überwiegend aus Analphabeten. Es gab auch keine Geldwirtschaft, jeglicher Warenverkehr basierte auf Tauschhandel.

Der dritte Drachenkönig, Jigme Dorji Wangchuck, war erst zweiundzwanzig Jahre alt, als er 1952 den Thron bestieg. Er hatte eine britische Schule in Indien besucht, mehrere europäische Länder bereist und war fest entschlossen, Bhutan zu modernisieren. Der junge König musste in vieler Hinsicht ganz von vorn anfangen, aber mit der Unterstützung der indischen Regierung, die froh war, einen Alliierten an der Grenze zu China zu haben, ließ er Schulen, Krankenhäuser und Straßen bauen. Er sorgte auch für die Einrichtung der ersten Nationalversammlung des Landes, ein erster Schritt gegen die uneingeschränkte Königsmacht, und er schaffte die in ganz Bhutan verbreitete Sklaverei ab. 1968 öffnete die erste Bank des Landes, sechs Jahre später wurde Bhutans eigene Valuta, der Ngultrum, in Umlauf gebracht. Ein Ngultrum entspricht einer Rupie – ein deutlicher Indikator der engen wirtschaftlichen Zusammenarbeit zwischen Indien und Bhutan. Rupien sind im Übrigen ein gültiges Zahlungsmittel in Bhutan, und Indien ist noch immer Bhutans absolut wichtigster Handelspartner: Beinahe achtzig Prozent des Außenhandels findet mit dem großen Bruder im Süden statt.

1972 starb König Jigme Dorji Wangchuck in einem britischen Krankenhaus in Nairobi, nachdem er viele Jahre an Herzproblemen gelitten hatte. Er wurde lediglich dreiundvierzig Jahre alt. Sein ältester Sohn, Jigme Singye Wangchuck, wurde zwei Jahre später im Alter von nur achtzehn Jahren zum König gekrönt. 1979 heiratete der vierte König vier Schwestern in einer privaten Zeremonie, so wie es ihm die Astrologen geraten hatten – insgesamt schenkten ihm seine Ehefrauen zehn Kinder.

Jigme Singye Wangchuck setzte die Arbeit seines Vaters, die Modernisierung und Demokratisierung des Landes, fort. Im Gegensatz zu vielen anderen asiatischen Ländern vollzog sich die Modernisierung von Bhutan aber langsam und kontrolliert. Man versuchte, das Bedürfnis nach Fortschritt und Veränderung mit dem Erhalt der bhutanischen Kultur in Einklang zu bringen. So wurden zum Beispiel erst 1999 Fernsehen und Internet im Land eingeführt, außerdem gibt es weiterhin strenge Vorschriften und Restriktionen, welche architektonischen Stilarten zugelassen sind. Für Ausländer ist es schwer, die bhutanische Staatsbürgerschaft zu bekommen – man muss mindestens fünfzehn Jahre im Land gelebt haben, Dzongkha mündlich und schriftlich beherrschen und gute Kenntnisse der Geschichte und Kultur Bhutans nachweisen. Damit ein

Kind automatisch die bhutanische Staatsbürgerschaft erhält, müssen beide Eltern Staatsbürger Bhutans sein.

Diese protektionistische Kulturpolitik ging wesentlich zulasten der nepalisprechenden Bevölkerung im südlichen Bhutan. Die Einwohner des Landes lassen sich in drei Hauptgruppen einteilen: Sharchop, Ngalop und Nepali. Die Sharchops sind ein indomongolisches Volk, das vor rund dreitausend Jahren aus den umliegenden Regionen in Indien und Myanmar nach Bhutan migrierte und heute hauptsächlich im östlichen Bhutan lebt. Die Ngalops leben überwiegend im westlichen Bhutan und sind im 9. Jahrhundert aus Tibet eingewandert – in Sikkim wird diese Volksgruppe Bhutia genannt. Ngalop und Sharchop, die überwiegend Buddhisten sind, stellen zusammen ungefähr die Hälfte der Bevölkerung Bhutans und dominieren Politik und Kultur. Rund ein Drittel der Einwohner sind jedoch Hindus und sprechen Nepali als Muttersprache. Sie werden als Lhotshampa bezeichnet, das auf Dzongkha »Volk aus dem Süden« bedeutet.

In Sikkim wurde die tibetisch-buddhistische Bevölkerung von den hinduistischen Nepali verdrängt, was in letzter Instanz dazu führte, dass das kleine Königreich von Indien geschluckt wurde. Vermutlich fürchteten die Verantwortlichen in Bhutan, dass ihnen etwas Ähnliches passieren könnte, als in den 1980er Jahren die »Eine Nation, ein Volk«-Politik eingeführt wurde. Nepali wurde in den öffentlichen Schulen als Unterrichtssprache abgeschafft, sämtliche Einwohner des Landes wurden verpflichtet, sich täglich in den Nationaltrachten Gho und Kira zu kleiden. Viele Lhotshampa hatten seit Generationen in Bhutan gelebt, aber nicht alle hatten Papiere, die dies bewiesen. Familien, die ihr formales Eigentumsrecht auf den Boden, auf dem sie lebten, nicht nachweisen konnten oder beweisen, dass sie seit den fünfziger Jahren Steuern bezahlt hatten, wurde die Staatsbürgerschaft verweigert. Zu Beginn der 1990er Jahre wurden über hunderttausend nepalisprechende Bhutanesen aus Bhutan vertrieben und endeten in Flüchtlingslagern im östlichen Nepal. Da Nepal keine Staatsbürgerschaft an Flüchtlinge erteilt, waren sie damit de facto staatenlos. Heute ist der größte Teil in Drittländern untergekommen, hauptsächlich in den USA, aber noch immer leben rund siebentausend bhutanische Flüchtlinge in nepalesischen Flüchtlingslagern.

Nach zweiunddreißig Jahren an der Macht trat Jigme Singye Wangchuck 2006 zurück und überließ den Thron seinem ältesten Sohn, dem sechsundzwanzigjährigen Jigme Khesar Namgyel Wangchuck. Er übertrug aber nicht nur die Verantwortung auf seinen Sohn, er nahm ihm gleichzeitig auch viel von seiner Macht. Der abdankende König hatte beschlossen, das Land von einer absoluten Monarchie in eine konstitutionelle Monarchie umzuwandeln. Silvester 2007 wurde die erste Wahl in der Geschichte Bhutans abgehalten, das Land bekam seine erste demokratische Regierung. Seither sind zwei weitere Wahlen abgehalten worden, bei denen die jeweils amtierende Regierung abgewählt wurde.

»Das besondere Band zwischen dem Monarchen und dem Volk ist stärker als je zuvor«, fuhr der Autor des Leitartikels in *Kuensel* enthusiastisch fort. »Wir sind glücklich, unseren Volkskönig zu haben, der uns leitet, inspiriert und dient. Der einzigartige Frieden, die Harmonie und der Fortschritt der letzten zehn Jahre können dem unbeirrten Entschluss Seiner Majestät zugeschrieben werden, seinem Volk zu dienen. Im Laufe des letzten Jahrzehnts hat Seine Majestät die Nation mit sicherer Hand und Talent gesteuert, nachdem der Demokratisierungsprozess zum Teil zu außergewöhnlichen Ereignissen geführt hat – zu Änderungen in der Politik, der Wirtschaft und dem bhutanischen Verhalten. Mit einem weichen Übergang zu einer demokratischen, konstitutionellen Staatsform und drei gelungenen Wahlen ist die Demokratie dabei, sich zu festigen, die Zukunft erscheint vielversprechend. An diesem glückbringenden Krönungstag betet die Nation um Gesundheit und ein langes Leben für Seine Majestät. Möge Drukyul weiterhin Frieden und Ruhe, Sicherheit und Selbstständigkeit, Glück und Wohlstand bis in alle Ewigkeit genießen.«

Zwischen all dem Grün, das ich unter uns sah, entdeckte ich tief unten eine gigantische vergoldete Buddha-Statue. Der Pilot drosselte die Geschwindigkeit und begann den Sinkflug. Wir mussten uns anschnallen und die Rückenlehnen senkrecht stellen. Die Start- und Landebahn von Paro ist umgeben von hohen Bergen und gilt als technisch so herausfordernd, dass nur siebzehn Piloten die Erlaubnis haben, dort zu landen. Ich blickte kurz auf einen länglichen Streifen, dann legte sich das Flugzeug auf die Seite, und ich sah nichts als Himmel und Berggipfel. Sekunden später setzten die Räder auf.

Eine Reise nach Bhutan ist nicht komplett ohne einen Besuch des **Tigernests** (3120 Meter über N.N.), des Klosters, das sich an einen Berghang hoch über Paro klammert. Dechen, mein weiblicher Guide, die mich an der indischen Grenze abgeholt hatte, begleitete mich auf dem steilen, sandigen Pfad bergauf. Der Besuch im Tempel hatte geholfen, ihre Tochter war wieder heiter und fröhlich.

Der Aufstieg zum Kloster dauerte anderthalb Stunden. Auf dem Weg kamen wir an unzähligen im Wind flatternden Gebetsfahnen vorbei, die von immergrünen Pinien umgeben waren.

»Wie oft sind Sie diesen Berg schon hinaufgestiegen?«, fragte ich außer Atem.

»Hunderte Male!«, strahlte Dechen. »Aber es ist jedes Mal wieder magisch.« Sie schien es ernst zu meinen.

Erst als wir auf Höhe des Klosters waren, sahen wir es richtig, und es war tatsächlich ein magischer Anblick: Die weißen, roten und goldfarbenen Gebäude wuchsen aus der steilen Felswand heraus, dass es beinahe so aussah, als würden sie schweben. Der Legende nach wurde das Kloster auf dem Rücken von Dakinis, heiligen Göttinnen, auf den Berg getragen und mit ihren Haaren an den Felsen befestigt.

»Im 8. Jahrhundert kam Padmasambhava aus Tibet auf dem Rücken einer Tigerin hierhergeflogen«, erzählte Dechen. »Er meditierte drei Jahre, drei Monate, drei Wochen und drei Tage in einer Berghöhle, und es gelang ihm, alle bösen Kräfte zu zähmen, die den Buddhismus daran hinderten, sich im Himalaya zu verbreiten. Gut tausend Jahre später, 1692, wurde das Kloster an der Höhle gebaut, in der er meditiert hat.«

Der pakistanische Archäologe aus dem Swat-Tal hatte recht behalten. Auf Padmasambhava, auch bekannt als Guru Rinpoche, stieß ich überall im buddhistischen Himalaya. In Bhutan wird der tantrische Meister besonders verehrt: Padmasambhava ist Bhutans geistiger Vater, das bedeutendste göttliche Wesen und die eindeutig wichtigste historische Figur.

Die Geschichte von Padmasambhavas Leben und Wirken ist so verwoben mit fantastischen Legenden, dass es heute schwierig ist, den Mann von seinem Mythos zu trennen. Der Meister soll im Königreich Oddiyana, dem heutigen Swat-Tal, auf einer Lotosblume geboren worden und als Pflegesohn von König Indrabhuti, der keine eigenen Kinder hatte, aufgewachsen sein. Als Jugendlicher verließ er das Königreich und wanderte als Asket in Indien umher; dort experimentierte er mit verschiedenen tantrischen Richtungen und schwarzer Magie, studierte unterschiedliche Wissenschaften und ging bei mehreren Gurus in die Lehre. Sehr bald schon stellte sich heraus, dass er über besondere Fähigkeiten verfügte; es gelang ihm, furchterregende Dämonen zu bezwingen und zu zähmen, an denen andere Meister gescheitert waren. König Trisong Detsen hörte in Tibet von Padmasambhavas Meriten und lud ihn ein, an die Nordseite des Himalaya zu kommen. Der König hoffte, der mächtige Meister würde es schaffen, die Geister und Dämonen zu bezwingen, die verhinderten, dass in Tibet buddhistische Klöster errichtet wurden. Jedes Mal, wenn der König versucht hatte, ein Kloster bauen zu lassen, brannte es nieder oder wurde auf andere Weise zerstört. Padmasambhava hatte auch hier Erfolg, wo andere versagt hatten, er bezwang die lästigen Dämonen. Im Jahr 779 konnte das Samye-Kloster, Tibets allererstes buddhistisches Kloster, endlich eingeweiht werden.

Padmasambhava gilt als Begründer der Nyingma-Schule, der ältesten der vier Schulen innerhalb des tantrischen Buddhismus, aber unabhängig davon, welcher Richtung sie anhängen, gilt Padmasambhava bei den Buddhisten in ganz Bhutan als wichtigster geistiger Lehrmeister und Ratgeber. Sie betrachten ihn als Reinkarnation von Buddha, daher wird er häufig auch »der andere Buddha«

genannt. Padmasambhava soll in sämtlichen Ecken Bhutans gewesen sein und hat überall im Land seine Spuren hinterlassen: mystische Fußabdrücke in Steinen, Tänze und Mantras, die er lehrte, Höhlen, in denen er meditierte, Tempel, die er errichtete oder die ihm zu Ehren errichtet wurden. Von allen Tempeln ihm zu Ehren ist Paro Taktsang, das Tigernest, der bekannteste, er gilt als eine der heiligsten Pilgerstätten im ganzen Himalaya.

Eine lange, steile Treppe führte hoch zum eigentlichen Kloster. Wir zogen die Schuhe aus und betraten das Heiligtum. Dechen blieb vor einem großen Stein stehen, der schräg an der rotgestrichenen Klostermauer lehnte.

»Schließen Sie die Augen und treten Sie mit ausgestreckten Daumen vor«, forderte sie mich auf. »Wenn Sie den schwarzen Punkt auf dem Stein treffen, haben Sie ein gutes Karma und sind Ihren Eltern nahe.«

Ich traf mit ziemlichem Abstand daneben.

Vor der Höhle, in der Padmasambhava über drei Jahre meditiert hatte, verbeugte sich Dechen drei Mal, wobei sie konzentriert Mantras murmelte. Die eigentliche Höhle ist nur an einem Tag des Jahres geöffnet. Neben dem Altar lagen drei Würfel.

»Heben Sie sie an die Stirn, wünschen Sie sich etwas und würfeln Sie«, forderte Dechen mich auf. Ich tat es und würfelte vierzehn Augen. Wir wussten beide nicht, ob das gut oder schlecht war, aber wir hofften das Beste und gingen zum nächsten Tempel, der einer enormen vergoldeten Statue von Padmasambhava geweiht war. Der Meister ist in der Regel leicht erkennbar an seinem dünnen Bart – es sei denn er tritt in einer seiner acht übrigen Erscheinungsformen auf. Sechs Mal warf sich Dechen mit über dem Kopf zusammengepressten Händen flach auf den Boden, zuerst in Richtung des leeren Thronsessels des Lamas, dann wandte sie sich Padmasambhava zu, wobei sie die ganze Zeit Mantras aufsagte.

Halb verborgen saß ein Mönch hinter einem Vorhang und spielte mit seinem Mobiltelefon. Dechen ergriff die Chance.

»Sie hat die drei Würfel geworfen und vierzehn Augen erzielt. Ist das eine gute Zahl?«

»Die Zahl ist ganz in Ordnung, aber zehn oder elf wäre noch besser gewesen«, antwortete der Mönch. »Versuchen Sie es noch einmal! Jeder hat drei Versuche.«

»Und wenn ich nun beim nächsten Mal eine schlechtere Zahl würfele?«, wandte ich ein.

»Das macht nichts«, beruhigte mich der Mönch. »Die beste Zahl gilt.«

Die verschiedenen Kapellen waren durch breite, steile Treppen getrennt, die durch einfache Blechdächer geschützt waren. Das Kloster war in Wahrheit ein Labyrinth, und jede Treppe führte zu einem neuen Altar, auf dem Hunderte von Butterlampen flackernde Schatten schufen. Aus einem schmalen Spalt im Felsen führte eine wacklige, steile Leiter in eine enge, niedrige Höhle. Wir stiegen hinab und schlängelten uns durch die Höhle, bis wir auf ein schmales Plateau ins Freie kamen. Von dort blickten wir bis zum Tempel, der über unseren Köpfen schwebte, und konnten zudem die senkrechte Felswand hinuntersehen. Eine schwarze Katze strich um eine Ecke und verschwand.

Das Kloster wurde 1692 gebaut, aber die Tempel, die wir besuchten, und die Statuen, die wir bewunderten, waren nagelneu. 1998 brannte der größte Teil des Klosters nieder, nur der Haupttempel, direkt neben der Höhle, in der Padmasambhava meditierte, wurde verschont. Der Brand könnte durch eine Butterlampe oder ein Problem mit der elektrischen Anlage verursacht worden sein, niemand weiß es genau. 2005 wurde das wiederaufgebaute Kloster vom vierten König eingeweiht.

Bevor wir uns die Schuhe anzogen und den Rückweg antraten, gingen wir noch einmal zu Padmasambhavas Meditationshöhle. Ich hielt die Würfel gegen die Stirn, wünschte mir dasselbe wie beim ersten Mal und warf.

Diesmal hatte ich eine Zehn.

Am Abend gingen wir in **Paro** (2559 Meter über N.N.) in ein Drayang, eine Art bhutanische Tanzbar. Sie lag in einem Keller, die Klientel bestand überwiegend aus jungen Männern in Lederjacken und

Jeans. Auf der Bühne stand eine junge Frau in der traditionellen Kira. Sie bewegte die Arme im Takt der Musik, während sie lächelnd auf der Bühne auf und ab ging. Die Musik war laut, vertraut und gleichzeitig auch fremd; moderne, durchdigitalisierte Popmusik klingt auf der ganzen Welt ziemlich gleich, auch wenn sie auf Dzongkha vorgetragen wird. Dechen und ich fanden ein freies Sofa und bestellten zwei Bier.

»Drayangs wurden vom vierten König eingeführt, damit Mädchen, die sonst nirgendwo Arbeit finden, Geld verdienen können.« Dechen schrie, um die Musik zu übertönen. Kurz darauf kam ein junges Mädchen in einer grünen Kira zu uns und fragte, ob wir einen Musikwunsch hätten.

»Tanz für Erika und Dechen!«, sagte Dechen und gab dem Mädchen hundert Ngultrum, etwas mehr als einen Euro. Das Mädchen schrieb unsere Namen auf einen Notizblock. Eine andere junge Frau war auf die Bühne gegangen und tanzte ebenso unschuldig und zurückhaltend wie das erste Mädchen. Mir gelang es nicht, die Lieder zu unterscheiden, sie klangen alle gleich. Als der Beifall verklungen war, war das Mädchen in der grünen Kira an der Reihe. Sie betrat die Bühne, teilte mit, dass das nächste Lied Erika und Dechen gewidmet sei, und begann auf und ab zu gehen und ihre Arme zu bewegen.

Alle Tänzerinnen waren jung und süß und glichen einander bis zur Verwechslung, nur eine unterschied sich deutlich von den anderen. Sie hatte langes, glattes Haar und regelmäßige, puppenhafte Züge. Die Lippen waren voll, aber im Gegensatz zu den anderen Mädchen war sie so gut wie nicht geschminkt. Wie alle anderen trug sie die traditionelle Kira, aber ihre Jacke bestand aus einem durchsichtigen Material, sodass man ihr Unterhemd sehen konnte.

Sie hieß Dechen, genau wie mein Guide, und lud uns für den kommenden Tag zu sich nach Hause ein.

Dechen wohnte am Rande des Zentrums in einem großen Haus, das sie allein gemietet hatte. Obwohl ihr viele Räume zur Verfügung standen, nutzte sie nur einen einzigen. Dort hatte sie alles, was sie brauchte: eine Matratze zum Schlafen, einen kleinen Fernseher, Wasserkocher, Tassen und Becher, Kleider, Ofen, ein pelziges Katzenjunges und eine Menge gerahmter Fotos von sich selbst. Im Flur hing neben einem buddhistischen Altar ein großes Foto des fünften Königs.

Wir nahmen auf dem Boden Platz, und Dechen servierte uns Kaffee, den sie gekocht hatte, bevor wir kamen. Sie trug eine Jogginghose und ein gelbes T-Shirt, auf dem *Good things take time* stand. Das schulterlange Haar hing offen herab. Sie war achtundzwanzig Jahre alt, sah aber zehn Jahre jünger aus.

»Ich habe sechs Geschwister, aber mein kleiner Bruder ist als Einziger von uns zur Schule gegangen«, erzählte Dechen auf Dzongkha. Sie sprach kein Englisch, daher musste Dechen Nr. 1 dolmetschen. »Meine Eltern konnten es sich nicht leisten, den Rest von uns zur Schule gehen zu lassen. Mit fünfzehn ging ich zum Unterricht für Erwachsene und lernte das Alphabet, mehr habe ich aber nicht geschafft. Meine Mutter war erst zwölf oder dreizehn, als sie mit meinem Vater verheiratet wurde, der beim Militär arbeitete. Als er pensioniert wurde, sind wir in eine kleine Hütte gezogen, die uns das Militär zur Verfügung gestellt hat.«

Sie sprach leise, flüsterte fast und lächelte die ganze Zeit, obwohl die Geschichte, die sie erzählte, überhaupt nicht komisch war.

»Meine Eltern haben mir nie etwas über ihre Kindheit erzählt, aber ich glaube nicht, dass sie eine schöne Kindheit hatten. Ich erinnere mich auch nicht mehr an sehr viel aus meiner eigenen Kindheit. Wir Geschwister hielten zusammen, aber unsere Wohnung fühlte sich nie wie unser Zuhause an. Meine Eltern stritten sich ständig, und sie tranken. Wir hatten nur zwei Zimmer. Meine Eltern schliefen im Altarraum, wir Kinder in dem anderen Zimmer. Manchmal bekamen wir gutes Essen, dann wieder nichts. Wenn mein Vater betrunken war, schlug er uns.«

»Haben Sie auch gute Erinnerungen an Ihre Kindheit?«, fragte ich.

Dechen dachte lange nach.

»Ich habe mit meinen Freundinnen gespielt. Das sind gute Erinnerungen. Aber sonst erinnere ich mich an nicht viel mehr. Als ich neun Jahre alt war, wurde ich nach Thimphu geschickt. Meine Eltern konnten es sich nicht leisten, mich zu Hause zu behalten und schickten mich fort zu anderen Leuten.«

»Zu Verwandten?«, vermutete ich.

»Nein, zu fremden Familien, für die ich als Kindermädchen arbeiten sollte. Ich hatte aber nicht nur auf die Kinder aufzupassen, ich musste auch abwaschen, die Tiere hüten und andere einfache Aufgaben übernehmen. Sechs Jahre habe ich bei verschiedenen Familien gelebt. Ich habe bei so vielen gewohnt, dass ich sie in meiner Erinnerung nicht mehr auseinanderhalten kann. Wenn ich etwas Falsches tat, wurde ich geschlagen, daher bin ich jedes Mal zu meinen Eltern geflohen, wenn ich eine Tasse kaputtgemacht oder nicht verhindert hatte, dass die Tiere auf das Land der Nachbarn liefen. In einer der Familien versuchte der Vater mich anzufassen, als seine Frau nicht da war. Ich schrie so laut, dass er es mit der Angst zu tun bekam, aber ich konnte mich ja nicht beschweren, also hörte ich dort auf. Für die Arbeit sollte ich fünfhundert Ngultrum pro Monat bekommen, aber ich habe das Geld nie gesehen. Es wurde als Schulgeld für meinen Bruder gebraucht.«

Im Alter von fünfzehn Jahren zog Dechen zurück zu ihren Eltern und ging auf eine Schule für Erwachsene. Dort lernte sie einen sieben Jahre älteren Mann kennen und verliebte sich.

»Ich dachte, es sei besser, ihn zu heiraten, als zu Hause zu wohnen«, sagte sie leise. »Vielleicht könnte ich mit ihm ein besseres Leben führen? So dachte ich. Wir zogen zusammen, und ich wurde beinahe sofort schwanger. Als ich im fünften Monat war, sagte er, er wolle nach Thimphu fahren und versuchen, dort Arbeit zu finden. Er kam nie wieder zurück, und schließlich brach ich auf, um ihn zu suchen. So habe ich herausgefunden, dass er in Thimphu bereits eine Frau hatte.«

»Was haben Sie getan?«, fragte Dechen, die über das Schicksal ihrer Namensvetterin empört war.

»Nichts«, flüsterte Dechen und zuckte die Achseln. »Ich hatte keine Familie, die mich unterstützte, ich war allein. Ich war auf mich selbst wütend und meinte, vermutlich hätte ich es verdient, es sei mein Karma. Wenn er in Thimphu glücklich war, dann war es gut für ihn, es war am besten, wenn er sein Leben in Ruhe und Frieden fortsetzen konnte. So dachte ich. Aber ich selbst war in einer schwierigen Situation. Als ich bemerkte, dass ich schwanger war, schlug mein Vater vor, ich solle nach Indien gehen, um das Kind abtreiben zu lassen, aber das habe ich nicht gewollt.«

Dechen hatte keine andere Wahl, als zurück zu ihren Eltern zu ziehen, zu denen sie weiterhin ein schlechtes Verhältnis hatte.

»Als das Kind zur Welt kam, wurde die Situation noch schwieriger«, erzählte sie. »Ich konnte nicht arbeiten, denn ich konnte ja das Baby nicht allein lassen, und häufig hatten wir auch nicht genug zu essen. Meine Geschwister waren ausgezogen, ich war allein mit meinen Eltern und dem Kleinen. Nach einem Jahr fing ich an, in der Stadt Gemüse zu verkaufen, das wir auf unserem kleinen Ackerstück zogen. Für das Geld, das ich verdiente, konnte ich schließlich einen kleinen Unterschlupf mieten, der nur achthundert im Monat kostete. Aber nach einem Jahr in der Hauptstadt, in dem ich mich vom Verkauf des Gemüses ernährt hatte, bat mich meine Mutter, nach Hause zu kommen. Also zog ich wieder heim.«

»Was?« Dechen, mein Guide, war entrüstet. »Wieso sind Sie zurück zu Ihren Eltern gezogen, wenn Sie doch gut allein zurechtkamen?«

»Weil meine Eltern mich darum gebeten haben«, erwiderte die andere Dechen ruhig. »Die Situation hatte sich etwas verbessert, denn mein Sohn war etwas älter geworden, und ich konnte wieder auf dem Feld arbeiten. Eines Tages hörte ich dann im Radio, dass es eine freie Stelle als Tänzerin in einem Drayang in Thimphu gab. Es lockte mich, aber ich wagte den Schritt nicht. Ein Jahr später, als die Situation zu Hause wieder unerträglich war, nahm ich meinen Mut zusammen und bewarb mich als Tänzerin im Kalapinka, dem berühmten Drayang in Thimphu. Ich arbeite jetzt seit zehn Jahren als Tänzerin. Ich tanze gern, mir geht es ziemlich gut mit dieser Arbeit.«

Sie goss uns Kaffee nach und blickte zu Boden, als sie weitererzählte.

»Es kommt natürlich vor, dass die Leute über uns reden, und wir müssen mit betrunkenen Männern umgehen, die uns hin und wieder um Dinge bitten. Aber was ich machen will, entscheide ich. Ich sage immer Nein. Obwohl ich keine Ausbildung habe, verdiene ich besser als viele, die mehrere Jahre auf die Universität gegangen sind, und ich arbeite jeden Abend nur vier, fünf Stunden.«

Da sie abends arbeitete, ging der jetzt zwölfjährige Sohn auf ein Internat. Dechen sah ihn nur an den Wochenenden. Ihr Vater, der inzwischen siebzig Jahre alt war, hatte aufgehört zu trinken, nachdem seine zweite Frau an Alkoholismus gestorben war. Der jüngere Bruder hatte die prestigeträchtige staatliche Universität abgeschlossen.

»Vor sieben Jahren habe ich einen Mann kennengelernt«, erzählte Dechen weiter. »Wir waren sechs Jahre zusammen, aber vor sieben Monaten hat er mich verlassen. Seine Eltern akzeptierten mich nicht als Schwiegertochter.«

»Sind Sie nicht wütend auf ihn?«, wollte Dechen Nr. 1 wissen, verärgert über all das, womit sich die junge Frau abgefunden hatte.

»Nein«, sagte Dechen Nr. 2 und lächelte schüchtern. »Ich mache mir selbst Vorwürfe. Das ist mein Schicksal, mein Karma. Das denke ich.«

»Haben Sie Pläne, in Ihrem Leben noch etwas anderes zu tun, als zu tanzen?«, erkundigte ich mich.

»Vielleicht eröffne ich eines Tages ein eigenes Geschäft, das ist ein Traum, den ich habe, aber vorläufig geht es mir als Tänzerin gut. Es ist wichtig, mit der Zeit ein gutes Verhältnis zu den Kunden aufzubauen, damit sie mit neuen Gesangswünschen zurückkommen, denn ich kann sechzig Prozent von dem, was ich für die Wünsche bekomme, behalten.«

»Ist es vorgekommen, dass Kunden sich in Sie verliebt haben?«, fragte ich.

»Das passiert ständig«, antwortete Dechen. »Aber ich glaube nicht, dass sie es ernst meinen. Es sind nur Worte. Ich habe das Vertrauen in Männer vollständig verloren.«

War Dechen glücklich? Ich habe nicht gefragt. Die Frage schien zu privat zu sein, beinahe unfein, und wie misst man eigentlich Glück?

Bhutan hat das Messen von Glück zu einer Wissenschaft und einer staatstragenden Philosophie entwickelt. 1972 erklärte Jigme Singye Wangchuck, der vierte König, der damals noch ein Teenager war, das Bruttonationalglück sei wichtiger als das Bruttonationalprodukt. Seither wurde diese Idee weiterentwickelt, und 2008, als Bhutan sein erstes Grundgesetz bekam, wurde es im Paragraf 9, Artikel 2 festgehalten: »Der Staat muss Bedingungen schaffen, die das Erreichen eines Bruttonationalglücks fördern.« Jedes neue Gesetz, das verabschiedet werden soll, muss vom Komitee für das Bruttonationalglück gutgeheißen werden, um zu gewährleisten, dass es mit dem Ziel übereinstimmt, dem Glück den Vorrang vor dem wirtschaftlichen Wachstum zu geben.

Aber wie misst man staatliches Glück?

»Das Bruttonationalglück ist etwas ganz anderes als Ihre Vorstellungen von Glück im Westen«, so Karma Wangdi, Wissenschaftler am Zentrum für Bhutan-Studien und Bruttonationalglück-Forschung in Thimphu. »Vereinfacht ausgedrückt, kann man sagen, wir legen Wert auf die Dinge, die eigentlich etwas für das Wohlbefinden und das Glücksgefühl des Menschen bedeuten. Wir haben das Bruttonationalglück in vier Hauptsäulen aufgeteilt: eine nachhaltige und gerechte sozialökonomische Entwicklung, gute Regierungs- und Verwaltungsstrukturen, Schutz der Umwelt sowie den Erhalt und die Förderung der Kultur. Das bedeutet nicht, dass wir uns nicht auch mit der wirtschaftlichen Entwicklung befassen, auch wenn dies für uns nicht entscheidend ist. Bhutans Wirtschaft ist tatsächlich eine der am schnellsten wachsenden Wirtschaften weltweit, mit einer Zuwachsrate von über sieben Prozent pro Jahr.«

»Das Bruttonationalprodukt ist relativ einfach zu messen, aber wie gehen Sie konkret vor, um das Bruttonationalglück zu messen?«

»Wir haben insgesamt neun verschiedene Bereiche, die wir messen«, antwortete Karma und zählte sie rasch auf: »Lebensstandard, Bildung, Gesundheit, Umwelt, Lebendigkeit der Gemeinschaft, Zeitnutzung, psychisches Wohlbefinden, gute Regierungsführung und kulturelle Widerstands- und Anpassungsfähigkeit. Um diese neun Domänen zu messen, haben wir hundertvierundzwanzig Variablen entwickelt, die in dreiunddreißig verschiedene Indikatoren integriert sind. Diese werden auf die neun verschiedenen Bereiche verteilt, und am Ende, wenn wir alle Variablen gemessen haben, erhalten wir eine Zahl als Indikator.«

»Hört sich kompliziert an«, bemerkte ich.

»Es ist detailliert, aber nicht kompliziert«, versicherte Karma. »Bei einer der Variablen geht es zum Beispiel um den Zugang zu sauberem Wasser. Wenn es um das psychische Wohlbefinden geht, haben wir eine Variable, die sich mit Konsequenzen des Karmas beschäftigt. Alles, was wir tun, hat Konsequenzen auch für die Menschen um uns herum, nicht wahr? Wir fragen, ob die Menschen Rücksicht darauf nehmen, wenn sie Entscheidungen treffen. Wir fragen auch nach Gefühlen. Insgesamt haben wir fünf positive Gefühle definiert, und wir fragen, ob die Menschen einige dieser Gefühle in den letzten dreißig Tagen erlebt haben. Der Umgang mit der Zeit ist ebenfalls wichtig, daher fragen wir, wofür die Menschen ihre Zeit nutzen. Wenn die Leute sehr viel arbeiten und die ganze Zeit gestresst sind, geht das zulasten der Lebensqualität. Unsere Definition von Glück ist sehr breit angelegt.«

»In den letzten Jahren wurde Bhutan im ökonomischen Sinne reicher, aber sind die Menschen auch glücklicher geworden?«

»Wir sehen eine Entwicklung auf Feldern wie Gesundheit und materiellem Wohlstand. Ärzte und Gesundheitsdienste sind gratis für alle, und in den letzten dreißig, vierzig Jahren haben wir es geschafft, die Lebenserwartung von rund fünfzig auf über siebzig Jahre zu erhöhen. Bei den weicheren Feldern sieht es schlechter aus. Das Gefühl des psychischen Wohlbefindens nimmt ab. Die lokalen Gemeinschaften spielen nicht mehr die gleiche Rolle wie früher, die Menschen interagieren weniger miteinander, vor allem in den Städten. Sie erleben stattdessen mehr Stress als früher. Es gibt einen großen Unterschied zwischen Stadt und Land und zwischen Männern und Frauen. Laut unseren Untersuchungen müssen Frauen doppelt so viel Zeit in die Hausarbeit investieren wie Männer. Ein anderes Problem ist die Arbeitslosigkeit. Sie beträgt insgesamt nur zwei Prozent, aber unter den Jugendlichen liegt sie bei ganzen acht Prozent. Das ist nicht unbedingt so, weil es keine Arbeitsplätze gibt, sondern weil viele der jungen Leute nun eine höhere Bildung haben und daher keine schwere körperliche Arbeit verrichten wollen. Obwohl die Jugendarbeitslosigkeit hoch ist, sind wir abhängig von Gastarbeitern aus Indien, um das wirtschaftliche Niveau zu halten.«

»In globalen Glücksuntersuchungen landen die Bhutanesen weit unten auf der Liste, hinter den meisten europäischen Ländern und hinter vielen asiatischen ebenfalls«, wandte ich ein.

Im jährlichen Glücksbericht der Vereinten Nationen des Jahres 2019 liegt Bhutan auf dem fünfundneunzigsten Platz – unter anderem hinter Pakistan auf dem fünfundsiebzigsten und China auf dem sechsundachtzigsten Platz.

»Nur rund neun Prozent der Bevölkerung in Bhutan gibt an, *nicht* glücklich zu sein«, erwiderte Karma. »Meiner Meinung nach ist das eine ziemlich niedrige Zahl.«

Als Jugendliche war Ngawang – sie hatte damals einen anderen Namen – zutiefst unglücklich. Mit einundzwanzig wurde sie ernsthaft psychisch krank. In ihren Träumen sah sie Orte, an denen sie nie gewesen war. Sie konnte nur noch an die Vergangenheit und an diese Orte denken, von denen sie nicht einmal wusste, wo sie in Wirklichkeit lagen. Sie fiel in Trance und war vollkommen abwesend, und hinterher wusste sie nicht, was mit ihr geschehen war. Die Leute lachten sie aus und meinten, sie solle sich nicht so anstellen. Ihre Familie war verzweifelt und brachte sie in verschiedene Krankenhäuser, aber keiner der Ärzte konnte ihr helfen. Schließlich brachte man sie zu einem Lama, der erklärte, sie sei eine wiedergeborene *Dakini*, eine Göttin. Der Lama gab ihr einen neuen Namen, Ngawang, und bat sie, ihren alten Namen zu vergessen. Von da an hörte die Familie auf, sie zu Ärzten zu bringen, und ging mit ihr stattdessen zu Lamas. Bhutans leitender Abt schenkte ihr ein Nonnengewand, obwohl sie nicht im Kloster, sondern zu Hause bei ihrer Familie wohnt. Ngawang lebt dennoch wie eine Nonne und will niemals heiraten. Stattdessen nutzt sie ihre gesamte Zeit, um anderen Menschen zu helfen, und die Menschen kommen aus dem ganzen Land, ja, aus der ganzen Welt, um ihr zu begegnen. Niemand lacht länger über sie, sie ist auch nicht länger unglücklich.

Auf dem Weg zum Fruchtbarkeitstempel, dessen Besuch mir alle männlichen Angestellten des Reisebüros wärmstens ans Herz gelegt hatten, hielten wir in dem Dorf, in dem Ngawang lebt. Ich hatte einen neuen Fahrer und einen neuen Guide, Rinchen, einen groß gewachsenen, leise sprechenden Burschen in den Dreißigern. Vor dem Haus informierte ein Schild auf Englisch, dass alle Besucher sich mit dem Rauch zu reinigen hatten, der aus einem großen Topf quoll, bevor sie eintraten. Der Fahrer lief die Treppe hinauf, ohne das Schild zu beachten, wir mussten ihn zurückrufen. Als wir alle ordentlich eingeräuchert waren, zogen wir die Schuhe aus und gingen hinauf zum Empfangszimmer, einem großen, beinahe nackten Altarraum. In einer Ecke standen ein Sofa und ein kleiner Tisch. Die Wände waren dekoriert mit Fotografien der königlichen Familie und Zeichnungen, die Buddha darstellten. Auf dem Boden standen zehn bis fünfzehn Plastiktüten voller Saft, Kekse, Milch und anderen Opfergaben sowie eine Schale mit Geldscheinen. Ein Schild informierte, dass es streng verboten war, elektronische Apparate wie Aufnahmegeräte oder Kameras zu benutzen.

Wir setzten uns auf den Boden und warteten auf das Erscheinen von Ngawang. Zehn, fünfzehn Minuten später kam sie durch die Tür gestürmt und nahm lächelnd auf dem Sofa Platz. Sie war in meinem Alter, klein und von zierlichem Körperbau, mit einem schiefen, seltsamen Lächeln. Wir blieben auf dem Boden sitzen, und Rinchen erklärte, dass ich keine konkreten Fragen hätte, sondern einfach wissen wollte, was sie zu sagen hatte. Ob sie etwas Besonderes sehen würde.

Ngawang blickte eine Weile schweigend in die Luft. Dann begann sie zu sprechen, mit einer psalmodierenden, dunklen und eindringlichen Stimme. Der Blick war fern, sie redete lange. Es war nicht länger sie, die sich äußerte, sondern die Dakini in ihr.

»Du hast jetzt eine Arbeit, überlegst aber, ob du die Arbeit wechseln und vielleicht woanders hinziehen sollst«, übersetzte Rinchen, obwohl Ngawang offensichtlich sehr viel mehr gesagt hatte. »Stimmt das?«

»Nein, eigentlich nicht«, sagte ich. »Ich bin zufrieden mit meiner Arbeit.«

Rinchen übersetzte meine Antwort und erklärte dem Orakel, ich sei Schriftstellerin und arbeite an einem Buch über den Himalaya. Ngawang begann wieder zu sprechen, monoton und eindringlich. Diesmal hatte sie mehr auf dem Herzen.

»Das Buch, das du schreibst, wird Zeit brauchen, aber du wirst weltberühmt werden«, übersetzte Rinchen. »Du musst die Geschichten der Vergangenheit sammeln. Nicht alle Geschichten, nicht alle Mythen, nur diejenigen, die dich interessieren. Wenn du das tust, wirst du in der ganzen Welt bekannt werden. Wenn du auch weiterhin das tust, was du jetzt machst, wenn du auch weiterhin Bücher schreibst, wirst du ein langes Leben haben. Man wird dir eine andere Arbeit anbieten, und wenn du sie annimmst, wird sie dir zu viel werden. Es wird zu viel Stress geben. Nimm die andere Arbeit nicht an, schreib weiter. Was macht dein Mann?«

»Er ist auch Schriftsteller.«

»Ihr werdet gemeinsam ein Buch schreiben«, orakelte Ngawang. »Er wird den größten Teil der Arbeit übernehmen, aber du wirst berühmt werden. Du wirst weitaus berühmter werden als dein Mann.«

Ich dankte für die Weissagung, die beste bisher, und legte einen Geldschein in die Spendenschale. Vielleicht gelten die gleichen

Regeln für Horoskope und Vorhersagen wie fürs Würfeln: Man hat drei Versuche, oder so viele, bis man mit dem Resultat zufrieden ist. Ngawang lächelte und sagte, sie würde beten, dass ich noch weltberühmter werde, als sie es vorhergesagt habe. Wir standen auf, um zu gehen, aber unser Fahrer blieb sitzen.

»Meine Frau hat im Mai ein Kind verloren«, sagte er. »Sie war bereits mehrere Monate schwanger. Sollen wir noch einmal versuchen, ein Kind zu bekommen, oder sollen wir es lassen?«

»Ihr müsst versuchen, noch ein Kind zu bekommen«, erklärte Ngawang. »Aber nur, wenn du den Fruchtbarkeitstempel in Punakha aufsuchst und dort betest. Tust du das, werdet ihr noch ein Kind bekommen.«

Wir dankten und verließen das Empfangszimmer. Ngawang blieb im Schneidersitz auf dem Sofa sitzen. Unten an der Treppe standen drei Frauen mit ihren Kindern im Arm und warteten darauf, dass sie an der Reihe waren. In der freien Hand hielten sie Plastiktüten voller Saft, Milch und Kekse.

Für den Rest des Tages war unser Fahrer ein einziges großes Lächeln.

Der Fruchtbarkeitstempel hieß eigentlich Chimi Lhakhang und wurde 1499 zu Ehren von Drukpa Künleg gebaut, besser bekannt als der Göttliche Wahnsinnige, der in Bhutan beinahe ebenso populär ist wie Padmasambhava. Er lebte von 1455 bis 1529 und stammte ursprünglich aus Tibet. Als sein Vater starb, entschloss er sich, Mönch zu werden, aber er hatte das rigide, langweilige Klosterleben schnell satt und wanderte als freier Bettler umher. Drukpa Künleg war belesen und selbst ein begabter Dichter, bekannt wurde er aber hauptsächlich wegen seiner tantrischen Methoden, die unter anderem darin bestanden, mit Frauen zu schlafen, obszöne Lieder zu singen und große Mengen Alkohol zu trinken – alles Katalysatoren, die den religiösen Erleuchtungsprozess beschleunigen sollten. Er soll auch auf berühmte Thangkas uriniert haben und sich vor Lamas nackt ausgezogen haben, um zu zeigen, dass man sich nicht scheinheilig aufführen muss, um ein guter Buddhist zu sein. Drukpa Künleg baute keine Tempel und begründete keine Schule, aber der Fruchtbarkeitstempel in **Punakha** (1242 Meter über N.N.) soll an der Stelle errichtet worden sein, an der er einen Dämon zähmte. Und das Kloster besitzt den großen Holzphallus, den er aus Tibet mitgebracht haben soll.

»Sehen Sie, wie der Berg aussieht, auf dem das Kloster liegt?«, fragte mich Rinchen und sah mich gespannt an. Ich schüttelte den Kopf. Alles was ich sah, war ein kleiner Berggipfel.

»Erkennen Sie es wirklich nicht?«, fragte er verwundert.

»Nein«, gab ich zu. »Wonach sieht es denn aus?«

»Eine Frauenbrust!«, antwortete Rinchen lachend.

Wir gingen hinauf zum Kloster, das wie eine steife Brustwarze auf dem Gipfel des Berges thronte. Ich schwitzte in der Nachmittagshitze. Die Hauswände, an denen wir vorbeikamen, waren verziert mit strotzenden Gliedern, die wollüstig ihren Samen über die Wände spritzten. Die Touristengeschäfte übertrafen sich in der Auswahl von Phalli in allen erdenklichen Farben und Größen.

Der Tempel war voller Menschen, allerdings waren es überwiegend westliche Paare weit über dem reproduktiven Alter.

»Sehen Sie«, sagte Rinchen und öffnete ein Fotoalbum, das auf einem Tisch lag. »Paare aus der ganzen Welt haben Kinder bekommen, nachdem sie hier waren!«

Das Album war voller Fotos von Babys und lächelnden Eltern.

Rinchen räusperte sich und sah mich unsicher an.

»Der Astrologe im Dorf hat betont, es sei sehr wichtig, dass Sie von einem Mönch gesegnet werden«, sagte er. Sangye musste es ihm erzählt haben. »Aber ich fürchte, das reicht nicht ...« Er räusperte sich erneut und zeigte auf einen großen, naturgetreuen Phallus aus Holz. Er war beinahe einen Meter groß. »Sie müssen auch drei Mal um den Tempel gehen und ihn dabei in den Händen tragen.«

»Sie machen Witze.« Ich sah ihn ungläubig an.

»Nein, selbstverständlich mache ich keine Witze«, erwiderte Rinchen ernst. »Aber ich habe Freunde, die nur gesegnet wurden und auch Kinder bekommen haben«, fügte er rasch hinzu.

Ich konnte mich nicht dazu überwinden, den Tempel drei Mal zu umrunden und dabei einen schweren Holzschwanz in den Händen zu halten. Schließlich hatte ich nicht den brennenden Wunsch, ein Kind zu bekommen, obwohl sämtliche männlichen Repräsentanten des Reisebüros anderer Meinung zu sein schienen, daher begnügte ich mich mit einer Segnung durch den jungen Mönch, der auf den Tempel aufpasste. Er hielt einen beträchtlich kleineren Doppelphallus in der Hand, den er an meine Stirn legte und dabei ein Mantra murmelte.

»Ich fürchte, es reicht nicht, nur gesegnet zu werden ...« Rinchen sah mich prüfend an.

»Nein, oder?« Ich fürchtete, er würde darauf bestehen, dass ich mit dem enormen Holzphallus den Tempel umrundete.

»Sie müssen sich hinsetzen und ordentlich über Ihren Wunsch meditieren.«

Gehorsam tat ich, was er sagte. Ich war froh, dass er den Holzphallus nicht noch einmal erwähnte. Als ich die Meditation beendet hatte, stand Rinchen mit drei Würfeln bereit.

»Werfen Sie«, forderte er mich auf. Ich würfelte dreizehn Augen. Rinchen strahlte vor Freude und Stolz.

»Dreizehn ist sehr gut!«, rief er. »Es ist die Zahl des Klosters!«

Der junge Mönch kam noch einmal mit einem Stapel Karten in der Hand zu uns. Ich sollte eine davon ziehen.

»Was steht da?«, fragte Rinchen gespannt.

»Kinley Wangchuk.«

Rinchen lächelte von einem Ohr zum anderen.

»Das bedeutet, Sie werden einen Sohn bekommen, und er soll Kinley Wangchuk heißen«, erklärte er. »Wangchuck ist der letzte Name des Königs. Das ist sehr, sehr gut!«

Ich ließ mir den Namen auf der Zunge zergehen. Kinley Wangchuk Fatland Hansen. Sicher war es ein wenig gewöhnungsbedürftig, aber mit Namen wird ja bekanntlich niemand verwöhnt.

CHINA

Tibet

Himalaya

BHUTAN

■ Thimphu

● Tawang

West-
bengalen

Brahmaputr

Guwahati ●

Assam

Meghalaya

BANGLADESCH

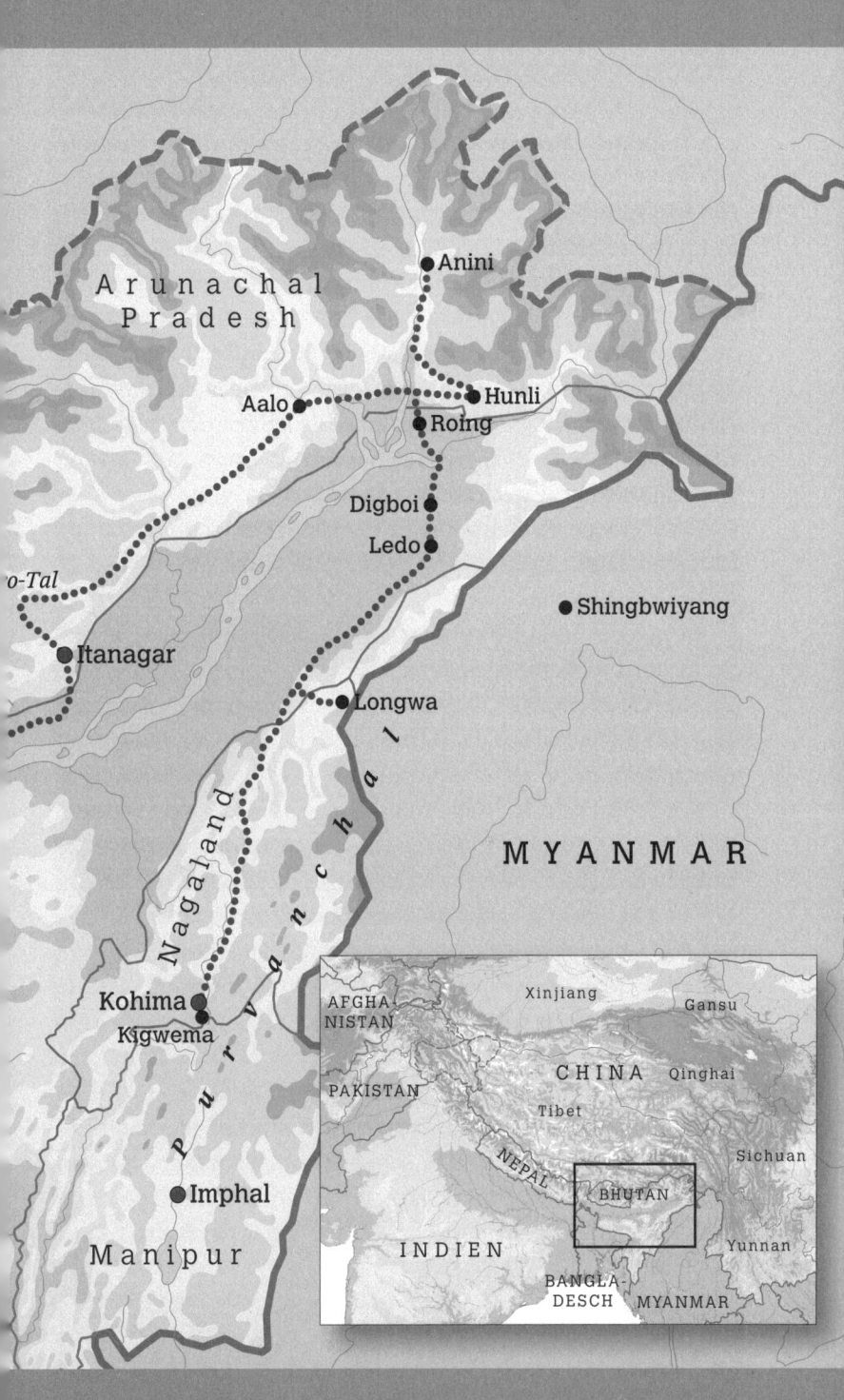

Indiens wilder Osten

Der Passkontrolleur jagte mich vom Schalter fort. Erst musste ich ein Einreiseformular ausfüllen, und das konnte ich nur an dem Tisch tun, der dem Ausfüllen von Einreiseformularen vorbehalten war.

Ich ging zu dem vorgeschriebenen Tisch und füllte den Zettel so schnell es ging aus, aber in der Zwischenzeit stand bereits die Hälfte der Flugzeugpassagiere in der Schlange vor mir, und weitere drängelte sich vorbei. Als sich niemand mehr sonst in der Passkontrollhalle befand, war ich endlich dran.

»Dort stehen bleiben!«, blaffte der Grenzbürokrat ungeduldig, »Daumen dahin ... Mittelfinger dahin ...« Er seufzte schwer. »Nicht dahin, *hierhin!*«

In weniger als einer Stunde hatte ich mich von einem der am wenigsten bevölkerten Länder der Erde wieder in das zweitgrößte Land der Welt begeben. Der Kulturschock war in dieser Richtung brutaler; ich vermisste die sanften und humorvollen Einwohner Bhutans bereits sehr.

Am Gepäckband herrschten chaotische Zustände. Die Hälfte der Koffer kam am Band 1 an, während die andere Hälfte am Band 2 ausgeteilt wurde, sodass die Passagiere panisch zwischen den beiden hin- und herliefen, um ihre Koffer zu finden.

»Das ist in Ihrem Land nicht so, oder?«, bemerkte ein mit Anzug bekleideter Reisender in den Dreißigern. Es schien, als hätte er meine Gedanken gelesen. »Die Infrastruktur ist unser größtes Problem hier in Indien.«

Ich bestellte ein vorab bezahltes Taxi und bekam einen Fahrer zugeteilt, der aussah, als wäre er gerade fünfzehn Jahre alt geworden. Der Junge ging mit energischen Schritten auf den Wagen zu, und ich musste mit dem Gepäckkarren mit ihm mithalten. Das Auto war glühend heiß, da es den ganzen Tag in der Sonne gestanden hatte.

»Könnten Sie bitte die Fenster herunterlassen?«, keuchte ich, bereits durchgeschwitzt.

Der Fahrer schüttelte entschieden den Kopf.

»Aber wenn Sie wollen, schalte ich die Klimaanlage ein«, lockte er. »Das kostet natürlich ein bisschen extra.«

Als wir uns dem Zentrum der Millionenstadt **Guwahati** (240 Meter über N.N.) näherten, kam der Verkehr gänzlich zum Erliegen. Die Fahrer hupten, als ginge es um ihr Leben. Die Luft war von Verunreinigungen grau, zur Straße hin klafften halb fertige Betonbauten mit rostigen Armiereisen wie Zahnstümpfen. Im Straßengraben fraßen magere Kühe und räudige Köter Plastik und verfaulte Essensreste. Schwer beladene Busse und Lastwagen scherten von der Fahrbahn aus, um sich an dem stillstehenden, lärmenden Verkehr vorbeizudrängen. An den Ampelkreuzungen mit dem höchsten Verkehrsaufkommen wurde der Verkehr wie in Bhutan von Polizisten geregelt, aber diese tanzten nicht, sondern marschierten mit Todesverachtung zwischen den Autos hin und her und kommandierten sie mit aggressiven Armbewegungen mal hierhin, mal dorthin.

Hatte ich all dies nicht registriert, bevor ich in das Land des Drachenkönigs reiste? Den ganzen Müll, die bis auf die Knochen abgemagerten Kühe, die räudigen Hunde, die schmutzigen, hungrigen Kinder, die zwischen den Autos umherliefen und für ein paar kleine Münzen die Frontscheiben putzten und Blumen verkauften?

Es ist schon eine Herausforderung, ein zufriedenstellendes Bild von einem kleinen Land wie Bhutan zu zeichnen; Indien auf eine einigermaßen adäquate Weise zu schildern, ist eine unmögliche Aufgabe. In Indien lebt über ein Sechstel der gesamten Weltbevölkerung – es leben in Indien mehr Menschen als in Europa und Nordamerika zusammen –, und in wenigen Jahren wird Indien China übertreffen und das bevölkerungsreichste Land der Erde sein. Indien ist so groß und widersprüchlich, dass man sofort mit dem Gegenteil argumentieren kann, wenn irgendeine Behauptung über das Land aufgestellt wird – und beide Thesen wären vermutlich gleichermaßen wahr, denn Indien ist nicht ein Land, sondern ein Universum, das über tausend verschiedene ethnische Gruppen, achtundzwanzig Bundesstaaten und dreiundzwanzig offizielle Sprachen umfasst.

Einer der am geringsten bevölkerten und unzugänglichsten Bundesstaaten ist Arunachal Pradesh, der in Indiens nordöstlichster Ecke, im Grenzland zwischen Bhutan, Tibet und Myanmar, den Bogen zum Himalaya-Gebirge schlägt. Direkt übersetzt bedeutet Arunachal Pradesh »Land der Morgenröte«. Der Bundesstaat ist ebenso groß wie Portugal, hat aber weniger als anderthalb Millionen Einwohner – allerdings verteilt auf sechsundzwanzig verschiedene ethnische Gruppen.

Ausländische Touristen, die Arunachal Pradesh besuchen wollen, brauchen ein *Protected Area Permit* und einen autorisierten Guide. Außerdem müssen Ausländer in Gruppen zu mindestens drei Personen reisen, aber dies ist in der Praxis nicht immer möglich und entspricht auch nicht unbedingt den Wünschen der Kunden. Die örtlichen Reisebüros heben daher Passkopien von früheren Klienten auf und benutzen sie als Listenfüller. In meiner Einreiseerlaubnis stand, ich würde mit Meena aus den USA und Martin aus Tschechien reisen, aber tatsächlich begleiteten mich lediglich Tasang, ein wortkarger Mann in den Dreißigern vom Volk der Apatani, und Danthi, ein großer, dünner Assamese. Tasang war mein Guide, Danthi mein Fahrer auf der Tour. Zusammen schlichen wir langsam durch Guwahatis chaotische Straßen auf die Autobahn. Dort löste sich mit einem Schlag der Stau auf, und wir sausten auf geraden, flachen Straßen in einem beinahe berauschend hohen Tempo davon.

Gegen Abend erreichten wir die Grenze von Assam zu Arunachal Pradesh, und Tasang und Danthi kümmerten sich um die Papiere. Ich blieb im Auto sitzen und döste. Plötzlich wurde an die Scheibe geklopft. Ich schreckte auf und traf auf den Blick eines mürrischen Grenzpostens.

»Wo sind Ihre beiden Freunde?«, wollte er wissen.

»Sie sind hineingegangen, um sich registrieren zu lassen«, antwortete ich und tat so, als ginge es um den Guide und den Fahrer und nicht um Meena und Martin. Ich lächelte freundlich. Der Grenzinspekteur seufzte schwer und marschierte weiter.

Wir übernachteten in **Itanagar** (320 Meter über N.N.), der Hauptstadt von Arunachal Pradesh, einem anonymen Provinzort, der so klein war, dass der Verkehr harmonisch und ohne Staus floss. Am nächsten Morgen fuhren wir weiter nordöstlich in Richtung Ziro-Tal und des Reichs der Apatani. Die Straße war in einem verhältnismäßig guten Zustand, allerdings häufig ganz oder teilweise unter Erdrutschen verschwunden und nur notdürftig wieder ausgegraben. Die Landschaft war grün und diesig, es wuchsen Palmen und Laubbäume. Durch den Nebel ließen sich stumpfe bläuliche Berge erahnen. So ist der Himalaya *auch*, der Kleine Himalaya. Diese subtropischen, fruchtbaren Berge sind der südliche Fuß der Kette – ein sanfter Auftakt zu den steilen, schneebedeckten Riesen im Großen Himalaya weiter nördlich.

Im Laufe des Nachmittags erreichten wir unser Ziel. Die Dörfer im **Ziro-Tal** (1500 Meter über N.N.) sind sich zum Verwechseln ähnlich. Die Häuser stehen dicht beieinander, beinahe Wand an Wand, und sind von irisierend grünen Reisfeldern umgeben. Die meisten Häuser waren im traditionellen Stil auf Pfählen gebaut, mit Wänden aus geflochtenem Bambus, allerdings bestanden die Dächer nicht mehr aus Bambus oder Stroh, sondern aus rostigem Wellblech.

»Früher mussten wir Apatani uns ständig gegen die Nishi verteidigen, unser Nachbarvolk, deshalb stehen die Häuser so dicht beieinander«, erklärte Tasang. »Wenn es allerdings brennt, stehen häufig fünfzehn, zwanzig Häuser auf einmal in Flammen.«

Wissenschaftler haben sich bisher nicht einigen können, welchen Ursprung die Volksgruppen in Arunachal Pradesh haben, aber einzelne Genetiker meinen, sie kämen ursprünglich aus der Mongolei und würden von demselben Volk abstammen, das sich vor vielen tausend Jahren bis Nordamerika und weiter südlich bis zum Amazonas verteilt hat. Die älteren Frauen hatten alle tätowierte Gesichter – ein grüner Strich verlief von der Stirn über den Nasenrücken und den Mund und mündete in fünf dicke Striche am Kinn.

Viele hatten auch einen breiten schwarzen Stöpsel in jedem Nasenloch; die großen Stöpsel drückten die Nase zusammen und gaben den Frauen ein, gelinde gesagt, eigenwilliges Aussehen.

»Ich habe gehört, dass die Frauen sich früher bewusst hässlich gemacht haben, um nicht von den Nishi entführt zu werden«, sagte Tasang, aber ich glaubte ihm seine Erklärung nicht. In allen Kulturen geht es bei der Modifikation des Körpers um Ästhetik und Schönheitsideale, noch nie hatte ich von einer Gegend oder einer ethnischen Gruppe gehört, in der Frauen sich Mühe geben, permanent hässlich auszusehen.

Tasang nahm mich zu einem Besuch bei einer seiner vielen Kusinen mit, Tage Yadii, der ersten Frau im Dorf, die die Schule besucht hatte. Sie war inzwischen dreiundfünfzig Jahre alt und Lehrerin für die allerjüngsten Kinder im Dorf. An der Stirn waren die Reste einer alten Tätowierung noch sichtbar, ein kurzer dunkelgrüner Strich. Tage wohnte in einem geräumigen traditionellen Haus mit Wänden aus geflochtenem Bambus. Mitten im großen, länglichen Hauptraum stand ein offener Herd. Der Raum war schlicht möbliert, mit Stühlen an den Wänden und einem Einzelbett in einer der Ecken. An den Wänden hingen Kalender mit Zeichnungen von Jesus und der Jungfrau Maria. Der Raum hatte keine Fenster und wurde nur von zwei nackten Glühbirnen erleuchtet.

»Als ich jung war, ist das Leben schwierig gewesen«, erzählte Tage – wie so viele andere, denen ich begegnet war. Sie sprach Englisch mit einer lauten, getragenen Stimme, deutlich und wohlartikuliert, vermutlich war sie es durch Monologe im Klassenraum so gewohnt. »Wir mussten schon als kleine Kinder auf den Reisfeldern arbeiten. Wer nicht arbeitete, hungerte. Wir Mädchen gingen damals nicht zur Schule. Die Schule im Dorf war etwas ganz Neues, und die Leute glaubten, die indischen Lehrer würden uns unanständige Dinge beibringen. Außerdem waren sie überzeugt, dass wir zu faul würden, um auf den Reisfeldern zu arbeiten, wenn wir zur Schule gingen. Aber ich bin trotzdem zur Schule gegangen. Ich habe meiner Mutter gesagt, ich würde auf die Reisfelder gehen, aber in aller Heimlichkeit ging ich in die Schule.«

Tages Vater starb, als sie klein war, daher wuchs sie allein mit ihrer Mutter auf. Die älteren Geschwister hatten bereits geheiratet und einen eigenen Hausstand gegründet.

»Zu dieser Zeit wurden die Mädchen verheiratet, wenn sie zwischen zwölf und fünfzehn Jahren alt waren«, erzählte sie. »Alle Ehen waren arrangiert, häufig wurden die Mädchen jemandem bereits als Babys versprochen. Der Schamane des Dorfs kam und schlachtete ein Huhn, aus der Leber des Huhns konnte er ablesen, in welchem Dorf der Verlobte des Mädchens wohnte. Dann fanden die Eltern einen passenden Kandidaten aus dem betreffenden Dorf. Als ich sechs oder sieben Jahre alt war, kam der Schamane, um dieses Ritual durchzuführen. Weil ich so wütend war, dass sie mich verheiraten wollten, griff ich mir die kleine Leber und warf sie weg, so weit ich konnte.«

Die Mutter akzeptierte, dass es mit der geplanten Verlobung nichts wurde, aber sie wurde böse, als sie entdeckte, dass ihre Tochter zur Schule ging.

»Sie schlug mich nicht, das tat sie nie, aber sie schimpfte mich aus. Ich erklärte, ich würde weglaufen, wenn ich nicht zur Schule gehen durfte. Und ich bin weggelaufen. Ich ging zu meinem Bruder, der verheiratet war und Familie hatte. Er schickte mich auf eine Schule in Assam, die ich insgesamt vier Jahre besuchte. Die ersten Jahre waren hart. Ich war wie ein unbeschriebenes Blatt, als ich dorthin kam, denn ich hatte ja nur zwei Jahre die Schule im Dorf besucht und konnte weder Assamesisch noch Hindi. Außerdem war ich, wie alle Mädchen in Ziro damals, im Gesicht tätowiert. Ich war vier Jahre alt, als ich tätowiert wurde, ich entsinne mich nicht genau daran, ich erinnere mich nur, dass es furchtbar wehtat. Ständig glotzten die anderen Schüler mich an und zeigten auf mich, es war lästig. Ich wollte nur so sein wie die anderen. Schließlich ließ ich die Tätowierungen entfernen.«

Eine dünne, dunkelhäutige Frau im Sari brachte Tee. Als wir uns versorgt hatten, zog sie sich in die entfernteste Ecke des Raumes zurück und fing an, den Boden zu fegen.

»Mein Mann starb vor einigen Monaten, meine Kinder arbeiten

in Itanagar, daher wohne ich jetzt mit meiner Haushaltshilfe zusammen.« Tage nickte der Frau zu, die in der Ecke den Boden fegte. »Als ich die Schule beendet hatte, bekam ich eine Anstellung als Lehrerin hier im Dorf. Meine Mutter war stolz, dass ich eine Arbeit beim Staat bekommen hatte, und die anderen Dorfbewohner sahen jetzt ein, dass etwas Gutes dabei herauskommen kann, wenn man die Kinder in die Schule schickt. Ich wurde eine Art Vorbild. Jetzt sind es tatsächlich meist Mädchen, die sich für eine höhere Schule entscheiden. Die Zeiten haben sich geändert!«

Tage war auch die Erste in der Familie, die Katholikin wurde.

»Die Schule in Assam war katholisch, ich konvertierte, als ich sie besuchte. Dank mir gibt es nun viele Katholiken in der Familie«, lächelte sie zufrieden.

»Haben Sie keine Angst, dass die Kultur der Apatani verschwindet, wenn so viele zum Christentum konvertieren?«, fragte ich.

»Aber nein, unsere Kultur wird nicht verschwinden, unsere Feiertage erhalten sie am Leben«, meinte Tage. »Aber, wie gesagt, die Zeiten ändern sich. Vor einigen Jahren habe ich die Apatani Woman Society mitgegründet. Wir haben eine Reihe von Regeln eingeführt, die das Leben der Leute einfacher machen. Wir haben Begrenzungen eingeführt, wie viel bei verschiedenen Anlässen wie zum Beispiel Geburten geopfert und serviert werden muss. Früher musste man den ganzen Klan einladen, manchmal kamen siebenhundert Menschen, wenn ein großes Ereignis gefeiert wurde. Das war furchtbar teuer! Die Leute mussten Schweine, Hühner, Ochsen, Reisbier, Wein und Essen opfern. Wir haben festgelegt, dass es nicht gestattet ist, bei Feiertagen und Festen Limonade oder ausländischen Schnaps auszuschenken. Nur Reisbier, Wasser und Tee sind erlaubt.«

»Und was machen Sie, wenn sich jemand nicht an die Regeln hält?«

»Wer die Regeln bricht, wird mit bis zu dreißigtausend Rupien Bußgeld bestraft, rund vierhundert Dollar. Neulich entdeckten wir im Dorf einen Mann, der ein großes Fest veranstaltete. Morgen oder übermorgen werden wir zu ihm gehen und ihm den Bußgeldbescheid überbringen. Früher spielten die Männer Karten während unserer Feste, das ist jetzt auch verboten. Auch bei Hochzeiten geht es nicht mehr so üppig zu. Zwei- bis dreihundert Gäste sind okay, aber wenn mehr als fünfhundert kommen, wird das Brautpaar bestraft. Wir haben überall Informanten und Spione und erfahren immer, ob jemand die Regeln bricht.«

Tage erhob sich und holte ein kleines, dünnes Buch, in dem die Frauenvereinigung die detaillierten Regeln für jede einzelne festliche Angelegenheit festgehalten hatte, die im Tal veranstaltet wird – samt den Bußgeldern für die einzelnen Vergehen, spezifiziert für die verschiedenen Dörfer.

»Früher mussten arme Familien einen Kredit aufnehmen, um große Feste ausrichten zu können«, erklärte Tage. »Viele haben sich vollständig ruiniert und mussten schuften, um die hohen Zinsen zu bezahlen. Wir wollen, dass Reiche und Arme gleich behandelt werden. Abgesehen von ein paar Reichen hat niemand gegen die neuen Regeln protestiert.«

Vor jedem zweiten Haus im Ziro-Tal wehte eine kleine quadratische Flagge mit einem roten Kreis auf weißem Hintergrund. Die Flaggen signalisierten, dass die Bewohner nicht zum Christentum konvertiert waren, sondern sich zum ursprünglichen Glauben der Volksgruppen in Arunachal Pradesh bekannten, *Donyi-Polo*, dem Glauben an Sonne und Mond. Nun ja, »ursprünglich« ist so eine Sache, denn im Unterschied zum Christentum und dem Hinduismus war dieses Glaubenssystem in der Bevölkerung weder organisiert noch niedergeschrieben. Glaube und Mythen waren ein Teil des Alltags und nichts, worüber die Menschen besonders nachdachten, bevor Missionare aus Süd-Indien in den 1950er Jahren anfingen, das Christentum in der Region zu verbreiten. Viele fürchteten, die ursprüngliche Kultur könnte bedroht werden und verloren gehen, und mit ihr der alte Glaube. Die Problematik wurde zum ersten Mal 1968 auf einem Treffen der Führer des Adi-Volks diskutiert, achtzehn Jahre später, nach vielen langen Treffen, wurde der Sonne- und Mondglaube mit allem, was dazugehört, als offizielle Religion der ethnischen Volksgruppen in Arunachal Pradesh anerkannt: Gotteshäuser, Gebetsschriften, vorgeschriebene Rituale und ein eigener Sonne- und Mondtag, der praktischerweise mit Silvester zusammenfällt.

Hage Tado und Hage Tado Naiya, beide nun über sechzig Jahre alt, führten die heute praktizierte Sonne- und Mondreligion Ende der 1990er Jahre im Ziro-Tal ein. Das Ehepaar wohnte in einem traditionellen Langhaus im Zentrum des Tals und hielt Hühner und kleine Schweine im Garten. Der offene Herd war angefeuert, ein dünner Rauchschleier hing über dem Raum.

»Wir Apatani haben von alters her an die Sonne und den Mond geglaubt«, erklärte Naiya auf Apatani. Traditionsgemäß hatte sie den vollen Namen ihres Mannes angenommen.

»Aber erst in den 1980er Jahren wurde die Religion von dem religiösen Führer Talam Rukbo offiziell anerkannt«, ergänzte ihr Ehemann.

»Den ersten Sonne- und Mondtempel haben wir hier im Jahr 2000 gebaut«, sagte Naiya. »Wir lehren die Menschen, dass sie für die Kranken beten können und es nicht nötig ist, Tiere zu opfern. Während der Feiertage und Feste fordern wir die Menschen auf, kein Reisbier zu brauen und keine Tiere zu töten, nicht einmal Küken. Diese Opfer waren sehr teuer, und viele konnten sie sich einfach nicht leisten. Wir sagen den Menschen, sie sollen die religiösen Feste lieber mit Tee und Keksen feiern – das ist weitaus billiger. Jeden Sonntag versammeln wir uns zum Beten im Tempel.«

»Wir haben auch die Gebete und Gesänge der Schamanen aufgeschrieben«, fügte ihr Ehemann hinzu. »Unsere Schamanen sterben allmählich aus, weil die jungen Leute nicht mehr Schamanen werden wollen. Wir haben alles für die Nachwelt dokumentiert, damit nichts verloren geht, wenn die alten Schamanen nicht mehr unter uns sind. Da wir die Gesänge in einem Buch gesammelt haben, können die Menschen sie jetzt auch selbst singen.«

»Wir beten keine Abgötter an, nur die Sonne und den Mond«, fuhr seine Frau fort. »Ohne die Sonne würde es die Erde nicht geben. Die Sonne gibt uns Tageslicht und Wärme und die Möglichkeit, Reis anzubauen. Der Mond gibt uns Licht am Abend und in der Nacht, sodass es nicht ganz dunkel wird, außerdem hilft er uns, die Zeit im Griff zu behalten. Nach dem Tod folgen wir einem Pfad, der von den Vorvätern nach Nely angelegt wurde, das entspricht ungefähr dem christlichen Himmel, und dort bleiben wir für immer. Aber wenn man das Pech hat, bei einem Unglück zu sterben, oder Selbstmord begeht, landet man in Tailey, in der Hölle.«

»Viele haben versucht, uns zum Christentum zu bekehren, aber wir wollen unseren ursprünglichen Glauben nicht aufgeben«, betonte der Ehemann. »Das Christentum kommt von außen, von anderen Menschen und Ländern. Wir Apatani glauben an die Sonne und den Mond.«

»Aber die nachwachsende Generation trägt nicht mehr die traditionelle Kleidung«, beklagte sich Naiya. »Nicht einmal während der Feiertage. Ich habe die traditionelle Kleidung jeden Tag getragen, aber schließlich war ich es leid, ständig gefragt zu werden, ob ich auf dem Weg zu irgendeiner Feierlichkeit bin. Es gibt jetzt zehn Sonne- und Mondtempel im Ziro-Tal«, fügte sie hinzu. »Wir sind gewachsen und haben viele Anhänger. Morgen ist Sonntag, und im Tempel findet eine Zeremonie statt. Sie beginnt um halb zehn und ist offen für alle, Sie können einfach kommen!«

Am nächsten Morgen standen wir um halb zehn vor dem verschlossenen Portal des größten Sonne- und Mondtempels im Ziro-Tal. Tasang, ich und drei niederländische Touristen samt Guides waren die einzigen Besucher. Gegen zehn Uhr kam eine Frau, schloss das Tor auf und begann, den Hofplatz vor dem Tempel zu fegen und zu wischen. Nach einer weiteren halben Stunde tauchten acht bis zehn runzlige Frauen mit tätowierten Gesichtern und großen schwarzen Stöpseln in jedem Nasenloch auf.

Der eigentliche Tempel war ein einfaches Betongebäude ohne Stühle und Bänke oder anderes Mobiliar. An den Wänden standen niedrige Hocker, daneben lag ein Stapel Kissen. Zwei Frauen rollten schwarze Plastikplanen auf dem Boden aus, die Besucher nahmen auf den Kissen und Hockern Platz. Nach und nach kamen weitere Gläubige in den Tempel, rund dreißig Personen insgesamt, alle hochbetagt. Ich setzte mich ganz hinten in die Männerabteilung, wie ich zu spät bemerkte.

Eine Frau und ein Mann leiteten die Zeremonie. Einander zugewandt saßen sie auf einer kleinen Erhöhung des Bodens vor einem einfachen Altar. Hinter ihnen hing ein großes Gemälde der Sonne. Der Mann las aus einem Buch vor, die Gemeinde wiederholte mechanisch alles, was er sagte. Danach las die Frau einige Zeilen, die Gemeinde repetierte sie ebenso mechanisch. Die Sprache war so archaisch, dass Tasang, der im Ziro-Tal aufgewachsen war und Apatani als Muttersprache gelernt hatte, kein Wort verstand. Danach wurde gemeinsam gesungen; monotone, endlose Gesänge mit hellen, frommen Stimmen. Irgendwann griff die Frau zu einer mit Federn geschmückten silberfarbenen Karaffe und spritzte Wasser auf sämtliche Anwesenden. Alle bekamen einen ordentlichen Spritzer. Danach erhob sich die Versammlung und sang ein weiteres langes, monotones Lied, bevor der Mann nicht sonderlich engagiert weiterlas. Es war hart und kalt auf dem Betonfußboden, und die Zeremonie drehte sich im Kreis, als hätten die Religionsstifter alle langweiligen Elemente der christlichen Gottesdienste kopiert und vervielfacht. Nachdem ich ziemlich lange auf dem Fußboden gesessen hatte, stand ich verspannt und steif auf und schlich hinaus.

In der christlichen Erweckungskirche ging es lebhafter zu. Gut über hundert Gläubige waren erschienen, hauptsächlich junge Leute und Familien mit kleinen Kindern. Zum Glück hatte man für alle Plastikstühle aufgestellt. Die Kanzel war mit einem einfachen weißen Kreuz geschmückt, ansonsten gab es in dem luftigen Kirchenraum keine weiteren Bilder oder Symbole. Ein junger Mann im Anzug schritt zum Rednerpult und erzählte, wie rüpelhaft und aufsässig er als Kind gewesen war. In der zehnten Klasse hatte er bereits angefangen zu trinken und häufig Albträume über den Teufel gehabt, doch dann hatte er zu Gott gefunden und war regelmäßig zur Kirche gegangen. Nun war er ein neuer und besserer Mensch, und die üblen Albträume waren verschwunden. *Halleluja!*

»Halleluja!«, antwortete die Gemeinde enthusiastisch.

Eine junge Frau aus dem Bundesstaat Nagaland ergriff das Wort und sprach in einer Mischung aus Hindi, Englisch und dem lokalen Dialekt.

»*Praised be the Lord*, ich lege mein Leben in deine Hände, ich bin dein Werkzeug, benutze mich, Herr, *praised be the Lord!*«

»*Praised be the Lord!*«, wiederholte die Gemeinde ekstatisch, und die ganze Kirche brach in einen Freudengesang aus, der von Trommeln und Zimbeln begleitet wurde.

Wieder schlichen Tasang und ich aus dem Gotteshaus und zogen weiter zu den Baptisten, die ihren Gottesdienst in der größten Kirche von allen feierten. Keine Bankreihe war leer, Frauen und Kinder saßen dicht an dicht. Auch hier war ein strenges Kreuz die einzige Dekoration.

Wir kamen gerade noch rechtzeitig, um die Predigt zu hören. Ein dünner Mann in einem grauen Anzug bestieg die Kanzel und starrte stumm und düster über die Gemeinde hinweg. Dann begann er. Er redete und redete, darüber, wie wichtig es ist, dass die Baptisten zusammenhielten und sich von den Sonne- und Mondanbetern so weit wie möglich fernhielten, vor allem bei ihren Feierlichkeiten, denn so wie sich die Sonne und der Mond nicht gleichzeitig am Himmel zeigen können, so könnten Christen und Heiden auch nicht zusammen sein, schärfte der Prediger ihnen ein. Gleichzeitig forderte er die Gemeinde auf, sich auch vom Tempel der Hindus fernzuhalten; die Gläubigen müssten dafür sorgen, dass ihr Pfad rein und sauber blieb.

Als der Prediger schließlich fertig war, erhob sich eine Gruppe Frauen und ging zielbewusst zum Altar. Einige knieten, andere blieben stehen. Dann, wie auf ein unsichtbares Signal, stieg eine Kakofonie aus inständigen Gebeten zum Himmel hinauf. Die stehenden Frauen streckten die Hände nach den knienden aus, als wollten sie das Böse physisch aus ihnen herausziehen. Die Stimmen wurden immer lauter und ekstatischer. Dann, wie auf ein weiteres unsichtbares Signal, verstummten die Stimmen, die Knienden erhoben sich, und alle gingen ruhig zurück an ihre Plätze. Der

Gottesdienst war vorbei. Auf dem Weg in den Sonntag wurde an jeden ein Karamellbonbon zum Lutschen ausgeteilt.

Nicht alle Einwohner des Ziro-Tals gingen am Sonntag zu einem der Gottesdienste. Der fünfundsiebzigjährige Mudang Pai, der beim Schamanenwettbewerb der Gegend gewöhnlich den Sieg davontrug, hatte nicht vor zu konvertieren.

»Die sogenannten Priester in der Sonne- und Mondreligion sind vollkommen wertlos«, meinte er. »Eine Religion ohne einen *Nyibo*, einen Schamanen, ist eine völlig unbrauchbare Religion. Ein Nyibo kennt alle Geister beim Namen und weiß, was jeder einzelne von ihnen haben will, entweder Küken und Eier oder größere Dinge. Die Geister sind hungrig nach Fleisch. Es funktioniert einfach nicht, ihnen nur Süßigkeiten zu geben.«

Mudang hatte ein runzliges, beinahe gummiartiges Gesicht, ihm fehlte ein Großteil seiner Zähne, aber das lange Haar war noch immer pechschwarz. Er hatte es über der Stirn zu einem Knoten geflochten und mit einem Stöckchen fixiert. Wir saßen auf seiner Veranda mit Aussicht auf den Garten, in dem er einen kleinen Altar aus Bambuszweigen und aufgespießten Eiern aufgebaut hatte.

Die Nachmittagsluft war kühl, aber Mudan, der nur mit Sandalen, Shorts und einem Kapuzenpullover bekleidet war, sah nicht aus, als würde ihn die Kälte stören. Tasang hatte einen älteren Verwandten gebeten, beim Dolmetschen zu helfen. Wie so vielen jungen Leuten fiel es ihm schwer, das traditionelle Apatani zu verstehen, vor allem, wenn es bei dem Gespräch um Religion und Rituale ging. Der Verwandte übersetzte von Apatani ins Hindi, Tasang dann ins Englische.

»Unser Vorfahre Tani bekam Kraft von der Sonne«, erklärte Mudang über Tasangs Verwandten und Tasang. »Zunächst glaubten die Menschen an Tani, erst danach begannen sie an die Sonne und den Mond zu glauben. Tani war übrigens ein sehr kluger Bursche. Sein jüngerer Bruder Robo hingegen war launisch. Eines Tages beschloss Tani, Robo zu töten, und lockte ihn aus dem Dorf. Tani nahm Robo mit zu einem Ort, an dem es viel Honig gab, und ließ die Bienen Robo angreifen. Robo fiel einen Abhang hinunter und starb.«

Der Brudermord scheint eines der ältesten und am weitesten verbreiteten religiösen Mythen der Welt zu sein. Dem Alten Testament nach beginnt die Geschichte der Menschheit mit einem Brudermord: Kain, der erste Mensch, der geboren wurde, tötet seinen jüngeren Bruder Abel in einem Anfall von Eifersucht. In dem hinduistischen Epos Mahabharata tötet Arjuna seinen älteren Bruder Karna, allerdings ohne dass ihm das enge verwandtschaftliche Verhältnis bewusst ist. Und Romulus, Roms mythologischer Gründer, tötet seinen Bruder Remus nach einem Streit über den Grenzverlauf der künftigen Stadt. Einzelne Wissenschaftler sind der Ansicht, der Mythos vom Brudermord gehe auf die Ausrottung des Neandertalers zurück: Ursprünglich hatte der Mensch einen Bruder, den er aber getötet hat.

»Als ich aufwuchs, gab es hier kein Christentum«, fuhr Mudang fort. »Ich war schon Mitte dreißig, als die Ältesten im Dorf entschieden, dass ich Nyibo werden musste. Ich lernte die Schamanengesänge sehr schnell, daher hielten sie mich für geeignet.«

»Wie behandeln Sie kranke Menschen?«, wollte ich wissen. Tasangs Hindi sprechender Verwandter übersetzte die Frage nicht, sondern stellte Tasang eine Menge Fragen. Dieser bat mich schließlich, meine Frage zu konkretisieren.

»Welche Art von Krankheit meinen Sie? Denn jede Krankheit muss unterschiedlich behandelt werden.«

»Was macht er, wenn ein Patient zum Beispiel Schmerzen in der Brust hat?« Es war das Erste, was mir einfiel.

Diesmal wurde meine Frage an Mudang weitervermittelt, und eine längere Erklärung folgte.

»Brustschmerzen werden von einem Geist verursacht, der sich außerhalb des Dorfes aufhält. Wenn man außerhalb des Dorfes ist, kann man von ihm angegriffen werden«, so Mudang. »Erst muss ich vor dem Haus des Kranken singen, dann koche ich ein Ei und zerteile es mit einem meiner eigenen Haare, um zu entscheiden, ob der Rest des Rituals im Dorf oder außerhalb durchgeführt werden muss.«

»Und was ist mit starken Kopfschmerzen?«

»Kopfschmerzen können von zwei Geistern verursacht werden«, antwortete Mudang. »Der eine ist *Danyi*, die Sonne, der andere ist ein Dschungelgeist. In solchen Zweifelsfällen nehme ich zwei Eier, eines für jeden der beiden Geister. Während die Eier kochen, spreche ich Gebete, und wenn sie gekocht sind, zerteile ich sie mit einem Haar und entscheide, welcher der beiden Geister verantwortlich ist. Ist es der Dschungelgeist, muss ich ein Küken und ein Ei opfern. Ist es die Sonne, muss ich drei Küken und vier Eier opfern. Der Kranke darf sein Haus drei Tage nicht verlassen. Damit die Menschen im Dorf wissen, dass sie sich fernhalten sollen, lege ich ein Eiersymbol vor die Tür des Kranken.«

Mudang seufzte. »Es gibt fast niemanden mehr, der so etwas noch weiß, weil die jungen Leute nicht mehr Nyibo werden wollen. Sollte nicht bald jemand bereit sein, wird es keine Nyibos mehr geben, wenn ich sterbe. Wenn es so weitergeht, werden die jungen Leute ihre Identität, ihr Erbe und ihre Traditionen verlieren. Wenn dann jemand kommt und sie nach ihrer Kultur fragt, wie Sie es gerade tun, werden sie nicht antworten können.«

»Seine Frau ist vor einigen Jahren zum Baptismus konvertiert«, erzählte der Verwandte Tasang. »Was halten Sie davon, dass die Frau eines Nyibo in die Kirche geht?«

»Obwohl ich alle Geister kenne, glaube ich auch, dass es nur einen Gott gibt«, erwiderte Mudang unbeirrt. »Unter den Apatani befindet sich ein ungeheuer böser Geist, ein hungriger Geist, der frisches Blut braucht. Ich habe versucht, ihn zu kontrollieren und ihn davon abzuhalten, meine Frau zu verfolgen, aber es gelang mir nicht. Er folgte ihr weiter, egal was ich auch tat. Ich hatte sehr viel darüber gehört, wie die Christen böse Geister vertreiben können, daher habe ich meine Frau zur Kirche geschickt. Es hat funktioniert! Im Prinzip glaube ich, dass alle Religionen gut sind, ich respektiere sie alle.«

Die Hauptstraße in Arunachal Pradesh verläuft entlang der Bundesstaatsgrenze von Westen nach Osten, mit einigen wenigen einsamen Abstechern nach Norden. Obwohl wir auf dem Weg nach Osten die Bundesstaatsgrenze ständig überschritten, wussten wir immer, in welchem Bundesstaat wir uns gerade befanden. Die Anzahl der Alkoholverkaufsstellen verriet, ob wir in dem liberalen Arunachal Pradesh oder in dem weitaus puritanischeren Assam waren. Im Laufe des Nachmittags bogen wir auf eine Nebenstraße ab und fuhren durch eine grüne wogende Landschaft nach Norden, vorbei an Dutzenden *Liquor Shops*, Freikirchen und kleinen Dörfern, deren geräumige, mit dicken Strohdächern gedeckte Bambushäuser auf Pfählen balancierten. Wir hatten die Apatani verlassen und waren nun im Reich der Galo.

Gegen Abend erreichten wir **Aalo** (619 Meter über N.N.), quartierten uns in einem Gästehaus ein und wurden von der Großfamilie im Haupthaus eingeladen. In der Mitte des großen, hohen Raums stand ein offener Herd. Der Boden war mit Bambusmatten bedeckt, eine Wand dekoriert mit Schädeln und Hörnern von Dutzenden Gayals, einer großen, kräftigen Ochsenrasse, die in dieser Ecke Asiens sehr beliebt ist. Der Gayal hat stumpfe, kräftige Hörner und ein schwarzes kurzes Fell und wird bei vielen Volksgruppen in Arunachal Pradesh als Mitgift benutzt.

»Dies sind Gayals, die der Mann in der Familie geopfert hat, als er heiratete«, erklärte mir Tasang. »Je mehr Schmuck die Braut hat, desto mehr Gayals muss er opfern. Ich schulde meinen Schwiegereltern noch immer fünf Gayals«, fügte er betrübt hinzu. »Gayals sind furchtbar teuer, ich weiß nicht, wie ich sie bezahlen soll. Wir Apatani opfern keine Gayals, wenn wir heiraten, aber meine Frau stammt aus einer anderen ethnischen Gruppe, daher erwarten ihre Eltern die Gayals.«

Die örtliche Frauenvereinigung hielt auf der Veranda eine Versammlung ab. Ich wurde eingeladen und nahm in dem Halbkreis der Frauen Platz.

»Die Vereinigung wurde am 30. Januar in diesem Jahr gegründet, um eine Frau aus dem Ori-Klan zu unterstützen, die sich scheiden ließ«, erklärte Kirken Ori, die Schriftführerin der Gruppe, auf Hindi. »Danach haben wir weiterhin von jedem Mitglied eine kleine Summe eingesammelt und verwenden dieses Geld, um Frauen im Klan zu helfen, die in akuter Not sind.«

Gyi Ori, der Inhaber des Gästehauses, ein graziler, freundlicher Mann in den Vierzigern, setzte sich zu uns und mischte sich ins Gespräch ein.

»Eine Frau zu sein, ist anstrengend«, meinte er. »Sie müssen die ganze schwere Arbeit erledigen; Kinder füttern, Gemüse ernten, Brennholz schleppen.«

»Wer kümmert sich um die Tiere?«, erkundigte ich mich.

»Die Frauen«, antwortete Gyi.

»Wer kümmert sich um die Kinder?«

»Die Frauen.«

»Wer macht im Haus sauber?«

»Die Frauen.«

»Wer wäscht die Wäsche?«

»Die Frauen.«

»Wer kocht?«

»Die Frauen.«

»Wer pflückt den Reis?«

»Die Frauen.«

»Was machen eigentlich die Männer?«

Alle lachten.

»Nichts, sie trinken nur den ganzen Tag«, behauptete Gyi.

»Irgendetwas müssen sie doch tun?«

»Ja, sicher, sie gehen im Dschungel auf die Jagd und angeln, und es ist ihre Aufgabe, die Zäune um das Grundstück zu ziehen, so etwas«, erklärte Santi, die neben der Schriftführerin die einzige Frau in der Vereinigung war, die gut Hindi sprach. »Viele arbeiten auch für die Behörden und verdienen Geld, sodass wir unseren Kindern zu einer guten Bildung verhelfen können.«

»Hat jemand von ihnen noch eine andere Arbeit, als Reis zu pflücken?«

Alle schüttelten den Kopf.

»Aber uns geht es trotzdem besser als den Frauen in Indien«, meinte Santi.

Wir *befanden* uns in Indien, aber Indien war für sie offenbar ein anderes Land.

»Wir müssen nicht um Erlaubnis bitten, um irgendwo hinzugehen. Wir tun, was wir wollen. Unsere Männer kontrollieren uns nicht.«

»Wer behält die Kinder nach einer eventuellen Scheidung?«

»Der Mann, immer der Mann«, antwortete Kirken, die Schriftführerin. »Unsere Männer dürfen auch mehrere Frauen heiraten, ohne uns zu fragen. Wenn eine Frau keine Kinder bekommen kann oder nach vier Kindern noch keinen Sohn zur Welt gebracht hat, hat er das Recht auf eine weitere Frau.«

»Sie haben Glück, Sie können an so viele Orte reisen«, sagte Santi zu mir. »Wir können nicht einmal nach Itanagar. Würden wir es tun, würde der Mann sich weigern, uns hereinzulassen, wenn wir zurückkämen.«

»Aber Sie haben doch gerade gesagt, sie könnten gehen, wohin sie wollen?«, wandte ich ein.

»Im Dorf und hier in der Gegend, ja, aber wir können nicht weit weg gehen, und auf keinen Fall allein! Dann würde es bald Gerede geben. Die Männer hingegen, die können gehen, wohin sie wollen. Sie können monatelang fortbleiben, wenn sie das Bedürfnis danach haben.«

»Wohin würden Sie fahren, wenn Sie reisen könnten, wohin Sie wollen?«

»Nach Darjeeling«, lächelte sie.

In dem kleinen Anbau neben dem Haupthaus bereiteten sich die Männer des Dorfes vor, den Kriegstanz einzuüben. Sie trugen prächtige, mit weißen buschigen Federn geschmückte Kopfbedeckungen, waren aber ansonsten in Shorts, T-Shirts und leicht verdreckte Jacken gekleidet. In den Händen hielten sie lange Schwerter, die sie beim Tanz fest auf den Boden stießen. Der erste Tanz klappte ganz gut, schwieriger war es beim zweiten. Sie sollten sich mit leicht gebeugten Knien seitwärts in einem Halbkreis bewegen und dabei das Schwert von einer Seite zur anderen wechseln. Gleichzeitig hüpften zwei Männer in der Mitte des Halbkreises und taten so, als würden sie mit den Schwertern zuschlagen. Ein grauhaariger sehniger Mann in den Sechzigern seufzte schwer.

»Nicht so!«, ermahnte er die Tänzer und schüttelte den Kopf. »Ihr müsst im Takt tanzen und geschmeidiger sein!«

Mit leichten Bewegungen demonstrierte der Choreograf die Kniebeugen bei dem Versuch, die Gruppe der in die Jahre gekommenen Männer zu einer harmonischen Truppe zu formen. In wenigen Wochen sollten sie bei einem Festival in Delhi auftreten. Da musste der Kriegstanz sitzen.

Am folgenden Tag unternahmen wir eine Exkursion in die Nachbarstadt. Vor einem der Häuser hatte sich eine Gruppe Männer versammelt. Im Gras saßen zwei ältere Männer und sangen mit ihren knarrenden Altmännerstimmen wieder und wieder dieselben wenigen Töne.

»Vor zwei Tagen gab es einen kleinen Brand in diesem Haus«, erklärte uns ein groß gewachsener Mann, der Besitzer des unglückseligen Hauses. »Wir konnten ihn löschen, es kam niemand zu Schaden. Dem Haus ist nichts passiert, aber wir halten es für eine Warnung, dass der Brandgeist mit uns nicht zufrieden ist und meint, wir hätten nicht genügend Rituale ausgeführt. Vermutlich ist auch ein böser Geist im Haus. Daher haben wir zwei Nyibos gerufen, um den Brandgeist zu befriedigen und den bösen Geist zu vertreiben, damit kein neuer Brand ausbricht. Um drei Uhr nachmittags sollen wir zwei Küken opfern. Wir sind dabei, die Altäre aufzubauen.«

Er nickte in Richtung zweier Männer, die Bambus flochten. Die beiden alten Nyibos sangen tapfer weiter, wieder und wieder ihre wenigen, immer gleichen Töne.

Als Tasang und ich pünktlich um drei Uhr zurückkamen, standen die beiden Nyibos vom Gras auf und gingen die Straße hinab, wobei sie immer wieder einen kurzen Satz und ihre paar Töne wiederholten. Sie hatten den ganzen Vormittag und Nachmittag gesungen, und jede Wiederholung hatte sich nach einer Kraftanstrengung angehört. Ein Schwarm von Männern folgte ihnen. Einer trug die Altäre, die nun fertig waren und Fächern ähnelten, ein anderer trug den Käfig mit zwei Küken und einige Holzscheite, die übrigen hielten Bambusspieße in den Händen, auf die Rindenstücke von Bananenpalmen gesteckt waren.

Tasang und ich folgten ihnen, ganz am Ende. Nach einer Weile bogen wir von der Straße ab und gingen einen steilen, matschigen Pfad hinunter zum Fluss. Während die Schamanen sangen, holte ein Mann die beiden Küken aus dem Bauer. Sie piepten einen kurzen Moment laut in der Sonne, doch schon bald piepte nur noch ein Küken. Der Mann hielt das sterbende Küken über einen der Altäre, ließ es ausbluten, dann schnitt er schnell dem anderen Küken die Kehle durch. Das Piepen verstummte. Die beiden Küken wurden an den Altären festgebunden, danach schritt der Besitzer des Unglückshauses mit einem Altar in jeder Hand in den Fluss. Die übrigen Männer stellten sich ans Ufer und warfen die Borkenstücke der Bananenpalme nach ihm – so warfen sie wohl symbolisch wie ganz konkret den bösen Geist aus dem Haus. Als der Hausbesitzer mitten im Fluss stand, tauchte er die beiden Altäre unter. Dann schickte er sie den Fluss entlang und schwamm zurück zum Ufer. Bevor er an Land kam, nutzte er die Gelegenheit, sich den Körper, die Haare und die Kleider mit Seife zu waschen.

Die beiden alten Nyibos konnten ihren Kehlköpfen endlich Ruhe gönnen und trotteten zurück ins Dorf, um Reiswein zu trinken.

Am nächsten Morgen fuhren wir in nordöstlicher Richtung nach Anini, eines der abgelegensten und unzugänglichsten Dörfer in Arunachal Pradesh. Je höher wir kamen, desto schmaler wurde die mit Schlaglöchern übersäte Straße. Eine neue Straße wurde gebaut, und wenn sie fertig ist, wird sich die Fahrzeit nach Anini halbieren. Jetzt ging es allerdings aufgrund der ganzen Straßenarbeiten noch langsamer als vorher.

Am späten Nachmittag erreichten wir **Hunli** (1240 Meter über

N.N.), ein unvergessliches Dorf, umgeben von dunkelblauen schneebedeckten Bergen. Wir sollten die Nacht in einem einfachen Gästehaus der Regionalverwaltung verbringen, das am Ende einer Sackgasse hinter einem rostigen Tor versteckt lag. Eine Frau kam auf uns zu, ein Handtuch um den Kopf gebunden, eine Zahnbürste im Mundwinkel.

»Sie können hier nicht übernachten«, erklärte sie, ohne die Zahnbürste herauszunehmen. »Der Repräsentant der Verwaltung ist verreist.«

»Aber wir haben reserviert, und wir haben keinen anderen Ort, wo wir übernachten können«, wandte Tasang ein.

»Leider«, sagte die Frau und hob bedauernd die freie Hand, während sie sich mit der anderen weiter die Zähne putzte. »Um hier wohnen zu können, müssen Sie sich registrieren lassen, aber da der Repräsentant der Verwaltung heute nicht da ist, ist es nicht möglich, Sie zu registrieren, und daher können Sie hier nicht übernachten. Ich habe heute bereits zwei andere Touristen abgewiesen.«

»Aber ein Freund von mir«, sagte Tasang und nannte einen Namen, »ist mit Ihnen verwandt. Sind Sie sicher, dass Sie nicht eine Ausnahme machen können?«

Mit einem Mal sah die Sache ganz anders aus. Noch immer mit der Zahnbürste im Mund, schlurfte die Frau über den Hofplatz und schloss die Räume auf, in denen wir schlafen sollten. Sie waren einfach, aber verhältnismäßig sauber und mit einer Art Toilette ausgestattet. Die Frau nahm die halb zerkaute Zahnbürste aus dem Mund und spuckte aus.

»Sie müssen den Wagen hinter dem Haus parken, damit die Touristen, die ich gerade fortgeschickt habe, nicht sehen, dass hier Gäste sind«, erklärte sie uns.

Da die Sonne unterging, bevor der Strom eingeschaltet wurde, lud die Wirtin uns in ihre einfache Küche ein, in der sie am offenen Herd Gemüse hackte. Wir saßen mit drei schweigenden Männern aus dem Dorf und einem Doktoranden aus Assam, der über Flugeichhörnchen forschte, rund um das Feuer.

»Arunachal Pradesh ist der einzige Bundesstaat in Indien, in dem es Tiger, Leoparden und Schneeleoparden gibt«, erzählte er glücklich. »Das Tierleben ist hier besonders vielfältig, es gibt hier sogar Königskobras! Sie verstecken sich jetzt im Winter gern in den Häusern.«

»Aber in Anini gibt es wahrscheinlich keine Königskobras«, sagte ich hoffnungsvoll. »Es liegt doch immerhin zweitausend Meter hoch.«

»Doch, auch in Anini gibt es Königskobras«, versicherte der Doktorand begeistert. »Wenn Sie gebissen werden, ist es wichtig, nicht in Panik zu geraten. Sonst verteilt sich das Gift rascher.«

Nach dem Essen schnallte der Doktorand sich seinen Rucksack auf, der neben ihm bereitlag, zog eine Kopflampe vor die Stirn und brach auf, um die Nacht unter Flugeichhörnchen zu verbringen.

Am nächsten Tag standen wir im Morgengrauen auf. Aufgrund der Bauarbeiten war ein Teilstück der Straße weiter oben den größten Teil des Nachmittags gesperrt, wir mussten also dort sein, solange die Straße noch frei war. Wir waren jedoch nicht länger als eine Stunde gefahren, als wir anhalten mussten. Ein umgestürzter Baum lag quer über der Fahrbahn. Glücklicherweise kam schon bald ein Straßenarbeiter mit einem Bulldozer und schob den Baum den Berghang hinunter. Danthi gab Gas, aber nach nur einer halben Stunde mussten wir erneut vor den Naturkräften kapitulieren: Die Straße war durch einen großen Erdrutsch blockiert. Drei Baggerfahrer arbeiteten verbissen daran, die riesigen Steine und Erdmassen beiseitezuschaufeln, aber es dauerte weitere drei Stunden, bis die Straße wieder befahrbar war. Danthi gab sich alle Mühe, das Tempo zu halten, bis wir einen Platten hatten und den Reifen wechseln mussten. Als wir den kritischen Punkt erreichten, war die Straße längst gesperrt; wir mussten uns darauf einstellen zu warten, bis die Arbeiten an diesem Tag beendet wurden.

An der Böschung unter uns saß eine Gruppe Männer und trank.

»Kommt runter!«, grölten sie. »Kommt runter und trinkt mit uns!«

Als sie keine Antwort bekamen, kletterte einer von ihnen, der aussah, als wäre er Mitte fünfzig, hoch zu uns. Er trug einen kurzen Lendenschurz, eine dreckige Jacke und eine Strickweste. Über seiner linken Schulter hing ein gewaltiges traditionelles Messer an einem mit künstlichen Tierkiefern geschmückten Trageriemen. In der rechten Hand hielt er einen Stock, und das war auch gut so, denn er konnte sich kaum auf den Beinen halten.

»*Do you underschtänd?*«, lallte er in gebrochenem Englisch. »Verschtest du? Ist wichtich, dass du verschtest!«

Tasang kam mir zu Hilfe, wir flohen zu einem Lebensmittelgeschäft, an dessen Sonnenseite Bänke standen. An einer Anschlagtafel informierte ein offizielles Dokument darüber, dass im Dorf achtunddreißig Stimmberechtigte lebten. Kaum hatten wir uns gesetzt, als wir auch schon Gesellschaft von einem Mann mittleren Alters bekamen. Er war ordentlich gekleidet, trug ein blaues Hemd und Shorts, das Haar war sorgfältig geschnitten, und das milde Gesicht hätte Vertrauen ausgestrahlt, wenn er nüchtern gewesen wäre.

»Wo kommen Sie her?«, fragte er in seinem so gut wie nichtexistenten Englisch. »London?«, schlug er erwartungsvoll vor.

»Nein, sie ist aus Norwegen«, antwortete Tasang auf Hindi und wedelte die Fliegen fort, die ihn blutig bissen.

»Aber woher *stammen* Sie?«, insistierte der Mann.

»Norwegen«, sagte ich.

»Ja, aber wo sind Sie *her*?«, wiederholte der Mann. Das Gespräch drehte sich im Kreis. »Haben Sie vielleicht Lust, den Wein des Dorfes zu probieren?«, schlug er mit einem breiten Lächeln vor.

Wir lehnten höflich ab und flohen zurück zum Auto, um ihm zu entgehen. Dort erwartete uns Säufer Nr. 1, jetzt ausgerüstet mit einer frisch gekauften Schnapsflasche und einem Päckchen Zigaretten. Er griff nach meiner Hand und ließ sie nicht wieder los. »Verschtest du?«, fragte er und sah mich durchdringend an. Kurz darauf kam Säufer Nr. 2 angetorkelt. »Wo sind Sie *her*?«, fragte er und sah mich mit glasigen Augen an. »Sind Sie aus London?«

Nach achtundsechzig langen Minuten in diesem namenlosen, aber unvergesslichen Dorf wurde die Straßensperre auf wundersame Weise aufgehoben, und wir konnten weiterfahren. Der gut gekleidete Säufer lief dem Auto ein kleines Stück nach.

»Aber woher *sind* Sie?«, rief er verzweifelt. »Wo sind Sie *HER*?«

Erst sehr viel später wurde mir klar, dass »Norway« leicht als *no way* oder *nowhere* verstanden werden kann.

Es war längst dunkel geworden, als wir **Anini** (1968 Meter über N.N.) erreichten. Wir wurden bei Vadra einquartiert, einem Freund von Tasang, der in Aninis großartigstem Haus wohnte, einem rosa, grün und blau gestrichenen Klotz, einem bunten modernen Betonpalast zwischen all den traditionellen Langhäusern aus Bambus. Vadra war die Gastfreundschaft in Person. Als er hörte, dass wir uns Anini näherten, hatte er sofort sein Abendessen unterbrochen, um uns zu empfangen und uns den Weg zu zeigen. Er war ein pensionierter Soldat mit markantem, kantigem Gesicht, Unterbiss und kurzem, struppigem Haar. Er redete laut, mit einer nasalen, eindringlichen Stimme, und wenn sein englischer Wortschatz nicht ausreichte, ging er munter zu Hindi über.

Am offenen Herd in der ansonsten modernen Küche saß ein großer, schlanker Mann in einem kreideweißen bodenlangen Kaftan und ein kleinerer, eher unscheinbar aussehender Mann, der eine gewöhnliche Hose und ein kariertes Hemd trug.

»Ich bin Pastor Paul«, grüßte der Mann im Kaftan herzlich, der wie unser Gastgeber Mitglied der Pfingstbewegung war. Das war an und für sich nichts Aufsehenerregendes, obwohl nur rund zehn Prozent der Idu Mishmi in Anini zum Christentum konvertiert sind. Das Aufsehenerregende war, dass Paul zur höchsten Kaste gehörte.

»Als Jugendlicher war ich ein heftiger Gegner des Christentums, ich war ja Brahmane!«, erzählte er mit einer kräftigen und wohlartikulierten Predigerstimme. Amos, sein eher unscheinbar aussehender Assistent übersetzte aus dem Hindi ins Englische:

»Als junger Mann führte ich ein sündiges Leben und trank viel. Meine Mutter starb, als ich noch klein war, und mein Vater gab mir gewöhnlich ein, zwei Esslöffel Alkohol, damit ich schlief. Als ich in anfing, zur Schule zu gehen, steckte unser Diener mir eine Miniflasche Whisky in den Schulranzen. In der zehnten Klasse trank ich bereits drei, vier dieser Flaschen täglich! Schließlich wurde ich krank. Leber, Nieren, Lunge, alles war kaputt, die Ärzte sagten, ich hätte nur noch sechs Monate zu leben. Eines Tages kam ein christlicher Missionar zu uns nach Hause, um mit meinem Vetter zu sprechen. Ich trank Whisky, während ich dem Missionar zuhörte, der plötzlich einen Bibelvers zitierte, der enormen Eindruck auf mich machte: ›Du weißt, dass dein Leib Gott gehört, also warum zerstörst du ihn?‹ Dieser Satz hat mein Leben verändert. Zuerst war ich unglaublich wütend auf den Missionar und ging mit der Pistole meines Vaters in der Tasche zu ihm nach Hause. Ich war fest entschlossen, ihn zu erschießen. Ich sollte ja ohnehin bald sterben. Aber der Missionar empfing mich freundlich und ließ mich meine Wut vergessen. Mein ganzes Leben war ich nur darauf fixiert gewesen, Alkohol zu trinken. Aber aufgrund des Alkohols schlief ich nachts schlecht. Häufig nur acht bis zehn Minuten am Stück. Schlafmittel halfen nicht. Eine ganze Nacht durchzuschlafen, war mein größter Wunsch, und ich forderte den Missionar heraus: ›Wenn dein Jesus ein wahrer Gott ist, dann bitte ihn, dass er mich schlafen lässt. Wenn ich heute Nacht gut schlafe, werde ich ein großer Jünger von Jesus‹.«

»Lassen Sie mich raten«, sage ich. »Sie schliefen gut in dieser Nacht?«

»Ja«, lächelte Pastor Paul. »Um eine lange Geschichte abzukürzen, ich schlief gut in dieser Nacht. Als ich erwachte, fühlte ich mich zum ersten Mal wie ein Mensch. An diesem Tag hörte ich auf zu trinken. Zuerst wurde ich schwer krank, ich starb beinahe, aber der Missionar und seine Frau, eine Ärztin, pflegten mich mehrere Monate bei sich zu Hause. Neunzehn Pastoren in verschiedenen Ländern fasteten und beteten vierzig Tage lang für mich, und ganz allmählich, nach vier Monaten und sechzehn Tagen, erholte ich mich. Nach fünf Monaten konnte ich im Bett aufrecht sitzen und Wasser trinken. Und nach sechs Monaten stand ich wieder auf den Beinen und ließ mich im Ganges taufen.«

»Und wie heißen Sie wirklich?«, fragte ich.

»Nirmal Kumar Dubey.«

»Sehr hohe Kaste«, warf Amos ein. »*Sehr* hoch!«

»Wie hat Ihre Familie reagiert, als Sie getauft wurden?«

»Sie tobten«, lächelte der Pastor. »Meine Brüder und mein Vater schlugen mich bewusstlos, schlugen mir den Schädel ein und ließen mich in einem Lagerraum liegen, in dem ich sterben sollte. Der Missionar rettete mich auch diesmal. Er und seine Frau pflegten mich noch einmal viele Wochen lang bei sich zu Hause. Und nach vielen Prüfungen wurde ich selbst Pastor. 2003 kam ich zum ersten Mal nach Anini. Damals gab es hier keine Christen. Manche empfingen mich wohlwollend, andere waren extrem unfreundlich. Einige von den Jugendlichen bedrohten mich mit Messern, und die Kirche, die ich bauen ließ, wurde eingerissen. Anfangs ging es langsam voran, aber nun habe ich hier beinahe hundert Menschen getauft.«

»Mein eigener Bruder war unter denen, die die Kirche zerstört haben«, erzählte Amos. »Nicht lange danach erkrankte er schwer an Leukämie. Kein Arzt konnte ihm helfen, daher versuchte er, Selbstmord zu begehen und fiel ins Koma. Als er erwachte, sagte ich zu ihm, seine letzte Chance sei es, die Kirche auszuprobieren. Er konvertierte, bekam eine Knochenmarktransplantation und wurde wieder gesund. Da konvertierte ich auch. Früher rauchte ich über hundert Zigaretten am Tag. Meine Frau bedrängte mich aufzuhören, aber ich sagte nur, eher würde ich sie aufgeben als die Zigaretten. Als ich Christ wurde, hörte ich auf zu rauchen und zu trinken.«

»Du bist jetzt ein respektabler und ordentlicher Mensch«, versicherte Pastor Paul.

Eine dunkelhäutige Frau, auf deren Rücken ein Baby gebunden war, servierte uns Reis, Curry und Wasser. Auf dem Hofplatz wimmelte es von Kindern und Erwachsenen in zerlumpten Kleidern, alle hatten eine weit dunklere Haut als die Idu Mishmi, die ursprüngliche Bevölkerung von Anini.

»Anfangs hatten wir nicht so viele Helfer«, bemerkte Vadra. »Aber einer von ihnen kam eines Tages mit einer Frau nach Hause, die Zwillinge bekam, und dadurch brauchten wir eine weitere Helferin, und nun haben wir plötzlich ganz viele.«

»Hört sich an, als wäre es teuer?«, bemerkte ich.

»Wir bezahlen sie nicht, sie bekommen Kost und Logis dafür, dass sie uns im Haus helfen«, erklärte Vadra. »Wenn es nicht so viel zu tun gibt, können sie sich als Tagelöhner verdingen und eigenes Geld verdienen. Früher war es üblich, dass die Menschen hier Sklaven hielten. Die Sklaven waren Idu Mishmi wie wir, aber vielleicht Waisen oder aus irgendeinem anderen Grund sehr arm. Ihre Kinder wurden ebenfalls Sklaven. Die Sklaverei endete vor ein oder zwei Generationen.«

Ein dünnes Mädchen im Teenageralter räumte das Geschirr ab und spülte es. Anschließend kümmerte sie sich um mein Zimmer. Ich schlief die ganze Nacht wie ein Stein, mit oder ohne göttliche Intervention.

Sipa Melo war der mächtigste Schamane oder *Igu*, wie sie hier genannt wurden, des Distrikts. Er lebte in dem kleinen Dorf Alinye, einige Kilometer nördlich von Anini. Dort betrieb er ein kleines Hotel und ein noch kleineres Restaurant. Als wir ankamen, erschien er in der Einfahrt, begleitet von einem älteren deutschen Psychiater und Sozialanthropologen.

»Seit sechzehn Jahren besuche ich Sipa regelmäßig, und noch immer lerne ich jedes Mal etwas Neues«, erklärte der Deutsche. »Mein Ziel ist es, alle Rituale und Gesänge der Schamanen zu dokumentieren, damit sie nicht verloren gehen.«

Vor vielen Jahren hatte er eine sozialanthropologische Abhandlung über Schamanen in Nepal geschrieben, aber in den Dörfern, die er damals besucht hatte, gab es inzwischen keine Schamanen mehr. Alle waren zum Christentum konvertiert.

»Um heutzutage noch echte Schamanen zu finden, muss man in die Dörfer ohne Straßenanbindung gehen«, sagte der Deutsche. »Auch Anini hat sich gewaltig verändert, seit die Straße gebaut wurde«, fügte er düster hinzu. »Die jungen Leute wollen hier nicht mehr leben.«

Der Deutsche zog sich auf sein Zimmer zurück, um sich auszuruhen. Sipa lud Vadra, Tasang und mich ins Fernsehzimmer ein und servierte frisch gebrühten Tee. Wie es bei den Idu Mishmi üblich ist, trug er einen Pony und hatte das schwarze Haar zu einem Pferdeschwanz gebunden. Er war achtundfünfzig Jahre alt, sehr viel kleiner als ich und von einem so sanften Wesen, dass es den Anschein hatte, als sei er nicht in der Lage, wütend zu werden.

»Er ist der stärkste Schamane in dieser Gegend«, erklärte Vadra und nahm auf dem Sofa Platz. Sipa sprach leise und ruhig, die ganze Zeit mit einem Lächeln um den Mund, obwohl er ständig von Vadra unterbrochen wurde, der Sipas Sätze beendete.

»Ich bin nicht zur Schule gegangen, stattdessen verbrachte ich viel Zeit mit den Schamanen und hörte ihren Gesängen zu«, erzählte Sipa. »Ich begann sie zu lernen, als ich ungefähr zwölf Jahre alt war, aber es dauerte zehn Jahre, bis ich alle Lieder konnte und alles gelernt hatte, was ich über die Geister wissen musste. Wenn ich singe, trage ich besondere Kleider aus Bärenfell, Tiger- und Löwenzähnen. Die Kleider lassen mich mutiger werden. Viele Geister sind dem Schamanen böse, weil er der Einzige ist, der sie kontrollieren kann. Die Geister sind häufig temperamentvoll, und es kommt vor, dass sie sich prügeln wollen. Aber die Seele des Igu kann höher steigen als die anderer Geister, und dort holt er sich eine besondere Kraft. Wenn ich singe, ist mein Körper hier, aber meine Seele ist in den Bergen, in den Wolken, weit, weit fort ...«

Er reichte mir einen Zweig und bat mich, die Blätter zu probieren. Sie schmeckten sauer und bitter, mit einem Hauch von Anis.

»Einige Krankheiten lassen sich mit Medizin aus wilden Pflanzen behandeln«, erklärte er. »Diese Pflanze, zum Beispiel, ist gut gegen Magenschmerzen. Nur der Schamane weiß, wo diese Pflanzen wachsen. Wenn jemand krank ist, singe ich mich von Generation zu Generation, um herauszufinden, ob jemand in der Familie des Kranken etwas tat, das die Geister verärgert hat. Dann vermittle ich zwischen dem Geist und dem Menschen. Ich sage dem Geist, dass der Mensch es wiedergutmachen wird; ich bitte ihn, den Kranken zu verschonen. Häufig sauge ich auch den Schmerz aus dem Patienten und spucke ihn aus. In komplizierten Fällen kommt es vor, dass ich den Patienten ins Krankenhaus schicke oder ihn dort besuche. Ich stehe auch Menschen bei, die sterben. Manchmal ist die Seele so an das irdische Leben gebunden, dass sie das Haus nicht verlassen will, und dann muss ich dem Toten erklären, dass er weiterziehen muss. Die Seele eines Menschen, der eines natürlichen Todes gestorben ist, kommt in den Asuko, unseren Himmel. Wir glauben, unsere Reise, die Reise des Lebens, beginnt beim Sonnenaufgang im Osten und endet beim Sonnenuntergang im Westen. Asuko liegt im Westen.«

»Im Westen, ja«, bestätigte Vadra. »Asuko liegt im Westen, das ist richtig!«

»Diejenigen, die eines unnatürlichen Todes sterben, enden in Yomuko, unserer Hölle, aber sie müssen dort nicht für immer bleiben«, fuhr Sipa geduldig fort, ohne sich von Vadra beirren zu lassen, der ihm ständig ins Wort fiel. »Hat eine Person sich zum Beispiel erhängt, muss diese Person nach ihrem Tod alle Aspekte des Stricks untersuchen. Wo kam er her? Wieso kam er zu ihr? Ist jemand in einem Fluss ertrunken, muss er alles über den Fluss herausfinden. Wie viele Fische schwimmen darin, wo mündet er, wo hat er seine Quelle? Jemand, der mit einem Messer umgebracht wurde, muss alle steilen Berge auf der ganzen Welt hinaufklettern, denn Berghänge ähneln Messerklingen. Das dauert oft zwei- bis dreitausend Jahre. Wenn die Untersuchungen abgeschlossen sind, wird die Seele von allein nach Asuko ziehen.«

»Ja, sie wird ganz von allein nach Asuko ziehen«, wiederholte Vadra.

»Das Klima verändert sich auf der ganzen Welt und vor allem im Himalaya«, sagte ich. »Auch hier in Anini hat sich der Alltag in den letzten zehn Jahren sehr verändert, und es wird eine neue Straße gebaut. Wie reagieren die Geister auf all diese Veränderungen?«

»Die Geister sind zornig«, antwortete Sipa. »Sie wollen, dass wir sie um Erlaubnis bitten, bevor wir zum Beispiel ein Haus bauen oder einen Baum fällen, damit wir sie nicht stören. Sie sind empört über den Straßenbau und die Staudämme, deshalb passieren momentan so viele Unfälle, deshalb kommt es zu Erdrutschen. Wir Menschen müssten wenigstens zeigen, dass uns die Veränderungen leidtun, die wir der Natur antun, wir müssten um Zustimmung beten, bevor wir damit beginnen.«

Wir gingen in den Garten und tranken frisch gebrühten Pfefferminztee in der Sonne. Sipa sah sich lächelnd um.

»Ist es nicht schön hier?«, sagte er und breitete die Arme in Richtung der Berge aus, die um sein Haus standen. »Ich habe das Gefühl, inmitten der Lotusblume zu wohnen.«

Zurück in Anini holten wir den reparierten Reifen ab, den wir nach unserer Ankunft in eine Werkstatt gebracht hatten, und suchten nach einer Möglichkeit, Diesel zu tanken. Es gab keine Tankstelle in Anini, aber Vadra kannte einen Ladenbesitzer, der auch Treibstoff verkaufte. Der Händler holte einen Plastikkanister aus dem Lager und ließ seine schmächtige Tochter die Flüssigkeit in den Tank füllen.

Vor Vadras Nachbarhaus standen eine Unmenge Schuhe. Innen, in einem engen, schlecht beleuchteten Aufenthaltsraum, saß ein Dutzend Menschen dicht gedrängt um den offenen Herd. Nah der Tür hockte ein kleiner, beleibter Mann und sang Lieder mit einer merkwürdig anrührenden, androgynen Stimme. Auf dem Boden links von dem singenden Schamanen lag ein dünner, alter Mann. Er war in eine dicke Decke gewickelt und sah krank und erschöpft aus.

»Was er auch falsch gemacht hat, vergib ihm«, sang der Schamane. »Gib ihm eine Chance, beschütze ihn, lass ihn wieder hinaus in die Sonne gehen.«

Bei den Menschen im Raum handelte es sich um sämtliche Verwandte des alten Mannes. Die Stimmung war gelöst, die Leute unterhielten sich und lachten, während der Schamane sang, alle bekamen reichlich Tee. In der Ecke in der Nähe der Tür saß eine Gruppe Jugendlicher etwas abgesondert vom Rest der Familie, Burschen mit viel zu viel Gel im Haar und Mädchen mit rosafarbenen Lippen, die unterunterbrochen auf ihren Mobiltelefonen scrollten.

Zu Hause bei Vadra aßen Pastor Paul und Amos zu Abend, als wir zurückkamen.

»Das war ein richtig guter Tag!« Der Pastor lächelte breit. »Heute Nachmittag haben wir vier Schwestern im Fluss getauft. Sie waren erst Teenager, aber fest entschlossen, sich taufen zu lassen, obwohl ihre Eltern keine Christen sind. Es war ein großartiger Tag!«

Bevor wir im Morgengrauen wieder in Richtung Süden fuhren, nach Roing, bestand der Pastor darauf, für uns zu beten. Er schloss die Augen und betete inständig um unseren Schutz unterwegs und eine sichere Ankunft. Er selbst wollte mit dem Hubschrauber weiterreisen.

Das Gebet des Pastors war nicht sehr hilfreich. Der Diesel, den wir am Vortag in Anini gekauft hatten, erwies sich als mit Wasser und Paraffin gepanscht. Im Laufe des Vormittags fing der Motor an zu stottern, schließlich blieb er stehen. Glücklicherweise gab es genügend Automechaniker an der Straße. Einer von ihnen half uns, das Wasser aus dem Filter zu leeren und den Motor wieder zu starten. Noch fünf Mal, in immer kürzeren Abständen, musste Danthi aussteigen und dem Motor Leben einpumpen, bevor wir **Roing** (390 Meter über N.N.) erreichten.

»Ich habe gehört, dass in dieser Gegend viel Opium geraucht wird«, sagte ich zu Tasang am nächsten Morgen. »Ist es möglich, einen Opiumraucher kennenzulernen?«

»Kein Problem«, erwiderte er. »Ich kann Sie zu meinem Nachbarn mitnehmen. Wir kommen ohnehin dort vorbei.«

Danthi hatte den Vormittag in der Werkstatt verbracht, nun war der Wagen wieder in Ordnung und mit unverschnittenem Diesel betankt. Die nächsten paar Stunden fuhren wir über harten, ebenen Asphalt. Als würden wir auf Wolken fahren. Am frühen Nachmittag erreichten wie Tasangs Heimatort, ein friedliches Idu-Mishmi-Dorf im Flachland von Assam am Fuß des Himalaya.

Tasang erklärte unser Anliegen, und sein Nachbar lud uns lächelnd in sein traditionelles Bambushaus ein und zeigte uns vertrauensvoll seine Ausrüstung. Wir setzten uns an den offenen Herd, an dem alles seinen festen Platz hatte, vom Löffel, in dem er das Opium kochte, bis zur Pfeife, mit der er es rauchte.

»Ich rauche drei Mal täglich«, erzählte er. »Wenn ich nicht rauche, funktioniert mein Körper nicht so, wie er soll, und ich werde sehr träge. Aber wenn ich rauche, fühlt mein Körper sich leicht und weich wie Baumwolle an. Es ist besser als Wein. Wenn ich betrunken bin, verliere ich die Kontrolle über mich. Rauche ich Opium, werde ich unglaublich höflich. Ich habe die volle Kontrolle.«

»Wie lange rauchen Sie schon?«, wollte ich wissen.

»Rund zehn Jahre. Es begann als Zeitvertreib. Meine Freunde rauchten, und ich ließ mich überreden, es auch einmal zu probieren.«

Er sprach langsam und lachte viel. Die Stimme hatte diesen charakteristischen Tonfall, der bei schwer Drogenabhängigen häufig zu hören ist.

»Ich werde unglaublich aktiv, wenn ich rauche«, fuhr er fort. »Ich pflanze Opium zum eigenen Gebrauch an, das ist billiger als es zu kaufen, aber hin und wieder, wenn die Ernte lange zurückliegt, muss ich etwas dazukaufen. Ich rauche für höchstens dreihundert Rupien am Tag, vielleicht fünfhundert, wenn die Preise in die Höhe gehen.«

Ursprünglich hatte er das Opium, die Geißel des Ostens, von dem Volk der Mishmi auf der anderen Seite der Grenze in China gekauft.

»Bis 1962 war es einfach, die Grenze zu überqueren, aber jetzt wird sie von der Armee bewacht«, erzählte der Nachbar. »Manchmal schleichen die Leute trotzdem über die Grenze, denn alle wissen, wo die Militärposten sind.«

»Spüren Sie irgendwelche Nebenwirkungen des Opiumrauchens?«

»Nein, und deshalb gibt es auch keinen Grund aufzuhören. Aber ich muss jeden Tag rauchen, sonst bekomme ich Fieber.«

Seine Ehefrau, eine schlanke Person in einem bunten bodenlangen Wickelrock und mit knallrotem Lippenstift, kam zu uns und fragte, ob wir Tee wollten.

»Ich hasse, dass er raucht«, bemerkte sie. »Ich habe ihn schon so oft gebeten aufzuhören.«

»Niemand sonst in der Familie raucht Opium«, sagte der Mann. »Alle schlechten Angewohnheiten schaden dem Körper, und ich weiß, dass ich den Preis dafür bezahlen muss, daher habe ich schon oft versucht aufzuhören, aber mein Körper reagiert jedes Mal unwillig.«

»Ist das nicht riskant?«, fragte ich. »Drogenmissbrauch wird doch in Indien streng bestraft?«

»Es kommt vor, dass die Polizei kommt und das Opium beschlagnahmt, aber hier bestimmt der Dorfrat, was erlaubt ist, nicht das indische Gesetz, und ich sitze selbst im Rat.« Er kicherte. »Wir befassen uns überwiegend mit Problemen des Grundeigentums und des Frauenraubs. Wenn der Ehemann seine Frau zurückhaben will, muss der Mann, der sie ›gestohlen‹ hat, eine Buße bezahlen. Will der Ehemann die Frau nicht behalten, muss die Frau die Gayals zurückzahlen, die er bezahlt hat, als sie heirateten.«

»Arbeiten Sie?«, erkundigte ich mich. Es war eigentlich Bürozeit, doch er saß ganz entspannt zu Hause. Gleichzeitig schien die Familie nicht sonderlich arm zu sein – alle drei Kinder studierten an der Universität der nächsten Stadt.

Er lachte lange, bevor er in der Lage war zu antworten.

»Ja, natürlich habe ich einen Job! Ich arbeite im Schulministerium.«

»Und wie oft sind Sie im Büro?«

Erneut lachte er, dass die Schultern bebten.

»Früher musste ich einmal im Monat ins Büro, um mein Gehalt abzuholen, aber jetzt wird das Geld aufs Konto überwiesen, also ist das auch nicht mehr nötig. Ich muss nur bei den Wahlen arbeiten oder wenn die Vorgesetzten oder andere wichtige Leute zu Besuch kommen.«

Als ich gehen wollte, bekam Tasangs Nachbar Besuch von einem seiner Opiumkameraden. Er feuerte den Herd an und begann routiniert, Bananenblattstreifen zu trocknen. Dann kochte er Wasser auf und legte ein Stückchen getrocknetes Opium in den bereitliegenden Esslöffel, goss Wasser darüber und ließ die Mischung kochen, bis das Opium zu einer dunklen, klebrigen Masse geschmolzen war. Danach schüttete er die Masse über die getrockneten Bananenblattstreifen, vermischte es gut und teilte es in zwei gleichgroße Portionen auf.

»Manche schaffen das in fünf Minuten, aber so tüchtig bin ich nicht«, grinste er.

Der Kamerad nahm am Herd Platz, die beiden Männer gossen Wasser in ihre selbst gebauten Bambuswasserpfeifen und füllten sie mit der Bananenblattmischung. Sie inhalierten tief und stießen einen blauen süßlichen Rauch aus. Nach jedem Zug spülten sie ihren Mund mit Tee. Die Stimmung am Herd wurde immer seliger. Dann wurde es still.

Für den morgigen Tag

Die Welt ist voller Kriegsgräberstätten. Außerhalb von **Digboi** (165 Meter über N.N.), Indiens Hauptstadt des Öls, liegen zweihundert Grabsteine in ordentlichen Reihen auf einem gleichmäßig gemähten Rasen verteilt. Über jedes einzelne Grab ließe sich ein ganzer Roman schreiben.

A Soldier of the Indian Army 1939-1945 is honoured here. Das Grab war eines der wenigen ohne Namen. Hatte sich niemand erinnern können, wie er hieß? Oder war es unmöglich gewesen, ihn zu identifizieren? Er starb am 15. November 1945, mehrere Monate nach Kriegsende. *Morto per la patria*, gestorben für das Vaterland, stand auf dem Grab des Feldwebels A. Respanti der *Esercito Italiano*. Respanti starb am 30. Juli 1944. Weniger als ein Jahr zuvor hatte Italien auf Japans Seite gegen die Alliierten gekämpft. Wie war Respanti so kurz darauf im indischen Dschungel auf der alliierten Seite gelandet? *Treasured memories of a loved husband and daddy sadly missed by wife and baby.* G. Marks wurde einunddreißig Jahre alt. Erfuhr er vor seinem Tod noch, dass er Vater geworden war? Die Worte *Patria memor*, ich denke an mein Vaterland, standen eingraviert auf dem Grabstein des Soldaten Bolongo aus Belgisch-Kongo. Wie um alles in der Welt konnte Bolongo hier enden?

Als wir gehen wollten, betraten zwei junge Burschen mit einer jungen Frau den Friedhof, alle drei mit Fotoausrüstungen beladen. Sie wollen vermutlich die Gräber fotografieren, dachte ich, vielleicht ein Schulprojekt, doch es stellte sich heraus, dass das Mädchen aus allen erdenklichen Winkeln verewigt werden sollte – mit den Gräbern als Hintergrund.

Wann beginnt und wann endet ein Krieg? In Europa brach der Zweite Weltkrieg am 1. September 1939 aus, mit Deutschlands Angriff auf Polen. In Asien begann er weitaus früher, am 7. Juli 1937, mit Japans Angriff auf China. Vielleicht hatte der Krieg sogar bereits 1931 begonnen, mit der japanischen Invasion der Mandschurei in

Nord-China und den damit verbundenen unmenschlichen Leiden. Der Vorläufer der aggressiven japanischen Expansion geht sogar noch länger zurück, bis ins Jahr 1904, als Japan ohne Vorwarnung den russischen Hafen Port Arthur angriff und zur Überraschung von Zar Nikolaus II. über das russische Imperium siegte. Ein neues und selbstbewusstes Japan war geboren.

1940 schloss Japan sich der Allianz zwischen Italien und Deutschland an, und parallel zu Deutschlands Verwüstungen in Europa wuchs Japans Expansionsdrang in Asien. Im September, nachdem die deutschfreundliche Vichy-Regierung die Administration der französischen Kolonien übernommen hatte, marschierten japanische Soldaten in Französisch-Indochina (dem heutigen Vietnam), Laos und Kambodscha ein. Die USA, die für rund neunzig Prozent des japanischen Ölimports verantwortlich waren, reagierten mit einem vollständigen Ölembargo. Am 7. Dezember 1941 griff Japan die amerikanische Pazifikflotte in Pearl Harbor auf Hawaii und auf den Philippinen an, die britischen Kolonien Hongkong, Malaya (das heutige Malaysia) und Singapur sowie das Königreich Thailand. Wie bereits 1904 waren die Angriffe Teil der japanischen Überraschungsstrategie – der Krieg wurde erst erklärt, als er bereits eine Tatsache war. In rascher Folge unterwarfen die Japaner die Pazifik-Inseln und marschierten im Januar 1942 auch in der britischen Kolonie Burma ein. In kurzer Zeit hatte sich der Pazifik in ein Schlachtfeld verwandelt, und Japan führte Krieg an allen Fronten.

Der Burma-Feldzug wurde zum längsten Kampf, den die Briten während des Zweiten Weltkriegs ausfochten. Wie so oft hatte die einheimische Bevölkerung am meisten unter den Kämpfen zwischen Japan auf der einen und Großbritannien, den USA und China auf der anderen Seite zu leiden. Es wird angenommen, dass rund eine Million Burmesen durch die Kriegshandlungen oder deren unmittelbare Folgen, Hunger und Krankheiten, umkamen. In Bengalen in Britisch-Indien, westlich von Burma, starben zwischen zwei und drei Millionen Menschen den Hungertod, während die Briten die Japaner bekämpften.

Eigentlich ging es bei dem Krieg in Burma um China. Das

Hauptanliegen der Japaner war es, die über tausend Kilometer lange Burmastraße zu kontrollieren, die von Lashio in Nord-Burma bis Kunming in der chinesischen Provinz Yunnan führte. Es war die wichtigste Versorgungslinie der Alliierten nach China. Im April 1942 eroberten die Japaner Lashio, damit war die Versorgungskette gebrochen. Die Amerikaner träumten davon, dass Chiang Kai-shek, der Anführer der chinesischen nationalistischen Kuomintang-Partei, die Japaner und die chinesischen Kommunisten besiegte, um dann ein Handelsabkommen mit einem freien und expandierenden, modernen China zu schließen. Sie waren daher fest entschlossen, die Versorgungslinie für die Kuomintang offen zu halten, koste es, was es wolle.

Das kostete, sowohl Material wie auch Menschenleben. Als der Versorgungsweg Burmastraße abgeschnitten war, begannen die Amerikaner, eine neue Straße von Ledo in Nordost-Indien zu bauen, direkt an der burmesischen Grenze. Der Plan war, die Straße mit der ursprünglichen Burmastraße im Norden von Burma zu vereinen und von dort weiter über die Grenze nach Yunnan in China zu führen. Die Briten waren nicht sonderlich begeistert von der Idee, dass die Chinesen eine Straßenverbindung nach Indien bekommen sollten, doch Washington setzte den Vorschlag durch – und bezahlte dafür. Winston Churchill gab zu bedenken, das Projekt sei so umfassend und arbeitsintensiv, dass die Straße vermutlich erst in Gebrauch genommen werden könnte, wenn sie gar nicht mehr nötig wäre, und er behielt beinahe recht: Obwohl fünfzehntausend amerikanische Soldaten und fünfunddreißigtausend einheimische Arbeiter eingesetzt wurden, verging das gesamte Jahr 1943 damit, eine Straße von Ledo bis Shingbwiyang in Burma zu bauen, das nur hundertsiebenundsechzig Kilometer entfernt lag. Die Straße führte durch dichten Dschungel, und da es keinerlei Vorstudien gab, mussten die Ingenieure im Großen und Ganzen raten und das Beste hoffen, was die Bodenbeschaffenheit anging. Das Klima war heiß und feucht, es wimmelte von Quälgeistern wie der Malariamücke, Spinnen, Skorpionen, Schlangen und auch größeren Biestern wie Tigern und Leoparden. Rund die Hälfte der Soldaten, die während des Burmafeldzuges starben, wurden nicht im Kampf getötet, sondern erlagen Tropenkrankheiten, Hunger oder wilden Tieren.

Während die Straße Meter für Meter ausgegraben wurde, war ein Flug über das Himalaya-Gebirge die einzige Möglichkeit, Chiang Kai-shek mit Nachschub zu versorgen. Die rund tausend Kilometer lange Route wurde *The Hump* genannt, bekam aber auch malerischere Spitznamen wie *The Skyway to Hell*, *Operation Vomit*, *The Aluminium Trail*. Letzteres spielte auf die Anzahl von Flugzeugwracks an, die entlang der Route am Boden lagen. Über fünfhundert Flüge verunglückten oder verschwanden in den dreieinhalb Jahren, in denen die Route täglich geflogen wurde, über tausenddreihundert Besatzungsmitglieder verloren ihr Leben. Die Piloten mussten häufig bei schlechtem Wetter und mit überladenen Flugzeugen starten, man hatte weder Kontrolltürme noch Radar, die Funkverbindungen waren schlecht, und es gab keine verlässlichen Karten. Die Sicht war oft gleich null, häufige Kollisionen in der Luft waren die Folge. Dazu kamen die hohen Berge. In diesem Teil des Himalaya treffen drei kräftige Luftströme aufeinander, was zu extremen Turbulenzen führte. Die meisten Piloten waren frisch ausgebildet und hatten kaum Erfahrung, dennoch mussten viele über längere Zeit drei Mal täglich hin- und zurückfliegen.

Im Januar 1945 wurde die Ledostraße schließlich in Gebrauch genommen. Nach dem Krieg wurde sie in Stilwellstraße umgetauft, nach dem notorisch schlecht gelaunten General Joseph Stilwell, der für den Straßenbau verantwortlich war. Alliierte Piloten setzten trotzdem ihre Flüge *over the hump* bis zum November 1945 fort, um Chiang Kai-shek mit Kriegsmaterial zu versorgen.

Ann Poyser, unsere Gastgeberin in dieser Ecke Indiens, glaubte nicht, dass Tasang und Danthi es schaffen würden, die Reste der Ledostraße zu finden, daher fuhr sie als Pfadfinderin mit. Ann war Ende siebzig, übergewichtig und schlecht zu Fuß, aber sie hatte eigene Techniken entwickelt, um voranzukommen. Ihr Vater, Stuart Poyser, war in den dreißiger Jahren als Verwalter einer der vielen Teeplantagen in der Region von England nach Assam gekommen. Das Leben auf der Plantage war einsam, und es dauerte nicht lange, bis der junge Brite sich in Monglee, die Nichte seines Dieners, verliebte. Monglee war erst vierzehn, als sie ihre erste Tochter zur Welt brachte, Mary. Ann wurde fünf Jahre später geboren.

Stuart Poyer wollte oder konnte die Kinder nicht anerkennen, und auch eine offizielle britische Ehe war nicht vorstellbar, aber er heiratete Monglee bei einer traditionellen Zeremonie in ihrem Heimatdorf und half seiner kleinen Familie, so gut er konnte. Als daheim in Europa wie auch in den Nachbarkolonien der Krieg ausbrach, meldete er sich freiwillig und wurde nach Britisch-Malaya geschickt. Am 11. Februar 1942, vier Tage vor dem Fall Singapurs, wurde er im Kampf getötet. Er hatte Monglee ein Fotoalbum und einige Informationen über seine Familie in Großbritannien hinterlassen, aber zum einen konnte sie nicht lesen, zum anderen wurden ihr die Dokumente schon bald gestohlen. Als Ann heranwuchs, kannte sie nicht einmal den Vornamen ihres Vaters. Die Mutter glaubte, er habe Stephen geheißen.

Als Ann fünf und Mary zehn Jahre alt waren, gelang es der Mutter mithilfe eines katholischen Priesters, die Töchter auf eine Klosterschule in Guwahati zu schicken, weit, weit weg. Mary starb nach wenigen Monaten an der Ruhr, doch Ann überlebte, beendete die Schule und wurde die Sekretärin eines englischen Ehepaars. Einige Jahre später verliebte sie sich in einen Piloten, einen Sikh, verlobte sich mit ihm, zog in den Westen Indiens zu seiner Familie, wurde schwanger – und fand heraus, dass ihr Verlobter sich noch nicht von seiner vorherigen Frau hatte scheiden lassen. Wütend kehrte sie in das Dorf in Assam zurück und nahm ihre Stellung als Sekretärin wieder an. Es war nicht einfach, einen Vermieter zu finden, der eine junge alleinerziehende Mutter englisch-indischer Herkunft bei sich wohnen ließ, und es machte die Sache nicht besser, dass die Männer des Dorfes nachts gern ungebeten bei ihr auftauchten. Ann musste stets ihre Tür abschließen. Nach und nach wurde ihre Tochter jedoch größer, allmählich stieg Anns Ansehen, und langsam verbesserte sich auch ihre finanzielle Situation.

In ihrer Jugend hatte Ann mehrfach vergeblich versucht, mehr über ihren Vater und sein Schicksal zu erfahren. 1985 stieß sie zufällig auf einen Artikel in *The Daily Telegraph* aus Anlass des Jahrestages des Sieges über Japan. Der Autor des Artikels hatte selbst während des Krieges in Assam gedient und war jetzt Generalmajor. Ann schrieb ihm, und zu ihrer Überraschung bekam sie eine Antwort. Der Generalmajor konnte ihr mitteilen, wo ihr Vater begraben war und wie sein Vorname lautete. Mit dem vollen Namen des Vaters gelang es Ann, dessen Schwester aufzuspüren, die noch am Leben war und nichts von der heimlichen indischen Familie ihres Bruders geahnt hatte. Seither hat Ann die Familie ihres Vaters in Großbritannien einmal im Jahr besucht. Als sie fünfzig Jahre alt wurde und ihr Arbeitgeber in Pension ging, kaufte sie von ihrem Ersparten eine Teeplantage und hatte mit der Zeit das kleine Gästehaus aufgebaut, in dem ich übernachtete.

Die Rollbahn war mit Unkraut überwuchert. Junge Mädchen in grünen und weißen Schuluniformen beugten sich über ihre Mobiltelefone und Bücher und wurden von einer Gruppe Jungen genau beobachtet, die sich hinter einem Baum versteckt hatten. Weder informierten eine Tafel noch irgendwelche Plakate über die vielen Tausend Piloten, die in den Kriegsjahren von hier aus auf die gefährliche Route über die Ostflanke des Himalaya gestartet waren, wieder und wieder und wieder.

Auch der Ledo Club, in dem der flamboyante Lord Mountbatten of Burma sein Büro gehabt hatte, nachdem er 1943 von Churchill zum Oberkommandierenden der alliierten Streitkräfte in Südost-Asien ernannt worden war, hatte bessere Tage gesehen. Der Tennisplatz war jetzt ein Parkplatz, der Billardtisch in einem Lager verstaut. Aber die Bar gab es noch, und sie war sogar offen; drei Angestellte führten uns lächelnd in den leeren, verstaubten Räumen herum. Der Bartresen war mit ewig blühenden Plastikblumen geschmückt und in ein grelles blaues Licht getaucht.

»Am Wochenende bin ich hier oft tanzen gegangen«, erzählte Ann, während sie sich die Treppe des verfallenen Lokals herunterkämpfte. »Die Mitgliedschaft kostete acht Rupien. Es war nicht leicht, hier halb britisch, halb indisch zu sein. Weder die Weißen noch die Inder wollten mich als eine der ihren akzeptieren.«

Ein paar Kilometer weiter lag Zero Point, wo die Ledostraße begann. Der Punkt war mit ein paar Erinnerungsplaketten und verblassten Informationsplakaten markiert.

»Die eigentliche Straße ist längst verschwunden«, sagte Ann. »Aber etwas weiter vorn sind noch die Reste einer Brücke zu sehen.«

Nur das Fundament war geblieben. Die Brücke selbst hatten die Bauern der Umgebung Stein für Stein abgetragen.

Ann drehte sich triumphierend vom Vordersitz zu uns um. »Ohne mich hättet ihr das nicht gefunden, oder?« Sie lächelte zufrieden. »Hinter der nächsten Kurve liegt ein Fischmarkt. Dort besorgen wir uns Proviant.«

Die Führung wurde mit einem Picknick am Ufer des Brahmaputra beendet. Anns Dienstmädchen hatten uns mit Sandwichs und anderen Zutaten zum Lunch versorgt. Tasang und Danthi zündeten ein Feuer an, kochten Reis und hackten Gemüse. Ich betrachtete das dörfliche Leben am Flussufer. Ständig passierte etwas, auch wenn es sich nicht immer um etwas Großartiges handelte. Männer nahmen ein Bad, junge Mädchen wuschen Kleider, Kühe löschten am Ufer ihren Durst, ein Traktor durchquerte den Fluss und ging bei dem Versuch beinahe unter, ein breiter Prahm glitt träge auf dem Fluss vorbei. Am Horizont wachte der Himalaya über uns. Das Feuer verströmte allmählich angenehme Gerüche, und schon bald war das Essen fertig und wurde auf Bananenblättern serviert. Ann aß mit großem Appetit und voller Respekt für Tasang.

»Du findest dich vielleicht nicht so gut zurecht, aber kochen kannst du«, lobte sie ihn.

Tasang strahlte und befüllte weitere Bananenblätter.

Als wir zusammenpackten, änderte sich das Licht langsam von Milchblau zu Lila. Das Flussufer leerte sich.

»Mir war gar nicht klar, dass es schon so spät ist, es ist gleich fünf!« Ann war offensichtlich gestresst. »Wir müssen aufbrechen, bevor es dunkel wird. Die Aufständischen verstecken sich tagsüber im Dschungel, aber nach Einbruch der Dunkelheit ist hier niemand mehr sicher.«

Mit der Idylle war es abrupt vorbei.

Seit mehr als dreißig Jahren kämpften verschiedene Separatistengruppen für die Unabhängigkeit Assams. Der Konflikt hat über dreißigtausend Menschenleben gekostet und ist die Einheimischen teuer zu stehen gekommen – im buchstäblichen Sinn. So wie die meisten Landbesitzer im Bundesstaat wurde auch Ann regelmäßig erpresst, Schutzgelder zu zahlen.

»Normalerweise bezahle ich jedes Mal rund fünfzigtausend Rupien«, erzählte sie. »Die Alternative ist, ermordet zu werden, da fällt die Wahl leicht. Man kann natürlich zur Polizei gehen, aber die beschützen dich lediglich eine Woche oder zwei, dann bist du wieder dir selbst überlassen. Alle bezahlen.«

Wir fuhren zurück zu Anns Haus, vorbei an bewaffneten Soldatenpatrouillen, eingezäunten Militärlagern und Schildern, die vor Elefanten auf der Fahrbahn warnten. Im Laufe der Nacht wurde ich mehrfach von tiefem, trompetenartigem Gebrüll aus dem Dschungel gleich nebenan geweckt.

Wir fuhren weiter nach Süden, entlang der Naga-Berge, die ein Teil der Puvanchal-Kette sind, eines Ausläufers des Himalaya. Hier und da tauchten in der grünen leicht hügeligen Landschaft kleine Gruppen von Bambushäusern auf. Irgendwann bog Danthi nach Osten ab, in Richtung Myanmar.

Die Grenze zwischen Indien und Myanmar verläuft quer durch das **Haus des lokalen Königs** (1400 Meter über N.N.). Es ist ein Backsteinhaus mit einem modernen Blechdach, aber sonst wie ein traditionelles Langhaus gebaut. An der linken Seite des Eingangstors hing Myanmars gelb-grün-rote Flagge, auf der rechten wehte die indische. Vom Parkplatz aus waren der indische Wachposten auf der Bergkuppe sowie Myanmars wogende grüne Landschaft zu sehen, die zum Verwechseln der indischen ähnelte.

Der König sei nicht zu Hause, hieß es, er sei in der Kirche. Wir stiegen den steilen Abhang zur Kirche hinab und erlebten den letzten Teil des Gottesdienstes. Das Gotteshaus war knüppelvoll, alle waren in ihren feinsten Kleidern erschienen – die Frauen in bunten Wickelröcken oder kurzen Kleidern, die Männer im Anzug. Von der Kanzel hielt der Priester eine weitschweifende Predigt, aber das einzige Wort, das ich verstand, war *Christmas* – dafür wiederholte er es aber häufig. Irgendwann sang die Gemeinde *Joy to the world* mit hellen, zarten Stimmen, danach sprach der Priester erneut über das bevorstehende Weihnachtsfest. Plötzlich stieg ein Crescendo an Stimmen zum Kirchendach auf. Und ebenso abrupt, wie das Gebet begonnen hatte, legte es sich auch wieder, und die Gemeinde verließ rasch die Kirche.

Wir gingen zurück zum Haus des Königs. Der einheimische Guide, der uns als Dolmetscher begleitete, stellte mich einem kleinen, zurückhaltenden Mann vor. Er trug schwarze Sneakers und ein braunes Jackett, hatte hohe Wangenknochen, dunkle Lippen und nicht eine Runzel. Seine Augen waren groß und blickten ernst.

»Dies ist der König«, sagte der Dolmetscher.

Den Rang des kleinen Mannes verriet lediglich ein diskretes Namensschild an seinem Revers, auf dem *Towei Phawang. Chief Angh* stand.

Tasang überreichte ihm die Geschenke, die wir mitgebracht hatten: eine Plastiktüte mit Tee, Zucker und Keksen. Der Monarch nahm sie gnädig entgegen, und wir setzten uns auf Hocker am offenen Herd, wo eine Frau das Mittagessen zubereitete.

»Ich bin dreiundvierzig Jahre alt und *Angh* über achtunddreißig Dörfer der Konyak in Myanmar und vier Dörfer in Indien, insgesamt sind es mehr als hunderttausend Menschen«, berichtete der König mit leiser Stimme.

Da die Grenze quer durch sein Haus verlief, ging ich davon aus, dass der König in Myanmar saß und ich in Indien.

»Die Grenze wurde 1971 von den indischen Behörden festgelegt, als mein Großvater Angh war«, erzählte der König ebenso leise weiter. »Mein Großvater ging nicht zur Schule, und in seiner Jugend war das Christentum auch noch nicht bis hierher vorgedrungen. Nachdem das Christentum sich durchgesetzt hatte, hörten die Menschen auf, sich gegenseitig die Köpfe einzuschlagen. Dann wurde die Grenze zwischen Myanmar und Indien gezogen. Mein Großvater entschied, dass sein Haus auf dem Kamm des Bergrückens liegen sollte, mitten zwischen den beiden Ländern, sodass er in beiden Ländern König war und außerdem die Möglichkeit hatte, seine Feinde im Auge zu behalten. Bevor das Christentum eingeführt wurde, kamen wir nicht an dem Dorf Tangyu vorbei, weil wir mit den Dorfbewohnern Krieg führten, aber nun sind wir alle Baptisten und eine einzige große Familie. Als mein Großvater jung war, lebten wir als Kopfjäger und beteten Steine, Bäume und das Wasser an.«

»Sie praktizierten eine Form des Animismus«, warf ein fremder weiblicher Guide ein. Ihre Touristen, vier deutsche Rentner, hatten sich ebenfalls an den Herd gesetzt und hörten dem Gespräch interessiert zu. Ein Herr mit weißem Vollbart, einer teuren Kamera und einer großen grünen Rotzblase an einem seiner Nasenlöcher hatte sich so nah an den König gesetzt, dass er ihm beinahe schon auf dem Schoß saß. Das Haus des Königs war offen für alle, die Türen standen weit offen, man konnte einfach hineinspazieren und nach Herzenslust fotografieren.

»Ich bin der älteste Sohn der ersten Frau meines Vaters«, fuhr Towei fort, ohne sich von dem gerade angekommenen Publikum stören zu lassen. Man hörte das intensive Klicken und Fiepen der Kameras. »Die erste Frau des Königs wird Königin. Sie muss nicht arbeiten. Ich selbst habe zwei Frauen. Nummer zwei«, er nickte der Frau zu, die auf dem Boden kniete und Gemüse hackte, »ist als eine Art Helfer anzusehen, eine Arbeiterin. Der König kann so viele Frauen haben, wie er will. Mein Großvater hatte sechzig Frauen, mein Vater vierzehn.«

»Planen Sie, weitere Frauen zu haben?«, fragte ich.

»Möglich«, antwortete er mit einem kleinen Lächeln. »Vorläufig habe ich neun Kinder, aber ich habe so viele Geschwister, dass ich gar nicht weiß, wie viele es eigentlich sind. Ich wünsche ihnen alles Gute, und ich will, dass alle meine Kinder zur Schule gehen. Ich selbst bin nicht zur Schule gegangen, das war früher so üblich. Der kommende König ging nicht zur Schule.«

Der bärtige deutsche Tourist hockte sich auf die Knie und kam dem Gesicht des Königs mit dem Teleobjektiv so nahe, dass er es ihm beinahe in die Nase bohrte.

»Ich trage die Verantwortung für alle Dörfer, alle wichtigen Entscheidungen werden von mir getroffen«, erklärte der König ungerührt weiter. »Gibt es eine Schlägerei, muss ich vermitteln. Dafür müssen die Menschen in den Dörfern mir Steuern zahlen. Wenn jemand ein großes wildes Tier tötet, bekomme ich den Kopf. Wird ein Gayal geopfert, bekomme ich die rechten Beine. Außerdem geben die Menschen mir Reis, Yams und Opium. Auf der Myanmar-Seite bauen sie Opium in großen Mengen an, und so gut wie alle rauchen, allerdings habe ich vor drei Jahren aufgehört. Hast du Opium, ist alles gut, aber wenn du keins hast, schaffst du es nicht, auch nur das Geringste zu tun. Am Ende jedes Monats komme ich mit den Repräsentanten der indischen Armee und der von Myanmar zusammen. Ich habe die doppelte Staatsbürgerschaft, beide Länder erkennen mich als König der Konyak an. Ich kann ungehindert die Grenze überqueren und in beiden Ländern wählen.«

»Und für wen stimmen Sie bei der kommenden Wahl?«, erkundigte ich mich.

»Für Naga People's Front.«

»Die Unabhängigkeitsbewegung?« Ich hob eine Augenbraue.

»Ja, mich würde es freuen, wenn Nagaland unabhängig würde, aber Indien wird das niemals zulassen«, erwiderte der König. »Ansonsten, wenn es keine besonderen Probleme in den Dörfern gibt, wie im Augenblick, führe ich ein ganz gewöhnliches Leben. Ich arbeite auf dem Feld, und hin und wieder nehme ich alle aus dem Dorf zum Angeln mit.«

Ich wollte gerade fragen, welche Träume er für sein Volk hatte, als eine Delegation ernster Männer in die Halle marschierte. Der König sprang wortlos auf und ging auf sie zu.

»Der König kann kommen und gehen, wie er will«, erklärte der Dolmetscher. »Das ist das Privileg des Königs.«

Towei setzte sich ans Ende eines langen Tisches in einem Zimmer, das offenbar als Konferenzraum diente. Die Audienz war vorbei. Wir verließen das Langhaus und gingen zurück nach Indien. In einem der kleineren Zimmer auf der Myanmar-Seite saßen vier Männer und rauchten Opium. Ein halbes Dutzend älterer westlicher Touristen dokumentierten die Séance gründlich.

Ein Krieg endet oft erst allmählich, langwierig und leidvoll. Er ist in der Regel lange vorbei, bevor er tatsächlich beendet ist, denn die wenigsten Kriegsherren beherrschen die Kunst, rechtzeitig aufzugeben. Renya Mutaguchi, der Generalleutnant, der die japanischen Streitkräfte anführte, die im Frühjahr 1944 die Grenze zu Indien überschritten, gehörte definitiv nicht zu ihnen.

Der Plan war von vornherein gewagt, und Mutaguchi war auf starken internen Widerstand gestoßen. Durch den Angriff auf die Dörfer Imphal und Kohima auf der indischen Seite hoffte er, die Versorgung durch China abzuschneiden und eine Gegenoffensive der Briten in Burma zu verhindern. Wäre der Plan gelungen, hätten die indischen Ebenen relativ problemlos durch die Japaner erobert werden können.

Am 8. März 1944 überquerten die ersten japanischen Regimenter die indische Grenze. Die Schlacht um Imphal begann. Vier Wochen später leiteten die Japaner einen Parallelangriff auf das Dorf Kohima ein, rund hundert Kilometer weiter nördlich. Kohima lag am Ende eines engen Passes, der von Burma hinüber nach Indien führte, und war daher von großem strategischem Wert.

Die Schlacht um Kohima ist als das Stalingrad des Ostens in die Geschichte eingegangen. Die intensivsten Kämpfe, Mann gegen Mann, fanden auf dem Tennisplatz am Bungalow des Vizekommissars statt. Überall lagen verwesende, von Fliegen wimmelnde Leichen, es gab so gut wie kein Wasser, die sanitären Verhältnisse waren grausig, und die Verwundeten wurden zum Sterben zurückgelassen.

Zunächst waren die japanischen Soldaten in der Überzahl, sie wurden jedoch nicht rechtzeitig versorgt, ihnen gingen allmählich Lebensmittel und Munition aus. Von den fünfundsechzigtausend japanischen Soldaten, die zu den Leiden von Imphal und Kohima abkommandiert wurden, starben rund die Hälfte. Außerdem wurden über zwanzigtausend Mann verletzt – aber nur sechshundert wurden gefangen genommen. Krankheit, Hunger, Selbstmord, Insekten, Schlangenbisse und pure Erschöpfung führten zum Verlust von ebenso vielen Leben wie die Kugeln, die Bajonette und die Granaten der Briten.

Am 20. April war die Situation so prekär, dass Generalleutnant Satō Kōtoku, der eine der beteiligten Infanteriedivisionen anführte, beschloss, seine Truppen aus Kohima abzuziehen. Mutaguchi, der Befehlshaber der Offensive, stoppte den Rückzug und befahl, die Kämpfe wieder aufzunehmen. Ende Mai meldete Satō, sie hätten nichts mehr zu essen und außerdem nur noch wenig Munition. Er kündigte an, die Soldaten aus Kohima abzuziehen, es sei denn, der versprochene Nachschub käme sofort. Mutaguchi tobte: »Wie können Sie es wagen, die Versorgungsschwierigkeiten als Vorwand zu nehmen, um in Kohima zu kapitulieren?«*

Satō widersetzte sich dem Befehl und zog wie angekündigt seine Soldaten mit folgenden Abschiedsworten aus Kohima ab: »Unsere Schwerter sind zerbrochen, unsere Pfeile verschwunden. Mit bitteren Tränen verlasse ich nun Kohima.«**

Am 22. Juni errangen die Briten die volle Kontrolle über Kohima, und die verbliebenen japanischen Soldaten gehorchten keinen Befehlen mehr. Selbst Mutaguchi sah nun ein, dass die Schlacht verloren war. Am 3. Juli zogen sich die Japaner aus Indien zurück.

Satō Kōtoku wurde wenige Tage später aus der Armee entlassen. Den Rest seines Lebens widmete er sich der Hilfe für die überlebenden Soldaten und die Familien der Gefallenen, fest entschlossen, jede einzelne von ihnen zu besuchen. Mutaguchi wurde unehrenhaft entlassen. Nach dem Krieg wurde er von den Amerikanern vor

---

* Fergal Keane: *Road of Bones: The Siege of Kohima 1944 – The Epic Story of the Last Great Stand of Empire*. London 2010. William Collins, Kapitel 24.
** Frank McLynn: *The Burma Campaign: Disaster into Triumph 1942-45*. New Haven 2011, Yale University Press, Seite 321.

ein Kriegsgericht gestellt und wegen Kriegsverbrechen zu einer Gefängnisstrafe verurteilt.

Die Niederlage von Imphal und Kohima wurde zu einem Wendepunkt und war der Anfang vom Ende der japanischen Expansion in Asien. Japan führte dennoch bis zur endgültigen Niederlage im August 1945 ein weiteres Jahr einen aggressiven Krieg in China und im Pazifik.

Das einzige Haus, das aus der Zeit der japanischen Niederlage noch steht, ist das Haus, das Generalleutnant Satō Kōtoku während der Schlacht bewohnt hat. Das Haus steht in dem kleinen Dorf **Kigwema** (1585 Meter über N.N.), rund zwölf Kilometer vom Zentrum Kohimas entfernt.

Am Eingang des Dorfes informierte ein Schild darüber, dass die Japaner am 4.4.1944 um 15:00 Uhr ins Dorf gekommen sind. Vier Männer saßen auf Schemeln direkt daneben und töpferten Teebecher.

»General Satōs Haus liegt hinter dem großen Gebäude«, erklärte einer von ihnen, bevor wir uns vorstellen konnten.

Tasang und ich folgten den vagen Hinweisen, doch weder gelang es uns, das große Gebäude zu finden, noch General Satōs Haus. Nachdem wir eine Weile umhergeirrt waren, stießen wir auf ein paar ältere Männer, die Tee tranken und sich unterhielten. Der Älteste, ein grauhaariger Greis in einer regenbogenfarbenen Jogginghose, sprang auf, stellte sich auf Hindi als Siesa Yano vor und teilte uns mit, er sei im Jahr 1926 geboren worden.

»Holla, dann sind Sie ja beinahe hundert Jahre alt!«, rief ich.

»Zweiundneunzig«, korrigierte mich Siesa. »Kommen Sie, ich zeige Ihnen General Satōs Haus. Ich nehme an, deshalb sind Sie hier? Ich kannte ihn übrigens gut.«

Siesa lief geschmeidig die steile Steintreppe hinauf, die zu General Satōs Haus führte. Das Haus war kleiner als die übrigen Häuser des Dorfes, aber offenbar hatte man es renoviert und modernisiert, nachdem der japanische Generalleutnant den indischen Kontinent verlassen hatte. Der Eingangsbereich war mit sorgfältig gepflegten Blumenkästen geschmückt. Die Tür stand offen, aber es war niemand zu Hause. Zwei durchsichtige Tüten mit flach gedrückten Bierdosen standen an der Hauswand, obwohl Alkohol in ganz Nagaland verboten ist. Von unserem Standpunkt aus hatten wir eine ausgezeichnete Übersicht über das Tal.

»General Satō wohnte in diesem Haus, während seine Soldaten unten im Dschungel leben mussten«, erzählte Siesa. »Die Japaner haben niemals auch nur einem von uns etwas getan. Während des Krieges bombardierten die Briten die Lager der Japaner, und die Japaner bombardierten die Lager der Briten. Wir waren die Flugzeuge gewohnt, hatten aber Angst vor den Bomben. Jedes Mal, wenn sie uns überflogen, rannten wir davon und versteckten uns. Unser Nachbardorf wurde von den Briten bombardiert, ohne dass die Einwohner gewarnt worden waren. Neun Menschen starben sofort, zwanzig wurden verletzt. Die Überlebenden suchten Zuflucht bei uns.«

Ein großer blonder Tourist, der von Kopf bis Fuß Khaki trug, kam zu dem Haus und knipste rasch ein Foto. Dann ging er wieder.

»So sind die meisten«, seufzte Siesa. »Sie machen nur ein Foto vom Haus und gehen wieder. Aber das Haus zeigt ihnen nicht, wer General Satō war. Er war ein guter Mann. Die Japaner waren ein bisschen wie wir, es gab nie Probleme mit ihnen. Sie aßen nicht besonders viel Fleisch, aber sie mochten unser Gemüse aus dem Dschungel. Die britischen Soldaten kannten dieses Gemüse gar nicht, aber die Japaner bezahlten viel Geld dafür. Die Briten benutzten uns Einheimische für die schwere Arbeit, wir mussten Sachen für sie schleppen. General Satō hat so etwas nie verlangt. Er war ein guter Mensch. Als der Krieg vorbei war, ist er abgezogen. Beinahe alle seine Soldaten waren tot und wurden im Dschungel zurückgelassen. Einige Zeit nach Kriegsende kamen die Japaner zurück, um ihre Toten zu begraben. Es waren nur noch Knochen übrig.«

Siesa begleitete uns aus dem Dorf. Als wir eine Steintreppe hinaufgingen, begegneten wir einem jungen Mann, der auf dem Weg nach unten war.

»Hat er Ihnen General Satōs Haus gezeigt?«, erkundigte sich der junge Mann. »Sind Sie sich darüber im Klaren, dass er für Satō gearbeitet hat? Er hat die Japaner geliebt!«

Siesa lächelte nur.

»General Satō war ein guter Mensch«, wiederholte er.

Der achtundachtzigjährige Thinoselie Keyho trug einen dunklen Anzug, eine Wollweste, ein weißes Hemd, blank geputzte Schuhe und eine Schiebermütze. Er war schwerhörig, aber seine Tochter, die in meinem Alter war, half. Ich hatte geplant, mit ihm über den Zweiten Weltkrieg zu sprechen, über seine Erlebnisse in den dramatischen Wochen, als in Kohima gekämpft wurde, aber er hatte über die berühmte Schlacht nicht viel zu erzählen.

»Aus der Entfernung habe ich Flammen gesehen«, erklärte er kurz. Lieber wollte er über einen Krieg neueren Datums reden, zumal er diesen Krieg seit zwanzig Jahren selbst mit der Waffe in der Hand ausfocht.

»Nagaland hat sich am 14. August 1947 für unabhängig erklärt, einen Tag vor Indien«, erzählte der alte Mann in langsamem, aber korrektem Englisch. »Am 16. März 1951 fand eine Volksabstimmung statt, und mehr als neunundneunzig Prozent stimmten für die Unabhängigkeit, aber die Inder wollten sie uns nicht geben. Ich bin der Anführer des Naga National Council, der ursprünglichen Befreiungsbewegung, die 1946 gegründet wurde.«

Nagaland, dessen Fläche etwas kleiner ist als die Kuwaits, ist einer der kleinsten Bundesstaaten Indiens und hat rund zwei Millionen Einwohner.

»Die verschiedenen Naga-Stämme führten Krieg gegeneinander, bis die amerikanischen Missionare kamen und uns das Christentum brachten«, fuhr der Alte fort. »Die Briten säten den politischen Samen. Wäre die Machtübernahme friedlich verlaufen, hätten wir die Unabhängigkeit vielleicht bekommen, aber die Briten zogen sich in aller Eile zurück und überließen Pakistan und Indien ihrem Schicksal. Während des Zweiten Weltkriegs haben wir Naga Indien gerettet, wir haben die Japaner aufgehalten, trotzdem wurde Nagaland Indien einverleibt und zu einem indischen Staat gemacht – obwohl wir nie etwas mit Indien zu tun hatten. Wir Naga sind keine Inder und waren es auch nie.«

Die Tochter schenkte frisch gebrühten Tee ein und forderte uns auf, ihn zu trinken, solange er noch heiß war. Ihr Vater redete ununterbrochen weiter.

»Zwanzig Jahre habe ich gegen die Inder gekämpft. In jeder Schlacht gab es viele Verletzte und Tote auf der indischen Seite, und nur wenige oder gar keine bei uns. Gott ist auf unserer Seite, und wir haben auch noch andere Freunde. China und Pakistan unterstützen unseren Kampf.«

Der Freiheitskampf hatte Folgen: 1971 war Thinoselie in Bangladesch verhaftet und an Indien ausgeliefert worden.

»Ich wurde in eine überfüllte Zelle gesteckt und psychisch gefoltert, aber ich habe alle Demütigungen ertragen. Nach fünf Jahren kam ich frei und setzte meine Arbeit für ein vereinigtes Nagaland fort. Die Aufgabe ist schwierig, denn die indische Obrigkeit spielt mit uns, sie spielen die Leute gegeneinander aus. Heute ist die Unabhängigkeitsbewegung in neun, zehn Fraktionen gespalten, von denen sieben mit den indischen Behörden verhandeln und diskutieren.«

»Sehen Sie irgendeinen Vorteil darin, ein Teil Indiens zu sein?«, fragte ich ihn.

»Nein.« Die Antwort kam prompt.

»Haben Sie denn noch Hoffnung, dass Nagaland eines Tages unabhängig wird?«

»Ja.« Die Antwort kam ebenso rasch. »Eine unsichtbare Supermacht ist auf unserer Seite. Darum haben wir so lange ausgehalten. Nicht nur physisch, sondern auch mental.«

»Sie haben Ihr ganzes Leben für die Unabhängigkeit gekämpft, aber Nagaland ist noch immer ein Teil Indiens. Gibt es etwas, das Sie bereuen?«

»Nein, ich bereue nichts«, hielt der Alte fest. »Wir kämpfen nicht für die Unabhängigkeit, wir *verteidigen* unsere Unabhängigkeit. Wir sind momentan vielleicht zersplittert, aber im Herzen sind wir vereint.«

»Haben Sie je bei einer indischen Wahl Ihre Stimme abgegeben?«, fragte ich zuletzt.

»Niemals! Ich war nicht einmal in der Nähe eines Wahllokals.«

Ich bedankte mich für den Tee und das Gespräch und erhob mich, um zu gehen.

»Sie sind jetzt Gast im indischen Marionettenstaat Nagaland!«, rief Thinoselie mir nach. »Kommen Sie wieder, wenn wir frei sind!«

Die Tochter begleitete mich hinaus.

»Unterstützen die jungen Leute die Unabhängigkeitsbewegung?«, fragte ich sie.

»Nein, die wenigsten tun es«, antwortete sie. »Die meisten sind mit ihrem bequemen Dasein zufrieden.«

»Und Sie, unterstützen Sie den Kampf Ihres Vaters?«

»Ja, natürlich«, antwortete sie pflichtschuldig.

Den Kriegsgräberfriedhof von **Kohima** (1444 Meter über N.N.) hatte man auf der Anhöhe angelegt, auf der der Tennisplatz des Vizekommissars einmal gelegen hatte. Die Gräber waren terrassenförmig angeordnet, der Blumenschmuck folgte dem gleichen pedantischen Muster, das ich von dem Friedhof außerhalb Digbois kannte. Im Tod werden alle gleich behandelt. Auf dem Gedenkstein war ganz oben ein Schild mit dem berühmten Epitaph des Schriftstellers John Maxwell Edmonds angebracht: *When you go home, tell them of us and say / For your tomorrow we gave our today.*

Kleine Gruppen von Schulkindern und Studenten schlenderten zwischen den Gräbern umher und unterhielten sich leise. Touristengruppen suchten rastlos nach den besten Stellen für ein Selfie. In einer schattigen Ecke saßen zwei Reinigungskräfte auf dem Boden und machten eine Pause beim Scheuern der Grabsteine.

Über siebzehntausend Soldaten des britischen Commonwealth wurden in den Schlachten von Imphal und Kohima getötet, als vermisst gemeldet oder schwer verletzt. Drei Jahre später wurde Indien unabhängig, und ein Jahr später folgte Burma. 1949 siegte Maos von der Sowjetunion unterstütztes kommunistisches Heer über Chiang Kai-shecks von den Amerikanern unterstützte Truppen, und der Traum von lukrativen Handelsabkommen war geplatzt.

In der Zwischenzeit hatten über fünfzigtausend Menschen ihr Leben für den Traum von einem freien Kaschmir geopfert, und über dreißigtausend Menschen waren im Kampf um ein unabhängiges Assam gestorben. Die Unabhängigkeitsbewegung in Nagaland hat mindestens dreitausend Menschenleben gekostet.

Die Flüsse, die vom Himalaya strömen, sind rot vor Blut, aber das Wasser und die Berge setzen sich unverdrossen nach Süden fort, bis zum Golf von Bengalen. Und auch dort fließen sie weiter unter der Meeresoberfläche, wie ein breiter, unterseeischer Fächer.

Die zweite Etappe

April – Juli 2019

»Wider das Wissen und die Lehren der Geologen,
ihrer Magneten, Kurven und Karten spottend –
der Traum türmt im Bruchteil einer Sekunde
Berge vor uns auf, so steinern,
als stünden sie in Wirklichkeit.«
Wisława Szymborska

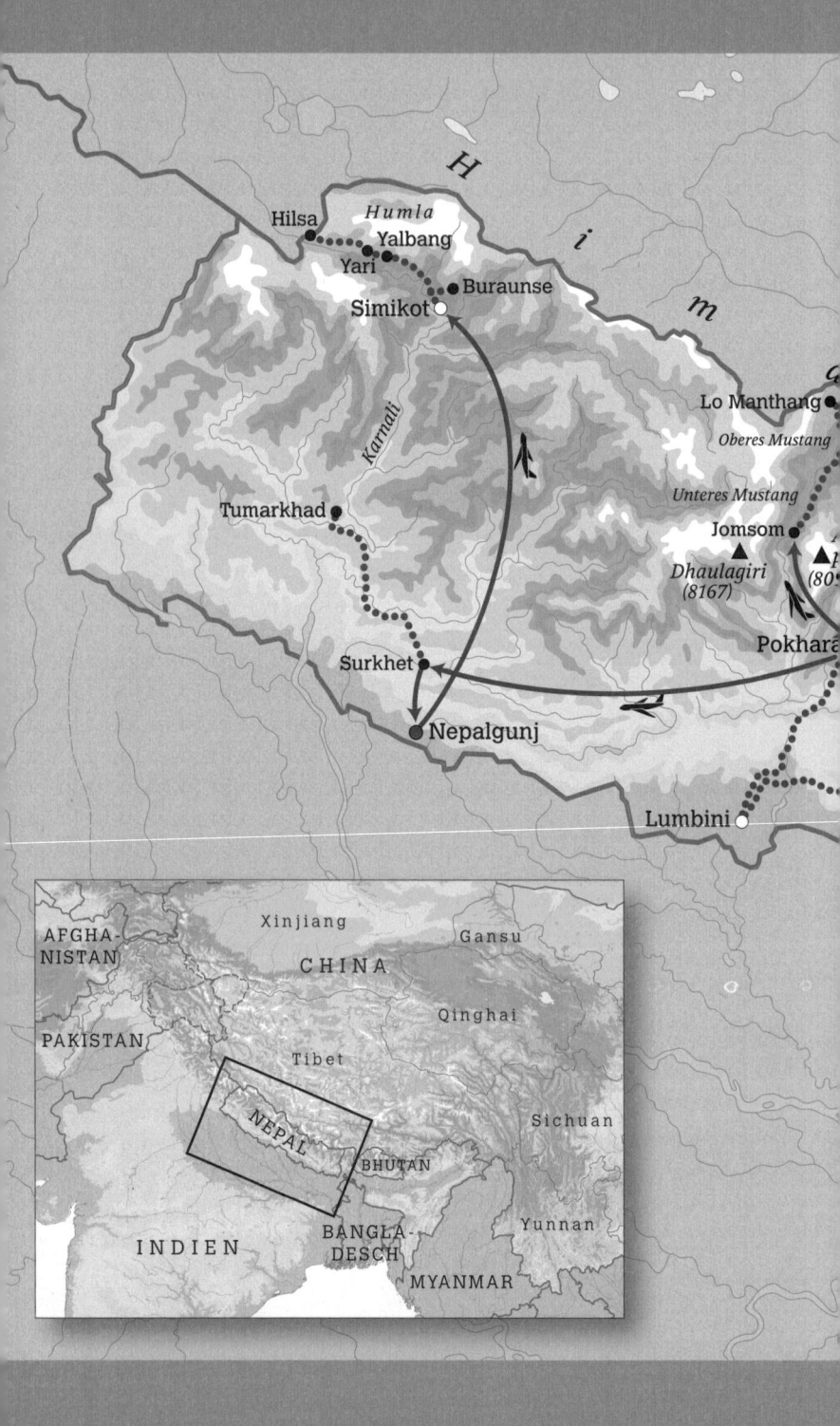

CHINA

Tibet

l a y a

Mt. Everest (8848)
Everest Base Camp
Kangchendzönga (8598)

Gorkha
Kathmandu
Bhaktapur
Lukla
Patan

INDIEN

Kindergöttinnen

Wann beginnt und wann endet eine Reise?

Es war sechzehn Jahre her, seit ich in **Kathmandu** (1400 Meter über N.N.) gewesen war. Damals war ich neunzehn Jahre alt gewesen und auf meiner allerersten Rucksackreise zusammen mit einem schwedischen Freund, der inzwischen zu einem anderen Leben gehörte. Ich war nun also nicht mehr dieselbe, und dies galt auch für Kathmandu. Die Stadt war hässlicher, als ich sie in Erinnerung hatte, schmutziger, heruntergekommener und vor allem hektischer. Der Verkehr war infernalisch, hupende Autos und hitzige Motorrollerfahrer drängten sich durch die engsten Gassen. Auf der Touristenmeile Thamel fochten die Reisebüros, Pashmina-Läden und Sportartikelgeschäfte, die zum Bersten voll waren mit billigen chinesischen Raubkopien, einen noch härteren Kampf um die Kunden aus als damals. Auf dem Tresen der Hotelrezeption stand prominent platziert eine Schachtel mit Gratis-Mund-Nasen-Masken gegen die Luftverschmutzung.

Noch ein wenig benommen von der langen Flugreise wurde ich im Hotel von meiner Dolmetscherin Savitri Rajali abgeholt, einer energischen Vierunddreißigjährigen mit kurzen Haaren und einem rauen ansteckenden Lachen. Sie verschwendete keine Zeit mit Small Talk, sondern forderte mich auf, Mund und Nase zu bedecken und hinter ihr auf dem Motorroller Platz zu nehmen. Ungeduldig drängte sie sich an umherschlendernden Touristen vorbei, umrundete kleine schiefe Tempel, überquerte einen Gemüsemarkt, auf dem Frauen und Männer wacklige Haufen von Karotten und Chili anboten, und fuhr auf die Hauptstraße, auf der zwar die Autos still standen, nicht aber wir. Kurz darauf hatten wir eines der Herzstücke Kathmandus erreicht.

Der Pashupatinath ist der älteste Hindu-Tempel in Kathmandu und einer der heiligsten in ganz Asien. Das fünfzehnhundert Jahre alte Gebäude ist rund um ein uraltes Linga gebaut, ein Phallussymbol, das den Gott Shiva repräsentiert. Barfüßige Pilger waren aus nah und fern mit Opfergaben gekommen, die häufig essbar waren – sehr zur Freude der einheimischen Fauna, die aus Affen, Vögeln, Hunden, Kühen und einer reichen Auswahl Ratten bestand. Nur Hindus dürfen das Allerheiligste betreten, ich musste mich damit begnügen, von dem offenen Tor aus das Linga und den goldenen Ochsen zu bewundern, auf dem Shiva reitet.

Unterhalb des Tempelkomplexes muss es einmal einen breiten Fluss gegeben haben. Nun zog sich in der Mitte des ehemaligen Flussbetts nur noch ein dünner Streifen aus graubraunem trägem Wasser dahin. Kühe weideten auf der grünen Grasfläche des ehemaligen Flusslaufs. Am Ufer bereiteten weiß gekleidete Priester Leichenverbrennungen vor. Die Leichen waren in weiße Tücher gehüllt und wurden auf eine Pyramide aus kräftigen Holzscheiten und ein Lager aus Heu und Blumen gelegt. Die Angehörigen saßen daneben und sahen zu, wie ihre Lieben langsam in Flammen aufgingen, bis nichts als Asche übrig blieb. Der Prozess konnte sich über mehrere Stunden hinziehen. In dem schmutzigen Wasser schob ein magerer Mann einen einfachen Sarg vor sich her und sammelte halb verkohlte, schwimmende Holzscheite auf, die erneut verwendet werden sollten. Auf der anderen Seite des Ufers saßen Männer in bunten Umhängen, deren Gesichter mit Ruß und rotem Pulver bedeckt waren; einer trug ein haariges Leopardenkostüm. Die Männer riefen uns nach, sie würden sich gern für Fotos zur Verfügung stehen, oder wollte ich möglicherweise eine Weissagung?

»Es sind Betrüger«, warnte mich Savitri. »Sie wollen bloß das Geld der Touristen.«

Oberhalb des Flusses, auf einem friedlichen Platz vor einem der weniger populären Tempel, fanden wir einen echten Asketen, mager und bescheiden, gekleidet in verblasste orangefarbene Fetzen. Er hieß Birhaspathi Nath Yogi und sah aus, als wäre er ungefähr fünfzig Jahre alt.

»Warum haben Sie sich entschieden, Yogi zu werden?«

»Warum haben Sie sich entschieden, als Frau geboren zu werden«, erwiderte er. »Jeder trifft seine eigene Wahl im Leben. Einer meiner Cousins ist Arzt. Ich bin Yogi.«

Birhaspathi hatte einen einfachen Unterschlupf ohne Wände direkt vor einem der Tempel. Neben ihm lag ein halb nackter Kollege und schnarchte friedlich.

»Ich wurde Yogi, als ich siebzehn war«, erzählte er. »Es gibt keinen Frieden auf Erden, und die Welt ist zu einem gewalttätigen und feindlichen Ort geworden. Die Menschen kommen hierher zu mir und suchen Frieden. Einige bleiben, aber die wenigsten halten sehr lange durch. Unser Tagesprogramm ist zu hart für sie. Ich stehe jeden Tag um vier Uhr morgens auf, nehme ein Bad und wasche mir das Gesicht. Dann trinke ich Tee. Danach fege ich den Platz vor dem Tempel und esse gegen elf Uhr zu Mittag. Dann ruhe ich mich ein wenig aus, so wie jetzt mein Kamerad. Er stammt aus Indien, deshalb ist er nicht so aktiv. Im Laufe des Tages kommen viele Besucher hierher und bitten um Rat, genau wie Sie. Am Abend spiele ich auf den traditionellen Trommeln am Fluss und verrichte die *Puja*, das traditionelle Gebet.«

Ein Oberst kam mit einem Geldgeschenk zu Birhaspathi, der es gnädig annahm. Nachdem er den Oberst fortgeschickt hatte, wandte er seine Aufmerksamkeit wieder mir zu.

»In der Stadt gibt es zu viel Verkehr, zu viel Verunreinigung«, sagte er. »Hier ist es friedlich. Ich bin mit meinem Leben zufrieden. Ich habe Frieden gefunden.«

»Ich verstehe den Hinduismus nicht ganz«, gestand ich. »Es ist so verwirrend mit all den Göttern und Reinkarnationen. Wie behalten Sie die Übersicht?«

»Woran glauben Sie?«, stellte Birhaspathi die Gegenfrage.

»Ich bin nicht religiös.«

»Welche Religion haben Ihre Eltern und Großeltern?«

»Sie sind Christen. Jedenfalls einige von ihnen.«

»Sie sind mit anderen Worten Christin, weil Sie in eine christliche Familie hineingeboren wurden«, hielt Birhaspathi fest. »Ich wurde in einer Hindufamilie geboren, daher bin ich Hindu. Ihr Christen habt es leicht! Ihr braucht nur an einen Gott zu glauben,

Christus. Im Hinduismus haben wir dreiunddreißig Millionen Götter, und es ist unmöglich, sie alle im Kopf zu behalten.«

»Aber wie behält man den Überblick?«, fragte ich erneut.

»Letzten Endes gibt es nur einen einzigen Gott«, erwiderte der Yogi. »In unserem Inneren sind wir alle gleich, wir alle tragen eine unsichtbare Kraft in uns, Gott. Er hat uns Fleisch und Knochen geschenkt. Gott ist auf der ganzen Welt derselbe, aber seine Anhänger haben ihm verschiedene Namen gegeben. Mit der Religion verhält es sich wie mit politischen Parteien, alle haben unterschiedliche Namen. Eine Gruppe sind Hindus. Eine andere Christen. Eine dritte Muslime. Von diesen drei Gruppen ist der Hinduismus die ursprünglichste Religion, denn der Hinduismus hat existiert, solange die Menschen über die Erde wandern.«

Irgendwo klingelte eine Glocke, und Birhaspathi hatte es mit einem Mal eilig. Es war Zeit für das Abendritual. Am Flussufer lagen zwei neue Leichen eingehüllt in weiße Baumwolltücher, jede auf einem Haufen solider Holzscheite. Die Priester bereiteten sich darauf vor, die Scheiterhaufen anzuzünden, während die Familienmitglieder stoisch zusahen.

In einem anderen Herzstück Kathmandus wohnt eine lebende Göttin. Ich hatte sie ganz kurz gesehen, als ich zum ersten Mal in der Stadt war: Umgeben von einem Menschenmeer wurde ein kleines Mädchen in einem prunkvollen roten Kleid in einer Sänfte getragen, das ganze Gesicht war schwarz und rot geschminkt. Auf die Volksmenge, die gekommen war, um ihr zu huldigen, hatte das kleine Mädchen so ausdruckslos gestarrt, als würde der Auflauf nicht den geringsten Eindruck auf sie machen. Mir wurde erklärt, das Mädchen in der Sänfte sei eine *Kumari Devi*, eine lebende Göttin, die ihr Heim nur dreizehn Mal im Jahr bei besonderen Begebenheiten und Festen verlässt. Da ihre Füße die Erde nicht berühren sollen, wird sie bei diesen Anlässen in einer Sänfte getragen.

Seit damals war es den Tempeln im alten Kathmandu übel ergangen. Das kräftige Erdbeben, das Nepal 2015 erschütterte, hatte eine Stärke von 7,8 auf der Richterskala gehabt. Das Beben hatte annähernd neuntausend Menschen das Leben gekostet, über drei Millionen waren obdachlos geworden, über siebenhundert historische Monumente beschädigt worden. Die meisten Tempel der Altstadt waren aufgrund von Restaurierungsarbeiten noch immer geschlossen, überall wurde gehämmert und gesägt. Ein Teil der alten gemauerten Gebäude war komplett eingestürzt. Hinter Bauzäunen und vorübergehenden Absperrungen saßen Frauen und Männer mit Mundschutz und Handschuhen und wuschen, bürsteten und sortierten Backsteine. Stein für Stein wurden die alten Tempel wiederaufgebaut.

Das alte, windschiefe Kumari-Haus hatte wie durch ein Wunder das Erdbeben ohne eine Schramme überstanden. Ein offenes Tor führte auf einen quadratischen Hofplatz. Mitten auf dem Platz stand ein kleiner buddhistischer Stupa; ein grüner Busch wachte darüber wie ein Sonnenschirm. Das eigentliche Haus bestand aus roten Backsteinen, große Fensterrahmen aus dunklem Holz waren mit komplizierten Schnitzereien versehen. Die Kumari wohnte im zweiten Stock. Ein kleines Schild informierte darüber, dass nur Hindus das Recht hatten, sie zu besuchen, obwohl die Kumari immer aus einer buddhistischen Familie stammt.

Die Tradition der lebenden Göttinnen wurde seit Jahrhunderten von dem Volk der Newar praktiziert, den ersten Menschen, die ins Kathmandu-Tal einwanderten. Die Newar – die heute rund fünf Prozent der Gesamtbevölkerung Nepals, im Gebiet der Hauptstadt aber ungefähr die Hälfte der Einwohner ausmachen – waren ursprünglich buddhistische Händler und Handwerker, die sich strategisch bewusst in dem fruchtbaren Tal zwischen Indien und Tibet südlich der Himalaya-Berge ansiedelten. Das Kathmandu-Tal war isoliert, gleichzeitig aber auch ein zentraler Handelspunkt: Im Norden wurde es geschützt von den höchsten Berggipfeln der Welt, im Süden lag die heiße, feuchte und von Malaria befallene Tiefebene von Terai, die im gesamten Sommerhalbjahr unpassierbar war. Die Sprache der Newar gehört zur tibetobirmanischen Sprachfamilie, während Nepali, die offizielle Sprache in Nepal, sich vom Sanskrit ableitet und folglich eine indoeuropäische Sprache ist. Durch ihre Rolle als Handelsvolk kamen die Newar in Kontakt mit den übrigen Volksgruppen in der Region, und natürlich wurden sie von ihnen auch beeinflusst. Rund die Hälfte der Newar sind heute Hindus, aber auch die buddhistischen Newar-Familien haben einen Teil der hinduistischen Bräuche angenommen, unter anderem das Kastensystem.

Im 14. Jahrhundert übernahm die hinduistische Malla-Dynastie die Macht im Kathmandu-Tal. Gut einhundert Jahre später, Ende des 15. Jahrhunderts, wurde das Königreich dreigeteilt, verteilt auf Kathmandu, Bhaktapur und Patan, die drei Hauptstädte im Tal. Ungefähr gleichzeitig erwählten die drei Könige Taleju als Schutzgöttin – Taleju ist eine Inkarnation von Durga, einer der mächtigsten Kriegsgöttinnen im Hinduismus – und etablierten den Brauch der königlichen Kumari. Die Göttin lebt im Körper eines kleinen Mädchens, der Kumari, und durch das Mädchen beschützt die Göttin die Könige. Einmal pro Jahr, gegen Ende des acht Tage langen Indra-Jatra-Fests, segnet die Kumari den König und tupft ihm ein *Tilaka* auf die Stirn, einen roten Punkt.

1769, nach einem Feldzug, der ein Vierteljahrhundert gedauert hatte, gelang es Prithvi Narayan Shah, dem König von Gorkha, und seinen Truppen, sich während des Indra-Jatra-Fests nach Kathmandu einzuschleichen, als große Teile der Bevölkerung sturzbetrunken waren. Die Kumari wurde in einer Prozession durch die Straßen getragen, gefolgt von Jaya Prakash Malla, dem letzten König der Malla-Dynastie. Während der Prozession wurde Malla von den Streitkräften Shahs zur Flucht gezwungen. Statt des amtierenden Königs begleitete nun Shah die lebende Göttin zurück zum Kumari-Haus, dort kniete er zu ihren Füßen und wurde mit einem roten Punkt auf der Stirn gesegnet. Der lebenslange Kampf Shas, das einflussreiche Kathmandu-Tal zu unterwerfen, wurde mit einem roten Tupfer eines kleinen Mädchens gekrönt. Das moderne Nepal war geboren.

Von Guides begleitete Gruppen von Ausländern betraten den Vorhof, blieben stehen und blickten neugierig zu dem großen Balkon im zweiten Stock hinauf, auf dem sich die Kumari vormittags hin und wieder den Touristen zeigt. Ein verschwitzter Bursche in Shorts, kanariengelbem T-Shirt und einer Schirmmütze, dem ein Radio aus der Tasche seiner Shorts hing, kam angejoggt und begann vor dem Stupa mit Dehnübungen. Aus dem Radio strömten Nachrichten auf Nepali.

»Ich komme jeden Tag nach meiner morgendlichen Runde hierher, um meine Muskeln nach dem Laufen zu entspannen«, erzählte er zwischen seinen Dehnübungen. »Es ist so friedlich hier.«

Ein Jingle kündigte den Wetterbericht an, für ganz Kathmandu wurde Sonne und schönes Wetter vorhergesagt. In der anschließenden Werbepause tauchte der königliche Priester auf dem Hof auf. Ich hatte einen glatt rasierten Lama in burgunderfarbenem Gewand erwartet, doch der Priester trug Sneaker, eine Anzugshose, Poloshirt und eine Daunenweste sowie eine Brille und eine Smartwatch. Sein Haar war einige Zentimeter lang und mit glänzender Pomade frisiert.

Mit bürokratischer Sachlichkeit führte der wichtigste buddhistische Priester des Landes das morgendliche Ritual aus. Zuerst öffnete er die Tür des Tempels, fegte den Boden und staubte die fünf Buddha-Statuen darin ab, dann holte er Blumenblätter, Weihrauch und buntes Pulver, das er im Gebet über die Figuren streute. Zum Abschluss klingelte er mit einer mit großen weißen Federn geschmückten Glocke. Bevor er nach oben zur Kumari verschwand, um sie anzubeten, nahm er sich des Stupas, der mitten auf dem Platz stand, mit Blumen, Weihrauch und heiligem Wasser an.

»Es ist Vollmond, da habe ich mehr Pflichten als normalerweise«, erklärte er, als er zurückkam. »*Purnima*, Vollmond, ist ein besonderer Tag für uns. Gewöhnlich komme ich direkt hierher, aber bei Vollmond muss ich zuerst ein paar andere Tempel besuchen.«

Der königliche Priester hieß Manjushree Ratna Bajracharya und war sechsundfünfzig Jahre alt. Wir unterhielten uns im Schatten, ein wenig abseits von der Touristengruppe, die unter dem Balkon darauf wartete, dass die Kumari sich zeigte.

»Kathmandu hat achtzehn Klöster, die der Priesterschaft der Newar gehören«, erklärte er weiter und zeichnete ein Organisationsschema, das zeigte, welche Klöster zu den vier Administrationszentren gehörten. Er selbst kam aus einem Kloster mit siebenhundert männlichen Mitgliedern, aber als Mönch lebte er dort nur vier Tage im Jahr.

»In diesen vier Tagen dürfen wir nicht in komfortablen Betten schlafen, singen, tanzen oder Schmuck tragen. Den Rest des Jahres haben wir fünf Regeln zu folgen: nicht töten, nicht lügen, nicht stehlen, nicht untreu sein und nicht rauchen oder Alkohol trinken. Ansonsten führen wir ein ganz gewöhnliches Leben. Ich bin gelernter Elektriker, verheiratet und habe zwei Kinder. Meine Familie besteht aus königlichen Priestern, seit die Tradition vor über dreihundert Jahren begründet wurde, seither sind wir eng mit dem Ritual der königlichen Kumaris verbunden. Auch mein Vater war königlicher Priester, und als er vor zwölf Jahren starb, habe ich sein Amt übernommen. Wenn auf nationaler Ebene wichtige Rituale durchzuführen sind, bin ich der Einzige, der dafür infrage kommt. Bis vor vier Jahren habe ich in meinem normalen Beruf gearbeitet, dann bin ich in Rente gegangen, obwohl ich als königlicher Priester so gut wie nichts verdiene. Ich bekomme drei Rupien für das Ritual, das ich jeden Tag hier im Kumari-Haus durchführe. Das ist nichts. Ich mache es aus Pflichtgefühl, weil ich unsere Kultur bewahren will.«

Ein Raunen ging durch die Touristengruppe. Ich schaute hinauf und sah ganz kurz ein stark geschminktes Mädchen in einem roten Kleid auf dem Balkon. Die Ausländer fummelten an ihren Kameras und Handys, aber noch bevor sie den Auslöser drücken konnten, war die lebende Göttin bereits wieder auf dem Weg nach drinnen.

»Die Hindus glauben, dass die Kumari eine Reinkarnation der hinduistischen Göttin Taleju ist, aber wir newarischen Buddhisten glauben, sie ist eine Reinkarnation von Bajra Devi, einer buddhistisch-tantrischen Göttin«, erklärte der Priester. »Die Menschen glauben an unterschiedliche Dinge, aber wir streiten uns nicht darüber. Die derzeitige Kumari ist vier Jahre alt und wurde erwählt, als sie drei war. Eine Kumari wird immer aus der Shakya-Kaste erwählt, die Buddhisten sind. Wenn wir eine neue Kumari brauchen, bitten wir die Shakya-Familien, die Töchter im passenden Alter haben, sie zu einem Auswahlkomitee zu bringen. Wir sind zu fünft im Komitee: ich, der königliche Hindupriester, der Aufseher, ein Astrologe und ein Repräsentant des Staates. Es dauert lange, um das richtige Mädchen zu finden, eine Menge Kriterien müssen erfüllt werden: Sie darf keine Gebrechen haben, notwendig sind auch ein rundes, hübsches Gesicht, lange Haare und gesunde Augen. Die ersten Tage sind natürlich schwierig für die Kinder, aber sie passen sich rasch dem Leben in der Familie des Aufsehers an. Bevor ihre erste Menstruation einsetzt, finden wir rechtzeitig eine neue Kumari.«

»Warum ist es so wichtig, eine neue Kumari zu finden, bevor das Mädchen anfängt zu menstruieren?«

»Wenn Mädchen ihre Menstruation bekommen, verändern sie sich und werden vom anderen Geschlecht angezogen«, erwiderte der Priester. »Auch ihr Denken verändert sich. Als Kind ist sie unschuldig.«

Ich rechnete rasch zurück. Manjushrees Vater starb 2007, vor zwölf Jahren. Als sich die Tragödie ereignete, war der Vater also noch immer königlicher Priester, aber Manjushree hatte eng mit ihm zusammengearbeitet und musste daher auch selbst betroffen gewesen sein.

»Wie haben Sie reagiert, als Sie die Nachricht von dem Mord an der königlichen Familie erhielten?«

»Ich brauchte eine Stunde, um die Nachricht zu verdauen, aber so etwas ist ja auch früher schon passiert«, antwortete er nüchtern. »Mehrere unserer Könige wurden im Palast ermordet. So etwas geschieht hin und wieder, es ist nichts Neues. Natürlich war ich traurig, denn wir Menschen sollen nicht unsere eigene Familie töten. Man soll überhaupt nicht töten. Aus politischen Gründen passiert es trotzdem.«

Am 1. Juni 2001 hatte die nepalische Königsfamilie sich versammelt, um das monatliche Familienabendessen in einem Anbau direkt hinter dem Hauptpalast im Zentrum von Kathmandu einzunehmen. Sie befanden sich im Billardzimmer, als Dipendra, der neunundzwanzigjährige Kronprinz, um halb neun Uhr abends in sein Schlafzimmer gebracht wurde. Er war so betrunken, dass er kaum auf den Beinen stehen konnte, im Grunde nichts Ungewöhnliches für ihn, aber die Familie wollte eine Konfrontation mit König Birendra vermeiden, der auf dem Weg zum Abendessen war. Eine halbe Stunde nachdem er zu Bett geschickt worden war, tauchte Dipendra im Billardzimmer wieder auf – in einem Tarnanzug und bis an die Zähne bewaffnet. Er zielte auf den König, der sich am Billardtisch unterhielt, feuerte und verließ den Raum. Kurz darauf kam er zurück und schoss noch einmal auf den Vater. Dann richtete er die Waffe auf die übrigen Familienmitglieder im Raum und erschoss seine jüngere Schwester, zwei Onkel, zwei Tanten und die Cousine seines Vaters. Die Königin und Prinz Nirajan, der älteste seiner jüngeren Brüder, flohen in den Garten. Dipendra folgte ihnen. Kurze Zeit später wurde Nirajan in der Nähe des Gartens schwer verletzt gefunden. Er wurde noch vor der Ankunft im Krankenhaus für tot erklärt. Die Königin fand man an der Treppe, die zu Dipendras Zimmer führte; er hatte ihr den Kopf weggeschossen. Dipendra wurde bewusstlos an einem kleinen Weiher im Garten gefunden. Er hatte sich selbst in den Kopf geschossen, man brachte ihn in aller Eile ins Krankenhaus. Am 4. Juni wurde er für tot erklärt, nachdem er drei Tage lang König gewesen war. Gyanendra, der älteste Bruder Birendras und Nummer 3 in der Erbfolge, hatte an der katastrophalen Familienzusammenkunft nicht teilgenommen und wurde zum König gekrönt.

Viele Nepalesen weigern sich zu glauben, dass Dipendra hinter dem Massaker stand. Und es macht die Sache nicht besser, dass die Ermittlungen lediglich eine Woche dauerten, die Leichen rasch eingeäschert und die Spuren am Tatort teilweise zerstört wurden. Das Motiv des Massakers ist noch immer unbekannt. Manche meinen, die Morde waren die Rache dafür, dass Dipendra aufgrund von Kastenproblemen und politischen Allianzen Devyani Rana nicht heiraten durfte, die Frau, die er liebte. Andere meinen, in Wahrheit hätte der Onkel Gyanendra dahintergesteckt. In den Tagen nach seiner Krönung waren Kathmandus Straßen geprägt von Protesten und Demonstrationen.

Gyanendra wurde ein ungewöhnlich unpopulärer König. 1990 hatte sein Bruder dem Druck des Volkes nachgegeben und politische Parteien und freie Wahlen zugelassen. Gyanendra setzte die Wiedereinführung der Zensur und des Ausnahmezustands durch und führte das Land zurück in eine autoritäre Monarchie. Seit Mitte der 1990er Jahre hatten maoistische Aufständische im Land gewütet, unter Gyanendra wurde die Armee im Kampf gegen die Aufständischen eingesetzt und die Verluste stiegen auf beiden Seiten heftig. 2005 setzte Gyanendra den Ministerpräsidenten ab und führte damit praktisch einen Staatsstreich durch. Die Allmacht währte allerdings nur kurz: Durch starken in- und ausländischen Druck war er bereits im folgenden Jahr gezwungen, das Parlament wieder einzusetzen. Mit der Unterzeichnung eines Friedensabkommens der Regierung mit den Maoisten verlor der König seine gesamte politische Macht. Zwei Jahre später, 2008, wurde die Monarchie in Nepal offiziell abgeschafft.

»Glauben Sie an eine Wiedereinführung der Monarchie?«, fragte ich den königlichen Priester. Ähnlich wie die Kumari in Kathmandu hatte er seinen Berufstitel wie eine sprachliche Spolie bewahrt, obwohl Nepal keine Könige mehr hervorbringt.

»Nein«, antwortete er rasch. »Die Monarchie wird vom Volk nicht länger unterstützt. Der letzte König war egoistisch, er dachte nur an sich und nicht an sein Volk, wie es sich eigentlich für einen König gehört. Auch die Könige vor ihm waren egoistisch und dachten nur an sich. Das Volk wurde nicht berücksichtigt, und so ist es noch immer.«

Das Stimmengewirr im Hinterhof war abrupt verstummt. Die Kumari war wieder auf den Balkon getreten und starrte mich direkt an. Ihre schwarz geschminkten Augen hielten zehn Sekunden meinen Blick. Sie hatte den gleichen mürrischen, überlegenen Gesichtsausdruck wie das Mädchen in der Sänfte, das ich vor sechzehn Jahren gesehen hatte. Das Gesicht der Vierjährigen war reglos, ohne Anzeichen von Gefühlen. Dann drehte sie sich auf den

Hacken um und verschwand wieder. Aus dem Hinterhof drangen aufgeregte Stimmen.

Direkt am Kumari-Haus liegt das alte Schloss, in dem die Malla-Könige lebten. Der schöne weiß gestrichene Bau, von dessen kreisrundem Dach ein Turm zum Himmel ragt, war durch das Erdbeben stark beschädigt und für die Öffentlichkeit geschlossen. Große Schilder verkündeten, dass der Wiederaufbau vom chinesischen Staat finanziert wurde. Überall standen Baugerüste. Die Shah-Dynastie hatte das Schloss in der Altstadt dennoch längst verlassen und war in größere und elegantere Räume an einer vornehmeren Adresse gezogen.

Die modernisierte Ausgabe des neuen Königspalastes wurde 1969 fertiggestellt und ist heute ein Museum. Das Exterieur glich einer Pagode aus den sechziger Jahren, die man mit einem Krematoriumsschornstein ausgestattet hatte. Die Säle waren unpersönlich, wie es Säle in Schlössern häufig sind, aber im Gegensatz zu Palästen aus fernen Jahrhunderten waren sie auch erstaunlich niedrig. Die Möbel und das Dekor waren schlicht, wenn man von den vielen ausgestopften und nun ziemlich verstaubten Raubtieren absah, die von jedem einzelnen Treppenabsatz herabsahen. Man hatte beim Durchgang durch die königlichen Säle den Eindruck, als besuche man ein Museum über den Einrichtungsgeschmack der 1970er und 1980er Jahre – angefangen bei dem japanischen Fernseher des Königs, der 1985 sicher hochmodern war, bis hin zum Thronsaal, der mit vier weißen pfeifenähnlichen Rohren dekoriert war, die sich steif zum Dach schlängelten. Die Rohre bildeten das Fundament für den hohen Turm, der dem Gebäude äußerlich diese krematoriumsartige Prägung verlieh.

Am Ausgang wies ein rotes Schild den Weg zum *Royal Massacre*. Auf einer Karte war markiert, wo Dipendra die verschiedenen Familienmitglieder ermordet hatte. Der kurze Text unter der Karte informierte sprachlich neutral, wo die verschiedenen Personen im Gebäude und auf dem Gelände von den Kugeln getroffen wurden. Ein Täter wurde nicht genannt.

Das Billardzimmer war abgeschlossen, aber es war möglich, durchs Fenster zu schauen. Die Teppiche waren zusammengerollt, aber der Billardtisch und das Sofa, hinter dem viele Familienmitglieder Zuflucht gesucht hatten, standen noch da. Ein Schild wies den Weg zu der Stelle, wo man Königin Aishwarya tot im Garten gefunden hatte, gleich neben einem Gebäude, von dem nur noch Ruinen standen. Ein letztes Schild lockte makaber mit *Bullet Holes*. An der Palastwand, gleich neben der Stelle, an der Prinz Nijaran schwer verletzt gelegen hatte, gab es tatsächlich sichtbare Löcher von Gewehrkugeln.

Kein Schild wies den Weg zu dem kleinen Teich, an dem man Kronprinz Dipendra bewusstlos gefunden hatte.

Der einundfünfzig Jahre alte Gautam Ratna Shakya war im Kumari-Haus aufgewachsen. Um mit mir zu sprechen, hatte er zunächst einhundert Dollar verlangt, einen Betrag, der etwa dem Monatslohn vieler Nepalesen entspricht, aber Savitri hatte es geschafft, ihn auf dreißig Dollar herunterzuhandeln.

»Meine Familie, eine Familie der oberen Kaste, stellt die Aufseher der königlichen Kumaris in Kathmandu, seit die Tradition vor über dreihundert Jahren eingeführt wurde«, erzählte Gautam. »Insgesamt sind wir zwölf Personen, die gemeinsam im Kumari-Haus wohnen. Meine sechsundsiebzig Jahre alte Mutter ist die Hauptaufseherin, aber sich um die Kumari zu kümmern, ist ein Vollzeitjob für uns alle. Niemand von uns hat irgendeinen anderen Beruf nebenher – wir leben von den Zuwendungen, die wir von den Anbetern der Kumari erhalten.«

Als Ausländerin durfte ich nicht in das Kumari-Haus, daher trafen wir uns in einem traditionellen Newar-Restaurant in der Nähe. Die Kellnerin brachte uns zwei große Kupferteller mit gekochtem Reist, gebratenen gekochten Eiern, würzigem Kartoffelsalat, Bohnen und *Chatamari*, eine Art dicker Pfannkuchen, gefüllt mit gehacktem Gemüse und Eiern, der in einer Pfanne mit Deckel zubereitet wird.

»Die Kumari steht um sieben oder acht Uhr auf«, erzählte Gautam weiter. »Meine Mutter kleidet sie an und schminkt sie, um neun frühstückt sie. Dann erscheint der Priester, und zwischen neun und elf kommen die Menschen, um sie anzubeten. Um elf isst sie zu Mittag, am Nachmittag wird sie unterrichtet. Wenn die Schule vorbei ist, ruht sie sich fünfzehn, zwanzig Minuten aus, bevor sie zwischen vier und sechs Uhr erneut Anbeter empfängt. Abends hat sie frei und kann spielen, Hausaufgaben machen, fernsehen oder auf ihrem Mobiltelefon Spiele spielen. Gegen halb acht bekommt sie das Abendessen. An Samstagen hat sie einen etwas kürzeren Tag, aber weder sie noch wir in der Familie haben jemals Urlaub.«

»Mit wie vielen Kumaris haben Sie schon gearbeitet?«

»Die jetzige ist die siebte. Die Kumaris werden im Alter von elf, zwölf Jahren fortgeschickt, bevor sie ihre Menstruation bekommen. Am selben Tag kommt ein neues Mädchen. Wir gewöhnen sie an die Routine, und nach einigen Tagen ist sie damit vertraut. Das Kumari-Haus steht niemals leer.«

»Inwieweit haben sich die verschiedenen Kumaris voneinander unterschieden?«

Gautam sah mich verständnislos an.

»Alle Kinder sind doch verschieden, also müssen die sechs Kumaris, die Sie kennengelernt haben, sich doch auch untereinander unterschieden und verschiedene Persönlichkeiten gehabt haben?«, erklärte ich meine Frage.

»Nein, sie sind alle gleich«, versicherte mir Gautam. »Es gibt keine Unterschiede. Wir betrachten die Kumaris nicht als gewöhnliche Kinder, sondern als Göttinnen, und versuchen, ihre Wünsche nach besten Kräften zu erfüllen. Eine Kumari besitzt automatisch kosmische Kräfte. Wenn ich eine Kumari trage, spüre ich, dass sie schwerer ist als andere Kinder. Das kann natürlich auch daran liegen, dass sie so schweren Schmuck trägt«, fügte er nachdenklich hinzu.

»Was passiert, wenn eine Kumari krank wird?«

»Was passiert, wenn eine Kumari krank wird?«, wiederholte Gautam verwirrt.

»Ja, rufen Sie zum Beispiel einen Arzt oder den königlichen Priester oder vielleicht sogar beide?«

»Nein, denn Kumaris werden niemals krank«, erwiderte Gautam. »Das ist noch nie vorgekommen. Es mag sein, dass sie ein wenig Fieber haben, aber es war niemals etwas Ernsthaftes, es war nie nötig, einen Arzt zu rufen.«

Kathmandus vorherige königliche Kumari, Matina Shakya, war zwei Jahre zuvor in das Haus ihrer Eltern zu einem normalen Dasein zurückgekehrt, nachdem sie beinahe ihr ganzes Leben bis dahin als Kumari verbracht hatte – vom dritten bis zum zwölften Lebensjahr. Sie wohnte mit ihrer Familie auf zwei Etagen in einer Wohnung in der Altstadt mit Aussicht auf einen großen, offenen Platz, nicht weit vom Kumari-Haus entfernt. Der Vater, Pratap Man Shakya, empfing Savitri und mich überschwänglich. Matina lag auf einem großen Bett im Wohnzimmer, den Blick auf den Fernseher am anderen Ende des Raums geheftet. Das Gesicht war schmal und herzförmig und wurde von zwei langen Zöpfen eingerahmt. Die ehemalige Göttin hatte helle, beinahe durchsichtige Haut, ungewöhnlich volle Lippen und große, melancholische Augen. Sie trug eine schwarze Strumpfhose und eine schwarz-weiße Bluse. Sie blickte zu uns auf, grüßte aber nicht. In der Hand hielt sie ein iPhone und schaute abwechselnd auf den Bildschirm des Fernsehers und des Telefons. An den Wänden hingen große, gerahmte Fotografien von ihr als Kumari in roten Seidenkleidern und mit stark geschminkten Augen.

»Wir sind gerade aus Moskau gekommen«, erzählte der Vater eifrig. »Matina ist die erste Kumari in der Geschichte Nepals, die auf einem offiziellen Besuch im Ausland war.«

Stolz erzählte Pratap von all ihren Erlebnissen und Begegnungen und zeigte uns auf seinem Mobiltelefon Fotos der Reise. Er sprach ein wenig Englisch, wechselte aber zu Nepali, wenn es kompliziert oder er zu eifrig wurde.

»Haben Sie Moskau gemocht, Matina?«, fragte ich.

»Ja«, flüsterte sie leise, ohne den Blick vom Fernsehschirm abzuwenden.

»Was gefiel Ihnen am besten?«

Sie antwortete nicht, sondern starrte stattdessen auf das Display ihres Smartphones.

»Wir wurden von allen freundlich empfangen, wir haben sogar das Trainingszentrum der Astronauten besucht«, berichtete der Vater enthusiastisch. »Normalerweise lassen sie dort keine Besucher herein, aber uns schon, da wir offizieller Besuch waren. Matina wurde eingeladen, dort an der Landwirtschaftsuniversität zu studieren.«

»Wie war das, Vater einer Kumari zu sein?«, fragte ich Pratap. Mir wurde klar, dass sich der Exgöttin nicht mehr als geflüsterte einsilbige Antworten aus der Nase ziehen ließen.

»Ich sehe mich selbst als einen sehr glücklichen Menschen«, antwortete er und lächelte breit. »Ich hatte nicht damit gerechnet, dass Matina Kumari werden könnte, denn Matinas Mutter stammt nicht aus der Shakya-Kaste wie ich. Normalerweise müssen beide Eltern aus der Shakya-Kaste kommen. Dass Matina als Kumari erwählt wurde, war eine große Ehre. Ich bin froh, dass ich dazu beitragen konnte, unsere Tradition fortzuführen.«

»Wie war Matina als Kind?«

Matina blickte von ihren Bildschirmen auf und sah ihren Vater an, blieb aber weiterhin stumm.

»Als kleines Kind war sie unglaublich unschuldig«, erzählte ihr Vater. »Sie war still und freute sich, neue Dinge zu lernen. In vieler Hinsicht war sie unschuldiger als die anderen Kumaris. Ihre Augen waren sehr groß, sehen Sie sich nur die Fotos an. Sie hat ausdrucksvolle und starke Augen. Natürlich habe ich sie hier zu Hause vermisst, aber die Kumari-Tradition ist ein Teil unserer Kultur, und wir müssen sie bewahren. Ich konnte sie außerdem besuchen, so oft ich wollte. In der Regel besuchte ich sie jeden zweiten Tag. Ich habe alles verfolgt, was mit ihr geschah, ich vertrat sie auch gegenüber den Behörden. Dank meines Einsatzes wurden einige Verbesserungen des Kumari-Systems vorgenommen.«

Matina wurde 2008 Kumari, im selben Jahr, in dem die Monarchie abgeschafft und Nepal eine föderale Republik wurde. Der Staat beschloss, die Tradition der königlichen Kumari fortzusetzen, aber statt des Königs ist es nun der Präsident, der die Segnung der Kumari während des Indra-Jatra-Festes entgegennimmt.

»Es gab einige praktische Probleme, als das Land eine Republik wurde«, berichtete Pratap. »Ich habe eine Systemänderung durchgesetzt, die königliche Kumari ist jetzt an der örtlichen Schule eingeschrieben. Früher hatte sie nur einen Hauslehrer, aber nun kommen die normalen Lehrer nach der Schule zu ihr nach Hause und geben ihr Privatunterricht. Ich habe auch durchgesetzt, dass die Nation die Kumaris finanziell unterstützt. Während die Mädchen Kumaris sind, bekommen sie ein Gehalt, und wenn sie keine Kumaris mehr sind, erhalten sie eine Rente. Insgesamt bekommt Matina fünfzehntausendfünfhundert Rupien Rente im Monat, rund hundertfünfzig Dollar.«

Er sah seine Tochter liebevoll an, die auf dem Mobiltelefon ihren Freundinnen schrieb.

»Wir sind sehr glücklich, Matina wieder bei uns zu Hause zu haben. An dem Tag, an dem sie aus dem Kumari-Haus zurückkehrte, erschien die gesamte Nachbarschaft und führte sie in einer großen Prozession heim. Der Übergang zur Schule war nicht so schwierig, denn wir hatten dafür gesorgt, dass ihre Mitschüler sie kennenlernten, als sie noch im Kumari-Haus lebte.«

»Ich habe sie in der Schule gesehen«, warf Savitri ein. »Da ist sie ganz anders, lebhaft und gesprächig. Da sieht es so aus, als ob sie sich wohlfühlt. Ich glaube, sie ist jetzt müde.«

»Sie ist in der Schule aktiver, aber sie ist auch während unserer Feiertage sehr aktiv«, bestätigte der Vater. »Als sie keine Kumari mehr war, hat sie angefangen, Flöte zu spielen.«

»Wie war es, Kumari zu sein, Matina?«, fragte ich sie.

Es dauerte lange, bevor sie antwortete.

»Es war gut«, flüsterte sie schließlich.

»Erinnern Sie sich an etwas Bestimmtes?«, fragte ich weiter.

»Nein ...« Sie flüsterte so leise, dass ich sie kaum verstand.

»Gab es etwas, was Ihnen besonders gefiel, oder gab es vielleicht etwas, was Sie nicht so gern mochten?«

Wieder schwieg sie lange, dann schüttelte sie langsam den Kopf.

»Wie war es, wieder nach Hause zu kommen?«

Erneut dauerte es lang, bevor sie antwortete.

»Gut ...«, sagte sie schließlich.

»Vermissen Sie es, Kumari zu sein?«

Sie starrte auf den Fernsehbildschirm, ohne zu antworten oder meinen Blick zu erwidern.

»Sie besucht die neue Kumari oft und hat ihr sehr geholfen«, erklärte der Vater. »Die neue Kumari ist sehr glücklich über sie und will nicht, dass sie wieder geht. Anfangs war Matina jeden zweiten Tag bei ihr und übernachtete auch regelmäßig dort, aber nun hat sie in der Schule mehr zu tun, sodass sie seltener zum Kumari-Haus geht. Sie redet wenig mit Menschen, die sie nicht kennt«, fügte er hinzu. »Sogar bei uns Eltern ist sie nicht sonderlich mitteilsam. Aber mit ihrer Schwester redet sie viel!«

»Wie war der Übergang von einer Kumari zu einem normalen Mädchen?«, versuchte ich es erneut bei Matina.

Es kam keine Antwort. Die ehemalige Göttin war offenbar in einen Zustand absoluten Schweigens abgeglitten.

»Die Eltern müssen sie anleiten, daher bin ich immer bei ihr«, antwortete der Vater. »In der ersten Zeit fand sie nirgendwo hin, denn sie war es ja nicht gewohnt, sich außerhalb des Hauses zu bewegen. Im Großen und Ganzen ist sie immer mit uns zusammen. An ihrem ersten Schultag kamen viele Journalisten.«

Er stand auf und holte ein paar dicke Ordner mit Zeitungsausschnitten, die fein säuberlich in Plastikhüllen einsortiert waren. Datum und Name der Zeitung waren sorgfältig von Hand oben auf jeden Ausschnitt geschrieben. Die Ordner waren randvoll mit Artikeln aus dem In- und Ausland.

»Ich habe viele solcher Ordner«, sagte Pratap. »Wir versuchen, den Leuten verständlich zu machen, dass eine Kumari ein ganz normales Mädchen ist, ein Kind wie jedes andere.«

Matina nahm sich einen Ordner und fing nachdenklich an, die Zeitungsausschnitte durchzublättern.

»Wir wurden gerade in die USA eingeladen, aber im Moment hat der Schulbesuch oberste Priorität; wir werden sehen, ob wir die Zeit finden«, erklärte der Vater. »Das kann jedenfalls nur nach dem Examen vonstattengehen, in den Ferien.«

»Was würden Sie gern studieren, wenn Sie die Schule beendet haben, Matina?«, erkundigte ich mich.

»Ich weiß nicht«, flüsterte sie so leise, dass ich sie kaum verstand.

»Wenn sie mit der zwölften Klasse fertig ist, darf sie selbst wählen, was sie studieren will«, antwortete ihr Vater. »Ich wünsche mir, dass meine Töchter gute Bürgerinnen werden, aber wir wollen sie zu nichts zwingen. Matina hat sich noch nicht entschieden, was sie studieren will, aber sie ist ja auch noch sehr jung. Sie hat noch viel Zeit.«

Erneut fing er an, von der Reise nach Moskau zu erzählen und zeigte uns weitere Fotos von den Metrostationen, der Landwirtschaftsuniversität und dem Astronautenzentrum. Von dem großen Bett aus verfolgte Matina schläfrig die Slideshow ihres Vaters.

Premshova Shakya wohnte in einer kleinen Wohnung in einer lebhaften Straße mitten in Kathmandus Wahrsagerbezirk. Selbst geschriebene Schilder informierten über die vielen verschiedenen Dienstleistungen, die sie anbot, vom Handlesen bis zum Geburtshoroskop. Premshova weissagte aus Reiskörnern. Sie war klein und rund und mit einem roten Sari mit Goldborten bekleidet; an jedem Finger trug sie Ringe, dazu große Ketten um den Hals und schwere Ohrringe, die ihre Ohrläppchen hinunterzogen. Ihr Haar war noch dunkel und dicht, obwohl sie die siebzig überschritten hatte; auf der Stirn hatte sie einen großen roten Punkt. Die Lippen waren rot geschminkt, und wenn sie sprach, klirrten ihre zahlreichen Armreifen. Das kleine Wohnzimmer war tapeziert mit Plakaten von Buddha, hinduistischen Göttern und Fotografien von Premshova als Kumari – als Kind war sie die Kumari von Bhaktapur gewesen, historisch gesehen das größte der drei Malla-Königreiche im Kathmandu-Tal. An der Längswand des Zimmers standen eine Reihe verschiedener Altäre und Götterstatuen, umgeben von halb verwelkten Blumen, Weihrauch, brennenden Öllampen und Schalen mit Speisen als Opfergaben. Dazwischen krabbelte ein Insekt. In einem kleinen Glasschrank neben dem kleinen Fernseher tummelte sich eine Handvoll weißer Mäuse. Premshova öffnete den Schrank und nahm die zwei kleinsten Mäuse heraus. Sie waren offenbar erst wenige Tage alt, denn ihre Augen waren noch geschlossen und die Haut beinahe durchsichtig.

»Sie bringen Glück«, erklärte Premshova mit einer tiefen, heiseren Stimme und streichelte die beiden Mäuse behutsam. Sie gab uns ein Zeichen, uns auf das Bett in der Ecke zu setzen, das einzige Sitzmöbel des Raums, sie selbst setzte sich zwischen Savitri und mich.

»Ich habe Diarrhoe«, informierte sie mich, »daher fühle ich mich nicht ganz auf der Höhe. Ich nehme Medikamente, es geht ganz gut, aber ich habe Bauchschmerzen und fühle mich nicht so kräftig wie normalerweise. Bevor wir uns unterhalten können, müssen Sie den Göttern Opfer bringen.«

Sie nickte energisch in Richtung einer der bunten Statuen, Vishnu möglicherweise, oder Shiva, neben der eine Opferschale stand. Wir taten, wie uns geheißen, und legten beide einen Geldschein in die Opferschale. Premshova lächelte zufrieden.

»Ich wurde Kumari, als ich ein Jahr alt war«, erzählte sie dann. »Damals gab es auch in Bhaktapur eine Aufseherfamilie, ich lebte bei ihnen im Kumari-Haus. Jeden Tag kamen Frauen wie Sie, Ausländerinnen, alle gaben sie mir zehn Dollar als Andenken.«

Sie sah mich vielsagend an.

»Woran erinnern Sie sich bei Ihrem Leben als Kumari?«

»Als ich neun Jahre alt war, bekam ich meine erste Menstruation und hörte als Kumari auf«, sagte sie. »Ich war so klein, als ich Kumari war, dass ich mich nicht an sehr viel erinnern kann, höchstens an ein, zwei Dinge. Ich erinnere mich, dass ich viel Spielzeug und Teddybären hatte. Das Leben als Kumari war schön. Wenn es etwas gab, das ich nicht tun wollte, dann konnte ich es lassen. Es wurde immer so gemacht, wie ich es wollte, aber es gab nie etwas, das ich nicht tun wollte. Die Familie der Aufseher kämmte mir gewöhnlich die Haare und färbte mir die Füße rot. Der König besuchte mich. Daran erinnere ich mich. Die Nachbarn kamen, um mich anzubeten. Die Leute schenkten mir Gold und Silber, und mein Vater, der Goldschmied war, fertigte daraus ein Fußkettchen für mich. Das weiß ich noch. Wir waren fünf Mädchen, die zur Auswahl standen, und ich war die Einzige, die nicht geweint hat. Auch daran erinnere ich mich.«

»Haben Sie verstanden, warum die Menschen Sie angebetet haben, als Sie Kumari waren?«

»Nein, das verstand ich nicht, aber ich fühlte die Kraft der Göttin. Ich fühlte, dass Taleju in meinem Körper war. Wenn sie bei mir war, empfand ich Ruhe und Frieden. Es war ein gutes Gefühl. Als ich aufhörte, Kumari zu sein, vermisste ich das Kumari-Haus und die Aufseherfamilie. Ich vermisste es, mit ihnen zu spielen, aber ich durfte nicht dorthin zurück. Ich bekam auch keine Ausbildung. Aber nachdem ich aufgehört hatte, Kumari zu sein, konnte ich tanzen. Das war schön. Ich tanze sehr gern. Zehn Monate, nachdem ich meine Zeit als Kumari beendet hatte, kam eine andere Göttin, Kali, in meinen Körper. Sie ist noch immer bei mir. Ich heiratete erst mit dreißig, denn ich hatte Angst, meine Schwiegerfamilie würde mich zwingen, schmutzige Teller anzufassen. Kali mag das nicht. Mein Mann versteht mich glücklicherweise und übernimmt immer den Abwasch.«

Sie drehte sich zu Savitri um.

»Wie ist das Foto geworden, das Sie gemacht haben, als Sie das letzte Mal hier waren? Wurde es gut?«

»Es wurde sehr gut«, versicherte ihr Savitri.

»Vier oder fünf Mal gab es Fotos von mir in Amerika«, erzählte Premshova stolz. »Wenn ich im Tempel bin, geschieht es oft, dass Leute ein Foto von mir machen. Sie sagen, ich sähe besonders aus. Mein ältester Sohn wird jetzt vierzig. Zwei Jahre nach seiner Geburt kam auch die Wahrsage-Göttin in meinen Körper, und ich fing an, den Menschen die Zukunft vorherzusagen.«

»Wie haben Sie gemerkt, dass die Wahrsage-Göttin in Ihren Körper kam?«, erkundigte ich mich.

»Das spürt man automatisch. Andere spüren es auch. Jede Woche kommen Menschen, um sich aus dem Reis weissagen zu lassen. Die Menschen haben viele Probleme. Sie können keine Kinder bekommen, oder sie bekommen Kinder, die früh sterben. Ich mag es nicht, den Menschen schlechte Nachrichten zu verkünden, deshalb achte ich immer darauf, ihnen auch eine Lösung anzubieten – ich sage, dass sie Dinge spenden, einen Gott anbeten und in den Tempel gehen müssen, dann geht es vorbei.«

»Können Sie mir weissagen?«

»Nein, Sonntag ist kein guter Tag.« Premshova schüttelte traurig den Kopf. »Montag, Dienstag und Samstag sind gute Tage. Aber nicht Sonntag.«

Sie begleitete uns zur Treppe, griff nach unseren Händen und pustete fest und konzentriert darauf.

»Ich gebe Ihnen gerade all meine Kraft«, lächelte sie und schlurfte zurück ins Wohnzimmer.

Die letzte Ex-Kumari, mit der ich sprach, empfing mich auf der Straße.

»Kommen Sie, folgen Sie mir«, sagte sie bestimmt und geleitete mich über eine schmale Treppe in ein Empfangszimmer. Chanira Bejracharya war von ihrem fünften Lebensjahr bis zu ihrem fünfzehnten Geburtstag Kumari in **Patan** (1332 Meter über N.N.) gewesen, dem kleinsten der Malla-Königreiche im Kathmandu-Tal. Heute gehört Patan sozusagen zum Einzugsbereich von Kathmandu, und man merkt kaum, wo die eine Stadt aufhört und die andere beginnt. Die ehemalige Göttin sah aus wie eine ganz gewöhnliche Studentin, sie trug ein kariertes Hemd und Jeans und hatte ihr halb langes Haar zu einem Pferdeschwanz gebunden. Sie war einen Kopf kleiner als ich, und ihr Gesicht war mondförmig, beinahe kreisrund.

An den Wänden des Empfangszimmers hingen große Fotografien von Chanira als lebender Göttin. Auf den Fotos trug sie große rote Kumari-Kleider, war dick geschminkt und hatte ein ausdrucksloses Gesicht. Sie war freundlich, gleichzeitig aber professionell distanziert. Für das Interview nahm sie zweieinhalbtausend Rupien, rund achtzehn Euro. Es war weniger, als der Aufseher in Kathmandu verlangt hatte, aber dennoch eine verhältnismäßig stattliche Summe in einem Land, in dem ein Drittel der Bevölkerung mit weniger als drei Euro am Tag auskommen muss.

»Ich gebe im Schnitt drei bis vier Interviews pro Woche«, erklärte die Vierundzwanzigjährige in fließendem Englisch. »Es nimmt viel Zeit in Anspruch und ist daher wie ein Beruf für mich.«

Als Chanira im Alter von fünf Jahren zur Kumari ausgewählt wurde, war ihre Familie in der einmaligen Situation, zwei lebende Göttinnen unter einem Dach zu haben.

»Meine Tante ist offiziell seit beinahe dreißig Jahren Kumari«, erzählte Chanira. »Die Kumaris werden ausgetauscht, sobald sie ihre erste Menstruation bekommen, aber meine Tante hatte nie eine Menstruation. Als sie dreißig Jahre alt war, wurde entschieden, dass sie aufgrund ihres Alters nicht länger an religiösen Festen teilnehmen durfte. Sie wurde durch eine neue offizielle Kumari ersetzt. Meine Tante hat dennoch auch weiterhin die Pflichten einer Kumari erfüllt: Sie kleidet sich noch immer in rote Kleider und geht nicht aus dem Haus. Viele Gläubige suchen sie auf, um gesegnet zu werden. Als kleines Mädchen war ich fasziniert von der Tante, und ich erinnere mich gut an das erste Mal, als ich selbst als lebende Göttin eingekleidet wurde. Ich war fünf Jahre alt, und es gefiel mir ausgezeichnet.«

Im Gegensatz zu der königlichen Kumari in Kathmandu, die im Kumari-Haus lebt und von der Aufseherfamilie erzogen wird, darf die Kumari in Patan auch weiterhin bei ihrer Familie wohnen.

»Meine Familie musste viele besondere Regeln befolgen«, erzählte Chanira. »Sie durften mich nicht länger als Schwester oder Tochter anreden, nur als Göttin. Ich konnte weiterhin mit meinen Brüdern spielen, aber sie durften mich nicht berühren. Ich bekam immer zuerst etwas zu essen, und meine Familie tat ihr Äußerstes, um all meine Wünsche zu erfüllen, damit die Göttin nicht verärgert wurde. Finanziell war es eine schwierige Zeit für meine Eltern, denn mein Vater war gezwungen, sein Geschäft zu schließen, damit er sich während meiner Zeit als Kumari um mich kümmern konnte. Meiner Mutter gelang es, einen Privatlehrer für mich zu finden, aber meine Eltern mussten den Unterricht aus eigener Tasche bezahlen. Jetzt werden die Familien besser unterstützt, aber damals war es schwierig.«

»Haben Sie sich anders gefühlt, als Sie Kumari wurden?«

»Nach und nach wurde mir klar, dass ich eine Sonderstellung und eine besondere Verantwortung in der Gesellschaft hatte, aber es war nicht so, dass ich den ganzen Tag die Göttin in mir gespürt hätte. Während religiöser Feierlichkeiten oder wenn ich auf dem Thron saß und angebetet wurde, hatte ich in gewisser Weise das Gefühl, kein Teil der Gesellschaft zu sein. Ich hatte nicht das Gefühl, jemanden anlächeln zu müssen, und ja, insgesamt ... Es ist nicht so leicht zu erklären. Aber den größten Teil der Zeit war ich ein ganz normales Mädchen.«

»Sie waren doch ein Kind«, bemerkte ich. »War es nicht schwer, die ganze Zeit im Haus bleiben zu müssen? Nie hinaus zu können?«

»Nein, das habe ich nicht vermisst. Vielleicht lag es an der Kraft der Göttin oder irgendetwas anderem. Ich weiß nicht warum, aber ich habe es nie vermisst. Meine Eltern kümmerten sich gut um mich, ich bekam alles, was ich mir wünschte. Ich hatte Videospiele und YouTube, ich war nicht so isoliert wie die Kumaris früher. Da ich Kumari war, durften meine Eltern nicht mit mir schimpfen, aber meine Mutter hat alles, was ich falsch gemacht habe, in einem Buch notiert, um mich zu bestrafen, wenn ich keine Kumari mehr war. Das hat funktioniert, ich benahm mich im Großen und Ganzen ordentlich. Viele Menschen im Westen halten die Kumari-Tradition für Kindesmisshandlung, aber ich habe das nicht so erlebt. Ich habe es geliebt, Kumari zu sein, und vermisse es noch immer.«

Chanira war die letzte Kumari in Patan, die der königlichen Familie begegnet war. Sie war sechs Jahre alt, als Kronprinz Dipendra im Sommer 2001 Amok lief und beinahe die gesamte Familie ermordete.

»Vor dem Mord an der königlichen Familie habe ich vier Tage geweint«, erzählte sie. »Ich war absolut untröstlich. Meine Mutter wusste nicht, was sie tun sollte, und suchte Rat beim königlichen Priester. Er sagte, es sei ein sehr schlechtes Zeichen, und er instruierte meine Mutter, ein bestimmtes Ritual auszuführen und um Vergebung zu bitten, denn vielleicht hätte sie irgendein Ritual falsch durchgeführt. Meine Mutter bereitete das Ritual vor, aber um Mitternacht des vierten Tages klingelte das Telefon, und wir erfuhren, dass die königliche Familie bei einem Massaker ermordet worden war. Ich lachte und lachte, als ich die Nachricht hörte. Meine Mutter meinte, irgendein Ritual auszuführen sei nicht mehr nötig.«

»Wieso haben Sie gelacht?«, fragte ich verblüfft.

»Ich weiß es nicht. Die Göttin in mir hat gelacht. Ich erinnere mich nur, dass es mir nicht gelang, mit dem Lachen aufzuhören.«

»Gab es etwas, was Sie nicht mochten, als Sie Kumari waren?«

»Die Touristen«, antwortete Chanira ohne nachzudenken. »Die Nepalesen kamen, um mich anzubeten, sie kamen, weil die Kumari ihnen etwas bedeutet – die Kumari ist ein Teil unserer Tradition. Die Touristen kennen unsere Kultur nicht, sie kommen nur, um zu gaffen. Ich fühlte mich wie ein Affe im Käfig, aber als Kumari hatte ich nicht das Recht, jemandem den Besuch zu verweigern. Auch Touristen nicht. Die Kumari in Kathmandu empfängt keine Touristen, aber wer immer es will, kann die Kumari in Patan besuchen. Ich meine, man sollte Restriktionen einführen.«

Als Chanira als Fünfzehnjährige ihre erste Menstruation bekam, wurde sie von einem Tag auf den anderen wieder zu einem ganz gewöhnlichen Mädchen.

»Meine Eltern hatten versucht, mich auf den Tag vorzubereiten, an dem ich keine Göttin mehr sein würde. Sie hatten mir erzählt, dass sich mein Leben ändern und die Leute sich mir gegenüber anders benehmen würden. Trotzdem kam es wie ein Schock. Als ich die ersten Male aus dem Haus ging, musste meine Mutter mich an der Hand halten. Ich war vorher nie auf der Straße gewesen, und die erste Zeit wollte ich am liebsten getragen werden. Ich hatte in dieser Hinsicht keinerlei Selbstvertrauen, ich fühlte mich so hilflos, ich fand mich nicht zurecht und war überwältigt von all dem Verkehr. Auch in der Schule war es nicht leicht. Ich fand es schwierig, mit anderen zu interagieren – ich war ja weder gewohnt, mit Gleichaltrigen zu reden, noch mit ihnen umzugehen. Anfangs war es allein schon ein Problem, gewöhnliche Kleidung zu tragen. Um den Übergang für andere leichter zu gestalten, habe ich einen Verein zur Unterstützung ehemaliger Kumari gegründet. Die Mädchen brauchen gerade in der ersten Zeit sehr viel Hilfe.«

Sie blickte rasch auf die Uhr.

»Wollen Sie meine Tante kennenlernen?«, fragte sie.

Ich nickte, selbstverständlich. Sie bat mich, zehn Minuten zu warten, bis die längst erwachsene Göttin sich bereit gemacht hatte. In der Zwischenzeit knipste ich eine Handvoll Fotos von Chanira, die routiniert posierte. Zehn Minuten später tauchte ihr Vater an der Tür auf.

»Sie ist bereit, Sie zu treffen«, sagte Chanira. »Aber erst müssen Sie sich die Hände waschen.«

Ich wurde zu einem kleinen Waschbecken geführt, danach in einen rosa gestrichenen Raum. In der Ecke saß Dhana auf einem Holzthron, der ursprünglich für ein kleines Mädchen gedacht war. Chaniras Tante trug ein rot- und goldfarbenes Kleid, sie hatte schwarz geschminkte Augen, die Haare waren zu einem Knoten gebunden. Der Kinderthron war umgeben von Weihrauch, Öllampen und kleinen Schalen mit Früchten. Obwohl Dhana annähernd siebzig Jahre alt war und zusammengesunken dasaß, war ihr ovales Gesicht bemerkenswert glatt, beinahe vollkommen faltenlos.

Ich kniete vor sie, so wie man mich instruiert hatte, und legte einen Geldschein in die Opferschale, die vor dem Thron stand. Dann beugte ich mich vor, damit die Göttin mir einen roten Punkt auf die Stirn tupfen konnte. Danach legte sie mir eine kleine Blume auf den Kopf und überreichte mir eine Banane. Während der Zeremonie sagte sie kein Wort, und ihr Gesicht blieb ausdruckslos, aber ihr Blick war sanft und geduldig. Als ich aufstand, fiel die Blume herunter. Ich hob sie auf und legte sie mir wieder auf den Kopf, aber sie fiel noch einmal herunter.

Die aktuelle Kumari in Patan wohnte nicht wie Chanira zu Hause, sondern war in das Kumari-Haus gezogen, ein altes Holzhaus, das ein paar Steinwürfe weiter an der Straße lag. Dort lebte sie mit ihrer Familie. Ich klingelte, eine ältere Frau öffnete und empfing mich. Sie bedeutete mir, die Schuhe auszuziehen und ihr die Treppe hinauf zu folgen.

Ich kam in ein dunkles und annähernd leeres und schmuckloses Zimmer mit hölzernen Wänden. An einer Wand stand ein niedriger Thron aus Holz auf dem Fußboden, noch leer. Einige Minuten später betrat eine junge Frau mit einem kleinen Mädchen auf dem Arm das Zimmer. Das Mädchen trug wie gewohnt ein rotes Kleid, die Augen waren schwarz geschminkt, das Haar zu einem vorschriftsmäßigen Knoten gesteckt. Sie lächelte mich an, klammerte sich aber mit Armen und Beinen an ihre Mutter. Die junge Frau setzte das Mädchen auf den einfachen Thron, und ich kniete vor ihr, legte einen Geldschein in die Opferschale und senkte den Kopf. Mit spielerischen Bewegungen platzierte die kleine Göttin einen roten Punkt auf meine Stirn.

»Darf ich ein Foto machen?«, fragte ich und bereute es im selben Moment. Die Mutter übersetzte es dem Mädchen, das entschieden den Kopf schüttelte. Dann war die Audienz vorüber, und ich ging die Treppen hinunter, hinaus in den Tag.

Gedränge am Gipfel

Ich erwachte, weil der Kronleuchter tanzte. Es dauerte nur einige wenige Sekunden, dann war es vorbei. Ich war noch vollkommen benommen und zwang mich damit zur Ruhe, dass ich bestimmt alles nur geträumt hatte, aber im Laufe des Tages traf ich auf ernste Gesichter. Das Erdbeben war mit 4,8 auf der Richterskala gemessen worden, ein kleines, harmloses Beben, aber es hatte Traumata und Erinnerungen an die Katastrophe vier Jahre zuvor aufgewirbelt.

Der Himalaya ist die höchste Gebirgskette der Welt, aber auch eine der jüngsten, nur rund fünfzig Millionen Jahre alt. Die beiden Superlative hängen zusammen: Eis, Schnee und Regen zehren an den Felsmassen und bauen sie ab. Ich erinnere mich noch an meine Enttäuschung, als ich als Kind erfuhr, dass der Galdhøpiggen, der Stolz der norwegischen Nation, mit seinen zweitausendvierhundertneunundsechzig Metern im globalen Zusammenhang ein ziemlich niedriger Berg ist. Aber irgendwann, vor rund vier-, fünfhundert Millionen Jahren, ragten achttausend Meter hohe Berge auch in Norwegen in die Luft. Die kaledonischen Gebirge, von denen sich noch Reste in Nordeuropa finden, waren tatsächlich einmal die höchsten der Welt. Wahrscheinlich sind sie unter ihrem eigenen Gewicht kollabiert, als die Druckspannung der Kontinentalplatten nachließ. Könnte das Gleiche mit dem Himalaya passieren? Könnte das Gebirgsmassiv durch sein eigenes Gewicht kollabieren? Darüber streiten sich die Geologen, und niemand weiß es sicher. Berge wachsen so langsam, dass ein Forscherleben nicht ausreicht, um es herauszufinden.

Alles bewegt sich, auch der Boden unter unseren Füßen. Vor dreihundert Millionen Jahren waren alle Kontinente der Erde in einem Superkontinent vereint, Pangea. Dann, unendlich langsam, teilte sich der Superkontinent in Laurasia, das Nordamerika, Europa und Asien umfasste, und Gondwana, das unter anderem aus

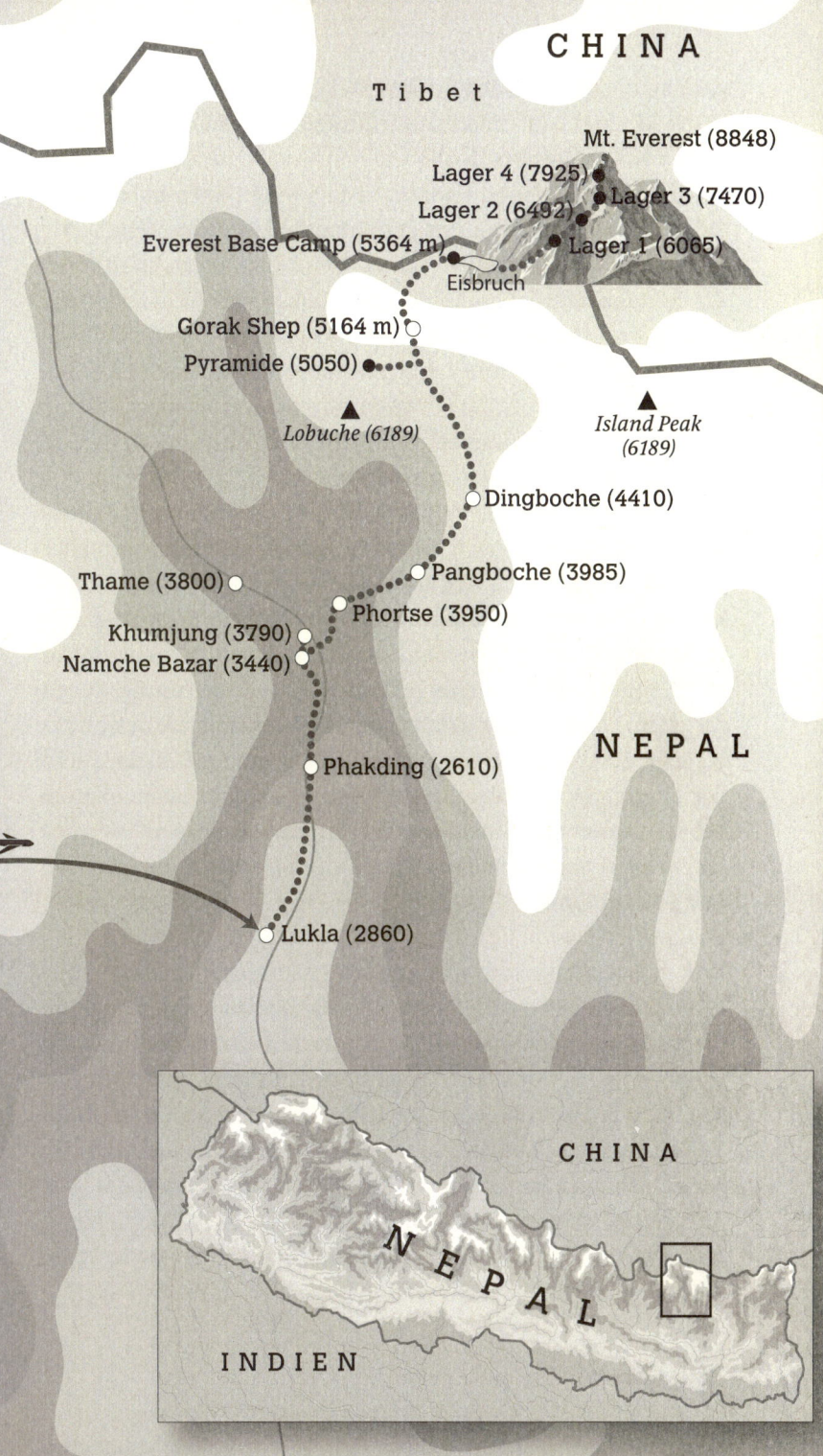

dem heutigen Australien, Indien, Südamerika, Afrika und der Antarktis bestand. Vor rund hundertfünfzig Millionen Jahren brach Indien von Gondwana ab und trieb mit den Kontinentalplatten in relativ hohem Tempo in nördliche Richtung: fünfzehn, zwanzig Zentimeter pro Jahr. Gut und gern hundert Millionen Jahre später, nach einer Distanz von über zehntausend Kilometern, stieß der indische Subkontinent mit Eurasia zusammen. Das Tethysmeer, das die beiden Erdteile bis dahin getrennt hatte, wurde zur Seite gedrückt und eine enorme Landmasse von den Kontinentalplatten nach oben geschoben: der Himalaya war geboren. Noch heute kann man Fossile des Tethysmeeres im gesamten Himalaya finden, sogar auf dem Gipfel des Mount Everest.

Die indische Kontinentalplatte, die gegen das tibetische Plateau presste, bewegt sich noch immer in Richtung Norden, nun allerdings mit einer Geschwindigkeit von rund fünf Zentimetern pro Jahr. Die weitaus größere und dickere eurasische Platte bewegt sich in südliche Richtung, aber sehr viel langsamer. Im Schnitt sind es zwei Zentimeter pro Jahr; ungefähr so lang wachsen unsere Zehennägel jährlich. Indien wird mit anderen Worten mit jedem Jahr, das vergeht, ein wenig kleiner, während die Berge im Himalaya ständig etwas höher werden. Die Bewegung der Kontinentalplatten führt aber nicht nur dazu, dass die Berge wachsen, sondern auch zu enormen unterirdischen Spannungen, sodass es zu häufigen Erdbeben kommt.

Unter uns entfaltet sich eine sanfte Berglandschaft wie jadegrüne Wellen. Hier und da sind kleine Holzhäuser zu erkennen, deren Blechdächer in der Sonne glitzern. Eine der Warnleuchten blinkt rot, aber der Pilot sieht aus, als würde er den Alarm ruhig und gelassen hinnehmen, er beachtet ihn kaum. Ich konzentriere mich auf die Reisfelder und Wälder unter uns; verschiedene Nuancen von Grün, Licht und Dunkelheit wickeln sich ineinander wie die Teile eines Puzzlespiels. Während die Warnleuchte weiterhin hektisch blinkt, ändert sich die Landschaft abrupt, und wir fliegen direkt auf eine Wand aus Stein und Eis zu.

Da die Rollbahn in Kathmandu wegen höchst notwendiger Reparaturarbeiten gesperrt ist, werden wir in einem Hubschrauber nach **Lukla** (2860 Meter über N.N.) gebracht, dem Ausgangspunkt aller Expeditionen zum Mount Everest auf der nepalesischen Seite. Ich habe mich für eine Gruppentour angemeldet, die von einer amerikanischen Expeditionsfirma organisiert ist, um im Everest Base Camp übernachten zu dürfen. In der Saison ist dies nur Bergsteigern und Expeditionsmitgliedern gestattet. Die Gruppe ist glücklicherweise nicht groß: Außer mir besteht sie aus zwei enthusiastischen Amerikanerinnen, Lynn und Jade.

Pasang, unser weiblicher Sherpa-Guide, holt uns am Landeplatz ab und führt uns durch die matschigen, autofreien Straßen von Lukla. Wir kommen am Donnerstagsmarkt vorbei, auf dem die Bauern Obst und Gemüse verkaufen, dann erreichen wir ein niedriges Gästehaus, in dem uns ein Frühstück erwartet. Am Nachbartisch sitzt eine Gruppe Inder und nippt an süßem Milchtee.

»Sieht so aus, als wären Sie bereit für die Tour«, bemerkt einer von ihnen, ein grauhaariger Mann in den Fünfzigern, und nickt in Richtung meines blauen jungfräulichen Rucksacks. Sein Rucksack und seine Bergstiefel sind mit einer braunen Staubschicht überzogen.

»Wir wollen zum Base Camp«, bestätige ich. Eigentlich ist es überflüssig, das Ziel zu präzisieren: So gut wie alle Wanderrouten aus Lukla führen zum Base Camp.

»Wir waren gerade da«, erwidert der Inder.

»Und wie war es?«

»Es war ... gut.«

»Das hört sich aber nicht besonders überzeugend an?«

»Nun ja ...« Er zögert. »Es war wirklich brutal. Seien Sie darauf vorbereitet, dass es richtig hart wird. Und es wird kalt. Fürchterlich kalt. Seien Sie darauf vorbereitet, dass Sie frieren werden. Außerdem bekommt Ihr den berühmten Khumbu-Husten. Alle bekommen ihn, das lässt sich nicht vermeiden, denn die Hygiene in den Gästehäusern ist nicht existent. Die Leute werden nicht gesund, bevor sie nicht wieder in Kathmandu sind.«

Als wollte er die Worte unterstreichen, wird sein Nebenmann einem von langen, raspelnden Hustenanfall überwältigt.

»Uns ging es so schlecht, dass wir die letzte Tagesetappe nicht geschafft haben und einen Helikopter anfordern mussten. Aber viel Glück!« Der grauhaarige Inder zwingt sich zu einem blassen Lächeln. »Ich hoffe, Sie haben eine richtig gute Tour!«

Sich in der Höhe zu bewegen, ist eine Übung in Langsamkeit. Damit der Körper Zeit bekommt, sich zu akklimatisieren, gehen wir kurze Etappen, häufig nur zwei, drei Stunden am Tag. Die Sonne scheint aus einem azurblauen Himmel, tagsüber steigt die Temperatur auf über zwanzig Grad. Der Weg ist breit und luxuriös, eine wahre Autobahn, er schlängelt sich durch kleine Dörfer und wird flankiert von dichtem Kiefernwald und Rhododendronbüschen in voller Blüte.

Lynn und Jade sind beide auf die Strapazen gut vorbereitet, ausgerüstet mit Karbon-Wanderstöcken, atmungsaktiven Sportpullovern, UV-Wasserklärern, fortschrittlichen Trinksystemen und einer Reiseapotheke, die genügend Erkältungsmedikamente, Tabletten gegen die Höhenkrankheit, Blasenpflaster, Cremes, Salben und Antibiotikakuren enthält, um den Jahresbedarf eines mittelgroßen Dorfes zu decken. Zwei einheimische Träger transportieren die Reiseapotheke und den Rest des Gepäcks von Gästehaus zu Gästehaus. Sie tragen eine leichte Last im Vergleich zu vielen anderen, die Türme von Konserven, Coca-Cola, Bier und Nudeln die waldbedeckten Berge hinaufschleppen. Die Träger haben eine harte Konkurrenz in den Maultieren, die mit Schellen um den Hals in langen Reihen den Berg hinauftraben, voll beladen mit Gaszylindern und Proviant. Einige Tage zuvor war ein junger amerikanischer Tourist von den Lasttieren in den Tod gestoßen worden – er hatte sich auf die falsche Seite des Weges gestellt, als die Karawane vorbeikam. Er hatte keine Chance.

Am zweiten Tag überqueren wir die Grenze zum Sagarmatha Nationalpark. Sagarmatha, die Himmelsgöttin, ist der nepalesische Name des Mount Everest; bei den Tibetern ist der Berg als

Chomolungma bekannt, die Heilige Mutter. Der Brite George Everest, der von 1830 bis 1845 für die Kartierung und Vermessung Indiens verantwortlich war, ist niemals in der Nähe des Berges gewesen, der heute nach ihm benannt ist; er hatte nicht einmal etwas damit zu tun, dass man auf den Berg aufmerksam wurde. 1856, als George Everest längst wieder sicher zurück in England war, wurde seinem Nachfolger Andrew Scott Waugh und dem Mathematiker Radhanath Sidkar klar, dass der Berg, der auf der Karte bisher als »Peak B« und »Peak XV« markiert war, vermutlich der höchste Berg der Welt ist. Die beiden errechneten, dass er 29 000 Fuß hoch sein müsse – 8839 Meter –, aber sie legten noch zwei Fuß drauf, um die Rechnung glaubwürdiger aussehen zu lassen. In Anbetracht der Tatsache, dass die Messungen von Observationsposten vorgenommen wurden, die über hundertfünfzig Kilometer entfernt lagen, ist die Treffsicherheit verblüffend. Spätere Messungen ergaben, dass der Berg siebenundzwanzig Fuß höher ist, als Waugh und Sidkar errechnet hatten, also 29 029 Fuß oder 8848 Meter. 2005 stellten chinesische Kartografen fest, dass die letzten vier Meter aus Eis bestehen und die eigentliche Höhe daher nur 8844 Meter beträgt, aber die Verantwortlichen in Nepal und China verständigten sich darauf, es bei der etablierten Höhe von 8848 Metern zu belassen.

Der höchste Berg der Erde konnte keine römischen Ziffern als Namen haben. Bereits zu Waughs Zeit war es übliche Praxis, den Namen der Einheimischen zu verwenden, aber Nepal und Tibet waren im 19. Jahrhundert für Ausländer geschlossen, und es herrschte große Verwirrung, welcher Name unter der Lokalbevölkerung am meisten verbreitet war. Waugh schlug schließlich vor, den Berg nach dem Mann zu benennen, der ihn zu seinem Nachfolger ernannt hatte, nämlich George Everest. Everest selbst, der offenbar ein bescheidener Mann war, protestierte gegen die Namenswahl und argumentierte, der Name ließe sich auf Hindi weder schreiben noch aussprechen, folglich auch nicht auf Nepali.* 1865, nachdem

---

* Heute spricht im Übrigen seinen Namen auch niemand korrekt aus. Everest selbst sagte »Iv-rest«, mit Betonung auf der ersten Silbe.

man die Angelegenheit fast ein Jahrzehnt diskutiert hatte, folgte The Royal Geographical Society in London schließlich Waughs Empfehlung. George Everest starb ein Jahr später, aber sein Name lebt in der Höhe weiter.

Bevor wir in den Nationalpark gehen dürfen, müssen wir uns registrieren lassen. An der Wand hinter dem Beamten hängt eine Tafel mit einer Statistik. Die Zahlen zeigen eine Verdopplung der Touristen in den letzten zwanzig Jahren. Verteilt auf einige wenige Frühjahrs- und Herbstmonate, begeben sich jährlich annähernd vierzigtausend Menschen auf die Tour hinauf zum Base Camp. Ein eng beschriebenes Schild am Eingangstor informiert über die Regeln, die man im Nationalpark einzuhalten hat: Es ist nicht erlaubt, Müll auf den Weg zu werfen oder seltene Blumen zu pflücken, es ist auch nicht erlaubt, eifersüchtig zu sein (!) oder »übertriebene Mengen« stimulierender Mittel einzunehmen – hier gibt es offenbar einen gewissen Ermessensspielraum.

Ein steiler Hang führt hinauf nach Namche Bazar. An einigen Stellen bilden sich Schlangen, zu hören sind deutsche Präpositionen, italienische Interjektionen und dicke amerikanische Nasallaute, dazu wird die Luft immer dünner. Ein Stück weiter oben entdecke ich ein paar norwegische Landsleute. Sie sind leicht identifizierbar, nicht allein wegen der blonden Haare und langen Beine, sondern anhand der unbescheidenen Flaggen, die aus ihren Rucksäcken ragen.

Den Hang zu erklimmen, ist schwieriger, als er aussieht. Die Beine werden schwer und störrisch, das Herz klopf hart und spitz in der Brust, es brennt in den Lungen. Wir gehen einige Schritte, bleiben stehen, ringen um Atem, gehen noch ein paar Schritte, halten an und keuchen. Auf Meeresniveau liegt der atmosphärische Druck bei 1 und die Luft, die wir atmen, enthält 20,9 Prozent Sauerstoff. Wenn der atmosphärische Druck sinkt, so wie in der Höhe, werden die Gasmoleküle nicht so dicht zusammengepresst wie auf Meeresniveau. Je höher man kommt, umso weniger Sauerstoffmoleküle enthält jeder Liter Luft. In Namche Bazar, dreieinhalbtausend Meter über dem Meeresspiegel, enthält die Luft ein Drittel weniger Sauerstoff als auf Meeresniveau. Im Everest Base Camp auf fünftausenddreihundertvierundsechzig Metern Höhe liegt der Sauerstoffgehalt bei der Hälfte des Meeresniveaus, und auf dem Gipfel des Mount Everest beträgt er lediglich ein Drittel.

Der Körper passt sich dem niedrigen Sauerstoffgehalt durch einen schnelleren Herzschlag an, außerdem atmet man häufiger. Nach und nach produziert der Körper mehr rote Blutkörperchen, die den Sauerstoff von den Lungen in den Körper transportieren – das ist der Effekt, den Hochleistungssportler beim Höhentraining erzielen wollen. Steigt man zu schnell auf, hat der Körper allerdings nicht genügend Zeit, sich der Höhe anzupassen – mit der Folge, dass die meisten Menschen höhenkrank werden. Die Symptome einer leichten Höhenkrankheit sind Kopfschmerzen, Übelkeit oder Erbrechen, Schwindelgefühl, Müdigkeit, Schlafschwierigkeiten und mangelnder Appetit. Diese Symptome vergehen normalerweise, wenn man nicht höher steigt oder noch besser: absteigt.

Wie der Körper auf Höhe reagiert, ist individuell unterschiedlich. Manche erleben die Symptome der Höhenkrankheit bereits bei zweitausend Metern. Volksgruppen, die seit Hunderten von Generationen in der Höhe leben, haben sich den Verhältnissen angepasst und reagieren anders auf den niedrigen Luftdruck als Menschen, die aus dem Flachland stammen. Die Sherpas zum Beispiel sind genetisch an das Leben in der Höhe besonders angepasst. Ihr Name bedeutet direkt übersetzt »Ostvolk«, sie sind im 16. Jahrhundert aus dem östlichen Tibet eingewandert und haben sich in den Bergregionen des östlichen Nepal niedergelassen. Wissenschaftler haben herausgefunden, dass die Mitochondrien der Sherpas, also die Teile der Zellen, die Energie produzieren, weniger Sauerstoff verbrauchen als die Mitochondrien von Volksgruppen, die traditionell im Flachland leben. Die Sherpas brauchen mit anderen Worten weniger Sauerstoff als die meisten anderen Menschen. Kein Mensch, auch nicht die Sherpas, kann sich allerdings für einen Aufenthalt auf über achttausend Metern, der sogenannten Todeszone, akklimatisieren. In einer derart extremen Höhe kann sich der Körper nicht mehr regenerieren und beginnt tatsächlich zu sterben.

Ernste Fälle von Höhenkrankheit können tödlich ausgehen. Beim sogenannten Lungenödem gerät man in einen Circulus vitiosus: Aufgrund des Drucks in den Lungenarterien sammelt sich Flüssigkeit in den Lungenbläschen, die der Körper nicht mehr effektiv abtransportieren kann. In ernsten Fällen hustet der Kranke einen schaumigen Auswurf. Wenn ein betroffener Bergsteiger dann nicht sofort auf eine niedrigere Höhe gebracht wird, wird er oder sie praktisch ertrinken. Das Hirnödem ist eine andere gefährliche Form von akuter Höhenkrankheit: In extremen Höhen kann der Körper auf Sauerstoffmangel reagieren, indem er die Blutadern erweitert, die zum Gehirn führen. Dadurch schwillt das Gehirn an und drückt gegen den Schädel. Die Symptome eines Hirnödems umfassen starke Kopfschmerzen, Erbrechen, Verwirrung, Halluzinationen und Koordinationsschwierigkeiten. Das Hirnödem gilt als besonders gefährlich, weil Bergsteiger häufig selbst nicht beurteilen können, ob sie krank sind und unmittelbar evakuiert werden müssen, um zu überleben.

Am Nachmittag des zweiten Tages kommen wir an ein buntes Tor, den Eingang zu **Namche Bazar** (3440 Meter über N.N.). Das Dorf sieht aus wie ein Trichter; die Häuserreihen klammern sich in Etagen an die steile Felswand. Wenn man bedenkt, dass hierher keine Autostraße führt, sind die Häuser überraschend groß und modern; drei, vier Stockwerke hoch und mit bunten Blechdächern gedeckt. Verschwitzt und schwer atmend schleppen wir uns durch das Tor und werden von einer Lotusfontäne, großen, mit Wasserkraft betriebenen Gebetsmühlen und einem Irish Pub empfangen. Hatten wir uns unterwegs zeitweilig wie Pioniere gefühlt, platzt nun jegliche Illusion beim Anblick des Schildes, das mit Guinness und einer verlängerten Happy Hour lockt.

Wir gehen ins Dorf hinein. Die Souvenirläden liegen dicht nebeneinander, ebenso wie Apotheken, Sportgeschäfte und Supermärkte, die sich vor allem auf Toilettenpapier und Desinfektionsmittel spezialisiert haben. Handgeschriebene Schilder versprechen Thaimassage, Pediküre, Gesichtsbehandlung und Haarentfernung, die Gästehäuser bieten Pasta, Pizza, Bier und Wein auf ihren Speisekarten an – alles wird nach Lukla eingeflogen und von dort mit Trägern und Maultieren in die Höhe transportiert. Kürzlich öffnete sogar Namche Bazars erstes Sushirestaurant seine Pforten, obwohl es, gelinde gesagt, ziemlich weit bis zur nächsten Küste ist.

Die Gespräche beim Abendessen drehen sich ums Bergsteigen und um Gipfelstürmer. Jade und Lynn werfen mir einen Namen nach dem anderen an den Kopf, mit den meisten sind sie per du und folgen allen in den sozialen Medien: *Er*, ja, *oh my God*, er ist wirklich beeindruckend, ich liebe die Fotos, die er postet, was ist mit *X* und *Y* oder *Z*, folgst du ihnen auch? Was, du folgst *Z* nicht? Er ist ein total krasser Typ, absolut verrückt, du *musst* ihm einfach folgen!

Da ich mich nie sonderlich für die sportlichen Leistungen anderer Menschen interessiert habe, gehe ich früh zu Bett. Die anderen machen es im Grunde ebenso. Um acht Uhr abends sind das Restaurant und die Straßen menschenleer.

Pasang, unser Sherpa-Guide, stammt aus dem Dorf Thame, einige Stunden von Namche Bazar entfernt. Das Dorf wurde bei dem Erdbeben 2015 vollständig zerstört, die Dorfbewohner mussten monatelang in Zelten leben, während sie ihre Häuser Stein für Stein wiederaufbauten.

»Es war eine schwierige Zeit«, erzählt Pasang. »Ich rede nicht gern darüber. Dann kommen all die schlechten Erinnerungen zurück.« Sie zuckt die Achseln, beinahe so, als wollte sie die schlechten Erinnerungen abschütteln.

Auch **Khumjung** (3790 Meter über N.N.), das Dorf, das Namche Bazar am nächsten liegt, wurde bei dem Erdbeben stark in Mitleidenschaft gezogen. Alle Häuser sind nagelneu und mit Backsteinen wiederaufgebaut, um das nächste Erdbeben besser überstehen zu können. Auch das beinahe fünfhundert Jahre alte buddhistische Kloster wurde bei dem Beben beschädigt, wobei der eigentliche Tempelraum es unbeschadet überstanden hat. Ein junger Mönch führt mich in den dunklen Saal. Er ist gerade in das Dorf versetzt worden und lebt allein im Kloster. Seine Eltern haben ihn im Alter von dreizehn Jahren ins Kloster geschickt, nun haben sich die Zahlen umgekehrt, er ist einunddreißig.

»Damals wusste ich nicht viel über Buddhismus«, bemerkt er lakonisch.

In einem kleinen Glasschrein mitten im Tempelraum liegt eine konisch geformte Schädeldecke, die von langen, dichten, dunklen Haaren bedeckt ist.

»Sie ist furchtbar alt«, erklärt der Mönch. »Der Lama sagt, sie stammt von einem Yeti.«

»Haben Sie selbst schon einmal einen Yeti gesehen?«

Der Mönch lächelt und schüttelt den Kopf. »Als ich klein und mit meiner Familie und unseren Yak-Ochsen am See war, haben mich meine Eltern immer davor gewarnt, abends hinauszugehen, weil der Yeti kommen könnte. Ich habe gehorcht und nie einen Yeti zu Gesicht bekommen.«

Im Nachbardorf **Khunde** (3840 Meter über N.N.) ist jeder zweite Mann in Norwegen gewesen. Aurland, Lærdal, Flom, Østerby, Breidablikk, Preikestolen, Finse – obskure Ortsnamen aus dem norwegischen Vestland sind zu einem natürlichen Teil des Vokabulars geworden. Die meisten Sherpas leben noch immer in Dörfern ohne Straßenanbindung, die Füße sind ihr wichtigstes Fortbewegungsmittel. Aufgrund des Monsuns sind sie abhängig von Verkehrswegen, die große Niederschlagsmengen vertragen, daher können sie sehr gut solide Wege und Felstreppen bauen. Norwegische Hüttenbesitzer und Veranstalter von Wandertouren haben dies längst erkannt und Nutzen aus der überlegenen Trockenmauertechnik der Sherpas gezogen – entlang der populärsten norwegischen Bergrouten wehen bunte Gebetsfahnen, aufgehängt von den Baumeistern.

»Sie haben eine schöne Natur in Ihrer Heimat«, bemerkt einer der Norwegen-Veteranen. »Beinahe so schön wir hier«, fügt er großzügig hinzu.

Auf einer Anhöhe gegenüber den geschäftigen Souvenirstraßen von Namche Bazar steht eine Statue des Neuseeländers Edmund Hillary, der zusammen mit dem Sherpa Tenzing Norgay am 29. Mai 1953 den Gipfel des Mount Everest erreichte. Hinter der Statue, die aus irgendeinem Grund rosafarben ist, kann man an Tagen mit schönem Wetter einen weißen spitzen Berggipfel erkennen.

»Dies ist das einzige Mal auf der ganzen Tour, an dem Sie den Mount Everest sehen können, also schauen Sie genau hin«, ermahnte uns Pasang.

Ich knipste pflichtschuldigst ein paar zusätzliche Bilder, bevor wir wieder zu den Souvenirläden und Apotheken trotteten.

Bergsteigen als Sport und Freizeitbeschäftigung ist relativ neuen Datums. Der weltweit erste Bergsteigerverein, der Alpine Club, wurde 1857 in London gegründet. Andere europäische Länder folgten schon bald. In der ersten Zeit konzentrierten sich die Bergsteiger hauptsächlich auf europäische Berge, aber im 20. Jahrhundert stieg die Zahl der Expeditionen zu den extremsten Winkeln der Erde rapide: Die Zahl der weißen unerreichten Flecken auf der Landkarte sank, es ging darum, als Erster dort gewesen zu sein. Die nationale Ehre stand auf dem Spiel, und wenn es um den Mount Everest ging, war es vor allem die britische Ehre, die auf dem Spiel stand, denn die Briten hatten mehr oder weniger das Monopol auf den Berg. Obwohl die nepalesische und die tibetische Regierung Anfang des 20. Jahrhunderts eine strenge Isolationspolitik betrieben, kam den Briten eine Sonderstellung zu: Sie kontrollierten Indien, das Eingangstor zum Himalaya von Süden her, und waren im Übrigen ein bedeutender Machtfaktor in der Region – auch in Tibet, dem nördlichen Eingangstor.

Der erste ernsthafte Versuch, den Mount Everest zu besteigen, wurde von einer britischen Bergsteigergruppe 1922 an der Nordseite unternommen. Als weltweit Erste hatten die Bergsteiger Sauerstofftanks dabei, und obwohl sie den Gipfel nicht erreichten, stiegen sie höher als je ein Mensch zuvor: 8326 Meter. Die Expedition schaffte es allerdings auch mit einem weit düstereren Rekord in die Geschichtsbücher: Sieben Träger verloren unterwegs ihr Leben in einer Lawine und wurden damit die ersten offiziellen Todesopfer des Berges.

Bereits 1924 unternahmen die Briten einen weiteren Versuch, wiederum von der tibetischen Seite aus. Der Bergsteiger Edward Norton, der bereits bei der ersten Expedition dabei gewesen war, erreichte diesmal 8572 Meter, bevor er umkehren musste. Norton hatte Pläne für einen dritten Versuch, aber er wurde schneeblind und musste vom Berg getragen werden. Der Rekord hielt achtundzwanzig Jahre lang, bis 1952. Zwei der übrigen Expeditionsteilnehmer, George Mallory und Andrew Irvine, unternahmen einen letzten Versuch, den Gipfel zu erreichen. Sie kamen nie zurück. 1933 wurde in 8460 Metern Höhe eine Eis-Axt gefunden, die einem der beiden gehört haben muss. Bei einer Suchaktion 1999 wurde Mallorys Leichnam in 8155 Metern Höhe geborgen. Die Leiche von Irvine ist nie gefunden worden. Die Frage, die sich viele gestellt haben, die aber nie beantwortet werden konnte, ist, ob Mallory und Irvine den Gipfel erreicht hatten, bevor sie starben. Mallory soll geplant haben, ein Foto seiner Frau auf dem Gipfel zurückzulassen. In seinen Taschen wurde kein Foto von ihr gefunden, obwohl der Leichnam und die Ausrüstung in erstaunlich gutem Zustand waren. Seine Kamera, die das Mysterium möglicherweise ein für alle Mal hätte lösen können, wurde nie gefunden.

Obwohl ein winziger Zweifel herrscht, wer eigentlich den Gipfel des Everest als Erster bestieg, gibt es keinen Zweifel daran, dass Edmund Hillary und Tenzing Norgay die weltweit Ersten waren, die unbeschadet hinauf- und auch wieder herunterkamen. (1953 war Tibet von den Chinesen besetzt, daher mussten sie von der nepalesischen Seite aufsteigen.) Inzwischen wurde ihre Tat über neuntausend Mal wiederholt – sowohl von der Süd- wie von der Nordseite –, von insgesamt fünftausend verschiedenen Bergsteigern.

Ein Gipfel kann nur einmal zum ersten Mal bestiegen werden, aber es gibt keine Grenzen, wie oft man der Erste im Rahmen bestimmter Kategorien sein kann: der längste Aufenthalt auf dem Gipfel (einundzwanzig Stunden, 1999), die erste Frau auf dem Gipfel (1975), die erste amputierte Frau auf dem Gipfel (2013), die erste

Eheschließung auf dem Gipfel (2005), die ersten Zwillinge auf dem Gipfel (2013), das jüngste Mädchen auf dem Gipfel (dreizehn Jahre und elf Monate, 2014), der älteste Mann auf dem Gipfel (achtzig Jahre und zweihundertvierundzwanzig Tage, 2013), der erste Krebspatient auf dem Gipfel (2017), der erste Diabetiker (Typ 1) auf dem Gipfel (2006), der erste Mensch mit Anus praeter auf dem Gipfel (2010), der erste Blinde auf dem Gipfel (2001) und der erste Mensch mit einer Doppelamputation auf dem Gipfel (2006).*

Phortse (3950 Meter über N.N.), das bei langsamem Gehen fünf Stunden von Namche Bazar entfernt liegt, ist sozusagen ein klassisches Expeditionsdorf. Auf den Feldern hacken gebückt stehende Frauen mit einfachen Werkzeugen den Boden, von der gemeinsamen Wasserpumpe kommen andere Frauen, die große Gefäße auf dem Kopf tragen, auch im Gästehaus arbeiten ausschließlich Frauen. So gut wie alle Männer arbeiten als Expeditionsguides, Expeditionsköche oder Expeditionsträger. In der Zwischenzeit kümmern sich die Frauen allein um das Dorf und versuchen so gut wie möglich, vor Sorgen und Angst nicht den Verstand zu verlieren.

Der buddhistische Tempel in Phortse wird seit dem großen Erdbeben noch immer restauriert, die Außenwände sind eingerüstet, aber es ist dennoch möglich, den Tempelsaal zu betreten, in dem eine Frau im mittleren Alter den Fußboden fegt. Ihr Gesicht ist runzlig und wettergegerbt, ihr Körper aber sehnig und stark. Sie heißt Kanchhi Yanjee Sherpa und ist fünfundvierzig Jahre alt. Ihre drei Kinder gehen alle auf die Internatsschule in Kathmandu, finanziert von dem Geld, das ihr Mann damit verdient, privilegierten Bergsteigern zu helfen, den Gipfel des Mount Everest zu

---

* 2017 verboten die nepalesischen Behörden Doppelamputierten und Blinden, den Mount Everest zu besteigen. Das Verbot wurde weltweit mit lautstarken Protesten von doppelt amputierten und blinden Bergsteigern aufgenommen und ein halbes Jahr später vom Obersten Gerichtshof Nepals aufgehoben, das festhielt, es sei diskriminierend, Menschen mit bestimmten Behinderungen den Zugang zum Mount Everest zu verweigern.

erreichen und wieder herunterzukommen. Die Sherpa-Guides bekommen nur einen Bruchteil der Summe, die Bergsteiger den Expeditionsanbietern zahlen, rund dreitausend Dollar pro Gipfeltour plus Trinkgeld, aber sie sind dennoch weit besser gestellt als die meisten der annähernd dreißig Millionen Einwohner Nepals. Zumindest finanziell. Das Risiko, das sie eingehen, ist himmelhoch.

»Ich komme jeden Tag hierher, um zu beten, wenn er auf einer Expedition ist«, erzählt Kanchhi. »Er war bereits vierzehn, fünfzehn Mal auf dem Gipfel, aber ich habe trotzdem immer Angst, dass ihm etwas passieren könnte.«

Eine junge Frau kommt herein, begleitet von einem kleinen Mädchen mit rosenroten Wangen. Die Frau heißt Pemba Chhokpa Sherpa und ist fünfundzwanzig Jahre alt. Pemba stammt aus demselben Dorf wie unser Guide Pasang, ist aber nach ihrer Heirat nach Phortse gezogen.

»Wie haben Sie Ihren Mann gefunden?«, wollte ich wissen.

»Über Facebook«, lacht Pemba. »Nachdem wir eine Weile auf Messenger gechattet hatten, haben wir ein Date vereinbart und uns in einem Café in Namche Bazar getroffen.«

Wie immer um diese Zeit des Jahres ist ihr Mann im Base Camp. Sie selbst ist nie so weit oben gewesen.

»Ich mache mir die ganze Zeit Sorgen um ihn«, sagt Pemba leise. »In wenigen Wochen soll er wieder zum Gipfel ...«

Wann verschwanden eigentlich die Bäume?

Wir sind jetzt eine Woche gewandert, die Landschaft ist nicht mehr grün, voller Rhododendronbüsche und bunter Feldblumen, sondern unfruchtbar und wüstenartig, begrenzt von blauweißen, erschreckenden Bergen. Es ziehen auch nicht länger Maultiere an uns vorbei, sondern zuckelnde Yak-Ochsen mit Glocken um den Hals und einem so langen Fell, dass es beinahe über den Boden schleift. Über uns fliegen Hubschrauber im Pendelverkehr zum Base Camp – Reiseveranstalter in Kathmandu bieten Tagestouren mit dem Hubschrauber zum Base Camp an. Sie locken mit einem Luxusfrühstück und qualitativ hochwertiger Unterhaltung im Hochgebirge, bevor sie rechtzeitig vor dem Abendessen in die Hauptstadt zurückfliegen.

Lynn hat angefangen zu husten. Sie ist blass und schweigsam und nimmt in jeder Pause Medikamente, aber keine der Tabletten aus der Reiseapotheke scheint zu helfen, der Husten wird nur schlimmer.

4400 Meter über der Meeresoberfläche bestellen wir Cappuccino, zubereitet nach allen Regeln der Kunst mit einer italienischen Kaffeemaschine. Die Nächte sind jetzt spürbar kälter. Um halb sieben leert sich der Speisesaal des Gästehauses, die Menschen ziehen die behagliche Wärme ihrer Schlafsäcke dem Durchzug im Saal vor. Außerdem kann man hier abends ohnehin nicht viel mehr tun.

Ganz oben an einem steilen Abhang stoßen wir auf ein Plateau, an dem die Gebetsfahnen dicht an dicht hängen. Auf den Steinen und Gedenkplaketten stehen die Namen von einigen der über dreihundert Bergsteiger, die bei dem Versuch, den Gipfel der Heiligen Mutter zu erreichen, ihr Leben opferten. Wir trotten weiter in der dünnen Luft und erreichen ein Gästehaus mit dem verlockenden Namen **Oxygen Altitude Home** (4940 Meter über N.N.). Im Speisesaal beschlagen die Fensterscheiben wegen all der feuchten Wollsachen, die ganze Welt sitzt hier eng beieinander, trinkt Tee und isst Nudeln: Japaner, Amerikaner, Neuseeländer. Vor dem Kamin macht eine Spanierin Yogaübungen, ein französisches Paar massiert sich gegenseitig, ein deutscher Vater und seine kleine Tochter unterhalten sich leise, drei füllige russische Frauen lachen dröhnend. Die Vereinten Nationen im Miniaturformat.

Am nächsten Morgen erwache ich früh durch das Geräusch von Pferden, die im Hinterhof ausschlagen. Sie sind mit großem Abstand voneinander angebunden, schlagen aber trotzdem aus; sie treten, beißen, schnauben und wiehern.

Nach einem kurzen Spaziergang zwischen Feldsteinen und schwarzen Felsen ist man an der **Pyramide** (5050 Meter über N.N.), dem am höchsten gelegenen Forschungszentrum der Welt, 1990 eingerichtet vom italienischen Staat. Das Gebäude wird seinem Namen gerecht, es sieht aus wie eine Pyramide aus Glas, ein kleiner

Louvre, gestrandet im Himalaya. Unterhalb der Pyramide liegt ein einfaches Gästehaus aus Stein.

»Wir überwachen den Grad der Luftverschmutzung und messen das Abschmelzen des Eises«, erklärt der fünfzig Jahre alte Kaji Bista, der Leiter des Zentrums. »Wir messen auch seismische Aktivitäten und die üblichen meteorologischen Parameter wie Luftdruck und Feuchtigkeit. Ich habe einen Master in Wirtschaft und Geschichte und bin gar kein Wissenschaftler, aber ich messe, notiere und repariere, so gut ich kann. Leider ist im Augenblick kein Wissenschaftler hier. Italien hat kein Geld. Im Großen und Ganzen bin ich hier allein.«

Er schaut auf die weißen Berggipfel, wo das Eis schmilzt und Milliarden von mikroskopischen Kohlepartikeln aus Indien und China in der klaren, sauerstoffarmen Luft umherwirbeln.

»Hin und wieder sind die Wolken über den Bergen braun vor Verunreinigung«, berichtet er düster. »Die Helikopter tragen ebenfalls zur Luftverschmutzung bei, außerdem stören sie die Wildtiere. Die globale Erwärmung wird mit jedem Tag schlimmer. Zum ersten Mal ist in diesem Jahr so gut wie kein Wasser im Lobuche-Fluss, und im Winter gab es hier kaum Schnee. Früher hatten wir normalerweise fünfzehn Zentimeter Schnee, im letzten Jahr waren es vier, in diesem Jahr weniger als zwei Zentimeter. Im Sommer regnet es mehr als früher, und das ganze Regenwasser lässt die Eisgletscher noch schneller schmelzen. Die Gletscher sind unsere Wasserreservoire – jetzt verschwinden sie. Große Teile des Jahres sind die Flüsse so gut wie ausgetrocknet, aber in der Regenzeit treten sie dann über die Ufer.«

Er seufzt hörbar und wedelt eine aufdringliche Fliege fort.

»Als ich vor zwanzig Jahren hierherkam, gab es so weit oben keine Fliegen. Jetzt sind sie überall. Die Seen trocknen aus, und die Insekten kommen. Sehen Sie den Gletscher dort drüben?« Er zeigt auf einen bläulichen Berghang. »Da gehen jetzt fast täglich Lawinen nieder. Der Gletscher schmilzt schnell, bald wird er fort sein. Im Winter betrug die durchschnittliche Temperatur minus siebzehn Grad. Es war der wärmste Winter, der hier je gemessen wurde.«

Kaji blickt rasch auf die Uhr. In wenigen Stunden kommen dreißig indische Touristen. In der Saison muss er sich den größten Teil seiner Zeit um Gäste kümmern, um Geld zu verdienen.

»Es ist nicht leicht, Optimist zu sein«, stellt er fest. »Wir Menschen machen noch immer so viele Fehler. Wir brennen Wälder nieder und verunreinigen die Welt mit Plastik. Die Touristen und die Träger bringen das Plastik bis hier oben mit. Wir sorgen für immer mehr Verschmutzung. Immer mehr ...«

Er lächelt traurig und geht auf das Steingebäude zu, um die Betten zu machen und die Toiletten zu säubern. Ich schlendere zurück zum Oygen Altitude Home. Am Gästehaus läuft ein schmaler, armseliger Bach vorbei. Die Ränder des Betts zeigen, dass dieser Bach mal ein Fluss gewesen ist. Obwohl die verschiedenen Gästehausbesitzer ihr Äußerstes getan haben, um das Wasser in dünnen Gummirohren aufzufangen, herrscht Wassermangel und daher Waschverbot in allen Hütten. Es ist nicht einmal möglich, sich die Hände abzuspülen. Ein junger Mann sitzt in der Hocke am Bach und schöpft Wasser in eine Plastiktonne. Die Arbeit geht langsam vonstatten, es dauert, um die Schöpfkelle zu füllen.

Den Rest des Tages sitzen wir da und starren müßig an die Decke, während unsere Körper mit Hochdruck rote Blutkörperchen produzieren.

Am nächsten Morgen erwachen wir in einer schneeweißen Landschaft. Die Berge sind hinter grauem Nebel verschwunden, in der Luft tanzen große, schwere Schneeflocken dicht nebeneinander. Und nicht nur das Wetter ist schlecht. Ich renne einmal zur Toilette, dann noch einmal und noch einmal, nehme zwei Imodium, ziehe meine Regenkleidung an und trotte hinaus in den Nebel. Die Luxusstrassen der Rhododendronwälder im Flachland sind nur noch eine ferne Erzählung, hier sind die Pfade steinig und unwegsam, aber es gibt genauso viele Wanderer; gruppenweise klettern wir die steinigen Abhänge hinauf. Immer wieder müssen wir ausweichen, um Trägern Platz zu machen, die Lasten schleppen, die größer und schwerer sind als sie selbst. Konserven, Limonade, Saftkartons und

Toilettenpapier werden hinaufgeschleppt, während die in großen blauen Tonnen gesammelten Ausscheidungen der Bergsteiger hinuntertransportiert werden. Die Tonnen sind mit breiten Kunststoffbändern an der Stirn befestigt, ihre Träger mit dünnen Jogginganzügen und nassen Turnschuhen bekleidet, einige sehen aus, als seien sie nicht älter als zwölf oder dreizehn. Glatte Kindergesichter und schmächtige Körper, die noch nicht ausgewachsen sind.

Gorak Shep (5164 Meter über N.N.) ist die letzte Station vor dem Base Camp. Nur Expeditionsmitglieder dürfen im Base Camp übernachten, alle anderen müssen die Nacht in der überfüllten Hütte von Gorak Shep verbringen, das ein paar Stunden Fußweg entfernt liegt. Wir rasten kurz, um zu Mittag zu essen. Der kleine Speisesaal ist überfüllt, große Schilder verkünden, dass kein Wasser in den Hähnen ist. Lynn ist jetzt ganz weiß im Gesicht und hustet tief und röchelnd. Sie ist nicht die Einzige, überall wird gehustet und gekrächzt. Wir essen rasch, vermeiden die Latrinen und machen uns in dem Unwetter wieder auf den Weg. Die Sicht beträgt lediglich einige Zentimeter, wir sehen kaum unsere eigenen Füße und erahnen die übrigen Wanderer nur als dunkle Schatten in all dem Weiß. Jeder Schritt ist anstrengend, die dünne Luft fühlt sich wie Sirup an. Wir bleiben häufig stehen und japsen nach Luft, ohne dass es wesentlich hilft. Noch ein Stein, noch eine Geröllhalde, hinauf, hinauf, es schmerzt gefährlich in den Schläfen. Das liegt sicherlich nur an der Kälte, denke ich, will ich denken, die Kopfschmerzen kommen ganz sicher nur von der Anstrengung, von den schmalen Rucksackriemen, es geht vorbei, es ist nicht gefährlich.

Matter Jubel, als gelbe Flecken durch den Nebel zu erkennen sind. Die Kameras und Mobiltelefone klicken, erschöpfte Wanderer drücken den Rücken durch und posieren triumphierend an den Gebetsfahnen und dem Schild mit der Aufschrift »**Everest Base Camp 5369 M.**« (5364 Meter über N.N.) Offiziell liegt das Lager in 5364 Meter Höhe, aber der Schildermaler hat sich offenbar von der dünnen Luft hier oben mitreißen lassen.

Unser Lager liegt glücklicherweise direkt am Eingang. Pasang führt uns ortskundig an Gruppen von gelben Zelten vorbei – aus irgendeinem Grund sind hier oben alle Zelte gelb – zu einer kleinen Anhöhe direkt am Helikopterlandeplatz. Der Boden ist uneben und mit grobem Schotter bedeckt; das gesamte Base Camp liegt auf einem schmelzenden Eisgletscher.

Greg, ein hochgewachsener, lächelnder Amerikaner, empfängt uns. »Normalerweise heiße ich Neuankömmlinge in einem sonnigen Base Camp willkommen, aber heute muss ich mich damit begnügen, euch im Base Camp willkommen zu heißen«, strahlt er.

Wir werden in ein großes Zelt gebracht. Auf einem langen Tisch stehen Schalen mit amerikanischen Snacks und Süßigkeiten. Wir bekommen alle einen Becher mit heißem Saft und einen Teller mit Tacos in die Hand gedrückt. Anschließend kaufen wir teure Prepaidkarten und koppeln uns in das örtliche WLAN-Netz ein. Neuigkeiten von daheim können empfangen werden. Das Signal ist tadellos.

Das Gelände des Base Camp ist so groß, dass wir das Ende nicht sehen können, nicht einmal bei Sonnenschein. Unsere kleine Ecke ist ausgestattet mit Toiletten, einem Duschzelt, zwei Küchenzelten, zwei Speisesälen, einer eigenen Ladestation, einem gelben Zelt für jeden Kunden sowie einem Zelt für die Sherpas, das Küchen- und das Bodenpersonal. Um Gruppen zu jeweils achtzehn Männern und Frauen aus dem Westen auf den höchsten Berg der Welt zu bringen, braucht es eine umfassende Logistik. Ganz oben im Lager thront Gregs Kontrollzelt; von dort behalten er und sein Stellvertreter die Übersicht über die Wettermeldungen und die drei Bergsteigergruppen, die mit jeder Rotation* etwas höher steigen und wieder zurückkommen, zuerst zum Gipfel des Lobuche, 6119 Meter über dem Meeresspiegel, dann zum Lager 2, 6492 Meter über der Meeresoberfläche, und schließlich zum Lager 3, das 7470 Meter hoch liegt. Wenn die Rotationen überstanden sind, gilt es, auf das perfekte Wetterfenster zu warten, um den eigentlichen Gipfel

---

* Mehrmaliger Auf- und Abstieg zwischen dem Base Camp und den verschiedenen Höhenlagern, um die Anpassung an die Höhe und den Materialtransport zu gewährleisten.

in Angriff zu nehmen. Der ganze Prozess dauert rund zwei Monate.

Lynn, Jade und ich bekommen jeweils ein gelbes Zelt auf einer kleinen Anhöhe zugeteilt, weit entfernt von den Toiletten. Ich rolle meinen Schlafsack aus und krieche hinein. Die Kopfschmerzen sind schlimmer geworden, die Tabletten, die ich nehme, helfen überhaupt nicht. Im Nachbarzelt liegt Lynn und hustet und hustet, sie hat so gut wie keine Stimme mehr. Niemand von uns verlässt das Zelt, bevor der Koch mit der Glocke zum Abendessen läutet. Drei Männer in den Dreißigern sitzen bereits im Speisezelt, als wir kommen. Sie grüßen höflich, sind aber vor allem mit ihrer Rotation beschäftigt.

»Herrgott, ich kann nicht noch länger warten«, klagt der eine.

»Wenn wir heute Nacht nicht zum Lager 3 gehen, werde ich wahnsinnig«, entgegnet Nummer zwei.

»Die Warterei zehrt an einem«, stimmt ihm der dritte Mann zu. »Ich werde verrückt, wenn ich den ganzen Tag nur im Zelt liege und einen Scheiß tun kann.«

Es gibt Hamburger zum Abendessen – die Köche geben offenbar ihr Bestes, um das Menü westlichen Gaumen anzupassen. Ich bin nicht hungrig und stochere nur im Essen herum. Als Abendunterhaltung dürfen wir mit Greg ins Kontrollzelt, um uns die Sauerstoffausrüstung anzusehen, die von den Bergsteigern benutzt wird.

»Wow, das ist so cool! *A dream come true!*«, quietscht Lynn mit dem kleinen Rest an Stimme, den sie noch hat.

Alles ist dunkel, als wir zu unseren Zelten zurückkehren. Ich krieche in den Schlafsack, ohne mich auszuziehen, und schlafe rasch ein, kurz darauf wache ich um Atem ringend auf. Das Wasser in der Flasche friert langsam ein, es ist unmöglich, auf der dünnen Matratze eine angenehme Position zu finden. Aus dem Nachbarzelt kommen die Hustenanfälle in dichter Folge.

Am folgenden Tag scheint die Sonne von einem kobaltblauen Himmel, wir können bis Tibet sehen, das zugegebenermaßen nicht sehr weit entfernt ist – die Grenze zwischen Nepal und China verläuft quer über den Gipfel des Mount Everest. Das Base Camp liegt wie eine gelb gepunktete Insel da, umgeben von den majestätischsten Berggipfeln, die ich je gesehen habe. Weiße steile Zinnen erstrecken sich in den leuchtenden Himmel, von hier sehen sie aus, als könnten sie jederzeit abbrechen.

Die unruhige Nacht hat mich noch schlapper werden lassen, schon der Gang zur Toilette wird zu einem unmöglichen Projekt. Träge verfolge ich, wie Jade frühstückt, ich selbst bekomme noch immer nichts hinunter. Das Hirn ist eine einzige Grütze. Hinterher benötige ich eine halbe Stunde, um meine Zahnbürste aus dem Waschbeutel zu holen. Ich lege mich auf den Schlafsack, um Kräfte zu sammeln, bevor ich anfange, nach der Sonnencreme zu suchen. Sie ist spurlos verschwunden, ich kann sie nirgendwo finden. Schließlich gebe ich es auf und öffne eine nagelneue Tube, klecse mir etwas Creme ins Gesicht und sinke erschöpft auf dem Schlafsack zusammen. Später finde ich Dinge an den merkwürdigsten Stellen, das Ladegerät meines Mobiltelefons habe ich im Beutel mit der schmutzigen Wäsche versteckt, die Lesebrille liegt im Waschbeutel. Die Gedanken zirkulieren so langsam, dass sie beinahe still stehen, die Nervensignale bleiben im Schlamm stecken, Überlegungen waten im Sumpf, sinken und verschwinden.

»Na, wie geht's?«, zwitschert Greg morgendlich munter vor dem Zelt.

»Nicht so gut«, gebe ich zu und fange zu meiner Bestürzung an zu weinen. Die Tränen laufen einfach, ich habe keinerlei Kontrolle. Greg erkundigt sich nach meinen Symptomen und fordert mich auf, die Tabletten gegen die Höhenkrankheit zu nehmen. Ich protestiere, denke nicht rational, denke eigentlich überhaupt nicht; ich argumentiere, dass alles schon vorübergehen wird, wenn ich nur die Zeit bekomme, mich an die Höhe zu gewöhnen. »Ich brauche nur ein wenig Zeit«, höre ich mich selbst sagen.

»Tun Sie, was ich sage«, insistiert Greg. »Wenn es Ihnen schlechter geht, haben wir ein Problem. Die Hubschrauber können nicht immer hier landen, und was machen wir dann? Nehmen Sie die Tabletten. Tun Sie es einfach. Tun Sie es für mich.«

Ich wische mir die Tränen ab, schlucke die Tabletten, die er mir gibt, und krieche zurück in meine gelbe Höhle. Wenn die Sonne scheint wie jetzt, wird es darin so warm wie in einer angenehmen Sauna. Ich schließe die Augen. Ich will einfach so liegen bleiben, mit von der Sonne goldbemalten Augenlidern. Der Gedanke, sich mit jemandem zu unterhalten, erscheint mir absurd.

Im Laufe des Nachmittags zwingt Pasang mich aus dem Zelt.

»Sie müssen sich bewegen«, ermahnt sie mich. »Los, auf geht's!«

Ich krieche aus dem Zelt, und irgendwie gelingt es mir, die Schuhe anzuziehen. Das Ziel der Expedition ist Crampon Point, der Ort, an dem die Bergsteiger die Steigeisen anlegen, um den gefürchteten Eisbruch zu überwinden, den alle bei jeder einzelnen Rotation überqueren müssen. Hier ist die Eismasse voller Risse und Spalten, außerdem ist sie ständig in Bewegung; jeden Tag stürzen große Eisblöcke den Berghang hinab.

Wir gehen an einer Reihe gelber Zelte nach der anderen vorbei. Ich hinke hinterher, muss ständig stehen bleiben und nach Luft schnappen. Sogar Lynn, die wie ein Tuberkulosepatient im Endstadium hustet, ist schneller als ich.

Auf dem Rückweg zum gelobten Schlafsack besuchen wir die Klinik, um uns mit der wachhabenden Ärztin zu unterhalten, einer munteren Schottin in den Vierzigern.

»Bisher haben wir in diesem Jahr dreihundertsiebenundfünfzig Patienten behandelt«, erzählt sie. »Die meisten Patienten sind Sherpas, ihretwegen sind wir hier. Der größte Teil kommt mit ganz banalen Beschwerden, meist handelt es sich um Bronchitis oder Atemwegsinfektionen. Viele Sherpas haben leider Angst, die Saison zu verpassen, sodass sie nicht zu uns kommen, selbst wenn sie es müssten. Wir behandeln auch ziemlich viele Touristen mit Höhenkrankheit. Manche steigen viel zu schnell auf und nehmen sich nicht die Zeit zur Akklimatisation. Am schlimmsten sind diejenigen, die reitend hierherkommen. Pferde der Schande nennen wir sie. Wer es nicht schafft hierherzu*laufen*, sollte auch nicht hier sein. Die Leute begreifen nicht, wie gefährlich die Höhe ist. Die Höhe tötet.«

Auf dem Rückweg ins Lager falle ich plötzlich vornüber. Die Steine rutschen unter meinen Füßen weg, ich schaffe es gerade noch, mich mit den Händen abzustützen.

An den Rest des Nachmittags und an den Abend kann ich mich nicht erinnern.

Am nächsten Morgen ist das Zähneputzen geradezu ein Spiel, und ich esse zwei Spiegeleier zum Frühstück. Die Medikamente haben geholfen. Lynns Befinden hat sich im Laufe der Nacht dagegen verschlechtert, sie verlässt das Zelt nicht mehr.

Ein neuer Bergsteiger ist im Speisezelt aufgetaucht: Sam, ein britischer Geschäftsmann in den Fünfzigern. Er ist gerade mit der Rotation aus Lager 2 heruntergekommen und hustet röchelnd; es hört sich an, als wolle er sich die Lunge aus dem Leib husten.

»Was treibt Leute wie Sie eigentlich an?«, frage ich ihn.

»Ich will die Grenzen meines Körpers ausloten«, raspelt Sam zwischen den Hustenanfällen.

»Mein Ziel ist es, *The Seven Summits* zu besteigen, den jeweils höchsten Berg auf jedem Kontinent«, erklärt José, einer der Dreißigjährigen vom Vorabend. »Mir fehlt nur der Everest.«

»Aber warum wollen Sie die höchsten Berge auf jedem Kontinent besteigen?«, frage ich nach.

Er zuckt die Achseln. »Das ist eine Sache, die mein Bruder und ich gemeinsam begonnen haben. Mein Bruder hat bereits aufgegeben, jetzt muss ich es allein durchziehen.«

»Wie viel Zeit hast du diesmal gebraucht, um über den Eisbruch zu kommen«, will Sam von ihm wissen.

»Drei Stunden und zwanzig Minuten.«

»Ist das wahr? Ich habe sechs, sieben Stunden gebraucht. Und wie lange hast du gebraucht, um runterzukommen?«

Ich sende der Arzneimittelindustrie einen dankbaren Gruß, als ich im Laufe des Vormittags über den Gletscher jogge, um mit Pasang Schritt zu halten. Wir kommen an Sherpas vorbei, die sich in der Sonne aufwärmen, an Bergsteigern, die auf ihren Mobiltelefonen chatten, und bleiben schließlich vor einem großen Speisezelt stehen. In einer Ecke sitzt Fur Diki Sherpa auf einem Stuhl. Ihr breites, kantiges Gesicht wurde von der Sonne beinahe schwarz gefärbt, die Haut auf Wangen und Nase schuppt.

»Ich war neunzehn Jahre alt, als ich verheiratet wurde«, erzählt sie ernst. »Mein Mann, Mingma Sherpa, arbeitete als Eisbruch-Doktor, genau wie mein Vater.«

Die Eisbruch-Doktoren sind verantwortlich für das Anlegen der Kletterrouten durch den Eisbruch, sie bereiten die Routen der westlichen Bergsteiger mit Brücken, Leitern und Seilen vor.

»Mein Vater starb eines natürlichen Todes. Er war Mitte sechzig, als er fortging, aber er starb zu Hause. Mein Mann kam während der Arbeit um. Am 7. April 2013 fiel er in eine Gletscherspalte und war tot. Ich bekam die Nachricht um vier Uhr nachmittags. Anfangs weigerte ich mich zu glauben, dass es wahr ist. Als der Hubschrauber kam, wusste ich, dass es doch passiert war. Ich war immer in Sorge, wenn er arbeitete, und nun war das Schlimmste geschehen.«

Zusammen mit einer anderen Witwe, Nima Doma Sherpa, plant Fur Diki, den Everest zu besteigen, um ihren Ehemann zu ehren und auf die Situation der Sherpa-Witwen aufmerksam zu machen.

»Vor sieben, acht Tagen ging ich bis zum Lager 2«, erzählt sie weiter. »Es war eine sehr emotionale Tour. Als ich den Eisbruch hinaufkletterte, dachte ich an meinen Vater und meinen Ehemann und weinte sehr. Die ersten Jahre nach Mingmas Tod fühlte ich mich ganz allein und schaffte es nicht, irgendetwas zu tun, aber vor drei Jahren wurde ich eingeladen, an einem Sherpa-Witwen-Programm in Kathmandu teilzunehmen. Dort waren noch sechzig, siebzig andere Witwen. Wir wurden gefragt, ob die nepalesischen Behörden etwas getan haben, um uns zu unterstützen, aber niemand hatte Hilfe bekommen. Ich mache das jetzt, damit unsere Stimmen gehört werden, aber auch, weil ich verstehen will, wie es meinem Mann und meinem Vater in ihrem Beruf ergangen ist. Sie gingen ganz allein hinauf, sie trugen Seile und Leitern, sie hatten nichts, um sich zu helfen. Wir hingegen klettern an den Leitern und Seilen hoch, die von den Sherpas bereits hochgetragen und für uns vorbereitet wurden.«

Sie sah mich direkt an, ihr Blick war fest.

»Ich meine, die Leute müssen erkennen, was sie an den Sherpas und der Arbeit haben, die sie verrichten, sie müssen sie wertschätzen. Sie sind es, die die harte Arbeit übernehmen, nicht die Bergsteiger. Ohne die Sherpas würde niemand es schaffen, diesen Berg zu besteigen.«

Am Rande des enormen Zeltlagers steht das Zelt des Everest Pollution Control Committee, des Verunreinigungskomitees. In dem provisorisch als Büro eingerichteten Zelt sitzt ein einzelner Beamter mit einem dicht beschriebenen Notizblock. Ihm gegenüber sitzt ein Mann mittleren Alters in einer Militäruniform, den Blick starr auf das Display seines Mobiltelefons gerichtet.

»Jeder Bergsteiger muss acht Kilo Müll vom Berg mitnehmen, sonst bekommt er die Kaution von viertausend Dollar nicht zurück«, informiert mich der Beamte, ohne von seinen Zahlen aufzusehen. »Wir haben Kontrollposten am Eisbruch und achten darauf, dass alle die Regeln einhalten. In den Medien wird oft behauptet, der Everest sei ein Müllberg, aber die Fotos, die publiziert werden, sind häufig alt.«

Er schnaubt verärgert.

»In diesem Jahr haben wir – unter anderem zusammen mit der Armee und dem Tourismusministerium – mit einer außerordentlichen Aufräumaktion begonnen. In den letzten drei Wochen haben wir das Base Camp gesäubert, nun sind wir auf dem Weg zum Lager 2. Bisher haben wir mehr als eine Tonne Müll gesammelt, hauptsächlich Metall, Seile und Zelte. Nächstes Jahr wollen wir noch höher hinauf.«

Der Beamte hält inne und vertieft sich wieder in seine Zahlen. Der Mann in Uniform wendet sich an mich und sagt leise: »Ich darf mich eigentlich nicht äußern, aber wenn Sie versprechen, mich nicht zu zitieren, kann ich Ihnen ein paar Informationen geben.«

Ich verspreche, seinen Namen nicht zu nennen, und er greift

zu seinem Mobiltelefon, sucht ein bisschen und liest vom Display ab: »Die Aufräumaktion begann am 14. April in Lukla. Zwei Tonnen Müll wurden gesammelt und nach Kathmandu zur Wiederverwertung geschickt.« Er scrollt rasch herunter. »Am 19. Mai soll von Namche Bazar bis Gorak Shep aufgeräumt werden, der gesamte eingesammelte Müll wird nach Kathmandu zur Wiederverwertung gebracht. Am 29. Mai kommt der Verteidigungsminister hierher, um an einer Zeremonie teilzunehmen.« Er blickt von seinem Telefon auf. »Ich bitte Sie demütig, nicht zu schreiben, dass Sie diese Information von mir haben. Sagen Sie, Sie hätten sie von ihm.« Er zeigt auf den Beamten auf der anderen Seite des Schreibtischs, der wieder von seinen Zahlen aufblickt.

»Sie sind doch keine Journalistin?« Die schmalen Augen werden noch schmaler. »Ich mag keine Journalisten.«

Ich beteuere, dass ich keine Journalistin, sondern Autorin bin.

»Gut. Journalisten schreiben das, was sie schreiben wollen, sie nehmen keine Rücksicht auf die Wahrheit. Die Wahrheit ist, dass dies eines der saubersten Gebiete von Nepal ist, aber mit dem Tourismus sind gewisse Herausforderungen verbunden. Die Touristen sind gut für die Wirtschaft, aber schlecht für die Umwelt. Mit ihnen kommt der Müll, denn Ausländer lieben Toilettenpapier, Pringles und Cola. Das Hauptproblem sind jedoch die Träger. Sie sind in der Regel kaum zur Schule gegangen und lassen ihren Müll einfach überall fallen. Aber hier im Base Camp ist der menschliche Abfall das größte Problem, wenn Sie verstehen, was ich meine ...« Er beugt sich in meine Richtung und sieht aus, als würde er gleich platzen: »Dreizehntausend Kilo Scheiße! So viel tragen wir jedes Jahr vom Base Camp hinunter. So viel Scheiße produzieren tausend Menschen in zwei Monaten.«

»Ich habe gerade gelesen, dass Sie auch Leichen abtransportieren, die auftauchen, wenn das Eis schmilzt«, sage ich, »stimmt das?«

Der Beamte schnauft erneut, irritiert. »Nein, das stimmt nicht! Über so etwas schreiben die Medien liebend gern, aber es sind reine Lügen. Gerade solche Unwahrheiten sind der Grund, warum ich Journalisten nicht leiden kann!«

»Es tut mir leid, aber ich musste doch fragen«, erwidere ich. »Es ist doch trotz allem besser, wenn ich Sie zitiere, und nicht andere und weniger zuverlässigere Quellen. Sie *sind* schließlich hier oben.«

Am späteren Abend teilt der Tourismusminister mit, dass vier Leichen vom Mount Everest geholt wurden. Die Nachricht geht in wenigen Stunden um die ganze Welt.

Ein Spinnennetz aus Sternen leuchtet am pechschwarzen Himmel, die Milchstraße erstreckt sich wie ein leichter Schleier über das Universum. Die Berge, die das Lager wie die Tribüne eines Amphitheaters umgeben, sind eher zu erahnen, als zu erkennen. Im Nachbarlager ist Licht in allen Zelten. Aus einem strömen meditative Mantras und einfache Trommelrhythmen hinaus in die Nacht. Die Stimmen heben und senken sich, heben und senken sich. Dann verstummen sie und werden abgelöst von dem Geräusch von Reißverschlüssen, die geöffnet und wieder geschlossen werden. Schwere Stiefelschritte. Flackernde Kopflampen bestimmen das Blickfeld. In den folgenden Stunden bis zum Sonnenaufgang verschwinden die Lichter weiter und weiter im Eisbruch, sie werden kleiner und kleiner, bis sie schließlich langsamen Sternschnuppen ähneln.

Sobald die Morgensonne über die Bergkämme steigt, wird der Zauber gebrochen. Mit hämmernder Hektik zerreißen Helikopter den Himmel, solange es Tageslicht gibt. Einen hat Lynn gechartert, die nicht die Kraft hat, den ursprünglich geplanten langen Abstieg nach Lukla zu unternehmen.

Am Frühstückstisch ist die Stimmung gereizt. Die letzte Bergsteigergruppe hat noch nicht das Signal erhalten, in der Rotation zum Lager 3 aufzubrechen.

»Ich bin verzweifelt«, klagt José und trommelt mit den Fingern ungeduldig auf die Tischplatte.

Im Laufe des Vormittags kommen die Bergsteiger der übrigen Teams, die ihre letzte Rotation beendet haben. Einer nach dem anderen poltern sie in das Speisezelt, erschöpft, euphorisch, hustend. In ihren großen, unförmigen Anzügen sehen sie aus wie Astronauten. Einen Monat zuvor waren es achtzehn, nun sind sie nur noch dreizehn. Fünf haben bereits aufgegeben und sind nach Hause gefahren.

»Ich habe sechs der sieben höchsten Gipfel bestiegen, nur der Everest fehlt«, erzählt Bruce, ein amerikanischer Zahnarzt in den Fünfzigern. »Das Härteste am Everest ist die Rotation. Du steigst zum Lager 3 auf über siebentausend Meter auf, und dann geht's wieder runter. Das braucht seine Zeit. In der Höhe sehen alle aus, als seien sie auf eine Intensivstation eingewiesen. Sie bewegen sich unendlich langsam. Trotzdem lief alles wunderbar, bis ich diesen verdammten Husten bekam.«

Wie auf ein Signal krümmt er sich in einem fürchterlichen Hustenanfall zusammen.

»Aber ich bin stur«, fährt er fort, als das Schlimmste überstanden ist. »Der Husten wird mich nicht aufhalten. Ich mag das Gefühl, etwas Schwieriges zu meistern, aber ich weiß nicht, ob das die Erklärung ist, warum hier oben so viele Ärzte und Zahnärzte sind. Vielleicht liegt es daran, dass wir genug Geld haben, und weil viele von uns zum Persönlichkeitstyp A gehören. Die Leute hier oben haben ihren eigenen Drive, es sind alles A-Persönlichkeiten.«

Sogenannte A-Persönlichkeiten gelten als rastlos, ungeduldig und ambitioniert, sie haben ein ausgeprägtes Konkurrenzverhalten.

Ein großer, dünner Mann setzt sich auf den freien Platz neben mir. Er heißt Avêdis Kalpaklian, wird aber nur Avo genannt, und ist siebenundvierzigeinhalb Jahre alt; er stammt aus dem Libanon, ist aber armenischer Abstammung.

»Dies ist eine geistige Reise für mich«, erklärt er und breitet theatralisch die Arme aus. Dafür, dass er gerade aus siebentausend Metern abgestiegen ist, sieht er unverschämt gut gelaunt aus. »Ich träume die ganze Zeit von Bergen! Im letzten Jahr habe ich siebenundzwanzig Berge bestiegen. An einem einzigen Tag bestieg ich sechs Berge, dafür brauchte ich zwölf Stunden. Insgesamt habe ich sechzig Berge über viertausend Meter bestiegen. Manche sagen, Berge zu besteigen, sei eine Flucht, aber ich sehe das nicht als Flucht. Ich habe mich selbst gefunden.«

»Sind Sie verheiratet?«, erkundige ich mich.

Er streckt die linke Hand aus. An dem Finger, an dem gewöhnlich der Ehering sitzt, hat er sich einen Ring tätowieren lassen, in dem Ring ist ein Berg abgebildet: der Ararat, der Stolz Armeniens, das wichtigste Nationalsymbol. Heute ist der Berg auch ein Symbol für all die Verluste, die das armenische Volk erlitten hat: In den 1920er Jahren landete der Ararat auf der türkischen Seite der Grenze und ist mit seinen 5136 Metern der höchste Berg der Türkei.

»Ich bin mit dem Berg verheiratet, daher habe ich viele Frauen.« Avo lächelt zufrieden. »Bisher war der Denali in Alaska mein Favorit, aber ich habe das Gefühl, dass es sich jetzt ändern wird. Die Berge hier sind magisch. Es gibt hier überall Geister, und dann diese Farben: grün, blau, weiß ... Auch die Farben hier sind magisch.«

»Was wollen Sie tun, wenn Sie den Everest bestiegen haben?«

»Dann mache ich einfach weiter! Ich steige immer weiter auf Berggipfel, ich will einfach immer mehr Magie!«

Auf dem Weg aus dem Zelt, benommen von all dem Gerede über A-Persönlichkeiten und Polygynie, stoße ich auf Sam, den britischen Geschäftsmann. Der wachhabende Arzt hat ihm Antibiotika gegen die Atemwegsinfektion gegeben, die er sich zugezogen hat, nun sucht er jemanden, mit dem er sich einen Hubschrauberflug nach Kathmandu teilen kann.

»Ich glaube nicht, dass ich es bis zum Ende schaffe«, gibt er zu. »All diese Rotationen hinauf und hinunter, man ist nie wirklich ausgeruht. Man kann schließlich nicht zwischendurch einfach in ein Hotel gehen. Ich sehe das aber nicht als Niederlage, denn ich habe eigentlich nicht damit gerechnet, es beim ersten Versuch zu schaffen. Außerdem wissen nicht sehr viele Leute, dass ich hier oben bin.«

Der siebenundsechzigjährige neuseeländische Dokumentarfilmer und Expeditionsunternehmer Russell Brice ist ein bekanntes Gesicht im Bergsteigermilieu: Er hat alle vierzehn Berge über achttausend Meter bestiegen und war zwei Mal auf dem Gipfel des Mount Everest, außerdem ist er zwei Mal in einem Heißluftballon über den Gipfel geflogen.

»Mein Lager ist das einzige mit Aussicht auf den Everest«, erklärt er zufrieden und zeigt auf ein bescheidenes weißes Dreieck, das zwischen zwei spitzen Berggipfeln eingeklemmt ist. »Das ist die sechsundzwanzigste Everest-Expedition, die ich leite. Zum ersten Mal war ich 1974 hier. Seit damals hat sich die Situation der Sherpas sehr verbessert, finanziell gesehen. Ihre Kinder können zur Schule gehen, und sie haben bessere Häuser. Gleichzeitig gibt es hier jetzt mehr Verunreinigung und Müll. Täglich kommen mehrere Hundert Touristen ins Base Camp. Sie reißen die Gebetsfahnen herunter, bekritzeln die Felsen und scheißen überall hin. Auf meiner ersten Expedition zum Everest waren wir insgesamt zehn Personen, die hinauf wollten. Das war 1981. Wie viele sind es in diesem Jahr?« Russell macht eine Kunstpause und gibt sich selbst die Antwort: »Dreihunderteinundachtzig! Und da sind die Sherpas noch nicht mitgezählt, Sie können die Zahl also verdoppeln. Das ist kompletter Wahnsinn!«

Es scheint nicht so, als ob er irgendwann einsehen würde, dass er mit seinen sechsundzwanzig Expeditionen selbst dazu beigetragen hat, den Mount Everest zu kommerzialisieren und zugänglich zu machen.

»Viele dieser Anbieter sind außerdem schlecht organisiert«, fährt er verächtlich fort. »Sie nehmen Bergsteiger mit, die niemals hier oben sein dürften, Leute, die nicht wissen, wie man ein Steigeisen oder ein Sauerstoffgerät benutzt. So wie es jetzt aussieht, kann jeder machen, was er will. Aber mein Gott, ich rede und rede, nur müssen Sie nicht mit mir sprechen, sondern mit Phurba! Hej, Phurba, komm mal her!«

Ein groß gewachsener schüchterner Mann taucht auf.

»Erzähl ihr, wie oft du den Everest schon bestiegen hast, Phurba!«, kommandiert Russell.

»Einundzwanzig Mal«, antwortet er in gebrochenem Englisch.

Vier Jahre war Phurba Tashi Sherpa diejenige Person auf der Welt, die den Everest am häufigsten bestiegen hat, 2018 wurde der Rekord jedoch gebrochen. Im Augenblick liegt er bei vierundzwanzig Mal.

»Ich habe 1996 als Expeditionskoch angefangen«, erzählt Phurba weiter. »Mein Vater war auch Expeditionskoch, und mein Onkel Bergsteiger-Sherpa, also war es für mich normal, in ihrer Branche zu beginnen. 1999 bestieg ich den Everest zum ersten Mal. Heute habe ich sechzig Yaks, drei Söhne und zwei Töchter. Zwei von ihnen studieren in Kathmandu, einer ist Mönch und zwei wohnen noch zu Hause.«

»Möchten Sie, dass Ihre Söhne in Ihre Fußspuren treten?«

Phurba zögert. »Ich weiß nicht, ob ich es ihnen empfehlen kann«, sagt er schließlich. »Aber sie können machen, was sie wollen.«

»Haben Sie Freunde bei den Expeditionen verloren?«

»Nur einmal. Ein französischer Freund von mir versuchte, mit dem Snowboard vom Gipfel zu fahren.«

»Er meint, er hat nur einen einzigen Freund verloren, während sie gemeinsam kletterten«, wirft Russell ein. »Er hat viele Freunde hier oben verloren.«

»Vermissen Sie das Bergsteigen?«, frage ich Phurba.

Diesmal braucht er keine Bedenkzeit. »Nein. Einundzwanzig Mal ist zu viel. Meine Eltern und meine Frau haben mich gebeten aufzuhören ...« Zum ersten Mal lächelt er. »Aber ich mag es, hier im Base Camp zu sein und von hier aus alles zu steuern.«

»Ich verstehe gut, dass Ihre Familie sie gebeten hat aufzuhören«, sage ich. »Sie hatten einen gefährlichen Beruf.«

»Der Beruf war zu fünfzig Prozent gefährlich«, erwidert Phurba. »Selbst wenn du alles perfekt vorbereitest, kannst du die Natur nicht kontrollieren. Ich bin froh, dass ich mich entschlossen habe aufzuhören. Ich weiß alles, was man wissen muss, um den Everest zu besteigen.«

Ich war froh, das Base Camp zu verlassen. Mit jeder Stunde, die Pasang und ich abstiegen, wurde die Luft dicker, und bald waren wir wieder umgeben von grünen duftenden Nadelbäumen und Rhododendronbüschen in voller Blüte. Ich lief die Abhänge hinunter, mein Körper fühlte sich leicht an. Einige Tage später saß ich morgens in einem überfüllten Flug nach Kathmandu.

Sam, der britische Geschäftsmann, flog ein paar Tage, nachdem ich das Base Camp verlassen hatte, mit dem Hubschrauber nach Kathmandu. Die übrigen Expeditionsteilnehmer, die ich dort oben kennengelernt hatte, erreichten alle den Gipfel und kamen auch alle unbeschadet wieder zurück.

In der Saison 2019 hatten nicht alle dieses Glück. Sie sollte eine der tödlichsten in der Geschichte des Berges werden. In der vorletzten Mai-Woche öffnete sich das verheißungsvolle Wetterfenster, und Hunderte Bergsteiger versuchten gleichzeitig, den Gipfel zu erreichen. Das Ergebnis waren stundenlange Schlangen in der Todeszone direkt am Gipfel. Insgesamt verloren elf Bergsteiger ihr Leben.

Sechsundsechzig Jahre nachdem Edmund Hillary und Tenzing Norgay den Gipfel erreicht hatten, hat der organisierte, kommerzialisierte Massentourismus die Himmelsgöttin ernsthaft eingenommen – in Form einer Todesmaschine für Typ-A-Persönlichkeiten.

Wir schreiben 2019, und es gibt keine jungfräulichen weißen Flecken mehr auf der Landkarte. Aber es gibt noch immer ein Inferno in Weiß.

Zweite Etappe

Im Kathmandu-Tal wohnen Göttinnen: Matina (links), königliche Kumari von 2008 bis 2017, Chanira (unten), Kumari von 2000 bis 2010, und Dhana (rechts), die nie aufgehört hat, eine lebende Göttin zu sein.

Nepal

Die Todesmaschine: Everest Base Camp in 5364 Metern Höhe. Hinter dem riesigen Lager, das auf einem schwarzen Gletscher liegt, sehen wir den tückischen Eisbruch, den alle Bergsteiger auf dem Weg hinauf zur Heiligen Mutter überwinden müssen.

Die Ausrüstung der Abenteurer. Alles muss auf strapazierten Rücken hinauftransportiert werden.

Nepal

Lebende militärische Legende: die Gurkha-Brigade. Hoffnungsvolle Aspiranten.

Über hundert Tempel und historische Monumente wurden bei dem Erdbeben 2015 beschädigt. Die umfassenden Restaurierungsarbeiten werden noch viele Jahre dauern.

Angel Lama – stolze Gewinnerin von Nepals erstem Schönheitswettbewerb für Transgender-Personen.

Nepal

Zicklein haben ein kurzes Leben.

In einer anderen Welt: Von einem Gott besessen, tanzen Schamanen für die Bevölkerung in Tumarkhad.

Nepal

Lokaler Reformator: Shoudana, der Schamane in Simikot, hat die Zahl der Tage, in denen die Frauen in Menstruationshütten schlafen müssen, von neun auf fünf reduziert.

Kokila sorgt dafür, dass ihre Schwiegertöchter in Tumarkhad die Traditionen einhalten.

Nepal

Die Grenze: Mustang auf der linken, Tibet auf der rechten Seite des Stacheldrahts.

Oberes Mustang: Nomadenlager (links) und Neubauten für Menschen, die ihr Dorf verlassen mussten, als das Wasser versiegte.

Tibet, hochgelegen und karg, gehört klimatisch zu den trockensten Regionen Asiens. Das Foto zeigt die Landschaft, in der einst das Königreich Guge lag.

Bunte Gebete in öder Landschaft.

China

Ehrwürdige Gebete am Ende der Reise: Zwei indische Pilger sind zum Manasarovar-See gekommen, der so heilig ist, dass sein Wasser die Sünden von hundert Leben fortwaschen kann.

China

Am heiligen Berg Kailash treffen sich tausende Pilger aus ganz Tibet, um zu sehen, wie der Mast im Saga Dawa, dem heiligsten aller Monate, errichtet wird. Die Frauen haben Gebetsfahnen und Gebetsmühlen mitgebracht.

China

Von Jubel zu Schock: Hier wird der Mast in den Himmel gezogen, hier steht er und hier fällt er; hier liegt er unter der ohrenbetäubenden Stille der Menge auf dem Boden.

China

Tausende Pilger wandern rund um den heiligen Berg. Jeder Tibeter muss den Kailash mindestens zwei Mal in seinem Leben umrunden. Schlechtes Wetter ist kein Hinderungsgrund.

China

Oberhalb der Baumgrenze: Die letzten Grashalme zwischen den Steinen. Hinter dem Yak-Ochsen sieht man den Mount Everest.

China

Das heutige Lhasa: eine moderne chinesische Provinzstadt auf tibetischem Boden.

Hinter der mächtigen Fassade des Potala-Palasts lebt der Dalai Lama nicht mehr.

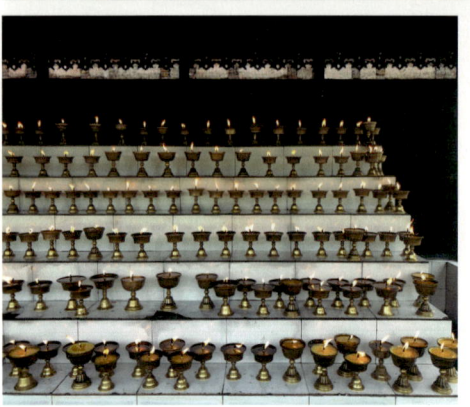

Gebetsfahnen und Butterlampen sind ebenso zahlreich wie die frommen Wünsche und die Hoffnung der Tibeter.

China

So sieht es also aus: Shangri-La.

Die Tigersprungschlucht: chinesischer Massentourismus im eigenen Imperium.

Fröhliche Touristen posieren in tibetischen Volkstrachten.

China

Im Königreich der Frauen bestimmt die Großmutter. Kumu, die im Großmutterraum sitzt, heißt uns willkommen. Am liebsten empfängt sie Gäste.

China

Hauptstadtgeschichten

»Unser Haus brannte im vergangenen Jahr nieder, es dauerte vier Monate, bis wir es wieder aufgebaut hatten«, erzählte Sharmila Pariyar. Die Sechsunddreißigjährige hatte ein vierschrötiges Gesicht und lächelte während des gesamten Gesprächs nicht ein einziges Mal. Sie wohnte zusammen mit ihrem Ehemann und ihren drei Kindern in einem Schuppen direkt am **Flughafen** (1338 Meter über N.N.). Der kleine, einfache Raum war mit einer Küchenecke und einem Bett ausgestattet; an den Wänden standen einige Kisten mit Kleidern, dünne Matratzen und ein billiges Radio. Savitri hatte ich als Dolmetscherin bei mir, wir nahmen beide auf dem Bett Platz, der einzigen Sitzgelegenheit im Schuppen. Sharmila hockte sich in eine Ecke und spülte in einer Schüssel Geschirr, während sie erzählte. Ihre Stimme war tief und ernst.

»Die Nachbarn hatten eine Kerze für einen Hindugott angezündet, so hat der Brand angefangen. Erst brannte ihr Haus, danach unseres. Wir schafften es noch, die Hälfte der Kleider und einige Decken zu retten, aber das Haus war verloren. Ich schrie so laut um Hilfe, dass ich noch fünf Tage später keine Stimme mehr hatte. Die Polizei holte zwar Wasser bei den Nachbarn, aber es war nicht genug, um den Brand zu löschen. Als die Feuerwehr endlich kam, war das Haus bereits abgebrannt.«

Zwei Jungen in Sandalen, dicken Jacken und Mützen tauchten an der Türöffnung auf und starrten mich mit großen Augen an. Dann liefen sie davon.

»Allen, die hier wohnen, geht es schlecht, aber ich bekomme keinerlei Unterstützung von meinem Mann und muss die Familie ganz allein versorgen«, sagte Sharmila. »Vielleicht können Sie mir mit etwas Geld helfen? Wir brauchen Hilfe. Wir kommen allein nicht zurecht.«

»Tut mir leid«, erwiderte Savitri, die diese Bitte offenbar gewohnt war. Sie hatte die Antwort zur Hand: »Wir treffen jeden Tag

Menschen wie Sie, und vielen von denen, die wir treffen, geht es noch schlechter als Ihnen. Wir können nicht allen helfen, das Einzige, was wir tun können, ist Ihre Geschichte zu erzählen.«

»Mein Mann stammt aus den Bergen, ich selbst komme aus dem Flachland«, erzählte Sharmila weiter. Wenn sie enttäuscht war, zeigte sie es nicht. Sie hatte den Abwasch beendet und fing an, Kartoffeln in dünne Scheiben zu schneiden.

»Die Familie, aus der ich komme, ist kastenlos. Wir waren sehr arm und hatten nie genug zu essen. Damals waren viele der Ansicht, dass Mädchen nicht zur Schule gehen müssten, also kam für meine Schwestern und mich ein richtiger Schulbesuch nicht infrage. Ich ging nur zwei Jahre zur Schule. Meine Mutter achtete nicht darauf, ob meine Schuluniform sauber und ordentlich war, und sie konnte es sich auch nicht leisten, mir Stifte und Bücher zu kaufen. Da ich kastenlos war und in schmutzigen Sachen herumlief, behandelten mich die Lehrer schlecht. Als Kind beachteten mich die Männer der höheren Kasten nicht, aber als ich dreizehn wurde, begannen sie plötzlich, mich überall zu berühren. Einmal bin ich beinahe vergewaltigt worden, es gelang mir jedoch zu fliehen, bevor er ihn hineinstecken konnte. Ich erinnere mich an sämtliche Vorfälle, an alle Versuche, an denen ich begrabscht wurde. Diese Dinge erschreckten mich, aber die Männer hatten auch Angst. Sie taten alles, um nicht gesehen zu werden. Die Jungen in meinem Alter hatten Freundinnen; diejenigen, die mich betatschten, waren ältere Männer mit Frauen und Kindern.«

Eine Frau tauchte an der Tür auf und schrie Sharmila an, die ruhig antwortete. Die Frau schimpfte noch ein bisschen weiter, dann verschwand sie.

»Ich war siebzehn, als ich verheiratet wurde«, fuhr Sharmila fort, während sie eine Schale mit gekochtem Reis füllte und ihrem jüngsten Sohn gab, der auf dem Boden saß und stumm das Gespräch verfolgte. »Die Ehe war arrangiert. Damals waren Liebesheiraten bereits normal, aber wir waren die einzigen Kastenlosen dort, wo wir wohnten, daher wollte mich niemand. Mein Ehemann kam aus einem vier Busstunden entfernten Bergdorf. Wir sind uns das erste Mal bei unserer Hochzeit begegnet, das war damals völlig normal. Ich erinnere mich, dass ich während des Hochzeitsfestes Angst hatte; ich hatte Angst vor dem, was danach kam, davor, mit ihm schlafen zu müssen. Das erste Jahr lebten wir bei seinen Eltern, das war zu hart für mich. Ich hatte nie in der Landwirtschaft gearbeitet, denn meine Eltern besaßen keinen Boden. Meine Schwiegereltern schimpften, weil sie der Meinung waren, ich würde nicht hart genug arbeiten. Schließlich zogen wir hierher, und mein Mann bekam einen Job im Laden meines Bruders.«

Prabina, die älteste Tochter, kam zur Tür herein. Sie hatte Kleider bei zwei reichen Familien gewaschen, für die ihre Mutter arbeitete.

»Ich bin gerade mit der zehnten Klasse fertig geworden und glaube, es lief ganz gut mit dem Examen«, lächelte sie. »Ich würde gern bis zur zwölften Klasse weitermachen, und dann könnte ich mir vorstellen, ins Ausland zu gehen!«

»Wohin würdest du gern gehen?«, fragte ich sie.

Prabina zuckte die Achseln und lächelte wieder. »In ein gutes Land! Es spielt keine Rolle, wohin.«

»Mein Mann trinkt viel zu viel«, fuhr Sharmila fort, die nun den Boden fegte. »Er arbeitet noch immer in dem Laden, aber aufgrund seiner Sauferei bekommt er weniger Lohn als früher. Er trinkt jeden Tag, auch wenn er krank ist. Trotzdem ist er ein guter Mann, denn er geht nicht zu anderen Frauen, und er gibt mir trotz allem zwischendurch ein bisschen Geld; es ist nicht so, dass er mir nie etwas gibt. Wenn er nicht trinkt, liebt er mich, aber wenn er trinkt, schlägt er mich. Häufig schlägt er mit Pfannen und Töpfen, und einmal hat er sogar den Motorroller benutzt! Ich habe an jedem Zentimeter meines Körpers blaue Flecken. Vor einem Monat hatte Prabina genug, sie ertrug es nicht länger mitanzusehen, wie er mich misshandelte. Sie schlug ihn und holte die Polizei. Jetzt haben wir eine Vereinbarung: Wir können uns mit Worten prügeln, aber nicht mit den Fäusten. Jetzt brüllt er nur noch. Übrigens, haben Sie Hunger?«

Sie sah uns fragend an. Wir lehnten höflich ab. Sharmila nahm sich selbst eine Schale Reis und aß rasch.

»Ich habe drei feste Familien, für die ich arbeite«, erklärte sie. »Ich muss um halb zwölf bei der letzten sein.«

Als sie die Schale geleert hatte, verabschiedete sie sich hastig und lief aus der Tür. Prabina setzte sich lächelnd aufs Bett neben Savitri und mich.

»In der elften Klasse würde ich mich gern auf Journalistik spezialisieren«, erzählte sie. »Ich möchte über Menschen schreiben, die in ähnlichen Situationen sind wie wir. Das Leben im Slum ist hart. Es gibt so viele Drogenabhängige hier, so viele Alkoholiker. Wir reden nie mit Männern, die auf der Straße herumhängen, und wir gehen auch nie nach sechs oder sieben Uhr abends aus dem Haus. Ich mag die Schule, aber es ist nicht leicht, sich auf die Hausaufgaben zu konzentrieren, wenn meine Eltern sich die ganze Zeit streiten. Ich wünschte, ich hätte ein eigenes Zimmer!«

A room of one's own! Es war nicht schwer, ihren Wunsch zu verstehen.

»Wovon träumst du sonst noch im Leben?«

»Ich wünsche mir ein besseres Leben als Mama«, antwortete die Siebzehnjährige ernst. »Ich träume von einem soliden Beruf und einem soliden Leben. Einem Beamtenberuf bei der Polizei oder dem Militär, mit einem sicheren Einkommen und einer Rente, wenn ich alt bin. Davon träume ich.«

»Ich habe alles getan, was ich konnte, um Geld zu verdienen, aber meine Schulden sind einfach gewachsen«, erzählte Bimala. »Ich habe ein Geschäft eröffnet, aber keiner meiner Kunden hat rechtzeitig bezahlt, ich musste es wieder schließen. Ich habe versucht, Vieh zu züchten, aber auch das war ein Verlustgeschäft. Um für das Essen auf dem Tisch zu sorgen, musste ich schließlich als Tagelöhnerin auf den Feldern anderer Leute arbeiten, aber das Geld, das ich verdient habe, reichte nicht.«

Bimala war neununddreißig Jahre alt, sah aber mindestens zehn Jahre älter aus. Wir begegneten uns im Pourakhi-Zentrum, einer Organisation, die Arbeitsmigrantinnen unterstützt. Sie beantwortete alle meine Fragen gehorsam, beinahe unterwürfig.

Von dem Mann, mit dem ihre Eltern sie verheiratet hatten, als sie sechzehn war, konnte sie keine Hilfe erwarten. Er schlug sie nicht und war nett zu ihren drei Kindern, aber das Geld, das er in einer Kleiderfabrik verdiente (als er noch dort arbeitete), hatte er regelmäßig vertrunken. Ihre jüngste Tochter war mit sieben Monaten aus dem Bett gefallen und hatte sich am Kopf verletzt. Die Ärzte hatten gesagt, sie müsse operiert werden, sonst würde sie sterben.

»Ich habe einen Kredit aufgenommen, um die Operation bezahlen zu können«, erzählte Bimala. Ihre Augen füllten sich mit Tränen. »Ich habe sie zur Welt gebracht und sah es als meine Pflicht an, ihr zu helfen, auch wenn wir es uns nicht leisten konnten. Schließlich drohte die Bank, uns das Haus wegzunehmen, und die Leute im Dorf weigerten sich, mir noch mehr Geld zu leihen. Sie sagten, ich hätte doch noch zwei Töchter, also könnte ich eine sterben lassen. Alle anderen gingen ins Ausland, und ich dachte, dass ich es auch versuchen sollte. Wir brauchten das Geld. Mein Sechsjähriger bettelte um etwas zu essen, aber ich konnte ihm nichts geben, nicht einmal ein bisschen Reis.«

Millionen von armen Nepalesen ziehen jedes Jahr in andere asiatische Länder, um ihren Lebensunterhalt zu verdienen. Um die Frauen vor Ausbeutung zu schützen, haben die Behörden der Golfstaaten verboten, dass nepalesische Bürger dort als Hausangestellte arbeiten dürfen. Die Golfstaaten gehören im Übrigen zu den Ländern, die die meisten nepalesischen Arbeitsmigranten aufnehmen. Das Verbot hat die Situation für viele verzweifelte Frauen allerdings nur verschlimmert, sie sind nun illegalen Unternehmen und zynischen Mittelsmännern überlassen. Für Bimala wurde der Aufenthalt in Kuwait, einem der reichsten Länder der Welt, zu einem Albtraum.

»Die Frau des Hauses gab mir nur einmal am Tag etwas zu essen, und das Essen, das ich bekam, war immer zwei Tage alt. Ich bekam nur kalten Reis, kein Gemüse, niemals Fleisch. Die Frau gab mir nicht einmal Salz – ich leckte mir den Arm ab, um den Geschmack von Salz auf der Zunge zu haben. Die Familie hatte sechs Kinder, und ich war die einzige Haushaltshilfe, ich musste die ganze Zeit arbeiten. Ich musste die Kleider mit der Hand waschen, Essen kochen und auf die Kinder aufpassen. Ich arbeitete ohne Pause von sechs Uhr morgens bis zwei Uhr nachts. Im Laufe des Tages durfte ich nur einmal auf die Toilette gehen. Nachts schlief ich auf einer dünnen Matratze in einem Raum, in dem das Spielzeug aufbewahrt wurde. Wenn die Frau mit mir nicht zufrieden war, schlug sie mich. Sie hatte im ganzen Haus Überwachungskameras installiert, sogar dort, wo ich schlief, um zu kontrollieren, ob ich hart genug arbeite, auch wenn sie ihrem Beruf nachging. Wenn eines der Kinder mehr als ein paar Sekunden weinte, schimpfte sie mich aus. Einmal, als ich die Wäsche wusch, rutschte ich aus und verletzte mich am Kopf. Ich konnte zwei Wochen nicht richtig arbeiten und wurde immer wieder ohnmächtig. Ich fragte, ob ich ein wenig freihaben könnte, nur ein paar Stunden Ruhe, aber die Frau lehnte es ab.«

Bimala hielt es vier Monate aus. Sie rief den Vermittler an und bat um eine neue Familie. Ihr wurde erklärt, sie könne erst nach einem halben Jahr tauschen. Sie wusste nicht, ob sie noch zwei Monate überleben würde, und entschied sich davonzulaufen.

»Ich ging an einem Freitag. Drei Kinder waren in der Schule, die anderen drei schliefen. Ich sagte der Frau, ich müsse auf die Toilette, es handele sich um einen Notfall. Erst wollte sie mich nicht gehen lassen, aber ich tat so, als wäre es so akut, dass ich nicht arbeiten könnte, schließlich ließ sie mich gehen. Normalerweise schickte sie immer ein Kind mit zur Toilette, um aufzupassen, aber sie schliefen ja. Vier Haushaltshilfen waren ihr schon davongelaufen, darum war sie besonders aufmerksam. Wenn ich länger als fünf Minuten auf der Toilette blieb, kam sie und klopfte an die Tür. Ich ging aber nicht auf die Toilette, sondern auf die Straße. Ich hatte Todesangst, was die Frau mit mir machen würde, wenn sie bemerkte, dass ich davonlaufen wollte, aber glücklicherweise fand ich ziemlich schnell ein Taxi. Der indische Fahrer fuhr mich zur nepalesischen Botschaft, obwohl ich kein Geld hatte. In der Botschaft hielten sich viele Frauen auf, die in der gleichen Situation waren wie ich, und zum ersten Mal seit vier Monaten bekam ich eine ordentliche Mahlzeit. Die ersten Wochen habe ich nur geschlafen.

Die Frau zeigte mich bei der Polizei an, daher musste ich elf Tage ins Gefängnis. Eine andere Frau wurde beschuldigt, Gold gestohlen zu haben. Sie ist noch immer nicht nach Hause gekommen. Dank der Unterstützung des Pourakhi-Zentrums kam ich im Dezember des letzten Jahres zurück nach Nepal.«

Das Pourakhi-Zentrum, das von Frauen betrieben wird, die selbst im Ausland gearbeitet haben, bietet eine Notunterkunft für dreihundert Frauen im Jahr an und hat ein eigenes Krisentelefon, das rund um die Uhr erreichbar ist. Für viele Frauen ist das Zentrum die einzige Hoffnung.

»Nachdem ich heimgekommen bin, habe ich kochen gelernt«, erzählte Bimala. »Wir waren fünf Frauen im Kurs, und ich war die beste von allen! Nun hoffe ich, dass das Zentrum mir helfen kann, einen Imbisswagen zu besorgen, damit ich auf der Straße Essen verkaufen kann. Unser Haus wird gerade zwangsversteigert, aber ich kann ohnehin nicht zurück in das Dorf, weil ich dort so viele Schulden habe. Im Dorf weiß niemand, was mit mir passiert ist. Sie wissen nur, dass ich im Ausland war, und nun glauben sie, ich sei reich.«

Erneut füllten sich ihre Augen mit Tränen.

»Wenn ich keine Hilfe bekomme, muss ich wieder ins Ausland gehen. Ich sehe keinen anderen Ausweg.«

Von der Straße aus sah das Gebäude wie ein ganz gewöhnliches Wohnhaus aus, umgeben von anderen anonym aussehenden Wohngebäuden. Die wenigsten Nachbarn ahnten, dass die Mädchen, die dort wohnten, vor einem grausamen Schicksal bewahrt und von gefährlichen Hintermännern gejagt wurden.

Charimaya Tamang, eine der Gründerinnen der Shakti Samuha, der weltweit ersten Organisation, die für und von Opfern des Frauenhandels betrieben wird, war über einen Kopf kleiner als ich, schmächtig und hatte helle, beinahe durchsichtige Haut. Ihre Stimme war dünn, aber fest. Obwohl sie ihre Geschichte sicher schon viele Male erzählt hatte, berichtete sie so lebendig, dass die dolmetschende Savitri zwischendurch in Tränen ausbrach.

»Ich wurde 1976 in der Nähe von Kathmandu geboren und stamme aus einfachen Verhältnissen. Mein Vater war Sozialarbeiter im Dorf und ausgesprochen hilfsbereit, ebenso wie mein Bruder. Das ganze Dorf war abhängig von meinem Bruder, wenn es um eine Geburtsurkunde, einen Staatsbürgerschaftsnachweis und andere wichtige Dokumente ging. Ich selbst war ein ungezogenes und rastloses Mädchen. Ich war das erste Kind im Dorf, das zur Schule ging. Mein Bruder hat mich dorthin geschickt. Ich musste eine halbe Stunde zu Fuß zur Schule gehen, aber nach der fünften Klasse war es vorbei. Schulen mit höheren Klassenstufen waren zu weit entfernt. Stattdessen half ich in der Bibliothek und besuchte die Erwachsenenfortbildung. Wenn der Lehrer nicht da war, war ich die Aushilfe.

Die Zeit verging, und ich wurde siebzehn. Ich war draußen im Wald, um Kräuter zu sammeln, als mich vier Männer entführten. Normalerweise bin ich immer mit meinen Freundinnen in den Wald gegangen, aber an diesem Tag war ich allein. Die Männer umringten mich und nahmen mir den Korb mit den Kräutern ab. Einer von ihnen stammte aus dem Dorf, die drei anderen kannte ich nicht. Einer war groß, der andere dick, der dritte durchschnittlich. Ich weiß nicht, wie alt sie waren, aber alle drei waren älter als ich. Zuerst versuchten sie, mich zu belügen, sie sagten, sie wollten mir helfen, ein Geschäft zu eröffnen, damit ich ein bequemes Leben führen könnte. Ich glaubte ihnen nicht und weigerte mich, ihnen zu folgen. Da schlugen sie mich. Dann zwangen sie mich, etwas zu essen, und kurz darauf verlor ich das Bewusstsein.

Als ich wieder zu mir kam, befand ich mich in einem großen Raum. Ich blickte aus dem Fenster, aber ich erkannte nichts von all dem wieder, was ich draußen sah. ›Mama, Mama, die Häuser laufen davon!‹, rief ich erschrocken. Ich hatte nie zuvor Wellblechdächer gesehen. Unten auf der Straße sah ich ein Schild, auf dem Gorakhpur stand. Da begriff ich, dass ich in Indien war.

In dem Raum standen vier Betten, und ich war nicht allein, ich bemerkte: Es war noch ein Mädchen da. Ich redete mit ihr, aber sie antwortete nicht, sie äffte nur alles nach, was ich tat. Ich war zu

Tode erschrocken, denn ich hatte gehört, dass es in den Städten vor Hexen und Geistern nur so wimmelte. Ich war überzeugt, dass das Mädchen mich töten wollte, aber sie fuhr nur fort, exakt dasselbe zu tun wie ich. Als ich mich ans Ohr fasste, tat sie es auch. Ich hatte solche Angst! Schließlich trat ich zwei Schritte zur Seite, und da verschwand das Mädchen. Da wurde mir klar, dass es sich um mein Spiegelbild gehandelt hatte. Ich hatte mich selbst nicht im Spiegel erkannt, und das war auch nicht überraschend, denn jemand hatte mir neue Kleider angezogen und Schmuck angelegt, meine Haare geschnitten und mich geschminkt. Im Dorf trug ich immer nur einen Rock und eine Bluse, nun hatte ich ein indisches Gewand an, und an meinen Handgelenken hingen eine Menge Armbänder. Wie hätte ich mich wiedererkennen sollen? Eine schwächere Person als ich wäre in Ohnmacht gefallen. Ich versuchte zu fliehen, doch die Tür war verschlossen. Nach einer Weile tauchten die Männer auf, die mich entführt hatten. Ich bat sie, mich zurück nach Kathmandu zu schicken, zurück nach Hause.

›Du weißt bereits, dass du nicht in Nepal bist?‹, erwiderten sie. ›Wenn wir dich allein zurück nach Nepal schicken, werden böse Menschen versuchen, dich zu fangen, und dein Bruder wird uns anzeigen. Daher musst du bei uns bleiben.‹

Sie brachten mich von dem Haus zu einem Zug. Ich hatte nie zuvor einen Zug gesehen und dachte, es sei ein Haus auf der Flucht. Im Zug gaben mir die Männer zu essen und zu trinken. Sie aßen auch etwas, alle tranken kalte Getränke aus Flaschen, aber meine Flasche schäumte mehr als die anderen. Ich bat um eine andere Flasche, aber da hielten sie mich fest und zwangen mich, aus der schäumenden Flasche zu trinken. Was dann passierte, weiß ich nicht mehr. Ich erinnere mich nicht, ob ich etwas aß. Ich weiß auch nicht, wie lange die Zugreise dauerte. Als ich wieder zu mir kam, waren wir in Bombay und gingen über eine Straße. Die Männer nahmen mich mit in ein Restaurant, das voller Leute war, setzten mich in eine Ecke und nahmen an einem anderen Tisch Platz. Einer von ihnen verschwand, um zu telefonieren, und ein Kellner brachte mir etwas zu essen. Während ich dort saß, kam ich ganz zu mir. Ich fing an zu weinen und konnte nicht wieder aufhören. Meine Kleider wurden nass von Tränen und Schweiß. Der Teller vor mir hatte Vertiefungen für verschiedene Arten von Curry. Sie wurden von meinen Tränen gefüllt. Ich weinte und weinte, aber niemand von den anderen Restaurantgästen erkundigte sich, warum ich weinte. Die Leute, die am Nachbartisch saßen, starrten mich an, taten aber nichts. Niemand kümmerte sich um mich.

Nach ungefähr anderthalb Stunden kam der Mann, der zum Telefonieren hinausgegangen war, zurück mit einer Nepalesin. Sie stellte sich als meine ›Tante‹ vor.

In Gorakhpur hatten die Menschenhändler zu mir gesagt, dass sie mit mir nach Kaschmir wollten, dort sollte ich zwei Wochen in der Schalproduktion arbeiten. Jetzt sagten sie, ich könne nicht mit ihnen, sondern müsse mit anderen Frauen zusammenarbeiten, daher sei es notwendig, bei dieser nepalesischen Frau zu schlafen. ›Morgen reisen wir weiter nach Kaschmir‹, sagten sie und bestellten zwei Taxis. Ich wurde zusammen mit der Nepalesin in eines der Taxis geschoben. Als wir zu dem Haus kamen, in dem ich schlafen sollte, erfuhr ich, dass man mich verkauft hatte.

Am ersten Tag wurde ich geschlagen und in ein pechschwarzes Zimmer gesetzt. Dort war es so dunkel, dass ich überhaupt nichts sehen konnte. Nachdem ich einen ganzen Tag in dem Raum verbracht hatte, fand ich die Tür. Sie war abgeschlossen und hatte ein Gitter, wie im Gefängnis. Ich band meinen Schal an eine der Gitterstangen, legte ihn mir um den Hals und machte mich so schwer, wie ich konnte. Ich wollte dieses Höllenleben, das mich erwartete, nicht ertragen, ich wollte lieber sterben. Meine Augen traten mir aus den Höhlen, alle Geräusche verschwanden. Tränen und Rotz liefen, ich war ganz nass, aber ich starb nicht. Der Schal riss, ich fiel auf den Boden. Wäre der Schal nicht kaputt gegangen, wäre es gelungen.

Ich erinnere mich, dass ich verzweifelt zu Gott gebetet habe: ›Verschon mich! Sei so freundlich, lass mich entkommen!‹

Am dritten Tag wurde die Tür geöffnet, und ich konnte den dunklen Raum verlassen. Am nächsten Tag durfte ich mich ausruhen. Am fünften Tag wurde ich zu einem Kunden in ein Zimmer geschickt. Ich schlug ihn und jagte ihn davon. Zur Strafe verprügelten mich der Bordellbesitzer und der Verwalter so massiv, dass ich schwer verletzt war. Sie drohten mir, mich an weit schlimmere Orte zu schicken, wenn ich von nun an nicht gehorchen würde. Und sie gaben mir einen neuen Namen. Onu nannten sie mich. Am siebten Tag wurde ich mit den anderen Frauen in ein Zimmer gesetzt. Vier Männer kamen zur Tür herein und verschwanden im Nebenraum, wo ihnen etwas zu essen und zu trinken serviert wurde. Später erfuhr ich, dass sie als Wachpersonal des Bordells arbeiteten. Die älteren Mädchen waren schon lange dort und warfen mir Blicke zu, aber ich verstand nicht, was sie mir mit ihren Blicken sagen wollten. Nachdem die Männer gegessen und getrunken hatten, wurde der Raum gesäubert, und ich wurde zu ihnen hineingeschickt. Die Tür wurde hinter mir geschlossen. Ich weinte bitterlich, als sie mich vergewaltigten. Was dann geschah, weiß ich nicht mehr. Ich war wie tot.

Als ich wieder zu mir kam, versuchte ich aufzustehen, geronnenes Blut klebte an dem wasserfesten Laken, auf dem ich lag. Ich hatte das Gefühl, als wäre mein ganzer Körper in tausend Stücke zerschlagen worden. Ein Arzt untersuchte mich in Anwesenheit des Verwalters und einer Putzfrau. Sie hoben mich auf eine Bahre und schoben mich in ein anderes Zimmer. Während der Arzt meine Wunden nähte, sorgten sie dafür, dass ich bewusstlos war. In den folgenden Tagen gaben sie mir starke Medikamente. Eine Woche verging, und ich begriff, dass ich es niemals schaffen würde, von dort zu fliehen.

An jedem einzelnen Tag in den nächsten zweiundzwanzig Monaten erlebte ich traumatische Dinge. Ich zählte die Tage und achtete darauf, welche davon Feiertage waren. Ich war traurig, dass ich sie nicht feiern konnte. Ich begriff, dass mir dort, wo ich war, niemand helfen konnte, daher entwickelte ich meine eigene Überlebensstrategie und versuchte, den Kunden und dem Bordellbesitzer zu gefallen. Es war wichtig für mich, ein gutes Verhältnis zu ihnen zu haben, denn ich konnte dort ja nicht weg. Manchmal erschien die Polizei, aber die Bordellbesitzer der Gegend wussten immer schon vorher von ihrem Besuch und sorgten dafür, dass wir versteckt wurden, bevor sie kamen.

Am 5. Februar 1996 wurde ich gerettet. In diesem Jahr führten die indischen Behörden Aktionen in ganz Indien durch, um illegale Bordelle und Menschenhändler aufzuspüren. Da für die Razzien nicht die örtliche Polizei verantwortlich war, waren die Bordellbesitzer diesmal nicht vorher gewarnt worden. Alle Polizisten des gesamten Bundesstaates waren an der Aktion beteiligt, sie waren überall. An diesem Tag wurden fünfhundert Mädchen gerettet. Wir wurden in ein Transitheim gebracht, denn wie sich herausstellte, stammte über die Hälfte aus Nepal. Der nepalesische Staat wollte uns aber nicht aufnehmen und erfand alle möglichen Entschuldigungen – wir hätten HIV und würden es in Nepal verbreiten, wir würden Nepali nur *sprechen*, aber *eigentlich* wären wir keine Nepalesen. Keine von uns hatte Papiere, keine von uns konnte beweisen, wo sie zu Hause war.

Wir verbrachten ein halbes Jahr in dem Transitheim. Alle dort wurden krank. Ich weiß nicht, welche Krankheit wir hatten, aber wir bekamen keine medizinische Behandlung, drei Mädchen starben. Weitere drei heirateten Männer, die sie im Bordell kennengelernt hatten. Sechzig Mädchen flohen. Sie hatten Angst, in ein neues Bordell geschickt zu werden. Und sie hatten Angst, stigmatisiert und schlecht behandelt zu werden, wenn sie zurück nach Nepal kämen. Ich weiß nicht, wo sie geblieben sind und was aus ihnen geworden ist. Hätten sich in unserem Fall nicht Menschenrechtsaktivisten engagiert, hätten wir Indien nie verlassen können. Insgesamt waren wir hundertachtundzwanzig Mädchen, die schließlich zurück nach Nepal gebracht wurden, und hier kümmerten sich verschiedene freiwillige Organisationen um uns.«

Charimaya reichte Savitri ein Taschentuch. Sie war in Tränen aufgelöst, nachdem sie Charimayas Geschichte gehört hatte. Charimaya streichelte ihr tröstend über den Rücken. Verlegen trocknete Savitri ihre Tränen.

»Wenn ich an diese Zeit zurückdenke, glaube ich, ich war mutig«, fuhr Charimaya fort. »Eine Woche, nachdem ich in Nepal zurück war, erzählte ich meine Geschichte anonym der Presse. Das gab große Schlagzeilen, denn es war das erste Mal, dass ein Opfer des Menschenhandels an die Öffentlichkeit trat. Die meisten Leute wussten nicht, was das heißt. Niemand hatte vorher die Wahrheit erzählt, aber ich tat es. Eine große Flamme brannte in mir, sie wurde immer stärker, ich wollte ganz Nepal berichten, was dort vor sich ging, ich wollte es beenden.«

Ein halbes Jahr nach ihrer Rückkehr zeigte Charimaya die Menschenhändler an. Sie war die Einzige der hundertachtundzwanzig Opfer, die diesen Schritt tat. Die Gesetzgebung war veraltet, niemand hatte zuvor jemanden wegen Menschenhandels angezeigt, aber die vier Hintermänner wurden dennoch zu jeweils zehn Jahren Gefängnis verurteilt. Die Gerechtigkeit hatte ihren Preis, auch für all diejenigen, die Charimaya halfen. Jemand setzte die getrockneten Kuhfladen des Nachbarn in Brand. Ihr Bruder, bei dem sie während des Prozesses wohnte, wurde mit dem Leben bedroht. Einem anderen Verwandten im Dorf wurde ein Ohr abgeschnitten.

»Zu dieser Zeit fühlte ich mich nie sicher«, sagte Charimaya. »Der Prozess ging durch zwei Rechtsinstanzen und dauerte anderthalb Jahre.«

Die Organisation, die Charimaya und einer Reihe anderer Opfer von Menschenhändlern half, bot ihnen einen Kurs in elementarer Gesundheitsfürsorge an. Fünfzehn der jungen Frauen entschieden sich für den Kurs. Als der Kurs vorbei war, bildeten die fünfzehn Frauen ein Komitee. Shakti-Samuha war gegründet.

»Zu weinen ist keine Lösung«, erklärte Charimaya. »Wir entschieden uns zu handeln. Wir entschieden uns zu kämpfen. Und kämpfen mussten wir. Es dauerte vier Jahre, bis die nepalesischen Behörden unsere Organisation zur Registrierung zuließen, aber 2007 wurden wir dann als Nepals beste nichtstaatliche Organisation ausgezeichnet.«

Fünf Jahre nach ihrer Rückkehr nach Nepal heiratete Charimaya und wurde Mutter zweier Töchter. Heute ist sie die Vorstandsvorsitzende von Shakti Samuha und hat ihr Leben der Hilfe von Opfern des Menschenhandels geweiht.

»Insgesamt leben siebzehn Mädchen in diesem Haus. Wir versuchen in der Regel, sie mit ihrer Familie zusammenzuführen, aber in Fällen, in denen die Menschenhändler entweder bei ihnen zu Hause wohnen oder es sich um einen unmittelbaren Nachbarn handelt, ist eine Familienzusammenführung häufig schwierig. Einige Mädchen wurden verkauft, als sie vier oder fünf Jahre alt waren; sie sind nicht in der Lage, ihre Familien zu identifizieren. Die Situation ist in vieler Hinsicht heute schlimmer: Es sind neue Routen entstanden, die Menschenhändler sind besser organisiert, es sind mehr Stationen und Mittelsmänner involviert. Menschenhandel umfasst nicht nur Sexarbeit, sondern auch andere Formen der Sklaverei. Wir versuchen den Mädchen zu helfen, die gerettet wurden, damit sie eines Tages auf eigenen Beinen stehen können. Das Ziel ist es, ihnen ein würdiges Leben zu geben.«

Auf dem Weg nach draußen kam ich an einem Raum vorbei, in dem die jüngsten Mädchen Tanzunterricht bekamen. Die Tür stand offen, und die Mädchen lachten und wirkten fröhlich und unbekümmert, während sie sich zu Bollywood-Musik bewegten.

Es wird vermutet, dass Menschenhändler jeden Tag über dreißig nepalesische Mädchen über die Grenze nach Indien verschleppen. Nur eine geringe Zahl von ihnen kommt je wieder nach Hause.

Der siebenundachtzigjährige Nahadur Rai kam rasch und geschmeidig die steile Treppe von der Dachterrasse hinunter und setzte sich in dem rosafarbenen Wohnzimmer ganz außen aufs Sofa, bereit, meine Fragen zu beantworten.

»Ich komme gerade von der Physiotherapie«, lächelte er. »Ich habe Probleme mit dem Kreuzbein, weil ich zu viel Fußball gespielt habe, verstehen Sie?«

Als Nahadur zwanzig Jahre alt war, wurde er für die legendäre Gurkha-Brigade rekrutiert. Die Tradition, nepalesische Soldaten für das britische Heer anzuwerben, geht zurück auf den anglo-nepalesischen Krieg von 1814 bis 1816. In den Jahrzehnten vor Kriegsausbruch hatte Nepal große Gebiete im Westen, Süden und Norden erobert. Ähnlich wie Bhutan war Nepal nie kolonisiert worden, wurde aber gezwungen, die meisten der frisch errungenen Territorien an Britisch-Indien abzugeben, rund vierzig Prozent des gesamten Areals. Der Mut und die Ausdauer der nepalesischen Soldaten hatten jedoch einen tiefen Eindruck bei den Briten hinterlassen, die von da an systematisch »Gurkhas«, wie sie sie nannten, für ihr eigenes Heer rekrutierten. Die Bezeichnung Gurkha ist eine falsche Schreibweise des Namens Gorkha, wie Nepal bis 1930 offiziell hieß. Während des Ersten Weltkriegs kämpften über zweihunderttausend nepalesische Soldaten auf britischer Seite, und während des Zweiten Weltkriegs war ihre Zahl noch höher. In der Nachkriegszeit wurde die Gurkha-Brigade bei den meisten bewaffneten Konflikten eingesetzt, in die Großbritannien verwickelt war, vom Falklandkrieg bis zum Krieg in Afghanistan. Bis zur Übergabe Hongkongs an China 1997 war ihr Kerngebiet der Ferne Osten, nun haben die Gurkhas ihre Basis in Großbritannien.

»Der Drill war hart, aber ich war jung, daher ging es gut«, erzählte Nahadur. »Es war nicht leicht, durch das Nadelöhr zu kommen und bei den Gurkhas aufgenommen zu werden. Durchaus nicht alle haben es geschafft, aber heute ist es noch schwieriger, denn Nepals Bevölkerung ist beinahe viermal so groß, während die Quote kleiner geworden ist.«

Heute besteht die Brigade aus rund dreitausendfünfhundert Männern.

Nahadur war bereits vier Jahre verheiratet, als er angeworben wurde. Die Ehe war arrangiert gewesen, und das Paar bekam ihr erstes Kind, nachdem Nahadur in den Osten geschickt worden war, erst nach Singapur und Hongkong, dann weiter nach Malaysia.

»Alle drei Jahre konnte ich nach Hause reisen und meine Familie in Nepal besuchen, mit der Zeit bekam ich mit meiner Frau drei Kinder. Wenn ich die Kinder nicht in meinem Haus erlebt hätte und daher davon ausging, dass es meine waren, hätte ich sie nicht wiedererkannt. Als ich in Malaysia stationiert war, erfuhr ich, dass meine Frau mir untreu gewesen war. Sie heiratete einen anderen Mann, und nach einer Weile heiratete ich auch erneut. Mit meiner zweiten Frau bekam ich zwei Söhne.«

In der Armee wurde Nahadur zum Pionier ausgebildet, er arbeitete mit am Bau von Brücken, Bunkern und Straßen im Dschungel.

»Malaysia und Brunei gefielen mir gut. Aber Hongkong war hart. Die Winter waren furchtbar kalt, und die Sommer unerträglich heiß.«

Eine Frau in den Fünfzigern, seine älteste Tochter aus erster Ehe, kam ins Wohnzimmer und hörte dem Gespräch mit verschränkten Armen zu.

»Hatten Sie jemals Angst?«, fragte ich Nahadur.

Er zuckte die Achseln: »In Malaysia gab es Probleme mit kommunistischen Aufständischen im Dschungel, aber sie belästigten nie uns, da wir halfen, das Land zu entwickeln. Es ging alles gut.«

»Normalerweise sagst du doch, dass du deine eigenen Kinder nicht Gurkhas werden lassen willst«, kommentierte die Tochter. »Warum erzählst du ihr das nicht? Und warum erzählst du ihr nicht, dass du nicht nach Hause durftest und gedroht hast, den Dienst zu quittieren, als dein Vater starb?«

Nahadur lächelte unergründlich, nahm aber den Faden nicht auf, den die Tochter ausgelegt hatte.

»Was geschah, als Ihr Vater starb?«, fragte ich deshalb.

»Er starb 1968«, antwortete Nahadur. »Der Brief von daheim war einen ganzen Monat unterwegs gewesen, der Todesfall war also eine alte Nachricht, als ich davon erfuhr. Ich bat darum, nach Hause fahren zu dürfen, aber mein Vorgesetzter lehnte es ab. Da hatte ich keine andere Wahl, als auf meinem Posten zu bleiben und meine Pflicht zu tun.«

»Und wieso wollen Sie nicht, dass Ihre Kinder Gurkhas werden?«

»Das Leben als Gurkha war hart«, gab er zu. »Hätte ich gewusst, dass es so hart würde, hätte ich mich nicht anwerben lassen. Als ich im Dienst war, hatte ich sozusagen keinen Kontakt zu meiner Familie in Nepal, aber sie waren hier sicher und alles ging gut. Die Bauprojekte, an denen wir in Hongkong arbeiteten, waren streng geheim und mussten nachts ausgeführt werden. Wir konnten keine Lampen einsetzen und durften nicht reden. Das war nicht leicht. Aber der Hauptgrund, warum ich meinen Kindern die Schreckensgeschichten aus der Armee erzählt habe, war, dass sie sich auf die Schule konzentrieren und sich eine ordentliche Bildung verschaffen sollten.«

Er warf seiner Tochter einen raschen Blick zu, die in einer Ecke stand und genau zuhörte.

»Trotzdem wurde einer meiner Söhne Gurkha wie ich«, sagte Nahadur. »Als ich pensioniert wurde, übernahm er meinen Platz. Ich war sehr stolz auf ihn, aber leider ist er jetzt tot. Nach seiner Pensionierung arbeitete er bei einem Bauprojekt in Hongkong. Eines Tages trat er in einen Nagel und verletzte sich an der Fußsohle. Die Wunde infizierte sich, es kam zu einer Blutvergiftung. Der Fuß musste amputiert werden, aber es half nichts.«

»Vermissen Sie irgendetwas von dem Leben in der Gurkha-Brigade?«

Er dachte lange nach.

»Nein, nichts Besonderes«, antwortete er schließlich. »Aber ich bin froh, dass ich die Gelegenheit hatte zu reisen und verschiedene Länder zu erleben. Das hätte ich sonst nie getan.«

Als ich mich bedankt hatte und gehen wollte, legte Nahadur die Handflächen vor der Brust zusammen und dankte mir, dass ich seine Erinnerungen aufgefrischt hatte.

Der Schweißgeruch hing schwer über dem Salute Training Center am Rand von Kathmandu. Dreißig Gurkha-Aspiranten machten bereits ihre frühmorgendlichen Übungen: Arme heben, auf der Stelle laufen, Beine heben. Zu hören waren nur Schnaufen und Stöhnen und die kurzen Kommandorufe des Trainers. In einer Ecke übte eine Gruppe das Aufnahmegespräch, das mindestens ebenso wichtig ist wie die physischen Proben. Am Nachmittag erwarteten die Aspiranten Stunden in Englisch und Mathematik. Die Anforderungen sind knallhart, aber das schreckt Tausende von jungen Nepalesen nicht ab, jedes Jahr ihr Glück zu versuchen. Die Möglichkeit, die Welt zu sehen, zwanzig Jahre britischen Sold zu erhalten und danach für den Rest des Lebens eine sichere Pension zu haben, ist durchaus eine verlockende Kombination.

Der zwanzigjährige Pasang Ngima Sherpa versuchte seit zwei Jahren, durch das Nadelöhr zu kommen. Er stammte ursprünglich aus der Everest-Region, aus einem armen, abseits gelegenen Dorf weit entfernt von den touristischen Pfaden.

»Meine Eltern konnten es sich nicht leisten, mich auf eine Schule zu schicken«, erzählt er. Er hatte ein vierschrötiges Gesicht und sprach Englisch mit starkem Akzent. »Also, es gab eine Schule in meinem Dorf, aber es gab kein Unterrichtsangebot für die ersten Klassen.«

»Warum wollen Sie so gern Gurkha werden?«

Pasang gab es auf, Englisch zu sprechen, und ließ Savitri dolmetschen.

»Rekrutiert zu werden, ist der große Traum meines Lebens«, sagte er leise. »Wenn ich die Aufnahmeprüfung schaffe, stehe ich finanziell besser da und wäre in der Lage, der nächsten Generation zu einer besseren Schulbildung zu verhelfen, als ich sie selbst hatte. Physisch bin ich stark genug, ich schaffe die körperlichen Anforderungen ohne Probleme, aber aufgrund meiner schlechten Schulbildung bin ich beim vorigen Versuch durchgefallen. Ich pauke Tag und Nacht, um besser zu werden, und hoffe, die Aufnahmeprüfung in diesem Jahr zu schaffen. Das hoffen meine Eltern auch. Das Training kostet vierhundert Dollar im Halbjahr, und meine Eltern sind Bauern – sie haben so gut wie kein Geld.«

»Wie oft können Sie es versuchen?«

»Drei Mal. Maximal.«

»Was machen Sie, wenn es nicht gelingt?«

»Ich weiß nicht«, antwortete er und blickte zu Boden. »Ich habe keinen Plan B. Ich habe alles hierauf gesetzt.«

Kürzlich hat die britische Armee entschieden, dass auch Frauen in die Gurkha-Brigade aufgenommen werden können. Dutzende junger Frauen hatten sich einem monatelangen harten Training unterzogen, in der Hoffnung, die Aufnahmeprüfungen zu bestehen, doch ein paar Wochen zuvor hatte der nepalesische Staat, der das letzte Wort hat, entschieden, dass eine Rekrutierung von Frauen im gegenwärtigen Jahr nicht realisiert würde.

»Die Regierung redet immer wieder von Gleichstellung, aber sie setzen es nicht in die Praxis um«, erklärte die achtzehnjährige Alisha Tamang verärgert. Sie hatte täglich im Center trainiert, bis sie die Nachricht erreichte, dass Frauen sich doch nicht der Aufnahmeprüfung stellen dürfen. Sie sprach gut Englisch und war groß und athletisch. Das braune Haar war zu einem langen Zopf geflochten, sie trug einen schwarzen Rock und eine weiße Spitzenbluse. Ihr Sportzeug hatte sie eingepackt. Wie Pasang stammte sie ursprünglich aus dem östlichen Nepal, nicht weit entfernt von der Everest-Region.

»Wir Mädchen arbeiten ebenso hart wie die Jungs und würden die Aufnahmeprüfung locker bestehen«, meinte Alisha. »Ich habe zwei Stunden am Tag trainiert, manchmal sogar mehr, und habe exakt das gleiche Programm wie die Jungs absolviert. Jeden Freitag wurden wir getestet, und ich habe eine Menge Rekorde erzielt.«

»Das stimmt, sie ist tüchtiger als viele von uns«, bestätigte Pasang, der sitzen geblieben war und dem Gespräch zuhörte. Alisha lächelte, dass ihre Zahnspange zu sehen war.

»Ich liebe es, Sport zu treiben, besonders gern boxe ich«, sagte sie. »Ich habe so viel Zeit und Kraft investiert, und jetzt weiß ich nicht so genau, was ich machen soll.«

Insgesamt hatten fünfzehn junge Frauen im Salute Training Center trainiert. Alle hatten aufgehört, nachdem der negative Bescheid der Behörden gekommen war.

»Hoffentlich können sich Frauen im nächsten Jahr zur Gurkha-Brigade rekrutieren lassen«, sagte Alisha hoffnungsvoll. »Dann versuche ich es noch einmal.«

Außerhalb des Zentrums der Hauptstadt empfing mich Angel Lama in ihrem Zimmer der Wohngemeinschaft, in der sie wohnte. Sie hatte ein kurzes Kleid mit Tarnfleckmuster an, saß in der Lotusstellung auf dem Bett und lehnte sich an einen gewaltigen roten Teddybären. Das glatte Gesicht war ungeschminkt, das schulterlange Haar trug sie offen. Sie sah aus, als wäre sie zwölf Jahre alt, aber sie würde in wenigen Monaten zwanzig werden.

»Entschuldigen Sie die Unordnung«, sagte sie und breitete entschuldigend die Hände aus. Sie sprach Englisch mit einem schleppenden amerikanischen Akzent. »Ich war gestern mit ein paar Freunden in der Stadt. Wir wollten uns eigentlich nur einen Film ansehen, aber dann kam eins zum anderen, und plötzlich war ich betrunken.« Sie lachte und fasste sich an die Schläfen. »Und jetzt bin ich noch immer nicht *wirklich* nüchtern!«

Die Wand hinter ihr war tapeziert mit Fotos von den Schönheitswettbewerben, an denen sie teilgenommen hatte. Vor einigen Wochen hatte sie Nepal bei einem internationalen Schönheitswettbewerb für Transpersonen in Thailand repräsentiert. Das bodenlange lilafarbene Trägerkleid, das sie auf der Bühne getragen hatte, hing an einem Kleiderbügel an der Tür.

»Mein Leben ist nicht einfach gewesen«, erzählte Angel ernst. »Ich musste hart arbeiten, um dorthin zu kommen, wo ich heute stehe, aber ich leide noch immer unter den Traumata meiner Kindheit und schlafe nachts schlecht. Als ich aufwuchs, stritten sich meine Eltern ständig. Hin und wieder wurde mein Vater so wütend, dass er alles zerschlug, was wir besaßen. Wir wohnten nicht im Slum, aber wir waren auch nicht reich – die ganze Familie lebte in einem Raum, sodass es unmöglich war, den Streitereien zu entgehen. In der Schule wurde ich gemobbt, weil ich so feminin war; ich hatte nur wenige Freunde. Sogar die Lehrer riefen mir *Hijra* nach.« Sie schnitt eine Grimasse. »Ich *hasse* dieses Wort! Es ist kein Teil unserer Kultur, es kommt aus Indien, aber die Leute wussten damals kaum etwas über die LGBTQ-Frage. Das ist inzwischen etwas besser geworden, aber wir haben noch einen langen Weg vor uns.«

»Wann haben Sie erkannt, dass Sie trans sind?«, fragte ich.

»Ich war schon immer anders. Ich trug gern Lippenstift, ich war gern mit Mädchen zusammen und ging gern shoppen; in der Schule hatte ich ein rosafarbenes Barbie-Portemonnaie. Alle anderen Jungs lachten über mich. Zuerst dachte ich, ich sei homosexuell, aber eines Tages stieß ich im Internet auf eine Seite über Transsexuelle, und da war alles klar. In gewisser Hinsicht hatte ich immer gewusst, dass ich innerlich eine Frau bin, gefangen in einem falschen Körper. Bereits als Kind betete ich an jedem Geburtstag zu Gott, er möge mich ein Mädchen werden lassen.« Sie lächelte. »Es heißt doch, was man sich an seinem Geburtstag wünscht, wird in Erfüllung gehen.«

Als Angel sechzehn war, trennten sich ihre Eltern, und der Vater heiratete eine andere Frau. Bei der Mutter wurde Gebärmutterhalskrebs diagnostiziert, sie musste operiert werden. Angel zog zu Hause aus. Anderthalb Jahre hielt sie sich mit einfachen Jobs bei der Blue Diamond Society über Wasser, einer Organisation, die sich für die Rechte von Homosexuellen, Lesben und Transpersonen in Nepal einsetzt.

»Damals schaffte ich es nicht, meiner Mutter zu erzählen, dass ihr einziges Kind trans ist. Sie kämpfte um ihr Leben, es hätte sie am Boden zerstört. Ich rief sie hin und wieder an, und sie sagte, es sei gut, dass ich arbeite und Geld verdiene. Sie wusste nicht, dass ich bereits angefangen hatte, Antibabypillen zu nehmen und mich wie ein Mädchen anzuziehen. Wir haben hier keinen Zugang zu Hormonen, und kein nepalesischer Arzt ist auf Transpersonen spezialisiert, daher müssen wir uns selbst um Medikamente kümmern. Als ich in Thailand war, wurde mir gesagt, ich solle mit den Antibabypillen aufhören, das wäre nicht gut für mich. Ich bekam Ratschläge, welche Medikamente ich stattdessen einnehmen sollte; ich kaufte eine ganze Menge, die ich mit nach Hause nahm.«

»Haben Sie eine Operation in Erwägung gezogen?«

»Natürlich, aber das ist ziemlich teuer, und wir müssen nach Thailand, um sie vornehmen zu lassen. Selbst die billigste Operation kostet eine Menge Geld. Würde der Staat es bezahlen, hätte ich es längst getan.«

»Haben Sie inzwischen Ihrer Mutter erzählt, dass Sie trans sind?«

»Ja, einige Zeit, nachdem ich zu Hause ausgezogen war, bestand sie darauf, mich zu treffen. Gut, du kannst zur Blue Diamond Society kommen, sagte ich. Sie war ziemlich überrascht, als sie sah, dass ich ein Mädchen geworden war. Sie hat viel geweint. Ich war der einzige Junge in der Familie gewesen, wer sollte nun die Familie weiterführen? Jetzt, da du ein Mädchen geworden bist, wirst du heiraten und zu einem Mann ziehen, meinte sie. Meine Mutter hat einen so altmodischen Blick auf Mädchen! Sie versteht nicht, dass wir auch arbeiten, Geld verdienen und unser eigenes Haus bauen können. Alles verändert sich glücklicherweise nach Miss Pink. Wissen Sie, wer Miss Pink ist?«

Ich schüttelte den Kopf.

»Miss Pink ist Nepals erster Schönheitswettbewerb für Transpersonen. Eigentlich bin ich nicht so ein Mädchen, das sich besonders schminkt und hübsch macht und so, aber meine Freunde haben mich überredet teilzunehmen. Sie sagten, ich müsse auftreten, damit Transpersonen in der Gesellschaft deutlich sichtbarer werden. Es haben zwanzig Leute aus ganz Nepal teilgenommen, und ich gewann die ganze Sache! Das war das Größte, was mir je widerfahren war, ich war so unglaublich glücklich! Meine Mutter ebenfalls. Hinterher kam sie mit Tränen in den Augen zu mir, und wir haben uns wie zwei Frauen unterhalten, es war ein richtiges Mutter-Tochter-Gespräch. Sie sagte, sie könne nun sehen, dass ich jetzt in meinem wahren Ich sei, und es täte ihr leid, dass ich während meiner ganzen Kindheit so tun musste, als sei ich ein anderer. Wenn ich etwas gelernt habe«, sagte Angel und sah mich mit altklugen Augen an, »dann, dass man an sein wahres Ich glauben muss. Du musst du selbst sein. Sonst geht es nicht.«

Sie drückte den großen roten Teddy an sich.

»Als ich von zu Hause fortging, brach ich auch die Schule ab, aber nun habe ich wieder angefangen. Wenn ich fertig bin, möchte ich im Ausland Jura studieren, am liebsten in Großbritannien. Das wäre doch etwas, oder?« Sie lächelte träumerisch. »Und danach will ich nach Nepal zurückkehren, um anderen Transpersonen zu helfen.«

Mir fiel auf, dass sie nichts über die Reaktion ihres Vaters erzählt hatte.

»Wie hat Ihr Vater auf Ihre Transition reagiert?«, fragte ich vorsichtig.

Angel verdrehte die Augen.

»Wir reden nicht mehr miteinander. Ich habe ihn nach meinem Auszug nur ein einziges Mal getroffen. Er sagte, wenn ich mir gedacht hätte, auch weiterhin so herumzulaufen, dürfte ich nicht mehr sagen, dass ich sein Sohn sei – oder seine Tochter. Ich weinte und war untröstlich, es war das Schlimmste, was ich je erlebt hatte. Schließlich sah ich ein, dass ich mein Glück im Leben selbst finden muss. Wenn die Leute mich nicht so akzeptieren, wie ich bin, gibt es für sie keinen Platz in meinem Leben. So ist das einfach. Jeder muss die Verantwortung für sein Glück selbst übernehmen.«

Der Prinz, der nicht König werden wollte

Als wir uns **Lumbini** (150 Meter über N.N.) näherten, fing es an, wie aus Eimern zu gießen, die Straße verwandelte sich in einen spiegelblanken Fluss.

»Der Monsun kommt«, bemerkte Raju, der junge Fahrer. Er beugte sich über das Lenkrad und versuchte, den Straßenverlauf zu erkennen. Draußen war alles eine graue feuchte Grütze, alle Konturen waren von Regen und Schlamm verwischt. Trotzdem kam Raju keinen Moment auf die Idee, langsamer zu fahren. Er zog einen Lappen hervor und wischte damit über die beschlagene Innenseite der Frontscheibe, was aber lediglich zu einer weiteren Verschlechterung der Sicht führte. Sein Hemdsärmel rutschte hoch und enthüllte eine Tätowierung. Obwohl ich Tibetisch nicht lesen kann, erkannte ich das Mantra, das Buddhisten weltweit vor sich hin murmeln, wenn sie meditieren: ॐ मणिपद्मे हूँ, *om mani padme hum*. Direkt übersetzt bedeutet es »Heil dir, Juwel im Lotus«, aber man kann es auch wiedergeben mit »Oh, Juwelenlotus«. Jede der sechs Silben hat so viele Ebenen und Bedeutungen, dass dicke Bücher über dieses Thema geschrieben wurden.

»Sind Sie Buddhist?«, fragte ich überrascht.

»Nein, nein, ich bin Hindu, aber hin und wieder bete ich zu Buddha«, erwiderte Raju. »Manchmal bete ich auch zu Jesus oder Allah. Ich glaube an alle Götter, sie sind alle gleich wichtig.«

In diesem Moment schlingerte der Wagen gefährlich, und ich sandte ein stilles Gebet an alle Götter dieser Welt. Raju krempelte den anderen Hemdsärmel auf, eine weitere Tätowierung war zu sehen, eine chaotische Ansammlung von Strichen.

»Eigentlich sollte es Shiva darstellen«, erklärte er, sichtlich verlegen, als wir vor das Hotel bogen. »Ein Freund von mir hat es gemacht. Wir haben damals viel zu viel Marihuana geraucht.«

Anfang der Woche war das Thermometer auf fünfundvierzig Grad gestiegen, aber dank des Regenschauers sank die Temperatur glücklicherweise etwas. Das T-Shirt klebte trotzdem am Rücken, als ich durch das östliche Tor ging, das Tor, durch das Prinz Siddhartha Gautama gegangen sein soll, als er mit einundzwanzig Jahren ein für alle Mal sein sorgloses und privilegiertes Dasein hinter sich ließ. Eine magere Grasebene offenbarte sich, darin niedrige hellbraune Ruinen.

Der Legende nach wurde vor rund zweieinhalbtausend Jahren ein Prinz in einem kleinen Königreich zwischen den heutigen Staaten Indien und Nepal geboren. Er bekam den Namen Siddhartha und war der einzige Sohn von König Shuddhodana und Königin Maya. Die Gelehrten streiten sich, ob Shuddhodana wirklich König oder vielleicht eher ein Fürst oder ein mächtiger Oligarch gewesen war, die meisten sind sich allerdings darin einig, dass er einer der obersten Anführer des Shakya-Klans war, die zu dieser Zeit Vasallen des Königs von Kosala waren.

Als der ersehnte Sohn geboren wurde, soll Shuddhodana eine unheilverkündende Weissagung bekommen haben: Wenn der Sohn sich entscheiden sollte, in seine Fußstapfen zu treten, würde er ein mächtigerer Herrscher werden als Shuddhodana selbst, wenn der Sohn sich aber entschiede, das privilegierte Oberklassenleben zu verlassen, würde er ein noch größerer Anführer werden, ein geistiger Wegbereiter für die ganze Welt. Von da an tat der Vater, was in seiner Macht stand, um den Sohn abzuschirmen, damit er nicht der Versuchung erlag, die schützenden Mauern des Schlosses zu verlassen.

Im Alter von einundzwanzig Jahren bekam der Sohn erstmals die Erlaubnis, sich außerhalb der Mauern zu bewegen, aber nur für kurze, kontrollierte Spaziergänge. Während dieser genau geplanten Ausflüge bekam der junge Prinz dennoch ein wenig vom Leid der Welt zu sehen: Zum ersten Mal in seinem Leben sah er Krankheit, Alter und Tod. Dies erschütterte ihn zutiefst, und es wurde ihm klar, dass das Leid ein unumgänglicher Teil des Daseins war. Siddhartha gab sich allerdings nicht damit zufrieden, dass es so sein *musste*. Er wollte eine Möglichkeit finden, dem Leid zu entkommen und ganz und gar frei zu werden.

Eines Nachts, als die Wachen schliefen, nahm der Prinz in aller Stille Abschied von seiner Frau und ihrem kleinen Sohn und schlich durch das östliche Tor nach draußen. Dort verschenkte er seinen Schmuck und seine Kleider, schnitt sich das lange Haar ab und lebte sechs Jahre als radikaler Asket. Schließlich glich er einem lebenden Skelett. Er genoss großen Respekt bei den übrigen Asketen, aber einer Befreiung von den Schmerzen war er nicht näher gekommen. Es wurde ihm bewusst, dass das strenge asketische Leben nur seinem Körper und seinem Geist schadete und er darüber hinaus die Fähigkeit verlor, klar zu denken. Er sagte sich, dass es einen anderen Weg geben musste, einen Mittelweg. Als eine Frau ihm eines Tages eine Schale Milch anbot, nahm er sie an – zur Bestürzung der übrigen Asketen, die ihn daraufhin alle verließen. Siddhartha Gautama trank die Milch und setzte sich unter einen Feigenbaum, um zu meditieren. In dieser Nacht erlangte er die Erkenntnis über den Zustand und Zusammenhang aller Dinge, er verstand, dass nichts von Dauer ist, auch nicht der menschliche Geist, und dass es bei dem Weg zur Befreiung von Leid darum geht, dies einzusehen und loszulassen. Nur so ließe sich die Erleuchtung erreichen, das Ende des Leidens, das Nirwana.

Mit dieser Erkenntnis wanderte Siddhartha Gautama in Nord-Indien umher, um zu diskutieren und zu unterrichten. Mit der Zeit bekam er die Beinamen Shakyamuni, der weise Shakya, nach der Familie, aus der er kam, und Buddha, der Erleuchtete. Langsam wuchs seine Anhängerschaft, und heute, zweieinhalbtausend Jahre später, zählt sie rund eine halbe Milliarde Menschen.

Wie alle guten Geschichten hat die Erzählung über Buddhas Leben viele Gemeinsamkeiten mit Märchen. Es ist schwierig, die Mythen von den Fakten zu unterscheiden, aber ähnlich wie Jesus von Nazareth oder Muhammed war Siddhartha Gautama eine historische Person. Nepalesische Archäologen meinen, er habe die ersten einundzwanzig Jahre seines Lebens genau hier verbracht, auf dieser trockenen, mageren Grasebene von Lumbini, nicht weit von der indischen Grenze entfernt. Die kürzlich ausgegrabenen Grundmauern zeugen von einer kleinen Stadt mit Geschäften, Wohnsiedlungen und Tempeln. Man braucht dennoch eine ordentliche Portion Fantasie, um sich vorzustellen, wie die Stadt ausgesehen hat, als der zukünftige Buddha hier aufwuchs, denn soweit sie ausgegraben sind, stammen nahezu sämtliche Ruinen von Häusern und Mauern, die mehrere hundert Jahre errichtet wurden, nachdem der junge Prinz durch das östliche Tor hinaus in die Welt gewandert war.

Arbeiter mit dunklen, sonnengebräunten Gesichtern bauten Wege und Brücken aus Holzplanken zwischen den Ruinen, damit Touristen die mühselige Forschungsarbeit der Archäologen nicht zertrampelten. An einem großen Baum am Rande der Ruinenstadt flatterten Tausende von zerschlissenen Gebetsfähnchen in der sanften Vormittagsbrise. Ich ging zu dem Baum und erwartete, fromme Pilger oder buddhistische Mönche in tiefer Meditation zu finden, aber es war kein einziger Buddhist zu sehen, nur Elefanten. Mehr als hundert kleiner und großer Elefantenstatuen standen am Stamm, sorgfältig in Reih und Glied aufgebaut. Direkt in der Nähe war ein kleines Zelt aufgeschlagen. Ein schmutziger, barfüßiger Junge entdeckte mich, holte eine Trommel und begann beschwörend darauf zu schlagen. Ein herausgeputztes junges Pärchen tauchte auf dem Weg hinter mir auf. Es schien nicht das geringste Interesse an den Ruinen von Buddhas Elternhaus zu haben, sondern ging direkt zu den Elefantenfiguren und fiel vor ihnen auf die Knie.

Siddhartha Gautamas Geburtsort **Kapilavastu** (107 Meter über N.N.) liegt ein paar Dutzend Kilometer entfernt von den Ruinen des Schlosses, in dem er aufwuchs. Als der Zeitpunkt seiner Geburt näher kam, war seine Mutter Maya zum Haus ihrer Eltern aufgebrochen. Bis heute fahren viele indische und nepalesische Frauen nach Hause zu ihren Eltern, um zu gebären. Maya war noch immer weit von ihrem Elternhaus entfernt, als die Wehen einsetzten, sie suchte Schutz in den schönen Gärten bei Lumbini. Gestützt an einen Baum gebar sie ihren einzigen Sohn.

Heute steht dort ein weißer viereckiger, seltsam unpoetischer Tempel über dem Stein, der anzeigt, wo Siddhartha Gautama irgendwann um das Jahr 500 vor Christus geboren wurde. Rund zweihundert Jahre später besuchte der indische Kaiser Ashoka den Geburtsort. Eine Säule erinnert an ihn. Der Text auf der Säule informiert darüber, dass der Kaiser hierherkam, um an Buddhas Geburtsort zu beten, und als Gast der örtlichen Gemeinschaft entschied, dass das ganze Dorf Steuererleichterungen erhalten sollte. Bei der Inschrift handelt es sich um die älteste Nepals.

In den folgenden Jahrhunderten wurde Lumbini entweder angebetet oder vergessen, bis der Ort im 14. Jahrhundert endgültig in Vergessenheit geriet. Ashokas Säule wurde erst 1896 wiederentdeckt. Neben dem weißen quadratischen Tempelgebäude stehen die Grundmauern von zwei tausend Jahre alten Stupas und Klöstern, die zu Ehren Buddhas errichtet und dann verlassen und den Elementen überlassen wurden.

Um das Gebiet aufzuwerten, bekam der japanische Architekt Tange Kenzo in den 1970er Jahren den Auftrag, eine »Lumbini Development Zone« zu entwerfen, einen Komplex, der rund drei mal zwei Kilometer umfasst. Auf dem Gelände sind Klöster und Tempel aus der ganzen Welt versammelt, umgeben von kurz geschnittenen Grasflächen, Wald, Mücken und zwitschernden Vögeln. Lumbini sollte zu einem attraktiven Touristenziel gemacht werden.

Die Entfernungen sind zu groß und die Hitze zu erschöpfend, um auf eigene Faust umherzustreifen. Da Autos in der Development-Zone verboten sind, haben Fahrradrikschas das Monopol für Sightseeing-Touren; ein sehniger alter Mann fuhr mich in einem wackligen Gefährt von Tempel zu Tempel. Er folgte offensichtlich einer festgelegten Route, einer Art Hochgeschwindigkeitsreise durch die buddhistische Welt; der Reihe nach hielt er vor den verschiedenen Tempeln, die er jeweils ankündigte: *Cambodian monastery, ma'am.* Dann direkt weiter zur *Vietnamese monastery, ma'am, French monastery, ma'am*, danach zu nepalesischen, chinesischen, deutschen, singapurischen und thailändischen Tempeln, alle gebaut in Stilarten, mit denen man meinte, die jeweils besonderen nationalen Charaktere und Traditionen abzubilden. Nach zwanzig Tempeln konnte ich sie in meiner Erinnerung einfach nicht mehr auseinanderhalten, sie verschmolzen zu einer vergoldeten Grütze.

Gemessen an der Zahl westlicher Gäste ist die Development-Zone bisher kein großer Erfolg. Die Besucher sind überwiegend nepalesische und indische Hindus, die von Tempel zu Tempel eilen, sich an der Tür bücken, ein Selfie schießen, einen Geldschein in die Spendendose werfen und zum nächsten Tempel weiterhasten. Die nepalesischen Verantwortlichen hoffen, dass die Zahl der westlichen Touristen steigen wird, wenn der Gautam Buddha International Airport in naher Zukunft seine Pforten öffnet.

Obwohl kaum eine Volksgruppe mit Siddhartha Gautamas Schicksal enger verbunden ist als die Tibeter, gab es keinen tibetischen Tempel in der Entwicklungszone. Der chinesische Tempel war mit Drachen und fetten, vergoldeten Buddha-Statuen geschmückt und geradezu chemisch bereinigt von jedem Detail, das die Gedanken zum tibetischen Plateau hätte lenken können.

Hinter dem unpoetischen Maya-Devi-Tempel stand allerdings ein leicht schiefer weiß-roter Tempel mit einem flachen Dach – ausgesprochen tibetisch in seinem Stil, geschmückt mit Gebetsmühlen, tantrischen Dämonen und tibetischen Schriftzeichen. Der bescheidene Tempel war in den 1960er Jahren vom König des Oberen Mustang errichtet worden, das zu der Zeit ein kleines buddhistisches Königreich an der Grenze zwischen Nepal und Tibet war.

Mustang war mein nächstes Reiseziel.

Der Schneeleopard

Mustang oder das Königreich Lo wurde 1380 gegründet und war selbstständig, bis es 1795 dem Königreich Gorkha zugeschlagen wurde, dem heutigen Nepal. Der König von Lo durfte jedoch seinen Titel und einen Teil seiner Macht behalten, bis 1961 alle nepalesischen Vasallenstaaten und Fürstentümer abgeschafft wurden (sowie sämtliche politischen Parteien). Im Laufe der Jahrhunderte war das kleine Königreich enger mit Tibet verbunden gewesen als mit Nepal; die Einwohner praktizieren einen tibetischen Buddhismus, tragen tibetische Kleidung und sprechen einen tibetischen Dialekt. Mustangs geografische und politische Isolation hat dazu beigetragen, dass sowohl die alte tibetische Architektur als auch ein Teil der traditionellen kulturellen Ausdrucksformen bis in unsere Tage relativ intakt geblieben sind – bis 1992 war die Region als demilitarisierte Zone eingestuft, kein Ausländer durfte das isolierte Königreich betreten. Noch immer müssen Touristen so hohe Gebühren zahlen, um das Obere Mustang zu besuchen, dass sich die meisten davon abschrecken lassen.

Bis vor rund zehn Jahren eine Straße gebaut wurde, musste man zu Fuß nach Lo Manthang, Hauptstadt des Oberen Mustang, gehen. Obwohl es nun eine Straße gab, bestand Savitri darauf, nach Jomsom zu fliegen, den nächsten Flugplatz, um uns eine achtstündige Autofahrt auf holprigen, staubigen Straßen zu ersparen. Stattdessen bekamen wir eine zwanzigminütige Berg- und Talfahrt. Das kleine Flugzeug schoss auf einen schwarzen Berghang zu, und der Rumpf bebte dermaßen, dass der Vorhang zum Cockpit zur Seite glitt. Dort beugten sich zwei beunruhigend junge Piloten über ihre Schaltknüppel.

Ich hatte mir einen Platz am Notausgang gesichert, der mir eine Art symbolischer Sicherheit verschaffte. Auf der rechten Seite hatte ich Aussicht auf den Anapurna, den gefährlichsten Berg der Welt. Annähernd vierzig Prozent aller Bergsteiger, die versucht haben, den Gipfel zu besteigen, sind bei dem Versuch ums Leben gekommen. Auf der linken Seite konnte ich den Schnee auf dem Dhaulagiri erkennen, der mit seinen 8167 Metern Anfang des 19. Jahrhunderts für den höchsten Berg der Erde gehalten wurde. Dann entdeckte man den Kangchendzönga und kurz darauf Peak XV, den Mount Everest. Der Korridor zwischen diesen beiden Felsmassiven ist schmal und kann nur in den Morgenstunden beflogen werden – am Nachmittag sind die starken, unvorhersehbaren Fallwinde zu gefährlich, daher kann kein Flugzeug nach elf Uhr in Jomsom starten oder landen. Der Flugplatz in Pokhara war aufgrund von Nebel den ganzen Morgen geschlossen, wir hatten viele Stunden Verspätung. Die Uhr zeigte bereits Viertel vor elf. Der Rumpf bebte so heftig, dass ich nicht mehr verstand, was Savitri sagte. Sie zeigte auf den schwarzen Berghang und kommentierte irgendetwas, ich sah, dass sie lachte. Erneut schickte ich ein Gebet an alle Götter dieser Welt und wurde unmittelbar erhört: Das Flugzeug flog eine jähe Kurve, und kurz darauf berührten die Räder den Boden.

Gebrechliche alte Frauen in Saris, Wollsocken und Sandalen kamen auf die Beine und stapften zum Ausgang. Die Stewardessen halfen ihnen die schmale Treppe hinab auf die kurze Rollbahn. Ein großer Bus stand bereit, sie nach Muktinath zu bringen, einem der heiligsten Vishnu-Tempel der Welt. Der Tempel ist so heilig, dass jeder, so heißt es, der ihn besucht, nach dem Tod direkt ins Paradies kommt. Auch Buddhisten pilgern nach Muktinath, denn Padmasambhava, der tantrische Meister aus dem Swat-Tal, soll dort auf dem Weg nach Tibet meditiert haben.

Sechzehn Jahre zuvor hatte ich genau den gleichen Flug in einer Kabine überlebt, die voller Lebensmittel, lebendigen Hühnern und schmaläugigen Bergbewohnern war. Damals gab es die Straße noch nicht, und der nervenaufreibende Flug war die einzige Möglichkeit, Jomsom zu erreichen, wenn man nicht zu Fuß gehen wollte.

Jomsom (2743 Meter über N.N.) war kaum wiederzuerkennen. Ich erinnerte mich an ein zugiges, armseliges Bergdorf; nun ragten hohe Betongebäude in den Himmel, nur Neonschilder fehlten.

Einheimische Jugendliche nippten an Cappuccinos in modernen Cafébars, während sie auf ihren Mobiltelefonen surften.

Ein überfüllter, geschlossener Jeep brachte uns ins Obere Mustang. Savitri und ich pressten uns gemeinsam auf den Vordersitz, auf dem Rücksitz saßen zehn Männer eingeklemmt. Die grüne hügelige Landschaft wurde nach und nach karger, und bald waren wir alle mit einer dünnen Schicht hellbraunen Staubs bedeckt und umgeben von unzähligen Nuancen von Blaubraun, Grünbraun, Rotbraun und Graubraun. Im Jeep war es heiß wie in einer Sauna, die Straße war voller Schlaglöcher und schmal – befahrbar, aber nicht fertig.

Sechs Stunden später erreichten wir **Lo Manthangs** (3830 Meter über N.N.) labyrinthische Straßen.

Innerhalb der roten Stadtmauern stehen einhundertsiebenundsechzig Häuser. Viele stammen noch aus der Zeit der Gründung des Königreiches Lo Ende des 14. Jahrhunderts. Die kleinen, schiefen Häuser waren niedrig und weiß gekalkt, und die Straßen, die sich zwischen ihnen schlängelten, so schmal und verwinkelt, dass wir uns ständig verliefen. Zottige Kühe liefen zwischen den Häusern frei herum. Die Residenz der königlichen Familie ragte aus dem Labyrinth heraus, ein schiefes, baufälliges, gemauertes Gebäude mit hundertacht Zimmern, einer heiligen Zahl im Buddhismus. Sowohl die königliche Familie wie die städtische Verwaltung waren längst ausgezogen, nur einige wenige Zimmer wurden noch genutzt.

An einer sonnenreichen Ecke des Vorplatzes saß eine Gruppe älterer Frauen, alle bekleidet mit traditionellen tibetischen Wollkleidern und geschmückt mit großem, buntem Schmuck.

»Haben Sie Geld für Tee?«, fragte eine von ihnen auf Nepali. Savitri gab ihr einen Geldschein. Die Frau, die so gut wie keine Zähne mehr im Oberkiefer hatte, strahlte und humpelte davon. Einige Minuten später kam sie zurück mit einer Thermosflasche und einem Tablett mit Tassen. Jede der Alten bekam eine randvolle Tasse und schlürfte mit Wohlbehagen den süßen Milchtee.

»Die Männer haben ihren eigenen Platz, an dem sie sich treffen«, schmatzte eine zahnlose Frau mit einer hellen, zittrigen Stimme. »Wir Frauen treffen uns hier. So bringen wir den Tag herum.«

Sie hob ihren Wollrock und zeigte ihre schwarzen Lederstiefel. Die übrigen Frauen trugen alle die traditionellen tibetischen Schuhe aus Filz.

»Mein Sohn hat sie mir aus Amerika geschickt«, erzählte sie stolz.

Im alten Kloster von Lo Manthang wurden Savitri und ich von Tenzin, einem jungen Mönch, herumgeführt. Er war der zweite Sohn von insgesamt sieben Geschwistern, und traditionsgemäß hatten die Eltern ihn als Kind ins Kloster geschickt.

»Als ich klein war, fand ich das Klosterleben langweilig und vermisste meine Familie, aber jetzt fühle ich mich in dem Mönchsdasein sehr wohl«, erklärte er. »Es ist ein gutes Leben. Leider fällt es uns schwer, neue Mönche zu gewinnen. Die Zeiten haben sich geändert, heute bekommen die Menschen zwei, drei Kinder, und die gehen lieber in die USA als ins Kloster. Alle sind jetzt reich.«

Innerhalb der Stadtmauern gab es drei Klöster, die innen dunkel und schlecht beleuchtet, aber alle mit siebenhundert Jahre alten Wandmalereien geschmückt waren. Sie waren derart sorgfältig gearbeitet, dass es Monate, ja, sogar Jahre gekostet hätte, sich in sämtliche Details zu vertiefen. Die Buddha-Statue im ältesten Kloster war in der ersten Etage aufgestellt, sodass der König sie von seinem Gebetsraum auf der anderen Straßenseite aus sehen konnte. Auf diese Weise brauchte er die Residenz nicht zu verlassen, um zu beten.

Ich hatte noch nie einen König interviewt, auch keinen inoffiziellen König, ich war nervös und auch ein wenig außer Atem, als ich mich den Hügel zum Royal Mustang Resort hinaufmühte. Das Hotel ist Mustangs luxuriöseste Herberge, wie der Name bereits andeutet, gehört es und wird betrieben von der entthronten königlichen Familie. Die hohen, kühlen Säle rochen nach frischer Farbe;

aus dem Zimmerflügel tönten Hammerschläge. Das Hotel war so neu, dass es noch nicht ganz fertig war, die Handwerker arbeiteten von Sonnenaufgang bis Sonnenuntergang, um es bis zum jährlichen Frühlingsfest fertigzustellen, dem Höhepunkt des Jahres in Lo Mathang.

Ich sollte auf einem Sofa im Salon neben dem Speisesaal Platz nehmen, mir wurde frisch gebrühter Tee serviert. Eine Viertelstunde später kam Jigme Singhe Palbar Bista in den Salon gestürmt.

»Warum um alles in der Welt wollen Sie mit mir reden?«, fragte er in fließendem Englisch und lachte dröhnend. Er trug Jeans und ein burgunderrotes Poloshirt und setzte sich mir gegenüber auf ein Sofa. »Ich kann gar nichts, ich kann nicht einmal ordentlich Englisch sprechen! Wo ist Ihr Dolmetscher?« Er lachte, dass die Schultern bebten.

»Sie ist draußen und raucht«, sagte ich.

»Da habe ich mit ihr etwas gemein, hahaha! Worin liegt der Witz, mit mir zu reden? Die Monarchie ist tot, es gibt sie nicht mehr! Ich bin kein König, Nepal ist eine Republik, das wissen Sie doch?« Er lachte noch mehr. »Sie sind also aus Norwegen, sagten Sie das nicht? Ich war mal in Norwegen. Ich erinnere mich, dass ich um mein Leben fürchtete, als wir landeten, hahaha! Aus dem Fenster sah ich nichts anderes als Eis und Schnee, daher war ich ganz sicher, dass das Flugzeug von der Rollbahn rutschen würde. Ich wusste ja nicht, dass Norwegen beheizte Rollbahnen hat, hahaha!«

Der inoffizielle König erzählte von seinem Aufenthalt in Norwegen und anderen Reisen, die er unternommen hatte, wir bekamen mehr Tee, die Lachanfälle nahmen zu. Es fiel mir nicht schwer zu verstehen, warum er bei der einheimischen Bevölkerung so beliebt war, die ihn noch immer als ihren König bezeichnete. Als die Fürstentümer und Vasallenstaaten 1961 abgeschafft wurden, lautete die ursprüngliche Vereinbarung, dass die Herrscherfamilie ihre Titel für weitere drei Generationen behalten sollte. Doch 1964 bestieg Jigme Dorje Palbar Bista den Thron als fünfundzwanzigster und letzter König von Lo, denn als Nepal 2008 die Monarchie zugunsten einer Republik ablöste, verloren auch sämtliche Königlichen, große wie kleine, mächtige wie unbedeutende, über Nacht ihre Titel. Als der fünfundzwanzigste König 2016 starb, wurde sein Neffe Jigme Singhe Palbar Bista daher nicht zum König gekrönt (der König hatte keine direkten Erben – als sein einziger Sohn im Alter von nur acht Jahren starb, hatte er seinen Neffen Jigme Singhe adoptiert).

»Ja, die Leute nennen mich noch immer Lo Gyalpo, König von Lo«, bestätigte Jigme. »In unserer Kultur bin ich noch immer der König. Ich nehme an unseren Feiertagen teil und versuche, den Leuten zu helfen, die Hilfe benötigen, aber ich trage keineswegs die Verantwortung, die mein Vater hatte. Als König war er unter anderem für die Bewachung der Grenzen verantwortlich. Ich habe eine derartige Macht nicht. Glücklicherweise! Ich glaube, ich bin glücklicher so, ohne einen Titel.«

»Sie ziehen es also vor, Hoteldirektor zu sein und nicht König?«, fragte ich keck, angespornt von Jigmes jovialem, zwanglosem Wesen.

»Das Leben hier ist hart«, antwortete er. Das schmale Gesicht wurde plötzlich ernst. »Wir haben lediglich eine Erntesaison, der Boden ist karg und das Klima anspruchsvoll. Früher arbeiteten die Menschen im Flachland, wenn die Ernte hier oben vorbei war, jetzt reisen die jungen Leute ins Ausland, um zu arbeiten, viele gehen in die USA. Die Hälfte ist bereits fort, die Bevölkerung schrumpft. Ich habe dieses Hotel gebaut, um unserer Jugend zu zeigen, dass es auch hier Möglichkeiten gibt. Mein Vater wollte Mustang öffnen, er wollte hier Touristen haben. Das will ich auch. Wenn die Straße ganz fertig ist und die Grenze zu China endlich wieder geöffnet wird, wird sich Lo Manthang vollkommen verändern.«

Die halb fertige Straße führte weiter nach Nordosten zur chinesischen Grenze, sonst gab es keine Straßen, nur schmale Trampelpfade. Savitri besorgte Pferde, sodass wir das Nachbardorf besuchen konnten. Es waren kleine, widerstandsfähige weiße Pferde, und Lopsang, unser Pferdeführer, hatte eine lederartige, sonnenverbrannte Haut und schmale Augen. Sobald wir Lo Manthang und die rote Stadtmauer hinter uns gelassen hatten, bogen wir von der

Straße ab und ritten einen kargen Berg hinauf. Abgesehen von einigen kleinen grünen Oasen unten am Flussbett wuchs hier nichts; wohin das Auge auch blickte, hier gab es nur wogende Formationen aus Stein, Schotter und Sand.

Als wir den Gipfel erreichten, stiegen wir ab und führten die Pferde einen steilen Abhang hinunter, der zu einem weiteren ausgetrockneten Flussbett am Grund des Tals führte. Flankiert von steilen orangebraunen Bergen ritten wir weiter durch das Tal, umgeben von Stille und dünner, sauerstoffarmer Luft. Hin und wieder zogen große Yak-Herden mit ihren Hirten weit oben am Berghang entlang, hoch über uns. Ein schwarzer Vogel mit breiten, kräftigen Flügeln segelte vorbei und verschwand. Man hörte nur das Schnaufen der Pferde und das Geräusch von Hufen auf Steinen. Zeit und Raum flossen ineinander, die Jahrhunderte zerbröselten, und die Gedanken schweiften ab, mal hierhin, mal dorthin.

Plötzlich sprang ein großes, sandfarbenes Katzentier den Berghang hinunter und überquerte einen Steinwurf von uns entfernt den ausgetrockneten Fluss.

»Ein Leopard«, rief Savitri. »Mein Gott, ein *Schnee*leopard!«

»Nein, das ist nur ein Fuchs«, korrigierte Lopsang sie. »Ich habe hier seit Ewigkeiten keine Schneeleoparden mehr gesehen. Seit vielen Jahren nehme ich Touristen mit in der Hoffnung, dass sie einen Schneeleoparden zu Gesicht bekommen. Wir haben sogar in einem Zelt hier draußen übernachtet, um die Chancen zu erhöhen, nicht ein einziges Mal ist es gelungen.«

Das Tier verschwand geschmeidig über den praktisch senkrechten Berghang auf Pfaden, die nur es sehen konnte, und legte sich ungefähr hundert Meter über unseren Köpfen auf einen Felsvorsprung. Dort blieb es liegen und betrachtete uns neugierig. Seine braunorangefarbenen Flecken wurden beinahe eins mit dem trockenen Wüstenfels.

»Meine Güte!« Lopsang schaute mit offenem Mund zu dem Tier hinauf. »Sie hatten recht, das *ist* ein Schneeleopard! Es muss über zehn Jahre her sein, seit ich das letzte Mal einen Schneeleoparden hier in der Gegend gesehen habe.«

Der Schneeleopard lag noch immer auf dem Felsvorsprung und blickte zu uns hinunter. Der Pferdeführer begann zu rufen und zu schreien, um ihn dazu zu bringen, sich zu bewegen, und nach einigen Minuten erhob sich der Leopard träge, streckte den Rücken und die Vorderbeine und schlenderte ein Stück über den Abhang, ohne uns aus den Augen zu lassen. Dann drehte er um und ging zurück zu dem Felsvorsprung, rollte sich zusammen und blieb so liegen – ohne den Blick von uns abzuwenden.

»Ich glaube, es ist ein Männchen«, meinte Lopsang. »Er hat überhaupt keine Angst und ist so neugierig. Er muss jung sein.«

Ich weiß nicht, wie lange wir so dastanden. Fünf Minuten? Zwanzig? Die Pferde kauten desinteressiert auf ihren Trensen, sie sahen aus, als würden sie sich langweilen. Weiterreiten kam uns wie ein Sakrileg vor, aber schließlich taten wir es. Der Schneeleopard verfolgte uns noch eine ganze Weile mit seinem Blick. Dann sprang er von dem Felsvorsprung, lief geschmeidig den steilen Berghang hinauf und verschwand.

Eine Stunde später sahen wir verblasste Gebetsfahnen.

»Früher war es hier grün«, bemerkte Lopsang lakonisch. »Auf beiden Seiten des Flusses stand das Gras hoch. Es war gutes Ackerland.«

Auf der rechten Seite des nahezu ausgetrockneten Flusses gab es kein Anzeichen von Leben mehr, auf der linken Seite ragten hier und da magere, armselige Grasbüschel aus dem kargen Boden. Winzige Bergziegen, kaum größer als Katzen, fraßen dennoch unermüdlich. Zwei Frauen bückten sich über Hacke und Spaten, hinter ihnen lag das Dorf: kleine, viereckige Häuser aus Stein und getrocknetem Schlamm.

Lopsang zeigte auf ein großes, längliches Gebäude auf der leblosen Seite des Flusses.

»Das war die Schule. Sie ist geschlossen. Es gibt hier keine Kinder mehr.«

Er zeigte uns den Weg zum Haus seiner Freundin Baki Gurung. Sie war sechzig und runzlig wie eine Rosine, aber ihr langes Haar war noch immer pechschwarz. Die wenigen Zähne, die sie noch hatte, waren braun und spitz. Lächelnd führte sie uns in das kleine Atrium, in dem kleine, quadratische Käsehäppchen zum Trocknen hingen – sie schmeckten praktisch nach nichts und waren hart wie Feuerstein, sodass man den ganzen Tag auf ihnen kauen konnte, bis sie langsam schmolzen. Durch eine niedrige Türöffnung kamen wir in die Küche. In der Mitte des kleinen Raums stand ein Ofen, der mit getrocknetem Ziegendung befeuert wurde. Das Abzugsrohr verschwand durch ein Loch im Dach. Es gab kein Fenster in der Küche, nur ein Guckloch, das mit Plastik abgedeckt war. Der Fußboden bestand aus festgestampfter Erde. Savitri und ich nahmen Platz auf einer Decke an der Wand, und Baki bereitete für uns Buttertee in einem *Dhongmo* zu, einem länglichen Holzrohr – eine Art Rührstab, den ich vorher nur im Sherpa-Museum von Namche Bazar gesehen hatte. Stumm mischte die alte Frau Butter, Salz und Tee in dem Rohr, schüttelte es gut und füllte unsere Teetassen mit einer glänzenden grünlichen Flüssigkeit. Baki Gurung hatte ihr ganzes Leben in diesem abgelegenen Dorf verbracht und sprach nicht Nepali, nur die lokale Sprache, einen tibetischen Dialekt. Lopsang gab ihr einen Geldschein und lächelte breit, als sie dafür eine klare Flüssigkeit aus einem Metalltopf in seine Tasse goss.

»Ein Schluck, um mich für den Rückweg zu stärken«, erklärte er. »Aber erst müssen wir das Museum besuchen.«

Lopsang nahm uns mit an den Rand des Dorfes. Der Weg lief an einem Bewässerungskanal entlang und führte zu einem länglichen Haus, an dem eine Frau mit einem Schlüsselbund in der Hand wartete. Sie schloss die Tür auf und ließ uns ein. Auf selbst geschreinerten Regalen lagen durchsichtige Plastiktüten voller Skelettreste, sortiert und beschriftet nach den Knochentypen, die sie enthielten. Ein vergilbter Zettel informierte darüber, von wie vielen Individuen die Knochen stammten, ob es sich um die Knochen einer Frau oder eines Mannes handelte und in welcher Höhle man sie gefunden hatte. Hin und wieder erkannte ich eine Schädeldecke, eine Rippe, Finger, ein Becken, einen Oberschenkelknochen.

Ein älterer Mann, der eine ausgeblichene blaue Schirmmütze trug, betrat den Raum und entfernte die Fensterläden, sodass Licht durch die Fenster strömte. Sein von tiefen Furchen durchzogenes Gesicht war nussbraun. Er stellte sich als Topke Gurung vor und holte eine Tüte aus einem der Holzkästen auf dem Boden. Aus der Tüte fischte er eine kleine Teetasse und die Reste einer buddhistischen Wandmalerei, die mit einer dünnen Goldschicht überzogen war – so zerbrechlich, dass sie in seinen Händen fast zerbröselte.

»Alles stammt aus Felshöhlen hier in der Nähe«, erzählte er auf Nepali. »Die Skelettreste hat die Polizei gesammelt und sortiert. Einige von den Skeletten sind mehrere Tausend Jahre alt!«

Im Oberen Mustang wurden rund zehntausend von Menschen geschaffene Höhlen gefunden. Die ältesten waren über dreitausend Jahre alt und waren wahrscheinlich als Begräbniskammern genutzt worden. Vor rund tausend Jahren, als es in der Region zu großen Unruhen kam, flohen viele Familien in die Höhlen und widmeten sie zu Wohnungen um. Einige Hundert Jahre später, als sich die Situation wieder beruhigt hatte, zogen die Menschen aus den Höhlen in einfache Häuser am Fluss. Die Höhlen wurden aber weiterhin genutzt, nun als Meditationsorte, Lager und strategische Aussichtsposten.

Nach der Besichtigung des Museums setzten wir uns mit Topke Gurung in die Sonne und unterhielten uns. Die Frau mit den Schlüsseln zum Museum setzte sich zu uns und hörte der Unterhaltung zu, ohne ein Wort zu sagen.

Topke war im Dorf geboren und hatte vier Kinder, einen Sohn und drei Töchter. Die zweitälteste Tochter hatte er ins Kloster geschickt.

»Das Leben hier ist hart«, sagte er. »Ich bin arm und wusste nicht, wie ich sie versorgen sollte. Im Kloster hat sie größere Möglichkeiten und bekommt eine bessere Schulbildung. Ich selbst bin nicht zur Schule gegangen, ich kann gerade mal meinen Namen schreiben. Nepali habe ich von dem Lehrer gelernt, der früher hier gewohnt hat, und von meinen Kindern. Ich musste es lernen, um Formulare und Dokumente ausfüllen zu können.«

Vor zwei Jahren hatte er seine Frau verloren. Nun wohnte er ganz allein in dem Dorf, aus dem beinahe alle fortgezogen waren.

»Meine Frau hatte zu wenig Blut, das war das Problem«, erzählte er traurig. »Ich habe einen Kredit aufgenommen, um sie ins Krankenhaus nach Pokhara und Kathmandu zu bringen. Insgesamt habe ich mir fünftausend Dollar geliehen, aber es half nichts. Sie starb. Nur die Schulden sind geblieben. Aus dem Dorf hier sind fast alle weggezogen. Als das Wasser verschwand, gingen wir zum König Jigme und berichteten ihm von unseren Problemen. Er kam her und sah mit eigenen Augen, wie es uns erging. Hinterher gab er uns Land ein paar Stunden von hier, an einem anderen Fluss. Beinahe alle sind dorthin gezogen.«

Nur eine Handvoll alter Einwohner war in dem Dorf geblieben.

»Früher gab es viel Wasser hier, und wir hatten viele Pferde, alles war grün«, erzählte Topke weiter. »Der Fluss war tief, das Wasser reichte uns bis zu den Knien, es war einfach, hier Landwirtschaft zu betreiben. Ich pflanzte Buchweizen an, Senf, Kartoffeln, Rettich. Aber langsam trocknete der Fluss aus. Jetzt ist es nicht mehr möglich, hier irgendetwas anzubauen, und mit jedem Jahr, das vergeht, führt der Fluss weniger Wasser. Es gibt zu viel Sonnenschein zurzeit, deshalb ist das Grundwasser gesunken. Als ich klein war, gab es immer Wolken, Tag und Nacht. Jetzt scheint die Sonne zu stark, es gibt zu viel Wind, und im Winter zu viel Schnee. Im letzten Winter schneite es die ganze Zeit. Drei Monate haben wir nur Schnee geschaufelt, jeden Tag fiel ein halber Meter. Wir aßen, tranken, schliefen und schaufelten Schnee. Ich verlor achtundzwanzig Ziegen und zwei Kühe. Wir hatten nicht genug Wasser und Gras für sie, und sie froren. Ich habe keinen Stall für die Tiere, das können wir uns nicht leisten. Wir gruben sie steifgefroren aus dem Schnee ... Einige wurden auch von Leoparden geholt. Allein im letzten Jahr wurden fünf meiner Ziegen von Schneeleoparden gefressen. Die kommen bis ins Dorf, um sich mit Tieren zu versorgen.«

Die Sonne schien aus einem wolkenfreien Himmel. Das Licht war so scharf, dass ich mir die Hände über die Augen legen musste, um Topkes Blick zu erwidern, der in Lotusstellung auf dem Boden saß und überhaupt nicht so aussah, als würde er von der Sonne gestört.

»Ich glaube, das Wetter ändert sich, weil die Welt in die falsche Richtung geht«, überlegte er. »Die Welt hat sich gedreht und geht nun den umgekehrten Weg. Früher gab es weniger Sonne, und die Menschen waren gesünder. Hier gab es keinen Müll. Im Dorf hatten wir überhaupt kein Plastik, jetzt ist es überall. Die Tiere fressen das Plastik und werden davon krank. Es gibt auch mehr Wind als früher. Er kommt aus allen Richtungen und bringt Bakterien mit. Tiere und Menschen sind häufiger krank als früher. Die Wolken sorgten für einen feuchten Boden, aber jetzt sind sie verschwunden; der Boden ist trocken, nichts wächst mehr. Überall ist Staub, und ich muss Gemüse und alles, was ich sonst noch brauche, in Lo Manthang kaufen. Abgesehen vom Wasser muss ich alles kaufen. Früher habe ich nie etwas gekauft.«

Er seufzte.

»Ich bin jetzt fünfundfünfzig Jahre alt. Ich mache mir Sorgen um die Zukunft meiner Kinder. So viel hat sich verändert. Heutzutage muss alles für Geld gekauft werden, aber ich habe keins ... Es gibt zu viel von allem, zu viele Autos, zu viel Qualm, die Leute benutzen Parfüm und andere unnatürlichen Dinge. Dem alten Gott gefällt das nicht. Vielleicht liegt die Wetterveränderung daran, dass Gott empört ist?« Er sah Savitri und mich fragend an.

»Sind Sie hier keine Buddhisten?«, fragte ich ihn.

»Doch, doch, wir sind Buddhisten«, beteuerte er. »Da wir Buddhisten sind, opfern wir keine Tiere, sondern zünden Butterlampen für die Götter an. Es gibt viele verschiedene Götter. An anderen Orten haben die Leute andere Götter als hier. Wir haben unsere Götter und beten zu ihnen auf unsere Weise.«

Es wehte ein kalter Wind, und die Sonne ging allmählich unter, als wir in Lo Manthangs Straßen einritten. Im Speisesaal des Gästehauses wärmten wir uns mit glühend heißer Suppe und *Raksi* auf, dem lokalen Schnaps. Savitri vertrieb sich die Zeit auf Tinder. Ein einsamer Italiener, der in Süd-Nepal allein im Dschungel lebte und arbeitete, flirtete heftig mit ihr. Die Mitteilungen wurden heißer und heißer, kühlten allerdings abrupt ab, als Savitri höflich die Einladung ablehnte, am nächsten Wochenende die lange Reise zu ihm anzutreten. *Good bye*, tippte der Italiener sauer zurück. Savitri bestellte mehr Raksi für uns.

Am nächsten Morgen kletterten wir wieder auf die Pferderücken, nach der langen Expedition am Vortag mit einem gehörigen Muskelkater. Diesmal ritten wir in westliche Richtung, zum Lager der Nomaden. Sie lebten in vier länglichen weißen Zelten zwei Stunden von Lo Manthang entfernt.

Lhakpa Gurung, eine junge Frau mit langen schwarzen Haaren und gesunden weißen Zähnen – eine Seltenheit in diesen Regionen –, lud uns ins Warme ein. Sie war erst kürzlich nach Hause zurückgekehrt, nachdem sie viele Jahre in Kathmandu studiert hatte. Nun war sie frisch verheiratet und eine frischgebackene Mutter.

»Alle haben sich zum Neumondritual versammelt«, erklärte sie und goss Savitri und mir Buttertee ein. Vier ältere Frauen und drei Männer drehten ihre Gebetsmühlen und murmelten Mantras. Alle trugen die traditionelle tibetische Kleidung. An der Zeltwand hing eine gerahmte Fotografie des Dalai Lama; unter dem Bild flackerten die Lichter von Dutzenden Butterlampen. Am anderen Ende des Zeltes war eine kleine Küchenecke eingerichtet. Ein ganzes Regalbrett diente der Aufbewahrung von Thermosflaschen – über zwanzig an der Zahl. Mitten im Zelt stand ein schwarzer Ofen, der überraschend effektiv heizte. Ich zog meine Jacke aus und nippte an dem dampfenden, heißen Tee, während mir der Schweiß aus allen Poren sickerte. In einer eigenen Ecke lag Lhakpas vier Monate alter Sohn auf einem Haufen Kissen und blickte fasziniert an die Zeltdecke.

»Mir gefiel es gut in Kathmandu, aber ich wollte den Rest meines Lebens zusammen mit meinem Mann hier wohnen«, erzählte Lhakpa. »Es sei denn, wir ziehen nach Lo Manthang. Das machen im Augenblick ja alle. Es leben nur noch sechs Familien hier. Es wird immer schwieriger, auf die traditionelle Weise zu leben. Im Winter haben wir ungefähr dreihundert Tiere verloren – es fiel so viel Schnee, dass wir nicht genügend Futter für sie hatten.«

Lhakpa war in Tibet geboren, aber in Mustang aufgewachsen.

»Meine Mutter kam mit ihrem Mann und der gesamten Großfamilie hierher, als ich klein war. Sie haben die Grenze illegal überquert, ich weiß aber nicht, warum sie hierherkamen. Mein Vater blieb in Tibet, meine Mutter redete nie über ihn.«

In einer Ecke saß die Gastgeberin in der Hocke und goss selbstgemachten Joghurt in einen Ledersack. Dann füllte sie eine Schüssel mit Keksen und Schokolade und war erst zufrieden, als alle sich versorgt hatten.

»Das Ritual dauert den ganzen Tag«, erklärte Lhakpa. »Alle bringen etwas zu essen mit, dann beten wir zusammen. Wir treffen uns dazu vier Mal im Monat, zu festen Terminen, die im tibetischen Kalender festgelegt sind.«

Die murmelnden alten Stimmen stiegen an und wurden wieder leiser, die Gebetsmühlen schnurrten gleichmäßig und beständig. Zwischendurch gossen die Alten Buttertee nach und plauderten leise schmunzelnd miteinander, die ganze Zeit ließen sie die Gebetsmühlen schnurren, dann vertieften sie sich aufs Neue in Mantras und Gebete.

»Hat jemand von Ihnen schon mal einen Yeti gesehen?«, erkundigte ich mich neugierig.

»Ja, aber das ist sechs, sieben Jahre her!«, rief ein Mann mit brauner lediger Haut, der in jeder Hand eine Gebetsmühle hielt. »Hier gibt es nicht sonderlich viele, aber weiter nördlich, wo ich herkomme, gab es etliche! Sie folgten den Yaks, wenn wir mit ihnen draußen waren. Ich sah sie nie aus der Nähe, nur aus der Ferne. Yetis sind doppelt so groß wie Yaks, sie haben Hände und Füße, die so aussehen wie unsere, aber sie sind behaart. Sie haben auch eine Menge Haare im Gesicht! Wenn sie bergab gehen, kann man ihre Gesichter nicht sehen, nur wenn sie bergauf gehen. Normalerweise gehen sie auf allen vieren, aber hin und wieder laufen sie auch auf zwei Beinen wie wir. Sie fressen Yaks und Gras, und gewöhnlich laufen sie bei unserem Anblick davon. Sie haben Angst vor uns, und wir haben Angst vor ihnen, aber manchmal werden sie so zornig, dass sie einen Menschen hochheben und einen steilen Abhang hinunterwerfen!«

Besucher von abseits liegenden Taldörfern in Norwegen bekamen vor hundert Jahren ähnliche Geschichten zu hören – nicht über Yetis, sondern über Naturgeister und Trolle. Und vermutlich waren diese Geschichten von ebenso hoher subjektiver Realität. Dass der Yeti auch eine zoologische Realität ist, weisen die meisten Wissenschaftler zurück – aber durchaus nicht alle.

Eine Frau im mittleren Alter mit einem runden, lebhaften Gesicht betrat das Zelt und setzte sich neben uns. Sie hieß Lamo Chhepteng, ihr fehlten ein paar Vorderzähne.

»Meine beiden Kinder studieren jetzt in Kathmandu, aber ich bin nicht zur Schule gegangen. Es gab ja damals keine Schule hier. Das Einzige, womit ich mich in diesem Leben auskenne, sind Yaks!«

Sie lachte glucksend, wurde aber schnell wieder ernst.

»Dies sind keine guten Zeiten, um Yaks zu hüten«, sagte sie düster. »Früher war der Sommer Sommer und der Winter Winter, aber so ist es nicht mehr. Jetzt gibt es viel zu viel Wind und viel zu wenig Gras; fast alle unsere Tiere sind eingegangen. Mein Mann und ich sind dabei, in Lo Manthang ein Hotel zu bauen, denn wir sind nicht sicher, ob es in der Zukunft noch möglich sein wird, von den Yaks zu leben.«

»Was glauben Sie, warum hat sich das Wetter geändert?«

»Das weiß ich doch nicht!«, rief sie lachend und pulte sich mit einem Zahnstocher im Ohr.

»Glauben Sie, dass es in zehn Jahren hier noch immer Nomaden geben wird?«

»Nein, in zehn Jahren sind alle Tiere tot«, antwortete Lamo. Ihre Stimme klang weder amüsiert noch zweifelnd. »In zehn Jahren wird niemand mehr hier sein.«

In zehn Jahren wird die moderne Straße nach China längst fertig sein und der Grenzübergang seinen Betrieb aufgenommen haben. Eine Gruppe Geschäftsmänner aus Kathmandu trank Raksi im Speisesaal, als Savitri und ich aus dem Nomadenlager zurückkehrten. Am frühen nächsten Morgen wollten sie die Grenzstation inspizieren, wir konnten mitfahren, obwohl es eigentlich keinen Platz mehr in dem gemieteten Auto gab.

Unterwegs besuchten wir eine der berühmten, von Menschen geschaffenen Höhlen. Sie war überraschend groß und auf mehreren Etagen angelegt, Dutzende von Menschen hatten hier wohnen können. Zwischen den Etagen standen schmale Leitern. Wir kletterten hinauf und gingen gebückt durch niedrige Korridore.

In einem einfachen, kleinen Gästehaus wurden uns hinterher frisch gebackene Chapati und gekochte Kartoffeln serviert. Die Kartoffeln aus dem Oberen Mustang sind in ganz Nepal berühmt, informierten mich die Geschäftsmänner, die den Kofferraum mit Delikatessen gefüllt hatten. Die frisch gekochten, heißen Kartoffeln hatten einen süßlichen, butterartigen Geschmack, sie schmolzen regelrecht auf der Zunge. Wie viele Kartoffeln habe ich in meinem Leben schon gegessen? Tausende, Zehntausende! Und trotzdem ahnte ich nicht, dass sie so schmecken konnten.

Die Straße führte steil bergauf, der Jeep wühlte den Schotterweg auf, eine hellgraue Wolke aus Staub umhüllte uns. Die Höhe machte sich durch ein leichtes Murren hinter den Schläfen bemerkbar.

Am **Grenzübergang** (4660 Meter über N.N.), der aus einem länglichen, halb fertigen weißen Gebäude und einem großen leeren Parkplatz bestand, wimmelte es von chinesischen Arbeitern, überall standen Kräne. Ein Stacheldrahtzaun schnitt quer durch die Landschaft. Auf der anderen Seite des Zauns waren Zelte für die Arbeiter aufgeschlagen. Bunte Kleidung hing zum Trocknen am Stacheldraht und flatterte munter im Wind.

Ich trat mit Savitri an den Zaun, um zu fotografieren. Zwei junge Frauen in traditionellen tibetischen Wollkleidern kamen von der anderen Seite auf uns zugelaufen. Sie hatten rote Wangen und langes schwarzes Haar, das in der vormittäglichen Brise tanzte. Die jungen Frauen streckten am Zaun lächelnd die Hände nach uns aus. Tibet grüßte uns.

Im Laufe der Jahrhunderte war Mustang eine wichtige Handelsstation und Verkehrsader auf der Salzroute von Tibet nach Nepal und Indien. Sobald der Grenzübergang fertig und für Ausländer geöffnet ist, wird es wieder eine populäre Verkehrsader werden, vor allem für indische Hindupilger auf dem Weg zu dem abseits gelegenen Berg Kailash, dem Heim Shivas. Der heilige Berg liegt eine mehrtägige Autofahrt von Lhasa und noch weiter von Kathmandu entfernt, von der neuen Grenzstation aus aber dauert die Fahrt zum Kailash nur fünf Stunden, und die Pilger können darüber hinaus auch den Muktinath-Tempel besuchen.

Wenn die Grenze geöffnet wird – falls die Grenze geöffnet wird –, werden sich Lo Manthang und Mustang verändern, vielleicht bis zur Unkenntlichkeit. Der König, also der inoffizielle König, steht persönlich bereit, die Pilger in seinem luxuriösen Royal Mustang Resort zu empfangen.

Auf dem Rückweg nach Jomsom nahm uns ein Road-King-Truck mit. Bereits am ersten Berg kapitulierte der Road King vor der Schwerkraft und musste von einem anderen Lastwagen hinaufgezogen werden.

Im Gegensatz zu den Jeeps fahren die Lastwagen nicht auf der Schotterstraße, sondern folgen dem Kali-Gandaki-Fluss im Tal. Eine steile Zickzack-Straße führt hinunter zum Fluss. Auf halbem Weg bergab hatte sich ein anderer Lastwagen in einer Kurve festgefahren, es dauerte eine halbe Stunde, ihn auszugraben. Dann ging es weiter bergab.

Das breite Schotterbett im Tal zeugte davon, dass der Kali Gandaki auch hier ganz oben einst ein großer und mächtiger Fluss gewesen sein muss. Nun war er an der breitesten Stelle nicht mehr als vier, fünf Meter breit und schlängelte sich kreuz und quer durch das Tal. Das Wasser war braun von Erde und Sedimenten, wieder und wieder fuhren wir darüber, vierzig, fünfzig Mal, ich verzählte mich irgendwann. Auf beiden Seiten streckten sich öde Berge der Sonne entgegen. Wir fuhren immer im Schatten.

Kali, wörtlich »Zeit« oder »vollendete Zeit, ist eine der mächtigsten und furchteinflößendsten Göttinnen des Hinduismus; sie ist die Mutter des Universums, die Zerstörerin böser Kräfte, die Göttin über Macht und Zeit. Kali ist dunkel wie die Nacht, sie trägt einen

Schmuck aus Schädeln um den Hals und ein blutiges Schwert in einer ihrer vier Hände. Der Fluss, der ihren Namen trägt, bohrt sich durch Mustang, bevor er nach Süden weiterfließt. Irgendwann beschreibt er eine scharfe Kurve und ändert die Richtung; nun fließt er nach Osten, dann biegt er nochmals ab, verlässt Nepal und verläuft in südlicher Richtung nach Indien, wo er im Ganges und schließlich in der Bucht von Bengalen endet. Früher, vor Millionen Jahren, lag die Quelle in Tibet.

Gutta cavat lapidem, non vi, sed saepe cadendo. Der Tropfen höhlt den Stein nicht durch Kraft, sondern durch stetiges Fallen. Wasser ist mächtiger als Stein, und einige Flüsse sind sogar älter als uralte Berge. Die Kali Gandaki floss ungefähr dort, wo sie heute fließt, lange bevor Indien mit Eurasien kollidierte und das Himalaya-Gebirge sich vor rund fünfzig Millionen Jahren in den Himmel schob; sie hat ihren Lauf kaum geändert. Während die Steinmassen in die Luft geschoben und Jahr für Jahr höher wurden, hat der Fluss seinen Weg durch die Sedimente gebohrt und sich zwischen Dhaulagiri und Annapurna gegraben, immer weiter hinunter; kein Fluss auf der Welt wird von höheren Bergen flankiert, kein Flussbett liegt in einer tieferen Schlucht. Und während die ihn begrenzenden Berge langsam immer höher werden, gräbt sich die Kali Gandaki immer weiter in die geologischen Ablagerungen und deckt eine Schicht von sedimentärem Gestein nach der anderen ab. Gestein, das einst am Grund des Tethysmeeres lag; ein Meer, das es nicht mehr gibt, das aber vor annähernd zwei Millionen Jahren große Teile des heutigen Eurasien bedeckt hatte. Als Beweis sind die Steine hier voller Meeresfossilien, vor allem Ammoniten, eine hübsche schneckenförmige Schöpfung, ein früher Verwandter des Tintenfischs. Die Ammoniten starben zusammen mit den Dinosauriern vor fünfundsechzig Millionen Jahren aus.

Die Reifen durchquerten das trübe Wasser, fünfzig Mal, hundert Mal, zweihundert Mal. Der Road King war in Wahrheit ein River King. Der Fluss, den wir überqueren, war immer und niemals derselbe, an einigen Stellen seicht, an anderen tief und trügerisch. Am späten Nachmittag, als wir auf die Schotterpiste zurückkehrten und das Sonnenlicht zu einem orangefarbenen Streifen im Westen geschrumpft war, wurden wir erneut aufgehalten: Die Straße vor uns war durch einen großen Erdrutsch gesperrt.

Auch die Berge bewegen sich. Wie die Flüsse sind sie auf dem Weg zum Meer.

Der durstige Gott

Wir flogen und flogen, und die Berge nahmen kein Ende. Aus dem Cockpit zählte der Pilot die Namen der Gipfel auf, an denen wir vorbeiflogen: *Machapuchare. Annapurna I. Annapurna Süd. Gangapurna.* Dann war alles verschwunden, der Schnee, die Bergwände, die Gipfel mit den vielen A's; wir landeten.

In den Distrikt Surkhet kommen keine Touristen, trotzdem waren die Hotels von Repräsentanten verschiedener Hilfsorganisationen ausgebucht, die hier, in einem der ärmsten und unterentwickeltesten Distrikte in Nepal, massenhaft vertreten sind. Vom **Flughafen** (2254 Meter über N.N.) nach Tumarkhad, dem Dorf im ebenso unterentwickelten Distrikt Achham, in dem Savitri und ich übernachten sollten, waren es weniger als fünfzig Kilometer Luftlinie, die Autofahrt dauerte jedoch den ganzen Tag. Die Straße wurde mit jedem Kilometer schlechter. Nach zwei Stunden zeigte der Fahrer auf eine Gruppe Häuser an dem Höhenzug auf der anderen Seite des Flusses.

»Da müssen wir hin«, sagte er.

»Dann sind wir ja bald da«, bemerkte ich erleichtert.

Der Fahrer lachte trocken. »Es gibt hier keine Brücke, wir müssen einen Umweg fahren.«

Die Straße verlief weiterhin kreuz und quer, über Flüsse und kleine Brücken, nach rechts und nach links, hinauf und hinab. Die Landschaft und die Umgebung wurden immer ländlicher, die Straße und die Erde daneben waren rot, hin und wieder fuhren wir an einfachen Schuppen vorbei, an denen man Nudeln und Getränke kaufen konnte. Wir hielten ein paarmal und tranken süßen schwarzen, mit Pfeffer gewürzten Tee, bevor wir wieder ins Auto stiegen. Als es dunkel wurde, hatten wir das verheißungsvolle Tumarkhad endlich erreicht und wurden in einem einfachen Zimmer eines aus Lehm und Erde gebauten Hauses einquartiert. Die Wände waren mit Plastik verkleidet, von der Decke hingen zwei nackte Glühbirnen und Bündel von elektrischen Leitungen. Ein Fenster gab es nicht, die Tür musste mit einem querliegenden Stock verriegelt werden.

Am frühen nächsten Morgen wanderten Savitri und ich über den Höhenzug in das nächste Dorf. Am Horizont zeichneten sich Weiden, Terrassengärten, sanfte Hügel und geräumige, aber einfache Häuser aus Stein und getrocknetem Schlamm ab.

Wir hatten den weiten Weg nach Tumarkhad auf uns genommen, um über Menstruation zu sprechen. In ganz Nepal halten Hindus menstruierende Frauen für unrein, sogar in Kathmandu betreten Frauen, die ihre Tage haben, nicht die Küche, aber nirgendwo wird die Praxis so streng gehandhabt wie in den Bergdistrikten im Westen. Hier übernachten noch immer viele Frauen während ihrer Menstruation in kleinen, einfachen Hütten. Diese Tradition wird *Chhaupadi* genannt und ist tatsächlich gefährlich: Jedes Jahr stirbt eine unbekannte Zahl nepalesischer Mädchen und Frauen an Schlangenbissen, Skorpionbissen, Rauchvergiftungen oder Kälte in den Menstruationshütten. Die Praxis ist verboten und kann mit drei Monaten Gefängnis oder einer Geldbuße von rund achtzehn Euro bestraft werden, aber in die Dörfer kommt die Polizei nur sporadisch; so gut wie niemand wird bestraft.

Vor einem großen Haus stand eine magere Frau in den Fünfzigern und machte die Wäsche in einer Wanne.

Savitri kam direkt zur Sache: »Wo schläft Ihre Tochter, wenn sie ihre Tage hat?«

»Sie schläft dort«, antwortete die Frau und zeigte auf einen kleinen, aber blitzsauberen Anbau am Haupthaus. »Als ich jünger war, musste ich da drüben schlafen, bei den Kühen.« Sie nickte in Richtung des Stalls im Kellergeschoss. »Für gewöhnlich habe ich die Tiere hinausgejagt, bevor ich schlafen ging. Jetzt haben wir ein eigenes Häuschen gebaut. Was meinen Sie, ist das gut genug? Wenn Sie es nicht gut genug finden, reißen wir es wieder ein.«

»Sie hat gedacht, wir kämen von einer freiwilligen Organisation«, erklärte Savitri, als wir den Hügel weiter hinuntergingen. »Die waren hier in den Dörfern ziemlich aktiv wegen all der Todesfälle in der letzten Zeit, die mit Chhaupadi zusammenhängen.«

Im Nachbarhaus stießen wir auf eine weitere Frau in den Fünfzigern, Mana Bayak. Sie trug einen gemusterten Wickelrock und hatte sich einen rosafarbenen Baumwollschal um den Kopf gebunden. An der Nase hing ein großer Goldring. Wenn sie lächelte, und das tat sie oft, zeigten sich hübsche Falten in ihrem Gesicht. Der jüngste Sohn, der gerade zwölf Jahre alt geworden war, hörte unserer Unterhaltung zu.

»Früher war es sehr streng«, berichtete Mana. »Wenn wir unsere Tage hatten, bekamen wir kein ordentliches Essen, keine Milchprodukte zum Beispiel. Ich habe dann dort geschlafen.« Sie zeigte auf einen knapp anderthalb Meter hohen, aus Stein und rötlicher Erde gebauten Schuppen mit Holzscheiten auf dem Dach. »Jetzt ist dort unser Klo«, fügte sie hinzu.

Die Tür zu dem Schuppen stand offen. Der Boden war mit trockenem, sauberem Stroh bedeckt.

»Ich hatte nur eine dünne Decke dabei, wenn ich dort schlief«, erzählte Mana weiter. »Aus Bananen- oder Maisblättern habe ich mir dann eine Matratze aufgeschichtet, um nicht auszukühlen, aber wenn es regnete, half das auch nicht viel. Hinterher musste alles gewaschen werden, deshalb schlief ich nicht auf einer ordentlichen Matratze. Damals hatten wir noch keinen Strom, nachts wurde es total finster. Pechschwarz. Ich hatte immer Angst, vor allem vor Schlangen, aber auch vor Männern. Obwohl die Hütte nur ein paar Meter vom Haupthaus entfernt liegt, hatte ich das Gefühl, im Dschungel zu schlafen.«

Eine kleine Ziegenherde lief auf uns zu. Mana stand rasch auf und verscheuchte sie.

»Was für ein Unglück, dass wir das alles durchmachen mussten, dass wir nicht komfortabel in unserem eigenen Haus schlafen konnten!«, brach es aus ihr heraus. »Ich habe die ganze Zeit Angst gehabt, was wohl passieren würde, wenn ich die Regeln nicht befolgte. Ich fürchtete, unsere Kühe würden sterben und meine Schwiegereltern böse auf mich werden. Wenn ich meine Tage hatte, durfte ich nicht mal meine Söhne berühren, nicht einmal, als sie noch ganz klein waren. Wir dachten, sie könnten krank werden. Wenn wir versehentlich Kontakt miteinander hatten, mussten sich beide gründlich waschen.«

Ein Mann in löchriger Arbeitskleidung kam zu uns und hörte neugierig zu.

»Verschwinden Sie!«, kommandierte Savitri. »Wir reden hier über Frauenangelegenheiten!«

Der Mann nickte und ging gehorsam fort. Der Zwölfjährige hatte eine Bürste geholt und striegelte mit langen Strichen eine Ziege, während er dem Gespräch aufmerksam zuhörte.

»Mein Mann ist fünf Jahre jünger als ich, aber ich bin stärker als er«, erzählte uns Mana. »Wenn er trinkt, wird er dumm und sagt eine Menge blöder Sachen, aber ich habe ihn im Griff. Wäre mein Leben einfacher gewesen, wäre ich heute sogar noch stärker. Die ersten vier Kinder habe ich alle im Stall geboren, wie es Brauch war. Ich habe viel Blut verloren, und in den ersten Tagen mussten ich und das Baby bei den Tieren schlafen. Als ich mein letztes Kind bekam, sagte meine Schwiegermutter, einige Leute von einer Organisation hätten gesagt, es würde nichts passieren, wenn man sein Kind in einem normalen Raum bekommt, es wäre auch besser für das Baby. Jetzt praktizieren wir Chhaupadi nicht mehr, und mein letztes Kind wurde auch in einem normalen Zimmer hier im Haus geboren. So war mein Leben, aber jetzt hat sich die Tradition zum Glück verändert.«

Wie lange dauert es, um eine Tradition zu ändern? Eine Generation oder noch länger? Auf dem Schotterweg unterhalb des Hauses ging eine Gruppe Frauen vorbei, die enorme Heubündel trugen. Im Nachbarhaus hängte eine Frau Wäsche auf, eine andere saß am Boden und pulte kleine Steinchen aus dem Korn.

»Ich habe alle meine Kinder auf die Schule geschickt, aber als ich klein war, gab es hier keine Schule«, erzählte Mana weiter. Ich kann meinen Namen schreiben. Wenn es Wahlen gibt, kommen eine Menge Leute hierher und bitten um meine Stimme. Sie zeigen mir das Zeichen ihrer Partei und bitten mich, zum Beispiel, für ›Pflug‹ zu stimmen, denn ich brauche doch einen Pflug, oder für ›Sense‹, denn ich brauche doch eine Sense, um Gras zu mähen. Beim letzten Mal wählte ich ›Baum‹, weil ich Schatten brauche.«

»Also die Kongresspartei«, sagte Savitri.

»Ja, vermutlich.«

Der älteste Sohn Manas arbeitete in den Golfstaaten, sie selbst hatte das Dorf aber so gut wie nie verlassen.

»Wir verlassen das Dorf nur, wenn es unbedingt nötig ist, und wir gehen nie sehr weit fort. Ich bin ein paarmal in Surkhet und Nepalgunj gewesen, weil einige meiner Geschwister dort wohnen. Sie sollten zur Ernte wiederkommen«, fügte sie hinzu. »Da ist es hier schöner. Jetzt ist es braun und trocken, aber zur Ernte ist der Boden grün, und die Bäume tragen Früchte.«

Wir wollten gerade zum nächsten Haus weitergehen, als eine junge Frau aus dem Schatten hinter der Hauswand auftauchte und auf uns zukam.

»Viele haben noch immer Menstruationshütten«, sagte sie leise, als sie bei uns war. »Sie haben nur Angst, es Ihnen zu erzählen. Kommen Sie, ich werde sie Ihnen zeigen.«

Sie führte uns zu einem Haus, das einige Hundert Meter weiter oben am Hügel stand. Eine Frau mit langen grauen Haaren, einem großen Goldring in der Nase und tiefen Runzeln im Gesicht empfing uns neugierig. Sie hieß Kokila Bayak, und wie viele ältere Frauen im Dorf sprach sie nur gebrochen und unzusammenhängend Nepali. Savitri fiel es nicht leicht, ihre Worte sinnvoll wiederzugeben.

»Unglaublich, dass Sie den ganzen langen Weg gekommen sind, um mit mir zu reden«, sagte die alte Frau und bedeutete uns, sich neben sie auf den Boden zu setzen. »Ich bin jetzt alt, über sechzig Jahre. Mit fünf Jahren wurde ich verheiratet. Oder vielleicht mit sieben.« Sie blickte nachdenklich ins Leere, versuchte nachzurechnen. »Trotzdem lebte ich noch viele Jahre bei meinen Eltern, bevor ich zu meinem Mann zog. Mit achtzehn oder neunzehn bekam ich mein erstes Kind. Vier Töchter und zwei Söhne habe ich. Alle sind schon groß. Alle sind verheiratet.«

Neben uns stand eine einfache Hütte aus Stein und Erde, rund einen Meter breit und vielleicht anderthalb Meter lang. Sie war so niedrig, dass man unmöglich aufrecht darin stehen konnte.

»Benutzt diese Menstruationshütte noch jemand?«, wollte ich wissen.

»Nein.« Kokila schüttelte entschieden den Kopf. »Früher schon, aber jetzt braucht sie niemand mehr.«

»Können wir sie uns ansehen?«, fragte Savitri. Kokila nickte, wir öffneten die niedrige Tür und schauten hinein. Die kleine Hütte war blitzsauber. In der Ecke stand ein Wasserkrug aus Metall, von einem Haken hing ein bunter Schal, neben der Tür gab es eine kleine Vertiefung im Boden, um ein Feuer anzuzünden.

»Es sieht aber so aus, als würde sie noch benutzt?«, bemerkte Savitri.

Kokila überhörte die Frage.

»Ich habe alle meine Kinder in der Küche zur Welt gebracht. Damals mussten wir bei den Kühen schlafen, wenn wir unsere Tage hatten, und wir mussten weit aus dem Dorf hinausgehen, um uns zu waschen. Wir hatten Angst, von Tigern angefallen zu werden, damals gab es hier Tiger. Vor Schlangen hatten wir auch Angst. Einmal war ich draußen, um zu pinkeln, da habe ich ein Gespenst gesehen, das ist gar nicht so lange her. Wir schliefen oft draußen, nur unter einer dünnen Decke. Ich schlief immer schlecht, ich wachte auf, weil ich fror oder Angst hatte. Es war ein hartes Leben, aber wir haben es überlebt. Wir sind nicht gestorben.«

Sie beugte sich vor und betrachtete aufmerksam mein Gesicht.

»Ist sie Amerikanerin?« Sie sah Savitri fragend an, die ihr erklärte, ich käme aus Europa. Kokila nickte mit leerem Blick. Es sagte ihr offensichtlich nichts.

»Was denken Sie über die Chhaupadi-Tradition und darüber, dass die Frauen so leiden müssen?«, fragte ich.

»Man muss den Regeln des Landes folgen, in dem man lebt«, erwiderte Kokila und zuckte die Achseln. »Man muss mit dem Strom schwimmen.«

»Aber jetzt sind Menstruationshütten doch verboten«, sagte ich. »Haben Sie keine Angst, von der Polizei erwischt zu werden?«

»Aber nein, wenn sie kommen, sagen wir einfach, dass wir das nicht mehr machen. Und wenn sie fragen, wozu der Schuppen da ist, sagen wir, wir benutzen ihn als Lager.«

Entweder fing sie an, uns zu vertrauen, oder sie hörte einfach auf zu lügen.

Auf der gegenüberliegenden Seite des Hofplatzes saß Kokilas Schwiegertochter Nanna in der Hocke und sortierte Steinchen aus Gerstenkörnern, die sie auf einer großen Matte ausgebreitet hatte.

»Ich bin fünfunddreißig Jahre alt, glaube ich, ich weiß es nicht genau, weil ich nur zum Erwachsenenunterricht gegangen bin. Ich weiß auch nicht genau, wie alt meine Kinder sind, aber alle gehen zur Schule. Alle zusammen.«

Kokila begann, die Hühner im Käfig hinter uns zu füttern. Als sie fertig war, setzte sie sich zu uns und hörte dem Gespräch aufmerksam zu.

»Jedes Mal, wenn ich meine Menstruation bekomme, schlafe ich vier Nächte im Schuppen«, erklärte die Schwiegertochter. »Ich würde lieber im Haus schlafen, aber ich befolge die Regel. Wenn ich es nicht täte, würde man mir die Schuld geben, wenn irgendein Unglück passiert.«

Kokila beugte sich vor, griff nach Savitris Brust und wog sie prüfend in ihren Händen.

»Gute Ammenbrüste«, stellte sie fest. »Ich vermute, Sie haben zwei Kinder.«

Savitri hatte keine Kinder, widersprach der alten Frau aber nicht.

»Hat Ihre Schwiegermutter verfügt, dass Sie in der Menstruationshütte schlafen müssen?«, erkundigte ich mich bei Nanna.

»Ja, sie sagt, sie habe selbst dort geschlafen, deshalb müsse ich auch dort schlafen.«

»Ist es nicht unbequem, in der kleinen Hütte zu schlafen? Haben Sie Angst? Frieren Sie?«

»Sie ist nicht klein«, mischte Kokila sich ein. »Und jetzt ist es auch nicht mehr kalt. Es gibt jetzt dicke Matratzen. Es war sehr viel härter zu meiner Zeit! Damals war der Gott strenger.«

Nachdem wir, umgeben von Ziegen und Gerstenfeldern, den ganzen Vormittag in dem Dorf verbracht hatten, wirkte Tumarkhad mit seinen in Schuppen untergebrachten Läden und Schnapsverkaufsstellen beinahe urban. Am Festplatz neben dem Gesundheitszentrum gab es sogar eine Bankfiliale. Die leuchtenden, glänzenden Schilder wirkten in der armseligen Umgebung fehl am Platz. In einem der Schnapsläden wurde *Thali* angeboten, frisch gebackene Chapati mit Curry, würzigen Kartoffeln und Chili. Auf einem Brett über der einzigen Glühbirne wohnte eine Spatzenfamilie. Die Eltern flogen abwechselnd heran, um die hungrigen Kleinen zu füttern, die mit offenen Schnäbeln nach Nahrung piepten.

Auf der anderen Seite des schlichten Holztischs saß kerzengerade eine Frau in den Dreißigern. Das mintgrüne Kleid passte zu ihrem rosafarbenen Lippenstift, im Arm hielt sie eine dicke Dokumentenmappe. Ihr Blick war fest, sie strahlte eine ganz andere Form von Selbstsicherheit und Selbstbewusstsein aus als die Frauen, die wir am Vormittag getroffen hatten.

»In dem Dorf, aus dem ich stamme, ist Chhaupadi sehr verbreitet«, wandte sie sich auf Nepali an uns, als Savitri und ich unsere Mahlzeit beendet hatten. Sie hatte unserem Gespräch eine Weile zugehört und offenbar verstanden, worüber wir sprachen, obwohl sie nicht viel Englisch konnte. Sie hieß Tara Devi Budha und war die Finanzverwalterin der lokalen Straßenbauprojekte.

»So gut wie niemand aus dem Dorf ist zur Schule gegangen, sie fürchten die Strafe Gottes, wenn sie die Regeln nicht einhalten«, fuhr Tara fort. »Wenn sie krank werden, gehen sie zum Schamanen, nicht zum Arzt. Der Schamane, der behauptet, für die Vorfahren zu sprechen, sagt dann Dinge wie: ›Ich werde dich zur Strafe einen steilen Berghang hinunterwerfen, wenn du nicht tust, was ich dir sage.‹« Sie seufzte. »Die Schamanen müssten auch ausgebildet werden, sonst kommen wir nicht weiter. Wollen Sie sich mein Dorf ansehen? Ich kann Sie herumführen. Außerdem brauche ich eine Mitfahrgelegenheit«, fügte sie mit einem schelmischen Lächeln hinzu.

»Tara ist eine Heldin«, warf der Inhaber des Schnapsladens ein. »Sie hat sieben Jahre für die Maoisten gekämpft. Sie war eine der Anführerinnen!«

Einer der Spatzen kackte ihm auf die Schulter. Er wischte es routiniert mit einer Serviette ab.

»Ich war erst siebzehn, als ich mich den Maoisten anschloss«, erzählte Tara. »Tatsächlich war ich bereits verheiratet, obwohl ich noch ziemlich jung war. Meine Eltern hatten mich mit sechzehn verheiratet, aber ich zog direkt nach der Hochzeit zu ihnen zurück. Damals kamen häufig maoistische Aufständische zum Essen zu uns nach Hause. Nicht nur Männer, auch Frauen. Die Frauen sagten zu mir, ich solle es wie sie machen, ich solle für die Rechte der Frauen kämpfen. Diese Begegnungen inspirierten mich, ich wollte mit ihnen gehen, aber meine Eltern erlaubten es nicht. Meine Mutter schloss mich ein, um mich aufzuhalten, aber es war nicht besonders schwer, das Schloss zu knacken – nach einem halbstündigen Kampf ging die Tür auf, und ich schlich hinaus in die Nacht, ohne dass meine Eltern aufwachten.«

Den maoistischen Aufstand erlebte Nepal zehn Jahre lang als einen Albtraum, von 1996 bis 2006. Der Aufstand entwickelte sich schnell zu einem Guerillakrieg und kostete insgesamt fast zwanzigtausend Menschen das Leben. Mehrere hunderttausend Nepalesen wurden zur Flucht gezwungen.

»Im Dschungel kämpften wir ohne Lebensmittel mehre Tage hintereinander, manchmal sogar eine ganze Woche. Wir hatten kein Wasser, aber oft regnete es den ganzen Tag, daher hatten wir selten Durst. Unangenehm war, dass es dort vor Blutegeln nur so wimmelte. Wir lebten in Höhlen, manchmal schliefen wir in den Bäumen. Als ich achtzehn war, wurden wir einmal von der nepalesischen Armee durch den Dschungel gejagt. Es war stockfinster, aber wir durften unsere Taschenlampen nicht benutzen, weil die Soldaten hinter uns her waren. Es gab steile Felsen über und unter uns, man konnte sich nirgendwo verstecken. Zehn Genossen wurden direkt vor meinen Augen erschossen. Nachts habe ich deswegen noch immer Albträume. Als die Soldaten verschwunden waren, begruben wir die Toten im Dschungel.«

Tara kämpfte zwei Jahre mit der Waffe in der Hand, danach wurde sie die Anführerin einer Gruppe von fünfundvierzig Maoisten – die Hälfte von ihnen Frauen.

»Wir kämpften gegen die Monarchie und gegen Nepals Armee. Die Monarchie gab dem Volk nicht die gleichen Chancen und Möglichkeiten, vor allem den Armen nicht. Inzwischen ist es ein bisschen besser geworden, wir können uns erhobenen Hauptes zeigen, auch wenn wir arm sind. Nach den Jahren als Aufständische habe ich keine Angst mehr vor irgendetwas, aber ich bekomme noch immer ein schlechtes Gewissen, wenn ich die Parolen sehe, mit denen wir uns für die gleichen Rechte von Männern und Frauen eingesetzt haben. Wir haben nicht erreicht, wofür wir gekämpft haben, im Gegenteil, es wurde der falsche Weg eingeschlagen ... Es gibt keine Gleichheit zwischen den Geschlechtern, und Nepal ist noch immer eine patriarchalische Gesellschaft. Häusliche Gewalt ist ein großes Problem, Frauen werden auf dem Markt von Männern belästigt, und die Arbeit, die sie zu Hause leisten, wird noch immer nicht anerkannt.«

Das Ziel der Maoisten war die Abschaffung der Monarchie und die Einführung einer Volksrepublik in Nepal. Zwei Jahre nachdem ein Friedensabkommen zustande kam, wurde die Monarchie tatsächlich abgeschafft, Nepal wurde eine föderale Republik, allerdings ohne das Präfix »Volk«. Nach zehn Jahren mit kurzlebigen Koalitionsregierungen, Aufständen, Generalstreiks, Ausnahmezuständen und generellem politischen Chaos wurde 2015 ein neues Grundgesetz verabschiedet. Ein paar Jahre später, 2017 und 2018, wurden die ersten demokratischen Wahlen des Landes auf kommunaler, provinzialer und nationaler Ebene abgehalten. Die Kommunisten errangen einen überlegenen Sieg in sämtlichen Wahlkreisen.

Tara war erst kürzlich der größten Oppositionspartei, der Kongresspartei, beigetreten.

»Ich war unzufrieden mit der Art und Weise, wie wir von der kommunistischen Partei behandelt worden sind«, erklärte sie und verschränkte die Arme. »Wir haben gekämpft, wir haben unser Leben riskiert, wir gaben unsere jungen und besten Jahre, aber hinterher hat uns die Partei nicht die Unterstützung gegeben, auf die wir Anspruch hatten. Wir haben nicht den Respekt bekommen, der uns zustand. Wenn ich an all das zurückdenke, was ich gegeben habe, an all das, was ich investiert habe, dann fühle ich mich nicht wohl. Ich habe sogar meine Eltern im Stich gelassen. Die momentane kommunistische Regierung ist nicht meine Regierung.«

Taras Dorf lag eine halbe Stunde Autofahrt entfernt. Wie sich herausstellte, brauchte nicht nur sie eine Mitfahrgelegenheit – ein ganzer Schock Dorfbewohner erschien am Jeep und quetschte sich auf die Rückbank. Am Rande des Dorfes wurden wir von einer Gruppe Kinder angehalten, die eine Art Straßensperre aus Steinen aufgebaut hatten. Die Kinder waren barfuß und trugen zerlumpte Shorts und T-Shirts, der Schmutz war beinahe mit Haut und Haaren verwachsen. Sie weigerten sich, den kleinen Steinhaufen zu entfernen, und liefen johlend und lachend davon, als unser Fahrer ihnen mit der Faust drohte.

Wie so oft auf dieser Reise war ich an eine Grenze gelangt. Dies war definitiv keine offizielle Grenze, doch hinter dem Steinhaufen wurde es trotzdem ernst. Ich dachte an den Sozialanthropologen Fredrik Barth und seine Theorie, dass Identität gerade an der Grenze entsteht, in der Begegnung mit einer anderen Gruppe. Die improvisierte Straßensperre der Kinder bildete eine Grenze zur allerkleinsten Gruppengemeinschaft, der des Dorfes; die kleinen Steinhaufen bildeten eine primitive, physische Trennlinie zwischen uns und ihnen, zwischen dem, was zu uns, und dem, was zu ihnen gehört. Barth kümmerte sich nie besonders intensiv um die dahinterliegenden psychologischen Mechanismen, aber dafür, dass der Mensch im Grunde genommen ein territoriales Wesen ist, finden sich reichlich Belege – man muss nur an all die Nachbarschaftsstreitigkeiten denken, mit denen die Rechtssysteme weltweit beschäftigt werden, gar nicht zu reden von all den sinnlosen

Kriegen, die im Laufe der Jahrhunderte ausgefochten wurden. Bei den meisten ging es um Grenzen – großen wie winzigen.

Wütend räumte der Fahrer die Steine beiseite. Wir überquerten die unsichtbare Grenze und fuhren ins Dorf. Tara begleitete uns zu einer Familie, die erst kürzlich eine funkelnagelneue Menstruationshütte gebaut hatte. Es war ordentlich und sauber in der schlichten Erdhütte, die offensichtlich genutzt wurde, denn in der Ecke stand ein Rollkoffer. Sämtliche Mitfahrer sowie ein Teil der übrigen Dorfbewohner, insgesamt bestimmt dreißig, vierzig Personen, waren uns gefolgt und bildeten einen neugierigen Halbkreis um Tara, Savitri und mich.

»Im letzten Jahr starb im Nachbardorf eine junge Frau an einer Rauchvergiftung. Danach zwang uns die Polizei, die alte Hütte abzureißen«, berichtete Radam, der Hausbesitzer, ein betrübter Mann, der Mitte vierzig sein mochte. »Wir hatten viel Kraft und Zeit für den Bau der Hütte aufgebracht. Es war harte Arbeit.«

»Wie haben Sie reagiert, als Ihnen gesagt wurde, Sie sollen sie abreißen?«, fragte ich.

»Das haben wir gern getan«, behauptete er.

»Aber nun haben Sie eine neue Hütte gebaut?«

»Ja, wir haben sie vor allem gebaut, um Holz darin zu lagern, aber wenn die Frauen es wollen, können sie während ihrer Menstruation darin schlafen. Meine Tochter schläft dort heute Nacht. Ich habe ihr gesagt, sie könne im Haus schlafen, aber sie hat Angst, dass uns etwas zustößt, wenn sie es tut. Deshalb schläft sie in der Hütte.«

»Wenn die Frauen so ängstlich sind, dann ist das ihr Problem«, rief ein Mann vom Balkon im ersten Stock. »Ich habe den Frauen in meinem Haushalt gesagt, dass sie in ihrem üblichen Raum schlafen können, wenn sie ihre Tage haben. Nur die Küche dürfen sie nicht betreten, ansonsten können sie in der Wohnung bleiben, aber sie machen nicht, was ich sage. Sie haben Angst.«

»Wieso dürfen sie die Küche nicht betreten?«

»Weil sie bluten. Das Blut ist schmutzig, und die Fliegen umkreisen sie.«

»Eine Frau, die nicht an Chhaupadi glaubte, eine Ausländerin genau wie Sie, benutzte die gemeinsame Wasserpumpe, als sie ihre Tage hatte«, erklärte Padam. »Sie wurde von einer Schlange gebissen. Von da an praktizierte auch sie Chhaupadi. Unsere Dorfgottheit heißt Mate. Er ist ein sehr mächtiger Gott. Aber wir hatten in der letzten Zeit große Probleme mit Mate ... Sie würden es kaum glauben.«

Draußen auf dem Feld trafen wir Bimala, die junge Frau, die in dieser Nacht in der Menstruationshütte schlafen sollte. Sie war schüchtern und verlegen, beantwortete aber geduldig all unsere Fragen.

»Ich schlafe immer in der Chhaupadi-Hütte, wenn ich meine Menstruation bekomme«, erzählte sie. »Ich habe immer Angst, aber was soll ich machen? Ich muss dort schlafen.«

»Wieso müssen Sie?«

Sie blickte zu Boden. »Also ... wenn ich nicht dort schlafe, wird der Gott zornig.«

»Und was passiert dann?«

»Der Gott kann dir deine Hände und Beine brechen, oder man fällt einen steilen Berghang hinunter. So etwas. Mein Vater sagt, ich kann im Haus schlafen, aber keine Frau im Dorf macht das.«

»Wenn alle anderen Frauen im Haus schlafen würden, dann würden Sie es auch tun?«

Sie lächelte verlegen.

»Ja, wenn alle anderen beschließen würden, die Regeln nicht mehr zu befolgen, dann würde ich es natürlich auch tun.«

Im Laufe des Nachmittags wimmelte es von Schamanen in Tumarkhad. Sie waren leicht an den weißen Turbanen zu erkennen, die alle trugen. Vor dem Schnapsladen saß ein junger Schamane und rauchte. Er hieß auch Padam und war siebenundzwanzig Jahre alt.

»Der Gott meiner Vorväter ist in meinen Körper eingedrungen, daher musste ich *Dami* werden, also Schamane«, erklärte er sachlich.

Abgesehen von dem weißen Turban war der junge Schamane ganz normal mit Jeans und T-Shirt bekleidet. An den Ohrläppchen hingen dünne Goldringe.

»Mein Großvater war auch Dami«, fügte Padam hinzu. »Ich vertrete die fünfte Generation von Damis in der Familie.«

»Was macht ein Dami eigentlich?«

»Wenn der Gott in meinem Körper ist, fange ich an zu zucken«, so Padam. »Ich bin bei Bewusstsein, aber wenn der Gott in mir ist, fühlt sich alles anders an. Das erste Mal geschah es, als ich in der elften Klasse die Prüfung ablegen sollte. Plötzlich fing ich an zu zittern und konnte nicht wieder aufhören. Jemand brachte mich zum Tempel, dort bekam ich einen weißen Turban. Da hörte ich sofort auf zu zucken.«

Eine clevere Methode, sich vor dem Examen zu drücken, dachte ich. »Und warum tragen Damis den weißen Turban?«, fragte ich laut.

»Weiß ist das Symbol für Frieden, ich vermute, es kommt daher.« Er dachte nach. »Es ist unsere Tradition. Die Leute kommen zu mir, wenn sie krank sind. Ich umfasse ihre Handgelenke, fühle den Puls und beginne zu zucken. Wenn Menschen krank sind, kann es an einem Gespenst oder an verschiedenen Geistern liegen. Meist sind es Geister, die Probleme bereiten. Wenn ich mit den Kranken spreche, bin nicht ich es, der spricht, verstehen Sie, es ist der Gott. Ich verstehe nicht einmal, was der Gott sagt, siebzig Prozent dessen, was der Gott sagt, ist unverständlich für mich. Siebzig Prozent. Der Gott diskutiert mit dem Geist oder dem Gespenst, das den Patienten hat krank werden lassen. Achtzig Prozent meiner Patienten werden wieder gesund. Achtzig Prozent.«

»Und was halten Sie von Chhaupadi?«

»Meiner *persönlichen* Meinung nach ist Menstruation normal und natürlich«, antwortete Padam. »Die Hygiene ist natürlich wichtig, ganz klar, aber sonst habe ich kein Problem mit der Menstruation. Aber *der Gott* sieht es leider anders.« Er breitete bedauernd die Arme aus. »Er ist der Ansicht, es sei schmutzig. Eine menstruierende Frau darf sich deshalb nicht im Haus oder im Tempel aufhalten. Es ist *die Gottheit*, die es verlangt, nicht ich.«

»Haben Sie nebenher noch einen anderen Beruf, oder sind Sie nur Dami?«

»Dami zu sein, ist kein Beruf!« Er lachte. »Ich bin Kaufmann und habe einen kleinen Laden weiter oben im Dorf. Aber nun muss ich gehen, tut mir leid. Ich muss mich auf das morgige Ritual vorbereiten.«

Als der junge Schamane seine Zigarette ausgedrückt hatte und die Straße hinaufschlenderte, landete ein Vogelschiss auf meiner Schulter.

Das Vollmondritual sollte irgendwann am nächsten Tag stattfinden, allerdings wusste niemand, wann genau. Einer der Schamanen war überzeugt, dass es um elf Uhr beginnen würde, ein anderer war absolut sicher, es würde um halb zwei anfangen, während ein dritter versicherte, es begänne *frühestens* um drei. Mir wurde gesagt, es sei noch zu früh, um zum Tempel hinaufzugehen, es sei noch niemand dort; vermutlich würden sie nicht vor fünf beginnen, möglicherweise sogar nicht vor sechs, meinte ein vierter Schamane. Da ich aber ohnehin nichts Besseres vorhatte, lief ich direkt nach dem Frühstück den schmalen Pfad vom Dorf zum Tempel hinauf.

Der Tempel, eine einfache Hütte aus Stein, Erde und Holzstäben, stand auf einer Waldlichtung. Drei Schamanen lagen davor auf einer Matte, sie waren mit weißen Umhängen und den obligatorischen weißen Turbanen bekleidet, die sie stramm um den Kopf gezogen hatten. Alle drei pafften große Pfeifen. Ein paar Burschen aus dem Dorf schmückten den Tempel mit großen weißen Muscheln – wir befanden uns am Fuße des Himalaya-Gebirges, nur einige Tagesmärsche von der indischen Grenze, aber Hunderte Kilometer vom Meer entfernt. Am Eingang zum Allerheiligsten des Tempels stand ein selbst geschreinerter Thron aus Holz und Stein. Im eigentlichen Tempel sah ich einige Steine und kleine Götterfiguren, die ebenfalls mit Muscheln und Blumen geschmückt waren. Die Kerzen ließen die Schatten der Götter tanzen, schwerer Weihrauchduft hing in der Luft.

Einer der Männer kam mit einem Plastikstuhl, stellte ihn in den Schatten und gab mir ein höfliches Zeichen, mich zu setzen. Ich nahm Platz. Savitri musste stehen bleiben – es gab nur einen Stuhl. Dann geschah nichts mehr. Die Minuten und Stunden vergingen, am blassen Himmel stieg die Sonne höher und höher. Die Burschen schmückten den Tempel, die Schamanen rauchten. Der älteste Schamane, ein dünner, sehniger Mann mit lederartiger Haut und einem markanten Gesicht, hieß Pune, wie wir erfuhren; er war circa fünfundsechzig Jahre alt. In Nepal benutzen sie *Bikram Sambat*, eine alte hinduistische Zeitrechnung – sie liegt sechsundfünfzig Jahre, acht Monate und siebzehn Tage vor unserer Zeit und die gregorianischen Jahreszahlen haben sich hier offensichtlich nie wirklich durchgesetzt.

»Wann sind Sie Dami geworden«, fragte ich Pune.

Er dachte eine Weile nach.

»Vor langer Zeit«, erklärte er schließlich.

Nach und nach kamen immer mehr Dorfbewohner: ein Mann und sein Sohn, ein paar Frauen mit Kindern auf dem Rücken, ein alter Mann mit Gummistiefeln, die ihm bis zu den Knien reichten, und alle hatten winzige Zicklein dabei. Die Zicklein wurden an Bäume und Büsche gebunden, dort blieben sie stehen und blökten mit hellen, bebenden Stimmen. Ein Mann in einem zerschlissenen schwarzen Sakko registrierte sämtliche Ziegen und deren Besitzer auf einem großen, beinahe ebenso zerschlissenen Notizblock; über alles wurde genau Buch geführt.

Die Sonne setzte ihren langsamen Weg über den Himmel fort, die Schatten verschwanden. Der Mann, der mir den Stuhl gebracht hatte, kam und gab mir ein Zeichen aufzustehen. Er trug den Plastikstuhl auf die andere Seite des Tempels, die jetzt im Schatten lag.

»Sie sind der erste Ausländer hier«, sagte er mit feierlicher Stimme. »Bisher hat kein Weißer unser Ritual gesehen.«

Ein anderer Mann brachte Savitri und mir etwas zu essen, Bananenblätter gefüllt mit heißem, süßem Curry, das an den Fingern klebte.

»Wann beginnt denn das Ritual?«, fragte ich ihn.

Er zuckte die Achseln.

»Sie warten darauf, dass noch mehr Ziegen gebracht werden. Es müssen mindestens hundert sein, bevor wir anfangen können. Das Ritual heißt *Bisasay Boq*, das bedeutet hundertzwanzig Opferungen. Es können durchaus mehr sein, aber es müssen mindestens hundertzwanzig sein.«

Ein langer Nachmittag zeichnete sich ab.

Gegenüber dem Tempel saß eine Gruppe Frauen in bunten Baumwollkleidern auf der Erde und unterhielt sich munter, fröhliche Kinder liefen umher und verschütteten Saft aus Plastikflaschen, die Zicklein blökten mit ihren zittrigen, hellen Stimmen. Ein paarmal schlugen die Trommler prüfend auf ihre Trommeln, und ich dachte, jetzt, jetzt fängt es an, aber sie hörten sofort wieder auf, und aufs Neue waren das bebende Blöken und ein leises Stimmengemurmel die einzigen Geräusche, die man hörte.

»Warum sind die Ziegen so klein?«, fragte ich die junge Frau, die neben mir ihr Baby stillte.

»Wenn es nach uns ginge, hätten wir eine größere Ziege mitgebracht, aber wir müssen so oft opfern, dass wir keine mehr hatten, die groß genug ist«, antwortete sie.

Pune hatte in der Zwischenzeit ein kanariengelbes Seidentuch schräg über seine Brust drapiert und ein golden schimmerndes Stück Stoff um seinen Turban gebunden. Ein paar Tempelhelfer gingen umher und drückten den Zuschauern *Tilakas* auf die Stirn, Punkte aus rotem und gelbem Pulver. Das rote Pulver rieselte mir von der Stirn auf die Kleidung, alles wurde rot. Sogar im Schatten war es jetzt unangenehm heiß, ich war schweißgebadet. Wie viele Ziegen standen inzwischen auf dem Platz? Fünfzig?

Am späten Nachmittag erhob sich Pune schließlich und schritt in den Tempel. Lange blieb er stehen und starrte einfach vor sich hin. Die Trommler schlugen prüfend auf ihre Trommelfelle. Dann begann Pune zu zucken. Der ganze lange, magere Körper schüttelte sich, nicht heftig und spastisch, so wie ich es erwartet hatte, sondern ruhig und kontrolliert. Eine Handvoll Männer rannte herbei und hob den bebenden Schamanen auf den Thron im Tempel. Er setzte sich mit übergeschlagenen Beinen zurecht, und während die Beine unter ihm zuckten, teilte er Tilakas und kurze weise Ratschläge an die Männer des Dorfes aus, die sich um ihn scharten. Der Tempelpriester, ein alter Mann in einem langen, hellen Umhang, interpretierte die Aussagen des Schamanen für die Anwesenden.

»Er spricht die Sprache der Götter«, erklärte der Mann, der neben mir stand. »Es ist eine Mischung aus Nepali, Hindi, Englisch und Wörtern, die es nicht gibt. Nur der Priester versteht, was er sagt. Gehen Sie hinein, gehen Sie!«

»Nein, das ist nicht nötig«, protestierte ich. Keine andere Frau war im Tempel.

»Doch, doch, gehen Sie hinein und geben Sie ihm eine Tilaka!« Von eifrigen Männern wurde ich in den Tempel geschoben. Die Schlange wich zur Seite, ich gelangte bis zu dem in Zungen Redenden.

Pune beugte sich vor, und ich tauchte den Finger in das rote Puder, wie man es mir gesagt hatte, und rieb es auf seine Stirn.

»Mögen alle deine Wünsche in Erfüllung gehen«, sagte Pune feierlich, zumindest wenn ich dem Priester trauen durfte, der aus der Sprache Gottes in Nepali übersetzte. Die Gruppe um ihn herum nickte zufrieden.

Als sämtliche erschienenen Männer gesegnet waren, wurde Pune wieder vom Thron gehoben. Er blieb stehen und zitterte ein paar Minuten. Die Trommler schlugen einfache, intensive Rhythmen. Langsam hob Pune ein Bein zur Seite, dann das andere – er tanzte. Vor dem Tempel bereitete sich ein jüngerer Schamane darauf vor, von einem anderen Gott besessen zu werden. Alle Schamanen würden von verschiedenen lokalen Göttern besessen, war mir erklärt worden, die Schamanentätigkeit für jeden einzelnen Gott wurde innerhalb der Familien vererbt. Der junge Schamane hatte seine Sneaker erst halb ausgezogen, als er bereits zu zucken begann. Er streifte die Schuhe ab, während der ganze Körper sich schüttelte und bebte und anfing zu tanzen. Die Trommler schlugen immer schneller auf die Felle, während die beiden Schamanen wechselweise das rechte und linke Bein hoben. Weitere zwei Schamanen schlossen sich an, einer tanzte, während der andere bloß auf und ab hüpfte. Die Dorfbewohner verfolgten träge die hüpfenden Schamanen, die nun in dem Waldstück verschwanden, um den Tempel zu umrunden.

Während der Abwesenheit der Schamanen begann eine Zuschauerin, eine übergewichtige Frau in den Vierzigern, ebenfalls heftig zu zittern. Sie blickte mich an, während die Spasmen durch ihren Körper zuckten. Keine der Frauen, die um sie herumsaßen, widmete ihr auch nur die geringste Aufmerksamkeit, im Gegenteil, sie sahen so aus, als würden sie sie mit Absicht ignorieren. Nach einigen Minuten hörte die Frau auf, sich zu schütteln und beruhigte sich.

Die Schamanen kamen aus dem Waldstück zurück, und ein winziges Zicklein wurde herangetragen. Pune warf sich mit drei langen Sätzen darauf, packte es mit den Zähnen, als wäre er ein wildes Tier, und lief mit dem Zicklein, das ihm vom Mund baumelte, um den Tempel herum. Das zu Tode erschrockene Zicklein blökte mit dünnen, zitternden Tönen, die Augen quollen hervor. Das verstörte Tier wurde für eine kurze Weile freigelassen, während die Schamanen noch einige Minuten zuckend und mit geschlossenen Augen tanzten. Dann hörte das Trommeln auf. Pune wurde ausgezogen und nur in Unterwäsche auf den Thron gehoben. In dem Tumult rutschte auch sein Turban herunter. Der Schamane saß halb nackt und mit entblößtem Kopf unter dem Tempeldach. Der Schädel war kahl rasiert mit Ausnahme einer dicken, langen Dreadlock, die er um die Glatze gerollt hatte. Schweißtropfen glänzten im schwachen Licht der Kerzen.

Vor dem Tempeltor herrschte jetzt Gedränge. Männer mit blökenden Zicklein im Arm drängelten sich vor. Einer der jüngeren Schamanen verschwand mit einem gebogenen Messer in den Händen im Innersten des Tempels. Die Klinge tropfte bereits vor Blut. Ich kletterte auf eine Bank am Eingang, um besser sehen zu können, die Bank wackelte unter mir. Der Mann mit dem großen Notizblock registrierte mühsam jedes einzelne Zicklein, erst dann wurde es in den Tempel geschickt.

Der Tempelpriester reichte Pune eine Schale Milch, der sie gierig trank. Schweißperlen vermischten sich mit der Milch. Kurz darauf brachte der Tempelpriester ihm das erste Zicklein. Pune stürzte sich darauf und schlürfte das Blut aus den Löchern, die man vorher mit dem Messer in den schmächtigen Hals der Ziege gestochen hatte. Das Zicklein wurde ins Innerste des Tempels zurückgebracht, wo die eigentliche Schlachtung stattfand, und augenblicklich durch eine neue kleine Ziege ersetzt. Der verschwitzte Schamane beuge sich über das zu Tode erschrockene Tier, sein Kinn und der Mund hatten sich bereits komplett rot verfärbt, er schlürfte weiter lauwarmes Ziegenblut. Die ganze Zeit starrte er mich direkt an, als wollte er meine Reaktion sehen. Ein weiteres Zicklein wurde herangetragen. Und noch eines, und noch eines. Der Schamane leckte von jeder zappelnden Ziege frisches Blut, immer und immer schneller, es lief wie am Fließband. Und keinen Moment wandte er den Blick von mir ab. Am Tor drängelten die Männer mit lebendigen Zicklein, hinter dem Tempel wurden die kopflosen Leiber davongetragen, während die dünnen Beine noch zuckten. Die heiße, dichte Nachmittagsluft war erfüllt von süßlichem, metallischem Blutgeruch.

Das Schlachten war jetzt in vollem Gang, das Blutbad würde noch mehrere Stunden dauern, aber Savitri und ich beschlossen, den Rückzug anzutreten. Wir bahnten uns den Weg durch die Volksmenge und folgten dem Weg hinunter ins Dorf. In der Ferne war das schwache Trommeln aus anderen Dorftempeln zu hören. Wie viele Zicklein verloren an diesem Nachmittag den Kopf? Jede Sippe hat ihren eigenen Gott und ihren eigenen Tempel, und all diese Götter, Hunderte an der Zahl, verlangten Blut von mindestens einhundertzwanzig Ziegen, bevor der Vollmond den nächtlichen Himmel erleuchtete.

Terra Nullius

Einmal mehr war ich Tausende von Metern über dem Erdboden in einem klapprigen Aluminiumrohr eingesperrt. Die Turbulenzen schüttelten den Rumpf wie eine altertümliche Zentrifuge, während sich die Maschine langsam durch die Wolkenschichten nach oben bewegte, immer höher. Anfangs verstand ich nicht, warum wir so hoch flogen, doch dann kam uns der Himalaya wie eine weiße Mauer entgegen, und mit einem Mal schien es, als flögen wir zu niedrig.

Ich hatte mich ganz nach vorn gesetzt. Auf dem Boden vor mir lag ein Bündel Sicherheitsgurte. Obwohl Tara Air erst 2009 gegründet worden war, ist die Firma bereits mehrfach dadurch aufgefallen, dass sie auf dem Siegertreppchen der gefährlichsten Fluggesellschaften der Welt stand. Nur führt keine Straße nach **Simikot** (2950 Meter über N.N.) in Nepals nordwestlichster Ecke, daher müssen alles und alle mit kleinen Flugzeugen dorthin transportiert werden. Die Start- und Landebahn in Simikot gehört zu den kürzesten der Welt, sie ist nur etwas mehr als sechshundert Meter lang, und mir graute bereits vor der Landung. Vorausgesetzt, dass es überhaupt dazu kam. Wir hatten die Hälfte des Weges noch nicht hinter uns, als eine der Warnleuchten auf dem Armaturenbrett anfing zu blinken. Der jüngere Pilot rief über Funk den Kontrollturm und holte ein dickes Handbuch aus der Seitentasche seines Sitzes. Es sah aus, als würde er das erste Mal darin blättern, denn er suchte offenbar etwas auf gut Glück; er schlug es in der Mitte auf, vorne und hinten, bis er endlich die richtige Seite fand. Konzentriert las er das gesamte Kapitel und drückte und drehte dann an einigen Knöpfen. Minuten später berührten die Räder den Boden, und ich schickte allen Göttern in sämtlichen Himmeln einen dankbaren Gedanken, dass ich den letzten nepalesischen Inlandflug gut überstanden hatte.

Eine Gruppe Schweizer Rentner, die dynamische bunte Outdoorkleidung trug, wurde rasch von ihren wartenden Guides in

Empfang genommen. Fröstelnde indische Pilger, gut eingepackt in Daunenjacken und Wollschals, warteten geduldig auf den Helikopter, der sie nach Hilsa bringen sollte, direkt an die chinesische Grenze. Die Flugzeit dorthin betrug weniger als eine halbe Stunde. An der Grenze warteten Busse, die sie weiter zum Kailash transportieren würden, dem heiligsten aller Berge für Hindus wie für Buddhisten, Jainisten und die Anhänger von Bön. Verlief alles wie geplant, würden sie am späten Abend am Fuße des Berges stehen.

Ich wollte auch nach Hilsa und über die Grenze nach Tibet, aber ich wollte zu Fuß gehen. Die Tour würde über eine Woche dauern.

Tsering, der einheimische Guide, der mich auf dem Flugplatz abholen sollte, war nirgendwo zu sehen. Hubschrauber landeten und starteten wieder, erschöpfte, verfrorene Pilger taumelten hinaus, andere kletterten an Bord, und fort waren sie. Schließlich stand ich ganz allein auf dem leeren Rollfeld, umgeben von malerischen, schneebedeckten Bergen, mit aufdringlichen Fliegen als einziger Gesellschaft.

Die Sonne stand bereits hoch über den Bergen, als ein ungelenker Mann mit dunklem Bart auftauchte.

»Ich habe es übernommen, mich um Sie zu kümmern, bis Tsering kommt«, erklärte er.

»Wann kommt denn dieser Tsering?«, frage ich verärgert.

»In einer halben Stunde«, versicherte er vieldeutig. Er brachte mich in einen dunklen Raum mit festgestampftem Lehmboden, platzierte mich an einem der leeren Tische und reichte mir eine Tasse Instantkaffee.

Eine Stunde später kam ein Mann in einer reflektierenden orangefarbenen Jacke auf mich zu.

»Sind Sie Tsering?«, fragte ich ihn.

»Nein, ich komme vom Reisebüro«, antwortete der Mann. »Ich hoffe, der Kaffee schmeckt Ihnen.«

»Und wann kommt Tsering?«, erkundigte ich mich mürrisch.

»Bald«, versicherte der Mann in der reflektierenden Jacke, lief zur Tür und verschwand.

Nach einer weiteren Stunde tauchte ein kleiner, schmaläugiger

Mann an der Tür auf. Er lächelte breit und breitete die Arme aus: »Willkommen in Humla!«

»Sie kommen ein paar Stunden zu spät«, sagte ich ärgerlich.

»Ja, ja, tut mir leid, es ist ein weiter Weg vom Dorf meiner Schwester, aber nun bin ich hier!«

»Dann hätten Sie gestern losgehen sollen«, erwiderte ich.

»Ja, ja wie gesagt, es tut mir leid, aber der Sohn meiner Schwester hatte gestern Geburtstag, es wurde spät, und es gab viel zu trinken ... Aber das müssen wir jetzt nicht vertiefen, nun bin ich ja da, willkommen in Humla!«

Tsering strahlte mich an und breitete erneut die Arme aus. Er hatte einen vergoldeten Vorderzahn, ein vierschrötiges, beinahe hageres Gesicht und stank nach altem Säufer. Obwohl er ein Jahr jünger war als ich, sah er aus, als wäre er fast fünfzig. Ebenso verwirrend ging es weiter: Tsering glaubte, wir hätten eine zwölftägige Tour vor uns, keine achttägige, und er hatte keine Ahnung, wohin wir wollten. Ich vermisste Savitri.

»Egal, zuallererst muss ich mich um die Registrierung und die Dokumente kümmern«, sagte er, noch immer breit lächelnd. »Geben Sie mir Ihren Pass, ich regele das. Es dauert nicht lange!«

Während Tsering die Papiere in Ordnung brachte, schlenderte ich durch Simikots staubige, aber autofreie Straßen. In den einfachen, flachen Häusern aus Stein, getrocknetem Schlamm und unbehandeltem Holz leben etwas mehr als zehntausend Menschen. Die Stadt war umgeben von Apfelgärten, üppigen Büschen, Blumen in allen Farben des Regenbogens, Kiefernwäldern und üppigen Roggenfeldern, die wiederum von bläulichen postkartenschönen Bergen eingefasst waren. Als ich kurz darauf wieder auf Tsering stieß, nahm er mich ein Stück die Straße hinauf zum Unterstand des Trägers mit, einem kleinen, aus Stein gebauten Raum, dessen Wände mit getrocknetem Schlamm abgedichtet waren. Die junge Frau des Trägers legte uns als Willkommensgruß einen Klecks Butter auf den Scheitel, wie es hier Brauch war, und servierte frisch gebrühten Thymiantee. In den Armen hielt sie ein kleines, knapp ein Jahr altes Kind, das vom Nabel abwärts nackt war.

»Ich gehe kurz nach Hause und packe«, verkündete Tsering. »Es dauert nicht lange!« Er zeigte auf seine Plastiksandalen und lachte herzlich. »Schließlich kann ich nicht so gehen!«

Ich blieb mit der lächelnden Frau und dem ruhigen Baby allein in dem dunklen Raum zurück. Jedes Mal, wenn ich aus meinem Becher trank, schenkte die Frau behutsam Tee nach, sodass der Becher stets voll war.

Schließlich war Tsering abmarschbereit. Der erste Halt war allerdings bereits nach wenigen Minuten erreicht.

Während die Dörfer an der chinesischen Grenze hauptsächlich von tibetischen Buddhisten bewohnt werden, sind in Simikot die Hindus in der Mehrheit. In einem der größten Häuser der Stadt wohnte der Schamane. Als wir kamen, hockte er auf der Terrasse über einen Bottich gebeugt, seine Frau wusch sein schulterlanges schwarzes Haar nach allen Regeln der Kunst. Eine Dreadlock war so lang, dass er sie wie ein Schmuckstück mehrfach um den Hals legen konnte.

»Wenn ich vom Gott besessen bin, fühle ich mich wie betrunken und bekomme nicht mit, was um mich herum geschieht«, erzählte der Schamane, als seine Frau ihm das Shampoo aus den Haaren gespült hatte. Er hieß Shoudana und war einundsiebzig Jahre alt. Er hatte ein längliches, pferdeartiges Gesicht mit tiefen Runzeln.

»Er ist der mächtigste Schamane hier in der Region«, warf seine Frau stolz ein.

»Das Leben ist nicht einfach«, fuhr Shoudana fort. »Die Straße ist noch nicht fertig, und fliegen ist teuer. Die Regierung tut nicht genug für uns Bewohner in den abseits gelegenen Distrikten.«

Über den großen Nachbarn im Norden konnte der Schamane hingegen nur Gutes sagen.

»Ich bin bestimmt über dreißig Mal in China gewesen. Früher verkauften wir Buchweizen und Roggen an die Chinesen, aber jetzt verkaufen sie es an uns. Alles, was wir brauchen, bekommen wir jetzt aus China. Die Chinesen sind anständige, gute Leute, sie haben funktionierende Systeme, ihr Land blüht. Früher war Tibet unterentwickelt und arm, aber so ist es nicht mehr, oh nein. Wenn die Chinesen uns wollen, würde ich lieber heute als morgen zu China gehören. Liebend gern!«

In der Frage der Chhaupadi hatte Shoudana kürzlich Erleichterungen eingeführt.

»Früher schliefen die Frauen neun Tage draußen, aber vor einiger Zeit kamen Leute von der Regierung und haben mit uns geredet, daraufhin verkürzte ich die Zeit auf fünf Tage«, verkündete er großzügig.

Je länger wir durch die Stadt gingen, desto kleiner und einfacher wurden die Häuser. Ganz oben, aber in der Kastenhierarchie ganz unten, wohnten die *Daliten*, die »Unterdrückten«. In der Tür zu einem überfüllten Schuppen saß eine magere Frau. Halb nackte Kinder krabbelten auf ihr und um sie herum; zwei von ihnen gehörten zu ihr. Die Frau war noch keine zwanzig Jahre alt, aber sie hatte bereits ein wettergegerbtes, kantiges Gesicht mit braunen Zähnen; nur ihre verlegenen, linkischen Gesten verrieten, dass sie noch ein Teenager war.

»Ich wurde verheiratet, als ich zwölf war«, erzählte sie. »Mein Mann ist vier Jahre älter als ich.«

Die junge Mutter von zwei Kindern war nie zur Schule gegangen. Ihre Eltern hatten sie auf die Felder geschickt, um Geld zu verdienen, anstatt auf der Schulbank zu sitzen. Weder sie noch ihr Mann besaßen eigenes Land, beide arbeiteten auf den Feldern anderer Leute für einen Teil der Ernte als Lohn.

Auf der anderen Seite des Zauns stand vor dem Nachbarhaus eine einfache Erdhütte, so niedrig, dass man unmöglich aufrecht darin stehen konnte.

»Ich schlafe dort nicht gern«, sagte die junge Frau und schlug die Augen nieder. »Ich habe immer solche Angst vor Schlangen und Männern.«

»Wissen Sie, dass Chhaupadi verboten ist?«, fragte ich.

»Ja, aber ich habe größere Angst vor dem Schamanen als vor der Polizei.«

Eines der Kinder kroch in ihre Arme, fand eine Brust und begann zu trinken.

»Betreiben Sie und Ihr Mann Familienplanung?«, erkundigte sich Tsering interessiert. Wenn er nicht als Guide arbeitete, war er Sozialarbeiter und informierte über Familienplanung und die Notwendigkeit schulischer Bildung.

Die junge Frau wand sich. Tsering gab nicht nach.

»Haben Sie von Familienplanung gehört? Wissen Sie, was das ist?«

»Ich habe davon gehört und weiß ein wenig darüber, aber mein Mann ist dagegen«, antwortete sie und lachte verlegen. »Ich möchte keine weiteren Kinder bekommen«, fügte sie ernst hinzu. »Es ist eine große Verantwortung. Zu groß.«

Auf der anderen Seite der Straße hatte sich eine Gruppe von Mädchen im Teenageralter versammelt. Als wir an ihnen vorbeigingen, fragten sie uns, worüber wir geredet hätten.

»Chhaupadi«, sagte Tsering.

»Oh, Chhaupadi!«, rief eines der Mädchen. »Obwohl wir es nicht leiden können, müssen wir fünf Tage im Monat in der Menstruationshütte schlafen! Der Schamane sagt, wir müssen es tun!«

Sie wandte sich an mich.

»Wie ist das bei Ihnen, wenn Sie Ihre Tage haben?«

»Wir machen nichts Besonderes«, antwortete ich.

»Oh ...« Das Mädchen sah mich neidisch an. »Gibt es Schamanen bei Ihnen?«

Ich schüttelte den Kopf.

»Was für ein Glück Sie haben!«

»Haben Sie je versucht, die Regeln zu brechen?«, wollte ich wissen.

»Ja, einmal habe ich im Haus geschlafen«, antwortete das Mädchen. »Es ist nichts passiert! Überhaupt nichts! Aber meine Familie zwingt mich wegen des Schamanen trotzdem, draußen zu schlafen. Alle haben Angst vor ihm.«

In dem Nachbardorf **Buraunse** (3200 Meter über N.N.), eine halbe Stunde zu Fuß entfernt, bestand die Mehrheit der Bewohner aus Buddhisten. Die traditionellen mehrstöckigen Häuser waren wie Labyrinthe, Treppen und steile Leitern führten durch enge Passagen.

Wir sollten bei nahen Verwandten von Tsering übernachten, einem älteren *Ehe-Trio*. In diesen Regionen, in denen so gut wie alles Mangelware ist, war es früher üblich, dass zwei oder mehrere Brüder ein und dieselbe Frau heirateten. Auf diese Weise vermied man es, den Hof teilen zu müssen.

Wir wurden in die fensterlose Küche eingeladen, die mitten im Haus lag. Die Wände waren mit dunkelblauen tibetischen Teppichen geschmückt, auf einem Schrank stand ein altmodischer Fernseher, in der Ecke hing ein gerahmtes Foto des Dalai Lama. An einer der Querwände lagen die uralten Eltern der Brüder auf ihren Matratzen und dösten.

Unsere Gastgeberin servierte jedem von uns eine große Schale *Chang*, ein alkoholhaltiges Getränk aus Gerste. Ich bekam die milde Variante – es schmeckte wie säuerliches Bier mit kräftigem Hefegeschmack –, während Tsering und die Ehemänner die starke Version tranken, die ungefähr wie Sake schmeckte. Der jüngere Bruder war am redseligsten.

»Unsere Kinder haben normal geheiratet, jeder seinen eigenen Partner«, erzählte er. »Wir hatten im Laufe der Jahre durchaus unsere Probleme, sie wussten also, dass Polyandrie nicht leicht ist. Aber das Leben hier war damals hart. Normalerweise ging ich nach Süden, nach Achham, um Reis zu kaufen. Mein Bruder wanderte nach Norden bis Tibet, um andere notwendige Waren zu beschaffen. Es war gut, dass wir die Aufgaben zu zweit erledigen konnten. Und da wir mit derselben Frau verheiratet sind, konnten wir außerdem das Haus und den Grund und Boden behalten; das väterliche Erbe musste nicht aufgeteilt werden.«

Nachdem wir große Mengen Chang zu uns genommen hatten, brachte Tsering mich zu den Nachbarn, ebenfalls nahen Verwandten von ihm, die ebenfalls als Ehe-Trio zusammenlebten. Der jüngere der beiden Ehemänner war Ende sechzig und trug einen weißen Schamanenturban auf dem Kopf.

»Ich dachte, Sie seien Buddhisten?«, flüsterte ich Tsering verwirrt zu.

»Sie sind Buddhisten, ja, aber wir Buddhisten haben auch Schamanen«, antwortete Tsering.

»Als *buddhistischer* Schamane opfere ich niemals Tiere, nur Milch und Reis«, erklärte der jüngere Ehemann. Das schmale, längliche Gesicht war von einem Fächer Lachfältchen überzogen. »Wir praktizieren auch nicht Chhaupadi, nur die Hindus machen so etwas.«

Die Frau servierte uns lächelnd einen gut gefüllten Becher Chang. Obwohl sie über siebzig war, war ihr langes, glattes Haar noch immer pechschwarz. Bevor wir tranken, segnete der jüngere Ehemann die Schalen und schnippte einen Tropfen über die Schulter, eine symbolische Opfergabe für die Götter. Der ältere Ehemann saß ernst und stumm in einer Ecke. Er verfolgte das Gespräch aufrecht und würdig, beteiligte sich aber nicht an der Unterhaltung. Ein paar Jahre zuvor hatte er Krebs bekommen und musste sich ein Bein amputieren lassen.

»Du musst auch Schamane werden«, sagte der Jüngere zu Tsering und klopfte gegen seinen weißen Turban. »Da dein Vater Schamane ist, ist es deine Pflicht, das Erbe weiterzuführen.«

Tsering wand sich und leerte die Schale mit Chang. Die Frau goss sofort nach.

»Ich wurde mit vierzehn verheiratet«, erzählte sie. »Obwohl ich mich freute, verheiratet zu sein, habe ich in der ersten Zeit oft versucht, nach Hause zu fliehen. Ich habe meine Familie vermisst. Aber mein älterer Ehemann hat mich jedes Mal gefunden und hierher zurückgeholt!«

»Und wie alt waren Sie, als Sie heirateten?«, erkundigte ich mich neugierig bei dem jüngeren Ehemann.

»Ich war erst elf, aber sie war sehr hübsch!«, antwortete er und lachte glucksend.

»Vielmännerei ist die beste Form«, meinte die Frau. »Zwei Ehemänner sind viel besser als einer. Nach der Operation des älteren Bruders konnte der jüngere noch immer nach China fahren, um zu arbeiten.«

»Woher wissen Sie, wer der Vater Ihrer Kinder ist?«, wollte ich wissen. Der sichtlich peinlich berührte Tsering übersetzte meine Frage.

»Das entscheidet die Frau«, antwortete der jüngere Ehemann. »Die Frauen wissen, wer wessen Vater ist. Aber wir betrachten ohnehin alle als unsere gemeinsamen Kinder.«

»War es nicht manchmal schwierig? Ich denke an Eifersucht?«

»Aber ja, das ist klar!« Er lachte und leerte die Schale mit Chang. »Aber damit mussten wir einfach zurechtkommen!«

Bevor wir gingen, legte der Schamanenehemann mir zum Abschied eine *Khata*, einen weißen zeremoniellen Schal, um den Hals.

»Du musst mir versprechen, das Erbe deines Vaters anzunehmen und auch Schamane zu werden«, wiederholte er, als er Tsering den Schal um den Hals legte.

»Ja, ja, ich verspreche es«, nuschelte Tsering und torkelte die Treppe hinunter zum Ausgang am Stall, in dem eine gut genährte, braun gefleckte Kuh wiederkäute.

Am nächsten Morgen brachen wir in Richtung Tibet auf. Wir folgten der neuen Straße, die noch nicht freigegeben war, da noch einige entscheidende Kilometer bis zur chinesischen Grenze fehlten. Im Laufe des Vormittags stießen wir auf zwei Burschen, die einen orangen Kompressor mit sich schleppten. Der Traktor für die Straßenarbeiten habe zu wenig Luft in den Reifen, erklärten sie; der Kompressor war gerade von Nepalgunj im Süden eingeflogen worden, der nächsten Großstadt. Der jüngere der beiden Arbeiter hatte runde, kindliche Gesichtszüge, dicke Lippen; der Mund war öfter halb offen als geschlossen. Er sah aus wie ein Kind, war aber bereits Vater von zweien. Der älteste Sohn war gerade fünf geworden, er selbst war neunzehn.

»War die Ehe arrangiert?«

»Selbstverständlich«, sagte Tsering. Er wollte die Frage nicht einmal übersetzen. »In den Hindufamilien in dieser Gegend sind alle Ehen arrangiert.«

Der Weg ging eher bergab als bergauf, die Sonne brannte aus einem blassblauen Himmel. Im Laufe des Nachmittags bogen wir von der Straße ab und folgten einem steilen Abhang hinunter zu einem schäumenden Fluss, dem Karnali. Das grünliche Gletscherwasser hatte seine Quelle im tibetischen Hochplateau und war in rasendem Tempo auf dem Weg nach Süden, ins verunreinigte indische Flachland.

Auf der anderen Seite des Flusses stand ein **großes Haus**. (2300 Meter über N.N.) Unser Träger hatte das gelbe Zelt bereits hinter dem Haus aufgeschlagen – im Haus waren so viele Fliegen, dass es besser war, draußen zu schlafen. Aber auch dort wimmelte es von den schwarzen summenden Parasiten. Sie waren überall, sie krabbelten über Arme und Schuhe, über die Kleidung, ins Wasserglas, sie krochen im Gesicht und auf den Händen herum, und es half überhaupt nichts, sie fortzuwedeln, Sekunden später waren sie wieder da.

Eine junge Frau stand auf einer Leiter und klatschte Schlammbrocken auf die Steinmauer. Eine andere zerstampfte sandige Erde, die sie mit Wasser vermischte. Eine dritte saß am Wasserhahn und wusch sich, notdürftig bedeckt von einem gelben Baumwolltuch. Überall waren Kinder, weinende Babys, Einjährige, die gerade laufen lernten und umherstapften, kleine sechs- oder siebenjährige Mädchen, Teenager.

»Sie haben hier gerade eine Schule bekommen, aber fast niemand schickt seine Kinder dorthin«, seufzte Tsering.

Gegen Abend servierte Sarwati, die Frau, die am Nachmittag auf der Leiter gestanden und das Haus mit frischem Schlamm verputzt hatte, das Abendessen in der raucherfüllten, dunklen Küche. Es gab kein Fliegennetz vor der offen stehenden Tür, in der Küche war es schwarz vor Fliegen. Sarwati war dreißig Jahre alt und bildhübsch, trotz all der Fliegen, die ihr wie unruhige Schönheitsflecken durch Gesicht krochen. Sie hatte längst aufgegeben, sie verscheuchen zu wollen. Das Essen war lauwarm, es musste schon eine Weile gestanden haben. Mein Magen knurrte vor Hunger. Ich vermutete, dass ich den Preis bezahlen musste, es konnte unmöglich gut gehen – daher kniff ich die Augen zusammen und konzentrierte mich; ich konnte förmlich sehen, wie die Parasiten auf den gestockten, gebratenen Eiern herumkrochen. Aber die Alternative hätte bedeutet, sechs Tage zu hungern, bis wir in Tibet waren. Ich wedelte die Fliegen fort, so gut es ging, und aß. Der Organismus wehrte sich, die zähen Chapatistücke wuchsen in meinem Mund. Resolut spülte ich das Abendessen mit glühend heißer Milch hinunter und hoffte, dass zumindest ein gewisser Prozentsatz der Amöben durch die Hitze abgetötet würde. Sarwati stillte währenddessen ihre jüngste Tochter.

»Sie haben bereits sechs Töchter, wollen aber trotzdem noch versuchen, einen Sohn zu bekommen!«, erklärte Tsering empört. Jetzt, da wir uns nicht mehr unter trinkfesten Buddhisten aufhielten, war er wie ausgewechselt, verantwortungsbewusst und aufmerksam. »Ihre Töchter sind reizend, warum sind sie nicht mit ihnen zufrieden? Ich selbst habe zwei Töchter, und ich könnte mir nicht vorstellen, sie gegen Söhne zu tauschen! Töchter sind das größte Geschenk!«

»Ich möchte eigentlich nicht noch mehr Kinder, aber mein Mann wünscht sich einen Sohn, daher probieren wir es weiter«, sagte Sarwati.

Tsering versuchte eindringlich, sie vom Gegenteil zu überzeugen, aber es gelang ihm nicht.

»Willst du eine meiner Töchter haben?«, fragte Sarwati ihn, als sie die fettigen Teller ins Regal räumte, ohne sie abzuwaschen. »Wir schaffen es nicht, uns um alle zu kümmern.«

»Kinder brauchen ihre Eltern«, erwiderte Tsering streng. Sarwati lächelte traurig und ging mit dem Baby hinaus, dessen Windeln gewechselt werden mussten.

In dieser Nacht gab es ein so heftiges Gewitter, dass niemand schlafen konnte. Die Blitze erleuchteten die Zeltplane wie kräftiges Scheinwerferlicht, der Donner krachte dröhnend zwischen den

Felswänden, es roch nach versengtem Gummi. Der Regen bildete eine regelrechte Wasserwand, schmale Bäche sickerten durch die Zeltplane. Hätte ich eine Netzverbindung gehabt, hätte ich gegoogelt ›können Blitze in ein Zelt einschlagen?‹.

Umgeben von Pfützen, muss ich irgendwann doch eingeschlafen sein.

Im Laufe des Vormittags stießen wir wieder auf die beiden Straßenbauarbeiter; sie waren mit dem Kompressor auf dem Rückweg nach Simikot. Tsering und ich gingen weiter, vorbei an einfachen Häusern aus getrocknetem Schlamm und an kleinen Gerstenfeldern, auf denen die Ernte in vollem Gang war. Auf der anderen Seite des Karnali-Flusses klammerten sich zwei Dörfer an die Felswand. In dem einen standen die Häuser dicht beieinander, und die Reisfelder unten am Fluss ähnelten anspruchsvollen Puzzlespielen, aufgeteilt in kleine Teilchen. In dem anderen Dorf standen die Häuser weit verstreut, jede Familie verfügte über große, zusammenhängende Felder.

»Das illustriert den Vorteil der Polyandrie«, sagte Tsering. »Die Buddhisten müssen ihr Land nicht zwischen ihren Söhnen aufteilen. Die Hindus teilen und teilen zwischen den Erben, bis die Feldflicken so klein sind, dass niemand mehr davon leben kann. Von hier bis zur chinesischen Grenze leben nur Buddhisten«, fügte er hinzu.

Die Verteilung des Bodens an die nächste Generation ist ein Universalproblem in allen agrarischen Gesellschaften. Wenn alle Söhne die gleiche Menge Land erben sollen, bleibt am Ende kein Land mehr für irgendjemanden. In vielen Ländern, so auch in Norwegen, hat man das Problem mit dem Erstgeburtsrecht gelöst: Der älteste Sohn – oder inzwischen das älteste Kind – hat das Erstgeburtsrecht, den Hof zu erben. Aber was ist mit den übrigen Kindern? In Europa war – wie im Himalaya – das Klosterwesen lange ein Teil der Lösung. Mindestens ein Sohn wurde Mönch. Als die Industrialisierung sich durchsetzte, wanderten viele in die Großstädte ab, und im Laufe des 19. Jahrhunderts überquerten Millionen von Europäern den Atlantik, um ihr Glück in Amerika zu suchen. Der Druck auf den Boden nahm ab. Der Brauch, die Söhne einer Familie dieselbe Frau heiraten zu lassen, ist eine originelle, vor allem aber praktische Lösung eines letzten Endes unlösbaren Problems. Dieses Modell hat den implementierten Vorteil, dass das Bevölkerungswachstum auf natürliche Weise niedrig gehalten wird, aber natürlich hat es auch Nachteile.

»Was ist mit all den Frauen, die übrig bleiben?«, fragte ich.

»Sie wohnen entweder weiterhin zu Hause oder werden ins Kloster geschickt«, erklärte Tsering. »Aber heutzutage ist die Polyandrie nicht mehr so populär. Mein Vater wollte, dass ich die Frau meines Bruders heirate, aber ich weigerte mich. Es ist besser, eine eigene Frau zu haben.«

Die Landschaft, durch die wir wanderten, erinnerte an die Alpen. Die Berghänge waren mit Kiefern, Aprikosenbäumen, Walnussbäumen, Apfelbäumen und bunten Feldblumen durchsetzt, und über diesem grünen Gürtel thronten weiße Berggipfel – im Sonnenschein sahen sie aus wie Kulissen.

»Als wären wir in der Schweiz«, bemerkte ich begeistert und knipste ein paar Fotos.

»Ich wünschte, wir *wären* in der Schweiz«, entgegnete Tsering. »Hier ist das Leben eine Schufterei. Im Winter liegt anderthalb Meter hoch Schnee, und wir sind wochenlang komplett isoliert. Es sieht fruchtbar aus, aber in dieser mageren Erde und bei dem kalten Klima wächst hier nicht viel Essbares. Kartoffeln, Spinat, Gerste, Buchweizen und an einigen wenigen Stellen auch Reis. Es ist nicht leicht, zu überleben.«

Kurz darauf war der Weg wegen der Straßenbauarbeiten gesperrt, und wir mussten einen langen Umweg in Kauf nehmen. Vierschrötige, staubige Bauarbeiter, alle aus der Hauptstadt eingeflogen, trugen schwere Felsbrocken, zogen Drahtzäune und gruben mit abgenutzten Spaten im Boden. Das Allermeiste war reine Handarbeit. Die Straßenbauarbeiten mussten für zwei Jahre unterbrochen werden, weil es an Dynamit gefehlt hatte, um sich den Weg durch den Berg zu sprengen. Nun war nur noch das letzte schwierige Stück geblieben, ein Kilometer, vielleicht zwei, dann wäre von Simikot bis Tibet der gesamte Weg frei.

Am Abend schlugen wir das Lager im Garten von zwei Brüdern auf, die mit zwei Schwestern verheiratet waren. Beide Ehen waren aus Liebe geschlossen worden, aber es war unbestreitbar praktisch, dass die beiden Paare auf diese Weise weiterhin zusammenwohnen konnten und sich die Frage einer Besitzteilung nicht stellte. Früher hatten sie ein kleines Hotel und einen Lagerplatz am Fuße des Hügels betrieben, doch als vor einigen Jahren die neue Straße angelegt wurde, hatten sie alles verloren.

Am Berghang über dem Haus verlief ein Fluss, dessen Wasser vierzig Grad warm war. Der Fluss entsprang einer unterirdischen Quelle und versorgte eine komplette Internatsschule mit warmem Wasser. Ich bekam einen **Kolk** (2670 Meter über N.N.) für mich; dampfendes Wasser schäumte aus niedriger Höhe über mich, ich stand dort eine halbe Stunde, eine Stunde, so lange ich konnte, bis es dunkel zu werden begann. Der Druck war tadellos. Kiloweise wurden Schweiß, Staub und Fliegenschiss von dem heißen Wasser fortgespült und verschwanden den Berghang hinab.

Es war die Dusche meines Lebens.

Obwohl es von hier aus eine Straße bis China gab, waren die meisten Menschen noch immer wie wir zu Fuß unterwegs. Im Laufe der nächsten vier Tage begegneten wir nur zwei Lastwagen und einem Jeep. Die Straße war eben und breit, die Sonne schien aus einem wolkenfreien Himmel, und wir erreichten **Yalbang** (3020 Meter über N.N.), unseren nächsten Halt, bereits um die Mittagszeit. Ein ansehnlicher Teil der männlichen Bevölkerung saß in dem kleinen Laden des Dorfes, der über einen kleinen Fernsehapparat verfügte, und schaute Fußball und Kick-Boxen. Auf selbst geschreinerten Regalen lagen hinter der Theke chinesische Waren in einer Reihe: Süßigkeiten, Chips, Nudeln, Lhasa-Bier. Ständig tauchten Kindermönche an der Tür auf, die ihre Fünfzig-Rupien-Scheine in Süßigkeiten umtauschten, bevor sie lachend davonliefen.

Das Kloster Namkha Khyung Dzong ist mit über dreihundert Mönchen das größte im gesamten Humla-Distrikt. Innerhalb des Klosterbereichs, der mit einer Großküche, einer Gemeinschaftstoilette, Waschraum und zwei Volleyballplätzen ausgestattet war, hingen überall Kleider zum Trocknen. Es war Samstag, der freie Tag, und die Mönche, die das Wäschewaschen beendet hatten, schlenderten in Zivilkleidung umher, begleitet von Popmusik aus ihren Mobiltelefonen.

»Sie haben hier eine neue Schule bekommen«, berichtete Tsering. »Kommen Sie, ich zeige sie Ihnen.« Er ging energisch an den Volleyballplätzen vorbei, blieb aber plötzlich abrupt stehen. »Seine Heiligkeit, der Gründer des Klosters, ist zu Besuch! Wir dürfen ihn nicht stören, besser, wir kommen morgen wieder.«

Ein grauhaariger Mann mit rundem Gesicht und Glatze verfolgte das Volleyballspiel auf dem Schulhof. Er trug eine Mönchskutte und einen einfachen, purpurfarbenen Pullover. In einer Hand hielt er eine Gebetskette.

»Was für ein Zufall! Gehen wir zu ihm und unterhalten uns mit ihm«, sagte ich.

Tsering sah mich erschrocken an. »Nein, nein, nein, wir können nicht einfach so zu ihm gehen, wir brauchen zuerst einen Termin!«

Ich ging auf den Lama zu. Tsering lief hinter mir her.

»Wir können auf keinen Fall zu ihm gehen, ohne ihm einen weißen Schal zu geben, und ich habe keinen mehr«, sagte er verzweifelt.

Es ging gut, auch ohne Schal. Der Lama sprach gebrochen Englisch und beantwortete freundlich, wenn auch ein wenig stotternd meine Fragen. Er hieß Pema Rigtsal Rinpoche, und wenn ich ihn richtig verstand, hatte sein Großvater im westlichen Tibet ein Kloster mit demselben Namen gegründet, Namkha Khyung Dzong. Das Kloster war zu Ehren von Dudjom Lingpa erbaut worden, einem Mönch, der vor über hundert Jahren in Tibet umherwanderte und das Nirwana erreicht hatte. Von dort war er allerdings auf die Erde zurückgekehrt, um seine Weisheit weiterzugeben. Das Kloster war während der chinesischen Invasion 1959 zerstört worden, Pemas Großvater hatte man zur Flucht nach Indien gezwungen. 1985, ein Vierteljahrhundert später, hatte sein Enkel Pema dieses Kloster auf der nepalesischen Seite der Grenze gegründet.

»Die Menschen hier in Humla sind stark im Glauben«, sagte der Lama. »Ich mache mir um die nächsten hundert Jahre keine Sorgen. Aber was dann passiert, weiß ich nicht.«

Bevor wir gingen, forderte er uns auf, am frühen nächsten Morgen zurückzukommen, um das Morgenritual zu erleben.

»Das ging ja richtig gut!«, strahlte Tsering, als wir zurück ins Dorf gingen. »Ich wurde sogar gesegnet, obwohl ich keinen Seidenschal dabeihatte!«

Wir setzten uns in den Schuppen, in dem der Laden untergebracht war, und sahen uns den Rest des Abends träge Kick-Boxen, Tennis und Fußball an. Wie lange war es her, dass ich mich zuletzt so entspannt gefühlt hatte? Ich musste nirgendwo hin, ich musste nichts erreichen, und ich hatte nichts zu erledigen, denn hier passierte gar nichts, nichts war eilig. In Humla braucht niemand Hummeln im Hintern zu haben, dachte ich und lächelte selig über meinen Kalauer*.

Am frühen nächsten Morgen gingen wir noch einmal zum Kloster. Im Tempel beugten sich die älteren Mönche über dicke tibetische Bücher. Im Saal saß Pema Rinpoche auf dem Thron und zwinkerte schläfrig mit den Augen. Hin und wieder musste er ein Gähnen unterdrücken.

»Sie feiern offenbar etwas ganz Besonderes«, meinte Tsering. Er hielt einen jungen Mönch an und fragte nach dem Anlass der Zeremonie. Der Mönch zuckte bloß die Achseln und hastete weiter. Tsering gab nicht auf und fragte einen älteren Mönch, der aus dem Tempelsaal kam.

»Es ist der Jahrestag, an dem Degyal Rinpoche, der Mönch, der das ursprüngliche Kloster in Tibet gründete, das Nirwana erreichte«, antwortete der Mönch. Er erklärte uns, dass die Reinkarnation von Degyal Rinpoche, also Degyal Rinpoche II, der Vater von Pema Rinpoche gewesen sei, dem Gründer des Klosters hier in Humla. »Die dritte Reinkarnation, Degyal Rinpoche III, lebt in Kathmandu

---

* Humla oder humle ist Norwegisch für Hummel.

und ist ungefähr dreißig Jahre alt«, fuhr der Mönch fort. »Er ist der Sohn des Bruders von Pema Rinpoche.«

»Nun ist mir alles klar!«, rief Tsering aus. »Ich habe nichts davon gewusst, doch nun begreife ich, wie alles zusammenhängt!«

Ich war ebenso verwirrt wie vorher, aber ich hatte schon immer eine Tendenz, bei verwickelten Familienverhältnissen auszusteigen. Und wenn Reinkarnationen ins Spiel kommen, bin ich chancenlos.

Der Klosterhof füllte sich mit einem Mal mit eifrigen kleinen Jungen in Mönchskutten. Mit schweren Taschen über den Schultern und Notizblöcken, die sie sich vor die Brust klemmten, liefen sie auf das neue Schulgebäude zu. Aus dem Tempel waren Trommeln und Hörner und die psalmodierenden Stimmen der Mönche zu hören.

Wir liefen weiter in Richtung Tibet und folgten nun dem alten Wanderpfad an der Karnali. Der Weg war schmal und der Berghang steil; ein Fehltritt, und man riskierte, tief unten im Fluss zu landen. Aber alles ging gut, wir kamen sicher nach **Muchu** (3120 Meter über N.N.), einem pittoresken Dorf mit kleinen Häusern, die von großen Obstgärten umgeben waren. Vor dem größten Gebäude des Dorfes saß ein großer, dünner Mann in einer frisch gebügelten Uniform.

»Haaalt!«, befahl er. »Alle Ausländer müssen sich registrieren lassen!«

Er schlug sein abgegriffenes Notizbuch auf und zeigte auf eine unbeschriebene Linie. Ich war die einzige Person aus dem Ausland an diesem Tag, aber am Vortag waren vier Schweizer vorbeigekommen, und am Tag davor hatte eine Gruppe von fünf Niederländern ihre Namen hinterlassen.

Der Assistent des Polizisten, der ebenfalls groß und dünn war und eine frisch gebügelte Uniform trug, ging rastlos vor dem Polizeirevier auf und ab.

»Gibt es hier viel Kriminalität?«, erkundigte ich mich. Ein paar Tage zuvor war ich einem weinenden Guide begegnet – irgendjemand war in sein Zelt eingebrochen und hatte die gesamte Expeditionskasse gestohlen. Die gestohlene Summe entsprach einem kompletten Jahreslohn.

»*No problem!*«, lächelte der Polizist.

»Nicht einmal ein bisschen Schmuggel aus China?«

»*No problem! Don't worry!*« Der Polizist klappte sein Notizbuch zu und winkte uns weiter.

Es war bereits spät am Tag, und mein Magen knurrte vor Hunger, aber keines der Cafés an der Straße war offen.

»*No problem! Don't worry!*«, lächelte Tsering, ging zu einem Haus und klopfte. Ein Mann in den Vierzigern öffnete. Gemeinsam mit seiner Frau bereitete er uns für eine bescheidene Summe etwas zu essen zu. Er sei häufig in China, erzählte er, dort sei es leichter, Arbeit zu finden. Hin und wieder arbeitete er in der Landwirtschaft, manchmal auch als Bauarbeiter, und ab und an kaufte er auch Decken, die er in den abseits gelegeneren Dörfern von Humla weiterverkaufte.

»Das Leben in China ist einfacher«, behauptete er. »Hier ist es schwierig. Sehr schwirig. Man muss sich abrackern, und wir haben kein Geld. Aber«, fügte er hinzu und sah mir in die Augen, »wir haben die *Freiheit*. Die haben sie in China nicht.«

Mich berührten diese einfachen, glasklaren Worte sehr. Als wären sie dem Bericht des Dichters Henrik Wergeland über Hans Jakobsens Käse entnommen: Der Arbeiter Hans Jakobsen saß am Wegesrand und aß sein unbelegtes grobes Brot mit gutem Appetit, als Wergeland vorbeikam. Der Dichter bemerkte, Hans würde an diesem Tag aber ein karges Mittagessen zu sich nehmen. »Oh«, erwiderte Hans Jakobsen bedächtig, »ich habe guten Käse auf dem Brot.« Wergeland konnte keinen Käse sehen, aber Hans Jakobsen wies mit dem Kopf auf die angeketteten Zwangsarbeiter aus der Strafanstalt in der Nähe. »Ich habe guten Käse auf dem Brot. Ich habe die *Freiheit*.«

Hans Jakobsens Käse ist immer und überall gleich gut und gleich kostbar.

Yari (3700 Meter über N.N.), das letzte Dorf vor der Grenze, bestand aus fünfzehn, sechzehn einfachen Häusern an der Straße. Tibet war jetzt nur einen raschen dreistündigen Marsch entfernt, während Simikot viele Tage hinter uns lag – und Kathmandu so fern wie ein anderer Kontinent war. In Yari lebten alle von Saisonarbeit in China, die Männer waren oft mehrere Monate lang fort. Die Landschaft war nicht länger grün und fruchtbar, sondern braun und trocken; niedrige Büsche ersetzten die blühenden Obstbäume. Wir waren nicht mehr in den Schweizer Alpen, sondern auf der tibetischen Hochebene, im Regenschatten des Himalaya.

In einer engen, fensterlosen Küche kochte eine ältere Frau Spinat-Dumplings. Ihr pechschwarzes Haar hatte sie zu zwei Zöpfen geflochten, mit grünen und lilafarbenen Fäden verlängert und unten am Rücken verknotet. Auch die Frisuren waren jetzt tibetisch.

Als das Essen fertig war, hatte sich der kleine Speisesaal bis auf den letzten Platz gefüllt. Guides und Träger aus ganz Nepal waren auf dem Weg zur Grenze, um die Helikopterladungen mit indischen Pilgern in Empfang zu nehmen. Ich kletterte eine einfache Leiter hinauf und legte mich in das gelbe Zelt, das wir aus Mangel einer besser geeigneten Stelle auf dem Dach eines leer stehenden Hauses aufgeschlagen hatten. Der Lärm von betrunkenen Männerstimmen und Gelächter verebbte in der Nacht. Als die Stimmen allmählich verstummten, übernahmen die Hunde.

Ich war weit, weit von zu Hause entfernt, auf dem Weg in das seltsame Niemandsland zwischen zwei Nationalstaaten. Ich war bereits halb in Tibet. Die nepalesischen Telefonsignale waren schon lange verloren gegangen; ich befand mich in einer elektronischen *Terra Nullius*, allein in einem gelben Zelt auf einem flach gestampften Dach unter einem grenzenlosen Sternenhimmel.

Zwischen uns und der chinesischen Grenze lag der viereinhalbtausend Meter hohe **Nara-La-Pass** (4530 Meter über N.N.). Erst geht es tausend Höhenmeter hinauf, dann wieder hinunter. Ich japste nach Luft, doch Tsering war glänzender Laune und summte leise vor sich hin – beflügelt von dem Gedanken, bald wieder zu Hause bei seinen Töchtern zu sein, die er mit jeder Stunde, die verging, mehr vermisste.

»Wie viele Tage benötigen Sie für die Rückreise?«, erkundigte ich mich.

»Eine halbe Stunde.« Er grinste. »Ich nehme den Hubschrauber.«

Ständig flogen Hubschrauber dröhnend über uns hinweg. Ganz oben am Pass kamen sie uns so nah, dass sie beinahe unsere Köpfe streiften. An der Nordseite lagen noch immer schmutzige Schneewehen des letzten Winters, wir schlidderten den Berghang hinunter. Spitze Berge zogen sich in Richtung Kailash nach Tibet hinein, die letzten Reste des Himalaya.

Die Schotterstraße, die hinunter nach Hilsa führte, war durch eine große Steinlawine blockiert. Ein gestrandeter Jeep stand mitten in einer Kurve, der Fahrer und die Passagiere hatten ihn aufgegeben und waren zu Fuß weitergegangen. Auf der anderen Seite des Flusses wand sich eine asphaltierte Straße wie ein futuristisch schimmernder Aal.

Hilsa (3640 Meter über N.N.) war ein Loch. Grenzstädte sind selten charmant, Hilsa war jedoch eine Klasse für sich. Die Siedlung unten am Flussufer war umgeben von braunen nackten Bergen. Die niedrigen Häuser, die entweder aus Stein und getrocknetem Schlamm oder aus Beton bestanden, sahen alle aus, als fehlten ihnen ein oder zwei Stockwerke. Überall ragten neue Hotels aus Beton auf, um die Horden von Helikopterpilgern auf dem Weg zum heiligen Kailash aufzunehmen.

Erschöpfte Inder schwankten durch die staubigen Straßen, eingepackt in dicke Daunenjacken, Sturmhauben, Schals und Fäustlinge. Die Daunenjacken gehörten ganz offensichtlich zum All-inclusive-Pilger-Paket, denn alle trugen die gleichen gelben und blauen Steppjacken. Die Menschen glichen gigantischen Bonbons. Neue Hubschrauber landeten und starteten, landeten und starteten, und aus ihnen taumelten weitere Inder in gelben und blauen Jacken.

Die Männer, die vor den Bars herumlungerten, waren dünn bekleidet und hatten versteinerte Gesichter. Sie warteten darauf, dass die Grenze wieder für Nepalesen geöffnet wurde, viele von ihnen hatten bereits seit mehreren Wochen gewartet. Eine tibetische Frau war kürzlich von einem Nepalesen auf der chinesischen Seite der Grenze ermordet worden, daraufhin waren zwei- bis dreitausend Arbeiter aus Humla umgehend zurück in ihr Heimatland geschickt worden. Niemand wusste, wann die Grenze für nepalesische Gastarbeiter wieder geöffnet wurde. Es gab Gerüchte, möglicherweise würde es bereits am kommenden Tag passieren, aber niemand wusste wirklich etwas Genaues.

Ich drücke die Daumen, dass die chinesischen Grenzposten zumindest eine norwegische Privatlehrerin durchlassen würden.

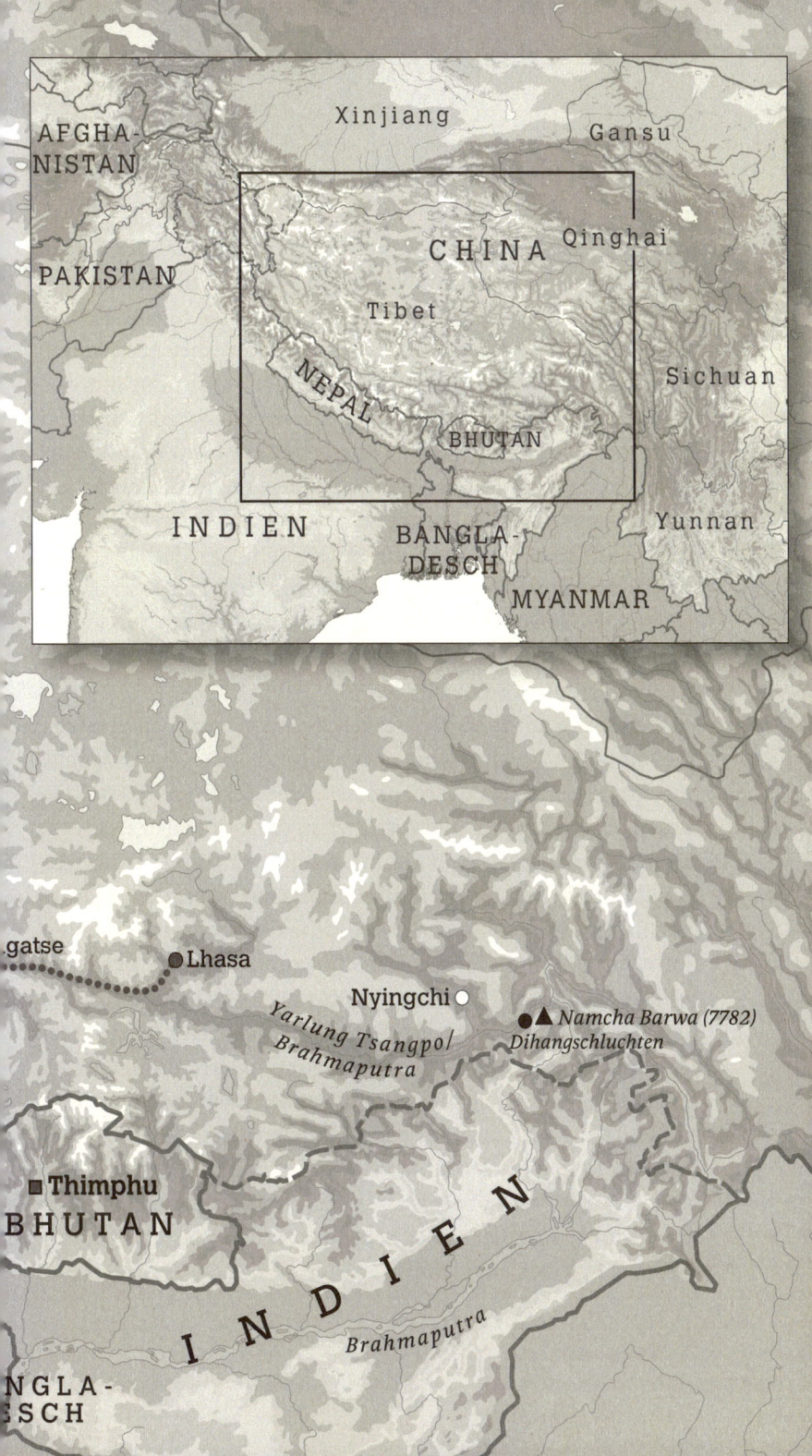

Die verlorene Gemeinde

Eine Grenze zu überqueren, ist das Übergangsritual des Reisenden; man verlässt eine Wirklichkeit, mit der man möglicherweise gerade ein wenig vertraut geworden ist, um sich in eine fremde Wirklichkeit zu begeben. Auf dem Weg von der einen zur anderen Grenzstation, mit dem Ausreisestempel, aber noch ohne Einreisestempel, befindet man sich in einem passiven Zustand, den die Sozialanthropologen die liminale Phase nennen – die empfindliche Zwischenphase, in der man einerseits noch nicht vollständig ausgestiegen, andererseits aber noch nicht eingeweiht ist und in der daher alles passieren kann. In bestimmten Gesellschaften hält man diese liminale Person für gefährlich, manchmal sogar für heilig. Auch der konkrete Grenzüberquerer wird als verdächtig angesehen, allerdings kaum als Heiliger: Wer bist du, was willst du bei uns, und was hast du in deinem Koffer?

Viele Jahre durfte so gut wie kein Norweger nach Tibet reisen. Nachdem das norwegische Nobel-Komitee 2010 den Friedensnobelpreis an den im Gefängnis sitzenden Dissidenten Liu Xiaobo vergeben hatte, landete Norwegen in der berüchtigten chinesischen Gefriertruhe. Die politischen Kontakte zwischen Norwegen und China wurde auf ein Minimum reduziert, norwegische Firmen hatten Schwierigkeiten, Produkte in das Land zu exportieren, Norwegern wurde die Einreisegenehmigung nach Tibet verweigert. Nach sechsjähriger Eiszeit gingen Norwegen und China 2016 ein sogenanntes Normalitätsabkommen ein, in dem sich der norwegische Staat verpflichtet, »großen Wert auf Chinas Hauptinteressen und wichtigste Sorgen zu legen und keine Handlungen zu unterstützen, die diese Interessen unterminieren«. In der Zeit nach der Unterzeichnung des Abkommens wurde China zu einem der größten Importeure von norwegischem Zuchtlachs, chinesische Touristen strömten über die norwegische Grenze, und Norweger durften wieder nach Tibet. Zwei Jahre nach Normalisierung der bilateralen

Verhältnisse wurde bekannt, dass Liu Xiaobo im Sterben lag. Während die Außenminister der Europäischen Union die chinesischen Verantwortlichen lautstark aufforderten, den Nobelpreisträger freizulassen, weigerte sich die norwegische Ministerpräsidentin Erna Solberg, die Angelegenheit zu kommentieren. Am 13. Juli 2018 ging Liu als der zweite Nobelpreisträger in die Geschichte ein, der in Gefangenschaft starb, ohne dass er nach Oslo hatte reisen dürfen, um den Preis entgegenzunehmen. Sein Verbrechen? Er war Mitverfasser der *Charta 08*, eines politischen Manifests, in dem grundlegende demokratische Reformen in China gefordert wurden.

Journalisten dürfen noch immer nicht nach Tibet. In dem Einreisegesuch hatte ich daher wie gewöhnlich als Beruf Privatlehrerin angegeben.

Bevor ich einen Einreisestempel bekommen konnte, musste ich mir einen Ausreisestempel besorgen. Das Büro der Nepal Immigration befand sich in einem großen Steinhaus mit rotem Dach. Unbefugte kamen nicht in das Bürogebäude, sondern wurden in eine enge Gasse verwiesen, in der es während der Öffnungszeiten möglich war, mit den Bürokraten durch eine kleine Luke zu kommunizieren, die ziemlich hoch an der Wand angebracht war. Eine bissige Frau in den Vierzigern studierte meine Papiere gründlich.

»Sie müssen ein Bußgeld zahlen«, erklärte sie. »Ihre Wandergenehmigung ist gestern abgelaufen.«

»Aber auf dem Wandernachweis, der anderen Zulassung, steht das Datum von heute«, argumentierte ich.

Die Frau war unerbittlich. Ich hatte zu zahlen, immerhin gelang es mir, das Bußgeld von vierzehn auf sieben Dollar herunterzuhandeln. Als die Schulden bezahlt waren, legte die Frau die Papiere sorgfältig in die Kunststoffhüllen zurück, irgendein Computer war nicht zu sehen. Dann holte sie feierlich den Stempel heraus, aber es gab nicht genügend Tinte, die Qualität des Stempels war nicht zufriedenstellend. Sie drückte den Stempel fest auf das weiße Papier, ein Mal, zwei Mal, drei Mal, der Abdruck wurde schwächer und schwächer.

»Kommen Sie in einer halben Stunde wieder!«, bellte die Bürokratin.

Eine Dreiviertelstunde später bekam ich meinen Pass zurück, vorschriftsmäßig gestempelt mit vorbildlich deutlichen Konturen, und ging über die Brücke nach China.

Auf der anderen Seite des Flusses standen der tibetische Guide und der Fahrer an einem grauen Kleinbus bereit. Alle Ausländer, die Tibet besuchen, müssen sich von anerkannten Guides begleiten lassen. Jinpa, mein Guide, war vierzig Jahre alt, dünn und sehnig, er hatte ein schmales Gesicht mit tiefen Lachfalten. Der Fahrer, Palden, war zehn Jahre jünger, er trug Lederjacke und Jeans und hatte das Haar großzügig gegelt.

Die chinesische Grenzstation glich einer Festung: grau, menschenleer und hochtechnisiert. Ich war die einzige Ausländerin dort und zog die gesamte Aufmerksamkeit auf mich. Zwei Grenzposten beschäftigten sich eifrig mit meinem Gepäck und fanden mit imponierender Effektivität die Bücher, die ich mitgenommen hatte. Einer der beiden Posten hatte eine Übersetzungs-App und scannte den Titel. *Yeti. Legende und Wirklichkeit* des Südtiroler Himalaya-Veteranen Reinhold Messner überwand problemlos die Mauer des Misstrauens, obwohl das Buch im Grunde ein Verbrechen beschreibt: Messner schleicht sich auf tibetisches Territorium und wandert wochenlang allein umher. Der Romantrilogie des isländischen Schriftstellers Jón Kalman Stefánsson hingegen begegneten die Grenzer aus unbekannten Gründen mit weit größerer Skepsis, sie diskutierten lange und intensiv, bevor ich das dicke Buch schließlich zurückbekam. Zu meiner Überraschung verlangten sie nicht, mein Mobiltelefon zu sehen, obwohl ich Stunden darauf verwendet hatte, sämtliche Fotos zu löschen, die eventuell verraten könnten, dass ich nicht Lehrerin war. Stattdessen wurde ich zu einem Einreiseautomaten gewunken, der mich mit mechanischer Geduld durch die Abnahme der Fingerabdrücke und eines Fotos leitete. Schwupps, dann waren die Formalitäten beendet, und ich befand mich nicht länger im Schwebezustand, sondern verfügte über einen Einreisestempel in die Volksrepublik China.

Eine Viertelstunde später erreichten wir **Purang** (4755 Meter über N.N.), die nächstgelegene Stadt. Purang war seit dem 7. Jahrhundert eine wichtige Handelsstadt, aber sämtliche Spuren der einstigen Größe waren ausgelöscht; alles war funkelnagelneu, modern und gesichtslos. Die Stadt war so neu, dass die Straßen noch nicht fertig waren, sie waren holprig und staubig, immer wieder kam es zu Staus. Auf den Bürgersteigen wimmelte es von verfrorenen Indern in gelben und blauen Pilgerjacken, nepalesischen Bauarbeitern, chinesischen Polizisten und dem einen oder anderen Tibeter. All diese plötzliche Modernität war überwältigend.

»Es gibt hier wirklich nichts zu sehen«, warnte mich Jinpa.

»Was ist mit dem alten Kloster dort oben?« Ich zeigte auf ein rot-weißes Gebäude, das beinahe mit dem Berghang verschmolz. Hinter dem Kloster lagen, soweit ich es erkennen konnte, die Ruinen eines alten Forts.

»Vergessen Sie's«, sagte Jinpa. »Dort kommen wir nicht hin.«

»Aber es gibt doch eine Straße hinauf«, wandte ich ein.

»Das Kloster steht nicht auf der Liste der Dinge, die wir uns ansehen sollen.«

»Können wir nicht trotzdem hinfahren?«

»Nicht ohne Sondererlaubnis, und da das Kloster nicht auf der Liste der Dinge steht, die wir uns ansehen sollen, hat es gar keinen Sinne, es überhaupt zu versuchen.«

Gegen Abend loggte ich mich über einen ausländischen Server in das WLAN-Netz des Hotels ein, um die chinesische Internetsperre zu umgehen, und googelte das Kloster. Es hieß Shepheling und war mit mehreren Hundert Mönchen eines der wichtigsten Klöster der Region gewesen. Das Fort, Tegla Kar, stammte aus dem 12. Jahrhundert, als Purang die Hauptstadt des Königreichs Guge war. Sowohl das Kloster wie das Fort wurden während der Kulturrevolution komplett zerstört. Nach der Jahrtausendwende war das Kloster teilweise wiederaufgebaut worden, nun lebte dort eine Handvoll Mönche.

Der Rest des Tages verging mit Formalitäten.

»Wir müssen zuerst zur Polizei, um Stempel zu bekommen.«

Jinpa wedelte mit einem dicken Haufen Papier. »So wird es an jedem Ort sein, den wir besuchen: Als Erstes müssen wir aufs Polizeirevier, um Stempel zu bekommen.«

Als die notwendigen Stempel beschafft waren, alle vorbildlich konturiert, ging es weiter zum Zoll, der aus irgendeinem Grund im Stadtzentrum stationiert war, mehrere Kilometer von der Grenzstation entfernt. Das Zollgebäude war beeindruckend groß und gähnend leer. Jinpa führte ein rasches Telefonat, und fünf Minuten später kamen zwei Beamte angerannt. Der eine trug meinen Koffer und meinen Rucksack aus dem Gebäude und desinfizierte die Gepäckstücke mit Spray aus einem großen Tank, der auf seinen Rücken geschnallt war. Dann zog er Gummihandschuhe an, öffnete den Koffer und fand augenblicklich die Bücher. Er blätterte in ihnen, schüttelte sie aus und checkte gründlich die Fotos. Es war beinahe rührend, wie ernst chinesische Staatsangestellte Literatur nahmen. Auch hier wollte niemand mein Mobiltelefon oder den Laptop überprüfen; Bücher aus Papier wogen offenbar am schwersten.

Als die Bücher genauestens kontrolliert waren, legte der Zöllner sie ordentlich zurück in den Koffer und zog die Reißverschlüsse zu. Grünes Licht. Ich war durch das Nadelöhr gelangt.

Obwohl Purang auf den ersten Blick beeindruckend wirkte, zumindest verglichen mit den bettelarmen Dörfern auf der nepalesischen Seite der Grenze, offenbarte die Stadt schnell ihren eigentlichen Charakter als ziemlich langweilige Provinzstadt. Jinpa hatte recht – hier gab es nichts zu sehen und nichts zu tun. Auf dem Bürgersteig standen junge Männer unter blauen Kunststoffplanen und spielten Billard. Die älteren Männer saßen in Teehäusern, in denen sie ihr Geld verspielten, während sie die Tage mit billigem Schnaps fortspülten. Die Fliegen in Humla zeigten nun doch Wirkung, ich war gezwungen, den Abend in unmittelbarer Nähe der Toilette zu verbringen, die hin und wieder doch ein Beweis für den unbestrittenen Triumph der Zivilisation ist.

Als vor Millionen von Jahren die Kontinentalplatten kollidierten, wurde die Landmasse des heutigen Tibet nach und nach mehrere

Kilometer hoch in die Luft gedrückt. Die tibetische Platte hat heute eine durchschnittliche Höhe von viereinhalbtausend Metern. Der Sand- und Kalkstein hier oben ist voller mariner Fossilien vom Grund eines Meeres, das es nicht mehr gibt.

Die Straße war schmal und gesegnet gerade, ohne Schlaglöcher und ohne jeden entgegenkommenden Verkehr. Im Süden erhob sich der Himalaya wie ein weißer gezackter Lattenzaun – eine effektive Barriere gegen den Monsun. Auf der Südseite sind die Berge grün und voller Blumen; hier im Norden war die Landschaft braun und unfruchtbar. Das Klima in diesem Teil von Tibet gehört zum trockensten in Asien, im Winter sinken die Temperaturen weit unter null Grad. Durch die Weite der Landschaft hatte man das Gefühl, als befände man sich mitten auf dem Meer, umgeben von gefrorenen, zerklüfteten Wellen. Die Canyons wiesen so deutliche Risse und Farbnuancen auf, dass sie geradezu künstlich aussahen, wie von Menschen geformt; die Hauben auf den Gipfeln über den Flusstälern erinnerten unmittelbar an Pagoden. Die Bergformationen erstreckten sich scheinbar endlos in sämtliche Richtungen und erstrahlten in allen Farben: braun, gelb, rostrot, bronze, silbern und gold.

Von Zeit zu Zeit kamen wir an wohlgeordneten Reihen von niedrigen, gleichartigen Häusern vorbei – der unermüdliche Versuch der Zentralmacht, zu organisieren, zu kontrollieren und zu regulieren. Von den Dächern wehten rote chinesische Fahnen im Wind. Die Häuser waren für die Nomaden gebaut, damit sie zumindest für bestimmte Zeiten des Jahres einen festen Wohnsitz hatten. Ursprünglich bestand rund ein Drittel der tibetischen Bevölkerung aus Nomaden, doch ihr Lebensstil ist inzwischen unter heftigen Druck geraten: Zehntausende Nomaden wurden aus ihren traditionellen Weidegebieten vertrieben und in künstlichen Dörfern zwangsangesiedelt. Der chinesische Staat führt Ökologie und Umweltschutz als Argument an, der tatsächliche Grund ist jedoch häufig, dass die Weidegebiete für den Bergbau genutzt werden.

Im Laufe des Nachmittags fuhren wir durch Straßen, die von weißen Fertighäusern mit Glasfassaden gesäumt waren.

»Als ich das letzte Mal in **Zanda** (3660 Meter über N.N.) war, gab es hier nur ein paar Häuser«, murmelte Jinpa. »Der Ort ist ja nicht wiederzuerkennen ...«

Obwohl es so viele ansehnliche Häuser gab, waren sämtliche Geschäfte und Cafés in engen, kleinen Schuppen untergebracht; in den dunklen, länglichen Restaurants standen vier, fünf Tische in einer Reihe an der Wand. Männer in Lederjacken, Leiharbeiter von den Baustellen, schlürften Nudeln, wobei sie konzentriert auf die Displays ihrer Mobiltelefone starrten.

Hinter den Betongebäuden erhoben sich graubraune Bergformationen. Von dem einfachen Hotel aus, in das wir uns einquartiert hatten, schlängelte sich ein schmaler Pfad den Berghang hinauf zu einer Unmenge von Höhlen, die Menschen gegraben hatten.

»Können wir hochgehen und sie uns ansehen?«

»Nein.« Jinpa schüttelte entschieden den Kopf. »Wir haben keine Erlaubnis.«

»Brauchen wir wirklich eine schriftliche Erlaubnis, um einen kurzen Spaziergang vom Hotel aus zu unternehmen?«

»Wir brauchen eine Erlaubnis für alles«, seufzte Jinpa.

Wir besuchten die Höhlen nicht, aber glücklicherweise hatten wir die Erlaubnis, die Ruinen in Tsaparang zu besuchen, der letzten Hauptstadt des einst so ausgedehnten Guge-Reichs. Das Königreich Guge existierte mehr als sechshundert Jahre, in ihm stand die erste Kirche Tibets.

Bis zum 10. Jahrhundert war Tibet eines der größten und mächtigsten Reiche Asiens und erstreckte sich weit über die heutigen Grenzen hinaus. Allerding liefern die heutigen Grenzen auch kein sonderlich gutes Bild über die Verbreitung der tibetischen Sprache und Kultur: Rund die Hälfte aller Tibeter in China lebt außerhalb der Grenzen der Autonomen Region Tibet – abgekürzt TAR –, die lediglich Ü-Tsang umfasst, eine von drei Regionen, die das ursprüngliche Tibet ausmachten. Große Teile der beiden übrigen Regionen, Kham und Amdo, sind heute Teil der chinesischen Provinzen Gansu, Sichuan, Qinghai und Yunnan. Das kulturelle Tibet erstreckt sich folglich über ein weit größeres Gebiet als auf der heutigen politischen Landkarte angegeben, zumal Zehntausende Tibeter außerdem südlich der chinesischen Grenze leben, in den Hochgebirgsregionen von Nepal und Indien.

Seine allergrößte Ausdehnung hatte das tibetische Imperium Ende des 8. Jahrhunderts, als der tibetische König über Gebiete bis tief ins heutige Afghanistan, Usbekistan und Kasachstan herrschte und damit die Handelsrouten entlang der Seidenstraße kontrollierte. Im Osten bedrohten die tibetischen Könige die brüchige Grenze der chinesischen Tang-Dynastie.

Die Tibeter selbst führen ihre Geschichte bis ins Jahr 127 vor Christus zurück, dem Jahr, in dem der erste Tsenpo, der Gottkönig, an einem Seil aus dem Himmel zur Erde hinabstieg. Als der Gottkönig starb, stieg er wieder zum Himmel auf, und sein ebenfalls göttlicher ältester Sohn übernahm seinen Platz. Das System funktionierte einwandfrei, bis der achte Gottkönig seinen Stallmeister verärgerte, der so wütend wurde, dass er das Seil durchschnitt, das zum Himmel führte. Der achte und letzte Tsempo in der königlichen Reihenfolge wurde an einem Ort im Süden Tibets begraben, seinen Platz übernahmen von da an weltliche Könige.

Der Buddhismus erreichte Tibet im 7. Jahrhundert, über tausend Jahre, nachdem Siddharta Gautama, Buddha, in Nord-Indien gestorben war. Die Anhänger des neuen Glaubens gerieten in einen Konflikt mit den Anhängern von *Bön*, dem alten Glauben an Geister, Dämonen und lokale Götter. Bön wird auch heute noch praktiziert, aber Buddhismus und Bön haben nun schon so viele Jahrhunderte nebeneinander existiert, dass es keinen großen Unterschied zwischen den beiden Glaubenssystemen mehr gibt. Bön hat sich beim Buddhismus bedient und der Buddhismus bei Bön, und es ist nicht wirklich bekannt, wie Bön tatsächlich praktiziert wurde, bevor der Buddhismus Einzug hielt. Die Angelegenheit wird zusätzlich noch dadurch verkompliziert, dass fast die komplette offizielle Geschichtsschreibung in Tibet in den buddhistischen Klöstern stattgefunden hat. Der Name der Tibeter für Tibet ist im Übrigen *Bod*, ein Name, der aller Wahrscheinlichkeit nach aus der Zeit stammt, als Bön der dominierende Glaube war – der Name findet sich unter anderem auch im Namen Bhutan wieder.

Das erste buddhistische Kloster wurde gegen Ende des 8. Jahrhunderts unter König Thrisong Detsen errichtet, als das tibetische Imperium auf dem Höhepunkt seiner Macht war. Thrisong Detsen führte den Buddhismus als Staatsreligion ein und holte Lehrer und Meister aus Indien, um den Glauben unter den Tibetern bekannter zu machen. Padmasambhava, der tantrische Meister, der seine Spuren im gesamten Himalaya hinterlassen hat, gehörte zu den Eingeladenen. Padmasambhava bekam die Aufgabe, gegen die mächtigen und ungeschliffenen tibetischen Götter und Geister anzutreten, sodass der Buddhismus in Frieden gedeihen konnte. Der Legende nach gelang es ihm, die lästigen Geister zu unterwerfen, dabei machte er sich aber zahlreiche Feinde bei Hof und wurde schließlich aufgefordert, Tibet zu verlassen. Erst viele Hundert Jahre später wurde er zu der überragenden religiösen Gestalt, die den tibetischen Buddhismus bis heute prägt.

Bereits im 9. Jahrhundert begann das enorme tibetische Imperium zu zerfallen, parallel dazu schwand die privilegierte Stellung des Buddhismus als Staatsreligion. Langdarma, der letzte König des tibetischen Großreiches, soll ein Anhänger von Bön gewesen sein, dem alten Glauben; er veranlasste großangelegte Verfolgungen von Buddhisten im ganzen Reich. Mitte des 9. Jahrhunderts wurde Langdarma von einem Eremitenmönch umgebracht. Der Mönch wird heute in Tibet als Held verehrt, und die Höhle, in der er meditierte, ist ein beliebter Wallfahrtsort.

Nach Langdarmas Tod kam es zum Streit um die Erbfolge. Die älteste Königin hatte noch keinen Thronerben geboren, die jüngste Königin hingegen schon. Die Familie der ältesten Königin besorgte ein Baby, von dem sie behauptete, es sei ihr eigenes – es entbrannte ein Streit, welcher der beiden Säuglinge zum nächsten König gekrönt werden sollte. Die Erbstreitigkeiten fielen zusammen mit schlechten Ernten im ganzen Reich, dazu flammten alte Konflikte zwischen rivalisierenden Klans wieder auf. Jahre mit Bürgerkrieg und Machtkämpfen folgten, das einst so mächtige tibetische Reich löste sich auf, die ehemals so expansionistischen Tibeter zogen sich zu einem Dasein in erhabener Isolation auf dem Bergplateau zurück.

Ende des 10. Jahrhunderts gründete Nyima Gön, einer der Enkel von Langdarma, ein neues Reich im Westen. Als Nyima Gön starb, wurde dieses gewaltige Reich unter seinen drei Söhnen aufgeteilt. Einer wurde Herrscher in Ladakh, der andere in Zanskar – beide Regionen liegen im heutigen Nord-Indien –, während der dritte Sohn Herrscher über Guge im nordwestlichen Tibet wurde. Wir wissen nicht, woran Nyima Gön oder seine Söhne glaubten, aber Yeshe-Ö, sein Enkel, der schließlich den Thron in Guge erbte, war ein zutiefst gläubiger Buddhist, der einer der wichtigsten Unterstützer der Verbreitung des Buddhismus in Tibet wurde. Yeshe-Ö schickte eine Reihe Gelehrter über das Himalaya-Gebirge nach Indien, die buddhistische Kenntnisse und Weisheiten zurück ins Reich bringen sollten. Nur zwei Gelehrte überlebten die strapaziöse Reise – einer war Lochen Rinchen Sangpo, der große Übersetzer. Er übersetzte eine enorme Zahl buddhistischer Texte von Sanskrit ins Tibetische, und diese Übersetzungen sind der Hauptgrund, warum das Tibetische bis heute die dominierende Sprache in den buddhistischen Klöstern des Himalaya ist.

Allerdings wurde der Buddhismus nicht ausschließlich über Wissen und Übersetzungen verbreitet, sondern auch durch rohe Gewalt: Yeshe-Ö verbot die Ausübung von Bön und sorgte dafür, dass Bön-Schriften zerstört und seine Anhänger verfolgt und ermordet wurden.

Das Königreich Guge bestand über sechshundert Jahre, doch in Europa hatte niemand je von seiner Existenz gehört, bis zwei portugiesische Jesuiten im Sommer 1624 von der indischen Seite aus den Himalaya durchquerten und beinahe durch Zufall in diesem bisher unbekannten Königreich landeten. Sie wurden herzlich empfangen. Der ältere Jesuit war der vierundvierzigjährige António de Andrade, bereits ein Veteran im Missionsgeschäft. Andrade wurde begleitet von seinem jüngeren Landsmann Manuel Marques sowie zwei christlichen indischen Dienern und einer Handvoll einheimischer Träger.

Andrade hatte zunächst einen Versuch unternommen, den gefürchteten Mana-Pass ohne Marques zu überwinden, und in einem seiner zwei Briefe, die sich von dieser Expedition erhalten haben, beschreibt er, wie er unterwegs um Atem rang. Die Einheimischen meinten, die Luft oben in den Bergen sei giftig, sie konnten Geschichten von Menschen erzählen, die eigentlich bei guter Gesundheit waren, aber plötzlich krank wurden und im Laufe einer Viertelstunde gestorben waren. Doch nicht nur die Bergluft bereitete Andrade Schwierigkeiten. Es war noch früh im Jahr, und hoher Schnee behinderte ihn, außerdem geriet er unterwegs in ein heftiges Unwetter und war gezwungen umzudrehen.

Einen Monat später, als der Schnee geschmolzen und das Wetter besser war, unternahm Andrade einen neuen Versuch, den Pass zu überqueren, diesmal zusammen mit Marques. Es gelang den beiden Jesuiten tatsächlich, den fünftausendsechshundertzweiunddreißig Meter hohen Pass zu überwinden, sie waren damit die ersten Europäer, die wir kennen, die den Himalaya überquert haben. Eigentlich waren die Jesuiten auf der Suche nach der christlichen Gemeinde des »Priesterkönigs Johannes«, über die seit Jahrhunderten Geschichten und Sagen kursierten. Diesen Legenden zufolge sollte es im Fernen Osten einmal einen großen christlichen Herrscher gegeben haben. Viele Expeditionen waren ausgesandt worden, um nach seiner verschwundenen Gemeinde zu suchen, doch bis dato war es noch niemandem gelungen, sie zu finden.

Andrade muss schnell erkannt haben, dass die frommen Buddhisten, auf die er auf der anderen Seite der Berge stieß, nicht die verlorene christliche Gemeinde waren, nach der er suchte. Die portugiesischen Missionare wurden dennoch vom König und der Königin von Guge freundlich aufgenommen. Das Königspaar ließ sich von dem tiefen fremden Glauben beeindrucken, der ihrem eigenen nicht ganz unähnlich war. Andrade seinerseits war gerührt von der Freundlichkeit und Gastfreundschaft der Tibeter, allerdings war er weniger angetan von dem Brauch der Lamas, aus Schädeldecken zu trinken. Der König ernannte Andrade zum obersten Lama und gab den Fremden die Erlaubnis, ein Jahr später zurückzukommen, um in der Hauptstadt Tsaparang eine Kirche zu bauen. Die Portugiesen ließen sich nicht zwei Mal bitten. Im darauffolgenden Sommer kehrten sie mit vier jesuitischen Brüdern auf dem mühsamen Weg über den Mana-Pass zurück und begannen sofort mit dem Bau einer Missionsstation. Am ersten Ostertag im Frühjahr 1626 legte der König persönlich den Grundstein der allerersten christlichen Kirche Tibets.

Als Andrade einige Jahre später Guge verließ, war er überzeugt, dass die Kirche, die er erbaut hatte, blühen würde, obwohl er und seine Missionsbrüder nicht mehr als einige Hundert Einwohner des gewaltigen Reichs hatten überzeugen können, ihren Glauben zu wechseln. 1634, kurz nach seiner Rückkehr, starb Andrade in Goa. Er bereitete eine Anklage wegen Ketzerei vor, und es hieß, der Sohn des Angeklagten habe ihn vergiftet, allerdings wurde dies nie bewiesen.

Mit seinem Missionarskollegen Marques meinte es das Schicksal auch nicht besser, eher im Gegenteil. Wenige Monate nach Andrades Rückkehr nach Indien gab es einen Aufstand einer Gruppe von Lamas in Tsaparang gegen den toleranten König und die ausländischen Missionare, der von muslimischen Kriegern aus dem Nachbarkönigreich Ladakh unterstützt wurde. Der König wurde abgesetzt, die Stadt geplündert, und die fünf Jesuiten, die sich noch in Guge befanden – darunter Marques –, wurden gefangen genommen, zur Grenze eskortiert und aus dem Königreich geworfen. Marques ließ sich jedoch nicht abschrecken und organisierte einige Jahre später, im Sommer 1640, eine neue Expedition über den Mana-Pass. Das Ziel war die Wiedereröffnung der Missionsstation in Guge, doch bevor sie dort eintrafen, wurde die Expedition angegriffen und Marques verhaftet. Ein Jahr später empfing das jesuitische Hauptquartier in Agra einen Brief des unglückseligen Missionars, in dem er berichtete, dass er von den Tibetern gefoltert würde und alle Hoffnung auf Rettung aufgegeben habe. Seither hat man nichts mehr von ihm gehört.

Nachdem es eine kurze Zeit zu Ladakh gehörte, wurde das Königreich Guge Ende des 17. Jahrhunderts von Lhasa und dem mächtigen fünften Dalai Lama unterworfen. Tsaparang, die Hauptstadt des einst so gewaltigen Königreichs, lag da bereits in Schutt und Asche und wurde seither nicht wieder aufgebaut und bewohnt.

Die alte Hauptstadt klammert sich an eine poröse Bergkuppe, und es ist beinahe unmöglich zu sagen, wo die Berge aufhören und die menschlichen Bauwerke beginnen. Ganz unten liegen die Höhlen und Häuser des gewöhnlichen Volkes. Über den Höhlen der gemeinen Bevölkerung, aber weit unterhalb des Königsschlosses, stehen zwei buddhistische Tempel, ein weißer und ein roter, deren Wände mit mehreren Hundert meditierenden Buddhas geschmückt sind. Die Malereien sind überraschend gut erhalten, aber sämtliche Tonfiguren wurden gründlich und systematisch zerschlagen, nur der Holzstab, der das Skelett der Figuren bildete, ist hin und wieder noch vorhanden. Ein einziger Kopf wurde für die Nachwelt bewahrt und thront symbolisch auf einem Haufen Tonscherben.

Die Statuen hatten die Verwüstungen der muslimischen Söldnersoldaten aus Ladakh und die Invasion aus dem rivalisierenden Lhasa überlebt, doch gegen die Rotgardisten der 1960er Jahre, die Befreier des Volkes, hatten sie keine Chance.

Ein Labyrinth unterirdischer Gänge und Treppen führt hinauf zur königlichen Residenz, die über der Stadt lag und von der in unseren Tagen nur noch die dicken Wände des Sommerschlosses vorhanden sind. Von oben sahen wir auf das ausgetrocknete Flussbett und die Canyons; die trockene, ungastliche braune Landschaft ist so monumental, dass selbst der Himmel ihre Farbe annimmt.

Die Kirche, die die Jesuitenbrüder mit so viel Mühe hier oben erbaut haben, hat lediglich Spuren in den Geschichtsbüchern hinterlassen.

Die Mitte der Welt

Eine ganz andere Landschaft. Der See lag hellblau und blank vor mir, die ihn umgebenden Berge spiegelten sich auf der Wasseroberfläche. Der Morgen war windstill, die Sonne wärmte bereits. Zwei Frauen in roten Saris hockten am Ufer und füllten Plastikflaschen mit dem heiligen Wasser; später erfuhr ich, dass sie mehrere Jahre gespart hatten, um hierherzukommen. Ein magerer alter Mann, der lediglich eine Unterhose trug, saß im Lotossitz am Wasser. Am Strand, einige Meter vom Ufer entfernt, stand eine lange Reihe von Pilgern, Frauen in bunten Kleidern, Männer in weißer Unterwäsche, und wartete darauf, sich mit Eimern voll eiskaltem Wasser übergießen zu dürfen, schnell und unnachsichtig. *Om Shiva om!* Heil dir, Shiva!, rief die Volksmenge ekstatisch, während die Eimer über den Pilgern ausgeleert wurden, einer nach dem anderen. Früher hatten die Pilger im See untertauchen können, aber vor Kurzem war ein Badeverbot eingeführt worden. Es sah aus, als erfüllten die Eimer den gleichen Zweck.

Für die Hindus ist das Wasser des **Manasarovarsees** (4590 Meter über N.N.) so heilig, dass es die Kraft hat, all ihre Sünden zu tilgen, nicht nur die, die man in diesem Leben begangen hat, sondern sämtliche akkumulierten Sünden der zurückliegenden letzten hundert Leben.

Manas kommt aus dem Sanskrit und bedeutet »Gedanke« oder »Gemüt«, *Sarovar* heißt »See« – laut hinduistischen Texten entsteht der See erst im Geist des Schöpfers, Brahma; der Manasarovarsee und Brahmas Seele sind mit anderen Worten ein und dasselbe. Der See ist aber auch den Buddhisten und den Anhänger des Jainismus und des Bön heilig. Siddharta Gautama, Buddha, soll der Legende nach hier empfangen worden sein, obwohl Lumbini, der Ort, wo er geboren wurde, Hunderte von Kilometern weiter südlich liegt, auf der anderen Seite des Himalaya. Er soll auch bei mehreren Anlässen am See meditiert haben, ähnlich wie Padmasambhava, der tantrische Meister aus dem Swat-Tal, dem es im Laufe seines Lebens gelang, im ganzen Himalaya zu meditieren. In dem kleinen Kloster, das sich direkt über dem See an den Felsen klammert, kann man den Beweis sehen: einen enormen Fußabdruck, wie von einem Yeti, der in einer klaustrophobischen Höhle für alle Ewigkeit bewahrt ist. Man weiß wenig über Padmasambhavas Aussehen, aber er muss aufsehenerregend große Füße gehabt haben.

Krumm gebeugte tibetische Frauen, die bodenlange gewebte Kleider trugen, schlichen das Ufer entlang, wobei sie immer wieder das heilige sechssilbige Mantra wiederholten, *om mani padme hum*, hundert Mal, tausend Mal, hunderttausend Mal. Der heilige See hat einen Umkreis von fast neunzig Kilometern, es würde sie mehrere Tage kosten, ihn einmal zu umrunden.

Auf der anderen Seite des Ufers ragte ein leicht schräger, pyramidenförmiger Gipfel, der vom Neuschnee kreideweiß war, aus den weit niedrigeren Bergen, die ihn umgaben, heraus: der Kailash. Unter den Hindus ist er als *Meru* bekannt, Shivas Heim, die Buddhisten nennen ihn *Kang Rinpoche*, der kostbare Schneeberg, Tibets Seele, die Mitte der Welt.

Gleich neben dem heiligen Berg haben vier heilige, Leben spendende Flüsse ihren Ursprung: Indus, Brahmaputra, Sutlej und Karnali, die in den indischen Ebenen in den Ganges münden. Kein Wunder, dass der Kailash angebetet wird, seit Menschen auf dem tibetischen Plateau leben; lange bevor die großen Religionen begründet wurden, und lange bevor die arischen Volksgruppen aus dem Westen hierherwanderten.

Vom frühen Morgen an strömten festlich gestimmte Tibeter auf die **Hochebene** (4750 Meter über N.N.). Leichte Schneeflocken tanzten kleine Pirouetten in der dünnen Luft. Mitten auf der Ebene stand in einem sanften, schrägen Winkel ein von Stangen gestützter Mast, an dem Yak-Felle und bunte Gebetsfahnen hingen. Mehrere Tausend Menschen waren erschienen, viele von ihnen waren tagelang unterwegs gewesen und hatten das gesamte Bergplateau überquert, um diesen allerheiligsten Berg in der Mitte des allerheiligsten Monats zu erreichen, *Saga Dawa*.

Langsam erhob sich der Mast in den Himmel – unterstützt durch hilfreiche Hände und zwei Lastwagen. Als der Mast Minuten später senkrecht stand, explodierten die Pilger in ekstatischen Rufen, *ki-ki-so-so!* Gebetsfahnen aus Papier wurden in die Luft geworfen und Tsampa, geröstetes Gerstenmehl. Die Stimmung war geradezu elektrisch aufgeladen.

Ich blieb stehen, um ein letztes Foto zu schießen, bevor ich zurück zu Jinpa ging, der oben am Tempel wartete, und es gelang mir, den Mast im freien Fall zu verewigen.

Es wurde ganz ruhig. Die Schneeflocken schienen in der Luft still zu stehen, sogar die Polizisten hörten auf zu patrouillieren, blieben stehen und wandten sich mit stummen Gesichtern dem gefallenen Mast zu. Niemand rief mehr, niemand warf mehr Tsampa oder Gebetsfahnen in die Luft. Einige weinten. Andere starrten einfach wie gelähmt vor sich hin.

Ich fand Jinpa, der auf die Knie gesunken war.

»Kommen Sie«, sagte er mit Tränen in den Augen. »Wir müssen gehen. Es ist noch weit.«

Der lange Mast lag auf der Erde, vielleicht zerbrochen, vielleicht aber auch unversehrt, in jedem Fall würde es viele Stunden dauern, ihn wieder aufzurichten.

Und wir hatten noch einen weiten Weg vor uns.

Kein Mensch hat je den Kailash bestiegen. Nicht weil es ein technisch besonders anspruchsvoller oder hoher Berg ist – er erhebt sich sechstausendsechshundertachtunddreißig Meter über dem Meeresspiegel –, sondern weil es ein Sakrileg wäre, die auf ihm wohnenden Götter zu stören. Stattdessen gehen die Pilger *um* den Berg *herum* – insgesamt vierundfünfzig Kilometer.

Die erste Etappe der *Kora* verläuft auf einem Schotterweg in ziemlich flachem Terrain. Jinpa und ich waren keineswegs allein, vor uns und hinter uns war der Weg schwarz vor Menschen. Tausende von Pilgern waren zu der Wanderung aufgebrochen, junge Frauen und Männer in Jeans und Windjacken, grauhaarige Frauen in traditionellen Kleidern, bärtige Männer in langen, dicken Mänteln, stapfende Kinder in Overalls; alle mit ernsten Gesichtern und Gebetsketten in den Händen. Noch nie war der Mast umgefallen.

Ein Jeep voller Inder drängte sich an uns vorbei.

»Wenn man nicht selbst geht, wird einem die Gunst nicht zuteil«, bemerkte Jinpa. »Wir Tibeter tun dies mit dem Gedanken an das nächste Leben, wir tun dies, um nicht in der Hölle zu landen.«

»Ich dachte, es gibt keine Hölle im Buddhismus?«, wandte ich ein.

»Oh doch«, erwiderte Jinpa. »Wir haben nicht nur eine, wir haben viele Höllen! Wir haben eine, in der es heiß ist, und eine, in der es kalt ist, achtzehn verschiedene Abstufungen gibt es insgesamt. Alle haben furchtbare Angst, dort zu landen.«

»Wenn ich mich recht entsinne, dann habe ich gelesen, dass die Hölle laut Buddha als ein Gemütszustand anzusehen ist«, sagte ich.

»Meinen Sie damit, dass es eigentlich keine Hölle gibt?« Jinpa sah mich entsetzt an. »Aber was wäre dann der Grund, den ganzen Kailash zu umrunden?«

Am späten Nachmittag erreichten wir **Drirapuk** (5210 Meter über N.N.), das höchstgelegene Kloster der Welt. Von der Höhe benommen und um Atem ringend, stieg ich die Stufen hinauf zu dem rot gestrichenen Tempel, der zu meiner Enttäuschung frisch restauriert war. Sogar hierher waren die chinesischen Rotgardisten gekommen, getrieben von einem fanatischen Zerstörungsdrang, revolutionärem Eifer und Befehlen von höchster Stelle. Mindestens einen ganzen Tag mussten sie mit Äxten bewaffnet zu Fuß gelaufen sein, um diesen Tempel zu zerstören und zu verwüsten.

Von Tibets über sechstausend Tempeln und Klöstern standen 1976 nur noch dreizehn, als der Zerstörungswahnsinn endlich nachließ.

Unterhalb des Tempels hatte man einfache Herbergen gebaut, allerdings gab es nur wenige Betten und sehr viele Pilger. Vielen blieb keine andere Wahl als über den launischen Dolma-La-Pass weiterzugehen, obwohl es allmählich dunkel wurde.

Sobald die Sonne verschwand, wurde es bitterkalt, und der

Wind frischte auf. Ich kroch in meinen Schlafsack, nahm einige Schmerztabletten gegen die Kopfschmerzen, die im Laufe des Tages schlimmer geworden waren, und schlief ein.

Es war noch dunkel, als Jinpa mich weckte. Es war ihm gelungen, eine Tüte mit lange haltbarem Gebäck aufzutreiben, stolz reichte er mir die vakuumverpackten Brötchen. Er selbst aß Tsampa-Mehl vermischt mit mitgebrachter Butter. Ich probierte einen dieser Klumpen, er war trocken und schmeckte nach nichts, aber der dampfende Buttertee, den Jinpa mir einschenkte, wärmte bis in die Zehenspitzen. Draußen schneite es. Es musste die ganze Nacht über dichter Schnee gefallen sein, denn der Boden war von einer dicken weißen Schicht bedeckt. Mein Kopf tat noch immer weh, und ich nahm zwei weitere Schmerztabletten. Wir waren noch keine zehn Minuten gegangen, als mir speiübel wurde und ich das gesamte Frühstück erbrach.

»Ich glaube, es ist besser, wenn wir umdrehen«, sagte ich kleinlaut.

»Versuchen wir es noch ein Stück«, erwiderte Jinpa, der mehr an seinem nächsten als dem jetzigen Leben interessiert war. »Es wäre schade, jetzt aufzugeben, wo Sie doch so nah am Ziel sind!«

Ich hatte nicht die Kraft, ihm zu widersprechen, also schluckte ich noch eine Tablette gegen die Höhenkrankheit und schleppte mich weiter durch das Schneegestöber. Der heilige Berg war in Nebel und Schnee gehüllt und unsichtbar, ich konnte kaum meine eigenen Füße erkennen. Vor mir ahnte ich die Konturen der Pilger als graue Schatten – vornübergebeugt, mit krummen Rücken. Es schneite immer mehr, dennoch setzten alle unverdrossen ihren Weg über den Pass fort, Gebetsmühlen oder Gebetsketten in den Händen, *om mani padme hum*. Der Boden unter uns war gefroren, unter dem Neuschnee lag eine Schicht aus spiegelblankem Eis. Ständig fielen Menschen hin. Eine Gruppe Inder musste schließlich von ihren Pferden steigen, die auf dem unmöglichen Untergrund ebenfalls ausrutschten und stürzten.

»Wer rund um den Kailash *reitet*, dem wird die Gunst nicht zuteil«, murmelte Jinpa. »Die Pferde mühen sich ab und leiden; rund

Die Mitte der Welt

um den Kailash zu reiten, *schadet* dem Karma, das hat absolut keinen Sinn.«

Hin und wieder stießen wir auf *Bönpo*, Anhänger von Bön. Auch für die Anhänger des alten Glaubens ist der Berg heilig, doch aus irgendeinem Grund gehen sie andersherum, gegen den Uhrzeigersinn.

»So kann man Bönpo von Buddhisten unterscheiden«, erklärte Jinpa, ohne im Grunde wirklich etwas zu erklären. »Sie gehen andersherum.«

In unregelmäßigen Abständen kamen wir an frierenden Pilgern mit Handschuhen und Schürzen vorbei, die sich flach auf den Boden warfen und wieder aufstanden, drei, vier Schritte vorwärts gingen, um sich dann wieder flach auf den Boden zu werfen und aufzustehen. Die ganze Zeit murmelten sie dabei Mantras, hoch konzentriert und vollkommen erschöpft.

»Sie benötigen drei Wochen, um den Kailash zu umrunden«, informierte mich Jinpa. »Einige von ihnen sind so den ganzen Weg aus dem Osten Tibets gekommen. Möglicherweise sind sie seit einem Jahr unterwegs, vielleicht sogar seit zwei oder drei Jahren. Sie tun es, um sich die Gunst zu erarbeiten, ziemlich viel Gunst.«

Ich verlor jegliches Zeitgefühl. Es gab nur noch meine Kopfschmerzen und meine Füße, die langsam bergauf gingen, Schritt für Schritt auf dem glatten, gefährlichen Untergrund. Ich japste nach Luft, bekam nicht genug, bekam nie genug; das Herz pochte hart und spitz in der Brust. Als wir den Scheitel des **Dolma-La-Passes** (5650 Meter über N.N.) erreichten, war ich nicht in der Lage, noch irgendetwas zu spüren. Mir war nicht mehr kalt, ich war nicht mehr erschöpft, nur noch gefühllos. Der Schnee fiel noch immer dicht, und der Wind hatte zu einer steifen Brise aufgefrischt. Die Gebetsfahnen, es mussten Tausende sein, knatterten in den Böen.

Auf den Gesichtern der jungen und alten Pilger zeigte sich ein glückliches Lächeln, während sie die ganze Zeit weiter das heilige Mantra murmelten, wieder und wieder und wieder; einige fielen auf die Knie.

Auf dem Weg nach unten konnte sich niemand mehr auf den

Beinen halten. Die Menschen fielen mit lauten Schreien hin, Arme und Beine wickelten sich ineinander, häufig kam es zu regelrechten Kettenkollisionen.

»Nehmen Sie meine Hand«, forderte Jinpa mich auf. Ich tat, wie mir geheißen, und kurz darauf stürzte auch er mit einem Heulen zu Boden.

Irgendwie kamen wir hinunter, irgendwie kamen alle hinunter. In einem brechend vollen Zelt bestellten wir Buttertee und Nudeln, um zu feiern, dass das Schlimmste überstanden war. Neben uns saß ein junges Paar, zwischen ihnen ein uralter Mann, runzlig, mager und blind. Ich habe keine Ahnung, wie sie ihn über den Pass gebracht hatten, aber zu keinem Zeitpunkt hatte der Blinde überlegt aufzugeben.

Wir stiegen weiter bergab, nun wieder auf dem Schotterweg. Es schneite dichter als je zuvor.

»Je anstrengender und je mehr Schwierigkeiten, desto größer die Gunst«, strahlte Jinpa, während er die großen, dicken Schneeflocken filmte, die um uns herumtanzten.

Das Licht verschwand allmählich, und wir hatten noch einen weiten Weg vor uns.

Am nächsten Morgen erwachten wir unter blauem Himmel. Von dem Unwetter war lediglich eine dünne Schicht Schnee geblieben, der wie Puder über die Berge gestreut war. Eine weitere lange Reiseetappe lag vor uns, insgesamt fünfhundert Kilometer – in Nepal oder Pakistan eine Entfernung, die unmöglich an einem Tag zu bewältigen gewesen wäre, aber hier schossen wir auf geraden, asphaltierten Straßen Richtung Osten. Ich klebte mit dem Gesicht an der Scheibe, fasziniert von dem Farbenspiel, das sich mir bot. Das Gras wechselte innerhalb von Minuten von Senfgrün in ein schillerndes Grün; Yak-Herden trotteten gemächlich umher und nahmen mal hier und mal da einen Bissen, aus weiter Entfernung ähnelten sie zottigen Punkten. Die Berge, die sich hinter ihnen erhoben, waren braun, rot, orange und golden, gekrönt von weißen Gipfeln, die sich von einem lächerlich blauen Himmel abhoben.

Palden, der Fahrer, und Jinpa hatten glänzende Laune und sangen die tibetischen Popsongs aus dem Radio mit. Beide sangen grauenhaft falsch.

»Er hat in der letzten Stadt schon wieder seine Unterhose vergessen«, kicherte Jinpa.

»Ich habe sie in der Dunkelheit nicht gefunden!« Palden hatte knallrote Wangen.

»Er hat ein Mädchen in jeder Stadt, in ganz Tibet«, fuhr Jinpa unverdrossen fort. »Er ist vollkommen verrückt nach Mädchen!«

»Und du, was hast du gestern Abend gemacht?«, parierte Palden.

»Ich habe ihr gesagt, ich hätte keine Zeit.« Jinpa blickte zu Boden. »Ich kenne sie seit vielen Jahren, und nun wird sie bald dreißig. Sie sollte mich vergessen und heiraten. Ich bin seit fünfzehn Jahren verheiratet, und in all den Jahren hatte ich außer meiner Frau nur drei Frauen. Das ist nicht so schlimm, oder?«

Irgendwann fuhren wir an einem Autowrack vorbei. Die zerbeulte Karosserie lag einsam im Gras, umgeben von Dutzenden zerschlagenen Eiern. Kurz darauf kamen wir zu einem weiteren Autowrack, so frisch, dass die Polizei an der Unfallstelle noch immer Spuren sicherte. In China verlieren jeden Tag über siebenhundert Menschen ihr Leben im Straßenverkehr – das fahrradfahrende China ist längst nur noch eine Legende.

In unregelmäßigen Abständen fuhren wir an Ansammlungen von kleinen weißen Nomaden-Zelten vorbei. Die Zelte waren in der Regel leer, große Wachhunde passten darauf auf. Mit durchschnittlich zwei Einwohnern pro Quadratkilometer ist Tibet eine der ödesten und menschenleersten Regionen der Welt. Die meisten Tibeter leben in den fruchtbaren Tälern im Südosten; hier im Westen kann man meilenweit gehen, bevor man auf Menschen stößt. Erst im Laufe des Nachmittags trafen wir auf zwei Frauen, die allein auf einem Feld saßen und Schafsköttel als Heizmaterial sammelten.

Die Frauen waren Schafnomaden, jede hatte rund zweihundert Tiere. Der letzte Winter war streng gewesen, erzählten sie, es war ungewöhnlich viel Schnee gefallen, die Hälfte der Herde war verendet.

»Aber so etwas passiert«, sagte die Ältere und zuckte die Achseln. Zum Schutz gegen den Wind hatte sie sich einen grünen Wollschal um den Kopf gebunden und sah aus, als wäre sie Mitte fünfzig. »Wir leben weiterhin so, wie wir es immer getan haben.« Sie lachte trocken. »Was sollten wir auch sonst machen, und wo sollten wir sonst wohl hin? Wir sind Nomaden. Nomaden zu sein, ist das Einzige, was wir können.«

»Der letzte Winter war also ungewöhnlich streng«, wiederholte ich. »Hat das Wetter sich in den letzten Jahren sehr verändert?«

»Ob sich das Wetter verändert hat?« Die Frau lachte erneut. »Das Wetter ändert sich ständig, das sage ich Ihnen! So ist das Wetter!«

Ich gab der Frau einen kleinen Geldschein als Dank für die Unterhaltung. Wie in Bhutan ist es in Tibet guter Brauch, ja nahezu obligatorisch, sich mit einem kleinen Geschenk zu bedanken, und sei der Grund noch so geringfügig.

»Warum haben Sie der anderen Frau nicht auch einen Schein gegeben?«, fragte mich Jinpa irritiert, als wir zurück zum Auto gingen.

»Mit ihr habe ich doch gar nicht gesprochen.«

»Das spielt keine Rolle! In Tibet müssen wir allen, die anwesend sind, etwas geben. Wenn zum Beispiel eine Gruppe von Bettlern vor einem Tempel sitzt, müssen Sie entweder allen etwas geben oder niemandem. Haben Sie noch Geld?«

Ich schüttelte den Kopf. Das Portemonnaie war leer. Jinpa seufzte und holte in aller Eile eine Tafel Schokolade und eine Packung Kekse aus dem Proviant und lief damit zu der anderen Frau.

»Sie hatten Angst, haben Sie das gemerkt?«, fragte er, als wir weiterfuhren. »Vermutlich glaubten sie, Sie wären ein Spion aus Nepal oder China. Alle hier haben Angst. Warum müssen Sie ständig mit den Leuten reden? Können Sie sich nicht einfach nur mit mir unterhalten? Ich kann alles beantworten, worüber Sie sich Gedanken machen!«

Es stellte sich heraus, dass Jinpa unbeantwortete Lebensrätsel mit sich trug, auf die er Antworten wollte. Das Gespräch drehte sich schon bald um Homosexualität. Jinpa hatte gehört, dass es so etwas gebe, erzählte er, er hatte sogar schon ein paarmal Gäste gehabt, zwei Männer und auch zwei Frauen, die das Bett miteinander geteilt hatten.

»Aber in Tibet gibt es so etwas nicht«, fügte er absolut überzeugt hinzu.

»Doch«, sagte ich, »Homophilie gibt es auf der ganzen Welt, die Leute verbergen es nur gut.«

»Nein, in Tibet gibt es keine Homosexualität«, beharrte Jinpa. »Es ist möglich, dass es anderswo üblich ist, aber nicht hier.«

»Doch«, wiederholte ich und holte mein Mobiltelefon heraus. Ich suchte nach *homosexuell+Tibet* und hatte sofort eine Reihe von Treffern. »Sehen Sie, hier gibt es sogar ein Interview mit einem homosexuellen Tibeter!« Ich zeigte ihm die Seite, die ich gerade aufgerufen hatte, und scrollte nach unten.

»Wollen Sie, dass ich verhaftet werde?«, schrie Jinpa auf. Der Artikel war mit einem Foto des Dalai Lama illustriert. Jinpa wies stumm auf das GPS-System, das auf dem Armaturenbrett installiert war. Erst kürzlich hatten die chinesischen Behörden beschlossen, dass die Reisebüros in Tibet nicht mehr ihre eigenen Autos benutzen durften, sondern Fahrzeuge der staatlichen Mietwagenfirmen einsetzen mussten – angeblich mit Blick auf die Verkehrssicherheit. Die staatlichen Wagen sind alle mit hochmodernen GPS-Systemen, Kameras und Mikrofonen ausgerüstet, angeblich ebenfalls aus Rücksicht auf die Verkehrssicherheit.

Den Rest der Fahrt redete Jinpa unablässig über Homosexualität.

»Ich frage mich, wie zwei Männer Sex miteinander haben können«, grübelte er und kicherte. »Stecken sie ihn vielleicht in die Achselhöhle?«

Als es Abend wurde und die Sonne die Landschaft gelb-rosa färbte, beschäftigte er sich noch immer mit dem Thema.

»Ich würde lieber in einen Fluss springen, als mit einem Mann zusammen zu sein!«, erklärte er, als wir in **Saga** (4640 Meter über N.N.) einfuhren, wo wir die Nacht verbringen wollten. Trotz des vielversprechenden Namens erwies sich Saga als gesichtslose

Grenzstadt voller chinesischer Grenzsoldaten und Touristen auf dem Weg zum Kailash, dem Mount Everest oder Nepal.

Am nächsten Morgen fuhren wir frühzeitig weiter in Richtung Süden, unser Ziel war die tibetische Ausgabe des Everest Base Camp. Smaragdgrüne Seen lagen wie enorme Schmuckstücke in der braunen trockenen Landschaft und wurden alle von Chinesen auf Gruppenreise gebührend fotografiert. In regelmäßigen Abständen fuhren wir durch Dörfer mit identischen weißen Häusern, von den Dächern wehte die chinesische Fahne. In noch regelmäßigeren Abstanden fuhren wir an gigantischen roten Schildern vorbei, auf denen in gelber Schrift auf Chinesisch und Tibetisch erbauliche Parolen verbreitet wurden:

Zusammen bauen wir ein schönes Tibet!
Stärkt die nationale Gemeinschaft und baut ein schönes Tibet!
Mobilisiert die Massen!

Die Aufforderung, die am häufigsten wiederholt wurde, war das Ersuchen an das Volk, dunkle und kriminelle Kräfte anzuzeigen und die soziale Integration zu fördern. Immer wieder fuhren wir an Männern in Overalls vorbei, die nagelneue Banner und Schilder mit dieser Inschrift am Straßenrand und an Zäunen und Gebäuden aufhängten. Sogar in engen, abseits gelegenen Teehäusern waren die Wände mit derartigen Zetteln und Aufklebern tapeziert. Ganz unten in der Ecke standen drei, vier Telefonnummern, die man anrufen konnte, wenn man von dunklen Kräften wusste oder von ihnen erfuhr.

Die anhaltenden Proteste in Hongkong, die mit jedem Tag gewalttätiger wurden, hatten der chinesischen Obrigkeit offensichtlich einen Schock versetzt.

Im Laufe des Nachmittags erreichten wie das **Rongpu-Kloster** (5009 Meter über N.N.). Auch dieses Kloster hatte man frisch restauriert, denn auch hierher waren die übereifrigen Rotgardisten gekommen. Damals, in den 1970er Jahren, gab es hier keine befahrbare Straße, sie mussten zu Fuß gekommen sein.

Nun gab es eine asphaltierte Straße, sodass jeder das Kloster erreichen konnte. Man hatte ein großes Zelt aufgeschlagen, um die zahlreichen chinesischen Touristen zu empfangen, anspruchsvolle Hotels waren im Bau. Ich quartierte mich in einem einfachen Gästehaus ein und bekam ein eigenes Zimmer mit weißen Laken, Kopfkissen und Bettdecke – der reinste Luxus im Vergleich mit den gelben Zelten in der nepalesischen Ausgabe des Base Camps. Abgesehen davon, dass man von hier aus den Mount Everest sehen konnte.

Der Aussichtspunkt lag zehn Gehminuten vom Gästehaus und der Cafeteria entfernt, der ganze Weg war asphaltiert. Vor mir watschelte ein chinesisches Paar mittleren Alters, eingepackt in dicke Daunenjacken, beide mit Kameras um den Hals. In der ersten Kurve musste die Frau aufgeben, vornübergebeugt blieb sie stehen, als ihr das Mittag- und Abendessen und alles, was sie dazwischen zu sich genommen hatte, wieder hochkam. Ihr Ehemann machte ein Foto von ihr in dem Moment, als sie sich erbrach, und ging unbeirrt allein weiter.

Der Himmel war ungewöhnlich klar, und dort, direkt vor uns, zwischen zwei braunen Höhenzügen sah ich sie: Mount Everest, Sagarmatha, Chomolungma, die Heilige Mutter. Ich sah sie so deutlich, den schrägen Bergrücken, der zum Gipfel führt, den kleinen Knick an der Nordostseite vor dem eigentlichen Gipfel, die schwarzblauen Berghänge, den Schnee, den der Wind entlang der Außenseiten aufwirbelt, und ich wurde nicht müde, sie anzusehen.

Hier, scheinbar direkt vor meinen Augen, nahm der höchste Berg der Welt viel Raum ein: ein gewaltiger dreieckiger Stein.

Die chinesische Konkubine

Lhasa (3656 Meter über N.N.), die mythenumwobene tibetische Hauptstadt, erwies sich als eine moderne chinesische Metropole im Kleinformat. In den letzten Jahren waren Bauern aus den Randgebieten umgesiedelt worden, um Platz für Hochhäuser zu schaffen; überall standen Kräne und Gerüste. Alle Häuser sahen funkelnagelneu aus, mit schimmernden Glasflächen und großen Neonschildern. Zwischen den Gebäuden schlenderten Han-Chinesen in billiger, massenproduzierter Kleidung umher, es war kaum ein Tibeter zu sehen. Hätte es nicht die tibetischen Schriftzeichen auf den Ladenschildern gegeben – immer in deutlich kleinerem Format als die chinesischen Zeichen –, würde Lhasa irgendeiner anderen chinesischen Provinzstadt zum Verwechseln ähneln. Die Gleichschaltung war deprimierend und erinnerte an die verheerende Vorgehensweise der Regierung in der Nachbarprovinz Xinjiang. Interessanterweise sind es diese beiden peripheren und am dünnsten bevölkerten Provinzen, die der chinesischen Zentralmacht in den letzten zehn Jahren die größten Kopfschmerzen bereitet haben. Hier, in den Randzonen, hat sie die drakonischsten Kontrollmaßnahmen durchgesetzt. Erbauer von Imperien haben immer Angst, dass das Reich an den Rändern zerfällt, sich von außen nach innen auflöst und die Kontrolle verloren geht.

Ich hatte einige Stunden für mich, bevor das Sightseeing-Programm weiterging, und nutzte das Spa des Hotels. Zusätzlich zu den üblichen Anwendungen wie chinesische Sportmassage, indische Ayurvedamassage und heiße Steine wurde traditionelle tibetische Yakbutter- und Tsampa-Massage angeboten, die Spezialität des Spa. Ich griff zu und tauchte in eine Welt von Butter und geröstetem Gerstenmehl ein.

»Sie dürfen sechs Stunden nicht duschen«, ermahnte mich der Rezeptionist, als ich die Tür hinter mir schloss.

In der Lobby wartete Tashi, der neue Guide, auf mich. Sie war groß und hatte ein langes, schmales Gesicht, volle Lippen und markante Wangenknochen. Auf dem Rücken trug sie einen kleinen Rucksack; Guides sind auf der ganzen Welt immer leicht an ihren kleinen, praktischen Rucksäcken zu erkennen.

Ein widerlich süßer, ranziger Geruch erfüllte den Innenraum des Wagens, das ganze Auto stank wie die stickigen Küchen in den labyrinthischen Häusern von Humla.

»Was riecht denn hier so?«, fragte ich. Im nächsten Moment wurde mir klar, dass ich die Ursache war. Ich stank wie ein Yak-Nomade, der sich seit dem letzten Sommer nicht mehr gewaschen hat.

»Das macht nichts! Ich mag den Geruch von Butter«, versicherte Tashi. Einige Minuten später bat sie den Fahrer, gleichsam nebenbei, die Fenster zu öffnen.

Das alte Lhasa war nicht ganz verschwunden. Wir hielten vor dem ikonischen Potala-Palast, der Winterresidenz und dem Regierungssitz des Dalai Lama bis 1959, dem eigentlichen Symbol von Lhasa. Der gewaltige Festungstempel erhob sich in all seiner märchenhaften Pracht vor uns, mit dreizehn Stockwerken und insgesamt mehr als eintausend Räumen; der Palast wuchs förmlich aus dem Marpori-Berg heraus, dem Roten Berg. Das Bauwerk begann, wo der Fels aufhörte – weiß und rot und noch immer makellos.

Mehrere Tausend chinesische Touristen – auf alle wurde von Guides mit Regenschirmen aufgepasst – standen in ordentlichen Reihen dicht gedrängt vor dem Eingang. Wir hatten Tickets im Voraus gebucht, wir kannten den Zeitpunkt des Einlasses und wussten, wann wir den Palast wieder zu verlassen hatten.

»Es ist gar nicht so übel heute«, stellte Tashi fest. »Manchmal müssen wir mehrere Stunden in der Schlange stehen, bis wir reinkommen. Aber wir können uns noch das neue Museum ansehen, bis es so weit ist.«

Der Eintritt war frei, obwohl das Museumsgebäude aufwendig gestaltet war. Im Eingangsbereich hing ein großes Portrait von Songtsen Gampo, dem achtunddreißigsten König und Begründer des tibetischen Imperiums. Diese Einführung passte, denn Gampo ließ die ersten Räume des Potala-Palastes errichten. Teile des ursprünglichen Gebäudes, unter anderem die Meditationshöhle des Königs, sind noch immer intakt.

In der *chinesischen* Geschichte ist Songtsen Gampo vor allem bekannt als der König, der die chinesische Prinzessin Wencheng heiratete, die Tochter von Taizong, einem der Kaiser der Tang-Dynastie. Der tibetische König hatte bereits mehrere Frauen, als er seinen Ministerpräsidenten in die Hauptstadt Chang'an der Tang-Dynastie entsandte – heute bekannt als Xi'an –, damit der um die Hand einer chinesischen Prinzessin anhielt. Kaiser Taizong lehnte die Anfrage rundweg ab: Tibet war zu dieser Zeit eine entfernt liegende und unbedeutende Region, außerdem hatten bereits mächtigere Männer um die Hände seiner Töchter gebeten. König Songtsen Gampo war so beleidigt über die Zurückweisung, dass er ein Heer nach Norden schickte und die Nachbarregion Amdo unterwarf. Doch obwohl tibetische Soldaten nun praktisch vor den Toren des Tang-Reiches standen, weigerte der Kaiser sich weiterhin, eine seiner Töchter mit dem König von Tibet zu verheiraten. Erst als das tibetische Heer die kaiserlichen Soldaten im offenen Kampf besiegte, war Taizong bereit, eine Prinzessin nach Lhasa zu schicken.

Man weiß nicht sehr viel über Prinzessin Wencheng, man weiß nicht einmal genau, ob sie Wencheng mit Vornamen hieß. Wir wissen nur, dass sie mit dem tibetischen König keine Kinder bekam und im Jahr 650 Witwe wurde, neun Jahre, nachdem sie nach Tibet gekommen war. Und wir wissen, dass sie noch dreißig Jahre lebte, Buddhistin war und niemals nach China zurückkehrte. Obwohl so wenig über sie bekannt ist, wird Songtsen Gampos Konkubine aus Chang'an in der chinesischen Geschichtsschreibung eine enorme Bedeutung beigemessen. Ihr wird die Ehre zugeschrieben, den Buddhismus und die Zivilisation nach Tibet gebracht zu haben, sie wird als Beweis herangezogen, dass Tibet sich China bereits in der Mitte des 7. Jahrhunderts unterworfen hat, und vor allem ist sie zu einem Symbol für die lange und tiefe historische Verbindung zwischen China und Tibet geworden.

Der Ton war gesetzt, und wir durchquerten rasch die gepflegten Museumssäle. Die Tibeter wurden als nationalistisch und selbstbewusst dargestellt, doch jedes Mal, wenn sie Probleme hatten, wie gegen Ende des 18. Jahrhunderts, als die Gorkha Tibet angriffen, hatten die Chinesen ihnen zu Hilfe kommen müssen, immer und immer wieder.

Als sich der Einlasszeitpunkt näherte, verließen wir das Museum und schlenderten zum Potala-Palast. Nach einem gründlichen Sicherheitscheck wurden wir ins Allerheiligste eingelassen. Sobald wir innerhalb der Mauern waren, zog Tashi das Tempo an.

»Wir müssen uns beeilen!« Sie lief vor mir die Treppen hinauf. »Wir haben insgesamt fünfzig Minuten. Wenn wir die Zeit überziehen, müssen wir Strafe zahlen. Deshalb müssen wir ständig in Bewegung bleiben, wir können erst stehen bleiben, wenn wir den Rundgang beendet haben, haben Sie verstanden?«

Außer Atem folgten wir dem Strom der chinesischen Touristengruppen durch die angenehm temperierten, mit Teppichen ausgelegten Säle und kleinen intimen Tempel; wir liefen an antiken Statuen vorbei, durch das Empfangszimmer und das Arbeitszimmer des Dalai Lama bis zum Begräbnisstupa der früheren Dalai Lama.

Der vierzehnte Dalai Lama, der 1959 aus dem Potala-Palast und Tibet flüchten musste, wurde mit keinem Wort erwähnt, es gab auch nirgendwo Fotos von ihm.

Die Tradition der Dalai Lamas lässt sich bis zu einem mongolischen Herrscher im 16. Jahrhundert zurückverfolgen. Das Nachbarvolk im Norden beeinflusste Tibet, seit im 13. Jahrhundert das enorme Mongolenreich entstanden war, zu dem auch Tibet gehörte. Als das Reich Mitte des 13. Jahrhunderts in mehrere kleinere Königreiche aufgeteilt wurde, blieb Tibet administrativ gesehen ein Teil von Kublai Khans östlichem Reich. Kublai Khan hatte Interesse am tibetischen Buddhismus und sorgte dafür, dass ein tibetischer Lehrer nach Peking geschickt wurde. Drei Jahrhunderte später, als Kublai Khans Reich sich längst aufgelöst hatte, nahm einer seiner Nachfahren, Altan Khan, die Tradition der tibetischen

Religionslehrer wieder auf. Sein Lehrer war Sonam Gyatso, der Abt des einflussreichen Drepung-Klosters in Zentral-Tibet. Gleichzeitig war er das Oberhaupt der Gelug-Sekte, die aufgrund ihrer ausladenden gelben Kopfbedeckungen und Gewänder, die die Mönche dieser Sekte tragen, häufig auch »Gelbkappen« genannt werden. Kurz nach der Ankunft des Abts führte Altan Khan den tibetischen Buddhismus in der Mongolei als Staatsreligion ein. Der Abt bekam den Beinamen *Dalai*, das auf Mongolisch »Meer« bedeutet – eine direkte Übersetzung von *Gyatso*, dem tibetischen Wort für das Meer. Der Beiname wurde posthum auch den beiden Vorgängern Sonam Gyatsos im Amt des Abts gegeben: Der erste Dalai Lama war somit eigentlich bereits der dritte.

Mit Unterstützung der Mongolen verdrängten die Gelbkappen nach und nach die drei älteren Sekten innerhalb des tibetischen Buddhismus. Als Sonam Gyatso 1588 in der Mongolei starb, fand man nach einigen Jahren der Suche einen kleinen Jungen, der alle Anforderungen als Sonam Gyatsos Reinkarnation erfüllte. Der Junge, der Yonten Gyatso hieß und zufällig ein Urenkel von Altan Khan war, wurde der vierte Dalai Lama – und der einzige der vierzehn weiteren Dalai Lamas, der nicht aus Tibet stammte.

Erst mit Lobsang Gyatso, dem fünften Dalai Lama, der häufig auch nur der Große Fünfte genannt wird, wurde der Dalai Lama zu einem Machtfaktor, mit dem in Tibet zu rechnen war. Mithilfe der Mongolen vereinte der Große Fünfte Tibet wieder zu einem Reich, mit Lhasa als Hauptstadt. 1645, einige Jahre nachdem er sämtliche potenziellen Rivalen ausmanövriert hatte, soll er den Marpori-Berg außerhalb von Lhasa hinaufgestiegen sein. Dort, in den Ruinen des Palastes von Songtsen Gampo, dem Begründer des ersten tibetischen Imperiums, erklärte er, dass Avalokiteshvara, der Gott der Barmherzigkeit, endlich heimgekehrt sei. Unmittelbar danach begannen die Arbeiten zu einem groß angelegten Palast auf dem Berg. Siebentausend Arbeiter sollen herangezogen worden sein, um den Palast zu bauen, der nach dem Potalaka-Berg benannt wurde, der mythischen Heimstatt von Avalokiteshvara, die der Legende nach irgendwo südlich vor Indien im Meer liegt. Fünf Jahre später war der Palast fertig, und Lobsang Gyatso zog ein. Der Glaube, dass der Dalai Lama eine Reinkarnation von Avalokiteshvara sei, dem Gott der Barmherzigkeit und dem Stammvater und Schutzgott Tibets, verfestigte sich unter dem Großen Fünften.

Als der fünfte Dalai Lama 1682 starb, hinterließ er ein Machtvakuum, das größer war als der Palast, den er hatte bauen lassen. Dem Regenten Desi Sangye Gyatso gelang es unglaublicherweise, den Tod fünfzehn Jahre geheim zu halten: Dem Volk wurde erzählt, der Große Fünfte meditiere in Einsamkeit, bei hochfeierlichen Ereignissen wurde sein zeremonielles Gewand auf dem Thron platziert. Besonders wichtig war, dass keiner der Nachbarn, weder die Mandschu-Kaiser in Peking noch der mongolische Khan, von dem Todesfall erfuhren. Kamen deren Repräsentanten zu Besuch, beschaffte sich Desi Sangye Gyatso einen älteren Mönch, der dem Verstorbenen ähnelte, und bedrängte oder bestach den Alten, sich als Dalai Lama auszugeben. Gleichzeitig suchte man in aller Heimlichkeit nach dem sechsten Dalai Lama nahe der Grenze zu Bhutan, weit entfernt von mandschurischen und vor allem mongolischen Augen und Ohren. Ein passender Junge, Tsangyang Gyatso, wurde schließlich gefunden. Er wurde im Geheimen erzogen und erst 1697 als Sechzehnjähriger dem Volk als neuer Dalai Lama präsentiert – und den mongolischen Herrschern.

Allerdings stellte sich heraus, dass der sechste Dalai Lama eher an Gedichten, Sport, starken Getränken und Frauen interessiert war als an Meditation und Gebet. Häufig wurde er in Lhasas Wirtshäusern gesehen, und immer wieder nahm er auch junge Frauen mit nach Hause. Diese weltlichen Interessen ließen sich nicht so einfach mit dem Mönchsdasein in Einklang bringen, und zur Bestürzung der tibetischen Führungsriege verzichtete der junge Dalai Lama auf sein Mönchsgelübde, um ein freies Leben als gemeiner Mann zu führen. Er zog in ein Zelt nördlich vom Potala-Palast, blieb aber weiterhin der Dalai Lama – man kann sich schließlich nicht so ohne Weiteres einer Reinkarnation entziehen. Der Barmherzigkeitsgott gönnte sich offenbar eine Ruhepause bei der Inkarnation.

1703 kam ein neuer mongolischer Khan an die Macht in Tibet, Lhabzang Khan. Seit der fünfte Dalai Lama Tibet zu einem Reich vereint hatte, genoss ein Zweig der mongolischen Nomaden-Khane den Status als königliche Familie in Tibet. Die Vorgänger hatten sich damit begnügt, den Titel König im Namen zu tragen, doch Lhabzang Khan, der seinen eigenen Bruder ermordet hatte, um den Thron besteigen zu können, hatte größere Ambitionen. Nachdem er sich des Segens des mächtigen Mandschu-Kaisers in Peking versichert hatte, ging er ans Werk: Erst ließ er Desi Sangye Gyatso, den Regenten im Potala-Palast, umbringen, dann sorgte er dafür, dass der lebenslustige Gottkönig gekidnappt wurde. Er wollte ihn zum Kaiser in Peking mitnehmen, doch Tsangyang Gyatso starb unterwegs, erst vierundzwanzig Jahre alt. Die Gedichte des unorthodoxen sechsten Dalai Lama Tsangyang Gyatso werden in Tibet bis heute eifrig gelesen.

Ein neuer Dalai Lama, präsentiert als der »echte sechste Dalai Lama« wurde von Lhabzang Khan auf den Thron gesetzt, der nun die Macht in Tibet übernahm.

Lhabzang Khan und sein »echter« Dalai Lama waren enorm unbeliebt. Die Mönche vom Orden der Goldkappen baten in aller Heimlichkeit die Dzungaren, eine andere nomadisch-mongolische Volksgruppe, um Unterstützung, um den Lama und den Khan loszuwerden. Die Dzungaren ließen sich nicht zwei Mal bitten und kamen den Gelbkappen umgehend zu Hilfe. Sie sorgten dafür, dass Lhabzang Khan getötet und der neue sechste Dalai Lama abgesetzt wurde, danach geriet die Hilfe jedoch außer Kontrolle: Mit Ausnahme der Gelbkappen ermordeten die Dzungaren die Mönche anderer buddhistischer Sekten, sie verwüsteten Klöster und plünderten in ganz Lhasa.

In der Zwischenzeit hatte man die siebte Reinkarnation des Dalai Lama gefunden, doch es verkomplizierte die Situation, dass der Junge unter dem Schutz des Mandschu-Kaisers stand. Der Kaiser, der mächtige Kangxi, Chinas am längsten regierender Monarch aller Zeiten, schickte ein großes Heer nach Tibet, um die Dzungaren in die Flucht zu schlagen. Zur großen Freude der Tibeter brachten sie den siebten Dalai Lama gleich mit nach Lhasa. Die Mandschuren ließen den stark beschädigten Potala-Palast wiederaufbauen und führten umfassende politische Reformen in Lhasa durch.

Nach diesen Ereignissen war Tibet praktisch zu einem chinesischen Protektorat unter den Mandschu-Kaisern geworden, in Lhasa wurde ein *Amban*, ein chinesischer Hochkommissar, eingesetzt.

Weder der siebte noch der achte Dalai Lama zeigten besonderes Interesse für Politik und öffentliches Leben während ihrer Regierungszeit, sie überließen dies weitgehend umtriebigen Ministern. Die nächsten vier Dalai Lamas starben alle jung und unter mehr oder weniger mystischen Umständen; der älteste wurde nicht älter als einundzwanzig Jahre.

Thubten Gyatso hingegen, dem dreizehnten Dalai Lama, gelang es, fast vierzig Jahre zu regieren – von seiner Volljährigkeit 1895 bis zu seinem Tod 1933 – und nachhaltige Spuren zu hinterlassen.

Abgesehen von Chinesen und Mongolen schottete Tibet sich zu dieser Zeit gegenüber Ausländern hermetisch ab. Eine interessante Ausnahme war jedoch der russische buddhistische Mönch Agvan Dorzhiev. Er kam aus einem Dorf östlich des Baikalsees in Burjatien, einem Teil von Russland, der von Mongolisch sprechenden Burjaten dominiert wurde. Dorzhiev kam in den 1870er Jahren nach Tibet, um den Buddhismus zu studieren, und wurde nach und nach einer der wichtigsten Ratgeber des dreizehnten Dalai Lama.

Zur gleichen Zeit, als Dorzhiev im Potala-Palast ein und aus ging, wanderte ein anderer Ausländer in aller Heimlichkeit durch Lhasas Straßen. Der buddhistische Mönch Ekai Kawaguchi war der erste Japaner, der es schaffte, sich inkognito Zugang nach Tibet zu verschaffen. Aufgrund seines japanischen Aussehens, eines guten Sprachgefühls und seines eingehenden Wissens über den tibetischen Buddhismus gelang es ihm, sich als tibetischer, chinesischer oder mongolischer Mönch auszugeben – je nach den Umständen. Seine Reiseerinnerungen, die den Titel *Drei Jahre in Tibet* trugen, obwohl er nachweislich nur zwei Jahre dort gewesen war – vom Sommer 1900 bis zum Sommer 1902 –, liefern einen faszinierenden

Einblick in das alltägliche Leben des damaligen Tibet. Besonders malerisch sind die Kapitel, in denen die Hygiene, beziehungsweise deren Mangel, beschrieben werden. Ein eigenes Kapitel, »Hauptstadt des Kots«, ist den sanitären Verhältnissen in der Hauptstadt gewidmet. »Ich habe oft gehört, dass die Straßen in chinesischen Großstädten dreckig sein sollen, aber mir fällt es schwer zu glauben, dass sie so dreckig sein können wie die Straßen in Lhasa, auf denen die Leute jeglichen Regeln von Hygiene und Anstand trotzen«, kommentiert der Japaner und fügt hinzu, der einzige Grund, dass die Menschen nicht wie die Fliegen sterben, müsse das kalte, gesunde Klima sein. Denn nicht nur die Straße waren schmutzig, auch die Einwohner Lhasas, denn ein Tibeter »wäscht sich nie; viele haben sich nicht gewaschen, seit sie geboren wurden«. Viele Tibeter glaubten, sobald man den Schmutz abwäscht, wäscht man auch das Glück ab, daher wären Frauen wie Männer oft so schwarz wie »afrikanische Neger«.

Schockiert war Kawaguchi auch über die Geschlechterrollen, insbesondere über den Brauch, mehrere Brüder zu heiraten. Dem buddhistischen Mönch nach waren tibetische Frauen ebenso hübsch wie ihre japanischen Schwestern, aber physisch weitaus stärker; daher hielt er es auch nur für gerecht, dass sie tatsächlich den gleichen Lohn bekamen wie Männer. Außerdem mussten Ehemänner den Frauen ihren gesamten Verdienst geben, sie bekamen lediglich Taschengeld. Verdienten die Männer in den Augen der Frauen nicht genügend Geld, riskierten sie eine ordentliche Strafpredigt. Das Strafsystem war im Übrigen brutal. Laut Kawaguchi wimmelte es auf Lhasas Straßen von Bettlern ohne Augäpfel und mit abgehackten Händen und Nasen. Am meisten erschüttert war er allerdings über die Behandlung von zum Tode Verurteilten, die im Fluss ertränkt und dann enthauptet wurden. Danach wurden die Leichen in kleine Stücke gehackt und die Köpfe eine Woche öffentlich zur Schau gestellt. Das Schlimmste in Kawaguchis Augen war, dass die Köpfe danach in einem Gebäude mit dem sprechenden Namen »Ewige Verdammnis« gebracht wurden, sodass die Seelen der Verbrecher in dieser Welt nicht wiedergeboren werden konnten. Eine entsetzliche Strafe, ohne den Hauch von Gnade bis in alle Ewigkeit.

Durch Kawaguchis Brief an einen indischen Helfer und Mitstreiter in Darjeeling erfuhren die Briten von den Aktivitäten des russischen Mönchs Dorzhiev in Lhasa. Laut Kawaguchi hatte Dorzhiev den Dalai Lama davon überzeugt, dass der russische Zar ein buddhistischer Gott sei und Russland das mythische buddhistische Paradies Shambala. Außerdem würde der Zar die ganze Welt schon bald in ein enormes buddhistisches Reich verwandeln. Darüber hinaus, so noch immer Kawaguchi, war Dorzhiev nach seinem Besuch in der russischen Hauptstadt offenbar als wohlhabender Mann nach Lhasa zurückgekehrt, beladen mit Geschenken, darunter eine ganze Kamelkarawane mit amerikanischen Waffen ...

Diese Informationen lösten beim frisch ernannten Vizekönig von Britisch-Indien, Lord George Nathaniel Curzon, heftige Emotionen aus. Seit dem Tod Peters des Großen 1725 hatte sich das Gerücht gehalten, dass der Zar auf dem Todeslager seinen Nachfolgern befohlen haben sollte, alles in ihrer Macht Stehende zu tun, um Russlands eigentliche Aufgabe zu erfüllen: die Erlangung der Weltherrschaft. Dies konnte natürlich nur erreicht werden, wenn die Russen Konstantinopel und Indien unterwarfen. Misstrauischen Briten wurden ihre bangen Ahnungen bestätigt, als Napoleon 1807 Zar Alexander I. vorschlug, ihre Armeen zu vereinigen und gemeinsam nach Süden gegen Indien zu marschieren. Aus der geplanten Verbrüderung zwischen den russischen und den französischen Streitkräften wurde bekanntlich nichts, aber in der zweiten Hälfte des 19. Jahrhunderts hatten die Russen große Gebiete von Zentralasien unterworfen und waren nun Britisch-Indien, dem Juwel der Krone, gefährlich nahe gekommen. Zu Beginn des 19. Jahrhunderts hatten über zweitausend Kilometer Russland von Britisch-Indien getrennt, doch als Lord Curzon 1899 als Vizekönig antrat, war der Pamir im heutigen Tadschikistan gerade den Russen zugefallen, und der Abstand zwischen den beiden Imperien betrug an einzelnen Stellen nun weniger als zwanzig Kilometer.

Und nun, dank Kawaguchis Brief und weiteren Geheimdienstberichten aus China, hatte Curzon allen Grund zu der Annahme, dass die Russen ernsthaft planten, Tibet einzunehmen.

Zunächst ging Curzon diplomatisch vor und schickte einen versiegelten Brief an den dreizehnten Dalai Lama, Potala-Palast, Lhasa, in dem er seine Beunruhigung über die Situation zum Ausdruck brachte. Der Brief kam einige Wochen später mit ungebrochenem Siegel zurück. Curzon schickte einen weiteren Brief, etwas schärfer im Ton, doch auch dieses Schreiben kam ungeöffnet zurück. Der Vizekönig gab alle weiteren Versuche der Briefdiplomatie auf und entschied, eine bewaffnete Delegation nach Lhasa zu entsenden, um eine Vereinbarung mit dem Dalai Lama zu erzielen, von Angesicht zu Angesicht. Die erste Delegation, die er über die Berge schickte, wurde von den Tibetern zurückgeschickt, die sich weigerten, mit den Briten auf ihrer Seite der Grenze zu verhandeln. Kurz vor Weihnachten 1903 antwortete Curzon, indem er eine noch größere Delegation über die Grenze schickte – eine Brigade, die aus dreitausend bewaffneten Männern und siebentausend Männern an Hilfstruppen bestand. An der Spitze der Brigade standen der Brigadegeneral James R. L. Macdonald und Oberstleutnant Francis Younghusband, der vierzehn Jahre zuvor zum Emir von Hunza geschickt worden war, um die Plünderungen der Handelskarawanen auf dem Weg nach Kaschgar zu beenden.

Der einfachste Weg nach Tibet führte über Sikkim, doch selbst diese Route bedeutete, dass Soldaten und Träger einen über viertausend Meter hohen Pass überqueren mussten. Noch nie waren britische Soldaten in dieser Höhe eingesetzt worden, und sie sollten sogar noch höher steigen. Anfangs waren die Einheimischen noch freundlich gesinnt und boten den Soldaten Verpflegung an, aber je näher diese Lhasa kamen, umso feindseliger verhielten sich die Tibeter. Macdonald wollte irgendwann den Rückzug antreten – die Höhe und die extreme Kälte zehrten, außerdem fehlte es an Lebensmitteln –, doch Younghusband weigerte sich, unverrichteter Dinge umzukehren.

Bei dem Dorf Guru, ein Stück nördlich von Sikkim, aber noch

meilenweit von Lhasa entfernt, stießen die Briten auf Widerstand. Mehrere Tausend Tibeter, bewaffnet mit Schwertern, primitiven Schusswaffen und abgegriffenen Papierbildern des Dalai Lama, weigerten sich, die Briten passieren zu lassen. Die britischen Soldaten hatten den Befehl, nicht als Erste zu schießen, die Tibeter vermutlich ebenso. Als die Briten auf die Tibeter zuritten, um sie zu entwaffnen, löste der tibetische General jedoch einen Schuss aus, und es kam zu einem Massaker. Die Tibeter waren chancenlos, dennoch dauerte es lange, bis sie ihren Widerstand aufgaben. Langsam verließen sie das Schlachtfeld mit gesenkten Köpfen. Edmund Chandler, der Entsandte der *Daily Mail*, berichtete nach Hause, »das Unmögliche ist geschehen. Gebete, Amulette, Mantras und der Heiligste ihrer heiligen Männer haben sie im Stich gelassen ... Sie gingen mit gebeugten Köpfen, als seien sie von ihren Göttern enttäuscht.«*

Mehrere Hundert – vielleicht sogar bis zu zweitausend – Tibeter waren tot oder verletzt. Zur Verblüffung der Tibeter schlugen die Briten aber ein Feldlazarett auf und taten, was in ihrer Macht stand, um die Verletzten zu retten, auch die verletzten Tibeter. Dann marschierten die Briten auf Lhasa zu; vier Monate später ritten sie in die gelobte Hauptstadt ein, die so viele westliche Abenteurer vergeblich vor ihnen zu erreichen versucht hatten. Die Briten waren ausgesprochen beeindruckt von dem gewaltigen Potala-Palast, aber wie Kawaguchi ebenso schockiert über die sanitären Verhältnisse: »Wir fanden die Stadt unbeschreiblich erbärmlich und schmutzig, ohne Kanalisation und Pflasterung. Nicht eines der Häuser sah aus, als sei es sauber und gepflegt«, bemerkte Chandler.**

Der Dalai Lama, den Younghusband treffen wollte, war spurlos verschwunden. Später erfuhren die Briten, dass er zusammen mit dem russischen Mönch in die Mongolei geflohen war. Sie fanden im Übrigen weder Spuren irgendeiner geheimen russischen Ver-

---

* Hopkirk, Peter: *Trespassers on the Roof of the World. The Secret Exploration of Tibet*. New York, Kodansha USA 1995 (1982), S. 175.
** ebd., S. 184.

einbarung noch Russen oder russische Waffen. Die einzige Waffenschmiede, die es gab, war so hilflos primitiv, dass Younghusband beschloss, sie sei es nicht wert, zerstört zu werden.

Insofern war die britische Expedition ein Erfolg. Younghusband kehrte mit einer Vereinbarung nach Indien zurück, in der die Tibeter sich verpflichteten, eine Erstattung der Kriegsschäden an die Briten zu zahlen (eine Forderung, die die armen Tibeter niemals erfüllen konnten) und den Handel mit den Engländern in drei namentlich genannten Städten zuzulassen. Außerdem versprachen die Tibeter, keinerlei Vereinbarungen mit irgendeiner anderen ausländischen Macht (gemeint war natürlich Russland) einzugehen. Auf dem Papier war Tibet damit ein britisches Protektorat, allerdings hatte dieses Statut nicht lange Bestand. Zwei Jahre später gingen die Briten eine Vereinbarung mit den Chinesen ein, in der sie versprachen, Tibet nicht zu annektieren und sich nicht in Tibets innere Angelegenheiten einzumischen, während die Chinesen sich ihrerseits verpflichteten, nicht zuzulassen, dass irgendein anderer fremder Staat (wieder war natürlich Russland gemeint) sich in die inneren Angelegenheiten Tibets einmischte.

So, mit einem Federstrich, gaben die Briten formal ihre hart erworbenen Sonderrechte in Tibet auf und erkannten die mandschurische Qing-Dynastie als die eigentlichen Herrscher auf dem Dach der Welt an. Keines der beiden Herrenvölker hielt es für notwendig, die Tibeter über das Abkommen zu informieren.

Für Younghusband war das Leben jedoch nicht mehr dasselbe. Auf dem Rückweg von Lhasa unternahm er einen einsamen Ausritt in die umliegenden Berge. Als er sich umdrehte, um einen letzten Blick auf die Stadt zu werfen, in die er nie wieder zurückkehren würde, verspürte er eine heftige und intensive Liebe zur ganzen Welt, und in einer plötzlichen Erkenntnis erschien ihm die gesamte Natur und Menschheit »in einen glühenden rosa Schein getaucht ... Die eine Stunde, in der wir Lhasa verließen, war die Ruhe eines ganzen Lebens wert.«* Younghusband hatte sein Damas-

---

* ebd., S. 193.

kus-Erlebnis. Der britische Oberstleutnant, der bis dahin Bestseller über seine extremen Expeditionen verfasst hatte, fing an, sich mehr und mehr seinen spirituellen Seiten zu widmen. Er veröffentlichte Bücher wie *Mother World (in Travail for the Christ that is to bee), Life in the Stars, The Light of Experience* und *The Living Universe*. In Büchern, Vortragsreisen und in der Praxis erforschte er Themen wie Telepathie, Raumwesen und sexuelle Ekstase, von der er meinte, sie sei entscheidend, um in Kontakt mit dem »Geist der Natur« zu kommen.

Die Invasion der Briten in den Jahren 1903-1904 führte dem Staatsapparat in Peking vor Augen, dass sie den Zugriff auf Tibet verloren hatten. Trotzdem hatten es die Chinesen nicht eilig. Erst sechs Jahre Später, 1910, schickten sie eine Militärexpedition nach Lhasa, um die Kontrolle mit der Waffe in der Hand zurückzuerobern. Der dreizehnte Dalai Lama, der nach fünf Jahren im Exil gerade wieder zurückgekehrt war, wurde erneut zur Flucht gezwungen. Diesmal hatte er keine andere Wahl, als nach Süden, nach Indien zu gehen. Verfolgt von zweihundert chinesischen Soldaten ritt er Tag und Nacht, häufig ohne zu wissen, welchen Weg er nehmen sollte, bis er schließlich unbeschadet nach Sikkim kam.

Die Mandschu-Kaiser behielten eine Weile die Kontrolle über Tibet, doch die gesamte Qing-Dynastie hatte bereits seit Langem geschwankt, und zwei Jahre später, 1912, kollabierte die Monarchie. Die erste chinesische Republik wurde ausgerufen, und der letzte Kind-Kaiser in der Verbotenen Stadt von Peking ins innere Exil verbannt. Ausgerüstet mit primitiven, selbst gebauten Waffen nahmen die Tibeter den Kampf um die Unabhängigkeit auf. Im Winter 1913 wurden die letzten Chinesen gezwungen, Lhasa zu verlassen.

Der dreizehnte Dalai Lama kehrte zurück in den Potala-Palast, diesmal für immer. Tibet war für den Augenblick sicher, doch die Sicherheit war fragil. Kurz bevor er starb, warnte Thubten Gyatso, der dreizehnte Dalai Lama, dass Tibet in großer Gefahr sei: »Wenn wir nicht in der Lage sind, unser eigenes Land zu beschützen, werden alle Anhänger von Buddhas Lehre, gewöhnliche wie hochstehende Menschen, und der Dalai Lama und der Panchen Lama im Besonderen, so nachhaltig ausgerottet, dass nicht einmal ihre Namen bleiben werden. Die Gebäude und der Besitz der Klöster und Mönche werden beschlagnahmt.«*

Der große Dreizehnte erlebte die Erfüllung dieser düsteren Prophezeiung nicht. Er starb 1933 im Alter von siebenundfünfzig Jahren. Einige Jahre später wurde in einer armen Familie im nordöstlichen Tibet ein kleiner Junge gefunden, der alle Kriterien erfüllte und alle Tests der Reinkarnation bestand: Tenzin Gyatso wurde 1940 als der vierzehnte Dalai Lama ausgerufen. Zehn Jahre später, direkt nach dem Einmarsch der Volksbefreiungsarmee in Tibet, wurde er zum Staatsoberhaupt Tibets ernannt. Kurz darauf wurden Tibets Repräsentanten in Peking gezwungen, ein Siebzehn-Punkte-Abkommen zu unterzeichnen. Punkt eins lautete: »Das tibetische Volk wird sich vereinen und die imperialistischen aggressiven Kräfte aus Tibet ausweisen; das tibetische Volk wird in den Schoß der großen Familie der Volksrepublik China zurückkehren.«

Erzwungene Familienwiedervereinigungen enden selten glücklich, und auch diesmal gab es keine Ausnahme. In der ersten Zeit versuchte der Dalai Lama mit den Chinesen zu verhandeln, doch die Besatzer wurden zunehmend brutaler. Widerstand und Aufruhr wurden gnadenlos niedergeschlagen und unpopuläre Bodenreformen durchgesetzt. Im Frühjahr 1959, als die Unruhen Lhasa erreichten, wurde auch der vierzehnte Dalai Lama zur Flucht über den Himalaya nach Indien gezwungen.

Annähernd neunzigtausend Tibeter sind während des Aufstandes 1959 getötet worden.

Der vierzehnte Dalai Lama konnte nie nach Tibet zurückkehren, doch die kommunistische Partei Chinas drohte damit, die Kontrolle über seine Reinkarnation zu übernehmen. Traditionell wählt der Panchen Lama, die Nummer zwei in der Rangfolge nach dem Dalai Lama, den neuen Dalai Lama aus. Der Dalai Lama seinerseits

---

* van Schaik, Sam: *Tibet. A History*. New Haven, Yale University Press 2011.

ist für die Reinkarnation des Panchen Lama zuständig. 1923 floh der neunte Panchen Lama aufgrund eines Streits über Steuerangelegenheiten nach China. Er starb 1937, und zwei parallele Suchen nach seiner Reinkarnation begannen. Das Ergebnis waren zwei verschiedene Kandidaten. Die Gesandten des Dalai Lama wählten einen Jungen aus Xikang aus, nordwestlich der Autonomen Region Tibet, während die Männer des Panchen Lama einen Jungen namens Lobsang Thrinle Chökyi Gyeltshen aus dem östlichen Tibet aussuchten. Der chinesische Staat unterstützte die Kandidatur von Chökyi Gyeltshen und wollte den Jungen im Kampf gegen Maos Kommunisten einsetzen. Chökyi Gyeltshen lief aber zu den Kommunisten über und wurde 1952 von einer Militärkolonne der Volksbefreiungsarmee nach Tibet eskortiert und als Abt des Trashilhünpo-Klosters in Shigatse eingesetzt, in dem der regierende Panchen Lama traditionell das Amt des Abts ausübt. Er unterstützte die kommunistischen Reformen und blieb in Tibet, als der Dalai Lama nach Indien fliehen musste. Mit der Zeit entwickelte der zehnte Panchen Lama jedoch eine zunehmend kritische Haltung gegenüber dem Auftreten der Chinesen in Tibet, 1964 wurde er verhaftet. Bis 1977 saß er dreizehn Jahre im Gefängnis, danach verbrachte er weitere fünf Jahre in Hausarrest. Während des Hausarrests heiratete er eine Chinesin, das Paar bekam eine Tochter. 1989 starb er im Alter von einundfünfzig Jahren.

Nach einem längeren Auswahlprozess erklärte der Dalai Lama im Frühjahr 1995, dass der sechs Jahre alte Gedün Chökyi Nyima aus dem nordöstlichen Tibet die elfte Reinkarnation des Panchen Lama sei. Kurz darauf wurden der Junge und seine Familie von den chinesischen Behörden entführt, man hat sie nie wieder in der Öffentlichkeit gesehen. Die Chinesen erklärten stattdessen einen der übrigen Kandidaten, Gyancain Norbu, zum elften Panchen Lama. Er lebt heute in einem buddhistischen Kloster in Peking und reist sehr selten nach Tibet.

In einer ihrer seltenen Stellungnahmen erklärten die chinesischen Behörden im Frühjahr 2020, dass der jetzt einunddreißig Jahre alte Gedün Chökyi Nyima nach dem obligatorischen Schulweg und einem Examen der Universität nun einen festen Beruf habe und nicht gestört werden wolle.

Tenzin Gyatso, der vierzehnte Dalai Lama, ist heute ein alter Mann. Als er 2019, als Dreiundachtzigjähriger, mit einer Infektion ins Krankenhaus kam, erklärte ein Repräsentant der atheistischen kommunistischen Partei Chinas, dass Reinkarnationen von »lebenden Buddhas, inklusive des Dalai Lama, chinesische Gesetze und Regeln einzuhalten haben und religiösen Ritualen und historischen Vereinbarungen folgen müssen«.* Zwölf Jahre zuvor, 2007, war ein Gesetz verabschiedet worden, dass für die Reinkarnation von lebenden Buddhas »ein Antrag auf Anerkennung erforderlich ist«.

Der derzeitige Dalai Lama hat seinerseits mehrfach erklärt, sich gut vorstellen zu können, der letzte Dalai Lama zu sein. Die Zeit für derartige Feudalsysteme sei vorbei und möglicherweise kämen keine weiteren Reinkarnationen. Er hat auch gesagt, es sei normal, wenn eine eventuelle Reinkarnation in einem anderen Land als Tibet geboren würde.

In diesem Fall ist es nicht unwahrscheinlich, dass die kommunistische Partei Chinas einen eigenen Kandidaten aussucht und es künftig zwei Dalai Lamas geben wird.

Es war befreiend, die überfüllten Museumssäle zu verlassen und wieder in der Sonne zu stehen. Tashi sah auf die Uhr.

»Siebenundvierzig Minuten. Wir haben es gerade so geschafft, einem Bußgeld zu entgehen«, stellte sie zufrieden fest und lief zu einem Schalter, um ihre Tat registrieren zu lassen.

In bedächtigem Tempo schlenderten wir die Treppen hinunter und gingen durch einen großen Park. An mehreren Stellen standen Bühnen und Lautsprecheranlagen, alte und junge Leute tanzten im Kreis zu tibetischer Popmusik.

* Ben Westcott: »Dalai Lama's reincarnation must comply with China's laws, Communist Party says«. Zuletzt abgerufen am 26. Mai 2020. https://edition.cnn.com/2019/04/11/asia/dalai-lamabeijing-tibet-china-intl/index.html

»Die Leute kommen jeden Tag hierher, um zu tanzen«, sagte Tashi. »Wir sind ziemlich entspannt in Lhasa. Niemand hat es besonders eilig.«

Die Stimmung war möglicherweise entspannt, aber keineswegs ausgelassen. In wenigen Jahrzehnten hat sich Tibet von einer rückständigen mittelalterlichen Gesellschaft, die von Mönchen und Lamas regiert wurde und keine Straßen, Elektrizität und Schulen kannte, zu einer hochtechnisierten Überwachungsgesellschaft entwickelt, die von Peking aus ferngesteuert wird. Wie bereits erwähnt, müssen ausländische Touristen, die die Autonome Region Tibet besuchen, in Begleitung eines anerkannten Guides reisen, allerdings konnte ich mich während der Tage in Lhasa frei bewegen und heimlich regimekritische Menschen treffen. Es war nicht sonderlich schwer, sie zu finden.

»Tibet ist ein offenes Gefängnis«, seufzte eine der Frauen, die ich kennenlernte. »Sie haben alle ausländischen Organisationen rausgeschmissen, und inzwischen kommen in Lhasa acht Chinesen auf jeden Tibeter. Sie locken sie mit zinsfreien Wohnungsbaukrediten und kostenloser gesundheitlicher Versorgung hierher. In den Schulen ist Chinesisch jetzt die Hauptunterrichtssprache. Die Chinesen übernehmen alles. Wir sind zu einer Minorität im eigenen Land geworden.«

»Wir können nicht einmal offen mit unseren Freunden sprechen«, flüsterte einer der Männer, die ich traf. Wir saßen in einer Kaffeebar im Zentrum, umgeben von chinesischen Jugendlichen, die dumpf auf die Displays ihrer Mobiltelefone starrten. »Sie haben die Regeln verschärft, und wir wissen nicht länger, wem wir trauen können. Sie haben auch die Kontrolle über unsere Telefone. Früher konnten wir ein Foto des Dalai Lama auf dem Telefon speichern, das geht nicht mehr. Alles ist strenger geworden, alles wird überwacht. Während der Unruhen 2008 wurden mehrere Hundert Menschen getötet und viele Tausend ins Gefängnis geworfen und gefoltert. Diejenigen, die wieder rausgekommen sind, zucken jedes Mal zusammen, wenn sie einen Polizisten sehen. Bis zum nächsten Aufstand wird es lange dauern …. Währenddessen leben wir hier wie Frösche in einem Brunnen. Wir haben nicht einmal einen Pass. Ganz Tibet ist ein offenes Gefängnis.«

»Wir Tibeter glauben an die Vergänglichkeit aller Dinge«, erklärte ein Mann in den Sechzigern. »Nichts währt ewig. Aber wir glauben auch an Karma, an Ursache und Wirkung. Vielleicht ist das, was jetzt passiert, Ausdruck einer kollektiven Schuld? Es hilft, so zu denken. Dass es eine Ursache gibt. Und dass nichts ewig währt.«

»Einer meiner Söhne, er war Mönch, versuchte vor einigen Jahren nach Indien zu fliehen«, erzählte eine ältere Frau, die ich in einer Wohnung in einem einfachen Wohnblock am Rande von Lhasa traf. »Er wusste, wenn es gelang, würde er seine Familie nie wiedersehen, aber sein einziger Wunsch war es, als Mönch in einem freien Land zu leben. Ich gab ihm etwas Geld für die Flucht, aber er wurde an der Grenze erwischt. Für mich ist das in gewisser Hinsicht gut, denn so kann ich ihn sehen. Er arbeitet jetzt in einer Fabrik. Ins Kloster durfte er nicht zurückkehren.«

Schalen mit selbst gemachtem Joghurt, heiße Milch, süßliche, gekochte Kartoffeln und weiches, frisch gebackenes Brot wurden auf den flachen Tisch vor mir gezaubert.

»Wir haben jetzt Schulen, Straßen und Elektrizität«, fuhr die Frau fort. »Nichts von alldem hatten wir, als ich jung war. Ich bin nur drei Jahre zur Schule gegangen, aber wir Frauen in der Nachbarschaft versuchten, uns selbst weiterzubilden. Im Winter, wenn wir viel Zeit hatten, kamen wir im Versammlungshaus unten an der Straße zusammen, um gemeinsam buddhistische Texte zu lesen. So haben wir uns in den langen Wintern die Zeit vertrieben. Aber vor einigen Wochen kam der Bescheid von der Nachbarschaftsleitung, dass wir das Versammlungshaus dafür nicht mehr nutzen dürfen, also um religiöse Texte zu lesen. Jetzt weiß ich nicht, was wir im Winter machen sollen. Als Xi Präsident wurde, dachte ich, alles würde besser werden, denn er kommt trotz allem aus einer buddhistischen Familie. Aber es hat sich nur alles verschärft ...«

Ein kleines Mädchen, eine ihrer Enkelinnen, sprang aufs Sofa und fing an, die Katze der Großmutter systematisch zu quälen. Die

Katze ertrug geduldig alle Einfälle des Mädchens, ohne einen Ton von sich zu geben.

»Mit neunzehn bekam ich mein erstes Kind«, erzählte die Frau weiter. »Eigentlich wollte ich warten, aber meine Mutter riet mir, mich zu beeilen, denn mein Ehemann war so attraktiv, und viele der anderen jungen Mädchen waren scharf auf ihn ... Jetzt habe ich einen ganzen Haufen Enkelkinder, aber ich sehe sie nicht so oft. Alle haben zurzeit so viel zu tun.«

»Würden Sie selbst nach Indien reisen, wenn die Grenze offen wäre?«, fragte ich, bevor ich ging.

Die Antwort kam ohne zu zögern, ohne Bedenkzeit: »Selbstverständlich!«

Neben der Eingangstür hing der Jahreskalender, der ein großes Portrait des Präsidenten Xi zeigte. Dieses Geschenk von der Nachbarschaftsleitung war nicht nur praktisch und nützlich. Mit einer Symbolik, bei der es keinen Irrtum gab, erinnerte der Kalender auch dran, dass die chinesischen Kaiser seit alters her auch den Titel »Herr der Zeit« und »Herrscher über die zehntausend Jahre« trugen.

So wie die Chinesen Geschichten von Xiang Fei erfinden, der wohlduftenden Konkubine, der Inkarnation der gegenseitigen Liebe zwischen Uiguren und Chinesen, wurde Prinzessin Wencheng, die im 7. Jahrhundert den tibetischen König Songtsen Gampo heiratete, zum Symbol für die gute und nicht zuletzt lange Beziehung zwischen Tibet und China. Ähnlich wie Xiang Fei hat auch Wencheng Filme, Fernsehserien und Bücher inspiriert; 2016 hatte die Opernshow *Prinzessin Wencheng* Premiere in Lhasa. Für die Vorstellungen wurde eine Freiluftbühne gebaut, mit angeschlossenen Restaurants, Geschäften und Parkplätzen, ein gewaltiger und kostspieliger Komplex am Rande von Lhasa.

Die Zuschauertribüne ist bei Weitem nicht voll, vielleicht halb voll, und wie es aussieht, bin ich die einzige Ausländerin unter den Zuschauern. Als die Vorstellung um halb zehn beginnt, stürzen sich so gut wie alle chinesischen Touristen auf den VIP-Bereich in der Mitte der Tribüne. Aufseher jagen sie effektiv zurück auf ihre eigentlichen Plätze, allerdings sind sie sonst recht tolerant: Der Mann vor mir führt während der Vorstellung lange Videogespräche mit seiner Liebsten, und die Frau neben mir filmt die Hälfte der Lieder mit ihrem Mobiltelefon und spielt sie danach laut ab, während auf der Bühne längst andere Lieder gesungen werden.

Die Musik kommt aus der Konserve, die Sänger stehen auf der Bühne und agieren zum Playback, ansonsten wurde aber an nichts gespart. Über tausend Schauspieler, Tänzer und Statisten stehen auf der Bühne, alle in teuren Kostümen. Das Script dagegen ist von der eher billigen Sorte – selbst für ein Propagandamusical: Ein Sendbote aus Tibet besucht den Kaiser von Tang in dessen Hauptstadt und erklärt, der tibetische König halte um die Hand von Prinzessin Wencheng an. Nachdem die magischen Bienen des Sendboten die Prinzessin unter Dutzenden anderer Frauen identifiziert haben (die Prinzessin wäscht ihre Haare mit Blütennektar), akzeptiert der Vater den Heiratswunsch und schickt die Tochter nach Tibet. Die hübsche Prinzessin reist und reist, sie überquert Berge und Flüsse (verkörpert von mehreren hundert Statisten unter blau-weißen Stoffstreifen). Unterwegs wird sie mehrere Male von heftigem Heimweh nach dem Leben im zivilisierten Tang gepackt, trotzdem reist sie tapfer weiter und träumt die ganze Zeit von einer Zukunft, in der niemand hungern und an Senilität leiden muss und die Sterbenden einen leichten Tod erleiden. Zu keinem Zeitpunkt wird die arme Prinzessin darüber informiert, dass der König bereits eine nepalesische und eine tibetische Frau hat.

Als die Prinzessin sich dem tibetischen Hochgebirgsplateau nähert und die Reise allmählich zu ihrem Ende kommt, galoppieren mehrere Dutzend Pferde über die Bühne. Das Paar neben mir blickt einen Moment von ihren Mobiltelefonen auf und unternimmt den heldenmutigen Einsatz, den Galopp als Film einzufangen, aber sie sind nicht so schnell wie die Pferde und schon bald wieder in ihre Displays vertieft. Währenddessen geht Prinzessin Wenchengs Reise nach Süden weiter, sie friert, sie hat Sehnsucht, und nun beginnt es auch noch zu schneien, nicht nur auf der Bühne, sondern auch auf der Zuschauertribüne: Schäumende Seife rieselt aus den Schneemaschinen und hinterlässt nasse Flecken auf unserer Kleidung. Über die Hälfte der Zuschauer springt von den Sitzen auf und flüchtet nach hinten unters Dach, aber die Seifenopern-Prinzessin Wencheng ist tapfer und hält den weiten Weg bis Tibet durch, wo sie demütig von einem ganzen Haufen buddhistischer Mönche empfangen wird. Wollte man pingelig sein, könnte man darauf hinweisen, dass das erste buddhistische Kloster in Tibet über hundert Jahre nach Prinzessin Wenchengs Ankunft gegründet wurde, aber hier ist nicht der Raum für kleinliche Pedanterie, außerdem sind die Mönche zweifellos ausgesprochen dekorativ, so wie sie sich im Seifenschaum vor der chinesischen Prinzessin verbeugen, die endlich, in der allerletzten Szene, ihrem zukünftigen Ehemann begegnet, den achtunddreißigsten König von Tibet. Die beiden fassen sich bei den Händen und vereinigen sich in dem Traum, dass niemand an Hunger und Senilität leiden soll und den Sterbenden ein leichter Tod zuteilwird.

So also wurden die ewigen Bande zwischen Tibet und China geknüpft – zumindest laut chinesischer Propagandamaschinerie.

Will man den idealistischsten der chinesischen Historiker trauen, brachte Prinzessin Wencheng eine Reihe von Nutzpflanzen nach Tibet mit, außerdem soll sie den Tibetern beigebracht haben, Mehl zu mahlen und Wein herzustellen.

Sowohl chinesische wie tibetische Historiker sind sich allerding einig, dass sie eine wertvolle Buddha-Statue mit nach Tibet brachte. Es heißt, die Statue sei so alt gewesen, dass Buddha selbst sie noch gesegnet haben soll, als er auf Erden wandelte. König Songtsen Gampo ließ einen Tempel für seine ausländischen Ehefrauen bauen, den Jokhang-Tempel, dort steht heute die Statue, die Prinzessin Wencheng mitgebracht haben soll – vollständig mit Gold überzogen. Viele der Pilger, die den Tempel besuchen, bringen Gold mit, das die Mönche einschmelzen und mit dem sie die Statue vergolden. Die Statue soll Buddha als Zwölfjährigen darstellen, allerdings ist sie inzwischen so sehr mit Gold überzogen, dass es kaum noch möglich ist, die Konturen eines Körpers darunter zu erkennen.

Alle, die in den Innenhof des Tempels wollen, müssen sich zuvor einer gründlichen Sicherheitskontrolle unterziehen. Taschen, Rucksäcke, Jacken, alles wird durchleuchtet. Im Innenhof wimmelt es von Polizisten und Soldaten, alle in voller Montur; sie stehen reglos da und starren mit stierem Blick vor sich hin. Ein gleichmäßiger Strom an Pilgern aus Nah und Fern schreitet in bunten Wollgewändern und mit großen, sorgfältig gearbeiteten Schmuckstücken um das Kloster herum. Aufgrund von Kleidung und Frisur kann Tashi leicht identifizieren, aus welchen Teilen Tibets die verschiedenen Pilger kommen: Kham, Kailash, Lhasa, Amdo ... Gebückt und ausgerüstet mit Stöcken, Gebetsmühlen und Gebetskränzen gehen sie immer wieder rund um das Kloster, vom frühen Morgen bis zum späten Nachmittag, wobei sie die ganze Zeit das heilige Mantra vor sich hin murmeln. Am Eingang zum Tempel haben sich mehrere Dutzend Pilger versammelt. Andächtig knien sie nieder und legen sich flach auf den Boden, die Hände vor dem Kopf, dann stehen sie in einer geschmeidigen Bewegung auf, bevor sie das Ganze wiederholen, fünfzig Mal, tausend Mal, zehntausend Mal.

»Viele Pilger bleiben zwei, drei Monate in Lhasa, um die Anzahl von Niederwerfungen zu absolvieren, die ihnen vom Lama auferlegt wurden«, erklärt Tashi.

Der Tempel ist brechend voll. Eine Gruppe Frauen hat sich um einen Bottich versammelt und gießt sich nacheinander Wasser über den Kopf.

»Das Wasser ist heilig, es ist von der Buddha-Statue gesegnet«, sagt Tashi. »Vielleicht haben sie heftige Kopfschmerzen.«

Eine alte Dame reibt die Knie an einem abgenutzten Stein, der in den Boden eingelassen ist.

»Sie hat vermutlich starke Schmerzen im Knie«, bemerkt Tashi.

Die Pilger folgen einer eigenen Route, die sich durch sämtliche Kapellen auf dem Weg zu der Buddha-Statue zieht. Die ganze Zeit murmeln sie ihre Mantras, begeistert, in feierlicher Stimmung und tiefer Konzentration. Drei chinesische Wachtposten in orangefarbener, beinahe reflektierender Kleidung passen auf, dass keiner der Pilger zu lange vor der goldenen Statue stehen bleibt. Zwei Mönche hocken auf den Knien und schmieren noch mehr geschmolzenes Gold auf den unförmigen Körper.

Die Buddha-Statue im Jokhang-Tempel zu sehen, gehört zu den größten Ereignissen für einen Tibeter. Die meisten versuchen, den Tempel mindestens einmal im Leben zu besuchen. Tashi, die schon hundert Mal dort war, legt einen Geldschein vor die Statue und senkt den Kopf zu einem intensiven Gebet.

»Vor fünf Jahren legte ich die fünf Gelübde ab«, erzählt sie, als wir wieder ins Sonnenlicht treten. »Mein Meister hat mich dazu gebracht. Ich habe versprochen, nicht zu töten, nicht zu stehlen, nicht zu lügen, keine berauschenden Mittel zu nehmen und mit keinem anderen Mann zusammen zu sein als meinem eigenen. Die Gelübde können nicht gebrochen werden. Es ist besser zu sterben, als sie zu brechen.«

»Nicht zu lügen? Das hört sich schwierig an«, sage ich. »Was ist, wenn eine Freundin fragt, was Sie von ihrem neuen Kleid halten und Sie sie nicht verletzen wollen?«

»In solchen Fällen ist es in Ordnung zu lügen«, antwortet Tashi pragmatisch. »Lügen, die anderen nicht schaden, sind nicht gefährlich.«

»Was ist, wenn Sie, ohne es zu bemerken, auf eine Ameise treten?«

»Das ist auch in Ordnung. Es geschah ja nicht absichtlich.«

»Und wenn Sie schwanger werden und die Ärzte raten Ihnen zu einer Abtreibung, um Ihr eigenes Leben zu retten?«

»Das ist kein ausreichender Grund, um zu töten. Da ist es besser, das Risiko einzugehen und abzuwarten, was passiert.«

»Was ist, wenn Sie von einem Bären angegriffen werden, und es geht um Ihr Leben oder das des Bären?«

»Da ist es besser, wenn ich selbst getötet werde«, erklärt Tashi. »Die Gelübde zu brechen, hat furchtbare Konsequenzen, sowohl für dieses wie für das nächste Leben. Ich bin sehr froh, dass ich die Gelübde abgelegt habe«, fügt sie hinzu. »Es hat mir zu einer ganz anderen Ruhe verholfen.«

Am letzten Tag besuchen wir einen Tempel am Rande von Lhasa. Etwas weiter entfernt führen zehn Mönche auf einer Anhöhe ein Ritual durch. Eine Rauchsäule zeichnet sich gegen den blauen Himmel ab, melancholische Horntöne heben und senken sich im Takt der Trommeln. Neben den Mönchen steht ein kleines weißes Zelt.

»Sie führen gerade eine Himmelsbestattung durch«, erklärt Tashi. »Zuerst zerhacken sie den ganzen Körper und füttern die Vögel mit dem Fleisch. Dann zermahlen sie die Knochen und vermischen sie mit Tsampa-Mehl, damit die Tiere auch die Knochen fressen. Das ist brutal, aber auch schön, denn so gibt man alles der Natur zurück. Die Vögel bekommen etwas zu fressen, man opfert seinen eigenen Körper, nichts bleibt zurück, man nimmt keinen Platz weg und verunreinigt nichts. Es ist eine sehr ökologische Form der Bestattung.«

»Macht man so etwas auch mit kleinen Kindern?«

»Nein, kleine Kinder werden in der Regel unter dem Haus begraben«, antwortet Tashi. »Wir glauben, dass ihre Seele im nächsten Kind wiederkommt. Auch hochstehende Lamas werden nicht so begraben, sie werden normalerweise verbrannt oder in einem Stupa begraben. Ansonsten ist die Himmelsbestattung hier am meisten verbreitet.«

Ein Mönch kommt auf uns zu, und Tashi wechselt ein paar Worte mit ihm.

»Ich habe mich geirrt«, sagt sie, als der Mönch weitergegangen ist. »Es ist keine Himmelsbestattung. Ich stutzte tatsächlich ein bisschen über das Zelt, denn normalerweise gibt es kein Zelt. Die Mönche führen eine Zeremonie durch, bei der sie um Regen für die Bauern und die wilden Tiere beten. Der Regen hat sich verspätet, es hat lange nicht mehr geregnet. Jetzt ist es in ganz Tibet trocken. Wir brauchen dringend Regen.«

Linienflug nach Shangri-La

Ich fand den Ausgang 42, wo der Linienflug nach Shangri-La abgefertigt werden sollte, setzte mich und wartete. Aufgrund von Restriktionen, die niemand wirklich erklären konnte, durfte kein Ausländer die Hauptstraße von der Autonomen Region Tibet in die Nachbarregion Yunnan benutzen, daher musste ich die Provinzgrenze auf dem Luftweg überqueren.

Direkt neben dem Ausgang gab es ein Starbucks-Café. Ich freue mich jedes Mal, wenn ich in China auf Starbucks stoße. Nirgendwo sonst hat der Anblick dieses grün-weißen Schilds diesen Effekt auf mich, im Gegenteil, aber China ist nicht wie andere Orte auf der Welt. In China bin ich nicht nur Analphabet, sondern gleichzeitig auch taub und stumm; selbst die banalste Sache, wie die Bestellung einer Tasse Tee, erscheint hin und wieder völlig unmöglich. Ich taste mich durch eine hochtechnisierte Welt, die meiner eigenen gleicht, die ich aber nicht wirklich begreife. Aber Starbucks begreife ich. Das grüne Logo und der bittere, verwässerte Kaffee haben etwas Sicheres und Wiedererkennbares. Seit ich die Grenze von Nepal überquert hatte, war ich zum ersten Mal mir selbst überlassen, und als Erstes bestellte ich mir einen Americano. Niemals hat schlechter Kaffee so gut geschmeckt.

Während das Flugzeug zur Startbahn rollte, hielt eine Stewardess einen langen Vortrag, was alles streng verboten war: Es war nicht gestattet, die Notausgänge zu öffnen. Es war *unter gar keinen Umständen* gestattet, die Notausgänge zu öffnen. Es war nicht gestattet, irgendetwas kaputt zu machen, absolut nichts, keine Sitze, keine Rettungswesten, nicht die Toilette, vor allem nicht die Toilette. Es war nicht gestattet zu rauchen. Nirgendwo, nicht am Platz, nicht im Mittelgang und nicht auf der Toilette. Vor allem nicht auf der Toilette. Es war nicht erlaubt, das Mobiltelefon einzuschalten, es musste ganz abgestellt werden oder sich im Flugmodus befinden. Man hatte sich hinzusetzen, wenn die entsprechende Durch-

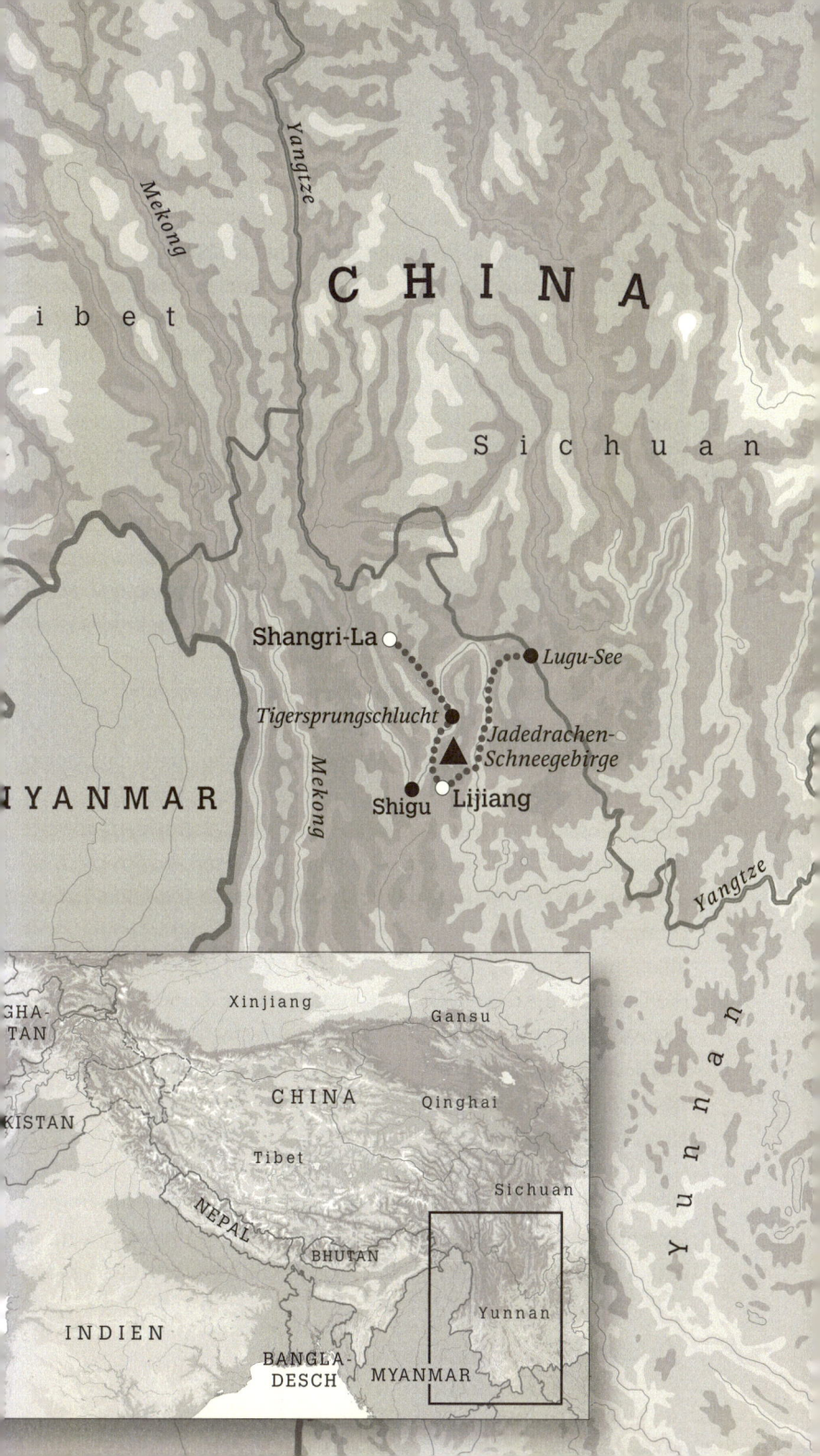

sage kam, und auch sonst sollte man sich nicht auf dem Mittelgang aufhalten, wenn es nicht unbedingt notwendig war. Dann folgte eine längere Aufzählung, welche Strafen und Bußgelder man riskierte, wenn eine der erwähnten Regeln missachtet wurde.

Im Laufe der letzten zehn Jahre sind über zweihundert Millionen Chinesen in die Mittelklasse aufgestiegen, und jeden Tag fliegen viele von ihnen zum ersten Mal. Jeden Monat kommt es mehrfach zu Verspätungen oder Notlandungen, weil unerfahrene Passagiere aus den unterschiedlichsten Gründen – häufig um »etwas frische Luft zu bekommen« – an dem roten Handgriff gezogen haben. Erst kürzlich wurden die Regeln verschärft, wer am Notausgang sitzen darf.

Eine knappe Stunde später berührten die Räder den Boden. Selbst die ältesten und gebrechlichsten Passagiere sprangen von ihren Sitzen auf und holten ihr Handgepäck aus der Ablage, ohne sich von den eindringlichen Ermahnungen der Stewardess über die Lautsprecheranlage beirren zu lassen.

Wir hatten **Shangri-La** (3160 Meter über N.N.) erreicht.

Im Mai 1931 mussten achtzig weiße Bewohner aus Barkul in Afghanistan nach Peschawar in Britisch-Indien evakuiert werden, als es in Afghanistan zu einer Revolution kam. Vier von ihnen, der britische Konsul Conway, der Vizekonsul Mallinson sowie eine Missionarin und ein amerikanischer Betrüger wurden mit dem Luxusflugzeug des Maharadschas gerettet. Die vier Passagiere bemerkten allerdings schnell, dass das Flugzeug nicht den geplanten Kurs flog. Sie flogen in nordwestliche Richtung, über die eisigen Zinnen des Karakorums, sie flogen und flogen, bis die Maschine kein Benzin mehr hatte und irgendwo auf dem tibetischen Plateau abstürzte, nördlich des Himalaya. Conway vermutete, sie könnten sich in der Nähe des weniger bekannten Kunlun-Gebirges befinden.

Kurz bevor er seinen letzten Atemzug tat, hatte der Pilot die Passagiere noch aufgefordert, in einem nahe gelegenen Kloster mit dem Namen Shangri-La Hilfe zu suchen. Das Terrain war steil, und es war schwierig voranzukommen, doch schließlich erreichten die vier Überlebenden ein fruchtbares Tal mit überraschend mildem Mikroklima. Sie wurden von den einheimischen Mönchen freundlich aufgenommen und im Kloster untergebracht, das trotz seiner abseitigen Lage geschmackvoll und modern eingerichtet war, mit Zentralheizung, Badewanne, Bibliothek und Flügel. Abgesehen von Mallinson, der von dem Gedanken besessen war, Träger zu finden und heimzukehren, fühlten sich alle sehr wohl in dem aufsehenerregend luxuriösen Kloster. Das Leben im Tal war friedlich und harmonisch, niemandem mangelte es an etwas.

Nachdem sie einige Zeit in Shangri-La verbracht hatten, wurde Conway eine Audienz beim obersten Lama gewährt – eine unfassbare Ehre. Der Lama erzählte, das Kloster sei zu Beginn des 18. Jahrhunderts von einem katholischen Mönch aus Luxembourg gegründet worden, Vater Perrault. Conway wurde rasch klar, dass der uralte Lama, der vor ihm saß, Vater Perrault *war*. Dank einer Diät aus lokalen, leicht narkotischen Beeren und einem Lebensstil, der auf Meditation, Yogaübungen und Maßhalten basierte, hatte Perrault das Geheimnis der ewigen Jugend entdeckt. Doch nun sollte der Zweihundertfünfzigjährige trotz allem sterben, und er wünschte, dass Conway seinen Platz einnahm. Die Welt, so prophezeite es der oberste Lama, stünde vor einer ungeheuren Katastrophe, die Menschheit würde sich selbst und die Erde, die sie bewohnte, zerstören und die Zerstörung würde von oben kommen, durch Flugzeuge. Nur das glückliche Land Shangri-La mit seiner Bibliothek, seinen vielen angehäuften Schätzen aus der zivilisierten Welt und seiner christlich-buddhistischen Philosophie würde überleben.

Conway wollte an und für sich gern in Shangri-La bleiben, aber Mallinson weigerte sich, auf die Stimme der Vernunft zu hören. Er wollte mit einer Mandschu-Frau, in die er sich verliebt hatte, aus dem Tal fliehen. Auch Conway war in die entzückende »junge« Frau verliebt und ließ sich schließlich überreden, Shangri-La zu verlassen. Den Rest seines Lebens versuchte er, in das verlorene Paradies zurückzufinden.

So ungefähr lässt sich der Plot des Romans *Der verlorene Horizont* des britisch-amerikanischen Autors James Hilton zusammenfassen. Der Roman erschien 1933, als Tibet für Ausländer noch immer geschlossen war, und traf mit seiner pazifistischen Botschaft über ein verborgenes, harmonisches Paradies in den geheimnisvollen asiatischen Bergen ins Schwarze. Dieses moderne Utopia wurde ein enormer Bestseller, vier Jahre später kam ein Hollywoodfilm unter der Regie von Frank Capra in die Kinos, der zwei Millionen Dollar einspielte – das Vierfache seines Produktionsbudgets. Den ursprünglich sechs Stunden langen Film hatte man auf ein Drittel zusammengeschnitten, und diese verkürzte Version wurde mit Oscars für die beste künstlerische Leitung und die beste Filmbearbeitung ausgezeichnet – allein die modernen, Beverly-Hills-artigen Einrichtungsdetails im Kloster von Shangri-La sind sehenswert.

Franklin D. Roosevelt taufte den Freizeitwohnsitz der amerikanischen Präsidenten in den Bergen von Maryland Shangri-La (heute bekannt als Camp David) und gab damit den Startschuss für einen internationalen Trend. Längst wird der Name Shangri-La geradezu inflationär verwendet, er ist zum Inbegriff des Unerreichbaren geworden, des Paradieses auf Erden, eine Art Antwort des Himalaya auf den Garten Eden. Als Carl Barks 1953, zwanzig Jahre nach Erscheinen von Hiltons Roman, Onkel Dagobert in das verborgene Bergtal Tralla La im Himalaya aufbrechen ließ, war dies natürlich ein Wortspiel mit dem bereits damals abgenutzten Begriff Shangri-La.

Ri bedeutet »Berg« auf Tibetisch und *la* »Bergpass«, während *Shang* der Name der Handglocke ist, die von buddhistischen Mönchen während ihrer Rituale benutzt wird. Der Name wurde von James Hilton erdichtet, vielleicht inspiriert von *Shambala*, dem mythischen buddhistischen Königreich, das in verschiedenen tibetischen Texten auftaucht und möglicherweise auf einen tatsächlichen Ort auf Erden verweist, eventuell aber auch auf ein geistiges Paradies. Während Lamas und Theologen lange diskutiert haben, was Shambala eigentlich ist, und wo es möglicherweise gelegen haben könnte, ist Hiltons Shangri-La erwiesenermaßen Fiktion. Hilton selbst hat Asien nie besucht, gab aber an, von *National Geographic* und Büchern aus der Bibliothek inspiriert worden zu sein. Trotzdem wurde heftig darüber diskutiert, wo der Roman eigentlich spielt. Es gab zahlreiche Theorien, und man kann heute durch den gesamten Himalaya reisen – vom Hunza-Tal in Nordpakistan über Ladakh und Sikkim in Indien bis Bhutan, Nepal und Tibet – und ausschließlich in Hotels übernachten, die Shangri-La heißen.

2001 beendeten die Chinesen die Diskussionen ein für alle Mal und tauften die kleine Stadt Zhongdian in der Provinz Yunnan in Shangri-La um.*

Der PR-Trick übertraf alle Erwartungen, die Touristen strömten millionenfach in die kleine Bergstadt im Nordwesten Yunnans. Die über tausend Jahre alte Altstadt wuchs unkontrolliert, und am 11. Januar 2014 brach ein Brand in der dichten Holzbebauung aus. Mehr als zweihundertvierzig Häuser brannten komplett nieder, über zweieinhalbtausend Menschen wurden obdachlos, aber dank einer effektiven Evakuierung kam niemand ums Leben. Die Löscharbeiten waren allerdings nicht so effektiv. Die Feuerwehrwagen kamen mit leeren Tanks und mussten erst zum nächsten Fluss fahren, um Wasser aufzunehmen.

Die Altstadt wurde im Eiltempo wieder aufgebaut, und dies ist durchaus zu sehen. Keines der neuen Häuser sieht älter aus, als es tatsächlich ist, obwohl sie versuchsweise im alten Stil wiedererrichtet wurden. Die Geschäfte in den Fußgängerzonen der vorgeblichen Altstadt verkaufen vorgeblich tibetische Souvenirs. Auf dem Marktplatz können Touristen sich als tibetische Prinzessinnen verkleiden und sich auf weißen Yak-Ochsen reitend verewigen lassen.

Die Neustadt mit ihren flachen Betonhäusern ist von Hiltons irdischem Paradies noch weiter entfernt, ebenso wie der Ganden-Songtsenling-Tempel, der größte buddhistische Tempel in der Region. Das Kloster stammt ursprünglich aus dem 17. Jahrhundert und wurde unter dem fünften Dalai Lama gebaut, während der Kul-

---

* Auf Tibetisch heißt die Stadt Gyalthang, königliche Ebene, und gilt als Teil der ursprünglich tibetischen Region Kham.

turrevolution aber zerstört. Das heute komplett renovierte Kloster ist lediglich etwas mehr als dreißig Jahre alt.

Wie viele buddhistische Tempel hatte ich in den letzten Wochen besucht? Pflichtschuldigst ging ich in alle Tempelräume und Versammlungssäle und bewunderte systematisch die frisch bemalten Wände und die vergoldeten Buddha-Statuen, aber ich hatte den Sättigungspunkt erreicht, es war die Antwort der buddhistischen Tempel auf das Stendhal-Syndrom, ich konnte in meiner Erinnerung die Tempel nicht mehr auseinanderhalten, sie verschwammen ineinander. Schwindlig schleppte ich mich von Buddha zu Buddha, von Halle zu Halle, umgeben von Schwärmen chinesischer Touristen. Die Buddhas flimmerten mit ihrem geheimnisvollen Lächeln an mir vorbei.

Erschöpft nahm ich den Bus zurück in die nagelneue Altstadt Shangri-Las.

Einige Dutzend Kilometer weiter südlich wird Chinas Schicksal entschieden. Hier knickt die Indisch-Australische Platte nach Süden ab, in Richtung Bengalische Bucht, und die Berge und Flüsse nehmen denselben Weg.

Wo beginnt und wo endet eine Bergkette? Während der Nanga Parbat in Pakistan traditionell als der westliche Anker des Himalaya gilt, wird dem Namcha Barwa im östlichen Tibet die Ehre zuteil, der östliche Anker der Gebirgskette zu sein. Beide Berge werden von beachtenswerten Flüssen umrundet: Der Indus vollführt eine Neunzig-Grad-Kurve direkt nördlich des Nanga Parbat, und der Yarlung Tsangpo schlägt einen Bogen von einhundertachtzig Grad, einen U-Turn, rund um den Namcha Barwa, der dadurch von ihm eingeschlossen wird. Am westlichsten Punkt des Himalaya ändert der Indus also seine Richtung und fließt Richtung Südwesten, zum Arabischen Meer, während der Yarlung Tsangpo am östlichsten Punkt der Gebirgskette eine Kehrtwendung macht und ebenfalls Richtung Südwesten fließt, nach Arunachal Pradesh in Nord-Indien – dort ist er bekannt als Dihar, bevor er seine Tage in dem enormen Delta von Bengalen unter dem Namen Brahmaputra beendet.

An beiden Enden wird der Himalaya von gewaltigen Flüssen begrenzt. Die Frage, die sich natürlich stellt, lautet: Was kam zuerst, die Flüsse oder die Berge?

Es gibt keine eindeutige Antwort, aber die neuere geologische Forschung deutet darauf hin, dass der Yarlung Tsangpo wesentlich daran beteiligt war, dass der Namcha Barwa so rasch so hoch wurde. Mit seinen 7782 Metern gehört der Namcha Barwa zu den höchsten Bergen der Welt – aber auch zu den jüngsten: Während die Berge im Himalaya generell rund fünfzig Millionen Jahre gebraucht haben, um ihre heutige Höhe zu erreichen – und das ist aus geologischer Perspektive gesehen auch noch jung –, schoss der Namcha Barwa in nur zwei, drei Millionen Jahren in die Höhe, vermutlich mit kräftiger Unterstützung des Yarlung Tsangpo.

Der Yarlung Tsangpo ist der längste Fluss Tibets, und einer der wildesten der Welt, mit einem Gefälle von über dreitausend Metern. In Millionen von Jahren hat er sich wie ein Rasiermesser durch die Landschaft geschnitten, und am Namcha Barwa, wo er dreht, ist der Höhenunterschied am dramatischsten: Beinahe zweieinhalbtausend Meter auf knapp fünfzig Kilometern. Hier haben die Wassermassen einen fünf Kilometer tiefen Canyon gegraben, den tiefsten Canyon der Welt. Enorme Mengen von Steinmassen wurden von dem Fluss abtransportiert, dadurch wurde der Druck auf die Erdkruste gemindert, und das erklärt vermutlich, warum der Namcha Barwa so schnell wachsen konnte. Wie alle hohen Gebirge hat der Himalaya tiefe Wurzeln unter der Erdkruste. Je höher ein Berg ist, desto tiefer reicht die Wurzel, ähnlich wie bei einem Eisberg. Wenn ein Fluss eine große Steinmasse von der Oberfläche wäscht, steigt der Berg, um das Gleichgewicht aufrechtzuerhalten. Viele Geologen glauben, dass es beim Nanga Parbat im Westen ähnlich Prozesse gegeben hat. Eine Kombination von Aufbau und Erosion, verursacht durch kollidierende tektonische Platten und Millionen und Abermillionen Litern von Regen- und Schmelzwasser, kann dazu beigetragen haben, Anfang und Ende des Himalaya zu schaffen.

Im Osten Tibets, an der Grenze zu Yunnan, wo der Riss zwischen den Kontinentalplatten nach Süden zeigt, vollziehen also die Berge und Flüsse eine Kehrtwende. Sie alle folgen loyal der Falte nach Indien, zur Bucht von Bengalen.

Alle außer einem.

Der Jangtse, Asiens längster Fluss, hat seinen Ursprung im nordöstlichen Tibet und fließt zunächst genau wie die übrigen Flüsse geradewegs auf die Bucht von Bengalen zu. Bei der kleinen Stadt Shigu, südlich von Shangri-La, vollzieht er aber eine abrupte Kehrtwende. Hier biegt der Fluss jäh nach Norden ab, beinahe wie in einer Haarnadelkurve, und durchquert danach ganz China, bevor er bei Shanghai ins Ostchinesische Meer fließt.

Was wäre China ohne den Jangtse, auch bekannt als Dri Chu, Yak-Fluss, Jinsha Jiang, Gelbsandfluss, Chang Jiang, Langer Fluss, oder einfach Jiang, das Wort für Fluss? In der Länge wird der Jangtse nur vom Nil und dem Amazonas übertroffen. Mehr als zweihundert Millionen Menschen leben am Ufer des Jangtse, über doppelt so viele sind abhängig von ihm.

Ohne den Jangtse gäbe es China nicht, könnte man behaupten. Trotzdem besuchen so gut wie keine Touristen Yun Ling, den Wolkenberg, einige Dutzend Kilometer südlich von Shangri-La, wo der Jangtse so abrupt die Richtung wechselt. Stattdessen fahren die Touristen im Pendelverkehr zur Tigersprungschlucht, etwas weiter nördlich, wo der Jangtse bereits polternd und energisch in nördlicher Richtung fließt.

Aus Gründen, die niemand erklären kann, ist die Yarlung-Tsangpo-Schlucht am Namcha Barwa für Ausländer gesperrt, aber die Tigersprungschlucht kann ungehindert besucht werden. Mit ihren dreitausendsiebenhundertneunzig Metern ist sie nicht ganz so tief wie die Tsangpo-Schlucht, aber ebenso beachtlich. Dort, wo der Abstand zwischen den steilen Bergseiten am schmalsten ist, soll einmal ein Tiger gesprungen sein, um einem Jäger zu entkommen, daher der poetische Name.

Früher mussten Touristen das Tal zu Fuß durchqueren, sie mussten schuften und schwitzen, um sich die dramatische Aussicht zu erarbeiten, aber vor nicht allzu langer Zeit wurden Dämme gebaut und Stromleitungen durch die Schlucht gelegt, die jetzt komplett auf den Tourismus ausgerichtet ist, mit einer Straße und allem, was dazugehört. Da es regnete und die Wege glitschig und glatt waren, entschied ich mich für die populärste Art, die **Tigersprungschlucht** (1800 Meter über N.N.) zu besuchen: Ich ließ mich bis zur Aussichtsplattform fahren.

Zusammen mit fünfzehntausend Mittelklasse-Chinesen, alle ausgerüstet mit Regenschirm und Regencape, ließ ich mich die Treppe hinuntertreiben, die zum Ufer führte, wo die große kitschige Statue eines Tigers stand, um an den Tiger zu erinnern, der vielleicht irgendwann genau hier über den Fluss gesprungen war. Ich schoss ein Selfie mit den braunen schäumenden Wassermassen im Hintergrund. Auch die Touristen um mich herum knipsten drauflos. Abgesehen davon, dass ich keine Chinesin war, gab es im Grunde nicht viel, was mich von ihnen unterschied, ging mir durch den Kopf. Kurzer Besuch in dramatischer Schlucht mit Tiger: *knips*. Dreiviertelstunde in einem jahrhundertealten buddhistischen Tempel: *klick*. Markt in der Altstadt: *schon am Morgen erledigt*. Lokale Delikatesse: *vor dem Schlafengehen gegessen*. Volkstanzabend der Einheimischen: *schon so viele gesehen, keine Lust*. Kühlschrankmagneten: *eingekauft*. Besuch im Teehaus: *war in Darjeeling besser*. So werden eigentlich einzigartige Erlebnisse und uralte, kompliziert verwobene Traditionen und Geschichten zu einem leicht verdaulichen, rasch servierten Gemeingut; die Welt wird ein Erlebnispark für die wachsende Mittelklasse, und die Mittelklasse wächst. Shangri-La? Hat nie existiert, aber *been there, done that*, auch ich. »Auch ich in Arkadien!«, schrieb Goethe in seiner *Italienischen Reise* bereits vor zweihundert Jahren. Auch ich, ich auch, das ist das Stichwort. Auch ich kann sie sehen, und sei es auf einer Fahrt im Schnellzug, die Shangri-Las und Samarkands dieser Welt, die Südseeatolle und höchsten Berggipfel, all das Einzigartige, das früher nur den Privilegierten und wenigen Ausdauernden vorbehalten war, kann jetzt ein bisschen meins, ein bisschen deins werden.

Warum reist man eigentlich? Warum reise ich? Plötzlich fühlte ich mich müde. Aber noch stand ein wichtiger Teil auf dem Programm.

Die Altstadt von **Lijiang** (2400 Meter über N.N.), östlich von Shigu, war im Gegensatz zur abgebrannten Altstadt von Shangri-La intakt. Große Teile der Neustadt wurden bei einem heftigen Erdbeben 1996 zerstört, aber die Altstadt, die gebaut war, um kräftige Erdstöße auszuhalten, hatte das Beben ohne einen Kratzer überlebt. Während die Neustadt auf diese Weise noch neuer geworden ist, gehört die Altstadt von Lijiang noch immer zu den schönsten und pittoreskesten von China, mit schmalen Pflastersteinstraßen, Kanälen, Steinbrücken und Holzhäusern mit traditionellen gewölbten Dächern. Wie in einer fotogenen Kulisse erhebt sich im Hintergrund das Jadedrachen-Schneegebirge.

Auf dem örtlichen Gemüsemarkt standen die Buden eng beieinander, hier gab es beinahe *alles*: getrocknete und frische Pilze, Gemüse in fremden Formen und Farben, Froschschenkel, Schlangenhaut, Kräuter, Pfirsiche, Feigen – eine Kakofonie aus Geräuschen und Gerüchen.

Man hatte mich vorher vor all den Touristen gewarnt, aber ich war allein durch menschenleere Gassen gelaufen und hatte die ganze Altstadt für mich, bis ich unvermittelt auf die touristischen Hauptstraßen traf. Mit einem Mal war ich an allen Seiten von Tausenden chinesischer Touristen umgeben, flankiert von Snack-Buden und grellen Souvenirläden. Lijiang wird einfach immer populärer: 2007 besuchten rund zwei Millionen Touristen die Stadt. Gut zehn Jahre später, 2018, war die Zahl auf fünfundvierzig Millionen angestiegen – hauptsächlich Chinesen auf Entdeckungsreise im eigenen Land.

Während Lijiangs Reichtum heute insbesondere aus dem Tourismus stammt, hatte ursprünglich der Handel dafür gesorgt, dass es sich um eine wohlhabende Stadt handelte: Die Stadt war ein wichtiger Knotenpunkt auf dem alten Tee- und Pferdeweg, der Antwort des Himalaya auf die Seidenstraße. Tee aus Yunnan wurde gegen tibetische Pferde getauscht, und eine Reihe von Karawanenrouten verbanden Lijiang mit Sichuan, Burma, Nepal, Tibet und Nord-Indien.

In einem Kulturzentrum in Lijiang lernte ich einen der letzten

Männer kennen, der entlang der alten Karawanenrouten gereist war. Meine einheimische Dolmetscherin Apple schrieb mir seinen Namen mit chinesischen Schriftzeichen in mein Notizbuch, weigerte sich aber, ihn in lateinische Buchstaben zu transkribieren, da sie meinte, der Name lasse sich nicht ins Englische übersetzen. Daher habe ich nie erfahren, wie er hieß. Er war Künstler, tadellos angezogen mit Anzug und Schiebermütze, und er hatte freundliche Augen und ein herzliches Lächeln.

»Er stammt aus einer alten Lijianger Familie«, erklärte Apple. »Über seinen Vater steht etwas im chinesischen Wikipedia. Er war seinerzeit ein sehr mächtiger und bedeutender Mann in Lijiang, einer der wenigen, die zur Schule gegangen waren. Und er spielte eine wichtige Rolle im Handel mit Tee und Pferden.«

Diesmal hatte ich keine Landesgrenze überquert, nur die Provinzgrenze zwischen Tibet und Yunnan, und doch hatte ich das Gefühl, in einem anderen Land zu sein, einer anderen Wirklichkeit. Beinahe alles war neu: die Bezugspunkte, die Menschen, die Sprache – erneut stand ich auf nacktem Boden und musste mich in unbekanntem Terrain orientieren. Ähnlich wie Indien ist China nicht ein Land, sondern viele. Die Provinz Yunnan, die an Myanmar, Laos und Vietnam grenzt, ist ebenso groß wie der Irak und hat über sechsundvierzig Millionen Einwohner. Man könnte sagen, Yunnan ist nicht nur ein Land, sondern viele. Sechsundzwanzig verschiedene ethnische Gruppen leben hier – keine andere chinesische Provinz verfügt über eine derartige ethnische Vielfalt –, und bei diesen sechsundzwanzig ethnischen Gruppen handelt es sich nur um die offiziell registrierten, es gibt noch zahlreiche Untergruppen.

»Von Lijiang gingen die Handelskarawanen nach Tibet, Nepal und Indien«, erzählte der ehrwürdige alte Mann. »Die Altstadt war ein Resultat des Austauschs von Ideen, Stilarten und Materialien, die dieser Handel mit sich brachte. Es war im Übrigen nicht so, dass die gesamte Route auf Pferderücken absolviert wurde, obwohl sie der Pferdeweg genannt wird«, fügte er hinzu. »Von hier ritten die Händler nach Westen, nach Sichuan, aber von dort ging die Reise auf Kamelen weiter. Die Reisen nach Osten, nach Tibet und Nepal, wurden mit Yaks unternommen. Es war eine komplizierte Handelsroute, die Reisende brauchten Passierscheine. Und die Route war gefährlich, man war nicht nur Wind und Wetter ausgesetzt, sondern es gab auch überall Banditen. Es konnte mehrere Jahre dauern, bis man am Ziel war, und viele kehrten nie wieder nach Hause zurück. Kleine Karawanen kamen allein nicht zurecht, und hier kommt die Firma meines Vaters ins Spiel: Er verhandelte mit den Banditen und wurde der Beschützer der Karawanen. In den 1950er Jahren, direkt nach meiner Geburt, wurden die alten Karawanenwege durch neue Straßen ersetzt und die Grenzen geschlossen. Mein Vater war der Letzte in der Familie, der Handel trieb, und ich gehöre zu den Allerletzten, die entlang der alten Karawanenrouten gereist sind.«

Er lächelte sanft.

»Leider kann ich mich an die Reise nicht erinnern, denn ich lag noch im Bauch meiner Mutter. Sie begleitete meinen Vater nach Tibet, als sie mit mir schwanger war. Lijiang war eine arme und abgelegene Stadt, als ich klein war. Ich war neun Jahre alt, als die Stadt ihre erste Glühbirne bekam. Sie brannte mithilfe von Wasserkraft. Meine Schwestern nahmen mich mit, um sie sich anzusehen, und ich erinnere mich, dass sämtliche Einwohner der Stadt dort waren, alle diskutierten eifrig über das Phänomen. Es gab das Gerücht, dass die Leute im Westen so etwas sogar auf dem Klo hätten.«

Xuan Ke ist eine lebende Legende in Lijiang. Er gründete das berühmte Naxi-Orchester der Stadt und war bis vor Kurzem sein Dirigent. Die Naxi sind eine Minorität in Yunnan, der rund dreihunderttausend Menschen angehören, mit eigener Kleidung, eigener Sprache, eigenem Schriftsystem und nicht zuletzt einer reichen musikalischen Tradition, die viele Hundert Jahre zurückreicht.

Apple, die Dolmetscherin, hatte es so arrangiert, dass ein freundlicher Mann in den Siebzigern, der sich als Autodidakt Russisch beigebracht hatte und ein guter Freund von Xuan Ke war, an dem Besuch teilnahm.

»In China kann man nicht einfach bei Fremden auftauchen, man muss jemanden kennen, der den Besuch vermittelt, sonst kommt man nicht in die Wohnung«, erklärte sie mir. »Hier dreht sich alles um Kontakte. Ohne gute Kontakte ist man chancenlos.«

Xuan Ke wohnte in einem großen Haus außerhalb des Zentrums. Er saß in einem Sessel im Wohnzimmer und sah sich eine Konzertaufnahme der Wiener Symphoniker an, als wir ihn besuchten. Auf einem kleinen Tisch neben ihm stand ein Aschenbecher, und neben seinen Füßen ein kleiner Eimer, in den er die Zigarettenkippen leerte, wenn der Aschenbecher voll war. An den Wänden hingen ein hübsch kalligrafiertes Gedicht, Fotografien von Lebenden und Toten, überwiegend Toten, Diplome und Auszeichnungen. Die Regale waren voller englischer und chinesischer Bücher. Auf einem der Lautsprecher neben dem Fernseher stand ein Kreuz.

Der Dirigent war für seine beinahe neunzig Jahre in überraschend guter Form. Er sprach gut Englisch, wechselte aber immer wieder unvermittelt ins Chinesische, häufig ohne es zu merken. Sein Haar war noch immer pechschwarz und das Gesicht den Fotos verblüffend ähnlich, die ich von ihm als Fünfzig- oder Sechzigjährigem gesehen hatte.

»Harald V., mein alter Freund!«, rief er aus, als er hörte, dass ich aus Norwegen kam. Er zündete sich eine neue Zigarette an und drehte den Fernseher leise. König Harald und Königin Sonja hatten Lijiang besucht, als sie 1997 auf Staatsbesuch in China waren; wie allen anderen Staatsoberhäuptern und Würdenträgern, die Lijiang besuchen, wurde ihnen ein Konzert mit Xuan Kes Naxi-Orchester präsentiert.

Xuan Ke hatte einen ungewöhnlichen Hintergrund: Er war der Sohn eines Musikers, der als Erwachsener zum Christentum konvertiert war. Als Kind hatte er eine Missionsschule in Kunming besucht.

»In der Schule gab es viele Klaviere«, erzählte er. »Vielleicht zwölf Stück. Keine andere Schule hatte so viele Klaviere. Also fing ich an, Klavier zu spielen.«

Der Glaube und die Musik hatten im Laufe der Jahre zu einer Reihe von Problemen geführt. Als Xuan Ke noch ein kleiner Junge war, landete der Vater aufgrund seines Glaubens im Gefängnis, er selbst war ebenfalls zwei Mal in Haft gewesen.

»1948 wurde ich von den Nationalisten hinter Schloss und Riegel gesteckt, aber bereits im Jahr darauf ließen mich die Kommunisten frei. Acht Jahre vergingen, dann wurde ich wieder verhaftet, diesmal von den Kommunisten. Ich saß einundzwanzig Jahre im Gefängnis. Man kann getrost sagen, dass ich meine besten Jahre im Gefängnis verbracht habe.«

Auf meine Nachfrage erklärte Xuan Ke, er habe im Gefängnis nicht sehr gelitten. Viele hätten es schwerer als er gehabt, betonte er. Da er malen konnte, hatte er mit der Zeit im ganzen Land Propagandatableaus malen müssen.

»Ich malte Bauern und Soldaten und mischte sie mit Motiven aus der chinesischen Mythologie. Ich hatte kein persönliches Verhältnis zu diesen Gemälden, denn ich glaube nicht an die kommunistische Ideologie, aber sie waren unglaublich populär.«

In seiner Autobiografie, die ich mir später am Tag besorgte, erzählt Xuan Ke ausführlich von den ersten Jahren im Gefangenenlager, bevor er die Propagandabilder malen musste: »Diese kostbaren Jahre, in denen die geistige Kraft am stärksten ist, wurden mit harter Arbeit verbracht, ohne Beethoven, Bach, Haydn oder ein Klavier, ohne Teppiche aus Frühlingsgras und Feldblumen, ohne Dantes Beatrice. Meine einzige ständige Gesellschaft war dieses fürchterlich schrammende Geräusch der Kugelmühle, eine andere Musik hatte ich nicht. In die Kugelmühle werden mehrere Stahlkugeln gelegt, die etwas kleiner sind als ein Volleyball, dann wird das Metall von den Friktionen zwischen den Kugeln pulverisiert. Das durchdringende Klopfgeräusch wie von schweren Hämmern konnte jemanden, der empfindlich oder herzkrank ist, umbringen. Vom frühen Morgen bis zum späten Abend drang dieses Klopfen in jede Ecke, es gab keine Möglichkeit, ihm zu entkommen.«

Als er aus dem Gefängnis entlassen wurde, war Xuan Ke beinahe fünfzig Jahre alt.

»Sind Sie verbittert, das Sie Ihre besten Jahre verloren haben?«, fragte ich ihn.

»Nein, ich bin nicht verbittert«, antwortete Xuan sanft. »Ich bin keine störrische Person, ich folge dem Strom. Als ich aus dem Gefängnis kam, lernte ich meine Frau kennen, und wir gründeten eine Familie.«

»Ich glaube, er versucht zu sagen, dass die Zeit, die er durchlebt hat, ihn zu dem gemacht hat, der er ist«, erklärte Apple. »Alle waren zu dieser Zeit traumatisiert.«

»Sie müssen in Betracht ziehen, dass dies eine besonders schwierige Periode in Chinas Geschichte war«, ergänzte der Russisch sprechende Freund.

»Alle, die zu dieser Zeit irgendeine Form von Talent oder Schulbildung hatten, wurden zu Zielscheiben«, erinnerte sich Xuan Ke. »Aber das menschliche Leben ist kurz. Die Zeiten werden sich ändern. Man muss den Blick heben, nach vorn schauen. Als ich im Gefängnis saß, war ich nicht frei. Ich hatte den Eindruck, gefühllos zu sein, ich konnte nicht normal denken. Ich konnte keine Gefühle haben, ich konnte keine eigenen Meinungen haben. Ich musste alles vergessen. Ich wusste nicht, wo oben und unten, rechts oder links war, derartige Dinge hörten auf zu existieren.«

Als freier Mann wurde er Musiklehrer an einer Schule in Lijiang.

»Ich komponierte auch einige Symphonien und gründete das Naxi-Orchester«, fügte er nüchtern hinzu. »Unsere Musiktradition ist unglaublich alt, sie geht zurück bis auf die Tang-Dynastie. Lijiang liegt im Grenzgebiet gleich östlich des Himalaya, hier sind wir sehr weit weg von allem. In der Nähe des Zentrums, im Landesinneren, sind während der Kulturrevolution viele Traditionen zerstört worden, aber hier haben sie überlebt. Als Lijiang in den 1980er Jahren geöffnet wurde, wollte ich der Welt gern diese reiche Tradition zeigen. Natürlich habe ich der Musik meine persönliche Prägung gegeben, aber vor allem geht es bei dem Naxi-Orchester darum, die traditionelle Musik zu erhalten, die hier überlebt hat. Kommen Sie und hören Sie es sich selbst an, wir geben noch immer jeden Abend ein Konzert!«

Er zündete sich noch eine Zigarette an und leerte den vollen Aschenbecher in den kleinen Eimer.

»Aber am stolzesten bin ich auf die einundzwanzig Lieder, die ich für die einundzwanzig Schulen in Lijiang komponiert habe«, sagte er. »Jede Schule hat ihr eigenes Lied.«

»Er darf auch stolz darauf sein, dass Lijiang seinetwegen auf der Weltkulturerbeliste der UNESCO steht«, warf der Freund ein. »Die Menschen in Lijiang sehen in Xuan Ke Lijiangs Kompass. Als die Kulturrevolution vorbei war, war er der Einzige, der eine Ausbildung vorzuweisen hatte und qualifiziert war. Was er Lijiang gegeben hat, ist unschätzbar. Für uns ist er wie ein Jesus, er hat die Brücke zwischen Lijiang und der Welt gebaut und unsere Altstadt bekannt gemacht! Ohne den Platz auf der Liste der UNESCO wäre Lijiang eine ganz gewöhnliche arme Kleinstadt in den Bergen.«

Wir hatten lange über schwierige Themen gesprochen, der Maestro war erschöpft.

»China ist eine merkwürdige und unvorhersehbare Nation«, sagte er, kurz bevor wir gingen. »Historisch gesehen wurden wir immer von einem einzigen Kaiser regiert. Wenn derjenige, der an der Spitze steht, tüchtig ist, hat das Volk etwas davon. Xi Jinping hat keinen Glauben, aber seine Frau ist Christin. Sie war vor vielen Jahren meine Schülerin. Sie kam nach Lijiang, und zwanzigtausend Menschen erschienen, um zu sehen, wie sie vor mir kniete, um mich als ihren Lehrer anzuerkennen. Meine Hoffnung ist, dass sie mit ihren christlichen Werten auf ihren Mann einwirken kann. Nur dann wird China weiterkommen, meine ich. Sonst wird es stagnieren.«

»Wie war Xi Jingpings Frau?«, erkundigte ich mich neugierig.

»Es ist so lange her, seit ich ihr Lehrer war, dass ich nichts darüber sagen will, wie sie damals war«, antwortete der ehrwürdige Dirigent diplomatisch. »Sie ist jetzt ein anderer Mensch, sie ist in einer ganz anderen Position.«

Xuan Kes Russisch sprechender Freund aß mit uns zu Mittag. Ich habe nie erfahren, wie er hieß, denn laut Apple ließ sich auch sein Name nicht ins lateinische Alphabet übertragen.

»Sie müssen es unbedingt sagen, wenn Sie zu erschöpft sind, um sich zu unterhalten«, sagte ich, nachdem wir bestellt hatten.

»Nein, ich bin erst siebzig, ich bin doch noch jung«, erwiderte er freundlich. Er hatte ein spitzes Gesicht, einen kleinen Mund und eine raspelnde Stimme. Er erinnerte mich an meinen Großvater.

Während wir auf das Essen warteten, zeigte er mir das Buch, das er übersetzt hatte, *Rozovye rozy*, »Rosa Rosen«, der russischen Schriftstellerin Viktoria Tokareva. Er hatte zwei Ausgaben des russischen Buches mitgebracht, eine alte zerschlissene und eine etwas neuere. Die Übersetzung war nie erschienen, aber er hatte sie dabei und zeigte mir stolz Seite um Seite.

»Eines Tages, als ich noch Fahrräder in der Altstadt reparierte, kam ein junges russisches Mädchen, eine Touristin, zu mir, und wir wurden Freunde«, erzählte er. »Als sie wieder in ihrem Heimatland war, schickte sie mir *Rozovye rozy* mit der Post.«

Er hatte auch die Kopie eines handgeschriebenen Briefs mitgebracht, den er an Präsident Putin geschickt hatte. Darin schlug er eine Städtefreundschaft mit einer russischen Stadt vor, außerdem beschrieb er sich in dem Brief selbst, auch auf Russisch und mit einer zierlichen, sorgfältigen Handschrift.

»Tolstoi!«, rief er begeistert und gestikulierte eifrig. »Puschkin! Die russische Literatur ist das Größte!«

Schalen mit Speisen wurden auf den Tisch gestellt, Kohl, Reis, Frühlingszwiebeln, Tofu, gebratenes Fleisch, wir aßen schweigend.

»Meine Generation ist die Generation, die Mao geopfert hat«, sagte er, als die Schalen leer waren. Er hatte aufgehört, Russisch zu sprechen, er hatte es viele Jahre nicht mehr gesprochen, und ließ Apple übersetzen.

»Als ich achtzehn Jahre alt war, wurde ich aufs Land geschickt, in die Gegend, wo heute der Flugplatz liegt. Es war nicht so weit weg, aber das Leben dort war hart. Den Leuten in der Stadt ging es besser. Ich musste mit einfachen Gerätschaften den Acker pflügen, meine Hände waren ständig voller Blasen. Drei Jahre habe ich dort verbracht, ich arbeitete hart und hatte eigentlich immer Hunger. Die Bauern mussten so gut wie alle Lebensmittel an den Staat abliefern, darum hatten wir nie genug zu essen. Ich konnte mich nie satt essen. Irgendwann war ich völlig verzweifelt, weil ich ein Stück Schinken essen wollte .... Als sich die Möglichkeit ergab, fünfhundert Gramm Schinken als Sonderration zu bekommen, tat ich alles, was in meiner Macht stand, um ihn mir zu erarbeiten. Obwohl das bedeutete, dass ich noch härter schuften musste. Ich war vollkommen besessen von diesem Schinken und überwand alle Probleme und jeden Widerstand. Eine Woche lang arbeitete ich so hart es ging. Der Schinken wog zwei Kilo, und ich bekam ein Viertel davon. Noch immer habe ich Albträume von dem Schinken und wie besessen ich davon war.«

Er schluckte und blickte auf die Tischplatte.

»Viele starben damals vor Hunger. Als Mitglied der Rotgardisten litt ich weniger als die normalen Leute. Wir standen zwischen dem Volk und der Partei, wie ein Tor. Aber meine Seele wurde verletzt. Der Schinken hat meine Seele für immer beschädigt. Alle aus meiner Generation mussten durch ...«

Ihm standen Tränen in den Augen, er schluckte erneut.

»Ich wuchs zu einer Zeit auf, in der junge Chinesen endlich zur Schule gehen konnten. Wir hätten eine ganz andere Zukunft haben können, aber stattdessen wurden wir aufs Land und in die Dörfer geschickt, um gequält zu werden und zu leiden. Viele von uns haben es nicht überlebt. Ich war gut in der Schule, der Beste! Ich bekam immer die besten Noten, ich hätte ein ganz anderes Leben haben können. Aber die Schulen waren ein einziges Chaos zu dieser Zeit. Ich beendete die ersten Jahre auf der weitergehenden Schule und sollte eigentlich mit dem Studium beginnen, aber alles war in Aufruhr und brodelte wie kochendes Wasser, niemand tat, was er sollte. Alle waren verrückt. Ich sah, wie Lehrer vor meinen Augen gefoltert und getötet wurden. Hätte die Kulturrevolution zehn Jahre gedauert, würde China nicht mehr existieren. Alle, die wie wir zur Schule gegangen waren und lesen und schreiben konnten, waren Zielscheiben. Nichts hatte damals Bestand. Alles veränderte sich. Die Reichen wurden arm, und die Armen sollten reich werden, Schwarz war Weiß und Weiß wurde Schwarz, die Richtungen wechselten ständig, je nachdem, wer an der Macht war. Die Menschen wussten nicht mehr ein noch aus, niemand verstand irgendetwas. Die Menschen bespitzelten sich, zeigten sich gegenseitig an. Da haben Sie die Kulturrevolution!«

Noch einmal holte er das Buch heraus, das er übersetzt hatte. Wieder erzählte er von der russischen Touristin und der russischen Literatur, der größten überhaupt. Dann schien es, als würde er sich besinnen, denn er fuhr mit seiner Lebensgeschichte fort.

»Ursprünglich stammt meine Familie nicht von hier. Sie kam während der Qing-Dynastie nach Lijiang, um für die Zentralregierung zu arbeiten. Die meisten Familienangehörigen waren durchschnittliche Kleinbauern, aber weil meine Urururgroßmutter ein wenig Land geerbt hatte, hielt man uns für reich. Dabei waren wir überhaupt nicht reich! Wir hatten keine Dienstboten, und meine Geschwister und ich liefen in aus Gras geflochtenen Schuhen herum. Ich habe von morgens bis abends hart gearbeitet. Wir waren *nicht* reich! Aber wegen des Lands meiner Urururgroßmutter wurden wir als ›Kapitalisten‹ abgestempelt, als ›Kulaken‹, das war ein Synonym für Kriminelle. Unser Hintergrund, unsere Akte, war nicht *sauber*, daher blieben uns viele Türen verschlossen. Eine Arbeit beim Staat zu bekommen, konnten wir glatt vergessen.«

»Durften Sie Ihr Land behalten oder wurde es Ihnen genommen?«, fragte ich.

Apple sah mich mit großen Augen an.

»*Selbstverständlich* wurde ihnen ihr Land genommen!«, antwortete sie an seiner Stelle.

»Ja, das Land wurde während der Landreform verstaatlicht und an andere Bauern verteilt«, bestätigte der Alte. »Das Schlimmste war, dass die Leute um uns herum so hässlich über uns redeten. Unsere Familie hatte einen schlechten Ruf, es wurden viele Unwahrheiten über uns verbreitet. Wäre meine Urururgroßmutter nicht gewesen, wäre es uns anders ergangen. Dann wären wir Repräsentanten der hart arbeitenden Arbeiterklasse gewesen und hätten Auszeichnungen und Orden erhalten.«

Er seufzte schwer.

»Nach den drei Jahren auf dem Land bekam ich graue Haare. Die Jahre hatten meine Gesundheit zerstört. Ich schaffte es nicht mehr, mein Körper schaffte es nicht mehr. Ich war vollkommen gebrochen und beschloss, Mechaniker zu werden. Dreißig Jahre arbeitete ich als Mechaniker und reparierte Fahrräder in der Altstadt. Viele meinten, ich hätte Lehrer werden sollen, denn mehrere meiner Verwandten waren Lehrer gewesen, aber Lehrer hatten damals einen schlechten Ruf. Es war besser, Arbeiter zu sein. Zu den Arbeitern blickte man auf. Mein Leben ist ein Ergebnis der Ironie des Schicksals, aber dem Schicksal kann man nicht entkommen ... Wenn man es positiv sehen will, konnte sich andererseits keines der Probleme, die ich in meinem späteren Leben zu bewältigen hatte, mit denen messen, die ich als junger Mensch gehabt hatte. Ich entwickelte einen eisernen Willen.«

Er sah mich direkt an.

»Ich möchte betonen, dass Präsident Xi in meinen Augen ein guter Anführer ist. Er hat das Gleiche wie wir durchgemacht, er wurde ebenfalls als Jugendlicher aufs Land geschickt. Xi behandelt die Menschen, die ganz unten auf der sozialen Leiter stehen, nicht schlecht. Er versteht uns. Ich habe auch großen Respekt für den Vorsitzenden Mao. Als junger Mensch habe ich sogar das Haus besucht, in dem er seine Kindheit verbracht hat. Aber der Vorsitzende Mao hat zwei Dinge gesagt, die mein Leben verändert haben: Er sagte, die Gebildeten müssen in die Dörfer aufs Land gehen, um zu helfen, und er hat gesagt, die Gebildeten sollen die Anführer sein, wenn es gilt, die Klassenunterschiede aufzuheben. Diese zwei Sätze haben mein Leben verändert. Was seitdem geschah, hatte ich nicht mehr unter Kontrolle.«

»Wie haben Sie Russisch gelernt?«

Er lächelte.

»Während meiner Ausbildung zum Mechaniker bekam ich aus Peking Bücher und Kassetten geschickt. Solche Angebote gab es damals für die Arbeiter, so habe ich mir selbst Russisch beigebracht.«

Kurz vor acht Uhr abends ging ich in die Altstadt, um mir Xuan Kes traditionelles Naxi-Orchester anzuhören. Zu meiner Überraschung wartete der alte Russisch sprechende Mann vor dem Konzertsaal auf mich.

»Ich wollte Ihnen nur dies geben«, sagte er und überreichte mir zwei Tüten mit grünem Tee. »Eine Tüte ist für Ihre Dolmetscherin. Können Sie ihr die Tüte von mir geben? Sie sollte sie eigentlich bei mir abholen, aber sie hatte keine Zeit, daher beschloss ich, Ihnen die Geschenke selbst zu bringen. Ich wusste ja, dass Sie hierher wollten.«

Ich nahm die Tüten gerührt entgegen. Der alte Fahrradmechaniker griff an seine Mütze, nickte zum Abschied höflich und eilte davon.

Nicht die Boshaftigkeit der Menschen bricht einem das Herz, hin und wieder geschieht dies auch lautlos durch ihre Güte.

In dem halbdunklen Foyer des Konzertsaals wurde ich mit Bedauern empfangen. »Sie sind die Einzige, die eine Eintrittskarte gekauft hat, daher fällt das Konzert heute Abend leider aus«, erklärte mir die Kartenverkäuferin. »Die Leute haben kein Interesse mehr an traditioneller Musik«, seufzte sie. »Sie gehen lieber in Bars oder Geschäfte.«

Die Straßen vor dem Konzerthaus waren voll von Touristen, pro Jahr insgesamt fünfundvierzig Millionen, aber niemand blieb stehen, niemand hatte Interesse daran, zwanzig in die Jahre gekommene Männer zu hören, die jahrhundertealte Naxi-Musik spielen.

Warum reisen wir? Ich weiß es nicht, aber ich wusste, dass ich es niemals bereuen würde, den langen Weg um die halbe Erde zu einem abgesagten Konzert gekommen zu sein.

Das Königreich der Frauen

Wo endet eine Reise?

Meine lange Reise sollte am Lugu-See enden, bei dem Volk der Mosuo, der größten matrilinearen Gesellschaft der Welt. Die Autofahrt von Lijiang dauerte über vier Stunden; wir überquerten den Jangtse und fuhren in nördlicher Richtung auf grün bewachsene Berge zu. Apple hatte mich gewarnt, die Straße sei schlecht, aber verglichen mit den Straßen in den Bergen von Pakistan, Indien, Bhutan und Nepal war sie ein Wunder.

Apple war ein paar Jahre jünger als ich und hatte mehrere Jahre als Englischlehrerin gearbeitet, bevor sie das chinesische Schulsystem verließ, um ihr Geld nur noch als Guide und Dolmetscherin zu verdienen.

»Ich war zu ungeduldig«, erklärte sie. »Ich wurde wütend, wenn die Kinder nicht zuhörten, außerdem waren viel zu viele Schüler in jeder Klasse. Dazu kam, dass die Lehrer bestraft werden, wenn die Kinder bei den Prüfungen schlechte Noten bekommen. Ich hatte genug.«

Sie hinkte ein wenig und schminkte sich nicht, ihre Haare waren glatt und schulterlang.

»Meine Eltern wollen, dass ich heirate und Kinder bekomme, aber ich will nicht«, fuhr sie fort. »Ich will frei sein. Reisen. Die Welt sehen. Es gibt so viel zu tun. Das Einzige, was ich will, ist, so zu leben, wie es mir gefällt. Aber es ist trotz allem besser, eine Frau in China zu sein als an vielen anderen Orten. Vor vielen Jahren war ich auf einer Reise in Indien. Indische Männer sind grässlich! Bevor ich nach Kalkutta kam, war ich nie sexuell belästigt worden. Als ich nach Hause kam, habe ich China mit ganz neuen Augen gesehen.«

»Ich habe in China auch keine sexuellen Belästigungen erlebt«, bestätigte ich. »Im Vergleich zu vielen anderen Ländern sieht es so aus, als sei China ein gleichgestelltes Land, aber ich habe dennoch den Eindruck, dass die meisten leitenden Positionen mit Männern besetzt sind. Wie viele Ministerinnen gibt es in der Regierung?«

»Wieso fragen Sie, wenn Sie die Antwort bereits wissen?«, fragte Apple irritiert.

»Ich kenne die Antwort nicht. Deshalb habe ich ja gefragt.«

»Fünfhundert Jahre hat China westlichen Einflüssen widerstanden«, fauchte Apple. »Warum sollen wir uns jetzt ändern? Warum soll China so werden wie der Westen?«

»Ich habe nicht gesagt, dass China so werden soll wie der Westen«, erwiderte ich perplex. »Weibliche Chefs und Minister sind doch nicht spezifisch westlich?«

Als wir in den letzten Tagen in Lijiang zusammenarbeiteten, hatte Apple vor allem gedolmetscht. Nun hatten wir mehr Zeit, uns zu unterhalten, und ich begann zu verstehen, warum aus ihrer Karriere als Lehrerin nichts geworden war.

»Die Unterschiede zwischen Ost und West sind unüberwindlich«, behauptete Apple entschieden. »Das war schon immer meine Meinung. Menschen aus dem Westen verstehen einfach nicht, wie wir denken. Östliche und westliche Menschen werden sich niemals verstehen, dazu sind wir zu verschieden.«

In angespannter Stille fuhren wir weiter. Grüne Höhenzüge zogen vorbei. Ich vertrieb mir die Zeit, indem ich Nachrichten auf meinem Mobiltelefon las. Topthema aller westlichen Zeitungen im Netz waren die Proteste in Hongkong; mehrere Hunderttausend Demonstranten waren auf der Straße, die Situation spitzte sich zu. Ich ergriff die Gelegenheit, Apple zu fragen, was die chinesischen Medien über Hongkong berichteten.

»Ich weiß es nicht, weil ich nie Nachrichten sehe«, antwortete sie zugeknöpft vom Vordersitz, ohne sich zu mir umzudrehen. »Aber ich kann den Fahrer fragen, wenn Sie wollen.«

Wie es schien, hatte der Fahrer bei diesem Thema viel auf dem Herzen.

»Die Medien schreiben, die Proteste würden von den Briten und Amerikanern inszeniert, als Versuch, die Wahlen in Taiwan im nächsten Jahr zu verhindern oder zu beeinflussen, wenn Taiwan an China zurückgeführt werden soll«, übersetzte Apple. »Er sagt, für ihn hört es sich nach einer plausiblen Erklärung an.«

»Was schreiben die chinesischen Medien über die Situation in Xinjiang und die dortigen Internierungslager?«, fragte ich weiter.

Wieder musste Apple sich bei unserem Fahrer erkundigen.

»Von Internierungslagern hat er nichts gehört, sagt er, aber er findet es normal, dass es nach dem Messerangriff im Bahnhof von Kunming vor einigen Jahren in Xinjiang mehr Sicherheit geben muss. Die Sicherheitssituation war nicht gut genug, und die Bevölkerung muss geschützt werden.«

Ich spürte, dass Apple ungeduldig wurde, aber ich stellte dennoch eine weitere Frage.

»Was lernen die Chinesen in der Schule über Tibet?«

»Was meinen Sie?«, fragte Apple wachsam zurück.

»Was lernen die Chinesen über die chinesische Übernahme von Tibet im Jahr 1950?«

»Das ist ein kleines Kapitel, sehr kurz, so kurz, dass es keinen Sinn ergibt«, antwortete sie verhalten.

Ich wagte nicht, noch weitere Fragen zu stellen und vertiefte mich wieder in die Nachrichten auf meinem Mobiltelefon. Plötzlich drehte sich Apple zu mir um.

»Warum fragen Sie nach all diesen Dingen?«, erkundigte sie sich wütend. »Es ist, als hätten Sie sich eine Meinung gebildet, die Sie nun bestätigt haben wollen. Sind Sie sich darüber im Klaren, dass Sie nach sehr politischen Sachen fragen? Wir Chinesen reden über so etwas nicht, und Sie kommen daher und haben offensichtlich Ihre eigenen Meinungen; es ist, als wollten Sie über uns urteilen, warum fragen Sie mich eigentlich nach alldem?«

Ihr standen Tränen in den Augen, ihre Stimme bebte.

»Ich habe zwanzig Jahre gebraucht, um mich von all diesen Dingen fernzuhalten – und *Sie* bringen alles zurück! Wir leben in einem kommunistischen Land, was glauben Sie eigentlich, wie die Dinge hier funktionieren? Es spielt keine Rolle, was wir über dieses und jenes meinen! Ich dachte, die Vereinbarung sei, Ihnen zu helfen, mit den Leuten zu reden, nicht, dass Sie mich über sehr persönliche Dinge ausfragen!«

»Es tut mir leid, wenn ich Sie verletzt habe, aber ehrlich gesagt hielt ich es nicht für sehr persönlich, als ich fragte, was die chinesischen Medien über die verschiedenen Themen sagen«, verteidigte ich mich. »Ich kann ja kein Chinesisch, wie soll ich also sonst davon erfahren?«

»Sie fragen und fragen!«, rief Apple. Eine Träne rollte ihr über die Wange. »Schluss damit, einfach aufhören!«

Schweigend fuhren wir weiter. Erfolgreiche Diktaturen funktionieren immer so: Die Diktatur zieht in die Köpfe der Menschen ein. Dort drinnen sitzt sie dann und verschanzt sich gegen Fragen. Der Alltag wird einfacher so.

Als wir am Eingangstor zum **Lugu-See** (2685 Meter über N.N.) hielten, um Tickets zu kaufen – der Lugu-See ist für die chinesischen Verantwortlichen ein *scenic spot,* somit ist ein Eintrittsgeld erforderlich –, drehte Apple sich erneut zu mir um.

»Entschuldigung, ich hätte nicht so wütend werden dürfen«, sagte sie kleinlaut. »Ich kann Ihnen das Geld zurückgeben, das Sie mir bezahlt haben, und ich kann Ihnen helfen, einen anderen Dolmetscher zu finden, wenn Sie wollen.«

»Unsinn, das ist nicht nötig«, versicherte ich. Um das Thema zu wechseln und hoffentlich die Stimmung zu verbessern, fragte ich nach den Unterschieden der verschiedenen ethnischen Gruppen, die in der Region lebten, Yi, Bau, Naxi und Mosuo, aber zum einen hatte ich das Pech, eine Frage zu stellen, die ich ihr schon einmal gestellt hatte, zum anderen zeigte ich meine bodenlose Unwissenheit.

»Haben Sie nichts darüber gelesen, bevor Sie hierherkamen?«, fragte Apple, eher überrascht als irritiert.

Wir bekamen unsere Tickets und fuhren weiter zur Touristenattraktion, vorbei an Hotels, einfachen Häusern und geparkten Touristenbussen. Der See lag blank und verlockend links der Straße, umgeben von bläulichen dekorativen Bergen. Große gelbe Schilder informierten darüber, dass Baden streng verboten war. Nach einer

Weile hatten wir das kleine, familienbetriebene Hotel erreicht, in dem wir wohnen sollten.

»Sadama, eine gute Freundin von mir, wohnt im Nachbarhaus«, sagte Apple. »Sie hat uns zum Abendessen eingeladen.«

»Wie nett von ihr!«, rief ich.

»Sie verstehen es nicht«, erwiderte Apple resigniert. »Sadama ist wie gesagt meine Freundin. Sie *muss* uns zum Abendessen einladen. Es ist ihre Pflicht.«

In Sadamas Küche hingen ein Plakat mit Fotos der fünf letzten Vorsitzenden der kommunistischen Partei, inklusive Präsident Xi Jinping, sowie ein großes Poster von Mao. Am Buddha-Altar im Wohnzimmer stand ein gerahmtes Foto des elften Panchen Lama, der Reinkarnation, die von der chinesischen Führung ausgerufen wurde und nun in Peking lebte. Es war das erste Mal, dass ich ein Foto von ihm in einer Privatwohnung sah.

Sadama war neunundzwanzig Jahre alt und im achten Monat schwanger. Sie servierte Schalen mit wohlschmeckenden vegetarischen Gerichten und fragte lächelnd, ob wir Bier oder Schnaps zum Essen wollten. Ihr Vater, der zu Besuch war, und der Ehemann, ein hochgewachsener und ausgesprochen gut aussehender Tibeter, ließen sich nicht zwei Mal bitten.

Nachdem wir gegessen hatten, setzten wir uns auf Plastikstühle in den Hinterhof. Mit Ausnahme des Zirpens der Zikaden und des Dröhnens des Fernsehers, der im Wohnzimmer Selbstgespräche führte, war es ganz still; die Abendluft war kühl und mild. Sadama hatte mehrere Jahre bei einer amerikanischen Familie in Lijiang gelebt und sprach daher gut Englisch, obwohl sie nie eine Schule besucht hatte.

»Wir konnten selbst entscheiden, ob wir zur Schule gehen wollten oder nicht, und da fiel mir die Wahl leicht«, lachte sie. Im Gegensatz zu Apple war Sadama die Geduld in Person; sie antwortete freundlich und hin und wieder ausgesprochen fröhlich auf alle meine Fragen zu Mosuo-Traditionen und dem Leben am Lugu-See.

»Es heißt, wir leben im Königreich der Frauen«, lächelte sie. »Ich mag den Begriff, obwohl wir gar keinen König haben. Bei uns ist die *Großmutter* die Chefin. Sie entscheidet, was getan werden muss und wer was zu erledigen hat; die Großmutter bereitet die Rituale vor und ist die Herrin über die finanziellen Verhältnisse des Haushalts. Wenn die Großmutter sich zurückzieht, gibt sie die Verantwortung normalerweise an ihre älteste Tochter weiter. Aber obwohl wir eine matrilineare Gesellschaft sind, bedeutet das nicht, dass die Frauen alles bestimmen. Die Onkel sind auch wichtig! Der älteste Onkel, der in der Regel der älteste Bruder der Großmutter ist, ist die Nummer zwei im Haus. Männer sind stark, aber wir Frauen können auch all das tun, was Männer können, und zusätzlich können wir Kinder gebären. Das können die Männer nicht. Daher respektieren wir die Frauen.«

Die Mosuo heiraten normalerweise nicht, sondern praktizieren sogenannte *walking-marriages*, Wanderehen:

»Der Mann besucht die Frau nachts und verschwindet morgens wieder«, erklärte Sadama. »Die Kinder wohnen bei ihrer Mutter, zusammen mit den Brüdern und Schwestern der Mutter. Nur Menschen, die gemeinsames Blut teilen, wohnen zusammen. Das ist einfacher und schafft nicht so viele Probleme. Man muss sich nicht mit Schwiegereltern oder Schwägerinnen auseinandersetzen. Außerdem ist es leichter, sich zu trennen. Er kann aufhören zu kommen, oder sie kann die Tür abschließen. Anfangs kommt er normalerweise am späten Abend, um den Brüdern des Mädchens nicht zu begegnen. Wir Mosuo halten sehr viel von Privatleben. Mit unseren Brüdern reden wir nie über Liebe oder Sex. Niemals! Über uns werden viele seltsame Dinge erzählt, es heißt, wir hätten viele Männer und wären zügellos, aber davon ist nichts wahr. Einzelne Mosuo-Frauen haben zwei, vielleicht auch drei Männer im Laufe ihres Lebens. Drei ist aber nicht sonderlich verbreitet. Es heißt auch, wir wüssten nicht, wer unsere Väter sind, aber natürlich wissen wir das! Ich habe eine enge Beziehung zu meinem Vater, aber ich habe ein noch engeres Verhältnis zu meiner Mutter und Großmutter.«

Sadama wohnte bei ihrer Mutter, die sich als junge Frau entschieden hatte, aus dem Haus ihrer Mutter auszuziehen, um mit ihrem Ehemann zusammenzuleben. Auch Sadama wohnte mit ihrem Mann zusammen.

»Mein Mann kommt aus einem weit entfernt liegenden Dorf, daher können wir nicht traditionell leben, sondern müssen zusammen wohnen. Außerdem haben die Behörden jetzt festgelegt, dass wir einen Trauschein brauchen. Für uns hat das nichts zu bedeuten, es ist lediglich ein Blatt Papier, das wir benötigen. Das Fest ist wichtiger! Normalerweise feiern wir eine große Hochzeit mit Freunden und Verwandten, oft mit einer Menge Trinkspiele. Ich hatte mich sehr auf das Fest gefreut, ich wollte trinken und feiern, aber dann habe ich festgestellt, dass ich schwanger bin ... Natürlich haben sich alle sehr gefreut, denn es ist nicht unbedingt so, dass man heiraten muss, um Kinder zu bekommen, aber für mich war das Fest nicht gerade ein Trinkwettkampf.«

Sadama rutschte auf dem Stuhl herum und versuchte vergeblich, eine angenehmere Sitzposition zu finden.

»Viele chinesische Guides kommen hierher und erzählen den Touristen, wir hätten jeden Abend einen anderen Mann«, seufzte sie. »Einige von ihnen bieten den Touristen sogar an, unsere Ehemethode auszuprobieren! Die Touristen glauben ja gern, dass es tatsächlich so ist. Vor einigen Jahren kamen chinesische Frauen hierher, die sich wie Mosuo kleideten und in Bordellen arbeiteten ... Seit gut zwanzig Jahren kommen Touristen hierher, seit Lijiang eine UNESCO-Stadt wurde, und nun kommen sogar noch mehr, weil wir einen Flugplatz haben. Die Älteren finden, dass es hier jetzt schön ist, denn in ihrer Jugend waren sie sehr arm, aber wir haben viele Traditionen verloren. Bekommt man etwas Neues, verliert man etwas Altes, so ist es ja.«

Sie lächelte wehmütig und strich sich über ihren großen Bauch.

»Wir sitzen am Abend nicht länger zusammen und unterhalten uns, wir sitzen am WeChat oder sehen fern«, fügte sie nachdenklich hinzu. »Ich glaube, unsere Kultur wird allmählich verschwinden. Es gibt nur noch so wenige von uns, nur noch dreißigtausend

Mosuo. In den letzten Jahren haben viele Mosuo-Frauen Han-Chinesen geheiratet und sind vom See fortgezogen. Haben Sie übrigens Lust, meine Großmutter zu besuchen? Sie liebt Besuch!«

Sadamas Großmutter Kumi lebte in einem großen, traditionellen Mosuo-Haus, zu Fuß fünf Minuten von Sadamas Haus entfernt. Sie wohnte mit drei ihrer sieben Kinder zusammen, saß aber allein am offenen Herd des Großmutterraums, als wir kamen. Als sie uns sah, klatschte sie begeistert in die Hände, weil sie Gäste hatte.

»Alle traditionellen Mosuo-Häuser haben einen Großmutterraum«, erklärte Sadama. »Im Großmutterraum steht immer eine kleine Feuerstelle, an der die Familie dem Geist des Feuers opfert; die Großmutter schläft daneben.«

Die alte Frau trug traditionelle Kleidung; eine schwarze Bluse, eine hellblaue Plisseeschürze und einen großen schwarzen Turban, außerdem hatte sie einen breiten rosafarbenen Gürtel um den Leib gebunden. Der aus Holz gebaute Raum war hoch und geräumig. Kumu hatte nahezu alle Zähne verloren, aber sie hatte noch immer einen geschmeidigen Körper und ein gutes Gehör, flinke Augen und ein ansteckendes, schönes Lachen. Sadama holte grünen Tee und Schalen mit frischem, selbst gemachtem Joghurt für uns.

»Ist es eine große Verantwortung, das Oberhaupt für den ganzen Haushalt zu sein?«, fragte ich sie.

»Oh, ich trage nicht mehr so viel Verantwortung.« Die alte Frau lachte, dass sich ihr ganzer Körper schüttelte. Sie sprach nicht Chinesisch, sondern nur Mosuo. Sadama übersetzte für Apple und mich. »Ich bin jetzt alt, und es wohnen nicht mehr so viele Menschen im Haus.«

»Wie war es hier, als Sie jung waren?«, fragte ich weiter.

»Oh!« Kumu hickste vor Lachen. »Reden wir nicht von früher! Es war fürchterlich damals. Wir haben viel gearbeitet und wenig gegessen. Es ist heute viel besser als früher! Früher mussten wir alles mit der Hand machen, wir mussten das Maismehl selbst mahlen und hatten keinen Reis. Wir hatten auch keine Straße, und alles war schmutzig und staubig. Jetzt ist es überall sauber und ordentlich, und es kommen viele Leute hierher. Es ist unmöglich, früher und heute zu vergleichen, das sage ich Ihnen.«

»Wie alt waren Sie, als Sie heirateten?«

»Ich weiß nicht einmal, wie alt ich jetzt bin, wie soll ich da wissen, wie alt ich war, als ich heiratete?«, sagte Kumu und lachte, dass der ganze zahnlose Gaumen zu sehen war.

»Ich kenne mein Geburtsdatum auch nicht«, warf Sadama ein. »Meine Eltern wissen nicht genau, wann ich geboren wurde.«

Zusammen mit der Großmutter errechnete sie, dass ihr ältestes Kind im Jahr des Affen geboren worden war, aber wann war das eigentlich? Niemand wusste es genau.

»Außerdem hatte ich mehrere Männer«, gluckste Kumu. »Wie soll ich mich erinnern, wann ich mit wem ein Kind bekam?«

»Wie viele Ehemänner hatten Sie denn?«

»Nur zwei, nicht einen ganzen Haufen, hahaha! Den einen haben meine Eltern für mich ausgesucht, den anderen fand ich selbst. Der eine ist jetzt tot, und der andere wohnt irgendwo anders.«

»Veränderte sich hier etwas, als die Kommunisten an die Macht kamen?«

Kumu sah mich verständnislos an.

»Sie kennt das Wort ›Kommunist‹ nicht«, erklärte Sadama. »Wenn ich mit ihr früher über so etwas geredet habe, hat sie erzählt, dass alle damals für die Behörden gearbeitet haben und dass die Behörden sich in alles einmischten. Wenn sie ein Schwein schlachteten, mussten sie die Hälfte abgeben, daher schlachteten die Leute heimlich und hatten Angst, entdeckt zu werden. Jetzt haben alle eigenes Land.«

»Was denken Sie über all die Touristen, die jetzt hierherkommen?«, wollte ich von Kumu wissen.

»Oh, es ist gut, dass die Leute kommen!« Sie strahlte. »Ich habe so gern Gäste, verstehen Sie. Aber hin und wieder ist es ein bisschen zu voll hier«, fügte sie hinzu. »Manchmal kommen vielleicht etwas zu viele Menschen.« Sie lächelte. »Aber ich habe keinen Grund, mich zu beklagen. Alle meine Enkel sind groß geworden und kommen gut zurecht.«

»Ich denke oft, dass sie Glück gehabt hat«, sagte Sadama. »Ich sehe, wie glücklich sie ist, wenn ihre Kinder und Enkelkinder hier sind. Alle respektieren sie. Ich mache mir Sorgen, wie es mir selbst ergehen wird, denn alles verändert sich momentan. Einmal war ich zu Besuch in einem Altersheim, das war ein schreckliches Erlebnis. Die Verwandten kümmerten sich nicht um ihre Alten, sie kamen nie zu Besuch. Ich war so traurig, als ich dort war, dass ich anfing zu weinen.«

»Haben Sie Angst, dass die Mosuo-Kultur verschwinden wird, da sich jetzt alles so schnell verändert?«, fragte ich Kumu zum Schluss.

»Hauptsache, die Menschen sind glücklich, dann ist es nicht so wichtig, ob es die Mosuo-Kultur gibt oder nicht«, gab sie zur Antwort. »Meine Enkelkinder sprechen Chinesisch. Ich kann kein Chinesisch, aber ich bin froh, dass sie es können!«

Wieder lachte sie. Der ganze alte, zarte Körper schüttelte sich vor Lachen.

»Sie fragen mich nach Dingen, die vor langer Zeit passiert sind, Mädchen! Wie soll ich mich an all das erinnern?«

Am nächsten Tag musste sich das Dorf von einer alten Frau verabschieden. Sadamas Mutter lud Apple und mich dazu ein. Sadama durfte aufgrund ihrer Schwangerschaft nicht dabei sein, Tod und Geburt mussten getrennt bleiben.

»*Alle* werden da sein«, klagte sie. »Ich wäre so gern dabei!«

»Aber wird es nicht sehr traurig sein?«, fragte ich.

»Nein, es ist eine alte Frau gestorben. In solchen Fällen sind wir nicht traurig. Wir sehen den Tod als einen Neuanfang.«

Das Haus, in dem die Frau gewohnt hatte, war voller Menschen. Sadamas Mutter stellte Apple als eine Freundin von Sadama vor, und mich als eine Freundin von Sadamas Freundin – wir wurden beide herzlich willkommen geheißen. Auf den Rat von Sadamas Mutter hin hatten wir Speiseöl, Zigaretten, eine kleine Flasche Schnaps und Kuchen mitgebracht. Wir brachten die Geschenke in den Großmutterraum, wo die Rituale stattfanden. Der Raum war klein und quadratisch; in einer Ecke stand ein Altar mit Weihrauch, Blumen, angezündeten Butterlampen, bunten Opferkuchen aus Tsampa-Mehl und Schalen mit Süßigkeiten, Nüssen und Pfirsichen. Die Wände waren bedeckt mit heiligen buddhistischen Gemälden, die die Mönche mitgebracht hatten, vom Dach hingen Girlanden und Bänder mit tibetischen Mantras.

Apple verbeugte sich vor dem Altar und forderte mich energisch auf, das Gleiche zu tun. Als wir unsere Geschenke abgelegt hatten, wurden wir an einen der Tische im Hinterhof geführt, wo uns Speisen und Getränke serviert wurden. Große Schalen mit gebratenem Fleisch standen vor uns. Am Vortag hatte die Familie eine Kuh geschlachtet, um alle Gäste ausreichend verpflegen zu können.

»Dies ist unser Mittagessen«, erklärte Apple. »Heute gibt es kein anderes Mittagessen mehr.«

»Aber es ist doch erst neun?«, wandte ich ein.

»Wie gesagt, dies ist unser Mittagessen«, wiederholte Apple gereizt.

Auch im Hinterhof war eine Art Altar aufgebaut. In einem bunten selbst gebastelten Rahmen, der aussah wie eine Lotusblume, hing die Fotografie einer lächelnden grauhaarigen Dame.

Als wir in den Großmutterraum zurückkehrten, saßen Mönche dicht an dicht auf einer Bank neben dem Altar. Für meine ungeübten Augen sahen sie mit ihren Trompeten, Trommeln und tibetischen Gebetstexten wie ganz gewöhnliche buddhistische Mönche aus, aber es stellte sich heraus, dass es sich um Bön-Mönche handelte, die dem alten Glauben anhingen.

»Bön gibt es bereits seit zehntausend Jahren«, erklärte einer von ihnen, Rinzhen Dorje, ein vierundzwanzigjähriger, ernster junger Mann. »Zum Vergleich, die Gelbkappenschule ist nur sechshundert Jahre alt. Unsere Schriften und Zeremonien sind auch anders. Wir Bön-Anhänger glauben, dass die Welt von dunklen und hellen Kräften beeinflusst wird, wir versuchen, diese Kräfte auszubalancieren. Wie alle Buddhisten glauben wir auch an Karma, Reinkarnation und Erleuchtung, aber unsere Traditionen reichen tiefer. Da der Lugu-See so isoliert war – die Straße wurde ja erst in den 1980er Jahren gebaut –, sind die Bön-Traditionen hier besser bewahrt als in Tibet. Wir opfern zum Beispiel noch immer Ziegen und Kühe.«

Er holte sein Mobiltelefon heraus und begann, nach Büchern zu suchen, die wir lesen könnten, um es besser zu verstehen. Mit gerunzelter Stirn scrollte er rasch über das Display.

»Leider sind alle Bücher entweder auf Chinesisch oder Tibetisch.« Er zuckte bedauernd die Achseln. »Es war übrigens nicht ganz richtig, als ich gesagt habe, dass Bön hier am Lugu-See ganz ursprünglich ist. Hier haben sich Bön-Traditionen mit lokalen Traditionen vermischt. Die Menschen haben zum Beispiel noch immer *Dabas*, Schamanen. Ja, heute Nachmittag kommt ein Daba hierher. Seine Aufgabe ist es, eine Passage für die Seele der Toten zu öffnen, sodass sie mit den Geistern ihrer Vorfahren vereint werden kann. *Unsere* Aufgabe ist es, eine Passage zu den sechs verschiedenen Stadien zu öffnen, die die Seele durchlaufen muss, bevor sie versteht, dass sie tot ist, damit sie ins Paradies einziehen oder erneut geboren werden kann.«

An einer Schnur am Altar hing ein Bündel bunter Kleider, und von einem der Pfähle, die das Dach abstützten, baumelte eine Dekoration aus Federn, Seilen und selbst gebastelten Blumen aus Tüchern.

»Das ist der Pferdesattel«, erklärte Rinzhen Dorje. »Morgen werden sie die Dekoration an einem Pferd befestigen, und das Pferd wird dann in die Berge geschickt, als Geschenk an den Gott des Berges. Es ist eine alte Mosuo-Tradition. Das Pferd kommt zurück, aber wir Mosuo glauben, dass die Seele auf dem Weg ins Paradies durch den Wald und auf den Berg wandern muss. Die Kleider sind ein Geschenk an die Seele der Toten. Wenn Mosuo-Frauen heiraten, bekommen sie neue Kleider als Geschenk. Dies ist so etwas Ähnliches. Der Tod ist ein neuer Anfang. Der Leichnam wird in Kindslage verbrannt, als ein Symbol, dass der Tod ein Übergang zu etwas anderem ist.«

Die Küche war voller Frauen. Einige waren damit beschäftigt, Fleisch aufzuschneiden und zu kochen, andere ließen es sich schmecken. An den Wänden hingen die gleichen Plakate von Xi Jinping und seinen Vorgängern wie bei Sadama.

»Ich wohne in einem traditionellen Heim«, erzählte eine junge Frau, die einen schwarzen Jogginganzug trug. Der Dresscode war generell entspannt, die meisten Gäste trugen Jeans oder Jogginghosen. »Ein traditionelles Mosuo-Heim besteht aus vier Häusern«, erklärte sie weiter. »Dem Haus der Großmutter, dem Blumengebäude, das den Frauen gehört, dem Grashaus für diejenigen, die keinen Partner haben, und dem Tempel.«

Die junge Frau hieß Bima und teilte das Haus beziehungsweise die Häuser mit ihrer Großmutter, ihrer Mutter, den Onkeln, den Geschwistern und ihren eigenen Kindern.

»Eine solche Ordnung ist gut für die Kinder«, betonte sie. »Sie wohnen bei ihrer Familie, egal, was passiert. Scheitert eine Ehe, müssen sie nicht erleben, wie der Haushalt geteilt wird. Sie wohnen weiterhin mit ihrer Mutter zusammen, alles geht weiter wie bisher. Benimmt der Mann sich schlecht, wird abends nur die Tür abgeschlossen, sodass er nicht ins Haus kann. Aber wir haben hier nicht viele Scheidungen«, fügte sie hinzu. »Wir haben keine tragischen Ehen wie in anderen Gegenden. Viele Han-Chinesen haben Liebhaberinnen, aber das ist hier nicht üblich. Es ist nicht akzeptiert, der ganze Klan wendet sich gegen Leute, die sich nicht ordentlich benehmen.«

Als Apple und ich in den Großmutterraum zurückkehrten, tranken die Mönche Tee. Ein Lama lag ausgestreckt auf der Bank und schnarchte leise vor sich hin. Auf dem Boden vor dem Herd saß ein Mann in schwarzer Hose, weißem Hemd und einer grauen Allwetterjacke und formte kleine Figuren aus Tsampa-Teig.

»Das ist der Daba, der Schamane«, flüsterte Apple.

Einige Figuren ähnelten Ziegen oder Pferden, andere erinnerten an kleine Pyramiden, verziert mit tropfenförmigen, weißen Butterklecksen. Die fertigen Figuren wurden auf ein mit Sand, Reis und Maiskörnern bedecktes Brett gestellt.

Verwandte, die breite, alte Bretter trugen, auf die sie Fleisch und Reis gelegt hatten, betraten den Raum. Sie stellten die Bretter als

Opfergaben an den Altar, verbeugten sich mehrmals so tief, dass der Kopf den Boden berührte, und verließen den Raum wieder.

»Die Bretter stammen von ihren Häusern«, erklärte Apple. »Jeder Verwandte muss ein Brett bringen. Morgen werden sie die Bretter verbrennen.«

Der ganze Raum roch nach Schweinefleisch, das die Verwandten geopfert hatten. Die Mönche richteten sich auf und begannen wieder, ihre Mantras aufzusagen, die Stimmen und Zimbelklänge wurden lauter und wieder leiser. Zwischendurch befeuchteten sie ihre Kehlen mit Kräutertee aus der Dose. Eine Handvoll Fliegen schwirrte bedächtig im Raum herum, hin und wieder setzten sie zur Landung auf einem der Mönchsköpfe an und liefen eine Weile auf dem Schädel umher, bevor sie weiterflogen.

»Die Mosuo glauben, dass die Seele der Toten vielleicht in einem Enkelkind zurückkommt, daher ist der Tod sowohl ein Ende wie ein Anfang«, erklärte Apple leise.

Der Daba hieß La'nji und war sechsundvierzig Jahre alt.

»Am frühen Morgen habe ich einen besonderen Text für die Tote gesungen, sodass sie mit ihren Vorfahren wiedervereint werden kann«, erzählte er. Wir waren auf ein Stück Land hinter dem Haus gegangen, weil er meinte, es gehöre sich nicht, im Haus der Familie einer Toten über religiöse Themen zu sprechen. Der Schamane arbeitete sich kettenrauchend durch meine Fragen.

»Der Daba spielt eine wichtige Rolle bei allen großen Ereignissen in der Mosuo-Kultur«, erläuterte er aus den Rauchwolken heraus. »Bei Geburten, wenn Mädchen dreizehn Jahre alt werden, wenn jemand stirbt. Der Daba muss kommen, wenn jemand ein Haus baut, die Feuerstelle im Großmutterraum geweiht werden soll oder zwei Menschen heiraten. Während die Lamas und Mönche auf Tibetisch beten, führen wir Dabas unsere Rituale in Mosuo aus, unserer eigenen Sprache, sodass alle verstehen, was geschieht.«

Er drückte die Zigarette aus und zündete sich eine neue an.

»Kranke Menschen suchen mich ebenfalls auf. Ich kann keine Krankheiten kurieren, aber ich kann herausfinden, warum Menschen krank sind, und wenn ich verstanden habe, warum sie krank sind, kann ich die Ursache entfernen. Wenn sie zum Beispiel ein Erdelement beleidigt haben, kann ich eine Passage zu dem Erdelement öffnen und das unsichtbare Gleichgewicht wiederherstellen. Ich habe auch Kontakt zu den Geistern der Vorfahren und zu all den übrigen Geistern, die uns umgeben. Wir Mosuo glauben, alles in der Natur hat einen Geist und einen Beschützer.«

»Warum wurden Sie Daba?«, wollte ich wissen.

»Ich hatte einen entfernten Verwandten, der Daba war. Von ihm habe ich gelernt«, beantworte La'nji kurz meine Frage.

»Muss man besondere Eigenschaften haben, um Daba werden zu können?«

»Natürlich«. Er drückte die Zigarette aus, trat sie in die schwarze Erde und zündete sich eine neue an.

»Wie führen Sie Ihre Rituale aus?«

»Ich singe und forme Tsampa-Figuren.« Er blies einen Rauchring und verfolgte ihn mit den Augen, bis er verschwunden war. »Eine einzige Figur kann viele verschiedene Geister symbolisieren. Als Daba kümmere ich mich um die gesamte Gemeinschaft hier am Lugu-See; ich stehe allen bei, die mich brauchen. Am späteren Nachmittag muss ich eine Zeremonie für die Tote vor dem Dorf ausführen, in der Natur. Sie können kommen und zusehen.«

Einige Stunden später folgten wir der Straße aus dem Dorf hinaus bis zu der Stelle, wo das Ritual stattfinden sollte. An einem Berghang saß La'nji auf einer Plane, und direkt unter ihm, auf derselben Plane, saßen sieben junge Männer, die Bier tranken, Karten spielten und rauchten. Neben ihnen brannte ein lebhaftes kleines Feuer.

Der Daba leierte Texte herunter und verschob die Tsampa-Figuren. Es sah nicht so aus, als würde er sich in irgendeiner Form von dem Lärm der Bier trinkenden Jugendlichen stören lassen, die das Ritual keineswegs verfolgten, sondern mit sich selbst beschäftigt waren. Hin und wieder verschob ein Helfer eine der Figuren ein paar Meter den Hang hinauf oder stellte sie an einer bestimmten Stelle im Gras ab.

»Ich bin dabei, die Passage zum Heim der Vorfahren zu öffnen«, informierte uns La'nji, als er sein Psalmodieren unterbrach. »Die Tsampa-Figuren repräsentieren die verschiedenen Geister, den Berggeist, den Wassergeist, den Windgeist und so weiter. Wir warnen sie alle, dass die Großmutter auf dem Weg ist, und bitten sie, sie zu empfangen und ihr morgen zum Heim ihrer Vorfahren zu helfen. Traditionsgemäß müssen mindestens sieben Jungen oder Mädchen anwesend sein, wenn dies passiert, und sie müssen betrunken sein, wenn sie nach Hause kommen. So ist die Tradition.«

Die Verbrennung des Leichnams sollte am frühen nächsten Morgen stattfinden, an einer etwas höher gelegenen Stelle des Berghangs.

Dicker Rauch stieg von dem kleinen Feuer auf. Etwas weiter entfernt wurde ein größeres Feuer vorbereitet. Die Opfergaben der Verwandten lagen auf den Holzscheiten bereit; jedes Geschenk war für einen bestimmten Geist ihrer Vorfahren gedacht. Daneben lagen drei Stoffstreifen im Gras, ein schwarzer, ein grüner und ein blauer. Wenn der Tote ein sündiges Leben geführt hatte, musste die Seele dem schwarzen Pfad folgen. Der grüne Pfad war für die Seelen, die ein eher durchschnittliches Leben geführt hatten, während der blaue Stoffstreifen den Weg für Seelen symbolisierte, die ein »anderes« Leben geführt hatten – was immer das bedeuten mochte.

Leichter Regen fiel vom Himmel und legte sich wie frischer Tau über das Gras, die Tsampa-Figuren, den Schamanen, seine Helfer, die sieben jungen Männer und die leeren Bierbüchsen.

Am späten Nachmittag ging ich ein letztes Mal in das Haus der Verstorbenen, bevor ich den Lugu-See und die Berge verließ und von dem neuen Flugplatz in Richtung Westen nach Hause flog. Der Himmel war dunkelblau, die Sonne ging allmählich unter.

Der wichtigste Lama der Mosuo, ein älterer Mann mit einer großen gelben Kappe auf dem Kopf, stand vor dem Altar, umgeben von Mönchen und knienden Angehörigen. Er psalmodierte andächtig. Seine Aufgabe war es, die Passage zu öffnen, durch die die Seele der

Verstorbenen musste, bevor sie das Paradies erreichte oder eventuell neu geboren wurde.

Zur gleichen Zeit war der Daba einige Kilometer entfernt am Berghang dabei, eine andere Passage zu öffnen, zum Urheim der Vorfahren.

Zwei Passagen wurden also parallel geöffnet, doch das schien niemand seltsam zu finden. Die Seele der Toten war möglicherweise bereits auf dem Weg zum Heim ihrer Vorfahren, vielleicht aber auch auf dem Weg ins Paradies. Eventuell wurde sie aber auch neu geboren, in einem winzigen Körper am Ufer des Lugu-Sees.

Durch das ovale Fenster des Flugzeugs konnte ich einen letzten Blick auf den Himalaya werfen. Hier oben waren die Berge ebenso blau wie der Himmel und bedeckt von Schnee, Eis und einer dünnen Wolkenschicht. Die Menschen weit unten waren unsichtbar, alles, was ich sah, waren Felsen, Wasser und Luft.

Die Berge wirkten unendlich, dauerhaft, unveränderlich. Trotzdem wusste ich, dass sie auf dem Weg zum Meer sind, Stein für Stein. Ich wusste es, denn ich hatte die großen Flüsse gesehen, die in tiefen Schluchten Sand und Kies auswuschen. Hier oben konnte man auch nicht sehen, wie der ewige Schnee schmilzt und die Gletscher abtauen, immer schneller und schneller. Aber ich hatte es gesehen. Und dort unten im Tal, so hatte ich es gesehen, bahnen sich neue Straßen ihren Weg wie Lindwürmer aus schwarzem Asphalt, auf deren Rücken die Modernität reitet. Ich hatte es gesehen. Ich hatte die Abwanderung der Menschen gesehen und die Mobiltelefone, die in den Bergdörfern des Himalaya mit dem gleichen verlockenden, öden Schein in dunklen Abenden leuchten wie überall, wo sich Jugendliche treffen. Alles verändert sich, immer.

Das Kleine wird vom Großen geschluckt, kleine Königreiche verschwinden; enge, geschlossene Täler öffnen sich, und die Welt strömt hinein, hier wie überall. In einem solchen Tal stoßen die Interessen eines Weltimperiums brutal auf die Interessen eines anderen, und was geschieht dann mit den Menschen, die in diesem Tal leben? Ich hatte Unterdrückung und Freiheitsdrang gesehen,

Pessimismus und Optimismus, religiösen Zwang und tiefe Frömmigkeit, Intoleranz und Aufklärung, Verzweiflung und Ekstase.

Das Kleine wird vom Großen geschluckt, aber das Kleine lebt weiter, so gut es kann. Es gibt so viele Arten zu leben! Das konnte man von hier oben aus nicht sehen, aber ich wusste es, denn ich hatte es gesehen. Die vielen, vielen kleinen Leben zwischen den massiven, hohen Bergen. Auch das langsame Wachsen und die Erosion der Berge kann man nicht sehen, und man kann die unendlich langsamen Bewegungen der tektonischen Platten nicht sehen, wenn sie aneinander stoßen.

Von hier oben waren nur Berge und Wolken zu sehen.

Danksagung

Dieses Buch wäre nicht ohne all die Hilfe entstanden, die ich unterwegs bekommen habe, sowohl während der Reise als auch im Laufe des Schreibprozesses.

Der größte Dank gilt allen Menschen, denen ich auf der Reise begegnete und die offenherzig ihre Geschichten mit mir teilten. Überall, wo ich hinkam, wurde ich mit rührender Freundlichkeit, Offenheit und Neugierde empfangen. Dieses Buch ist ein Ergebnis all dieser Begegnungen.

Einzelne Menschen haben mir ihre Geschichte erzählt, wohl wissend, dass sie im schlimmsten Fall eine Gefängnisstrafe riskieren, wenn die Obrigkeit in dem Land, in dem sie leben, entdeckt, dass sie mit einer Schriftstellerin gesprochen haben. In solchen Fällen habe ich den Namen und andere Informationen verändert, durch die sie identifiziert werden könnten. Ein paarmal musste ich auch den Namen und biografische Informationen ändern, um diejenigen, die mit mir geredet haben, vor Repressalien von Familienmitgliedern oder anderen Personen aus ihrem näheren Umfeld zu schützen. Eine kleine Zahl von Personen, die in diesem Buch vorkommen, wusste nicht, dass ich ein Buch schreibe – mit Rücksicht auf ihre und meine Sicherheit. Dies gilt für einige Menschen, die ich in Tibet traf. Sie sind natürlich auch anonymisiert.

Ein großer Dank geht an Anne Christine Kroepelien. Ich fürchte, ohne ihr Eingreifen säße ich noch immer in Kaschgar fest und würde auf das pakistanische Visum warten. Tausend Dank an NRK's Korrespondentin in der Türkei, Sidsel Wold, für die Hilfe bei Kontakten in Pakistan. Ebenso bedanke ich mich bei meinem hilfreichen Guide aus Hunza, Akhtar Hussain, für die vielen Türen, die er mir in Nord-Pakistan geöffnet hat.

In Kaschmir schulde ich den drei Besitzern der Mineralwasserfabriken einen herzlichen Dank dafür, dass sie mich eine andere Wirklichkeit als Hausboote und schöne Gärten sehen ließen. Als ich nach Kargil kam, zeigte mir Anayat Ali Shotopa die menschlichen Konsequenzen der vielen Kriege zwischen Indien und Pakistan.

Ein großer Dank an die Königstochter Hope Leezum Namgyal Tobden, besser bekannt als Semla, die mir so großzügig ihre Geschichte erzählte und mich in Gangtok herumführte.

In Bhutan bekam ich unschätzbare Hilfe von dem gesamten großartigen Stab von Heavenly Buthan. Der Inhaber, Raju Rai, legte sich wirklich ins Zeug, um meine zahlreichen Interview-Wünsche zu erfüllen.

Tasang Tage danke ich für seinen fantastischen Einsatz während der Wochen, in denen wir gemeinsam durch Arunachal Pradesh und Nagaland reisten. Ohne seinen Beistand hätte ich bloß dagestanden und an der Oberfläche gekratzt.

Hätte mir nicht die einzigartige Savitri Rajali geholfen, hätte ich die Kapitel aus Nepal nicht so abwechslungsreich schreiben können. Es gab keine Angelegenheit und kein Treffen, das sie nicht hat regeln können, immer mit einem breiten Lächeln und ohne zu klagen, egal, wie lang die Tage waren. Vielen, vielen Dank!

Ein Dank geht auch an Apple, die mir half, mehr von Yunnan und den Mechanismen der Diktatur zu verstehen.

Die insgesamt acht Monate lange Recherchereise im Himalaya hätte ich nicht unternehmen können ohne die großzügige finanzielle Unterstützung von Fritt Ord (Freies Wort) und Det faglitterære fond (Dem Sachbuch-Fonds): Vielen Dank!

Erheblich beschleunigt wurde der Schreibprozess durch den Aufenthalt in der Autorenwohnung des Niederländischen Literarischen Fonds in Amsterdam, für den ich zutiefst dankbar bin.

Viele Menschen wissen mehr über den Himalaya als ich, und ich bin glücklich, dass mir tüchtige Fachleute während des Schreibens geholfen haben. Tausend Dank an meine Schriftstellerkollegin Mah-Rukh Ali, die die Kapitel über Pakistan und Kaschmir gelesen hat. Ein großer Dank geht auch an die wissenschaftliche Assistentin Heidi Fjeld, die kluge Vorschläge zum Manuskript insgesamt gemacht hat, und an Professor Jens Braarvig, der so freundlich war, die Kapitel über Tibet und den Buddhismus zu lesen. Der Geologe und Autor Reidar Müller trug mit nützlichen Kommentaren über die Geologie der Region bei, und Dr. med. Gunnar Hasle überprüfte die Richtigkeit der Abschnitte über die Höhenkrankheit: Ein herzliches Dankeschön an beide!

Ein herzlicher Dank geht auch an meine englische Übersetzerin Kari Dickson, die mühsam die Fakten im gesamten Manuskript überprüft hat. Eventuelle Fehler, die noch im Text stehen – es gibt immer welche! –, unterliegen allein meiner Verantwortung. Bereits jetzt denke ich dankbar an die übrigen Übersetzer, die mich sicherlich auf eventuelle Fehler aufmerksam machen werden. Tausend Dank auch an meine großartige Agentin Anneli Højer, die meinen Büchern Flügel verleiht.

Es gibt kaum einen enthusiastischeren, beleseneren und mehr umherreisenden Menschen in ganz Norwegen als Jens A. Riisnæs: Ich habe unsere guten Unterhaltungen während der Entstehung dieses Buches sehr geschätzt und danke für das großzügige Verleihen von Karten, Büchern und Filmen und alle guten Beiträge zum Manuskript.

Der Dank geht natürlich auch an meine aufmerksame und enthusiastische Lektorin Tuva Ørbeck Sørheim für ihre stets gleichbleibend sichere Hilfe bei dem Manuskript und allen anderen Aspekten der Veröffentlichung, sowie an meinen Verleger Erling Kagge für seine ausgezeichneten Beiträge als Ortskundiger im Himalaya – und an meine Mutter, meiner ersten und einzigen Testleserin.

Der *aller*größte Dank geht wie immer an meinen Ehemann Erik. Er war das Bodenpersonal; egal, ob ich auf Reisen oder zu Hause war, er hat mich immer unterstützt. Auch diesmal gibt es niemanden, der das Manuskript häufiger gelesen hat als er. Ich bin unendlich dankbar für deine Geduld, deinen sicheren Rat, wenn es um Sprache und Inhalt geht, und weil du noch immer stets für mich da bist. Du bist mein Mount Everest, keiner ist darüber, keiner daneben.

Amsterdam, Oslo, Moorea, Hiva Oa
2019-2020

Literaturverzeichnis

Um den Textfluss zu erhalten, habe ich die Quellen lediglich bei den direkten Zitaten angegeben. Hier eine Übersicht über die Bücher, die für meine Arbeit sehr nützlich waren:

Ali, Tariq et al., *Kashmir. The Case for Freedom*. Verso, London 2011.

Allen, Charles, *A Mountain in Tibet. The Search for Mount Kailas and the Sources of the Great Rivers of Asia*. Abacus, London 2013 [1982].

Allen, Charles, *The Search for Shangri-La*. Abacus, London 1999.

Andrade, António de, *More Than the Promised Land: Letters and relations from Tibet by the Jesuit Missionary António de Andrade (1580-1634)*. Institute of Jesuit Sources, Boston 2017.

Barth, Fredrik, *Political Leadership Among Swat Pathans*. Berg, Oxford 2004 [1959].

Bell, Thomas, *Kathmandu*. Haus Publishing, London 2016.

Bolingbroke-Kent, Antonia, *Land of the Dawn-Lit Mountains. A Journey Across Arunachal Pradesh – India's Forgotten Frontier*. Simon & Schuster, London 2017.

Brophy, David, *Uyghur Nation. Reform and Revolution in the Russia-China Frontier*. Harvard University Press, Cambridge 2016.

Clark, John, *Hunza. Lost Kingdom of the Himalayas*. Hutchinson & Co., London 1957.

Conefrey, Mick, *Everest 1953. Der lange Weg zu seinem Gipfel*. Malik, München 2013.

Cooke, Hope, *Time Change. An Autobiography*. Simon & Schuster, New York 1980.

Crossette, Barbara, *So Close to Heaven. The Vanishing Buddhist Kingdoms of the Himalayas*. Vintage Books, New York 1995.

Dalai Lama, *Meine spirituelle Autobiographie*. Diogenes, Zürich 2009.

Datta-Ray, Sunanda K., *Smash & Grab. Annexation of Sikkim*. Westland, New Delhi 2016 [1984].

David-Néel, Alexandra: *Grand Tibet et Vaste Chine*. Plon, Paris 1994.

Devasher, Tilak, *Pakistan: At the Helm*. HarperCollins, Noida 2018.

Duff, Andrew, *Sikkim. Requiem for a Himalayan Kingdom*. Birlinn, Edinburgh 2015.

Fox, Robert Lane, *Alexander the Great*. Penguin Books, London 2004 [1973].

French, Patrick, *Younghusband. The Last Great Imperial Adventurer*. Penguin Books, London 2011 [1994].

Færøvik, Torbjørn, *Kina. En reise på livets elv*. Cappelen Damm, Oslo 2014.

Hannigan, Tim, *Murder in the Hindu Kush. George Hayward and the Great Game*. The History Press, Gloucestershire 2011.

Harrer, Heinrich: *Sieben Jahre in Tibet. Mein Leben am Hofe des Dalai Lama*. Ullstein, Berlin: 2017 [1952].

Herzog, Maurice: *Annapurna. Premier 8000*. Arthaud, Paris 1952.

Hillary, Edmund, *Ich stand auf dem Everest*. Brockhaus, Wiesbaden 1959.

Hilton, James, *Der verlorene Horizont*. Piper, München 2018.

Hopkirk, Peter: *Der Griff nach Lhasa. Die Erschließung Tibets im 19. und 20. Jahrhundert*. Droemer Knaur, München 1992.

Hopkirk, Peter, *The Great Game. On Secret Service in High Asia*. John Murray, London 2006 [1990].

Kawaguchi, Ekai, *Three Years in Tibet*. Theosophical Publishing Society, Benares and London 1909 (Kindle-Ausgabe von 2016).

Keane, Fergal, *Road of Bones. The Siege of Kohima 1944. The Epic Story of the Last Great Stand of Empire*. William Collins, London 2010.

Keay, John, *The Gilgit Game*. John Murray, London 1979.

Khan, Yasmin, *The Great Partition. The Making of India and Pakistan*. Yale University Press, New Haven and London 2017 [2007].

Koehler, Jeff, *Darjeeling. The Colorful History and Precarious Fate of the World's Most Famous Tea*. Bloomsbury, New York 2015.

Koran, Der. Aus dem Arabischen von Max Henning. Çağri Yayinlari, Istanbul 2008, S. 66.

Krakauer, Jon, *In eisige Höhen. Das Drama am Mount Everest*. Malik, München 2000.

Kumar, Radha, *Paradise at War. A Political History of Kashmir*. Aleph Book Company, New Delhi 2018.

Lieven, Anatol, *Pakistan. Et besværlig land*. Oversatt av Christian Rugstad. Font, Oslo 2013.

Macfarlane, Robert, *Berge im Kopf: Die Geschichte einer Faszination*. Matthes & Seitz, Berlin 2021.

Mallet, Victor, *River of Life, River of Death. The Ganges and India's Future*. Oxford University Press, Oxford 2017.

Matthiessen, Peter, *Der Schneeleopard*. Matthes & Seitz, Berlin 2021.

McLynn, Frank, *The Burma Campaign. Disaster into Triumph 1942-45*. Yale University Press, New Haven 2011.

Mitchell, David, *Tea, Love and War. Searching for English Roots in Assam*. Matador, Leicestershire 2011.

Notovitch, Nicolas, *Das Unbekannte Leben Jesu. Die Originaltexte der 1887 entdeckten Schriftrollen*. HK, Wien 2006.

Palin, Michael, *Himalaya*. Weidenfeld & Nicolson, London 2009 [2004].

Phuntsho, Karma, *The History of Bhutan*. Penguin Random House India, New Delhi 2018 [2013].

Pierre, Bernard, *Ils ont conquis l'Himalaya*. Plon, Paris 1979.

Polo, Marco, *Die Beschreibung der Welt 1271-1295*. Herausgegeben von Detlef Brennecke. Erdmann Verlag, Stuttgart/Wien 2003, S. 96.

Rampa, T. Lobsang, *Das dritte Auge*. BoD, Norderstedt 2019.

Salisbury, Richard and Hawley, Elizabeth, *The Himalaya by the Numbers. A Statistical Analysis of Mountaineering in the Nepal Himalaya*. Vajra Publications, Kathmandu 2011.

Schaik, Sam van, *Tibet. A History*. Yale University Press, New Haven & London 2011.

Searle, Mike, *Colliding Continents. A Geological Exploration of the Himalaya, Karakoram, & Tibet*. Oxford University Press, Oxford 2017 [2013].

Shakya, Tsering, *The Dragon in the Land of Snows. A History of Modern Tibet Since 1947*. Penguin Compass, London 2000 [1999].

Shipton, Diana, *The Antique Land*. Oxford University Press, Oxford 1987 [1950].

Shipton, Eric, *Mountains of Tartary*. Hodder & Stoughton, London 1953.

Skrede, Wilfred, *Veien over verdens tak*. Gyldendal Norsk Forlag, Oslo 1949.

Snelling, John: *Buddhism in Russia. The Story of Agvan Dorzhiev, Lhasa's Emissary to the Tsar*. Element Books, Dorset 1993.

Spitz, Bob, *The Beatles. The Biography*. Little, Brown and Company, New York 2005.

Strittmatter, Kai, *Die Neuerfindung der Diktatur. Wie China den digitalen Überwachungsstaat aufbaut und uns damit herausfordert*. Piper, München 2018.

Svensen, Henrik, *Bergtatt. Fjellenes historie og fascinasjonen for det opphøyde*. Oslo: Aschehoug, 2019 [2011].

Sæbø, Sun Heidi, *Kina. Den nye supermakten. Jakten på Xi Jinping og det moderne Kina*. Kagge, Oslo 2019.

Talbot, Ian, *Pakistan. A New History*. Hurst & Company, London 2015 [2012].

Theroux, Paul, *Basar auf Schienen. Eine Reise um die Welt*. Die Andere Bibliothek, Berlin 2015.

Thubron, Colin, *Ein Berg in Tibet. Zu Fuss durch den Himalaya zum heiligen Berg Kailash*. DuMont, Köln 2014.

Tree, Isabella, *The Living Goddess. A Journey into the Heart of Kathmandu*. Penguin Random House India, Haryana 2014.

Waihong, Choo, *The Kingdom of Women. Life, Love and Death in China's Hidden Mountains*. I. B. Tauris & Co., London 2017.

Ward, Michael, *Everest. A Thousand Years of Exploration*. Hayloft Publishing, Cumbria 2013 [2003].

Whelpton, John, *A History of Nepal*. Cambridge University Press, Cambridge 2012 [2005].

Winchester, Simon, *Der wilde Strom. Eine Reise auf dem Jangtse*. Frederking & Thaler, München 2008.

Woodman, Dorothy, *Himalayan Frontiers. A political Review of British, Chinese, Indian and Russian Rivalries*. Barrie & Rockliff, The Cresset Press, London 1969.

Younghusband, Francis, *Kashmir*. Adam and Charles Black, London 1909.

Younghusband, Francis, *The Heart of a Continent. A Narrative of Travels in Manchuria, across the Gobi Desert, through the Himalayas, the Pamirs, and Hunza 1884-1894*. Rupa Publications, New Delhi 2013 [1896].